地理・地誌

レファレンスブック

日外アソシエーツ

Reference Books of Geography and Topography

Compiled by
Nichigai Associates, Inc.

本書はディジタルデータでご利用いただくことができます。詳細はお問い合わせください。

●編集担当● 城谷 浩／比良 雅治
装 丁：赤田 麻衣子

刊行にあたって

地形、地質、気候、植生、水文など地理や地誌について調査する際の基本となる参考図書には、事典・辞書はもちろん地図や図鑑など多様な種類があるが、それらの中から目当てのものを探すのは難しい。本書は、地理・地誌に関する参考図書を素早く探し出すことを目的とした図書目録である。

小社では、参考図書を分野別に収録した“レファレンスブック”シリーズを2010年以降継続刊行している。これまでに、『福祉・介護』、『「食」と農業』、『動植物・ペット・園芸』、『児童書』、『環境・エネルギー問題』、『学校・教育問題』、『美術・文化財』、『歴史・考古』、『文学・詩歌・小説』、『図書館・読書・出版』『事故・災害』『児童・青少年』『音楽・芸能』『科学への入門』『スポーツ・運動科学』『日本語』を刊行。本書はそれらに続くタイトルで、2,352点の参考図書を収録した。全体を、地理一般、自然地理学、人文地理学に分け、それぞれを参考図書のテーマに沿ってわかりやすく分類している。さらに書誌・事典・辞典・ハンドブック・図鑑・地図帳・年鑑など形式ごとに分けて収録した。また、できる限り内容解説あるいは目次のデータを付記し、どのような調べ方ができるのかわかるようにした。巻末の索引では、書名、著編者名、主題（キーワード）から検索することができる。

インターネットでの検索で、必要最低限のことがらをすぐに得られるようになった昨今だが、専門の年鑑や統計、事典に掲載されている詳細な情報が、より高い信頼性を持っていることは言うまでもない。本書が、地理・地誌に関する参考図書を調べるツールとして、既刊と同様にレファレンスの現場で大いに利用されることを願っている。

2018年5月

日外アソシエーツ

凡　例

1．本書の内容

本書は、地理・地誌に関する書誌、事典、辞典、ハンドブック、年鑑など参考図書の目録である。収録した図書には、できる限り内容解説あるいは目次を付記し、どのような参考図書なのかがわかるようにした。

2．収録の対象

⑴ 1990年（平成2年）から2017年（平成29年）に日本国内で刊行された地理、地誌、気候、地形、地質、歴史地理などに関する参考図書2,352点を収録した。

⑵ 但し、小学生以下向けの学習参考図書、学習漫画および観光ガイド類は、収録対象外とした。

3．見出し

⑴ 全体を「地理一般」「自然地理学」「人文地理学」に大別し、大見出しを立てた。

⑵ 上記の区分の下に、各参考図書の主題によって分類し、60の中見出し・小見出しを立てた。

⑶ 同一主題の下では、参考図書の形式別に分類し「書誌」「年表」「事典」「辞典」「索引」「名簿・人名事典」「ハンドブック」「法令集」「図鑑・図集」「カタログ・目録」「地図帳」「年鑑・白書」「統計集」の小見出しを立てた。

4．図書の排列

同一主題・同一形式の下では、書名の五十音順に排列した。

5．図書の記述

記述の内容および記載の順序は以下の通りである。

書名／副書名／巻次／各巻書名／版表示／著者表示／出版地（東京以外を表示）／出版者／出版年月／ページ数または冊数／大きさ／叢書名／叢書番号／注記／定価（刊行時）／ISBN（Ⓘで表示）／NDC（Ⓝで表示）／目次／内容

6．索　引

(1) 書名索引

各参考図書を書名の五十音順に排列し、所在を掲載ページで示した。

(2) 著編者名索引

各参考図書の著者・編者を姓の五十音順、名の五十音順に排列し、その下に書名と掲載ページを示した。機関・団体名は全体を姓とみなして排列した。

(3) 事項名索引

本文の各見出しに関するテーマなどを五十音順に排列し、その見出しと掲載ページを示した。

7．典拠・参考資料

各図書の書誌事項は、データベース「bookplus」およびJAPAN/MARCに拠った。内容解説はできるだけ原物を参照して作成した。

目　次

地理一般

地理・地誌 …… 1
地理学 …… 6
地 名 …… 13
紀 行 …… 16
世界の地理 …… 19
　国 旗 …… 67
　アジア …… 72
　中東・アフリカ …… 79
　ヨーロッパ …… 80
　南北アメリカ …… 85
　オセアニア …… 87
日本の地理 …… 88
　島 …… 125
蔵書目録 …… 127

自然地理学

地球・自然地理 …… 129
地図学 …… 132
　伊能図 …… 136
　地理データ処理 …… 137
地球環境 …… 141
　自然保護 …… 152
　自然公園 …… 154
　世界遺産 …… 155
　世界各地の世界遺産 …… 177
　日本の世界遺産 …… 182
気象学 …… 185
気候学 …… 186
水環境 …… 188
河 川 …… 193
海洋学 …… 204
地震学 …… 205
火 山 …… 207
温 泉 …… 208
地形学 …… 208
　山 岳 …… 210
　砂浜・砂漠 …… 211
地質学 …… 212
　地史・地層 …… 216
　岩 石 …… 217
　鉱 物 …… 219
生物地理 …… 223
植物地理・植生 …… 224
　森 林 …… 226
　公園・緑化 …… 234
動物地理 …… 234
自然災害 …… 235

人文地理学

人文地理学 …… 236
政治地理学 …… 236
経済地理学 …… 236
　世界統計書 …… 237
歴史地理 …… 240
　歴史地図 …… 243
世界史 …… 248
　現代世界 …… 250
日本史 …… 250
　古代日本 …… 255
　近現代日本 …… 256
社会・文化事情 …… 261
　日本社会 …… 262
日本の産業 …… 262
鉄 道 …… 264

書名索引 …… 267

著編者名索引 ································ *295*

事項名索引 ···································· *351*

地理一般

地理・地誌

<事 典>

国際情報大事典 PASPO 学習研究社 1992.7 1199p 30cm 〈付属資料：世界全図〉 12000円 ①4-05-106027-6 Ⓝ290

世界地理の雑学事典 おもしろくてためになる 辻原康夫著 日本実業出版社 1991.9 253p 19cm 1300円 ①4-534-01785-5 Ⓝ290

目次 ワンダーランドの世界地図，ギネス版世界地理，国旗にまつわるエピソード，地球サイズのものしり白書，国際情勢一夜漬け，諸国雑学ゼミナール（政治編，文化編），地名ワールドへの招待状

世界で一番おもしろい地図の読み方大事典 おもしろ地理学会編 青春出版社 2013.2 379p 19cm 〈他言語標題：An Encyclopedia of the Most Interesting Ways to Look at Maps 「世界で一番おもしろい地図帳」（2005年刊）「世界で一番気になる地図帳」（2006年刊）ほか3冊の改題・再編集、合本 文献あり〉 1000円 ①978-4-413-11084-6 Ⓝ290

目次 第1部 世界で一番おもしろい世界地図（世界地図，アジア・中東，南・北アメリカ，ヨーロッパ，アフリカ・オセアニア），第2部 世界で一番おもしろい日本地図（日本地図，北海道・東北，関東，中部・北陸・近畿，中国・四国・九州・沖縄）

内容「できる大人」は地図が読める!世界と日本を知るための道具として、ちょっとした雑談のネタとして、必ず役立つ「地理ネタ全書」。

万国地誌略字引 伊予先哲関係史料 永田方正編 （観音寺）上坂氏顕彰会史料出版部 2000.9 3冊 21×30cm （理想日本リプリント 第21巻） 〈岡田茂兵衛明治9年刊の複製〉 各46800円 Ⓝ290

<ハンドブック>

図説 世界の地誌 辰己勝，辰己真知子著 古今書院 2012.5 187p 26cm 〈文献あり 索引あり〉 2800円 ①978-4-7722-4155-7 Ⓝ290

目次 1 世界の自然環境・人文環境，2 東アジア，3 東南アジア，4 南アジア・西アジア，5 アフリカ，6 ヨーロッパ，7 アングロアメリカ，8 ラテンアメリカ，9 オセアニア，10 21世紀がめざす地理学

図説 世界の地誌 改訂版 辰己勝，辰己真知子著 古今書院 2016.3 198p 26cm 2800円 ①978-4-7722-4191-5 Ⓝ290

目次 1 世界の自然環境・人文環境，2 東アジア，3 東南アジア，4 南アジア・西アジア，5 アフリカ，6 ヨーロッパ・ロシア，7 アングロアメリカ，8 ラテンアメリカ，9 オセアニア・ハワイ，10 21世紀がめざす地理学

世界の首都204が1冊でわかる本 都市の魅力探究会著 KADOKAWA 2013.10 221p 15cm （中経の文庫） 686円 ①978-4-04-600018-7 Ⓝ290

目次 第1章 ヨーロッパの首都58，第2章 南北アメリカの首都35，第3章 アジア・中東の首都39，第4章 アフリカの首都56，第5章 オセアニアの首都16

内容 本書は、国際的に承認されていない国も含めて204の首都を写真つきで紹介。実は首都でなかった有名な街、遷都で首都の座を失った街、新しい独立国の首都となった街…首都はとってもおもしろい! 各国の国旗に国歌のタイトル、首都にまつわるウンチクも満載。これ1冊で、あなたも世界の首都博士!

美少女キャラでよくわかる! 世界の国々 世界文化調査委員会著 PHP研究所 2010.2 317p 15cm （PHP文庫 せ9-1） 〈文献あり〉 743円 ①978-4-569-67392-9 Ⓝ290

目次 第1章 いちばん身近な女の子!アジア，第2章 太陽と海が友だち!オセアニア，第3章 お宝ゲットで目指せセレブ!アフリカ，第4章 おしゃれも伝統もおまかせ!ヨーロッパ，第5章 リーダーについて来い!北アメリカ・カリブ海，第6章 ダンス大好きっ娘大集合!中央・南アメリカ，第7章 個性的な女の子たち その他

内容 世界中の国をかわいい女の子に見立てて紹介するガイドブック。馴染みのない国も、複雑

な国同士の関係も、するりと理解できる、ニュースが100倍おもしろくなる本。

<地図帳>

世界の地図 衛星写真とイラストで世界が見えてくる 教科書対応版 成田喜一郎監修 成美堂出版 1996.7 78p 26cm 1000円 Ⓘ4-415-08400-1 Ⓝ290

(目次)日本語では「こんにちは」世界の国々の言葉では?, 世界は一つ、でも世界地図は一つじゃない, 世界はいま何時?, 気候が違う、だから住む家や着るものもさまざま, 食べるものもこんなに違う, 衛星・イラストマップ, いま、地球が危ない, 世界の平和と人類の未来のために, 世界の国旗, 世界国別データ, 世界のほ乳動物いろいろ

(内容)衛星写真とイラスト地図で各地域の特徴を解説した児童向けの世界地図帳。アジア、アフリカ等のブロックごとに掲載する。それぞれの解説文に総てルビが振られている。巻末に「世界の国旗」や国名・正式名称・面積・人口・首都名を記した「世界国別データ」、五十音順の「地名索引」がある。

地図で知る世界の大都市 正井泰夫監修 平凡社 2001.9 95p 31×22cm 2600円 Ⓘ4-582-44310-9 Ⓝ290

(目次)ソウル, 北京, 上海, 香港, バンコク, シンガポール, ジャカルタ, デリー, テヘラン, イスタンブール〔ほか〕

(内容)主要大都市の詳細地図に、各地のみどころを掲載した家族向けの大都市地図帳。主要40都市を収録。みどころでは史跡、美術館、繁華街、市場などを紹介、その他、人口、通貨、日本との時差、日本の姉妹都市などのデータや歴史地図も付す。

ビジュアル世界大地図 地球の今と歴史がわかる 左巻健男日本語版監修 日東書院本社 2014.11 192p 31cm 〈索引あり 原書名:WHAT'S WHERE in the WORLD〉 2400円 Ⓘ978-4-528-01005-5 Ⓝ290

(目次)世界の自然, 世界の生きもの, 人間と地球, 工学と科学技術, 世界の歴史, 世界の文化

(内容)80を超える世界地図を収録!豊富なイラストや写真、データで解説したわかりやすい地図が、視野を広げ、新しい発見と知識を深めます。世界目線、地球目線で多角的に考察することで、日本の世界における状況や姿をみることができます。

読んで見て楽しむ世界地図帳 増補改訂版 学研プラス 2016.5 87p 26cm 〈初版:学研 2009年刊 文献あり 索引あり〉 1500円 Ⓘ978-4-05-204372-7 Ⓝ290

(目次)最新世界地図(世界全図, アジア全図, 東アジア ほか), テーマで見る世界地図(夜の地球, 地形編 世界一マップ, 気象編 世界一マップ ほか), 写真で見る世界遺産(おもしろびっくり編, 世界一編, 地形・名勝編 ほか)

(内容)世界の地形・気象の世界一マップ、環境問題マップ、食料・資源貿易マップなど、楽しくてためになるデータ満載の世界地図帳です。

ワールドアトラス スライドで広がる!地図の図鑑 見え方が変わるスライド地図で世界を楽しく体験 ジェン・グリーン著, 堀内克明監訳, 松井貴子訳, 現代用語の基礎知識編 自由国民社 2014.2 21p 24×31cm (現代用語KODOMOの基礎知識) 〈校閲:土屋彰久 索引あり 原書名:SLIDE AND DISCOVER WORLD ATLAS〉 2800円 Ⓘ978-4-426-11736-8 Ⓝ290

(内容)図と写真がいっぱいの世界図鑑で、世界の大陸をかけめぐる冒険の旅へ—。6枚の楽しいスライド地図をつけ、大陸ごとに、好奇心をそそる写真と世界の情報をぎっしりつめこんだ28ページ。世界のさまざまな文化が手にとるようにわかります。対象年齢7歳から。

<年鑑・白書>

最新 世界現勢 1990 平凡社 1990 302p 19cm 1252円 Ⓝ290

(内容)世界のすべての独立国と主な非独立地域、主要国際機関のそれぞれにつき各種データを付して、歴史と現勢を紹介。巻頭に、世界の動き1989、東欧の革命と西欧への余波、天安門事件、の解説と戦後世界史年表を付す。

最新 世界現勢 1991 平凡社編 平凡社 1991.3 302p 19cm 1300円 Ⓘ4-582-09121-0 Ⓝ290

(内容)世界のすべての独立国と主な非独立地域、および国連などの主要国際機関の、この1年間の動きを各国別、各機関別に記録。政治、経済などの詳細なデータ付。

最新 世界現勢 1992 平凡社編 平凡社 1992.3 309p 19cm 1300円 Ⓘ4-582-09221-7 Ⓝ290

(内容)世界のすべての独立国と主な非独立地域、および国連などの主要国際機関の、この1年間の動きを各国別、各機関別に記録。政治、経済などの詳細なデータ付。

最新 世界現勢 1993 平凡社編 平凡社 1993.3 310p 19cm 1450円

Ⓘ4-582-09321-3　Ⓝ290

(内容)世界のすべての独立国と非独立地域、および国連などの主要国際機関の、この1年間の動きを各国別、各機関別に記録し、さらに政治・経済などのデータを掲載するデータブック。

最新 世界現勢　1994　平凡社編　平凡社　1994.3　308p　19cm　1450円　Ⓘ4-582-09421-X　Ⓝ290

(内容)世界のすべての独立国と非独立地域、および国連などの主要国際機関の、この1年間の動きを各国別、各機関別に収録する要覧。政治、経済などのデータを掲載している。

最新 世界現勢　1995　平凡社　1995.3　308p　19cm　1450円　Ⓘ4-582-09521-6　Ⓝ290

(内容)世界の全ての独立国と非独立地域、主要な国際機関の1994年の動向を国・機関別に記録した年鑑。アジア・アフリカ・ヨーロッパ・アメリカ・オセアニアの5地域に分け、地域内はそれぞれ国・非独立地域名の五十音順に排列。国際機構は巻末に排列する。各項目の最初に、人口・政治体制・経済水準などのデータを挙げ、その後に1994年の主要な出来事について解説してある。戦後世界史年表などの資料を掲載。巻頭に国・地域別五十音順索引、巻末に総索引を付す。

最新 世界現勢　1996　平凡社　1996.3　309p　19cm　1200円　Ⓘ4-582-09621-2　Ⓝ290

(目次)アジア，アフリカ，ヨーロッパ，アメリカ，オセアニア，主要国際機関

(内容)世界各国・地域および国際機関の現勢を解説したもの。国・地域の排列はアジア、アフリカ、ヨーロッパ、アメリカ、オセアニアの5地域別に、国名の五十音順。国際機関は末尾にまとめて掲載する。巻頭に「戦後世界史年表」、巻末に五十音順の事項索引がある。—この一冊で世界情勢が読める。

最新 世界現勢　1997　平凡社　1997.4　311p　19cm　1200円　Ⓘ4-582-09721-9　Ⓝ290

(内容)先行きの不透明な国際情勢を、国別、国際機関別に記録。政治・経済・社会の詳細なデータ付。

最新 世界現勢　1998　平凡社　1998.4　311p　19cm　1300円　Ⓘ4-582-09821-5　Ⓝ290

(目次)アジア，アフリカ，ヨーロッパ，アメリカ，オセアニア，主要国際機関

(内容)先行きの不透明な国際情勢を、国別、国際機関別に記録。政治・経済・社会の詳細なデータ付。この一冊で世界情勢が読める。

最新 世界現勢　1999　平凡社　1999.4　309p　19cm　1400円　Ⓘ4-582-09921-1　Ⓝ290

(目次)アジア，アフリカ，ヨーロッパ，アメリカ，オセアニア，主要国際機関

(内容)世界各国・地域および国際機関の現勢を解説したもの。国・地域の排列はアジア、アフリカ、ヨーロッパ、アメリカ、オセアニアの5地域別に、国名の五十音順。国際機関は末尾にまとめて掲載する。巻頭に「戦後世界史年表」、巻末に五十音順の事項索引がある。

<統計集>

最新 地理統計　1990年版　古今書院地理統計編集部編　古今書院　1990.2　94p　21cm　280円　Ⓘ4-7722-1800-9　Ⓝ290.36

(目次)自然環境，人口・都市，濃林水産業，エネルギー，鉱工業，交通，貿易，経済・文化，地誌，スペシャル統計，国際機構

最新 地理統計　1991年版　古今書院地理統計編集部編集　古今書院　1991.4　94p　21cm　272円　Ⓘ4-7722-1818-1　Ⓝ290.36

(内容)自然環境・人口から産業・国際機構まで、世界の地理統計を集成。地理年表を付す。

最新 地理統計　1992年版　古今書院地理統計編集部編集　古今書院　1992.3　109p　21cm　282円　Ⓘ4-7722-1823-8　Ⓝ290.36

最新 地理統計　1993年版　古今書院地理統計編集部編集　古今書院　1993.4　110p　21cm　291円　Ⓘ4-7722-1830-0　Ⓝ290.36

(内容)世界の地理に関する統計集。自然環境・人口・各種産業・貿易・地誌などで体系的に構成する。巻末に主な国際機構の一覧表を掲載する。

最新 地理統計　1994年版　古今書院地理統計編集部編　古今書院　1994.3　109p　21cm　320円　Ⓘ4-7722-1836-X　Ⓝ290.36

(目次)自然環境，環境問題，人口・都市，農林水産業，エネルギー，鉱工業，交通，貿易，経済・福祉・文化，地誌，スペシャル統計，国際機構

(内容)世界の地理に関する統計集。自然環境・人口・各種産業・貿易・地誌などで体系的に構成する。巻末に主な国際機構の一覧表を掲載。

最新 地理統計　1995年版　古今書院　1995.3　109p　21cm　361円　Ⓘ4-7722-1843-2　Ⓝ290.36

(目次)自然環境，環境問題，人口・都市，農林水産業，エネルギー，鉱工業，交通，貿易，経済・

福祉・文化，地誌，スペシャル統計，国際機構

(内容)世界の地理に関する統計集。自然環境・人口・各種産業・貿易・地誌などで体系的に構成する。巻末に主な国際機構の一覧表を掲載。

最新 地理統計　1996年版　古今書院地理統計編集部編集　古今書院　1996.2　117p　21cm　371円　①4-7722-5012-3　Ⓝ290.36

最新 地理統計　1997年版　古今書院地理統計編集部編　古今書院　1997.3　118p　21cm　380円　①4-7722-1858-0　Ⓝ290.36

(内容)世界と日本の各種最新統計資料について、原統計を換算して形式を変え、さらに専門家による補正を加えた上で収録。

最新 地理統計　1998年版　古今書院地理統計編集部編集　古今書院　1998.2　118p　21cm　371円　①4-7722-5012-3　Ⓝ290.36

世界と日本の地理統計　2000年版　古今書院地理統計編集部編　古今書院　2000.02　116p　21cm　380円　①4-7722-4016-0　Ⓝ290.36

世界と日本の地理統計　2001／2002年版　古今書院地理統計編集部編　古今書院　2001.1　117p　21cm　390円　①4-7722-4021-7　Ⓝ290.36

(目次)自然環境，環境問題，世界の国々・民族，人口・都市，農林水産業，エネルギー，鉱工業，交通・通信，貿易，経済・文化，地誌，国際機構，自然環境・環境問題，人口・都市，農林水産業，エネルギー，鉱工業，交通・通信，貿易，経済・文化

(内容)日本を含む世界の地理統計を編集収録した統計集。様々な統計集を出典とし、地理分野に関するものを選定・掲載する。

世界と日本の地理統計　2002／2003年版　古今書院地理統計編集部編　古今書院　2002.2　93p　21cm　360円　①4-7722-4030-6　Ⓝ290.36

(目次)自然環境，環境問題，世界の国々・民族，人口・都市，農林水産業，エネルギー，鉱工業，交通・通信，貿易，経済・文化，地誌，自然環境・環境問題，人口・都市，農林水産業，エネルギー，鉱工業，交通・通信，貿易

(内容)日本と世界の地理統計を収録した統計集。様々な統計集を出典とし、地理分野に関するものを選定・掲載。分野別に構成する。巻頭に地理年表、おもな出典、特殊単位、巻末に索引がある。

世界と日本の地理統計　2003／2004年版　古今書院地理統計編集部編　古今書院　2003.2　93p　21cm　362円　①4-7722-4042-X　Ⓝ290.36

(目次)自然環境，環境問題，世界の国々・民族，人口・都市，農林水産業，エネルギー，鉱工業，交通・通信，貿易，経済・文化，地誌，自然環境・環境問題，人口・都市，農水産業，エネルギー・鉱工業，経済・交通・通信，貿易

世界と日本の地理統計　2004／2005年版　古今書院地理統計編集部編　古今書院　2004.2　92p　21cm　381円　①4-7722-4049-7　Ⓝ290.36

(目次)自然環境，環境問題，世界の国々・民族，人口・都市，農林水産業，エネルギー，鉱工業，交通・通信，貿易，経済・文化，地誌，自然環境・環境問題，人口・都市，農林水産業，エネルギー・鉱工業，経済・交通・通信，国際機構

世界と日本の地理統計　2005／2006年版　古今書院地理統計編集部編　古今書院　2005.2　93p　21cm　410円　①4-7722-4056-X　Ⓝ290.36

(目次)自然環境，環境問題，世界の国々・民族，人口・都市，農林水産業，エネルギー，鉱工業，交通・通信，貿易，経済・文化，地誌，自然環境・環境問題，人口・都市，農林水産業，エネルギー・工業，経済・交通・通信，貿易，国際機構

地理データファイル　大学受験対策用　2000年度版　帝国書院編集部編　帝国書院　2000.3　136p　21cm　467円　①4-8071-5232-7　ⓃK290

(目次)対策編（世界の地域別国家面積（マトリックス），世界の地域別人口密度（マトリックス），世界の地域別国家所得（マトリックス），世界の国家人口と国家面積（マトリックス）ほか），本編（世界の現勢，自然，地球環境問題，交通・通信 ほか）

(内容)大学受験対策用の地理統計集。対策編と本編で構成。対策編では世界および国内についての人口、産業等のデータを国別や地域別のパターンから全体の傾向について解説。本編では世界の現勢、自然、地球環境問題などの統計資料を収録した。

地理データファイル　大学受験対策用　2002年度版　帝国書院編集部編　帝国書院　2002.3　136p　21cm　467円　①4-8071-5300-5　ⓃK290

(目次)対策編（世界の地域別国家面積，世界の地域別人口密度，世界の地域別国家所得，世界の国家人口と国家面積，おもな指標の大陸別割合 ほか），本編（世界の現勢，自然，地球環境問題，交通・通信，人口 ほか）

(内容)大学受験用の地理データ集。地域別に統計をパターンで覚えるための工夫をしている。

地理データファイル　大学受験対策用　2012年度版　帝国書院編集部編　帝国書院　2012.3　136p　21cm　467円　Ⓘ978-4-8071-6005-1

(目次)対策編(世界の地域別国家面積(マトリックス), 世界の地域別人口密度(マトリックス), 世界の地域別国家所得(マトリックス), 世界の国家人口と国家面積(マトリックス) ほか), 本編(世界の現勢, 自然, 地球環境問題, 交通・通信 ほか)

地理統計要覧　1990年版(Vol.30)　二宮書店　1990.2　128p　21cm　270円　Ⓝ290.36

(目次)自然環境, 面積・人口, 農牧・林・水産業, 鉱業, 工業, 交通・通信・観光, 貿易, 国民総生産・文化, 公害, 国際機構, さくいん・参考資料

地理統計要覧　1991年版(Vol.31)　二宮書店　1991.3　128p　21cm　290円　Ⓝ290.36

地理統計要覧　1992年版(Vol.32)　二宮書店　1992.2　128p　21cm　290円　Ⓝ290.36

地理統計要覧　1993年版(Vol.33)　二宮書店　1993.2　144p　21cm　320円　Ⓝ290.36

(目次)自然環境, 世界の国々, 人口・都市, 農牧・林・水産業, エネルギー, 鉱工業, 交通・通信, 貿易, 経済・生活・文化, 環境問題, 国際機構

地理統計要覧　1994年版(Vol.34)　二宮書店　1994.1　144p　21cm　340円　Ⓘ4-8176-0122-1　Ⓝ290.36

(内容)世界と日本の地理に関する統計集。自然環境・人口・産業・エネルギー・貿易・文化・環境問題などについての統計を分野別に収録。参考資料一覧、統計要覧索引を付す。

地理統計要覧　1995年版(Vol.35)　二宮書店　1995.1　143p　21cm　350円　Ⓘ4-8176-0131-0　Ⓝ290.36

(内容)世界と日本の地理に関する統計集。自然環境・人口・産業・エネルギー・貿易・文化・環境問題などについての統計を分野別に収録。巻末に統計要覧索引を付す。

地理統計要覧　1996年版(Vol.36)　二宮書店　1996.1　144p　21cm　340円　Ⓘ4-817-60136-1　Ⓝ290.36

地理統計要覧　1997年版(Vol.37)　二宮書店　1997.1　144p　21cm　350円　Ⓘ4-817-60146-9　Ⓝ290.36

地理統計要覧　1998年版(Vol.38)　二宮書店　1998.1　144p　21cm　371円　Ⓘ4-817-60152-3　Ⓝ290.36

地理統計要覧　1999年版(Vol.39)　二宮書店　1999.1　144p　21cm　371円　Ⓘ4-817-60165-5　Ⓝ290.36

地理統計要覧　2000年版(Vol.40)　二宮書店　2000.1　144p　21cm　371円　Ⓘ4-8176-0171-X　Ⓝ290.36

(目次)自然環境, 世界の国々, 人口・都市, 農牧・林・水産業, エネルギー, 鉱工業, 交通・通信, 貿易, 経済・生活・文化, 環境問題, 国際機構

地理統計要覧　2001年版(Vol.41)　二宮書店　2001.1　144p　21cm　371円　Ⓘ4-817-60178-7　Ⓝ290.36

地理統計要覧　2002年版(Vol.42)　二宮書店　2002.1　144p　21cm　381円　Ⓘ4-817-60178-7　Ⓝ290.36

地理統計要覧　2003年版(Vol.43)　二宮書店　2003.1　144p　21cm　400円　Ⓘ4-817-60198-1　Ⓝ290.36

地理統計要覧　2004年版(Vol.44)　二宮書店　2004.1　160p　21cm　400円　Ⓘ4-8176-0217-1　Ⓝ290.36

(目次)自然環境, 世界の国々, 人口・都市, 農牧・林・水産業, エネルギー, 交通・通信, 貿易, 経済・生活・文化, 環境問題, 都道府県統計, 国際機構

地理統計要覧　2005年版(Vol.45)　二宮書店　2005.1　160p　21cm　400円　Ⓘ4-8176-0225-2　Ⓝ290.36

(目次)自然環境, 世界の国々, 人口・都市, 農牧・林・水産業, エネルギー, 鉱工業, 交通・通信, 貿易, 投資・経済協力, 経済・生活・文化, 国防・テロ, 環境問題, 日本 都道府県統計, 国際機構

地理統計要覧　2006年版(Vol.46)　二宮書店　2006.2　160p　21cm　400円　Ⓘ4-8176-0239-2　Ⓝ290.36

(目次)自然環境, 世界の国々, 人口・都市, 農牧・林・水産業, エネルギー, 鉱工業, 交通・通信, 貿易, 企業・投資・経済協力, 経済・生活・文化, 環境問題, 日本, 国際機構

地理統計要覧　2007年版(Vol.47)　二宮書店　2007.1　160p　21cm　400円　Ⓘ978-4-8176-0301-2　Ⓝ290.36

(目次)自然環境, 世界の国々, 人口・都市, 農

牧・林・水産業，エネルギー，鉱工業，交通・通信，貿易，企業・投資・経済協力，経済・生活・文化，環境問題，日本，国際機構

地理統計要覧　2008年版（Vol.48）　二宮書店　2008.1　160p　21cm　400円　Ⓘ978-4-8176-0321-0　Ⓝ290.36

(目次)1 自然環境，2 世界の国々，3 人口・都市，4 農牧・林・水産業，5 エネルギー，6 鉱工業，7 交通・通信，8 貿易，9 企業・投資・経済協力，10 経済・生活・文化，11 環境問題，12 日本，13 国際機構

地理統計要覧　2009年版（Vol.49）　二宮書店　2009.1　160p　21cm　400円　Ⓘ978-4-8176-0334-0　Ⓝ290.36

(目次)1 自然環境，2 世界の国々，3 人口・都市，4 農牧・林・水産業，5 エネルギー，6 鉱工業，7 交通・通信，8 貿易，9 企業・投資・経済協力，10 経済・生活・文化，11 環境問題，12 日本，13 国際機構

地理統計要覧　2010年版（Vol.50）　二宮書店編集部　二宮書店　2010.1　160p　21cm　400円　Ⓘ978-4-8176-0341-8　Ⓝ290.36

(内容)最新のデータをもとに整理・分類した地理統計書。自然環境、世界の国々、人口・都市、農牧・林・水産業、エネルギー、交通・通信、経済・生活・文化、環境問題など13分野の情報をコンパクトに収録。

地理統計要覧　2011年版（Vol.51）　二宮書店編　二宮書店　2011.1　160p　21cm　400円　Ⓘ978-4-8176-0347-0　Ⓝ290.36

(目次)自然環境，世界の国々，人口・都市，農牧・林・水産業，エネルギー，鉱工業，交通・通信，貿易，企業・投資・経済協力，経済・生活・文化，環境問題，日本，国際機構

地理統計要覧　2012年版（Vol.52）　二宮書店　2012.1　160p　21cm　400円　Ⓘ978-4-8176-0359-3　Ⓝ290.36

(目次)自然環境，世界の国々，人口・都市，農牧・林・水産業，エネルギー，鉱工業，交通・通信，貿易，企業・投資・経済協力，経済・生活・文化，環境問題，日本，国際機構

地理統計要覧　2013年版（Vol.53）　二宮書店　2013.1　160p　21cm　400円　Ⓘ978-4-8176-0376-4　Ⓝ290.36

地理統計要覧　2014年版（Vol.54）　二宮書店　2014.1　160p　21cm　400円　Ⓘ978-4-8176-0382-1　Ⓝ290.36

(目次)1 自然環境，2 世界の国々，3 人口・都市，4 農牧・林・水産業，5 エネルギー，6 鉱工業，7 交通・通信，8 貿易，9 企業・投資・経済協力，10 経済・生活・文化，11 環境問題，12 日本，13 国際機構

地理統計要覧　2015年版（Vol.55）　二宮書店　2015.1　160p　21cm　400円　Ⓘ978-4-8176-0390-6　Ⓝ290.36

(目次)1 自然環境，2 世界の国々，3 人口・都市，4 農牧・林・水産業，5 エネルギー，6 鉱工業，7 交通・通信，8 貿易，9 企業・投資・経済協力，10 経済・生活・文化，11 環境問題，12 日本，13 国際機構

地理統計要覧　2016年版（Vol.56）　二宮書店　2016.1　160p　21cm　400円　Ⓘ978-4-8176-0400-2　Ⓝ290.36

(目次)自然環境，世界の国々，人口・都市，農牧・林・水産業，エネルギー，鉱工業，交通・通信，貿易，企業・投資・経済協力，経済・生活・文化，環境問題，日本，国際機構

地理統計要覧　2017年版（Vol.57）　二宮書店　2017.1　160p　21cm　400円　Ⓘ978-4-8176-0412-5　Ⓝ290.36

(目次)自然環境，世界の国々，人口・都市，農牧・林・水産業，エネルギー，鉱工業，交通・通信，貿易，企業・投資・経済協力，経済・生活・文化，環境問題，日本，国際機構

地理学

<書 誌>

市川健夫著作目録　市川健夫先生著作集刊行会編　（長野）第一企画　2010.3　63p　19cm　286円　Ⓘ978-4-902676-17-4　Ⓝ291.03

個人著作集内容総覧　3　歴史・地理　日外アソシエーツ編　日外アソシエーツ，紀伊国屋書店（発売）　1997.10　594p　21cm　20000円　Ⓘ4-8169-1458-7　Ⓝ027.4

(目次)歴史，日本史，東洋史，西洋史，伝記，地理

(内容)1945年から1996年までの52年間に日本国内で刊行された個人著作集・全集類のうち歴史・地理分野の著作集・全集類の192集、1037冊を収録した内容細目集。配列は日本十進分類法の2次区分に順じ、歴史・日本史・東洋史・西洋史・伝記・地理に6区分し、区分ごとに著者名の五十音順に配列。巻頭に、歴史・地理編に収録した180人の著者を五十音順に排列した収録著者一覧、巻末に本文に掲載した著作の1万5000点の論題を五十音順に排列した論題索引がある。

子どもの本 社会がわかる2000冊　日外アソシエーツ株式会社編　日外アソシエーツ

2009.8　336p　21cm　〈索引あり〉　6600円　Ⓘ978-4-8169-2202-2　Ⓝ290.31

(目次)地理(地図と国旗の本, 世界の国と人びと, わたしたちの日本), 現代社会(時事・政治・法律, 経済・仕事・産業, 社会・生活), 書名索引, 事項名索引

(内容)子どもたちが社会について知りたい・調べたいときに。世界・日本の地理、政治・経済・現代社会について小学生以下を対象に書かれた本2462冊を収録。公立図書館・学校図書館での本の選定・紹介・購入に最適のガイド。最近10年の本を新しい順に一覧できる。便利な内容紹介つき。

雑誌記事索引 人文・社会編 累積索引版 1985～1989 シリーズG 歴史・地理　国立国会図書館編　紀伊国屋書店　1993.6　1冊　26cm　29000円　Ⓘ4-314-10085-0　Ⓝ027.5

(内容)国立国会図書館の「雑誌記事索引(人文・社会編)」第38～42巻(1985～1989年)に収録した論文記事を対象とした累積索引版のシリーズ。全体は11分野で構成する。本巻には歴史・地理に関する記事を収録、収録数は、雑誌1048誌、記事10214件。巻末に著者名・相関・収録誌名の各索引を付す。

地理学関係書誌の書誌　奥野隆史編著　皓星社　1998.9　483p　27cm　〈「地理学関係文献目録総覧」(原書房1985年刊)の増訂〉　18000円　Ⓘ4-7744-0201-X　Ⓝ290.31

(目次)第一部 文献目録・抄録集集覧(一般書誌, 地理学, 地球, 地質, 地形, 土壌, 気候・気象, 海洋, 陸水, 生物, 災害, 人口・労働, 村落, 都市, 経済地理, 農業, 畜産, 林業, 水産業, 資源, 工業, 地域計画・開発, 商業, 交通・観光, 政治, 社会, 文化, 歴史, 地図・地名, 地誌・地方史誌), 第二部 雑誌総索引・総目次集覧

(内容)地理学およびその周辺分野において、1880年から1996年までわが国で発刊された、地理学に関連した文献目録・抄録集・雑誌総索引・総目次を収録。

地理学文献目録　第9集　1987～1991　人文地理学会文献目録編集委員会編　古今書院　1993.3　316p　26cm　14000円　Ⓘ4-7722-1831-9　Ⓝ290.31

(目次)地理学総論, 地理学史, 地図・古地図, 地形, 気候, 水文, その他の自然地理学, 災害〔ほか〕

地理学文献目録　第10集　1992～1996　人文地理学会文献目録編集委員会編　古今書院　1998.4　396p　27cm　〈付属資料：CD-ROM1枚(12cm)：1987-1996〉　17000円　Ⓘ4-7722-5017-4　Ⓝ290.31

地理学文献目録　第11集　1997～2001　人文地理学会文献目録編集委員会編　古今書院　2004.7　450p　26cm　〈付属資料：CD-ROM1〉　19000円　Ⓘ4-7722-5090-5　Ⓝ290.31

(目次)地理学総論, 地理学史, 地図・古地図, 地形, 気候, 水文, その他の自然地理学, 災害, 環境問題, 人口, 村落, 都市, 経済地理, 農業, 牧畜, 林業, 水産業, 資源・鉱業, 工業, 地域計画・地域開発, 商業・貿易・金融, 交通・通信, 観光, 政治, 社会, 文化, 知覚・行動, 歴史地理, 地名, 地理教育, 紀行・随筆

(内容)1997年1月から2001年12月までの5年間に日本国内で刊行された地理学の単行本、雑誌論文、単行本所載の論文などの文献を採録した文献目録。文献の配列は主題分類、地域分類、刊行形態、刊行年の順、付録に1987年以降の文献情報を収録したCD-ROMが付く。

地理学文献目録　第12集　2002～2006　人文地理学会文献目録編集委員会編　古今書院　2009.7　538p　27cm　20000円　Ⓘ978-4-7722-5225-6　Ⓝ290.31

(目次)地理学総論, 地理学史, 地図・古地図, 地形, 気候, 水文, その他の自然地理学, 災害, 環境問題, 人口, 村落, 都市, 経済地理, 農業, 牧畜, 林業, 水産業, 資源・鉱業, 工業, 地域計画・地域開発, 商業・貿易・金融, 交通・通信, 観光, 政治, 社会, 文化, 知覚・行動, 歴史地理, 地名, 地誌, 地理教育, 紀行・随筆

伝統と革新 私が読んだ99の地理学　竹内啓一著　古今書院　2003.2　401p　22cm　3800円　Ⓘ4-7722-5070-0　Ⓝ290.31

<事 典>

オックスフォード地理学辞典　Susan Mayhew編, 田辺裕監訳　朝倉書店　2003.11　380p　21cm　(オックスフォード辞典シリーズ)　〈原書第2版　原書名：A Dictionary of Geography,SECOND EDITION〉　8800円　Ⓘ4-254-16339-8　Ⓝ290.33

(内容)地理学に関する伝統的な概念から最先端の用語まで、人文地理と自然地理の両分野の用語、関連諸科学の用語を収録し、解説した。本文は五十音順に排列。巻末に欧文索引付き。

最新 世界地理の雑学事典 おもしろくてためになる　辻原康夫著　日本実業出版社　1996.12　268p　19cm　〈『世界地理の雑学事典』(1991年刊)の最新版〉　1300円

①4-534-02559-9　Ⓝ290.4

(目次)第1章 ワンダーランドの世界地図，第2章 世界ランキング調書，第3章 地球サイズのものしり白書，第4章 国際情勢一夜漬け，第5章 諸国雑学ゼミナール 政治編，第6章 諸国雑学ゼミナール 文化編，第7章 地名ワールドへの招待状

最新地理学用語辞典　浮田典良編　大明堂　2002.11　288p　21cm　2800円　①4-470-67009-X　Ⓝ290.33

(内容)地理学用語をコンパクトに解説する用語辞典。1979年刊行「最新地理学辞典」(新訂版)の改訂版。新たに1410項目を追加したほか、1140項目を改訂。排列は見出し語の五十音順で、見出し語、見出し語の英訳、解説文、文献を記載する。

最新地理学用語辞典　改訂版　浮田典良編　大明堂　2003.2　288p　21cm　2800円　①4-470-67010-3　Ⓝ290.33

(内容)地理学と関連分野および学際的に注目される基本用語を新しい視野にたって幅広く収録し、わかり易く解説する。研究学習の好伴侶となる辞典。2002年刊の改訂版。

最新地理学用語辞典　改訂版　浮田典良編　原書房　2004.2　288p　21cm　2800円　①4-562-09054-5　Ⓝ290.33

(内容)地理学に関する新旧さまざまな用語を収録し、コンパクトに解説。本文は五十音順に排列。

最新 地理小辞典　改訂版　芦刈孝編　二宮書店　1991.1　360p　19cm　980円　Ⓝ290.33

(内容)地理の学習に広く用いられる用語・地名・人名・産物名などのなかから、重要と思われるものを選択、収録した。地理以外の用語でも、地理の学習に必要と思われるものは広く採用した。小項目式を採用し、解説は単に言葉の定義に終ることなく、それの持つ意義や実例をあわせて記述するよう務めた。

最新 地理小辞典　3訂版　芦刈孝編著　二宮書店　1997.1　422p　19cm　800円　①4-8176-0149-3　Ⓝ290.33

世界地図情報事典　R.B.パリー，C.R.パーキンズ編著，正井泰夫監訳　原書房　1990.12　521p　31cm　〈参考文献：p9　原書名：World mapping today.〉　25000円　①4-562-02145-4　Ⓝ290.38

(内容)世界各国の地図の刊行状況や販売状況の最新情報を収載。地域別(南極・北極も含む)にわけ、さらに英語国名のアルファベット順に排列。記載内容は、主な地図作成機関・その製作物・現状、主な参考書・出版社カタログ・索引、関係機関の住所、最新地図のカタログ、主な地図シリーズを示した図形索引。巻末にアルファベット順の出版社索引を付す。

世界地理大百科事典　1　国際連合　田辺裕総監修，平野健一郎，小寺彰監修　朝倉書店　2000.2　487p　26cm　〈付属資料：表1，原書第8版　原書名：Worldmark Encyclopedia of the Nations〉　25500円　①4-254-16661-3　Ⓝ290.36

(目次)国際連合の組織(国際連合の組織図，国際連合システムの構造，国際連盟との比較，国際連合の創設 ほか)，国際連合の関連機関(国際連合システムの機関，国際原子力機関(IAEA)，国際労働機関(ILO)，国連食糧農業機関(FAO)ほか)，付録(極地地域，世界の統計表，宗教上の祝祭日，専門用語集，国名・地域名索引)

(内容)国際連合と、国連の関係機関の組織や活動内容をまとめた資料集。国連の組織は、全体としての国連システムおよび、国連のプログラムなどを解説。関連機関では、主要な関連機関ごとに成立の経緯、現状、活用内容などを解説。付録には、極地地域の地誌、主要項目の統計データ表などを収録。索引付き。

世界地理大百科事典　2　アフリカ　田辺裕総監修，柴田匡平，島田周平監修　朝倉書店　1998.10　665p　26cm　〈原書第8版　原書名：Worldmark encyclopedia of the nations.〉　28500円　①4-254-16662-1　Ⓝ290.36

(目次)アルジェリア，アンゴラ，イギリス属領，ウガンダ，エジプト，エチオピア，エリトリア，ガーナ，カーボベルデ，ガボン〔ほか〕

世界地理大百科事典　3　南北アメリカ　田辺裕総監修　朝倉書店　1999.2　595p　26cm　28500円　①4-254-16663-X　Ⓝ290.36

(目次)アメリカ，アルゼンチン，アンティグア・バーブーダ，イギリス属領，ウルグアイ，エクアドル，エルサルバドル，オランダ属領，ガイアナ，カナダ〔ほか〕

世界地理大百科事典　4　アジア・オセアニア(1)　田辺裕総監修，桜井由躬雄，佐藤哲夫，谷内達，村田雄二郎，山岸智子監修　朝倉書店　2002.1　429,7p　26cm　〈原書第8版　原書名：Worldmark encyclopedia of the nations. - 8th ed.〉　28500円　①4-254-16664-8　Ⓝ290.36

(目次)アゼルバイジャン，アフガニスタン，アメリカ属領，アラブ首長国連邦，イエメン，イギリス属領，イスラエル，イラク，イラン，インド〔ほか〕

(内容)アジア・アセアニア全域の各国別地誌。五十音順に30カ国の情報を、位置、広さと領域、地形、気候、環境、人口など、共通番号を付した

49の小見出しに分類して解説する。国旗のイラストも付す。1995年刊行のアメリカ、Gale社刊「Worldmark Encyclopedia of the Nations」第8版第4巻（2分冊）の第1巻を翻訳。2001年時点の最新情報を補注等で追加している。巻末に五十音順、アルファベット併記の国名・地域名索引を付す。

世界地理大百科事典　5　アジア・オセアニア（2）　田辺裕総監修，桜井由躬雄，佐藤哲夫，谷内達，村田雄二郎，山岸智子監修　朝倉書店　2002.3　1冊　26cm　28500円　Ⓘ4-254-16665-6　Ⓝ290.36

(目次)台湾，タジキスタン，中国，中国の特別行政区，ツバル，トルクメニスタン，トルコ，トンガ，ナウル，日本〔ほか〕

(内容)アジア・オセアニア各国の基礎データを収録した資料集。アメリカGale社による"Worldmark Encyclopedia of the Nations"（第8版）第4巻の完訳にあたる（2分冊）。五十音順に排列した各国について、その正式名称、首都、通貨などの基礎的事項と環境、言語・宗教、政治、経済、産業、科学技術、財政、メディア、観光などを含めた国勢に関する49の項目から解説。巻末には国名・地域名索引を付す。

世界地理大百科事典　6　ヨーロッパ　田辺裕，木村英亮，中俣均監修　朝倉書店　2000.9　680p　26cm　〈原書第8版　原書名：WORLDMARK ENCYCLOPEDIA OF THE NATIONS〉　28500円　Ⓘ4-254-16666-4　Ⓝ290.36

(目次)アイスランド，アイルランド，アルバニア，アルメニア，アンドラ，イギリス，イタリア，ウクライナ，エストニア，オーストリア〔ほか〕

(内容)ヨーロッパ各国の基礎データを編集収録した資料集。45カ国を対象とし、国名の五十音順に掲載。国ごとに正式名称、首都、通貨などの基礎的な事項と位置・広さと領域、地形、環境、言語・宗教、政治、経済、産業、財政、教育、メディア、レクリエーションなど49の項目を設け、自然地理から人文地理まで解説。東欧諸国については、現在の紛争の原因となる歴史的経緯を詳細に記述。巻末には国名・地域名索引を付す。

「世界地理」なるほど雑学事典　地名の謎から地図の不思議までおもしろ知識満載！　世界博学俱楽部著　PHP研究所　1999.1　237p　15cm　（PHP文庫）　495円　Ⓘ4-569-57233-2　Ⓝ290.4

(目次)第1章 スパッと解決！「地図」をめぐる小さなギモン，第2章 知れば知るほどおもしろい「地形」の話，第3章 これを知ってれば国際ニュースがもっと楽しめる！，第4章 地球はこんなに謎だらけ！，第5章 あの国・あの土地のちょっと意外な「お国事情」，第6章 もっと知りたい！「地名」の話，第7章 世界にはマル秘スポットがまだまだいっぱい！，第8章 世界各地「ユニーク文化・風習」めぐり

(内容)「アフリカや北アメリカには、なぜ直線的な国境線が多い？」「毎年1センチずつ国土が増えている国？」「いまだに石のお金を使っている国がある!?」…。本書は、地図をめぐる小さな疑問から、知れば知るほど面白い地名の話、世界のマル秘スポット、ちょっと意外なお国事情までを紹介。国際ニュースがよくわかり、世界地図を見るのが楽しくなる一冊。

世界地理の恥をかかない雑学事典　草野仁監修　成美堂出版　1999.3　286p　16cm　（成美文庫）　505円　Ⓘ4-415-06819-7　Ⓝ290.4

(目次)第1章 世界地理の疑問・雑学大集合!!，第2章 ワンダフルな自然があふれる世界を見に行こう！，第3章 世界の旅がグーンと楽しくなる地球マル珍スポット，第4章 世界地図の上のあんな地名、こんな地名，第5章 人・人・人…人を知らなきゃ世界は語れない，第6章 胃袋からひもとく世界の国々，第7章 国際ニュースで世界を丸かじり！

(内容)世界地理のおもしろい見方、教えます！「もし、日付変更線がなかったら…」「大統領や首相の不適切な関係を許してしまう国がある」??など、世界地図に埋め込まれた疑問・雑学を一挙に紹介。素朴な疑問をはじめ、国民性や食文化、最新の国際ニュースなどから世界を眺めてみれば、国際理解にもきっと役立つこと請け合いです。

世界文化情報事典　カルチャーグラム102　G.P.スケーブランド，S.M.シムズ編，古田暁編訳　大修館書店　1992.4　745p　19cm　〈原書名：Culturgram〉　6180円　Ⓘ4-469-01233-5　Ⓝ290.36

(内容)世界102の国や地域をとりあげ、生活習慣、国民性、社会文化状況などを活写。激動する世界の背後に息づく人人の生き方や考え方をも見すえた本書は、海外旅行のユニークなガイドとして、世界を身近に感じさせる読み物として、楽しめるハンドブック。

世界文化情報事典　カルチャーグラム102　第2版　G.P.スケーブランド，S.M.シムズ編，古田暁編訳　大修館書店　1995.3　28,745p　19cm　〈原書名：Culturgram〉　6695円　Ⓘ4-469-01242-4　Ⓝ290.36

(内容)世界102の国や地域の生活習慣や国民性、文化などを解説したハンドブック。1992年に発行されたものの改訂版。排列は日本語の国名・地域名の五十音順。第2版の刊行にあたっては、

統計データなどを主に1993年時点のものに改めたほか、政治・社会的変動についても最新の動向に改めた。

地名・地理辞典　改訂新版　市川正巳〔ほか〕共著　数研出版　1994.4　328p　19cm　790円　①4-410-00353-4　Ⓝ290.33

地理・地名事典　旺文社編　旺文社　1992.9　429p　19cm　1500円　①4-01-077976-4　Ⓝ290.33

(内容)激動しているソ連・東欧の変革、地球温暖化・オゾン層の破壊・熱帯林の破壊・酸性雨などの地球環境問題。さらに人口・都市問題や日本の市場開放など国際化に関する問題など、新しい世界、新しい時代に対応し、あわせて入試頻出の項目も掲載。

風景の事典　千田稔，前田良一，内田忠賢編　古今書院　2001.6　321p　19cm　2600円　①4-7722-1418-6　Ⓝ290.13

(目次)第1章 風景の周辺，第2章 風景の見方・とらえ方，第3章 シンボルとしての風景，第4章 自然と生きる風景，第5章 風景となった歴史，第6章 非日常の風景，第7章 暮らしの中の風景，第8章 集いの風景

(内容)里山、水郷、山の手、下町、田舎、歴史街道、城下町、酒場、祭り、リゾートなど、風景に関する110のキーワードを記述するもの。

<名簿・人名事典>

日本地理学人物事典　近世編　岡田俊裕著　原書房　2011.5　341p　22cm　〈文献あり　年表あり 索引あり〉　4800円　①978-4-562-04694-2　Ⓝ290.33

(目次)熊沢蕃山（1619‐1691）―地理学的・生態学的な観点に立つ環境行政・国土経営を行う，山鹿素行（1622‐1685）―兵学の一環として自然事象・人文事象を地理学的に考察する，宮崎安貞（1623‐1697）―実証的で地理学的な内容を多く含む『農業全書』を著す，貝原益軒（1630‐1714）―客観的・写実的な紀行文と実地調査をふまえた本格的な地誌を著す，渋川春海（1639‐1715）―天文・数理地理学者で、日本初の世界地図と地球儀を作製する，宗覚（1639‐1720）―西洋伝来の世界地理知識を仏教の世界説に合致させた地球儀と世界地図を作製する，西川如見（1648‐1724）―日本初の世界地理書を公刊し、民衆の異国への関心を引き起こす，新井白石（1657‐1725）―幕政に参画するなか世界地理を研究し、琉球や蝦夷の地誌を著す，並河誠所（1668‐1738）―官撰地誌の模範となる『五畿内志』を先駆的に著す，太宰春台（1680‐1747）―人間主体の地人関係論を展開し、地誌の意義と必要性を論じる〔ほか〕

(内容)一七世紀から一九世紀半ばに活躍した地理学者を取り上げ、その生涯と業績を紹介する。熊沢蕃山を筆頭に、山鹿素行、貝原益軒、渋川春海、林子平、伊能忠敬、司馬江漢、最上徳内、間宮林蔵、箕作省吾まで全四四名を生年順に配列。通読することで地理学史上の大きな流れに接近できる構成となっている。また、蘭学者、経世家、天文家、探検家など、地理学のみにとどまらない人物達の関心と仕事ぶりは、博物誌的な広がりも見せ、江戸期学者の興味深い列伝として読むこともできる。

日本地理学人物事典　近代編 1　岡田俊裕著　原書房　2011.12　482p　22cm　〈索引あり　文献あり〉　6800円　①978-4-562-04710-9　Ⓝ290.33

(目次)福沢諭吉，村田文夫，内田正雄，久米邦武，河田羆，大槻修二，松島剛，小藤文次郎，坪井九馬三，野口保興〔ほか〕

(内容)学界を常にリードし大きな功績を残した山崎直方、京都大学の地理学教室を創設した小川琢治など地理学者・地理教育学者57名の横顔を描く。

日本地理学人物事典　近代編 2　岡田俊裕著　原書房　2013.2　369p　22cm　〈他言語標題：Biographical Dictionary of Japanese Geographers　年表あり 索引あり〉　6800円　①978-4-562-04711-6　Ⓝ290.33

(目次)黒正巌（1895‐1949）―経済史学から経済地理学に参入し、その理論形成に新風を吹き込む。，飯本信之（1895‐1989）―昭和前期に政治地理学と地政学を開拓し、以後、その研究展開を先導する。，秋岡武次郎（1895‐1975）―膨大な量の古地図を収集し、おもに日本の地図史を研究する。，冨田芳郎（1895‐1982）―経済地理・地形・集落・植民地理・開発地理など多岐にわたる研究を行う。，山本熊太郎（1895‐1979）―地理・地誌の教育者・啓蒙家で、社会情況を注視し膨大な著作を遺す。，田口稔（1896‐1977）―関東州の大連を拠点に、満州の地理的風土の変化を長年観察する。，田山利三郎（1897‐1952）―南洋諸島とそのサンゴ礁、日本近海の海底地形などを精力的に研究する。，川西正鑑（1897‐?）―工業立地論をふまえて経済地理学理論を構築し、戦時期の産業立地計画を策定する。，武見芳二（1897‐1946）―樺太・沖縄・満州・華北・南洋などの植民地理・人口地理を研究する。，吉田敬市（1897‐1971）―とくに昭和の前半期に、水産業・漁村・条里などの歴史地理研究を行う。〔ほか〕

(内容)本巻では日清・日露戦争の戦間期（一八九五‐一九〇四年）に生まれた地理学者の生涯と業績を紹介。地政学を日本に紹介した飯本信

之、膨大な量の古地図を収集し普及させた秋岡武次郎、昭和期に指導的な役割を果たした多田文男、青野寿郎、石田竜次郎ら四三名を取り上げる。青年期から壮年期に大戦を経験した世代でもあり、その立場や研究内容によっては戦後、公職追放・教職追放の措置を受けた研究者も少なくない。また第二次大戦後の混乱から地理学のあらたな構築と展開に力を注いだ人物たちの姿も描かれ、近代の日本史、教育史として読むこともできる。巻末には日本の近代地理学を一覧できる詳細な年表を付した。

日本地理学人物事典　現代編 1　岡田俊裕著　原書房　2014.7　483p　22cm　〈他言語標題：Biographical Dictionary of Japanese Geographers　索引あり〉　7500円
①978-4-562-04712-3　Ⓝ290.33

(目次)村松繁樹（1905-1990）―地理学の啓蒙と地図の普及に努め、村落と都市の組織的で集約的な実地調査を先導する，福井英一郎（1905-2000）―日本の気候学をほとんど独力で育成し発展させ、優れた研究者を多数育てる，長井政太郎（1905-1983）―山形県の地理・地誌研究に没頭し、その交通路と集落を歴史地理的に研究する，保柳睦美（1905-1987）―乾燥アジアの自然地理研究、伊能図の研究、社会科地理の位置づけに成果をあげる，飯塚浩二（1906-1970）―社会科学的な人文地理研究を唱導するとともに、独自の比較文明論を展開する，伊藤郷平（1906-1984）―組織的な地誌・農業地理・都市地理研究を率先し、地域開発計画に関与する，鹿野忠雄（1906-1945）―昭和前期に台湾の動物地理・民族地理・自然地理を精力的に調査研究する，山口貞雄（1906-1992）―時代の推移に応じ、地誌、地理学史、工業の分布と立地、その変遷史を研究する，島之夫（1907-1988）―民家の地理学的研究を日本からアジア、ロシア、ヨーロッパへ視野を広げて行う，岩田孝三（1907-1994）―政治境界を歴史地理学的に研究し、近現代の政治地理事情を社会科学的に考察する。〔ほか〕

(内容)本巻では、1905年（日露戦争終結年）から1914年（第一次大戦参戦年）までに生まれた地理学者の生涯と業績を紹介。なかでも優れた研究・教育業績をあげた43名を取り上げる。彼らは、青壮年期に一五年戦争（満州事変、日華事変、「大東亜戦争」）を経験した世代であり、その立場や研究内容などによって、戦後、公職追放・教職追放の措置を受けた人も少なくない。彼らが、戦後の混乱のなかで、地理学・地理教育の新たな構築に力を注ぎ、その後の展開にどのように貢献したかを描く。あわせて、彼らが作成し提示した地図や図像を多数紹介する。

日本地理学人物事典　現代編 2　岡田俊裕著　原書房　2016.6　549p　22cm　〈他言語標題：Biographical Dictionary of Japanese Geographers　年表あり 索引あり〉　7500円
①978-4-562-04713-0　Ⓝ290.33

(目次)西村睦男（1915-2006）工業・農業の立地、商圏の研究を経て中心地に関する理論的・実証的研究を行う，野村正七（1915-1985）地図の投影法の研究、その学習指導の推進、本格的な地図帳の作製を行う，安藤万寿男（1915-2003）果実の生産・流通の地域構造や経済立地論を研究し、輪中の歴史地理的研究も行う，谷岡武雄（1916-2014）日本・フランスの平野・農村・都市を歴史地理・集落地理・応用地理的に比較研究，川上喜代四（1916-1982）海上保安庁水路部において、国内および国際的な海の地図の作成を推進する，千葉徳爾（1916-2001）日本の民俗を地理学的に研究し、日本人の自然観・風土観・地域観を究明する，菊地利夫（1916-）新田開発の社会経済的側面を歴史地理学的に実証研究し、その理論研究も深める，西村嘉助（1916-2013）地形や歴史地理の研究をふまえ、応用地形学や気候地形学の研究を唱導する，山鹿誠次（1916-2005）東京とその近郊を対象とする都市地理学の研究と普及・教育に尽力する，菊池万雄（1917-2013）近世村落の歴史地理学的研究、寺院過去帳に基づく近世・近代の災害研究を行う。〔ほか〕

(内容)本書では1915年（対華二十一か条要求）から1923年（関東大震災）の間に生まれた地理学者の生涯と業績を紹介。日本・フランスの平野・農村・都市を歴史地理・集落地理・応用地理的に比較研究した谷岡武雄、日本の民俗を地理学的に研究した千葉徳爾、日本・ニュージーランド・インドの歴史文化地理研究と地域研究用語の通文化的検討を行った石田寛、戦後日本を代表する地形学者、吉川虎雄ら35名の地理学者を取り上げる。地理学者たちの成長と長年にわたる奮闘ぶり、地理学の幅広さと豊かさ、地理学的な研究方法の特色とその多彩さを伝えることを目指した。巻末には現代地理学を見渡す詳細な年表（1932-1990年）を収めた。

<ハンドブック>

面白いほどよくわかる世界地図の読み方　民族・紛争から地理・歴史まで、激動の世界をどう読むか!　世界情勢を読む会編著　日本文芸社　2002.2　301p　19cm　（学校で教えない教科書シリーズ）　1300円
①4-537-25085-2　Ⓝ290.4

(目次)第1章 多様な民族がつくりだす混沌のアジア世界，第2章 イスラム世界の光芒と現在，第3章 ヨーロッパ統合はなるか?各国のお家事情，第4章 東ヨーロッパに広がるスラブ世界，第5章 神々の時代から続く地中海の覇権争い，第6章 黒い人ばかりではない「黒い大陸」，第7章 現代の楽園オセアニアの悲喜こもごも，第8

章 新大陸は人種、言葉の博物館，第9章 ラテンアメリカの光と影

(内容)世界192カ国、9地域を網羅。各国の面積、人口、言語、宗教、首都、通貨のデータおよび概要を掲載。

地域分析ハンドブック　Excelによる図表づくりの道具箱　半沢誠司，武者忠彦，近藤章夫，浜田博之編　（京都）ナカニシヤ出版　2015.6　196p　26cm　〈他言語標題：Handbook of Regional Analysis　文献あり　索引あり〉　2700円　①978-4-7795-0917-9　Ⓝ290.1

(目次)準備編（地域分析と統計，図表づくりの基本的作法 ほか），基本編（棒グラフの作り方，折れ線グラフの作り方 ほか），実践編（基本的な図表，応用的な図表 ほか），発展編（アンケート調査による地域分析，図を活かした論文の執筆）

<カタログ・目録>

国立国会図書館所蔵地図目録　外国地図の部 7（平成元年3月末現在）　国立国会図書館専門資料部編　国立国会図書館　1990.6　186p　26cm　〈折り込図2枚〉　①4-87582-254-5　Ⓝ290.38

国立国会図書館所蔵地図目録　外国地図の部 8（平成2年3月末現在）　国立国会図書館専門資料部編　国立国会図書館，紀伊国屋書店（発売）　1991.7　92p　26cm　〈付（地図2枚）〉　6900円　①4-87582-275-8　Ⓝ290.38

(内容)中国本土の5万分1地形図、中国全土の50万分1衛星写真図を、計2,358点収録。索引として民国製5万分1図一覧図および陸地衛星仮彩色影象図索引の2枚が別添資料の形で付されている。

国立国会図書館所蔵地図目録　外国地図の部 9（平成3年7月末現在）　国立国会図書館専門資料部編　国立国会図書館　1992.7　145p　26cm　①4-87582-333-9　Ⓝ290.38

国立国会図書館所蔵地図目録　外国地図の部 10（平成5年3月末現在）　国立国会図書館専門資料部編　国立国会図書館，紀伊国屋書店（発売）　1993.8　111p　26cm　6840円　①4-87582-353-3　Ⓝ290.38

(内容)国立国会図書館が所蔵する一枚ものの地図の目録。1965年から長期計画に基づき編纂・刊行されている。本巻では、アルゼンチン、ボリビア、チリ、エクアドル、フランス領ギアナ、パラグアイ、ペルー、スリナム、ウルグアイ、ベネズエラ、フォークランド諸島の南米諸国（地域）の、政府機関発行の組図で、1993年3月末日現在の所蔵資料を収録する。

国立国会図書館所蔵地図目録　外国地図の部 11（平成6年12月末現在）　国立国会図書館専門資料部編　国立国会図書館，紀伊国屋書店（発売）　1995.5　210p　26cm　9640円　①4-87582-419-X　Ⓝ290.38

国立国会図書館所蔵地図目録　外国地図の部 12（平成7年12月末現在）　国立国会図書館専門資料部編　国立国会図書館，紀伊国屋書店（発売）　1996.4　125p　26cm　7510円　①4-87582-437-8　Ⓝ290.38

国立国会図書館所蔵地図目録　外国地図の部 13（平成8年12月末現在）　国立国会図書館専門資料部編　国立国会図書館　1997.4　173p　26cm　〈折り込1枚　東京 紀伊国屋書店（発売）〉　9660円　①4-87582-489-0　Ⓝ290.38

国立国会図書館所蔵朝鮮関係地図資料目録　国立国会図書館専門資料部編　国立国会図書館，紀伊国屋書店（発売）　1993.10　212p　26cm　13500円　①4-87582-358-4　Ⓝ292.1038

発展途上地域地図目録　アジア経済研究所所蔵　第1巻　アジア地域編　アジア経済研究所　1990.11　326p　30cm　Ⓝ290.38

(内容)1959年から1990年までにアジア経済研究所所が収集した地図15,000枚を収録。地図目録編、地図索引編、都市図索引編から成り、それぞれの中をアジア一般、東アジア、東南アジア、南アジア、西アジアの5地域に分け、さらに国別に細分、アルファベット順に排列している。

発展途上地域地図目録　アジア経済研究所所蔵　第2巻　アフリカ地域編　アジア経済研究所　1991.11　201p　30cm　Ⓝ290.38

(内容)アフリカ地域の地図とアフリカの都市図、合計約1万枚を収録。地図目録、地図索引、都市図索引から成る。

発展途上地域地図目録　アジア経済研究所所蔵　第3巻　ラテンアメリカ地域編　アジア経済研究所編纂　アジア経済研究所　1994.1　196p　30cm　3240円　①4-258-17030-5　Ⓝ290.38

発展途上地域地図目録　アジア経済研究所所蔵　第4巻　オセアニア、北アメリカ、ヨーロッパ地域編　アジア地域、アフリカ地域、ラテンアメリカ地域一補遺編　アジア経済研究所編　アジア経済研究所，アジア経済出版会（発売）　1997.2　282p

30cm　3500円　①4-258-17039-9　Ⓝ290.38

(目次)序，凡例，地図目録編，地図索引編，補遺編「アジア地域」，「アフリカ地域」，「ラテンアメリカ地域」(地図目録編，地図索引編，都市図目録編)

(内容)アジア経済研究所創立時の1959年から1996年3月末までに収集した地図約5万枚のうち、オセアニア、北アメリカ、ヨーロッパ地域の地図およそ8000枚を収録した目録。索引図形式による検索方式と、関係書誌の収録と主題別、縮尺別の分類を付す。なお補遺編としてアジア、アフリカ、ラテンアメリカ地域の地図4000枚の目録も収録。

地 名

<事 典>

遊びながら学べる 難読地名珍地名事典　槖谷久三著　PHP研究所　1997.6　223p　18cm　1143円　①4-569-55667-1　Ⓝ290.18

(目次)北海道・東北地方，関東地方，中部地方，近畿地方，中国・四国地方，九州・沖縄地方

(内容)難読地名や珍しい地名を都道府県別に収録、由来や漢字の読み方解説した地名事典。

おもしろくてためになる 世界の地名雑学事典　辻原康夫著　日本実業出版社　1999.7　261,8p　19cm　1400円　①4-534-02954-3　Ⓝ290.189

(目次)第1章 序説・世界の地名ふしぎ白書，第2章 地名発生のパターン，第3章 古語から語源を解読する，第4章 単語の一部から由来を探る，第5章 地名が語る言葉のマジック，第6章 地名から生まれた外来語，第7章 地名史年表の楽しい読み方，第8章 所変われば地名も変わる，第9章 個性豊かに傑作・凡作表現集，第10章 お笑い地名雑学百科

(内容)地形・風土や歴史、神話伝説に由来する語源から、思わずアキれてしまういいかげんなネーミングまで、各地の地名にまつわる雑学エピソードが満載。これまで何気なく見すごしてきた地名の世界。しかし、そのルーツがわかれば、地図を眺めることが楽しくなり、旅行のおもしろさも倍増。その背景にある歴史も見えてきます。この一冊で、あなたも世界地図通に!

クリエーターのための地名ネーミング辞典　学研辞典編集部編　学研教育出版，学研マーケティング(発売)　2014.12　364p　19cm　〈他言語標題：A Geographical Naming Dictionary For Creators　索引あり〉　1400円　①978-4-05-304103-6　Ⓝ290.33

(目次)第1章 虐殺・悲劇の起きた地，第2章 祝祭・カーニバルで有名な地，第3章 語源に歴史のある地，第4章 自然によるもの(海、山、川…)，第5章 世界遺産／その他，第6章 神話・聖書の中の地名，第7章 架空・フィクションの中の地名，よりよく使うための地名ネーミングマニュアル

(内容)幻想、ファンタジー、ラノベ、ゲームに対応。商品名、キャラ名、ペット名…そのほか何にでも使える万能名づけ辞典!古代から現代まで。神話から小説上の地名まで収録したので、読むだけでも楽しく、教養が身につく。世界をとらえるヒットネーマーへのガイドブック。

コンサイス外国地名事典　第3版　三省堂編修所編，谷岡武雄監修　三省堂　1998.4　1154,109p　19cm　4800円　①4-385-15338-8　Ⓝ290.18

(内容)ソ連崩壊語の世界の地名21000項目を収録した地名事典。排列は見出し語の五十音順、原綴、位置や解説などを記載。巻末にラテン文字索引、漢字索引が付く。

コンパクト世界地名語源辞典　蟻川明男著　古今書院　1990.7　266p　19cm　1800円　①4-7722-1609-X　Ⓝ290.33

(内容)地名には歴史があり、そこに住む人々の生活があり、祖霊さえこもっているものもある。全世界にわたり、学校教育において扱われる主要地名を基準に、マスコミ関係に頻出するものを2,556採録。五十音順に配列し、原綴りとその意味、地名の由来を解説する。

世界地名情報事典　辻原康夫編著　東京書籍　2003.1　525p　22cm　2600円　①4-487-79851-5　Ⓝ290.33

(内容)世界の地名の総合情報レファレンスとして、地理的・歴史的事実のみならず、文学・芸術などの文化的情報から映画・スポーツ・イベントなどのエンターテインメント情報まで幅広く紹介。世界遺産や地名の由来、日本各地との姉妹提携関係も網羅。官庁・企業・マスコミ関係、学校など教育現場、図書館・図書室の資料としても最適。各種キーワード約3400からも地名を逆引きできる索引を収録。

世界地名大事典　1　アジア・オセアニア・極　1(ア-テ)　竹内啓一総編集，熊谷圭知，山本健児編集幹事　秋山元秀，小野有五，熊谷圭知，中村泰三，中山修一編集　朝倉書店　2017.11　1232p　27cm　43000円　①978-4-254-16891-4　Ⓝ290.33

世界地名大事典　2　アジア・オセアニア・極　2(ト-ン)　竹内啓一総編集，熊

谷圭知，山本健児編集幹事　秋山元秀，小野有五，熊谷圭知，中村泰三，中山修一編集　朝倉書店　2017.11　p1234～2423　27cm　〈索引あり〉　43000円　Ⓘ978-4-254-16892-1　Ⓝ290.33

世界地名大事典　3　中東・アフリカ　竹内啓一総編集，熊谷圭知，山本健児編集幹事　加藤博，島田周平編　朝倉書店　2012.11　1174p　27cm　32000円　Ⓘ978-4-254-16893-8　Ⓝ290.33

(内容)日本を除く世界の地名約4万8千を厳選して地域別に解説した地名事典。3は、中東・アフリカの地名を50音順に配列し、地名の所在地・範囲・交通、地形・気候、歴史、政治、文化、世界遺産などを記述する。

世界地名大事典　4　ヨーロッパ・ロシア　1（ア－コ）　竹内啓一総編集，熊谷圭知，山本健児編集幹事　竹内啓一，手塚章，中村泰三，山本健児編集　朝倉書店　2016.3　1217p　27cm　43000円　Ⓘ978-4-254-16894-5　Ⓝ290.33

(内容)世界の地名約4万8千を大地域別に解説した21世紀最大の地名事典。4・5・6巻ではイギリス・フランスから、アルメニアやアゼルバイジャン、ロシア、ウクライナまでのヨーロッパ・ロシアの約16800の地名を収録。4は、ア～コで始まるヨーロッパ・ロシアの地名を50音順に配列し、地名の所在地、地形・気候、歴史、政治、文化などを記述する。見返しに地図あり。

世界地名大事典　5　ヨーロッパ・ロシア　2（サ－ハ）　竹内啓一総編集，熊谷圭知，山本健児編集幹事　竹内啓一，手塚章，中村泰三，山本健児編集　朝倉書店　2016.3　p1220～2388　27cm　43000円　Ⓘ978-4-254-16895-2　Ⓝ290.33

(内容)日本を除く世界の地名約4万8千を厳選して地域別に解説した地名事典。5は、サ～ハで始まるヨーロッパ・ロシアの地名を50音順に配列し、地名の所在地、地形・気候、歴史、政治、文化などを記述する。見返しに地図あり。

世界地名大事典　6　ヨーロッパ・ロシア　3（ヒ－ワ）　竹内啓一総編集，熊谷圭知，山本健児編集幹事　竹内啓一，手塚章，中村泰三，山本健児編集　朝倉書店　2016.3　p2390～3638　27cm　〈索引あり〉　43000円　Ⓘ978-4-254-16896-9　Ⓝ290.33

(内容)日本を除く世界の地名約4万8千を厳選して地域別に解説した地名事典。6は、ヒ～ワで始まるヨーロッパ・ロシアの地名を50音順に配列し、地名の所在地、地形・気候、歴史、政治、文化などを記述する。見返しに地図あり。欧文索引を掲載。

世界地名大事典　7　北アメリカ　1（ア－テ）　竹内啓一総編集，熊谷圭知，山本健児編集幹事　菅野峰明，久武哲也，正井泰夫編集　朝倉書店　2013.11　975p　27cm　32000円　Ⓘ978-4-254-16897-6　Ⓝ290.33

(内容)日本を除く世界の地名約4万8千を厳選して地域別に解説した地名事典。7は、北アメリカの地名を50音順に配列し、地名の所在地・範囲・交通、地形・気候、歴史、政治、文化、世界遺産などを記述する。見返しに地図あり。

世界地名大事典　8　北アメリカ　2（ト－ワ）　竹内啓一総編集，熊谷圭知，山本健児編集幹事　菅野峰明，久武哲也，正井泰夫編集　朝倉書店　2013.11　p978～1918　27cm　〈索引あり〉　32000円　Ⓘ978-4-254-16898-3　Ⓝ290.33

世界地名大事典　9　中南アメリカ　竹内啓一総編集，熊谷圭知，山本健児編集幹事　山田睦男，中川文雄，松本栄次編集　朝倉書店　2014.11　1396p　27cm　〈索引あり〉　48000円　Ⓘ978-4-254-16899-0　Ⓝ290.33

(内容)日本を除く世界の地名約4万8千を厳選して地域別に解説した地名事典。9は、中南アメリカの地名を50音順に配列し、地名の所在地・範囲・交通、地形・気候、歴史、政治、文化、世界遺産などを記述する。見返しに地図あり。

世界地名大辞典　上巻　小林房太郎著　日本図書センター　1996.5　786p　27cm　〈南光社昭和7年刊の複製 折り込図3枚〉　Ⓘ4-8205-2979-X　Ⓝ290.33

世界地名大辞典　中巻　小林房太郎著　日本図書センター　1996.5　p787～1530　27cm　〈南光社昭和8年刊の複製 折り込図1枚〉　Ⓘ4-8205-2980-3　Ⓝ290.33

世界地名大辞典　下巻　小林房太郎著　日本図書センター　1996.5　p1531～2232,32p　27cm　〈南光社昭和8年刊の複製 折り込図3枚〉　Ⓘ4-8205-2981-1　Ⓝ290.33

世界地名大辞典　索引　小林房太郎著　日本図書センター　1996.5　456,287p　27cm　〈南光社昭和10年刊の複製〉　Ⓘ4-8205-2982-X　Ⓝ290.33

世界地名ルーツ辞典　歴史があり物語がある　牧英夫編著　創拓社　1990.9　430p　18cm　〈表紙の書名：World geographic nomenclature dictionary〉　1600円　Ⓘ4-87138-076-9　Ⓝ290.33

(内容)日本を除く世界の国名・都市名・自然地名を地域別に取り上げ、それぞれの起源を歴史的文化的背景も含めて説明。米国、ヨーロッパ、ソ連を重視している。

世界地名歴史事典　蟻川明男著　古今書院　1999.10　230p　19cm　2500円　Ⓘ4-7722-4012-8　Ⓝ290.189

(目次)第1章 国名編（アジア，アフリカ，ヨーロッパ，アメリカ，オーストラリアとオセアニアの島国），第2章 首都名編（アジア，アフリカ，ヨーロッパの首都名，ラテンアメリカ），第3章 自然地名編（砂漠の地名，山地名，河川名），第4章 歴史地名編（アジア，アフリカ，ヨーロッパ，アメリカ，オセアニア，スペイン地名案内），第5章 古称の復活（インドの地方主義，中央アジアとロシアの民族主義，サンクト・ペテルブルクの復活）

(内容)地名がでてきた背景を調べ同類項をまとめて解説した事典。

「世界の地名」なるほど雑学事典　地図が10倍楽しくなる 地域名・国名・都市名の由来にまつわるオモシロ知識　世界博学倶楽部著　PHP研究所　2002.5　249p　15cm　（PHP文庫）　552円　Ⓘ4-569-57744-X　Ⓝ290.189

(目次)第1章 土地に秘められた知られざる歴史を探る!地名で読み解く驚きの世界史，第2章 信じがたいがすべて事実!?地名誕生にまつわるおもしろエピソード，第3章 紛争問題もこれで納得!?地名が語る民族ドラマ，第4章 あの有名人にはこんな「影」があった!世界の大地に地名を刻んだ先人たち，第5章 地球の縮図!地名をみれば世界の地理がわかる，第6章 信じる心が凝縮されている!?人々の信仰が生んだ尊い地名

(内容)「“ベトナム”は“ナンベト”のはずだった?」「マドリードは『お母さん逃げて!』の叫び声に由来する?」「ハワイ諸島の発見時の名前は“サンドウィッチ”だった?」—日本人にはただの文字列にしか見えない世界の地名にも、実は意外な意味やルーツが秘められている。本書はそんな世界の地名の由来にまつわるオドロキの知識を紹介。

世界歴史地名大事典　第1巻　ア～サ　コートランド・キャンビー，デイビッド・S.レンバーグ著，植松靖夫日本語版監修　柊風舎　2017.10　758p　23×16cm　〈原書名：ENCYCLOPEDIA OF HISTORIC PLACES Vol.1,2&3〉　19000円　Ⓘ978-4-86498-049-4　Ⓝ290.33

(内容)世界中のあらゆる地域の歴史的地名15,000を五十音順に配列して掲載。現在の都市に加え、もはや存在しない古代の地名も収録。その土地の地理的な情報のほか、その場所で起きた出来事・文化・建築・政治・経済・人物など歴史的背景を重点的に解説。関連する地名には*を付しており、相互参照しやすい。旧地名や別称などは、本見出しを参照できるよう見出し語として立項。第3巻の巻末に欧文索引、漢字索引を付記。

世界歴史地名大事典　第2巻　シ～ヒ　コートランド・キャンビー，デイビッド・S.レンバーグ著，植松靖夫日本語版監修　柊風舎　2017.12　1冊　24×17cm　〈原書名：ENCYCLOPEDIA OF HISTORIC PLACES Vol.1,2&3〉　19000円　Ⓘ978-4-86498-050-0　Ⓝ290.33

(内容)世界中のあらゆる地域の歴史的地名15,000を五十音順に配列して掲載。現在の都市に加え、もはや存在しない古代の地名も収録。その土地の地理的な情報のほか、その場所で起きた出来事・文化・建築・政治・経済・人物など歴史的背景を重点的に解説。

世界歴史地名大事典　第3巻　フ～ン・索引　コートランド・キャンビー，デイビッド・S.レンバーグ著，植松靖夫日本語版監修　柊風舎　2018.2　1冊　24×17cm　〈原書名：ENCYCLOPEDIA OF HISTORIC PLACES Vol.1,2&3〉　19000円　Ⓘ978-4-86498-051-7　Ⓝ290.33

(内容)世界中のあらゆる地域の歴史的地名15,000を五十音順に配列して掲載。現在の都市に加え、もはや存在しない古代の地名も収録。その土地の地理的な情報のほか、その場所で起きた出来事・文化・建築・政治・経済・人物など歴史的背景を重点的に解説。関連する地名には*を付してあり、相互参照しやすい。旧地名や別称などは、本見出しを参照できるよう見出し語として立項。第3巻の巻末に欧文索引、漢字索引を付記。

<辞 典>

外国地名由来辞典　本保正紀著　（金沢）能登印刷出版部　1995.4　299p　19cm　2000円　Ⓘ4-89010-240-X　Ⓝ290.33

(内容)外国の地名の由来を示した辞典。見出しはカタカナ表記で、地名の五十音順に排列する。

外国地名よみかた辞典　日外アソシエーツ株式会社編　日外アソシエーツ　2008.8　944p　21cm　12000円　Ⓘ978-4-8169-2128-5　Ⓝ290.33

(内容)外国地名のアルファベット表記からそれに対応するカタカナ表記（読み方）及びその国名を、また、カタカナ表記（読み方）からそれに対応するアルファベット表記及びその国名を素早く一覧できる地名表記字典。収録対象地名数は国名・都市名から河川名・山岳名などの自然地名まで4万件を超える。

5ヵ国語世界地名・人名表記辞典　石川敏男編　ジャパンタイムズ　1992.7　340p　19cm　2500円　①4-7890-0644-1　Ⓝ290.33

(内容)5ヵ国語で表記が異なる地名・人名約2000項目を収録。英独仏伊西の5ヵ国語で引ける索引付き。

世界地名語源辞典　新版　蟻川明男著　古今書院　1993.12　486p　20cm　3500円　①4-7722-1735-5　Ⓝ290.33

世界地名語源辞典　三訂版　蟻川明男著　古今書院　2003.3　504p　21cm　4500円　①4-7722-4041-1　Ⓝ290.33

(内容)国名、首都名、主要都市名、河川名、山名、島名、砂漠名など何種類にもわたるが、日常よく接する地名を中心に、世界のすべての地域の基本的な地名を網羅した地名事典。三訂版では5257地名を収録。配列は見出し語の五十音順、巻末に「参考文献」「漢字地名一覧」「国別地名一覧」を収録。

<索 引>

外国地名レファレンス事典　日外アソシエーツ編　日外アソシエーツ　2006.7　1358p　21cm　42000円　①4-8169-1992-9　Ⓝ290.33

(内容)海外の都市名・山岳名・河川名などの地名36,136件が、どの地名事典・百科事典に、どのような見出しで載っているか一目でわかる。30種86冊の地名事典・百科事典等から、延べ73,168件の見出しを収録。原綴、漢字表記、ピンイン、正式名称、別名、旧名、所在地（国名、地域名）など、地名の同定に必要な情報を記載。

新日本地名索引　金井弘夫編　（鎌倉）アボック社出版局，丸善（発売）　1994.3　3冊　27cm　〈1／2.5万地形図地名・38万余件完全収録〉　全155000円　①4-900358-31-2　Ⓝ291.031

新日本地名索引　別巻　地名レッドデータブック　金井弘夫編　（鎌倉）アボック社出版局　1994.12　2286,194p　27cm　〈消えていく「陸測図地名」八万余完全収録 発売：丸善（東京）〉　92000円　①4-900358-34-7　Ⓝ291.031

<ハンドブック>

PC-9801版 データベース・日本の地名　堤大介編　（新潟）ピクニック企画　1992.11　223p　21cm　1200円　①4-938659-08-5　Ⓝ291.03

(内容)国内の地名には難解なものも多く、かな漢字変換によりパソコンかワープロで地名を入力する際、地名の読みを調べたりする手間が重なり大変です。地名の読みを〈北～南〉の順で並べ、また〈あいうえお順〉でソートして目的地を発見しやすくしました。

紀 行

<書 誌>

紀行・案内記全情報　45-91 海外編　日外アソシエーツ編　日外アソシエーツ，紀伊国屋書店（発売）　1992.7　1167p　21cm　26000円　①4-8169-1136-7　Ⓝ290.31

(内容)1945～1991年に国内で刊行された海外の紀行・案内記関連図書約1万6千点を地域・国別に収録した初めての図書目録。紀行文・旅のエッセイから冒険・探検記、旅行ガイド、生活ガイドまで幅広く収録。地域研究や海外生活に欠かせない現地の生の記録がわかります。最近の図書には略内容、主要目次も掲載しています。

紀行・案内記全情報　45-91 日本編　日外アソシエーツ編　日外アソシエーツ，紀伊国屋書店（発売）　1993.3　1215p　21cm　38000円　①4-8169-1165-0　Ⓝ290.31

(内容)1945年～1991年に国内で刊行された紀行・案内記関連図書約2万点を、地域別・内容別に収録した図書目録。文学・歴史散歩、地誌、風土記、自然誌から紀行文、旅のエッセイ、旅行ガイドまでを収録対象とする。書名索引を付す。

紀行・案内記全情報　92-96　日外アソシエーツ編　日外アソシエーツ，紀伊国屋書店（発売）　1997.7　782p　21cm　30000円　①4-8169-1439-0　Ⓝ290.31

(目次)日本編（日本全般，北海道地方，東北地方，関東地方，中部・東海地方，北陸地方，近畿地方，中国地方，四国地方，九州地方），海外編（海外全般，アジア，東南アジア，南アジア，西アジア，ヨーロッパ，アフリカ，北米，中南米，オセアニア，極地）

(内容)1992年（平成4年）から1996年（平成8年）までに国内で刊行された、旅行・冒険・探検に関する図書、紀行文・滞在生活記等、紀行・案内記関連の図書1万4805点を、地域別・内容別に収録した図書目録。巻末に事項名索引がある。

紀行・案内記全情報　1997-2001　日外アソシエーツ編著　日外アソシエーツ，紀伊国屋書店（発売）　2002.4　907p　21cm

30000円　Ⓘ4-8169-1712-8　Ⓝ290.31

(目次)日本編（日本全般，北海道地方，東北地方，関東地方，中部・東海地方，北陸地方，近畿地方，中国地方，四国地方，九州地方），海外編（海外全般，アジア，東南アジア，南アジア，西アジア，ヨーロッパ，アフリカ，北米，中南米，オセアニア，極地）

(内容)旅行・冒険・探検に関する図書を集めた書誌。1992～1993年刊「紀行・案内記全情報45／91」の継続版第3期にあたる。1997～2001年に刊行された、歴史・文学散歩、地誌、紀行文、旅のエッセイ、旅行ガイドなどの図書15401点を収録。日本編と海外編に分けそれぞれ地域・分類順に排列する。各図書は書誌事項のほか内容要旨を掲載する。巻末に本文見出しのテーマを五十音順に引く事項名索引を付す。

紀行・案内記全情報　2002-2007　日外アソシエーツ株式会社編　日外アソシエーツ　2008.10　1099p　22cm　28500円　Ⓘ978-4-8169-2138-4　Ⓝ290.31

(目次)日本編（日本全般，北海道地方，東北地方，関東地方，中部・東海地方，北陸地方，近畿地方，中国地方，四国地方，九州地方），海外編（海外全般，アジア，東南アジア，南アジア，西アジア，ヨーロッパ，アフリカ，北米，中南米，オセアニア，極地・その他）

(内容)2002年から2007年までに刊行された旅行に関係する22066点の図書を網羅。日本編・海外編に分け、国・地域別、図書のタイプ別に排列。歴史文化を辿る旅、文学散歩、風土記から、紀行エッセイ、旅行ガイド、グリーンツーリズムに関する本まで様々な図書を幅広く収録。巻末に地名・テーマからひける便利な「事項名索引」付き。

事典 日本人の見た外国　富田仁編　日外アソシエーツ　2008.1　10,497p　22cm　9333円　Ⓘ978-4-8169-2056-1　Ⓝ290.31

(目次)江戸時代，幕末維新，明治時代，大正時代，昭和時代

(内容)江戸時代から戦前までの文献を通して日本人の外国体験・外国観を解説。漂流記、使節団の記録、留学生の日記、冒険記、渡欧詩集など377点収録。著者の人物像、著作の成立背景、内容紹介、書誌事項を詳しく紹介。巻末に国別索引、書名索引、著者名索引、事項名索引つき。

読書案内・紀行編　歴史と民俗の旅　日外アソシエーツ編　日外アソシエーツ，紀伊国屋書店（発売）　2002.10　456p　21cm　6800円　Ⓘ4-8169-1740-3　Ⓝ290.9

(目次)歴史紀行一般，遺跡・史跡，宗教・神話，寺社仏閣，文化財・仏像，古都・街道，城と城下町，人物探訪，民俗・生活

(内容)日本と世界の紀行・旅行に関する文献の中から'歴史'または'民俗'に関するテーマを選び、その関連図書8600点を収録をした図書目録。テーマ分類順に掲載。巻末に事項名索引がある。全3冊シリーズの1冊。

読書案内・紀行編　自然と冒険の旅　日外アソシエーツ編　日外アソシエーツ，紀伊国屋書店（発売）　2002.11　438p　21cm　6800円　Ⓘ4-8169-1741-1　Ⓝ290.9

(目次)自然紀行一般，山岳・高原，海・島，河川・渓谷，湖沼・湿原，草原・砂漠，植物，動物，探検・冒険

(内容)日本と世界の紀行・旅行記から自然・冒険をテーマにした8396点を紹介するブックガイド。全体を「自然紀行一般」「山岳・高原」など9つの分野に分け、大見出しを立て、その下に基本となる分野・地域別に中見出しを、さらに重要なテーマについては独立したテーマ見出しを設け、見出しごとに書名の五十音順に書籍を排列する。書名、著者名、出版社名、発行年などを記載。適宜、地域・関連人物・属する国立公園、国定公園や天然記念物等指定の情報を付す。巻末にキーワード・地名・人名などから引く事項索引がある。

読書案内・紀行編　芸術と文学の旅　日外アソシエーツ編著　日外アソシエーツ，紀伊国屋書店（発売）　2002.12　432p　21cm　6800円　Ⓘ4-8169-1742-X　Ⓝ290.9

(目次)芸術一般，日本美術，海外美術，音楽，演劇・映画，建築，日本文学，海外文学

(内容)旅のテーマを探し・学ぶためのブックガイド。全3冊シリーズ。本巻では日本および世界の紀行・旅行・人物探訪に関する図書のうち、芸術と文学に関する図書8332点を収録。ゴッホ、ルーブル美術館、映画、文学散歩、夏目漱石、おくのほそ道など174分野、176のテーマに分類掲載。巻末に事項索引が付く。

<事 典>

ビジュアル版 世界の探検大百科　英国王立地理学協会編，荒俣宏日本版監修　東洋書林　2011.11　360p　31×26cm　〈原書名：EXPLORERS〉　15000円　Ⓘ978-4-88721-795-9　Ⓝ290.91

(目次)第1章 初期の探検家たち（古代世界の拡大，交易と外交，新天地を求めて，仏教世界における探検），第2章 貿易と発見（アジア探検紀行，イスラーム世界への探検，アジアへのアフリカ周回航路，新世界との—出会い），第3章 征服と植民地建設（残忍なコンキスタドールたち，北部同盟，世界を周航する，太平洋への進出），

第4章 未知の世界との邂逅（地図の作製，アフリカの内奥へ，キリスト教の布教，異人たちの交流），第5章 極限への挑戦（学術探検，地の果てまで，海の底を探検する，太陽系への飛翔）

(内容)古代のヴァイキングやギリシア・ローマ時代のアレクサンドロス大王による大遠征、あるいはシルクロードを経由しての交易や大航海時代における東方・西方ルートの開拓、そして現代のエヴェレスト登山、海洋探査や宇宙ステーション構想といったテクノロジーの枠を集めた挑戦などの、人類が行ってきたありとあらゆる「探検旅行」をここに大集成。100組に迫る古今東西の探検隊の詳細を、180本超のコラム、およそ80点の経路図、約900点もの写真図版をもって、明解に紹介する。

<名簿・人名事典>

世界探検家事典　1　古代〜18世紀　ダニエル・B.ベイカー編，藤野幸雄編訳　日外アソシエーツ，紀伊国屋書店（発売）　1997.1　575p　21cm　〈原書名：Explorers and Discoverers of the World〉　9515円　①4-8169-1391-2　Ⓝ290.91

(内容)古代から18世紀までに活躍した世界の著名な探検家・征服者・旅行家など162人を収録した人物事典。排列は、見出し語（人名）の五十音順。巻末に事項索引、探検家欧文索引を付す。

世界探検家事典　2　19・20世紀　ダニエル・B.ベイカー編，藤野幸雄編訳　日外アソシエーツ，紀伊国屋書店（発売）　1997.1　605p　21cm　〈原書名：Explorers and Discoverers of the World〉　9515円　①4-8169-1392-0　Ⓝ290.91

(内容)19・20世紀の世界の著名な探検家・旅行家・宇宙飛行士など160人を収録した人物事典。排列は、見出し語（人名）の五十音順。巻末に事項索引、探検家欧文索引を付す。

<図鑑・図集>

写真でみる探検の歴史　ルパート・マシューズ著，川成洋日本語版監修　あすなろ書房　2008.6　63p　29×22cm　（「知」のビジュアル百科 48）〈「探検」（同朋舎1997年刊）の新装・改訂　原書名：Eyewitness-explorer〉　2500円　Ⓝ290.91

(目次)初期の探検家，古代エジプトの探検隊，帝国の拡大，ヴァイキングの航海，ポリネシアの移住者たち，シルクロード，アラブの冒険家たち，大航海時代，新世界，世界一周〔ほか〕

(内容)未知なる土地への第一歩は、どのようにして踏み出されたのか?世界は平たい長方形で、はじまで行くと滝から滑り落ちるように落下してしまうと信じられていた時代から、多くの犠牲をともないながら、地球の真の姿が解明されてきた過程を、わかりやすく紹介。

図説・探検地図の歴史　大航海時代から極地探検まで　R.A.スケルトン著，増田義郎，信岡奈生訳　原書房　1991.10　345,9p　21cm　〈参考文献：p335〜338　原書名：Explorer's maps〉　3900円　①4-562-02247-7　Ⓝ448.9

(目次)第1部 東洋への道（マルコ・ポーロと地図製作者たち，インド諸国へのポルトガル人の航路），第2部 西方への道（カタイが、新世界か?，16世紀の新世界），第3部 北方への道（北東航路，北西航路），第4部 香料諸島とカタイ（香料諸島をめぐるヨーロッパ諸国の争い，16世紀と17世紀の《極東》），第5部 南海（南海のスペイン人，オランダの南の大陸探求，ジェイムズ・クックと太平洋地図の作図の作製），第6部 大陸と極地（北米の海から海まで，アフリカの河川，19世紀の極地方）

(内容)マルコ・ポーロの「東方見聞録」から19世紀の極地探検にいたるまでの、近代世界における地球像＝世界観の劇的な変化を、人間の夢と情熱と冒険のドラマをたどりながら、220におよぶ地図と、数多くの探検者たちをとおして描く名著の待望の全訳・決定版。

探検と冒険の歴史大図鑑　イラストレイテッド・アトラス　樺山紘一監訳，こどもくらぶ訳，レイモンド・ジョン・ホージェイゴ監修　丸善出版　2015.5　288p　35cm　〈年表あり 索引あり〉　9000円　①978-4-621-08873-9　Ⓝ290.91

(目次)第1部 古代から1500年前後まで（古代の旅，中世，ヨーロッパによる世界の「発見」），第2部 1500年から1900年代まで（アジア，アフリカ，北アメリカ，中央アジアと南アメリカ，オーストラリアと太平洋），第3部 最後の領域（極地の探検，深海を探る，宇宙の探検）

(内容)紀元前23世紀から現代までの、探検の旅を網羅。探検家たちの移動手段、身支度、装備を観察。大地図で探検ルートを詳細にたどり、小地図では今日の状況下でのルートを確認。鮮やかな色あいで示される、数多くの写真、絵画／イラスト、図表群。

ビジュアル博物館　31　探検　記録に残る最古の探検から現代の人工衛星まで　ルパート・マシューズ著，リリーフ・システムズ訳　（京都）同朋舎出版　1992.7　63p　29×23cm　3500円　①4-8104-1090-0

Ⓝ290.9

(目次)初期の探検家，古代エジプトの探検隊，帝国の拡大，ヴァイキングの航海，ポリネシアの移住者たち，シルクロード，アラブの冒険家たち，大航海時代，新世界，世界一周，船上の生活，航海用具，黄金と福音，南太平洋，エンデヴァー号，オーストラリア横断，北西航路，開かれた北米大陸，暗黒大陸，博物学者の探検，北極，南極，空の先駆者たち，宇宙へ，深海を探る，探検ルート

(内容)冒険と危険に満ちた探検の世界を独創的に描き出します。有名な探険家たちの使った道具や個人的な持ち物、さらには彼らが発見したものなどの実物さながらのみごとな写真によって、読者は探検の世界を目のあたりに見ることができます。

<地図帳>

タイムズ・アトラス 世界探検歴史地図
フェリペ・フェルナンデス・アルメスト編，植松みどり，武井摩利，竹内和世，向井元子訳　原書房　1995.11　290p　37cm　25750円　Ⓘ4-562-02712-6　Ⓝ290.9

(内容)過去の世界的な探検の経路を地域別に解説した歴史地図。巻末に詳細な用語解説、人名解説、地名索引がある。

世界の地理

<事 典>

図説大百科 世界の地理　1　アメリカ合衆国1　田辺裕監修，阿部一訳　朝倉書店　1996.9　145p　31cm　〈原書名：Encyclopedia of world geography.〉　7828円　Ⓘ4-254-16671-0　Ⓝ290.8

図説大百科 世界の地理　2　アメリカ合衆国　田辺裕監修，矢ヶ崎典隆訳　朝倉書店　1997.10　1冊　30cm　7600円　Ⓘ4-254-16672-9　Ⓝ290.8

(目次)地域の姿(農業，鉱工業，経済，民族と文化，都市，政治，環境問題)

図説大百科 世界の地理　3　カナダ・北極
田辺裕監修，広松悟訳　朝倉書店　1998.10　p294〜434　32×24cm　7600円　Ⓘ4-254-16673-7　Ⓝ290.8

(目次)国々の姿(カナダ，周辺の属領)，地域の姿(自然地理，自然環境とその保全，動物の生態，植物の生態，農業，鉱工業，経済，民族と文化，都市，政治，環境問題)

図説大百科 世界の地理　4　中部アメリカ
田辺裕監修，栗原尚子，渡辺真紀子訳　朝倉書店　1999.5　1冊　31×24cm　7600円　Ⓘ4-254-16674-5　Ⓝ290.8

(目次)国々の姿(メキシコ，グアテマラ，ベリーズ，エルサルバドル，ホンジュラス，ニカラグア，コスタリカ，パナマ，キューバ，バハマ，ハイチ，ジャマイカ，ドミニカ共和国，セント・キッツ・ネービス，アンティグア・バーブーダ，ドミニカ，セント・ルシア，セント・ビンセントおよびグレナディン諸島，バルバドス，グレナダ，トリニダード・トバゴ)，地域内の属領(タークス・カイコス諸島，バミューダ，ケイマン諸島，プエルト・リコ，米領バージン諸島，英領バージン諸島，アングイラ，モンセラ，アルバ，オランダ領アンティール，グアドループ，マルティニク)，地域の姿(自然地理，自然環境とその保全，動物の生態，植物の生態，農業，鉱工業，経済，民族と文化，都市，政治，環境問題)

図説大百科 世界の地理　5　南アメリカ
田辺裕監修，細野昭雄訳　朝倉書店　1997.10　1冊　30cm　7600円　Ⓘ4-254-16675-3　Ⓝ290.8

(目次)国々の姿(コロンビア，ベネズエラ，ガイアナ，スリナム，エクアドル，ペルー，ボリビア，ブラジル，パラグアイ，チリ，アルゼンチン，ウルグアイ，属領地域)，地域の姿(自然地理，自然環境とその保全，動物の生態，植物の生態，農業，鉱工業，経済，民族と文化，都市，政治，環境問題)

図説大百科 世界の地理　6　北ヨーロッパ
田辺裕監修，中俣均訳　朝倉書店　1997.10　1冊　30cm　7600円　Ⓘ4-254-16676-1　Ⓝ290.8

(目次)国々の姿(ノルウェー，スウェーデン，フィンランド，デンマーク，アイスランド)，地域の姿(自然地理，自然環境とその保全，動物の生態，植物の生態，農業，鉱工業，経済，民族と文化，都市，政治，環境問題)

図説大百科 世界の地理　7　イギリス・アイルランド　田辺裕監修，松原宏，杉谷隆，和田真理子訳　朝倉書店　1998.10　870〜1010p　32×24cm　7600円　Ⓘ4-254-16677-X　Ⓝ290.8

(目次)国々の姿(イギリス，アイルランド)，地域の姿(自然地理，自然環境とその保全，動物の生態，植物の生態，農業，農業，鉱工業，経済，民族と文化，都市，政治，環境問題)

図説大百科 世界の地理　8　フランス　田辺裕監修・訳，松原彰子訳　朝倉書店　1999.5　1冊　31×24cm　7600円

Ⓘ4-254-16678-8　Ⓝ290.8

(目次)国々の姿（フランス，アンドラ，モナコ），地域の姿（自然地理，自然環境とその保全，動物の生態，植物の生態，農業，鉱工業，経済，民族と文化，都市，政治，環境問題）

図説大百科 世界の地理　9　ベネルクス
田辺裕監修，山本健児訳　朝倉書店　1998.5　p1158-1298　31cm　〈索引あり　文献あり　原書名：Encyclopedia of world geography.〉　7600円　Ⓘ4-254-16679-6　Ⓝ290.8

(目次)国々の姿（オランダ，ベルギー，ルクセンブルク），地域の姿（自然地理，自然環境とその保全，動物の生態，植物の生態，農業，鉱工業，経済，民族と文化，都市，政治，環境問題）

図説大百科 世界の地理　10　イベリア
田辺裕監修・訳，滝沢由美子，竹中克行訳　朝倉書店　1997.10　1冊　30cm　7600円　Ⓘ4-254-16680-X　Ⓝ290.8

(目次)国々の姿（スペイン，ポルトガル，地域内の保護領ジブラルタル），地域の姿（自然地理，自然環境とその保全，動物の生態，植物の生態，農業，鉱工業，経済，民族と文化，都市，政治，環境問題）

図説大百科 世界の地理　11　イタリア・ギリシア　田辺裕監修，高木彰彦訳　朝倉書店　1997.3　p1446～1585　31cm　〈参考文献：p1585　原書名：Encyclopedia of world geography.〉　7828円　Ⓘ4-254-16681-8　Ⓝ290.8

(目次)国々の姿（イタリア，バチカン，サンマリノ，マルタ，ギリシア，キプロス），地域の姿（自然地理，生息環境とその保全，動物の生態，植物の生態，農業，鉱工業，経済，民族と文化，都市，政治，環境問題）

図説大百科 世界の地理　12　ドイツ・オーストリア・スイス　田辺裕監修，東廉訳　朝倉書店　1996.9　1590p～1729p　31×24cm　7828円　Ⓘ4-254-16682-6　Ⓝ290.8

(目次)国々の姿（ドイツ，スイス，リヒテンシュタイン，オーストリア），地域の姿（自然地理，生息環境とその保全，動物の生態，植物の生態，農業 ほか）

図説大百科 世界の地理　13　東ヨーロッパ　田辺裕監修，山本茂訳　朝倉書店　2000.1　1冊　32×24cm　7600円　Ⓘ4-254-16683-4　Ⓝ290.8

(目次)国々の姿（ポーランド，チェコ共和国，スロバキア，ハンガリー ほか），地域の姿（自然地理，自然環境とその保全，動物の生態，植物の生態 ほか）

(内容)東ヨーロッパは、北はバルト海から南は黒海、アドリア海にかけて広がる平地と山地からなる地域である。そこにははっきりした自然的境界があるわけではなく、国境線は政治や歴史の変化によってたえず書き直されてきた。東ヨーロッパは陸路ではあらゆる方向からアクセス可能であるから、地域内のさまざまな領域を管理するために、しばしば隣接する諸帝国によるあまたの試練をうけてきたのである。

図説大百科 世界の地理　14　ロシア・北ユーラシア　田辺裕監修，木村英亮訳　朝倉書店　1998.5　p1878-2018　31cm　〈原書名：Encyclopedia of world geography.〉　7600円　Ⓘ4-254-16684-2　Ⓝ290.8

(目次)国々の姿（エストニア，ラトビア，リトアニア，ベロルシア，ウクライナ，モルダビア，ロシア，グルジア，アルメニア，アゼルバイジャン，トルクメニスタン，ウズベキスタン，タジキスタン，キルギジア，カザフスタン，モンゴル），地域の姿（自然地理，自然環境とその保全，動物の生態，植物の生態，農業，鉱工業，経済，民族と文化，都市，政治，環境問題）

図説大百科 世界の地理　15　西アジア
田辺裕監修，向後紀代美，須貝俊彦訳　朝倉書店　2000.1　1冊　32×24cm　7600円　Ⓘ4-254-16685-0　Ⓝ290.8

(目次)国々の姿（トルコ，シリア，レバノン，イスラエル ほか），地域の姿（自然地理，自然環境とその保全，動物の生態，植物の生態 ほか）

(内容)西アジアは三大陸—アフリカ、アジア、ヨーロッパ—の結節点に位置する。そして、人類の文明の大揺籃の地のひとつでもある。西アジアは紅海、ペルシア（アラビア）湾、ボスポラス（地中海と黒海を結ぶトルコ北西海岸沿いの狭い海峡）のような国際貿易路の重要地点を押さえ、かつては中国とヨーロッパの両帝国を結ぶ陸路を支配していた。この地域は5つの海で他の地域と接している。しかし、内陸の大部分は到達不可能な砂漠からなっている。

図説大百科 世界の地理　16　北アフリカ
田辺裕監修，柴田匡平訳　朝倉書店　1997.3　p2166～2306　31cm　〈原書名：Encyclopedia of world geography.〉　7828円　Ⓘ4-254-16686-9　Ⓝ290.8

(目次)国々の姿（モロッコ，アルジェリア，チュニジア，リビア，エジプト ほか），地域の姿（自然地理，生息環境とその保全，動物の生態，植物の生態，農業 ほか）

図説大百科 世界の地理　17　西・中央・東アフリカ　田辺裕監修，千葉立也訳　朝倉書店　1996.9　2310p～2449p　31×24cm

7828円 ①4-254-16687-7 Ⓝ290.8

(目次)国々の姿(セネガル，ガンビア，ギニア，ギニアビサオ ほか)，地域の姿(自然地理，生息環境とその保全，動物の生態，植物の生態 ほか)

図説大百科 世界の地理 18 南部アフリカ 田辺裕監修，生井沢進，遠藤幸子訳 朝倉書店 1998.10 2454〜2593p 32×24cm 7600円 ①4-254-16688-5 Ⓝ290.8

(目次)国々の姿(アンゴラ，ザンビア，マラウイ，モザンビーク，ナミビア，ボツワナ，ジンバブエ，南アフリカ，レソト，スワジランド，マダガスカル，モーリシャス，コモロ，この地域の属領)，地域の姿(自然地理，自然環境とその保全，動物の生態，植物の生態，農業，農業，鉱工業，経済，民族と文化，都市，政治，環境問題)

図説大百科 世界の地理 19 南アジア 田辺裕監修，米田巌訳 朝倉書店 1999.5 1冊 31×24cm 7600円 ①4-254-16689-3 Ⓝ290.8

(目次)国々の姿(インド，ブータン，パキスタン，ネパール，バングラデシュ，モルジブ，スリランカ，地域の属領—インド洋におけるイギリス領)，地域の姿(自然地理，自然環境とその保全，動物の生態，植物の生態，農業，鉱工業，経済，民族と文化，都市，政治，環境問題)

図説大百科 世界の地理 20 中国・台湾・香港 田辺裕監修，諏訪哲郎訳 朝倉書店 1996.9 2742p〜2881p 31×24cm 7828円 ①4-254-16690-7 Ⓝ290.8

(目次)国々の姿(中国，台湾，この地域の属領)，地域の姿(自然地理，生息環境とその保全，動物の生態，植物の生態，農業 ほか)

図説大百科 世界の地理 21 東南アジア 田辺裕監修，佐藤哲夫，永田淳嗣訳 朝倉書店 1997.3 p2886〜3025 31cm 〈原書名：Encyclopedia of world geography.〉 7828円 ①4-254-16691-5 Ⓝ290.8

(目次)国々の姿(ミャンマー，ラオス，タイ，カンボジア，ベトナム ほか)，地域の姿(自然地理，生息環境とその保全，動物の生態，植物の生態，農業 ほか)

図説大百科 世界の地理 22 日本・朝鮮半島 田辺裕監修，荒井良雄訳 朝倉書店 1998.5 p3030-3169 31cm 〈原書名：Encyclopedia of world geography.〉 7600円 ①4-254-16692-3 Ⓝ290.8

(目次)国々の姿(日本，北朝鮮，韓国)，地域の姿(自然地理，自然環境とその保全，動物の生態，植物の生態，農業，鉱工業，経済，民族と文化，都市，政治，環境問題)

図説大百科 世界の地理 23 オセアニア・南極 田辺裕監修，谷内達訳 朝倉書店 1997.3 p3174〜3313 31cm 〈原書名：Encyclopedia of world geography.〉 7828円 ①4-254-16693-1 Ⓝ290.8

(目次)国々の姿(オーストラリア，ニュージーランド，パプアニューギニア，ソロモン諸島，ツバル ほか)，地域の姿(自然地理，生息環境とその保全，動物の生態，植物の生態，農業 ほか)

図説大百科 世界の地理 24 総索引・用語解説 田辺裕監修，田辺裕，田原裕子訳 朝倉書店 2000.1 1冊 32×24cm 〈原書名：AN ANDROMEDA BOOK〉 7600円 ①4-254-16694-X Ⓝ290.8

(目次)全巻詳細目次，総索引(地名索引，事項索引)，主題別索引(主な自然公園および保護区の索引，動物の索引，植物の索引，民族・言語・宗教の索引，人名の索引)，用語解説，参考文献，図版提供

図説大百科 世界の地理 1 アメリカ合衆国1 普及版 田辺裕監修・訳，阿部一訳 朝倉書店 2010.6 1冊 31×24cm 4800円 ①978-4-254-16901-0 Ⓝ290.8

(目次)国々の姿(アメリカ合衆国，アメリカ合衆国の諸州)，地域の姿(自然地理，生息環境とその保全，動物の生態，植物の生態)

(内容)オールカラーで見る世界の地理の最新情報。アメリカの自然地理と動植物の生態について。

図説大百科 世界の地理 2 アメリカ合衆国2 普及版 田辺裕監修，矢ヶ崎典隆訳 朝倉書店 2010.6 1冊 31×24cm 4800円 ①978-4-254-16902-7 Ⓝ290.8

(目次)地域の姿(農業，鉱工業，経済，民族と文化，都市，政治，環境問題)

(内容)オールカラーで見る世界の地理の最新情報。アメリカの産業、文化、政治などについて。

図説大百科 世界の地理 3 カナダ・北極 普及版 田辺裕監修，広松悟訳 朝倉書店 2010.6 1冊 31×24cm 4800円 ①978-4-254-16903-4 Ⓝ290.8

(目次)国々の姿(カナダ，周辺の属領)，地域の姿(自然地理，自然環境とその保全，動物の生態，植物の生態，農業，鉱工業，経済，民族と文化，都市，政治，環境問題)

(内容)オールカラーで見る世界の地理の最新情報。カナダ、デンマーク領グリーンランド、北極の厳しい自然環境、文化、歴史、政治・経について。

図説大百科 世界の地理 4 中部アメリカ

普及版　田辺裕監修，栗原尚子，渡辺真紀子訳　朝倉書店　2010.6　1冊　31×24cm　4800円　①978-4-254-16904-1　Ⓝ290.8

(目次)国々の姿（メキシコ，グアテマラ，ベリーズ，エルサルバドル，ホンジュラス，ニカラグア，コスタリカ，パナマ，キューバ，バハマ，ハイチ，ジャマイカ，ドミニカ共和国，セント・キッツ・ネービス，アンティグア・バーブーダ，ドミニカ，セント・ルシア，セント・ビンセントおよびグレナディン諸島，バルバドス，グレナダ，トリニダード・トバゴ），地域内の属領（タークス・カイコス諸島，バミューダ，ケイマン諸島 ほか），地域の姿（自然地理，自然環境とその保全，動物の生態，植物の生態，農業，鉱工業，経済，民族と文化，都市，政治，環境問題）

(内容)オールカラーで見る世界の地理の最新情報。赤道の北の熱帯地域で南北アメリカを結びつける中部アメリカ。西はメキシコから東はカリブ海諸島、様々な民族、文化が融合する。

図説大百科 世界の地理　5　南アメリカ　普及版　田辺裕監修，細野昭雄訳　朝倉書店　2010.6　1冊　31×24cm　4800円　①978-4-254-16905-8　Ⓝ290.8

(目次)国々の姿（コロンビア，ベネズエラ，ガイアナ，スリナム，エクアドル，ペルー，ボリビア，ブラジル，パラグアイ，チリ，アルゼンチン，ウルグアイ，属領地域（フォークランド諸島，フランス領ギアナ）），地域の姿（自然地理，自然環境とその保全，動物の生態，植物の生態，農業，鉱工業，経済，民族と文化，都市，政治，環境問題）

(内容)オールカラーで見る世界の地理の最新情報。アンデス山脈、アマゾン川の大きな地理的部分から成りたつ、世界の陸地の約7分の1を占める南米大陸について。

図説大百科 世界の地理　6　北ヨーロッパ　普及版　田辺裕監修，中俣均訳　朝倉書店　2010.6　1冊　31×24cm　4800円　①978-4-254-16906-5　Ⓝ290.8

(目次)国々の姿（ノルウェー，スウェーデン，フィンランド，デンマーク，アイスランド），地域の姿（自然地理，自然環境とその保全，動物の生態，植物の生態，農業，鉱工業，経済，民族と文化，都市，政治，環境問題）

(内容)オールカラーで見る世界の地理の最新情報。ノルウェー、フィンランド、スウェーデン、デンマーク、アイスランドの北欧諸国について。

図説大百科 世界の地理　7　イギリス・アイルランド　普及版　田辺裕監修，松原宏，杉谷隆，和田真理子訳　朝倉書店　2010.6　1冊　31×24cm　4800円　①978-4-254-16907-2　Ⓝ290.8

(目次)国々の姿（イギリス，アイルランド），地域の姿（自然地理，自然環境とその保全，動物の生態，植物の生態，農業，鉱工業，経済，民族と文化，都市，政治，環境問題）

図説大百科 世界の地理　8　フランス　普及版　田辺裕監修，松原彰子訳　朝倉書店　2010.6　1冊　31×24cm　4800円　①978-4-254-16908-9　Ⓝ290.8

(目次)国々の姿（フランス，アンドラ，モナコ），地域の姿（自然地理，自然環境とその保全，動物の生態，植物の生態，農業，鉱工業，経済，民族と文化，都市，政治，環境問題）

図説大百科 世界の地理　9　ベネルクス　普及版　田辺裕監修，山本健児訳　朝倉書店　2010.6　1冊　31×24cm　4800円　①978-4-254-16909-6　Ⓝ290.8

(目次)国々の姿（オランダ，ベルギー，ルクセンブルク），地域の姿（自然地理，自然環境とその保全，動物の生態，植物の生態，農業，鉱工業，経済，民族と文化，都市，政治，環境問題）

(内容)オールカラーで見る世界の地理の最新情報。ヨーロッパ連合の地理的中心に位置するオランダ、ベルギー、ルクセンブルクの低地諸国について。

図説大百科 世界の地理　10　イベリア　普及版　田辺裕監訳・訳，滝沢由美子，竹中克行訳　朝倉書店　2010.6　1冊　31×24cm　4800円　①978-4-254-16910-2　Ⓝ290.8

(目次)国々の姿（スペイン，ポルトガル，地域内の保護領 ジブラルタル），地域の姿（自然地理，自然環境とその保全，動物の生態，植物の生態，農業，鉱工業，経済，民族と文化，都市，政治，環境問題）

(内容)オールカラーで見る世界の地理の最新情報。ピレネー山脈によってヨーロッパと画されているイベリア半島のスペイン、ポルトガルについて。

図説大百科 世界の地理　11　イタリア・ギリシア　普及版　田辺裕監修，高木彰彦訳　朝倉書店　2010.6　1冊　31×24cm　4800円　①978-4-254-16911-9　Ⓝ290.8

(目次)国々の姿（イタリア，バチカン，サンマリノ，マルタ，ギリシア ほか），地域の姿（自然地理，生息環境とその保全，動物の生態，植物の生態，農業，鉱工業，経済，民族と文化，都市，政治，環境問題）

図説大百科 世界の地理　12　ドイツ・オーストリア・スイス　普及版　田辺裕監修，東廉訳　朝倉書店　2010.6　1冊　31×24cm

4800円　①978-4-254-16912-6　Ⓝ290.8

(目次)国々の姿(ドイツ, スイス, リヒテンシュタイン, オーストリア), 地域の姿(自然地理, 生息環境とその保全, 動物の生態, 植物の生態, 農業, 鉱工業, 経済, 民族と文化, 都市, 政治, 環境問題)

図説大百科 世界の地理　13　東ヨーロッパ　普及版　田辺裕監修, 山本茂訳　朝倉書店　2010.6　1冊　31×24cm　4800円　①978-4-254-16913-3　Ⓝ290.8

(目次)国々の姿(ポーランド, チェコ共和国, スロバキア, ハンガリー, ルーマニア, ブルガリア, ユーゴスラビア(セルビアおよびモンテネグロ), スロベニア, クロアチア, ボスニア・ヘルツェゴビナ, マケドニア, アルバニア), 地域の姿(自然地理, 自然環境とその保全, 動物の生態, 植物の生態, 農業, 鉱工業, 経済, 民族と文化, 都市, 政治, 環境問題)

(内容)オールカラーで見る世界の地理の最新情報。北はバルト海から南は黒海、アドリア海にかけて広がる平地と山地からなる地域とソ連崩壊の世界。

図説大百科 世界の地理　14　ロシア・北ユーラシア　普及版　田辺裕監修, 木村英亮訳　朝倉書店　2010.6　1冊　31×24cm　4800円　①978-4-254-16914-0　Ⓝ290.8

(目次)国々の姿(エストニア, ラトビア, リトアニア, ベロルシア, ウクライナ, モルダビア, ロシア, グルジア, アルメニア, アゼルバイジャン, トルクメニスタン, ウズベキスタン, タジキスタン, キルギジア, カザフスタン, モンゴル), 地域の姿(自然地理, 自然環境とその保全, 動物の生態, 植物の生態, 農業, 鉱工業, 経済, 民族と文化, 都市, 政治, 環境問題)

(内容)オールカラーで見る世界の地理の最新情報。ソ連崩壊後のロシアをはじめとして、中央アジア諸共和国とバルト諸国の多民族も掲載。

図説大百科 世界の地理　15　西アジア　普及版　田辺裕監修, 向後紀代美, 須貝俊彦訳　朝倉書店　2010.6　1冊　31×24cm　4800円　①978-4-254-16915-7　Ⓝ290.8

(目次)国々の姿(トルコ, シリア, レバノン, イスラエル, ヨルダン, イラク, クウェート, イラン, アフガニスタン, サウジアラビア, バーレーン, カタール, アラブ首長国連邦, オマーン, イエメン), 地域の姿(自然地理, 自然環境とその保全, 動物の生態, 植物の生態, 農業, 鉱工業, 経済, 民族と文化, 都市, 政治, 環境問題)

(内容)オールカラーで見る世界の地理の最新情報。

図説大百科 世界の地理　16　北アフリカ　普及版　田辺裕監修, 柴田匡平訳　朝倉書店　2010.6　1冊　31×24cm　4800円　①978-4-254-16916-4　Ⓝ290.8

(目次)国々の姿(モロッコ, アルジェリア, チュニジア, リビア, エジプト, モーリタニア, マリ, ニジェール, チャド, スーダン, エチオピア, ジブチ, ソマリア), 地域の姿(自然地理, 生息環境とその保全, 動物の生態, 植物の生態, 農業, 鉱工業, 経済, 民族と文化, 都市, 政治, 環境問題)

図説大百科 世界の地理　17　西・中央・東アフリカ　普及版　田辺裕監修, 千葉立也訳　朝倉書店　2010.6　1冊　31×24cm　4800円　①978-4-254-16917-1　Ⓝ290.8

(目次)国々の姿(セネガル, ガンビア, ギニア, ギニアビサオ, シエラレオネ, リベリア, コートジボアール, ブルキナ, ガーナ, トーゴ, ベナン, ナイジェリア, カメルーン, 中央アフリカ共和国, 赤道ギニア, ガボン, コンゴ, ザイール, ブルンジ, ルワンダ, ウガンダ, ケニア, タンザニア, セイシェル, サントメ・プリンシペ, カーボベルデ), 地域の姿(自然地理, 生息環境とその保全, 動物の生態, 植物の生態, 農業, 鉱工業, 経済, 民族と文化, 都市, 政治, 環境問題)

図説大百科 世界の地理　18　南部アフリカ　普及版　田辺裕監修, 生井沢進, 遠藤幸子訳　朝倉書店　2010.6　1冊　31×24cm　4800円　①978-4-254-16918-8　Ⓝ290.8

(目次)国々の姿(アンゴラ, ザンビア, マラウイ, モザンビーク, ナミビア, ボツワナ, ジンバブエ, 南アフリカ, レソト, スワラジランド, マダガスカル, モーリシャス, コモロ, この地域の属領(マヨット, レユニオン, セント・ヘレナ)), 地域の姿(自然地理, 自然環境とその保全, 動物の生態, 植物の生態, 農業, 鉱工業, 経済, 民族と文化, 都市, 政治, 環境問題)

図説大百科 世界の地理　19　南アジア　普及版　田辺裕監修, 米田巌, 浅野敏久訳　朝倉書店　2010.6　1冊　31×24cm　4800円　①978-4-254-16919-5　Ⓝ290.8

(目次)国々の姿(インド, ブータン, パキスタン, ネパール, バングラデシュ, モルジブ, スリランカ, 地域の属領インド洋におけるイギリス領), 地域の姿(自然地理, 自然環境とその保全, 動物の生態, 植物の生態, 農業, 鉱工業, 経済, 民族と文化, 都市, 政治, 環境問題)

図説大百科 世界の地理　20　中国・台湾・香港　普及版　田辺裕監修, 諏訪哲郎訳　朝倉書店　2010.6　1冊　31×24cm　4800円　①978-4-254-16920-1　Ⓝ290.8

(目次)国々の姿(中国, 台湾, この地域の属領

(香港，マカオ))，地域の姿(自然地理，生息環境とその保全，動物の生態，植物の生態，農業，鉱工業，経済，民族と文化，都市，政治，環境問題)

図説大百科 世界の地理　21　東南アジア　普及版　田辺裕監修，佐藤哲夫，永田淳嗣訳　朝倉書店　2010.6　1冊　31×24cm　4800円　①978-4-254-16921-8　Ⓝ290.8

(目次)国々の姿(ミャンマー，ラオス，タイ，カンボジア，ベトナム，マレーシア，シンガポール，インドネシア，ブルネイ，フィリピン)，地域の姿(自然地理，生息環境とその保全，動物の生態，植物の生態，農業，鉱工業，経済，民族と文化，都市，政治，環境問題)

図説大百科 世界の地理　22　日本・朝鮮半島　普及版　田辺裕監修，荒井良雄訳　朝倉書店　2010.6　1冊　31×24cm　4800円　①978-4-254-16922-5　Ⓝ290.8

(目次)国々の姿(日本，北朝鮮，韓国)，地域の姿(自然地理，自然環境とその保全，動物の生態，植物の生態，農業，鉱工業，経済，民族と文化，都市，政治，環境問題)

図説大百科 世界の地理　23　オセアニア・南極　普及版　田辺裕監修，谷内達訳　朝倉書店　2010.6　1冊　31×24cm　4800円　①978-4-254-16923-2　Ⓝ290.8

(目次)国々の姿(オーストラリア，ニュージーランド，パプアニューギニア，ソロモン諸島，ツバル，ナウル，キリバス，フィジー，バヌアツ，トンガ，西サモア，属領・南極(北マリアナ諸島，グアム，パラオ，ミクロネシア連邦，マーシャル諸島，ウェーク島，ジョンストン島，ミッドウェー島，アメリカ領サモア，ニューカレドニア，ウォリス・フトゥナ，フランス領ポリネシア，南極))，地域の姿(自然地理，生息環境とその保全，動物の生態，植物の生態，農業，鉱工業，経済，民族と文化，都市，政治，環境問題)

図説大百科 世界の地理　24　総索引・用語解説　普及版　田辺裕監修・訳，田原裕子訳　朝倉書店　2010.6　1冊　31×24cm　4800円　①978-4-254-16924-9　Ⓝ290.8

(目次)シリーズの構成，各地域地図，全巻詳細目次，総索引，主題別索引，用語解説，参考文献，データ出典，図版提供，原著製作スタッフ，翻訳者一覧，「図説大百科世界の地理」を通観して

ニュースがわかる 最新世界国名事典　学研辞典編集部編　学習研究社　2002.12　512p　18cm　1500円　①4-05-401687-1　Ⓝ290.36

(内容)世界193の国と22の地域の最新情報を収録したデータブック。外務省の「国名表」に基づく地域別に分類、国名も同表に基づく。各国の英語国名、地図、現況、歴史、政治、経済、地理、文化、対日関係、在日公館の情報と、人口・国民総所得などの数値を掲載する。統計数値は2002年10月現在利用可能な最新データによる。巻頭カラー口絵に目次を兼ねた世界の国旗一覧があり、巻末に国名五十音順、首都五十音順、地域区分別、英語名称アルファベット順の各索引を付す。

ビジュアル大事典 世界の国々　美しい写真と地図が世界を語る　Heike Barnitzke[ほか]執筆，那須忍[ほか]訳　昭文社　2003.1　327p　30cm　〈付属資料：6p　原書名：Neues illustriertes Lexikon der Welt.〉　4500円　①4-398-20051-7　Ⓝ290.36

明治期外国人名辞典　第6巻　増訂外国地名人名辞典　阪本健一〔編〕　大空社　1996.10　634,134p　22cm　〈宝文館明治36年刊の複製〉　①4-7568-0087-4　Ⓝ280.3

<ハンドブック>

簡約 世界の国ハンドブック　桧山忠夫著　聖文社　1990.10　350p　19cm　950円　①4-7922-1328-2　Ⓝ290.36

(目次)1 世界の自然環境，2 人口と民族、社会・文化史環境，3 国家と国際組織，4 東アジア，5 東南アジア，6 南アジア，7 西アジア，8 西ヨーロッパ，9 ソ連と東ヨーロッパ諸国，10 アフリカ，11 南北アメリカ，12 大洋州，13 南極大陸

(内容)変動する国際情勢のバックグラウンド、世界170ヵ国の自然と社会。

簡約 世界の国ハンドブック　改訂版　檜山忠夫著　聖文社　1993.8　350p　19cm　1000円　①4-7922-1335-5　Ⓝ290.36

(目次)1 世界の自然環境，2 人口と民族、社会・文化史環境，2 国家と国際組織，4 東アジア，5 東南アジア，6 南アジア，7 西アジア，8 ヨーロッパ，9 独立国家共同体諸国，10 アフリカ，11 南北アメリカ，12 大洋州，13 南極大陸

(内容)世界170カ国の自然と社会を紹介する国別データブック。

この一冊で世界の国がわかる!　全世界196国・地域の地理、歴史、現代情勢早わかり事典　三笠書房　1996.9　459p　15cm　(知的生きかた文庫)　880円　①4-8379-0834-9　Ⓝ290.36

(目次)第1章 アジア，第2章 オセアニア，第3章 北アメリカ，第4章 ラテンアメリカ，第5章 ヨーロッパ，第6章 CIS(独立国家共同体)，第7章 中

東，第8章 アフリカ

(内容)196の国・地域の地理、歴史、民族、経済、政治などのデータに概説を付したもの。各国の現代情勢についても解説する。排列はアジア、オセアニアなど地域順。巻末に国名順索引、都市名順索引がある。

この一冊で世界の国がわかる! 世界196国・地域の地理、歴史、現代情勢早わかり事典 最新版 波多野敬雄監修 三笠書房 1999.1 459p 15cm (知的生きかた文庫) 857円 ①4-8379-7007-9 Ⓝ290.36

(目次)第1章 アジア，第2章 オセアニア，第3章 北アメリカ，第4章 ラテンアメリカ，第5章 ヨーロッパ，第6章 CIS(独立国家共同体)，第7章 中東，第8章 アフリカ

(内容)世界196国の地域の地理、歴史、現代情勢などを紹介したデータブック。掲載データは、面積、人口、人口密度、首都、言語、宗教、平均寿命、政治体制、資源・産業、国内総生産、通貨、輸出額、貿易相手国、兵力、観光客数、乗用車台数、対日輸入額、日本訪問者数、在留邦人数、日本人訪問者数など。都市名別索引付き。

この一冊で世界の国がわかる! 世界197国・地域の地理、歴史、現代情勢早わかりデータブック 最新版 波多野敬雄監修 三笠書房 2002.2 459p 15cm (知的生きかた文庫) 857円 ①4-8379-7225-X Ⓝ290.36

(目次)第1章 アジア，第2章 オセアニア，第3章 北アメリカ，第4章 ラテンアメリカ，第5章 ヨーロッパ，第6章 CIS(独立国家共同体)，第7章 中東，第8章 アフリカ

(内容)世界各国・地域のデータブック。世界を8地域に区分し、197の国・地域のデータを掲載する。各国・地域について、地図とともに、地理、歴史、民族、経済、政治、現代情勢などの各データを表示、その地域で特に注目される情勢について取り上げ解説を加えている。巻末に世界の主な地域紛争・民族問題地図、国名(地域名)別索引、都市名別索引、その他の参考資料を付す。

最新 アジア・オセアニア各国要覧 外務省アジア局・欧亜局・中近東アフリカ局監修 東京書籍 1995.9 286p 26cm 3200円 ①4-487-75072-5 Ⓝ292

(目次)大韓民国，北朝鮮(朝鮮民主主義人民共和国)「参考」，中華人民共和国，香港「参考」，マカオ「参考」，台湾「参考」，モンゴル国，フィリピン共和国，インドネシア共和国，ブルネイ・ダルサラーム国〔ほか〕

(内容)アジア(中近東を含む)、オセアニアの56の国家・地域に関する解説とデータをまとめたもの。国別に地図、正式名称、首都、独立年、地理・気候・風土、歴史、政治、経済、社会と文化、日本との関係等について記述する。排列は地域順。

最新 世界の国ハンドブック 森本哲郎監修，辻原康夫編 三省堂 1998.12 318p 22×14cm 1800円 ①4-385-41037-2 Ⓝ290.36

(目次)アジア，アフリカ，ヨーロッパ，CIS諸国，アメリカ，オセアニア，非独立地域

(内容)日本を含む191の独立国および主要な非独立地域の現状を理解できるよう、データを中心としてそれぞれの特性を示したハンドブック。掲載データは、正式名称、政体、元首、面積、人口、人口密度、首都、主要都市、独立年月日、国連加盟年月日、識字率、通貨単位、為替レート、国民総生産(GNP)、一人当たり国民総生産、国際電話番号、在日公館、在外公館など。国名・地域名・都市名索引付き。

最新 世界各国要覧 5訂版 東京書籍 1990.7 413p 26cm 2600円 ①4-487-75063-6 Ⓝ290.36

(目次)世界の概況，東アジア，東南アジア，中近東，オセアニア，ヨーロッパ，北アメリカ，南アメリカ，アフリカ，資料編(世界の現況，地球についての身上書，日本の身上書，経済的にみた世界の国分類，用語の豆知識)

(内容)激動の90年代、世界情勢を的確にとらえるためのハンドブック。外務省・国連等の資料に基づく最新のデータと情報を国ごとに見開き2ページに収録。

最新 世界各国要覧 6訂版 東京書籍 1991.9 410p 26cm 2800円 ①4-487-75042-3 Ⓝ290.36

(目次)東アジア，東南アジア・南西アジア，中近東，オセアニア，ヨーロッパ，北アメリカ，南アメリカ，アフリカ，資料編(世界の現況，地球についての身上書，日本の身上書，経済的にみた世界の国分類，用語の豆知識，世界なんでもベスト10，略語表，主要国地域時差比較表)

(内容)激動の90年代。世界情勢を的確にとらえるためのハンドブック。統一ドイツ等全独立国169か国の最新のデータと情報を国ごとに見開き2ページに収録。

最新 世界各国要覧 7訂版 東京書籍編集部編 東京書籍 1993.6 439p 26cm 3000円 ①4-487-75037-7 Ⓝ290.36

(内容)NIS諸国等全独立国と地域計197のデータと情報を国ごとに見開き2ページで掲載するデータブック。

最新 世界各国要覧 8訂版 東京書籍

1995.5　447p　26cm　3200円
①4-487-75071-7　Ⓝ290.36

(内容)世界189カ国・10地域の概説および基礎データを国別に見開き2頁でまとめたもの。世界をアジア州、オセアニア州、ヨーロッパ州、CIS諸国、北アメリカ州、南アメリカ州、アフリカ州に分け、同一地域内では北から南、東から西へ各国を排列する。巻頭に五十音順の国名索引、巻末に世界の現況等に関する資料がある。

最新 世界各国要覧　9訂版　東京書籍編集部編　東京書籍　1998.7　447p　26cm　3400円　①4-487-79353-X　Ⓝ290.36

(目次)アジア〔地図、概況〕, オセアニア〔地図、概況〕, ヨーロッパ〔地図、概況〕, CIS諸国〔地図、概況〕, 北アメリカ(中米・カリブを含む)〔地図、概況〕, 南アメリカ〔地図、概況〕, アフリカ〔地図、概況〕

(内容)全独立国と地域199ののデータと情報を掲載した要覧。掲載データは、国連加盟年月、主要国祭日、地理・気候・風土、政治・経済、社会と文化、日本との関係、政治、経済、保健、教育、マスコミ、国防、貿易額、貿易額の推移、産業別労働人口、日本との関係、日本との貿易額、日本との貿易額の推移など。国名索引付き。9訂版。

最新 世界各国要覧　10訂版　東京書籍編集部編　東京書籍　2000.7　447p　26cm　3600円　①4-487-79544-3　Ⓝ290.36

(目次)アジア, オセアニア, ヨーロッパ, CIS諸国, 北アメリカ(中米・カリブを含む), 南アメリカ, アフリカ

(内容)世界のすべての国・主要地域の基礎データをまとめた資料集。国連、外務省、その他公的機関および各国政府公表の最新公式資料をもとに編集。世界190か国を国別に概説し、それぞれ要覧を付す。ほかに朝鮮民主主義人民共和国(北朝鮮)と、台湾、香港など8地域を「参考」として掲載する。

最新 世界各国要覧　11訂版　東京書籍編集部編　東京書籍　2003.7　447p　26cm　3600円　①4-487-79931-7　Ⓝ290.36

(目次)世界の概況, アジア概況, オセアニア概況, ヨーロッパ概況, 旧ソビエト連邦諸国概況, 北・中央アメリカ(カリブ諸国を含む)概況, 南アメリカ概況, アフリカ概況

(内容)21世紀の激動する国際情勢をこの1冊に集約。200の国と地域の最新データと情報。

最新 世界各国要覧　12訂版　東京書籍　2006.7　447p　26cm　3600円　①4-487-80141-9　Ⓝ290.36

(目次)世界の概況, アジア概況, オセアニア概況, ヨーロッパ概況, 旧ソビエト連邦諸国概況, 北・中央アメリカ(カリブ諸国を含む)概況, 南アメリカ概況, アフリカ概況, 資料編

(内容)最新の国際情勢をこの1冊に集約。全独立国と地域200の最新データと情報を国ごとに見開き2ページに収録した決定版。巻末資料編はさらに見やすく、より充実。

世界各国便覧(びんらん)　山川出版社編集部編　山川出版社　2009.7　280p　20cm　(新版世界各国史 28)　〈索引あり〉　3000円　①978-4-634-41580-5　Ⓝ290.36

(目次)世界各国便覧(アジア—47カ国・5地域, アフリカ—53カ国・4地域, ヨーロッパ—EU・45カ国・6地域, アメリカ—35カ国・16地域, オセアニア—14カ国・16地域), 主要国際協力機構

世界各国要覧ハンドブック　PHP研究所編　PHP研究所　1990.6　227p　18cm　1000円　①4-569-52781-7　Ⓝ290.36

(目次)1 アジア州, 2 大洋州, 3 アフリカ州, 4 ヨーロッパ州・ソ連, 5 北アメリカ州, 6 南アメリカ州

(内容)世界169ケ国の政治、経済の最新情報から日本との交流の現況まで、各国の情報を掲載したポケット版データバンク。

世界なんでも情報館 世界192の国と地域のデータブック　田辺裕監修　ポプラ社　2001.4　263p　30cm　7000円　①4-591-06663-0　Ⓝ290

(目次)世界をくらべる情報(世界地図のいろいろ, 世界の国々, 世界の国旗, 世界の時刻 ほか), 世界の国々情報(アジアの国々, オセアニアの国々, アフリカの国々, ヨーロッパの国々 ほか)

(内容)世界192の国と地域をさまざまなテーマで比較しながら紹介したもの。世界の自然・気候・産業から、宗教・文化まで、あらゆる分野の最新の情報を集め、わかりやすく解説。グラフや図表も満載した、世界地理の学習百科。

世界の国ハンドブック　森本哲郎監修　三省堂　1993.6　303p　21×14cm　1500円　①4-385-15800-2　Ⓝ290.36

(内容)1993年最新データによる現代世界200の国と地域の基礎知識です。

世界の国名・地名がすぐわかる本 テレビ・新聞によくでる　武田実著　明日香出版社　1991.6　219p　19cm　(アスカビジネス)　〈付：参考文献・資料〉　1165円　①4-87030-469-4　Ⓝ290.36

(内容)世界をアジア、ヨーロッパ、北米、中南

米、アフリカ、オセアニアの6地域に分けて、各国の面積、人口、構成民族、宗教、GNP、それに主要な地域や都市の概要を収載。

世界の地名ハンドブック　辻原康夫著　三省堂　1995.11　411p　21cm　2300円　Ⓘ4-385-41028-3　Ⓝ290.33

(内容)過去10年間にマスメディアに登場した頻度を基準に、頻度の高い現代地名2800を収録する地名事典。排列は地名の五十音順。巻末に人名、企業名、国際的イベント、映画・文学作品名等2600の地名関連キーワードから引ける「関連キーワード・総索引」がある。

データブック 世界各国地理　新版　竹内啓一著　岩波書店　1993.3　230p　18cm　（岩波ジュニア新書 218）　750円　Ⓘ4-00-500218-8　Ⓝ290

(内容)東西冷戦の終結後に統一した国、分離独立した国、国名が変わった国をふくめ、200余の世界の全独立国と主要海外領について、概要、面積・人口・GNP・識字率・宗教などの基本データを、二色刷地図と共に簡潔に紹介する世界地理のデータブック。

データブック 世界各国地理　第3版　竹内啓一著　岩波書店　2004.9　228p　18cm　（岩波ジュニア新書）　940円　Ⓘ4-00-500484-9　Ⓝ290

(目次)1 東・東南アジア，2 南・中央・西アジア、北アフリカ，3 ヨーロッパ，4 アメリカ，5 中・南（サハラ以南）アフリカ，6 オセアニア

(内容)経済のグローバル化やEC（欧州連合）の拡大などによって、急速に変化する現代世界。世界各国の歴史や政治・社会を概観し、人口、面積、産業構成、経済指標、言語、宗教などの基本データを紹介。2色刷地図入り、巻末に国・地域索引が付く。

ニュースによく出る世界の国名・地名　聖文社編集部編　聖文社　1990.4　113p　19cm　〈監修：北詰洋一，矢ケ崎誠治〉　480円　Ⓘ4-7922-1650-8　Ⓝ290.33

早わかり世界の国ぐに　辻原康夫著　平凡社　2004.7　282p　19cm　1524円　Ⓘ4-582-83229-6　Ⓝ290.36

(目次)アイスランド，アイルランド，アゼルバイジャン，アフガニスタン，アメリカ合衆国，アラブ首長国連邦，アルジェリア，アルゼンチン，アルバニア，アルメニア〔ほか〕

(内容)世界194の国・地域の国民性や文化、さらに政治・経済までもれなく紹介。世界各国のお国柄が楽しくわかる。オリンピック観戦にこの一冊。

早わかり世界の国ぐに　新版　辻原康夫著　平凡社　2011.11　268p 図版24p　19cm　〈文献あり〉　1700円　Ⓘ978-4-582-83548-9　Ⓝ290.36

(目次)アジア，アフリカ，ヨーロッパ，北アメリカ，南アメリカ，オセアニア

(内容)多彩なお国柄、緊迫する経済、錯綜する国際関係すべてこの1冊に。リビアや南スーダン、コソボなど最新の状況も詳しく解説。198の国家・地域の気候・風土や歴史、近年の政治・経済、国民性や文化を紹介。

ワールド・イミダス　最新データとアトラスで世界・日本を総展望　イミダス編集部編　集英社　1991.6　398p　26×20cm　3000円　Ⓘ4-08-783048-9　Ⓝ290.38

(目次)ワールド・アトラス，ジャパン・アトラス，世界と日本のデータ

(内容)世界と日本の“いま”を最新の地図と情報とを併せて1冊に収録。イミダスの国際関係執筆陣が、世界のエリア別最新動向を解説。イギリスを代表する年鑑“STATESMAN'S YEAR - BOOK”の編集協力で国際データを強化。各国データは、地理・歴史解説付きで、主要国は州単位のデータの充実を図り、また注目の国連の機構・機能を特集している。

＜地図帳＞

アトラス現代世界　野村正七〔ほか編著〕　昭文社　1991.7　397p　31cm　（エアリアマップ）　7730円　Ⓘ4-398-20000-2　Ⓝ290.38

大きな文字の地図帳　市町村合併対応 最新版　帝国書院　2005.3　127p　30cm　1800円　Ⓘ4-8071-5473-7　Ⓝ290.38

(目次)世界全図，ユーラシア・北極・オセアニア，東アジア，中国要部，朝鮮半島，東南アジア・西太平洋，東南アジア要部，南アジア，西アジア・中央アジア，アフリカ〔ほか〕

(内容)世界も日本もこの一冊にまるごと収録。日本は迫力の大縮尺の地図でカバー。全市町村名を網羅。世界は大きな図取りの地図を多数掲載。

大きな文字の地図帳　初訂版　帝国書院編　帝国書院　2006.5　127p　30×22cm　1800円　Ⓘ4-8071-5567-9　Ⓝ290.38

(目次)世界全図，ユーラシア・北極・オセアニア，東アジア，中国要部，朝鮮半島，東南アジア・西太平洋，東南アジア要部，南アジア，西アジア・中央フジア，アフリカ〔ほか〕

(内容)普段よく使う日本の地図は、大きくて見やすい地図を採用。ドイツをはじめ、イタリア・

フランス・アメリカ合衆国などよく使う地域や、ニュースによくでる中国・韓国・北朝鮮は特に大きな地図を満載。地名はすべて合併後の新市町村名に修正済（旧地名も併記）。巻末には、合併がひと目でわかる特集地図を掲載。

大きな文字の地図帳　3訂版　帝国書院著　帝国書院　2007.10　161p　30×22cm　〈付属資料：拡大レンズ1〉　1800円　①978-4-8071-5725-9　Ⓝ290.38

(目次)ユーラシア・北極・オセアニア，東アジア，中国東北部，中国北部，中国南部，シャンハイ・台湾・ホンコン，朝鮮半島，韓国，東南アジア・西太平洋，東南アジア要部〔ほか〕

(内容)世界の国旗に国別基礎データを新設。巻頭に2008年北京オリンピック特集付。巻末には平成の市町村大合併特集掲載。中国、韓国、イスラエル、ヨーロッパ、ハワイの詳しい地図を新設。地名・索引も大幅増加。

大きな文字の地図帳　4版　帝国書院著　帝国書院　2009.6　180p　30cm　〈索引あり〉　1800円　①978-4-8071-5848-5　Ⓝ290.38

(目次)世界編（アジア，アフリカ，ヨーロッパ，南北アメリカ，太平洋・オセアニア・両極），日本編（日本列島・沖縄，九州地方，中国・四国地方，近畿地方，中部地方，関東地方，東北地方，北海道地方）

大きな文字の地図帳　5版　帝国書院著　帝国書院　2011.5　188p　30cm　〈索引あり〉　1800円　①978-4-8071-5963-5　Ⓝ290.38

(目次)世界編（アジア，アフリカ，ヨーロッパ，南北アメリカ，太平洋・オセアニア・両極），日本編（日本列島・沖縄，九州地方，中国・四国地方，近畿地方，中部地方，関東地方，東北地方，北海道地方）

(内容)韓国のページを追加（ソウル、プサン、キョンジュ）。注目のペキン、シャンハイ、ホンコンの都市図と、台湾の拡大図を新設。沖ノ鳥島、南鳥島、尖閣諸島、竹島の分図を追加。「世界の国旗」「平成の市町村大合併特集」を掲載。

大きな文字の地図帳　6版　帝国書院著　帝国書院　2013.5　188p　30cm　〈索引あり〉　1800円　①978-4-8071-6105-8　Ⓝ290.38

(目次)世界編（アジア，アフリカ，ヨーロッパ，南北アメリカ，太平洋・オセアニア・両極），日本編（日本列島・沖縄，九州地方，中国・四国地方，近畿地方，中部地方，関東地方，東北地方，北海道地方），特集・統計・さくいん

(内容)大きな文字で、地名が見やすい! 日本の領域と周辺の国々を確認できる地図を新たに掲載。南西諸島の位置と長さがよくわかる地図を新たに掲載。「世界の国旗」「平成の市町村大合併特集」を掲載。

大きな文字の地図帳　7版　帝国書院著　帝国書院　2015.5　192p　30cm　〈索引あり〉　1800円　①978-4-8071-6207-9　Ⓝ290.38

(目次)世界編（アジア，アフリカ，ヨーロッパ，南北アメリカ，太平洋・オセアニア・両極），日本編（日本列島・沖縄，九州地方，中国・四国地方，近畿地方，中部地方，関東地方，東北地方，北海道地方）

(内容)新設の都市図…福岡、北九州、広島、岡山、函館、札幌。詳しい都市図を豊富に掲載。「世界の国旗」「地下鉄路線図」を巻末に掲載。

大きな文字の地図帳　8版　帝国書院著　帝国書院　2017.6　192p　30cm　〈索引あり〉　1800円　①978-4-8071-6338-0　Ⓝ290.38

大きな文字の TVのそばに一冊 ワールドアトラス　最新版　帝国書院編集部編　帝国書院　2001.12　126p　30cm　〈折り込2枚〉　1500円　①4-8071-5299-8　Ⓝ290.38

大きな文字の TVのそばに一冊 ワールドアトラス　初訂版　帝国書院編集部編　帝国書院　2003.4　126p　30cm　1500円　①4-8071-5403-6　Ⓝ290.38

(目次)ユーラシア・北極，アジア，アジア・アフリカ，アフリカ，ヨーロッパ，ユーラシア北部，東ヨーロッパ，アメリカ，太平洋・インド洋，オセアニア，南極〔ほか〕

(内容)巻末特集「平成の市町村大合併」では、市町村合併がひと目でわかる3ページ大の合併地図と合併リストを掲載。巻頭特集「イラクの素顔」では、詳細イラク全図と資料（軍事、石油、民族・宗教）を掲載。

オルテリウス世界地図帳　アブラハム・オルテリウス著　（京都）臨川書店　1991.2　1冊　42cm　〈付：編成表，（別冊 26p）：解説　原書名：Theatrvm Orbis Terrarvm〉　185400円　Ⓝ290.38

(内容)ライデン大学図書館蔵1570年刊（初版）本完全複製。

オルテリウス『世界地図帳』1595年刊本　長谷川孝治，大西英文編　（京都）臨川書店　1992.10　1冊　45×30cm　〈付録：編成表　原書名：Theatrum Orbis Terrarum 1595〉　230000円　①4-653-02513-4　Ⓝ290.3

基本高等地図　2000-2001　二宮書店編集部編　二宮書店　2000.3　112p　30cm　1500円　①4-8176-0167-1　Ⓝ290.38

(目次)世界の総図，世界の諸地域，日本の諸地域，分野別主題図，統計資料・地名索引

基本高等地図　2001-2002　二宮書店編集部編　二宮書店　2001.2　112p　30cm　1500円　①4-8176-0181-7　Ⓝ290.38

(目次)世界の総図(世界の国々など，世界の地形など)，世界の諸地域(東アジア，朝鮮半島，東南アジア ほか)，日本の諸地域(南西諸島，九州，中国・四国 ほか)，分野別主題図(世界の結びつき，人種・民族・言語・宗教，人口・食料問題 ほか)，統計資料・地名索引(統計資料，地名索引(世界)，地名索引(日本))

(内容)世界と日本を対象に、一般図と分野別主題図を収録する地図帳。諸地域ごとの基本一般図の他、分野別主題図の部では人種・民族・言語・宗教、人口・食料問題、産業、環境問題、地形、気候などによる主題図を収録。

基本高等地図　2002-2003　二宮書店編集部編　二宮書店　2002.2　112p　30cm　1500円　①4-8176-0189-2　Ⓝ290.38

(目次)世界の総図，世界の諸地域，日本の諸地域，分野別主題図，統計資料・地名索引

(内容)世界と日本を対象に、一般図と分野別主題図を収録する地図帳。諸地域ごとの基本一般図の他、分野別主題図の部では人種・民族・言語・宗教、人口・食料問題、産業、環境問題、地形、気候などによる主題図を収録。巻末に統計資料と世界と日本の地名索引が付く。

基本地図帳　2003-2004　二宮書店編集部編　二宮書店　2003.3　128p　30cm　1500円　①4-8176-0208-2　Ⓝ290.38

(目次)世界の諸地域(アジアの自然と文化，東アジア，中国東部 ほか)，日本の諸地域(日本の位置、南西諸島，九州，中国・四国 ほか)，分野別主題図(日本の主題図，世界の課題，球面上の世界 ほか)，統計資料・地名索引

基本地図帳　2004-2005　二宮書店編集部編　二宮書店　2004.4　128p　30cm　1524円　①4-8176-0220-1　Ⓝ290.38

(目次)世界の諸地域(アジアの自然と文化，東アジア，中国東部，朝鮮半島，東アジアの都市図、ほか)，日本の諸地域(日本の位置、南西諸島，九州，中国・四国，近畿、神戸・奈良，京阪神 ほか)，分野別主題図(日本の主題図，世界の課題，球面上の世界，結びつく現代世界，人種・民族・言語・宗教 ほか)，統計資料・地名索引

基本地図帳　2005-2006　二宮書店編集部編　二宮書店　2005.2　128p　30cm　1524円　①4-8176-0228-7　Ⓝ290.38

(目次)世界の諸地域(アジアの自然と文化，東アジア，中国東部 ほか)，日本の諸地域(日本の位置、南西諸島，九州，中国・四国 ほか)，分野別主題図(日本の主題図，世界の課題，球面上の世界 ほか)，統計資料・地名索引

基本地図帳　2006-2007　二宮書店編集部編　二宮書店　2006.2　128p　30cm　1524円　①4-8176-0242-2　Ⓝ290.38

(目次)世界の諸地域(アジアの自然と文化，東アジア ほか)，日本の諸地域(日本の位置、南西諸島，九州 ほか)，分野別主題図(日本の主題図，世界の課題 ほか)，統計資料・地名索引(統計資料(1)～(6)，地名索引(世界) ほか)

基本地図帳　2007-2008　世界と日本のいまを知る　二宮書店編集部編　二宮書店　2007.3　153p　30cm　1524円　①978-4-8176-0310-4　Ⓝ290.38

(目次)世界，アジア，アフリカ，ヨーロッパ，北アメリカ，南アメリカ，オセアニア・海洋・両極，日本，主題図，統計・事項索引・地名索引

基本地図帳　2008-2009　世界と日本のいまを知る　改訂版　二宮書店編集部編　二宮書店　2008.3　153p　30cm　1524円　①978-4-8176-0324-1　Ⓝ290.38

(目次)世界，アジア，アフリカ，ヨーロッパ，北アメリカ，南アメリカ，オセアニア・海洋・両極，日本，主題図，統計・事項索引・地名索引

基本地図帳　2009-2010　世界と日本のいまを知る　二宮書店編集部著　二宮書店　2009.3　153p　30cm　〈索引あり〉　1524円　①978-4-8176-0337-1　Ⓝ290.38

(目次)世界，アジア，アフリカ，ヨーロッパ，北アメリカ，南アメリカ，オセアニア・海洋・両極，日本，主題図，統計・事項索引・地名索引

基本地図帳　2010-2011　世界と日本のいまを知る　二宮書店編集部著　二宮書店　2010.3　153p　30cm　〈索引あり〉　1524円　①978-4-8176-0344-9　Ⓝ290.38

(目次)世界，アジア，アフリカ，ヨーロッパ，北アメリカ，南アメリカ，オセアニア・海洋・両極，日本，主題図，統計・事項索引・地名索引

基本地図帳　2011-2012　世界と日本のいまを知る　二宮書店編集部著　二宮書店　2011.3　153p　30cm　〈索引あり〉　1524円　①978-4-8176-0350-0　Ⓝ290.38

(目次)世界，アジア，アフリカ，ヨーロッパ，北アメリカ，南アメリカ，オセアニア 海洋・両極，日本，主題図，統計・事項索引・地名索引

(内容)宇宙の階層構造、太陽系、宇宙の誕生、地球の歴史、等時刻帯、航空路、国民総所得、企業進出、貿易、言語、宗教、人種、出生率、人口増加率、人口密度、農牧業地域、米・小麦、漁獲量、鉄鉱・炭田・鉱産資源・エネルギー資源、自然災害、地球温暖化、気候区、植物帯、土壌

帯、気温・降水量、地形と景観、日本の行政区分・伝統的工芸品・祭り・伝統食、地図の話・歴史・投影法、一般地図、世界の地域別テーマ図、キャンベラ・ソウル・ニューヨーク・モスクワ・大阪・川崎・京都・千葉・名古屋・広島・福岡などの都市図。

基本地図帳　2012-2013　世界と日本のいまを知る　改訂版　二宮書店編集部編　二宮書店　2012.3　153p　30cm　1524円　Ⓘ978-4-8176-0362-3　Ⓝ290.38

(目次)世界，アジア，アフリカ，ヨーロッパ，北アメリカ，南アメリカ，オセアニア、海洋・両極，日本，主題図，統計・事項索引・地名索引

基本地図帳　2013-2014　二宮書店編集部編　二宮書店　2013.3　144,3p　30cm　1524円　Ⓘ978-4-8176-0377-7　Ⓝ290.38

(目次)世界の一般図（球面上の世界，世界の航空路，ユーラシア ほか），日本の一般図（日本全図，日本の位置，南西諸島 ほか），主題図（日本主題図，言語・民族・宗教，人口・人口問題 ほか），統計資料・地名索引

(内容)大判サイズにより、文字も大きく見やすい地図帳。写真や国旗も掲載。世界の一般図、日本の一般図、主題図、統計資料・地名索引を収録。

基本地図帳　2014-2015　二宮書店編集部著　二宮書店　2014.3　144,3p　30cm　〈年表あり 索引あり〉　1600円　Ⓘ978-4-8176-0387-6　Ⓝ290.38

(内容)大判サイズにより、文字も大きく見やすい地図帳。写真や国旗も掲載。世界の一般図、日本の一般図、主題図、統計資料・地名索引を収録。

基本地図帳　2015-2016　二宮書店編集部著　二宮書店　2015.3　144,3p　30cm　〈年表あり 索引あり〉　1600円　Ⓘ978-4-8176-0393-7　Ⓝ290.38

(目次)世界の一般図（球面上の世界，世界の航空路 ほか），日本の一般図（日本全図，日本の位置 ほか），主題図（日本主題図，言語・民族・宗教 ほか），統計資料・地名索引

基本地図帳　2016-2017　二宮書店編集部著　二宮書店　2016.3　144,3p　30cm　〈年表あり 索引あり〉　1600円　Ⓘ978-4-8176-0403-3　Ⓝ290.38

(目次)世界の一般図（球面上の世界，世界の航空路，ユーラシア ほか），日本の一般図（日本全図，日本の位置，南西諸島 ほか），主題図（日本主題図，言語・民族・宗教，人口・人口問題 ほか），統計資料・地名索引

基本地図帳　2017-2018　二宮書店編集部著　二宮書店　2017.3　151p　30cm　〈文献あり 年表あり 索引あり〉　1600円　Ⓘ978-4-8176-0415-6　Ⓝ290.38

(目次)世界の一般図（球面上の世界，世界の国々基本データ，ユーラシア・アメリカ ほか），日本の一般図（日本全図，南西諸島，九州、福岡（都市図） ほか），主題図（日本の地形と気候、日本主題図，世界の地形，身近な地形、自然災害 ほか），統計資料・地名索引

近代アジア・アフリカ都市地図集成　中川浩一編　柏書房　1996.6　139p　46×62cm　198000円　Ⓘ4-7601-1303-7　Ⓝ290.38

(内容)日本帝国時代の官製旅行案内書に収録された各都市地図を国別に掲載したもの。各地図は19世紀末から20世紀前半に作成されたものを、見出しの土地名および所属国は1995年1月1日現在のものを用いる。巻末に都市名の五十音順索引・アルファベット順索引を付す。

グランド新世界大地図　全教出版　1990　1冊　43cm　〈他言語標題：Grand new world atlas　東京 人文社（発売）〉　30097円　Ⓝ290.38

グランド新世界大地図　全教出版　1991.1　1冊　43cm　〈他言語標題：Grand new world atlas　東京 人文社（発売）〉　30097円　Ⓝ290.38

グランド新世界大地図　全教出版，人文社（発売）　1992.9　167p 図版116枚　43cm　〈付（1枚）：地図の図式・国名略語集・索引国名略語一覧表〉　33000円　Ⓝ290.38

(内容)62面、7万余の地名を収録する大型地図帳。アジア諸国に多くの図幅を当てている。欧文・漢字・カタカナの地名索引を付す。

グランド新世界大地図　全教出版　1994.6　1冊　43cm　〈他言語標題：Grand new world atlas　東京 人文社（発売）〉　30097円　Ⓝ290.38

グランド新世界大地図　全教出版，人文社（発売）　1996.2　167p 図版109枚　43cm　〈付（1枚）：地図の図式・国名略語表・索引国名略語一覧表〉　34000円　Ⓝ290.38

グランド新世界大地図　全教出版　1997.1　62,167p　43cm　〈他言語標題：Grand new world atlas　東京 人文社（発売）　付属資料：1枚〉　33333円　Ⓘ4-87160-066-1　Ⓝ290.38

グランド新世界大地図　全教出版　1998.9　1冊　43cm　〈他言語標題：Grand new world atlas　東京 人文社（発売）〉　33333円

Ⓝ290.38

グランド新世界大地図　全教出版　2000.1　62,167p　43cm　〈他言語標題：Grand new world atlas　東京 人文社（発売）　付属資料：1枚〉　33333円　Ⓝ290.38

グランド新世界大地図　全教出版　2001.4　1冊　43cm　〈他言語標題：Grand new world atlas　東京 人文社（発売）　付属資料：1枚〉　33333円　Ⓝ290.38

グランド新世界大地図　全教出版　2002.3　1冊　43cm　〈他言語標題：Grand new world atlas　東京 人文社（発売）〉　33333円　Ⓝ290.38

グランド新世界大地図　全教出版　2003.3　1冊　43cm　〈他言語標題：Grand new world atlas　東京 人文社（発売）　付属資料：1枚〉　33333円　Ⓝ290.38

グランド新世界大地図　全教出版　2004.4　1冊　43cm　〈他言語標題：Grand new world atlas　東京 人文社（発売）　付属資料：1枚〉　33333円　Ⓘ4-7959-2120-2　Ⓝ290.38

グローバルマップル 世界&日本地図帳　昭文社　〔2006.8〕　244p　30cm　1600円　Ⓘ4-398-20030-4　Ⓝ290.38

（目次）世界地図編（アジア，ヨーロッパ，アフリカ，南北アメリカ，オセアニア，付録），日本地図編

（内容）この一冊で世界と日本をまるごと収録。総ページ数248、地名索引13100。

グローバルマップル 世界&日本地図帳　昭文社　2006　244p　30cm　1600円　Ⓘ4-398-20035-8　Ⓝ290.38

グローバルマップル 世界&日本地図帳　昭文社　2008　244p　30cm　1600円　Ⓘ4-398-20035-8　Ⓝ290.38

グローバルマップル 世界&日本地図帳　昭文社　2014　244p　30cm　1600円　Ⓘ4-398-20035-8　Ⓝ290.38

グローバルマップル 世界&日本地図帳　昭文社　2016　244p　30cm　1600円　Ⓘ4-398-20035-8　Ⓝ290.38

グローバルマップル 世界地図帳　昭文社　〔2014.3〕　171p　30cm　1800円　Ⓘ978-4-398-20058-7　Ⓝ290.38

（目次）アジア，ヨーロッパ，アフリカ，北・南アメリカ，オセアニア，北極・南極，主要都市拡大図

現代世界詳密地図　全教出版編　人文社　1992.4　119,96p　30cm　3900円　Ⓝ290.38

現代世界詳密地図　人文社　1993.1　119,96p　30cm　3900円　Ⓝ290.38

現代世界詳密地図　全教出版編　人文社　1994.4　119,96p　30cm　3900円　Ⓝ290.38

現代地図帳　1990-91　3訂版　二宮書店編集部編　二宮書店　1990.4　143p　26cm　1400円　Ⓘ4-8176-0082-9　Ⓝ290.38

現代地図帳　1991-92　4訂版　二宮書店編集部編　二宮書店　1991.4　143p　26cm　〈監修：青野寿郎ほか〉　1400円　Ⓘ4-8176-0106-X　Ⓝ290.38

現代地図帳　1992-93　4訂版　二宮書店編集部編　二宮書店　1992.4　143p　26cm　1400円　Ⓘ4-8176-0106-X　Ⓝ290.38

（内容）世界の総図，分野別主題図，世界の諸地域の一般図・主題図，日本の諸地域の一般図・主題図，統計資料，地名索引

現代地図帳　1993-94　4訂版　二宮書店編集部編　二宮書店　1993.4　143p　26cm　〈監修：山本正三ほか〉　1400円　Ⓘ4-8176-0106-X　Ⓝ290.38

現代地図帳　1994-95　最新版　二宮書店編集部著　二宮書店　1994.3　143p　26cm　1500円　Ⓘ4-8176-0121-3　Ⓝ290.38

（目次）世界の総図，分野別主題図，世界の諸地域の一般図・主題図，日本の諸地域の一般図・主題図，統計資料

現代地図帳　1995-96　最新版　二宮書店　1995.3　143p　26cm　1500円　Ⓘ4-8176-0121-3　Ⓝ290.38

（内容）高等学校用のものをベースにした世界・日本の地図帳。分野別主題図、世界の一般図・主題図、日本の一般図・主題図を掲載。巻末に統計資料と世界・日本の地名索引を付す。

現代地図帳　1996-97　最新版　二宮書店編集部編　二宮書店　1996.3　143p　26cm　1500円　Ⓘ4-8176-0121-3　Ⓝ290.38

現代地図帳　1997-98　最新版　二宮書店　1997.3　143p　26cm　1500円　Ⓘ4-8176-0121-3　Ⓝ290.38

（目次）世界の総図，分野別主題図，世界の諸地域の一般図・主題図，日本の諸地域の一般図・主題図，統計資料，地名索引

（内容）高等学校用のものをベースにした世界・日本の地図帳。分野別主題図、世界の一般図・主題図、日本の一般図・主題図を掲載。巻末に統計資料と世界・日本の地名索引を付す。

現代地図帳　2004-2005　二宮書店編集部編　二宮書店　2004.3　152p　26cm　1524円　Ⓘ4-8176-0219-8　Ⓝ290.38

(目次)分野別主題図（世界の国々、国家間の結合、など，地形（1）～（3）ほか），世界の諸地域（一般図・主題図・都市図）（アジアの自然と東西交流，東アジア ほか），日本の諸地域（一般図・主題図・都市図）（日本の位置，日本主題図（1）～（3）ほか），統計資料・地名索引（統計資料（自然統計），統計資料（世界の国一覧）ほか）

現代地図帳　2005-2006　二宮書店編集部編　二宮書店　2005.2　152p　26cm　1524円　Ⓘ4-8176-0227-9　Ⓝ290.38

(目次)分野別主題図（世界の国々、国家間の結合、など，地形（1）～（3）ほか），世界の諸地域（一般図・主題図・都市図）（アジアの自然と東西交流，東アジア ほか），日本の諸地域（一般図・主題図・都市図）（日本の位置，日本主題図（1）～（3）ほか），統計資料・地名索引（統計資料（自然統計），統計資料（世界の国一覧）ほか）

現代地図帳　2006-2007　二宮書店編集部編　二宮書店　2006.2　152p　26cm　1524円　Ⓘ4-8176-0241-4　Ⓝ290.38

(目次)分野別主題図（地形，自然地域，気候 ほか），世界の諸地域（一般図・主題図・都市図）（アジアの自然と東西交流，東アジア，中国東部 ほか），日本の諸地域（一般図・主題図・都市図）（日本の位置，日本主題図，南西諸島 ほか），統計資料・地名索引

現代地図帳　2013-2014　二宮書店編集部編　二宮書店　2013.3　160,3p　26×21cm　1524円　Ⓘ978-4-8176-0376-0　Ⓝ290.38

(目次)世界の一般図（世界の航空路，等時刻帯・通信，地形 ほか），日本の一般図（日本全図，日本の位置，沖縄本島・南西諸島 ほか），主題図（人口・村落・都市，言語・民族・宗教・文化，農牧林水産業 ほか），統計資料・地名索引

(内容)ワイドで見やすい地図帳。資料性が高い豊富な主題図を収録。世界の一般図、日本の一般図、主題図、統計資料・地名索引を収録。

現代地図帳　2014-2015　二宮書店編集部著　二宮書店　2014.3　160,3p　26cm　〈年表あり 索引あり〉　1600円　Ⓘ978-4-8176-0386-9　Ⓝ290.38

(内容)ワイドで見やすい地図帳。資料性が高い豊富な主題図を収録。世界の一般図、日本の一般図、主題図、統計資料・地名索引を収録。

現代地図帳　2015-2016　二宮書店編集部著　二宮書店　2015.3　160,3p　26cm　〈年表あり 索引あり〉　1600円　Ⓘ978-4-8176-0392-0　Ⓝ290.38

(目次)世界の一般図（世界の航空路，等時刻帯・通信 ほか），日本の一般図（日本全図，日本の位置 ほか），主題図（人口・村落・都市，言語・民族・宗教・文化 ほか），統計資料・地名索引

現代地図帳　2016-2017　二宮書店編集部著　二宮書店　2016.3　160,3p　26cm　〈年表あり 索引あり〉　1600円　Ⓘ978-4-8176-0402-6　Ⓝ290.38

(目次)世界の一般図（世界の航空路，等時刻帯・通信，地形 ほか），日本の一般図（日本全図，日本の位置，沖縄本島・南西諸島 ほか），主題図（人口・村落・都市，言語・民族・宗教・文化，農牧林水産業 ほか），統計資料・地名索引

高等地図帳　1990-91　3訂版　二宮書店編集部編　二宮書店　1990.4　143p　26cm　1400円　Ⓘ4-8176-0097-7　Ⓝ290.38

高等地図帳　1991-92　4訂版　二宮書店編集部編　二宮書店　1991.4　143p　26cm　〈監修：青野寿郎ほか〉　1400円　Ⓘ4-8176-0105-1　Ⓝ290.38

高等地図帳　1992-93　4訂版　二宮書店編集部編　二宮書店　1992.4　143p　26cm　1400円　Ⓘ4-8176-0105-1　Ⓝ290.38

(目次)世界の総図，日本の一般図・主題図，世界の一般図・都市図，分野別主題図，統計資料，地名索引

高等地図帳　1993-94　4訂版　二宮書店編集部編　二宮書店　1993.4　143p　26cm　〈監修：山本正三ほか〉　1400円　Ⓘ4-8176-0105-1　Ⓝ290.38

高等地図帳　1994-95　最新版　二宮書店編集部著　二宮書店　1994.3　143p　26cm　1500円　Ⓘ4-8176-0120-5　Ⓝ290.38

(目次)世界の総図，世界の一般図・都市図，日本の一般図・主題図，分野別主題図，統計資料

高等地図帳　1995-96　最新版　二宮書店　1995.3　143p　26cm　1500円　Ⓘ4-8176-0120-5　Ⓝ290.38

(内容)高等学校用のものをベースにした世界・日本の地図帳。世界の一般図・都市図、日本の一般図・主題図、分野別主題図を掲載。巻末に統計資料と世界・日本の地名索引を付す。

高等地図帳　1996-97　最新版　二宮書店編集部編　二宮書店　1996.3　143p　26cm　1500円　Ⓘ4-8176-0120-5　Ⓝ290.38

高等地図帳　1997-98　最新版　二宮書店　1997.3　143p　26cm　1500円

①4-8176-0120-5　Ⓝ290.38

(目次)世界の総図，世界の一般図・都市図，日本の一般図・主題図，分野別主題図，統計資料，地名索引

(内容)高等学校用のものをベースにした世界・日本の地図帳。分野別主題図、世界の一般図・主題図、日本の一般図・主題図を掲載。巻末に統計資料と世界・日本の地名索引を付す。

高等地図帳　1998-99　最新版　二宮書店編集部編　二宮書店　1998.3　143p　26cm　1500円　①4-817-60120-5　Ⓝ290.38

高等地図帳　1999-2000　最新版　二宮書店編集部編　二宮書店　1999.3　143p　26cm　1500円　①4-817-60120-5　Ⓝ290.38

高等地図帳　2000-2001　最新版　二宮書店編集部編　二宮書店　2000.3　143p　26cm　1500円　①4-8176-0120-5　Ⓝ290.38

(目次)世界の総図，世界の一般図・都市図，日本の一般図・主題図，分野別主題図，統計資料，地名索引

高等地図帳　2001-2002　最新版　二宮書店編集部編　二宮書店　2001.2　143p　26cm　1500円　①4-8176-0179-5　Ⓝ290.38

(目次)世界の総図（世界の国々，経済的国際機構，等時刻線，世界の地形，大陸の起源と移動、地体構造、等），世界の一般図・都市図（ユーラシア，東アジア，中国東部 ほか），日本の一般図・主題図（日本とその近海，日本の主題図（地形、気候、土地利用、交通、等），南西諸島 ほか），分野別主題図（交通と画像による地図，さまざまな地図，地域と地図、空中写真 ほか），統計資料，地名索引

(内容)世界と日本を対象に、一般図のほか、都市図、テーマ別の主題図を収録する地図帳。

高等地図帳　2002-2003　最新版　二宮書店編集部編　二宮書店　2002.2　143p　26cm　1500円　①4-8176-0187-6　Ⓝ290.38

(目次)世界の総図，世界の一般図・都市図，日本の一般図・主題図，分野別主題図，統計資料，地名索引

(内容)世界と日本を対象に、一般図のほか、都市図、分野別の主題図を収録する地図帳。分野別主題図では人種・民族と国家、人口問題、自然環境、環境問題などを取り扱っている。巻末に統計資料と世界と日本の地名索引が付く。

高等地図帳　2003-2004　二宮書店編集部編　二宮書店　2003.3　144p　26cm　1500円　①4-8176-0206-6　Ⓝ290.38

(目次)世界の総図，世界の一般図，世界の一般図・主題図，分野別主題図

高等地図帳　2004-2005　二宮書店編集部編　二宮書店　2004.3　144p　26cm　1524円　①4-8176-0218-X　Ⓝ290.38

(目次)世界の総図，世界の一般図，日本の一般図・主題図，分野別主題図，統計資料（1）～（13），地名索引

高等地図帳　2005-2006　二宮書店編集部編　二宮書店　2005.2　144p　26cm　1524円　①4-8176-0226-0　Ⓝ290.38

(目次)世界の総図（世界の国々、1914年当時の世界、等時刻帯，世界の地形、プレート・プレート境界と地震・火山、世界の地帯構造等），世界の一般図（アジアの自然と文化，東アジア ほか），日本の一般図・主題図（日本の位置，南西諸島 ほか），分野別主題図（日本主題図，世界の課題 ほか）

高等地図帳　2006-2007　二宮書店編集部編　二宮書店　2006.2　144p　26cm　1524円　①4-8176-0240-6　Ⓝ290.38

(目次)世界の一般図（アジアの自然と文化，東アジア，朝鮮半島 ほか），日本の一般図・主題図（日本の位置，南西諸島，九州 ほか），分野別主題図（日本主題図，世界の課題，球面上の世界 ほか）

高等地図帳　2007-2008　二宮書店編集部編　二宮書店　2007.3　144p　26cm　1524円　①978-4-8176-0308-1　Ⓝ290.38

(目次)世界の総図，世界の一般図，日本の一般図・主題図，分野別主題図，統計資料（1）～（13），地名索引

高等地図帳　2008-2009　改訂版　二宮書店編集部編　二宮書店　2008.3　152p　26cm　1524円　①978-4-8176-0322-7　Ⓝ290.38

(目次)世界の一般図（ユーラシア，東アジア，中国東部 ほか），日本の一般図（日本全国，日本の位置，南西諸島、那覇（都市図） ほか），主題図（日本主題図，地形，気候・植生・土壌 ほか），統計資料・地名索引

高等地図帳　2009-2010　二宮書店編集部著　二宮書店　2009.3　152p　26cm　〈他言語標題：The world atlas　索引あり〉　1524円　①978-4-8176-0335-7　Ⓝ290.38

高等地図帳　2010-2011　二宮書店編集部著　二宮書店　2010.3　152p　26cm　〈他言語標題：The world atlas　索引あり〉　1524円　①978-4-8176-0342-5　Ⓝ290.38

(目次)世界の一般図（ユーラシア，東アジア ほか），日本の一般図（日本全図，日本の位置 ほか），主題図（日本主題図，地形 ほか），統計資料・地名索引（統計資料：地名索引（世界） ほか）

高等地図帳　2011-2012　二宮書店編集部著　二宮書店　2011.3　152p　26cm　〈他言語標題：The World Atlas　索引あり〉　1524円　Ⓘ978-4-8176-0348-7　Ⓝ290.38

(目次)世界の一般図（ユーラシア，東アジア，中国東部 ほか），日本の一般図（日本全図，日本の位置，南西諸島、那覇（都市図）ほか），主題図（日本主題図，地形，気候・植生・土壌 ほか），統計資料・地名索引

高等地図帳　2012-2013　改訂版　二宮書店編集部編　二宮書店　2012.3　152p　26cm　1524円　Ⓘ978-4-8176-0360-9　Ⓝ290.38

(目次)世界の一般図（ユーラシア，東アジア，中国東部 ほか），日本の一般図（日本全図，日本の位置，南西諸島、那覇（都市図）ほか），主題図（日本主題図，地形，気候・植生・土壌 ほか），統計資料・地名索引

(内容)世界・日本の一般図は、地域全体が見渡せる全体図と主要地域の拡大図を掲載。また、現代世界の諸相を地図で表す、地形、気候・植生・土壌、環境問題などのテーマ別主題図を収録。見返しにも地図あり。

高等地図帳　2013-2014　二宮書店編集部編　二宮書店　2013.3　144,3p　26cm　1524円　Ⓘ978-4-8176-0375-3　Ⓝ290.38

(目次)世界の一般図，日本の一般図，主題図，統計資料・地名索引

高等地図帳　2014-2015　二宮書店編集部著　二宮書店　2014.3　144,3p　26cm　〈年表あり 索引あり〉　1600円　Ⓘ978-4-8176-0385-2　Ⓝ290.38

(内容)地図や収録地名数が最も多い地図帳で、地名の確認には最適。世界地図や日本地図が多いのが特徴でさらに、要所に拡大図を挿入してさまざまなスケールでの地図学習ができる。緊迫する「イスラエル・パレスチナ周辺」（見本3）や「カフカス地方」、油田が集中する「ペルシャ湾周辺」などの拡大図が掲載されている。日本の主要地域・都市の拡大図が豊富で、「東京」や「大阪」など身近な地域の学習を想定した大縮尺の都市図を新しく掲載した。

高等地図帳　2015-2016　二宮書店編集部著　二宮書店　2015.3　144,3p　26cm　〈年表あり 索引あり〉　1600円　Ⓘ978-4-8176-0391-3　Ⓝ290.38

(目次)世界の一般図（世界の航空路・等時刻帯，国民所得・貿易 ほか），日本の一般図（日本全図，日本の位置 ほか），主題図（日本主題図，環境問題 ほか），統計資料・地名索引

高等地図帳　2016-2017　二宮書店編集部著　二宮書店　2016.3　144,3p　26cm　〈文献あり 年表あり 索引あり〉　1600円　Ⓘ978-4-8176-0401-9　Ⓝ290.38

(目次)世界の一般図（世界の航空路・等時刻帯，国民所得・貿易，ユーラシア ほか），日本の一般図（日本全図，日本の位置，南西諸島、那覇（都市図）ほか），主題図（日本主題図，環境問題，人口・人口問題 ほか）

高等地図帳　2017-2018　二宮書店編集部著　二宮書店　2017.3　144,3p　26cm　〈文献あり 年表あり 索引あり〉　1600円　Ⓘ978-4-8176-0413-2　Ⓝ290.38

(目次)世界の一般図（世界の航空路・等時刻帯，国民所得・貿易，ユーラシア ほか），日本の一般図（日本全図，日本の位置，南西諸島、那覇（都市図）ほか），主題図（日本主題図，環境問題，人口・人口問題 ほか），統計資料・地名索引

国際関係がわかる世界地図　朝日新聞社編　朝日新聞社　2006.3　224p　30×21cm　1600円　Ⓘ4-02-222071-6　Ⓝ290.38

(目次)特集 21世紀の幸福な国（長生きできる国，豊かな国，十分な食糧が得られる国 ほか），世界地図（世界全図，アジア・オセアニア，ヨーロッパ ほか），各国データ，用語解説（国際政治，国際法，軍事管理・軍事技術 ほか）

(内容)基本データから最新の時事問題まで地域別地図+用語解説で国際情勢まるわかり。

コンパクト世界地図帳　2版　昭文社〔2006.10〕　138p　21cm　1000円　Ⓘ4-398-20032-0　Ⓝ290.38

(目次)アジア，ヨーロッパ，アフリカ，北・南アメリカ，オセアニア，北極・南極，資料

(内容)ユネスコの全世界遺産を地図上＆リストに収録。世界の国旗や各国基本データも充実。掲載の全地名を索引に収録。抜群の検索力。持ち運びに便利なコンパクトサイズ。見やすく美しい地図デザイン。

コンパクト地図帳　地図から学ぶ現代社会 2008-2009　世界の独立国193か国基本データ完備　二宮書店編集部編　二宮書店　2008.3　240p　21cm　1524円　Ⓘ978-4-8176-0325-8　Ⓝ290.38

(目次)国家と平和，経済と生活，人間と環境，創造と遺産，アジア，アフリカ，ヨーロッパ，北アメリカ，海洋，オセアニア，両極，日本，都市図，地図

コンパクト地図帳　地図から学ぶ現代社会 2009-2010　世界の独立国194か国基本データ完備　二宮書店編集部著　二宮書店　2009.3　240p　21cm　〈他言語標題：Compact atlas of the world　年表あり 索引あり〉　1524円　Ⓘ978-4-8176-0338-8

Ⓝ290.38

(目次)国家と平和，経済と生活，人間と環境，創造と遺産，アジア，アフリカ，ヨーロッパ，北アメリカ，南アメリカ，海洋，オセアニア，両極，日本，都市図，地図

(内容)世界の独立国194か国基本データ。

コンパクト地図帳　地図から学ぶ現代社会 2010-2011　世界の独立国194か国基本データ完備　二宮書店編集部編　二宮書店　2010.3　240p　21cm　〈他言語標題：Compact atlas of the world　年表あり 索引あり〉　1524円　Ⓘ978-4-8176-0345-6　Ⓝ290.38

(目次)国家と平和，経済と生活，人間と環境，創造と遺産，アジア，アフリカ，ヨーロッパ，北アメリカ，南アメリカ，海洋，両極，都市図，地図

コンパクト地図帳　地図から学ぶ現代社会 2011-2012　世界の独立国194か国基本データ完備　二宮書店編集部著　二宮書店　2011.3　240p　21cm　〈他言語標題：Compact Atlas of the World　年表あり 索引あり〉　1524円　Ⓘ978-4-8176-0351-7　Ⓝ290.38

(目次)現代の課題を考えるテーマ図，世界のテーマ図・資料，世界地図，日本地図，世界と日本の都市図

(内容)世界の独立国194か国基本データ完備。

コンパクト地図帳　地図から学ぶ現代社会 2012-2013　世界の独立国196か国基本データ完備　二宮書店編集部編　二宮書店　2012.3　240p　21cm　1524円　Ⓘ978-4-8176-0363-0　Ⓝ290.38

(目次)現代の課題を考えるテーマ図，世界のテーマ図・資料，世界地図，日本地図，世界と日本の都市図

最新基本地図　世界・日本　'91　15訂版　帝国書院編集部編　帝国書院　1990.12　53,62,71p　28cm　2580円　Ⓘ4-8071-2017-4　Ⓝ290.38

最新基本地図　世界・日本　'92　16訂版　帝国書院編集部編　帝国書院　1991.12　53,62,71p　28×21cm　2700円　Ⓘ4-8071-2018-2　Ⓝ290.38

最新基本地図　世界・日本　'92　16訂 増補版　帝国書院編集部編　帝国書院　1992.2　54,62,71p　28×21cm　2700円　Ⓘ4-8071-2019-0　Ⓝ290.38

(内容)旧ソ連邦の新しい独立国を記載。新国家の国名は正式名称で記載。新国家の民族構成のページも特設。

最新基本地図　世界・日本　'93　17訂版　帝国書院編集部編　帝国書院　1992.12　53,62,71p　28×21cm　2700円　Ⓘ4-8071-2020-4　Ⓝ290.38

(内容)新聞・雑誌・テレビ・ラジオによる報道の理解や、読書・旅行に役立つ、最新かつ基本的な地図情報を利用しやすい形で収録。

最新基本地図　世界・日本　'94　18訂版　帝国書院編集部編　帝国書院　1993.12　1冊　28×21cm　2700円　Ⓘ4-8071-1229-5　Ⓝ290.38

(内容)新聞・雑誌・テレビ・ラジオによる報道の理解や、読書・旅行に役立つ、最新かつ基本的な地図情報を利用しやすい形で収録した。

最新基本地図　世界・日本　'95　19訂版　帝国書院編集部編　帝国書院　1994.12　53,62,71p　28cm　2350円　Ⓘ4-8071-5037-5　Ⓝ290.38

最新基本地図　世界・日本　'96　20訂版　帝国書院編集部編　帝国書院　1995.12　53,62,71p　28cm　2350円　Ⓘ4-8071-5043-X　Ⓝ290.38

最新基本地図　世界・日本　'97　21訂版　帝国書院編集部編　帝国書院　1996.12　62,71p　28×21cm　2575円　Ⓘ4-8071-5101-0　Ⓝ290.38

(内容)最新の情報に基づき、すべての国の国旗をカラーで掲載したほか、首都、人口、面積、通貨、宗教などの資料を併記。巻末に世界編索引と日本編索引を付す。

最新基本地図　世界・日本　'98　22訂版　帝国書院編集部編　帝国書院　1997.12　1冊　28×21cm　2500円　Ⓘ4-8071-5135-5　Ⓝ290.38

(目次)世界編，日本編

最新基本地図　世界・日本　'99　23訂版　帝国書院編集部編　帝国書院　1998.12　53,62,72p　27cm　2500円　Ⓘ4-8071-5190-8　Ⓝ290.38

(目次)世界編，日本編

最新基本地図　世界・日本　2000　24訂版　帝国書院編集部編　帝国書院　1999.12　1冊　30cm　2500円　Ⓘ4-8071-5229-7　Ⓝ290.38

(目次)世界編（北極地方，アジア，東西を結ぶ交通路，東アジア ほか），日本編（日本の位置・地形，東京からの距離，日本の行政区分，昔の畿道国別 ほか）

(内容)最新情報を収録した地図帳。世界編と日

本編の二部構成。約18000の地名を収録した世界編索引・日本編索引がある。

最新基本地図　世界・日本　2001　25訂版
帝国書院編集部編，岩田孝三監修，原田豊校閲　帝国書院　2000.12　54,66,72p
27×20cm　2500円　Ⓘ4-8071-5272-6
Ⓝ290.38

(目次)世界編（北極地方，中国要部，東南アジア・西太平洋 ほか），日本編（九州地方，四国，山陰・北陸 ほか）

(内容)最新情報を収録した地図帳。世界編と日本編の二部構成。約18000の地名を収録した世界編索引・日本編索引を付し、最新の全世界の国旗（解説・資料付）、日本の鉄道図、最新統計資料、世界遺産地図なども掲載する。

最新基本地図　世界・日本　2002　26訂版
帝国書院編集部編，岩田孝三監修　帝国書院
2001.12　1冊　28×21cm　2500円
Ⓘ4-8071-5298-X　Ⓝ290.38

(目次)特集 注目を集める西南アジア―アフガニスタンとイスラム世界の動向，世界編（北極地方，アジア，東西を結ぶ交通路，東アジア，中国の行政区分 ほか），日本編（日本の位置・地形，東京からの距離と方位，日本の行政区分，昔の畿道国別，日本の自然公園 ほか）

(内容)基本資料として毎年改訂されている地図帳の最新版。一般的な地図に加え、世界遺産地図、地方別の国内鉄道図・地下鉄路線図なども収録する。巻頭に解説付きの世界の国旗、巻末に全191か国の最新統計資料がある。世界編と日本編に分けた18000項目の地名索引を付す。

最新基本地図　世界・日本　2003　27訂版
帝国書院編集部編　帝国書院　2002.12　71p
28×21cm　2500円　Ⓘ4-8071-5378-1
Ⓝ290.38

(内容)世界と日本の基本的な地図と資料で構成する地図帳。世界編と日本編で構成、地域別の基本地図のほか日本の鉄道図、ユネスコ世界遺産地図などを掲載。27訂版では同時多発テロ事件以後の世界情勢を高野孟が解説した特集記事を掲載。ほかに巻頭に世界192国の国旗と現勢があり、巻末に統計などの資料がある。総数約18000地名からの地名索引を付す。

最新基本地図　世界・日本　2004　28訂版
帝国書院編　帝国書院　2003.12　198p
30cm　2500円　Ⓘ4-8071-5441-9　Ⓝ290.38

(目次)世界編，日本編

(内容)ご家庭・オフィス用スタンダード版地図帳。世界と日本の基本的な地図・市街図・資料で構成。全世界192カ国の国旗を掲載（各国の解説・資料付き）。ユネスコ世界遺産地図、日本の地下鉄図、最新統計資料ほか収録。

最新基本地図　世界・日本　2005　29訂版
帝国書院著　帝国書院　2004.12　198p
29×22cm　〈付属資料：地図1〉　2500円
Ⓘ4-8071-5468-0　Ⓝ290.38

(目次)世界編（ユーラシア・北極・オセアニア，第二次世界大戦中（1941年）のアジア，アジア，東西をを結ぶ交通路 ほか），日本編（日本の周辺，日本列島，沖縄島，八重山列島 ほか）

(内容)1977年の初版発行以来、毎年改訂を続けてきた充実の一冊。世界と日本の基本的な地図・市街図・資料で構成。全世界192カ国の国旗を掲載（各国の解説・資料付き）。熊野古道などユネスコ世界遺産地図、最新統計資料ほか収録。

最新基本地図　世界・日本　2006　30訂版
帝国書院編　帝国書院　2005.12　202p
29×22cm　2500円　Ⓘ4-8071-5501-6
Ⓝ290.38

(目次)世界編（ユーラシア・北極・オセアニア，アジア，東アジア，中国要部，朝鮮半島 ほか），日本編（日本の周辺，日本列島，九州地方，福岡とその周辺，中国地方 ほか）

(内容)1977年の初版発刊以来、毎年改訂を続けてきた充実の一冊。世界と日本の基本的な地図・市街図・資料図で構成。全世界192カ国の国旗を掲載（各国の解説・資料付き）。

最新基本地図　世界・日本　2007　31訂版
帝国書院　2006.12　226p　15cm　2500円
Ⓘ4-8071-5613-6　Ⓝ290.38

(目次)日本編（日本列島・沖縄，九州地方，中国・四国地方，近畿地方 ほか），世界編（アジア，アフリカ，ヨーロッパ，南北アメリカ ほか）

最新基本地図　世界・日本　2008　32訂版
帝国書院著　帝国書院　2007.12　246p
30×22cm　2500円　Ⓘ978-4-8071-5726-6
Ⓝ290.38

(目次)世界編（アジア，アフリカ，ヨーロッパ，南北アメリカ，太平洋・オセアニア・両極），日本編（日本列島・沖縄，九州地方，中国・四国地方，近畿地方，中部地方，関東地方，東北地方，北海道地方，特集・統計・さくいん）

(内容)1977年の初版以来、毎年改訂を続けてきたロングセラー地図。「平成の市町村大合併」前後の市町村が分かる特集地図付。さくいん機能もさらに充実。見たい場所がすぐに探せる。世界193か国の国旗、国データを掲載。世界、日本の主要都市は、詳細な都市図を掲載。

最新基本地図　世界・日本　2009　33訂版
帝国書院著　帝国書院　2008.12　264p
30cm　〈折り込1枚〉　2500円

①978-4-8071-5800-3　Ⓝ290.38

(目次)世界編（アジア，アフリカ，ヨーロッパ，南北アメリカ，太平洋・オセアニア・両極），日本編（日本列島・沖縄，九州地方，中国・四国地方，近畿地方，中部地方，関東地方，東北地方，北海道地方），特集・統計・さくいん

(内容)日本を更に充実。18ページ増!新しい!詳しい!1977年の初版以来、毎年改訂を続けてきたロングセラー地図。

最新基本地図　世界・日本　2010　34訂版
帝国書院著　帝国書院　2009.12　272p　30cm　〈索引あり〉　2500円
①978-4-8071-5891-1　Ⓝ290.38

(目次)世界編（アジア，アフリカ，ヨーロッパ，南北アメリカ ほか），日本編（日本列島・沖縄，九州地方，中国・四国地方，近畿地方 ほか）

(内容)8ページ増。毎年改訂、最新情報を反映した見やすく便利な地図帳。日本は仙台、広島、岡山、福岡、北九州の行政区分図を追加。観光地としても人気の高い台湾を拡充。世界の194ヵ国の最新の国旗、国データを掲載。

最新基本地図　世界・日本　2011　35訂版
帝国書院著　帝国書院　2010.12　272p　30cm　2500円　①978-4-8071-5949-9　Ⓝ290.38

(目次)世界編（アジア，アフリカ，ヨーロッパ，南北アメリカ，太平洋・オセアニア・両極），日本編（日本列島・沖縄，九州地方，中国・四国地方，近畿地方，中部地方，関東地方，東北地方，北海道地方）

(内容)日本は全市町村名を完全網羅。世界は豊富な図取りと充実した地名。「平成の市町村合併」が分かる特集地図。見たい場所がすぐに探せる「さくいん」。194ヵ国の国旗と基本情報が分かる特集ページ。

最新基本地図　世界・日本　2012　36訂版
帝国書院著　帝国書院　2011.12　272p　30cm　〈索引あり〉　2500円
①978-4-8071-6010-5　Ⓝ290.38

(内容)家庭に、オフィスに、この1冊があれば万全。帝国書院のロングセラー地図帳、2012年版。「地図で見る日本の地震」ポスター付き。

最新基本地図　世界・日本　2013　37訂版
帝国書院著　帝国書院　2012.11　272p　30cm　〈索引あり〉　2500円
①978-4-8071-6059-4　Ⓝ290.38

(目次)世界編（アジア，アフリカ，ヨーロッパ，南北アメリカ，太平洋・オセアニア・両極），日本編（日本列島・沖縄，九州地方，中国・四国地方，近畿地方，中部地方，関東地方，東北地方，北海道地方），特集・統計・さくいん

(内容)豊富な図取りと充実した地名。日本の全市町村名を完全網羅。最新の地理情報を反映。「平成の市町村合併」がわかる特集地図。196ヵ国の国旗と基本情報がわかる特集ページ。調べたい地名がすぐに探せる充実した「さくいん」。

最新基本地図　世界・日本　2014　38訂版
帝国書院　2013.11　276p　30cm　2500円
①978-4-8071-6144-7　Ⓝ290.38

(目次)世界編（アジア，アフリカ，ヨーロッパ，南北アメリカ，太平洋・オセアニア・両極），日本編（日本列島・沖縄，九州地方，中国・四国地方，近畿地方，中部地方，関東地方，東北地方，北海道地方），特集・統計・さくいん

(内容)地名を探したいときに役立つ拡大図や、主要な都市図を豊富に掲載。196ヵ国の国旗と基本情報がわかる特集ページ付き。

最新基本地図　世界・日本　2015　39訂版
帝国書院著　帝国書院　2014.11　276p　30cm　〈索引あり〉　2500円
①978-4-8071-6168-3　Ⓝ290.38

(内容)世界と日本の基本的な地図を収録。注目されている地域の拡大図や都市図を豊富に掲載。196カ国の国旗と基本情報がわかる特集ページを掲載。

最新基本地図　世界・日本　2016　40訂版
帝国書院著　帝国書院　2015.11　286p　30cm　〈索引あり〉　2500円
①978-4-8071-6219-2　Ⓝ290.38

(目次)世界編（アジア，アフリカ，ヨーロッパ，南北アメリカ，太平洋・オセアニア・両極），日本編（日本列島，九州地方，中国・四国地方，近畿地方，中部地方，関東地方，東北地方，北海道地方），特集・統計・さくいん

(内容)新しい!今年もさらに充実の8ページ増!最新情報を反映した巻頭特集「開通!北海道新幹線」。詳しい!世界112ページ、日本72ページ。豊富な図取りで地名が詳しく分かる!さくいんも充実!

最新基本地図　世界・日本　2017　41訂版
創立100周年記念特別版　帝国書院著　帝国書院　2016.11　286p　30cm　〈索引あり　付属資料：昭和30年代の都電地図〉　2500円
①978-4-8071-6274-1　Ⓝ290.38

(目次)巻頭特集 地図で振り返る帝国書院100年のあゆみ，世界編（アジア，アフリカ，ヨーロッパ，南北アメリカ，太平洋・オセアニア・両極），日本編（日本列島，九州地方，中国・四国地方，近畿地方，中部地方，関東地方，東北地方，北海道地方）

(内容)世界：主要40都市の地図。日本：主要16都市の地図、行政区分図14図、全市町村名を網

羅。巻末：197か国の国旗と基本情報、日本の地下鉄路線図、平成の市町村大合併特集、国別・都道府県別統計資料。

最新基本地図　世界・日本　2018　42訂版　帝国書院著　帝国書院　2017.12　286p　30cm　〈索引あり〉　2500円　Ⓘ978-4-8071-6394-6　Ⓝ290.38

(目次)世界編（アジア，アフリカ，ヨーロッパ，南北アメリカ，太平洋・オセアニア・両極），日本編（日本列島，九州地方，中国・四国地方，近畿地方，中部地方，関東地方，東北地方，北海道地方），特集・統計・さくいん

(内容)最新データで地名を豊富に掲載!巻頭では「ピョンチャン（平昌）オリンピック」を特集!地図や巻末の国旗、統計データには最新情報を反映。全市町村名を網羅!日本・世界のさくいんも充実。世界は40の都市図、日本は16の都市図・14の行政区分図を掲載。

最新世界地図　東京書籍　1991.3　150p　26cm　1500円　Ⓘ4-487-75039-3　Ⓝ290.38

(内容)教科書地図帳の家庭版・ビジネス版。焦点のイスラム世界・東ヨーロッパ世界が見開きで一見できる。地球の砂漠化・世界の都市別預金高・観光など新しい資料を豊富に収録。7色刷を基本として各地域や都市図の縮尺を統一してあるため、正確な認識が得られる。

最新世界地図　全教出版著　人文社　1991.3　80,96p　26cm　1750円　Ⓝ290.38

最新世界地図　全教出版著　人文社　1992.11　80,96p　26cm　1750円　Ⓝ290.38

最新世界地図　2訂版　東京書籍　1993.3　150p　26cm　〈監修：木内信蔵ほか〉　1500円　Ⓘ4-487-75038-5　Ⓝ290.38

(内容)CIS諸国・新ユーゴの成立等最新で正確、詳細、鮮明な世界と日本の地図帳。

最新世界地図　JUST NOW　国際地学協会　1994.10　77p　30cm　980円　Ⓘ4-7718-2608-0　Ⓝ290.38

(内容)ビジネスに、家庭に、学習にすぐ役に立つベーシックなワールドアトラス。

最新世界地図　3訂版　山下脩二ほか著　東京書籍　1995.3　150p　26cm　1500円　Ⓘ4-487-75073-3　Ⓝ290.38

最新世界地図　4訂版　浅川俊夫，久保幸夫，斎藤績，田林明，長谷川太洋，山下脩二著　東京書籍　1998.3　150p　26cm　1500円　Ⓘ4-487-75074-1　Ⓝ290.38

(目次)国際社会，さまざまな地図表現，民族と文化，人口、都市・村落，地形，気候，環境問題，地理情報，産業、経済，社会、生活〔ほか〕

最新世界地図　5訂版　山下脩二，浅川俊夫，榎本康司，久保幸夫，田代博，田林明著　東京書籍　2003.3　156p　26cm　1500円　Ⓘ4-487-75138-1　Ⓝ290.38

(目次)世界，アジア，アフリカ，ヨーロッパ，北アメリカ，中部・南アメリカ，オセアニア，日本

(内容)世界と日本の最新の情報を収載。信頼性の高い教科書地図帳の家庭版・ビジネス版。わかりやすい各国の国勢比較、見やすい環境問題の地図資料など豊富な新しい資料を工夫して掲載。各地域や都市図の縮尺を統一してあるので正確な認識が得られる。

最新世界地図　6訂版　浅川俊夫，榎本康司，久保幸夫，田代博，田林明，山下脩二著　東京書籍　2006.2　152p　26cm　1500円　Ⓘ4-487-75139-X　Ⓝ290.38

(目次)世界，アジア，アフリカ，ヨーロッパ，北アメリカ，中部・南アメリカ，オセアニア，日本

(内容)朝鮮半島、中央アジア、東南アジアの最新かつ詳細な情報がわかる。写真、鳥瞰図などビジュアルな資料を入れた地図帳。付録「一目でわかる市町村合併一覧」を収録。信頼性の高い教科書地図帳の家庭版・ビジネス版。各地域や都市図の縮尺を統一してあるので正確な認識が得られる。

最新世界地図　7訂版　浅川俊夫，榎本康司，志村喬，田代博，田林明，山下脩二著　東京書籍　2007.3　153p　26cm　1500円　Ⓘ978-4-487-75140-2　Ⓝ290.38

(目次)世界の国々，世界の地形，世界の気候，ユーラシア，東アジア、南アジア，朝鮮半島，中国東部、中部，中国主題図，中国、東南アジア、主題図，東南アジア〔ほか〕

最新世界地図　8訂版　田林明ほか著　東京書籍　2013.3　154p　26cm　〈索引あり〉　1500円　Ⓘ978-4-487-75146-4　Ⓝ290.38

(目次)ユーラシア，東アジア、南アジア，朝鮮半島，中国東部、中部，中国主題図，中国、東南アジア、主題図，東南アジア，東南アジア中央部，南アジア，南アジア、西アジア主題図〔ほか〕

(内容)充実した統計資料など最新情報を掲載。世界遺産の登録地が一目でわかります。自然災害と防災に関する今日的なテーマ図の設置。信頼度抜群の教科書地図帳の家庭版・ビジネス版です。

字の大きなアトラス世界地図帳　平凡社編　平凡社　2015.3　128p　30cm　〈索引あり〉　1300円　Ⓘ978-4-582-41810-1　Ⓝ290.38

(目次)各国図（アジア，アジア東部，朝鮮半島，

中国主要部 ほか），都市図（ソウル，北京，シンガポール、バンコク、デリー，モスクワ、ワルシャワ、プラハ、ブダペスト ほか），世界の国々（各国の国旗とデータ）

(内容)見やすさと読みやすさを重視して大きな文字を採用し、必要な情報を厳選。探したい情報にすばやくアクセスできる便利な一冊。

社会科新高等地図　木内信蔵ほか著　東京書籍　1990.3　150p　26cm　1300円　Ⓘ4-487-75040-7　Ⓝ290.38

詳解現代地図　1998-99　二宮書店編集部著　二宮書店　1998.3　144p　26cm　1500円　Ⓘ4-8176-0158-2　Ⓝ290.38

(目次)分野別主題図（現代の課題・自然），世界の諸地域（一般図・主題図），日本の諸地域（一般図・主題図），さまざまな地図

詳解現代地図　1999-2000　二宮書店編集部著　二宮書店　1999.3　144p　26cm　1500円　Ⓘ4-8176-0158-2　Ⓝ290.38

詳解現代地図　2000-2001　二宮書店編集部編　二宮書店　2000.3　144p　26cm　1500円　Ⓘ4-8176-0158-2　Ⓝ290.38

(目次)分野別主題図（現代の課題・自然），世界の諸地域（一般図・主題図），日本の諸地域（一般図・主題図），さまざまな地図，統計資料・地名索引

詳解現代地図　2001-2002　二宮書店編集部編　二宮書店　2001.2　144p　26cm　1500円　Ⓘ4-8176-0180-9　Ⓝ290.38

(目次)分野別主題図（現代の課題・自然），世界の諸地域（一般図・主題図），日本の諸地域（一般図・主題図），さまざまな地図，統計資料・地名索引

(内容)世界と日本を対象に、各地域ごとに、一般地図と主題図を交互に配置する地図帳。統計資料は地形・気候、人口、産業・貿易についてを収める。

詳解現代地図　2002-2003　二宮書店編集部編　二宮書店　2002.2　144p　26cm　1500円　Ⓘ4-8176-0188-4　Ⓝ290.38

(目次)分野別主題図（現代の課題・自然），世界の諸地域（一般図・主題図），日本の諸地域（一般図・主題図），さまざまな地図，統計資料・地名索引

(内容)世界と日本を対象に、各地域ごとに、一般地図と主題図を交互に配置する地図帳。統計資料は地形・気候、人口、産業・貿易についてを収める。巻末に世界と日本の地名索引が付く。

詳解現代地図　2003-2004　二宮書店編集部編　二宮書店　2003.3　144p　26cm　1500円　Ⓘ4-8176-0207-4　Ⓝ290.38

(目次)分野別主題図（現代の課題・自然），世界の諸地域（一般図・主題図），日本の諸地域（一般図・主題図），さまざまな地図，統計資料・地名索引

詳解現代地図　2007-2008　二宮書店編集部編　二宮書店　2007.3　166p　26cm　1524円　Ⓘ978-4-8176-0309-8　Ⓝ290.38

(目次)世界図主題図，世界の諸地域，日本の諸地域

詳解現代地図　2008-2009　二宮書店編集部編　二宮書店　2008.3　166p　26cm　1524円　Ⓘ978-4-8176-0323-4　Ⓝ290.38

(目次)世界図主題図（世界の国々，交通・情報，言語・民族・宗教 ほか），世界の諸地域（ユーラシア，東アジア，中国東部 ほか），日本の諸地域（日本の位置・行政区分，日本主題図，南西諸島 ほか）

(内容)地図・テーマ図で世界がわかる。

詳解現代地図　2009-2010　二宮書店編集部著　二宮書店　2009.3　169p　26cm　〈他言語標題：The modern atlas of the world　索引あり〉　1524円　Ⓘ978-4-8176-0336-4　Ⓝ290.38

詳解現代地図　2010-2011　二宮書店編集部著　二宮書店　2010.3　169p　26cm　〈他言語標題：The modern atlas of the world　索引あり〉　1524円　Ⓘ978-4-8176-0343-2　Ⓝ290.38

(目次)世界図主題図（世界の国々，目次・凡例，交通・情報 ほか），世界の諸地域（ユーラシア，東アジア，中国東部 ほか），日本の諸地域（日本の位置・行政区分，日本主題図，南西諸島 ほか）

詳解現代地図　2011-2012　二宮書店編集部著　二宮書店　2011.3　169p　26cm　〈他言語標題：The Modern Atlas of the World　索引あり〉　1524円　Ⓘ978-4-8176-0349-4　Ⓝ290.38

(目次)世界図主題図（世界の国々，交通・情報，言語・民族・宗教 ほか），世界の諸地域（ユーラシア，東アジア，中国東部 ほか），日本の諸地域（日本の位置・行政区分，日本主題図，南西諸島 ほか）

詳解現代地図　2012-2013　二宮書店編集部編　二宮書店　2012.3　169p　26cm　1524円　Ⓘ978-4-8176-0361-6　Ⓝ290.38

(目次)世界図主題図（交通・情報，言語・民族・宗教，人口・人口問題 ほか），世界の諸地域（ユーラシア，東アジア，中国東部 ほか），日本の諸

地域（日本の位置・行政区分，日本主題図，南西諸島 ほか）

詳解現代地図　2017-2018　二宮書店編集部著　二宮書店　2017.3　175p　26cm　〈文献あり 年表あり 索引あり〉　1600円　①978-4-8176-0414-9　Ⓝ290.38

(目次)世界の一般図・世界図主題図・地域主題図（交通・通信，地形，自然災害 ほか），日本の一般図（日本全図，日本の位置，沖縄本島・南西諸島 ほか），世界図主題図（人口・村落・都市，言語・民族・宗教，国際社会 ほか），統計資料・地名索引

情報世界地図　1994　国際地学協会編　国際地学協会　1993.10　144p　30cm　（MAP MAGAZINE 2）　2300円　①4-7718-3956-5　Ⓝ290.38

(内容)世界の政治、経済、民族、紛争等に関する動向を年表形式で地図上に示したもの。地域別に32図を掲載、巻末に地名索引がある。―テレビ・新聞のニュース理解に、ビジネスの情報源に、就職試験に最適な「情報地図」帳。

情報世界地図　1996　高野孟，インサイダー著　国際地学協会　1996.1　144p　26cm　（MAP MAGAZINE）　2000円　①4-7718-3957-3　Ⓝ290.38

(内容)世界の政治、経済、民族、紛争等に関する動向を年表形式で地図上に示したもの。地域別に41図があり、1995年3月31までの出来事を収録する。巻末に地名索引がある。―テレビ・新聞のニュース理解に、ビジネスの情報源に、就職試験に最適な「情報地図」帳。

情報世界地図　1997　国際地学協会　1997.1　144p　26cm　（MAP MAGAZINE）　2000円　①4-7718-3958-1　Ⓝ290.38

情報世界地図　1998　国際地学協会　1998.1　144p　26cm　（MAP MAGAZINE）　2000円　①4-7718-3959-X　Ⓝ290.38

常用世界地図帳　第5版　平凡社　1993.11　295p　19cm　〈監修：梅棹忠夫ほか〉　2575円　①4-582-43503-3　Ⓝ290.38

(内容)世界が変わった。1993年1月のチェコとスロバキアの分離独立、同年5月のエリトリアの独立まで、たった今の情勢を正しく示した、詳しさと見やすさが魅力の世界アトラス。

常用世界地図帳　新装版　梅棹忠夫，佐藤久，西川治，正井泰夫監修　平凡社　1999.1　295p　19cm　2500円　①4-582-43503-3　Ⓝ290.38

(目次)各国図（日本，朝鮮民主主義人民共和国、大韓民国，モンゴル、中国東北部，中国西部 ほか），市街図（東京，ソウル，北京，香港 ほか）

(内容)コンパクトサイズの世界地図帳。各国図（6色刷）96図、市街図（4色刷）16都市をすべて欧文（または漢字・ピンイン付）併記で収載。各国要覧、地球・気候のデータ、標準時・航空路・鉄道の図などの便覧および主要地名索引付。

ジョン・タリスの世界地図　19世紀の世界　モンゴメリー・マーティン編，井上健監訳　（京都）同朋舎出版　1992.5　179p　36cm　9800円　①4-8104-0990-2　Ⓝ290.38

新コンパクト地図帳　2013-2014　二宮書店編集部編　二宮書店　2013.7　224p　21cm　1524円　①978-4-8176-0378-4　Ⓝ290.38

(目次)世界総図・基本データ，世界一般図，世界都市図，日本一般図，日本都市図，主題図，統計資料，地名索引

新コンパクト地図帳　2014-2015　二宮書店編集部著　二宮書店　2014.3　224,3p　21cm　〈文献あり 索引あり〉　1600円　①978-4-8176-0388-3　Ⓝ290.38

(目次)世界総図・基本データ，世界一般図，世界都市図，日本一般図，日本都市図，主題図，統計資料

新コンパクト地図帳　2015-2016　二宮書店編集部著　二宮書店　2015.3　224,3p　21cm　〈文献あり 索引あり〉　1600円　①978-4-8176-0394-4　Ⓝ290.38

(目次)世界総図・基本データ，世界一般図，世界都市図，日本一般図，日本都市図，主題図，統計資料

新コンパクト地図帳　2016-2017　二宮書店編集部著　二宮書店　2016.3　224,3p　21cm　〈文献あり 索引あり〉　1600円　①978-4-8176-0404-0　Ⓝ290.38

(目次)世界総図・基本データ，その他の世界図，世界の都市図，その他の日本図，世界の都市図，主題図，統計資料

新コンパクト地図帳　2017-2018　二宮書店編集部著　二宮書店　2017.3　3,224,3p　21cm　〈文献あり 索引あり〉　1600円　①978-4-8176-0416-3　Ⓝ290.38

(目次)世界総図・基本データ，世界一般図，世界都市図，日本一般図，日本都市図，主題図，統計資料

新詳高等社会科地図　5訂版　帝国書院編集部編　帝国書院　1991.9　148p　26cm　1340円　①4-8071-2057-3　Ⓝ290.38

新詳高等社会科地図　5訂版　帝国書院編集部編　帝国書院　1993.10　148p　26cm

1500円　①4-8071-1559-6　Ⓝ290.38

(内容)世界と日本の高等学校学習地図帳。世界図は9地域32面、日本地図は全体図と地方図をあわせて15面で構成。他に、民族・文化、環境問題・開発、地図の発達・地球の歴史などテーマ別の図版、統計資料を掲載する。巻末に世界と日本に分けた地名索引がある。

新詳高等社会科地図　5訂版　帝国書院　1994.12　148p　26cm　1500円　①4-8071-4005-1　Ⓝ290.38

(内容)世界と日本の地図を中心とする学習地図帳。地図は世界各地32面、日本各地15面。人口、開発と公害、文化、気候等世界の情勢を示した地図資料、統計資料も収録する。巻末に地名索引(外国、日本)、主な出典資料一覧を付す。―家族みんなに役立つ高等学校用地図帳。最新の世界・日本の地理ニュース付。

新詳高等社会科地図　5訂版　帝国書院　1995.9　148p　26cm　1500円　①4-8071-4011-6　Ⓝ290.38

(内容)世界と日本の地図を中心とする学習地図帳。人口、開発と公害、文化、気候等世界の情勢を示した地図資料、統計資料も収録する。巻末に地名索引(外国、日本)、主な出典資料一覧を付す。

新詳高等地図　最新版　帝国書院編集部編　帝国書院　1994.9　144p　26cm　1500円　①4-8071-4003-5　Ⓝ290.38

(内容)世界と日本の高等学校学習地図帳。世界図、日本地図(全体図と地方図)の順に構成する。他に、民族・文化、環境問題・開発、地図の発達・地球の歴史などテーマ別の図版、統計資料を掲載する。巻末に世界と日本に分けた地名索引がある。

新詳高等地図　最新版　帝国書院　1995.9　144p　26cm　1500円　①4-8071-4008-6　Ⓝ290.38

(内容)高等学校社会科の学習用地図帳。世界と日本の地図のほか、主要都市の人口等、各種統計資料も掲載する。巻末に五十音順の地名索引(外国／日本)がある。

新詳高等地図　最新版　帝国書院　1996.9　143p　26cm　1500円　①4-8071-4015-9　Ⓝ290.38

(目次)世界の国々，地図帳の記号と文字，交通・通信，ユーラシア・北極・オセアニア，アジア(1)東アジア，アジア(2)中国東部，アジア(3)中国資料図，アジア(4)朝鮮半島，アジア(5)アジア資料図，アジア(6)東南アジア・西太平洋〔ほか〕

(内容)高等学校社会科の学習用地図帳。世界と日本の地図のほか、主要都市の人口等、各種統計資料も掲載する。巻末に五十音順の地名索引(外国／日本)がある。

新詳高等地図　最新版　帝国書院編集部編　帝国書院　1997.9　143p　26cm　1500円　①4-8071-4019-1　Ⓝ290.38

(内容)高等学校用の世界・日本の地図帳。人口などの各種統計資料も掲載。巻末に五十音順の地名索引が付く。

新詳高等地図　初訂版　帝国書院編集部編　帝国書院　1998.10　143p　26cm　1500円　①4-8071-4024-8　Ⓝ290.38

(目次)世界の国々，地図帳の記号と文字，交通・通信，ユーラシア・北極・オセアニア，アジア(東アジア，中国要部 ほか)，アフリカ(アフリカ・アフリカの資料図，アフリカ北部)，ヨーロッパ(ヨーロッパ中央部，イギリス ほか)，ユーラシア北部(ロシアの資料図，ロシア要部・モスクワ ほか)，アメリカ(北アメリカ，アメリカ合衆国 ほか)，太平洋〔ほか〕

新詳高等地図　初訂版　帝国書院編集部編　帝国書院　1999.10　142p　26cm　1500円　①4-8071-4029-9　Ⓝ290.38

(目次)世界の国々，地図帳の記号と文字，交通・通信，ユーラシア・北極・オセアニア，アジア(東アジア，中国要部 ほか)，ヨーロッパ(ヨーロッパ中央部，イギリス ほか)，ユーラシア北部(ロシアの資料図，ロシア要部・モスクワ ほか)，アメリカ(北アメリカ，アメリカ合衆国 ほか)，太平洋〔ほか〕

新詳高等地図　初訂版　帝国書院編集部編　帝国書院　2000.9　144p　26cm　1500円　①4-8071-4034-5　Ⓝ290.38

新詳高等地図　初訂版　帝国書院編集部著　帝国書院　2001.9　144p　26cm　1500円　①4-8071-4040-X　Ⓝ290.38

(目次)ユーラシア・北極・オセアニア，アジア，アフリカ，ヨーロッパ，ユーラシア北部，アメリカ，太平洋，オセアニア、オーストラリア・ニュージーランド，大西洋，北極・南極〔ほか〕

(内容)世界と日本の地図を収録する地図帳。主題別地図も収録し、地名索引を付す。

新詳高等地図　初訂版　帝国書院編集部編　帝国書院　2002.9　142p　26cm　1500円　①4-8071-4074-4　Ⓝ290.38

(目次)ユーラシア・北極・オセアニア，アジア，アフリカ，ヨーロッパ，ユーラシア北部，アメリカ，太平洋，オセアニア，大西洋，北極・南極〔ほか〕

(内容)世界と日本の地図を収録する地図帳。世界は各大陸ごと、日本は地方ごとに構成。多くの資料図を掲載している。この他に、気候、環境問題、民族・宗教・人口、食糧問題、資源問題などの資料も収録している。巻末に統計資料や地名索引奈℃が付く。

新詳高等地図　最新版　帝国書院編集部編　帝国書院　2003.9　152p　26cm　1500円　①4-8071-4084-1　Ⓝ290.38

(目次)世界の国々，地図帳の記号と文字，結びつく世界，ユーラシア・北極・オセアニア，東アジア，中国要部，中国の資料図，中国の資料図、台湾，朝鮮半島、朝鮮半島の資料図，日本の近隣諸国〔ほか〕

新詳高等地図　最新版　帝国書院編集部編　帝国書院　2004.10　152p　26cm　1500円　①4-8071-4097-3　Ⓝ290.38

(目次)世界の国々，地図帳の記号と文字，結びつく世界，ユーラシア・北極・オセアニア，東アジア，中国要部，中国の資料図，中国の資料図、台湾，朝鮮半島、朝鮮半島の資料図，日本の近隣諸国〔ほか〕

新詳高等地図　最新版　帝国書院編集部編　帝国書院　2005.10　151p　26cm　1500円　①4-8071-4113-9　Ⓝ290.38

(目次)世界の国々，地図帳の記号と文字，結びつく世界，ユーラシア・北極・オセアニア，東アジア，中国要部，中国の資料図，中国の資料図、台湾，朝鮮半島、朝鮮半島の資料図，日本の近隣諸国〔ほか〕

新詳高等地図　最新版　帝国書院編集部編　帝国書院　2006.10　152p　26cm　1500円　①4-8071-5607-1　Ⓝ290.38

(目次)世界の国々，地図帳の記号と文字，結びつく世界，ユーラシア・北極・オセアニア，東アジア，中国要部，中国の資料図，中国の資料図、台湾，朝鮮半島、朝鮮半島の資料図，日本の近隣諸国〔ほか〕

新詳高等地図　初訂版　帝国書院編集部編　帝国書院　2007.10　155p　26cm　1500円　①978-4-8071-5729-7　Ⓝ290.38

(目次)世界の国々・国旗，地図帳の記号と文字・もくじ・図さくいん，結びつく世界―交通，ユーラシア・北極・オセアニア，東アジア，中国要部，中国資料図，中国沿岸部拡大図，朝鮮半島，日本の近隣諸国〔ほか〕

新詳高等地図　最新版　帝国書院編集部編　帝国書院　2007.10　152p　26cm　1500円　①978-4-8071-5732-7　Ⓝ290.38

(内容)高等学校で使用されている地図帳の市販版。自然、産業、環境、民族、文化など多角的なテーマの地域資料図を多数掲載。統計資料も豊富に収録。地名索引付き。

新詳高等地図　初訂版　帝国書院編集部編　帝国書院　2008.10　156p　26cm　(Teikoku's atlas)　1500円　①978-4-8071-5795-2　Ⓝ290.38

新詳高等地図　〔平成21年〕初訂版　帝国書院編集部編　帝国書院　2009.10　156p　26cm　〈索引あり〉　1500円　①978-4-8071-5855-3　Ⓝ290.38

(目次)世界の国々・国旗，ユーラシア・北極・オセアニア，東アジア，東南アジア要部，南アジア，西アジア，アフリカ，ヨーロッパ，ユーラシア北部，南北アメリカ・大西洋〔ほか〕

新詳高等地図　〔平成22年〕初訂版　帝国書院編集部編　帝国書院　2010.10　156p　26cm　〈索引あり〉　1500円　①978-4-8071-5945-1　Ⓝ290.38

(目次)東アジア，中国要部，中国資料図，中国沿岸部拡大図，朝鮮半島，日本の近隣諸国，東南アジア要部，東南アジア資料図，結びつく世界―アジア，南アジア資料図〔ほか〕

新詳高等地図　初訂版　帝国書院編集部編　帝国書院　2011.10　156p　26cm　1500円　①978-4-8071-5980-2　Ⓝ290.38

(目次)結びつく世界―交通，ユーラシア・北極・オセアニア，東アジア，中国要部，中国資料図，中国沿岸部拡大図，朝鮮半島，日本の近隣諸国，東南アジア要部，東南アジア資料図〔ほか〕

新詳高等地図　初訂版　帝国書院編集部編　帝国書院　2012.10　156p　26cm　1500円　①978-4-8071-6054-9　Ⓝ290.38

(目次)結びつく世界―交通，ユーラシア・北極・オセアニア，東アジア，中国要部，中国資料図，中国沿岸部拡大図，朝鮮半島，日本の近隣諸国，東南アジア要部，東南アジア資料図〔ほか〕

新詳高等地図　帝国書院編集部編　帝国書院　2013.10　170p　26cm　1500円　①978-4-8071-6114-0　Ⓝ290.38

(目次)ユーラシア・北極，東アジア，中国要部，中国資料図，ペキン、シャンハイ、チュー川デルタ、台湾，特集 中国―世界の工場・巨大市場，朝鮮半島、朝鮮半島資料図，東南アジア，東南アジア要部，東南アジア資料図〔ほか〕

新詳高等地図　帝国書院編集部編　帝国書院　2014.10　170p　26cm　〈索引あり〉　1500円　①978-4-8071-6165-2　Ⓝ290.38

(目次)ユーラシア・北極，東アジア，中国要部，中国資料図，ペキン、シャンハイ、チュー川デルタ、台湾，特集中国―世界の工場・巨大市場，朝鮮半島、朝鮮半島資料図，東南アジア，東南

アジア要部，東南アジア資料図〔ほか〕

新詳高等地図　帝国書院編集部編　帝国書院　2015.10　170p　26cm　1500円　Ⓘ978-4-8071-6216-1　Ⓝ290.38

(目次)ユーラシア・北極，東アジア，中国要部，中国資料図，ペキン、シャンハイ、チュー川デルタ、台湾，特集 中国—世界の工場・巨大市場，朝鮮半島、朝鮮半島資料図，東南アジア，東南アジア要部，東南アジア資料図〔ほか〕

新詳高等地図　帝国書院編集部編　帝国書院　2016.10　170p　26cm　〈索引あり〉　1500円　Ⓘ978-4-8071-6295-6　Ⓝ290.38

(目次)ユーラシア・北極，東アジア，中国要部，中国資料図，ペキン、シャンハイ、チュー川デルタ、台湾，特集 中国—世界の工場・巨大市場，朝鮮半島、朝鮮半島資料図，東南アジア，東南アジア要部，東南アジア資料図〔ほか〕

新詳高等地図　帝国書院編集部編　帝国書院　2017.12　174p　26cm　（Teikoku's atlas）〈索引あり〉　1600円　Ⓘ978-4-8071-6346-5　Ⓝ290.38

(目次)アジア，アフリカ，ヨーロッパ，大西洋，北アメリカ，南アメリカ，オセアニア，太平洋、北極・南極，日本，主題図，統計，さくいん

新TVのそばに一冊 ワールドアトラス 世界・日本　帝国書院著　帝国書院　2007.7　153p　26cm　1100円　Ⓘ978-4-8071-5724-2　Ⓝ290.38

(目次)アジア，アフリカ，ヨーロッパ・ロシア，南北アメリカ，太平洋・オセアニア，日本列島，九州地方，中国・四国地方，近畿地方，中部地方，関東地方，東北地方，北海道地方：統計資料・さくいん

(内容)ニュースや旅番組などでよく出る場所の地図を充実。北京（6頁の巻頭特集）、パレスチナ、イラク、フランス、ドイツ、イタリアなど。日本の大都市圏（東京周辺、大阪周辺）の行政区分図を掲載。「えっ!?その街どこ?」最近、TVで頻繁に出てくる新しい市町村名も、この地図帳があれば大丈夫。平成の市町村合併特集を掲載。見たい図の掲載箇所がすぐわかる、図索引や地域別色分けを採用。索引の充実、見開きページ毎のタイトル新設なども実施。

新TVのそばに一冊 ワールドアトラス 世界・日本　2版　帝国書院著　帝国書院　2008.8　153p　26cm　〈折り込1枚〉　1100円　Ⓘ978-4-8071-5792-1　Ⓝ290.38

(目次)アジア，アフリカ，ヨーロッパ・ロシア，南北アメリカ，太平洋・オセアニア，日本列島，九州地方，中国・四国地方，近畿地方，中部地方，関東地方，東北地方，北海道地方

(内容)TVを見るとき便利な地図を多数掲載。世界も日本もまるごと収録。

新TVのそばに一冊 ワールドアトラス 世界・日本　3版　帝国書院著　帝国書院　2010.6　166p　26cm　〈索引あり〉　1100円　Ⓘ978-4-8071-5908-6　Ⓝ290.38

(目次)アジア，アフリカ，ヨーロッパ・ロシア，南北アメリカ，太平洋・オセアニア，日本列島，九州地方，中国・四国地方，近畿地方，中部地方，関東地方，東北地方，北海道地方，資料・さくいん

(内容)TVを見る時に便利な地図を多数掲載!日本の都市部の行政区分図を追加（福岡、京都、名古屋など）。サッカーW杯試合開催地（南アフリカ）を拡大して掲載。ニュースや旅番組などによく出る場所の地図を充実。北京、パレスチナ、イラク、フランス、ドイツ、イタリアなど。より見やすく、より引きやすく!見たい図の掲載箇所がすぐ分かる図索引や地域別色分けを採用。改訂8頁増。

新TVのそばに一冊 ワールドアトラス 世界・日本　4版　帝国書院著　帝国書院　2012.6　166p　26cm　〈索引あり〉　1100円　Ⓘ978-4-8071-6036-5　Ⓝ290.38

(目次)アジア，アフリカ，ヨーロッパ・ロシア，南北アメリカ，太平洋・オセアニア，日本列島，九州地方，中国・四国地方，近畿地方，中部地方〔ほか〕

(内容)テレビや新聞を見る時に便利な地図。ニュースや旅番組などによく出る場所の地図を充実。日本の都市部の行政区分図を掲載。世界のおもな公用語・宗教のテーマ図。196カ国の国旗と基本情報がわかる特集『世界の国旗』。特集『平成の市町村大合併』。

新TVのそばに一冊 ワールドアトラス 世界・日本　5版　帝国書院著　帝国書院　2014.6　166p　26cm　〈索引あり〉　1100円　Ⓘ978-4-8071-6160-7　Ⓝ290.38

(目次)アジア，アフリカ，ヨーロッパ・ロシア，南北アメリカ，太平洋・オセアニア，沖縄・日本列島，九州地方，中国・四国地方，近畿地方，中部地方，関東地方，東北地方，北海道地方

新TVのそばに一冊 ワールドアトラス 世界・日本　6版　帝国書院著　帝国書院　2016.6　166p　26cm　〈索引あり〉　1100円　Ⓘ978-4-8071-6267-3　Ⓝ290.38

(目次)アジア，アフリカ，ヨーロッパ・ロシア，南北アメリカ，太平洋・オセアニア，沖縄・日本列島，九州地方，中国・四国地方，近畿地方，中部地方，関東地方，東北地方，北海道地方

(内容)TVを見るときも、新聞を読むときも、手

元にあると便利な一冊。世界も日本も一冊に収録した、手軽でコンパクトな地図帳。世界の国旗と、人口や面積などの統計資料を収録。リオデジャネイロの広域都市図を改訂。ニュースで気になる、中東要部の地図を改訂。

新編 中学校社会科地図　帝国書院編集部編　帝国書院　2002.9　139p　26cm　1400円　①4-8071-4077-9　Ⓝ290.38

(目次)アジア・オーストラリア・北極，東アジア，中国の資料図，朝鮮半島，東南アジア，東南アジアの資料図，南・西アジア，アフリカ・アフリカの資料図，ヨーロッパ，ヨーロッパ中央部〔ほか〕

(内容)中学生向けの地図帳。世界および日本の一般図、資料図が収録されている。「やってみよう」「考えてみよう」というメモがあり、中学生の学習に役立つようになっている。この他に、世界と日本の人口、日本と世界の結びつき、人間活動と環境問題などの資料も収録されている。巻末に統計資料と索引が付く。

新編 中学校社会科地図　最新版　帝国書院編集部編　帝国書院　2003.9　140p　26cm　1400円　①4-8071-4087-6　Ⓝ290.38

(目次)世界の国々，世界の地形・地図の記号，世界の気候，世界の生活文化，アジア・オーストラリア・北極，東アジア，中国の資料図，朝鮮半島，東南アジア，東南アジアの資料図〔ほか〕

新編 中学校社会科地図　最新版　帝国書院編集部編　帝国書院　2004.10　139p　26cm　1400円　①4-8071-4096-5　Ⓝ290.38

(目次)世界の国々，世界の地形・地図の記号，世界の気候，世界の生活文化，アジア・オーストラリア・北極，東アジア，中国の資料図，朝鮮半島，東南アジア，東南アジアの資料図〔ほか〕

新編 中学校社会科地図　最新版　帝国書院編集部編　帝国書院　2005.10　139p　26cm　1400円　①4-8071-4112-0　Ⓝ290.38

(目次)世界の国々，世界の地形・地図の記号，世界の気候，世界の生活文化，アジア・オーストラリア・北極，東アジア，中国の資料図，朝鮮半島，東南アジア，東南アジアの資料図〔ほか〕

新編 中学校社会科地図　初訂版　帝国書院編集部編　帝国書院　2006.10　152p　26cm　1400円　①4-8071-5606-3　Ⓝ290.38

(目次)地図帳で都道府県を調べよう，地図帳で国を調べよう，世界の地形，世界の気候，世界の生活・文化，世界の環境問題，アジア・オーストラリア・北極，東アジア，中国の資料図，朝鮮半島，東アジアと日本〔ほか〕

新編 中学校社会科地図　初訂版　帝国書院編集部編　帝国書院　2007.10　152p　26cm　1400円　①978-4-8071-5728-0　Ⓝ290.38

(内容)世界・日本地図、拡大図、統計資料をコンパクトにまとめた、中学校用地図帳の市販版。写真も豊富に掲載し、地図を見るポイントも記載。巻頭で地図帳の使い方・調べ方を説明。統計資料を収載。索引付き。

新編 中学校社会科地図　初訂版　帝国書院編集部編　帝国書院　2008.10　152p　26cm　(Teikoku's atlas)　1400円　①978-4-8071-5794-5　Ⓝ290.38

新編 中学校社会科地図　平成21年初訂版　帝国書院編集部編　帝国書院　2009.10　152p　26cm　(Teikoku's atlas)　〈索引あり〉　1400円　①978-4-8071-5854-6　Ⓝ290.38

(目次)世界の国々，アジア・オーストラリア・北極，アフリカ／アフリカの資料図，ヨーロッパ，大西洋／アメリカ合衆国の資料図，南北アメリカ・南極，環太平洋，日本列島，統計資料

新編 中学校社会科地図　平成22年初訂版　帝国書院編集部編　帝国書院　2010.10　152p　26cm　(Teikoku's atlas)　〈索引あり〉　1400円　①978-4-8071-5944-4　Ⓝ290.38

(目次)世界の地形，世界の気候，世界の生活・文化，世界の環境問題，アジア・オーストラリア・北極，東アジア，中国の資料図，朝鮮半島，東アジアと日本，東南アジア〔ほか〕

新編 中学校社会科地図　初訂版　帝国書院編集部編　帝国書院　2011.10　152p　26cm　1400円　①978-4-8071-5979-6　Ⓝ290.38

(目次)地図帳で都道府県を調べよう，地図帳で国を調べよう，世界の地形，世界の気候，世界の生活・文化，世界の環境問題，アジア・オーストラリア・北極，東アジア，中国の資料図，朝鮮半島〔ほか〕

新編 標準高等地図　最新版　帝国書院編集部編　帝国書院　1998.10　144p　26cm　1500円　①4-8071-4026-4　Ⓝ290.38

(目次)世界の国々，地図帳の記号と文字，交通・通信，ユーラシア・北極・オセアニア，アジア(東アジア，中国要部 ほか)，アフリカ(アフリカ北部，ナイル川流域 ほか)，大西洋，ヨーロッパ(ヨーロッパ中央部，イギリス ほか)，ユーラシア(ユーラシア北部，東ヨーロッパ・ロシア連邦西部)，アメリカ(北アメリカ・ハワイ諸島，アメリカ合衆国 ほか)〔ほか〕

新編 標準高等地図　最新版　帝国書院編集部編　帝国書院　1999.10　143p　26cm　1500円　①4-8071-4031-0　Ⓝ290.38

(目次)世界の国々，地図帳の記号と文字，交通・

通信，ユーラシア・北極・オセアニア，アジア（東アジア，中国要部 ほか），アフリカ（アフリカ北部，ナイル川流域），大西洋，ヨーロッパ（ヨーロッパ中央部，イギリス ほか），太平洋・環太平洋，オセアニア―オーストラリア・ニュージーランド，北極・南極〔ほか〕

新編 標準高等地図　最新版　帝国書院編集部編　帝国書院　2000.9　144p　26cm（Teikoku's atlas）　1500円　Ⓘ4-8071-4036-1　Ⓝ290.38

新編 標準高等地図　最新版　帝国書院編集部著　帝国書院　2001.9　144p　26cm　1500円　Ⓘ4-8071-4042-6　Ⓝ290.38

(目次)ユーラシア・北極・オセアニア，アジア，アフリカ，大西洋，ヨーロッパ，ユーラシア，アメリカ，太平洋、環太平洋，オセアニア、オーストラリア・ニュージーランド，北極・南極〔ほか〕

(内容)世界と日本の地図を収録する地図帳。主題別地図も収録し、地名索引を付す。

新編 標準高等地図　最新版　帝国書院編集部編　帝国書院　2002.9　143p　26cm　1500円　Ⓘ4-8071-4075-2　Ⓝ290.38

(目次)ユーラシア・北極・オセアニア，アジア，アフリカ，大西洋，ヨーロッパ，ユーラシア，太平洋，オセアニア，北極・南極，日本の位置〔ほか〕

(内容)世界と日本の地図を収録する地図帳。世界は大陸ごと、日本は地方ごとに構成。この他に環境問題、民族・宗教・人口問題、エネルギー・食糧問題などに関する資料も掲載。巻末に外国・日本の地名索引が付く。

新編 標準高等地図　最新版　帝国書院編集部編　帝国書院　2003.9　142p　26cm　1500円　Ⓘ4-8071-4085-X　Ⓝ290.38

(目次)世界の国々，地図帳の記号と文字，交通・通信，ユーラシア・北極・オセアニア，アジア（一）東アジア，アジア（二）中国要部，アジア（三）東アジア都市図，アジア（四）朝鮮半島・台湾，アジア（五）ソウル・ピョンヤン，アジア（六）東南アジア〔ほか〕

スタンダードアトラス 世界 地図帳　平凡社　1991.4　365p　29cm　〈書名は奥付等による 標題紙の書名：世界地図帳 監修：梅棹忠夫ほか〉　8800円　Ⓘ4-582-43504-1　Ⓝ290.38

スマートアトラス 世界・日本地図帳　平凡社編　平凡社　2013.8　216p　26cm　〈タイトルは奥付・背による.表紙のタイトル：世界・日本スマートアトラス地図帳　索引あり〉　1700円　Ⓘ978-4-582-41721-0　Ⓝ290.38

(目次)アジア，アジア東部，朝鮮半島，中国主要部，アジア南東部，インドシナ，インド，インド北部，アジア西部，ヨーロッパ〔ほか〕

(内容)テレビの近くやデスクに置いて便利に使える、基本地図帳の最新版!

スマートアトラス 世界・日本地図帳　新訂　平凡社編　平凡社　2017.6　216p　26cm　〈タイトルは奥付・背による.表紙のタイトル：世界・日本スマートアトラス地図帳　索引あり〉　1700円　Ⓘ978-4-582-41731-9　Ⓝ290.38

(目次)アジア，アジア東部，朝鮮半島，中国主要部，アジア南東部，インドシナ，インド，インド北部，アジア西部，イエメン〔ほか〕

(内容)持ち歩きにも、オフィス・家庭での常備地図にも。詳細な世界地図と日本地図がハンディな一冊に。基本地図帳のロングセラー!!

世界精密地図　全教出版著　人文社　1991.3　103,96p　26cm　2900円　Ⓝ290.38

世界全地図・ライブアトラス　講談社　1992.11　403p　39×29cm　17000円　Ⓘ4-06-205688-7　Ⓝ290.38

(目次)世界の行政区分図，世界大パノラマ，世界各国図，世界主要都市図，現代の地球，地球博物誌，新世界探訪，世界の独立国情報，データ・ボックス

(内容)独立国家共同体誕生を初め、激変する世界の地名情報を細大もらさず収録した最新世界地図。

世界大地図　〔正井泰夫〕〔監修〕　小学館　2009.12　270p　43cm　〈他言語標題：Atlas of the world　文献あり 索引あり〉　18000円　Ⓘ978-4-09-526066-2　Ⓝ290.38

(内容)米国の地図出版社ランドマクナリーのデータベースとNASA（米航空宇宙局）のレリーフデータを採用した地図帳。レリーフ62図、大縮尺主要都市図38図、全世界194か国要覧・詳細首都図194図を収録。

世界大地図　6訂特別版　梅棹忠夫，佐藤久，西川治，正井泰夫監修　平凡社，ユーキャン（発売）　2013.2　2冊　43cm　〈他言語標題：Grand atlas world〉　Ⓝ290.38

(目次)上巻 世界大地図帳（世界の行政区分，世界各国図，世界主要都市図，世界各国現勢，世界遺産），下巻 世界名所大地図（名所，名勝，山，島，湖，町並み，鉄道，街道，宮殿，庭，都市図）

(内容)見て・読んで・楽しむ大判の世界地図セット。「日本大地図」の姉妹編。国際化時代の世界を、正しい地形表現、的確な地名記載により一望する。新たに中東、コーカサス地域図を追加

し、激動する世界を鮮やかに再現。パノラマ地図・都市図など多彩な表現で世界を案内する。最新データによる各国現勢、世界遺産地図も掲載。99年刊に次ぐ6訂版。

世界大地図　索引　ユーキャン　2013.2　372p　30cm　Ⓝ290.38

(内容)見て・読んで・楽しむ大判の世界地図セット。索引は本文掲載の地名から引ける。

世界大地図館　テクノアトラス　小学館　1996.11　383p　38cm　14800円　①4-09-526062-9　Ⓝ290.38

世界大地図帳　新装改訂版　平凡社　1990.6　281p　42cm　18000円　①4-582-43502-5　Ⓝ290.38

(内容)地図は見開きワイド判の世界各国図63図、主要都市図69図などから構成、地名注記4万はすべて欧文併記、地名索引もすべて和文、欧文双方から検索可能、ほかに世界171ヶ国の各国現勢（国旗付）、大州別行政区分図、主要32ヶ国の国内行政区分図を付した地図帳。

世界大地図帳　第3版　平凡社　1993.2　289p　43cm　〈監修：梅棹忠夫ほか〉　20000円　①4-582-43502-5　Ⓝ290.38

世界大地図帳　三訂版　平凡社　1995.10　291p　43cm　〈監修：梅棹忠夫ほか〉　22000円　①4-582-43502-5　Ⓝ290.38

世界大地図帳　四訂版　梅棹忠夫，佐藤久，西川治，正井泰夫監修　平凡社　1996.10　367p　42cm　22000円　①4-582-43506-8　Ⓝ290.38

(目次)世界の行政区分，世界各国図，世界主要都市図，世界各国現勢，主要観光地名，主要国の行政区分，世界遺産

世界大地図帳　五訂版　梅棹忠夫，佐藤久，西川治，正井泰夫監修　平凡社　1999.10　373p　43×30cm　21400円　①4-582-43509-2　Ⓝ290.38

(目次)世界各国図（世界全図―地勢，世界全国―行政，アジア，アジア東部 ほか），世界主要都市図（東京，ソウル，北京，上海、香港 ほか），世界各国現勢，主要国の行政区分・世界遺産

(内容)約50000の地名を記載した世界地図帳。世界の主要都市図203図と最新情報による各国現勢を191収録。巻末に和文、欧文、中国・朝鮮、中国・朝鮮欧文の各索引がある。

世界大地図帳　六訂版　平凡社編　平凡社　2003.7　340p　43×30cm　21400円　①4-582-43510-6　Ⓝ290.38

(目次)世界各国図（世界全図（地勢，行政），アジア，アジア東部，日本，朝鮮半島 ほか），世界主要都市図（東京，ソウル，北京，上海、西安、台北，香港、マニラ、ホー・チ・ミン ほか）

世界大地図帳　七訂版　梅棹忠夫，佐藤久，西川治，正井泰夫監修　平凡社　2015.3　15,341p　43cm　〈他言語標題：GRAND ATLAS WORLD　布装　索引あり〉　21400円　①978-4-582-43512-2　Ⓝ290.38

(目次)世界の行政区分，世界各国図（世界全図―地勢，世界全図―行政，アジア，アジア東部，日本 ほか），世界主要都市図（東京，ソウル，北京，上海、西安、台北，香港、ホー・チ・ミン、マニラ ほか）

世界大百科事典　世界地図　改訂新版　平凡社　2007.9　301p　29cm　〈他言語標題：Heibonsha's world encyclopaedia〉　①978-4-582-03400-4　Ⓝ031

世界地図　中野尊正監修　国際地学協会　1999.2　111,92p　30cm　（Union atlas）〈他言語標題：World atlas〉　3300円　①4-7718-3016-9　Ⓝ290.38

世界地図　中野尊正監修，国際地学協会編集部編　国際地学協会　1999.8　72p　30cm　2240円　①4-7718-3019-3　Ⓝ290.38

(目次)主題図（世界地図，地勢図 ほか），世界の地域図（アジア，北東アジア ほか），世界の都市図（東京，東京中心部 ほか），資料（各国便覧，世界主要都市の人口 ほか），索引（世界地名索引，略語一覧）

世界地図　中野尊正監修　国際地学協会　2000.1　123,72p　30cm　（Union atlas）〈他言語標題：World atlas〉　2240円　①4-7718-3019-3　Ⓝ290.38

世界地図　中野尊正監修　国際地学協会　2000.1　139,91p　30cm　（Union atlas）〈他言語標題：World atlas〉　3300円　①4-7718-3017-7　Ⓝ290.38

世界地図帳　オルテリウス〔著〕　（京都）臨川書店　1991.2　1冊　42cm　〈書名は奥付による 標題紙・背の書名：Theatrum orbis terrarum 限定版〉　180000円　①4-653-02179-1　Ⓝ290.38

(内容)ライデン大学図書館蔵1570年刊初版本の複製。本文はラテン語。別冊（26p）として解説（船越昭生著）、付（1枚）として編成表がある。

世界地図帳　野村正七〔ほか〕編著　昭文社　1992.1　214p　31cm　（エアリアマップ）　3610円　①4-398-20001-0　Ⓝ290.38

世界地図帳　野村正七〔ほか〕編著　昭文社　1997（50刷）　214p　31cm　（エアリアマッ

プ）〈他言語標題：The atlas of the modern world　索引あり〉 3524円 ①4-398-20007-X Ⓝ290.38

世界地図帳 昭文社 〔1997.5〕 214p 30cm 3524円 ①4-398-20007-X Ⓝ290.38

(内容)一般図86図、都市図63図で構成された地図帳。一般図は、アジア・アフリカ・ロシア・ヨーロッパといった一般の地図帳に見られる排列の順に従い、都市地図は、トラベルエージェントの統計も参考にし、日本人観光客やビジネスマンの訪れる機会の多い都市を選出。収録地名数約2万5000の索引が付く。

世界地図帳 昭文社 1997.7 160p 30cm （グローバルアクセス） 1762円 ①4-398-20005-3 Ⓝ290.38

世界地図帳 谷治正孝，川嶋理夫，田代博，萩原康之，堀英雄編著 昭文社 2002.4 239p 31×22cm 3800円 ①4-398-20013-4 Ⓝ290.38

(目次)世界，日本，アジア，ヨーロッパ，アフリカ，南北アメリカ，オセアニア，北極・南極，世界の都市

世界・日本地図帳 昭文社 1996.4 160,8p 30cm （グローバルアクセス） 1800円 ①4-398-20004-5 Ⓝ290.38

(内容)豊富な内容。地図―129ページ。都市図―19図。面積や人口などの一覧―19表。地名索引―10,000余。世界の変動を完全にフォロー。宇宙船から見た地球の実景「環境図」5図。注目地域は詳細案内（中国だけでも8図・10ページ）。国旗はすべてを網羅し最新（パレスチナ旗も収録）。カイロはロンドンより遠く、ニューヨークは東京の北北西（正距方位図収録）。

世界・日本地図帳 昭文社 1997.5（7刷） 160p 30cm （エアリアマップ グローバルアクセス）〈索引あり〉 1762円 ①4-398-20009-6 Ⓝ290.38

世界旅行地図 4訂版 帝国書院著 帝国書院 1990.2 1冊 19cm 2580円 ①4-8071-2004-2 Ⓝ290.38

総合世界／日本地図 改訂新版 国際地学協会出版部編集 国際地学協会 1992.12 1冊 31cm 5000円 ①4-7718-3014-2 Ⓝ290.38

総合世界／日本地図 国際地学協会 2000.1 1冊 31cm （Union atlas） 5000円 ①4-7718-3018-5 Ⓝ290.38

綜合 地歴新地図 帝国書院 1994.8 144p 26cm 1200円 ①4-8071-4000-0 Ⓝ290.38

(内容)歴史地名と現在の場所を対照させる学習地図帳。アジア、アフリカ、ヨーロッパ、ユーラシア北部、アメリカ、オセアニア・両極、日本の7部で構成する。外国地名、日本地名に分け、歴史的地名は赤字で示した五十音順索引を付す。巻末の基礎資料図には統計資料などがある。メソポタミアなど歴史上の主要地域は拡大図で示す。

綜合 地歴新地図 世界・日本 最新版 帝国書院 1995.4 146p 26cm 1200円 ①4-8071-5042-1 Ⓝ290.38

(内容)歴史的な事象や史跡を現代の地図の上に重ね、歴史と現代との関わりを示した地図帳。歴史上の主要地域の拡大図や都市図を収録する。

綜合 地歴新地図 世界・日本 初訂版 帝国書院編集部著 帝国書院 1996.2 146p 26cm 1200円 ①4-8071-5056-1 Ⓝ290.38

綜合 地歴新地図 世界・日本 三訂版 帝国書院 1997.4 159p 26cm 1500円 ①4-8071-5105-3 Ⓝ290.38

(目次)アジア，アフリカ，ヨーロッパ，ユーラシア北部，アメリカ，オセアニア・両極，日本，基礎資料図（現代の諸問題，総合年表，統計資料，さくいん，古代の主要遺跡，日本全図・国立・国定公園）

ソ連崩壊後のワールドアトラス 帝国書院編集部編 帝国書院 1992.4 126p 26cm 1500円 ①4-8071-2078-6 Ⓝ290.38

(内容)旧ソ連の12独立国正式国名記載。旧ソ連の資源・エネルギー・民族・軍事力などの資料ページを特設。旧ソ連の16自治共和国、4自治州修正済。旧ユーゴスラビアの独立国修正済。ソ連・ユーゴスラビア修正済の「最新世界全図」付。

タイムズ世界地図帳 第11版 雄松堂出版 2003.11 223p 47×33cm 36000円 ①978-4-8419-0318-8 Ⓝ290.38

(内容)世界トップの販売部数を誇る世界地図帳の最新版。コンピュータ処理による精密・正確な描図に加え、フルカラー58ページにわたる資料編も充実。最新の政治・地理情報を反映した第11版。本文は英語。

タイムズ世界地図帳 第12版 雄松堂出版 〔2007.10〕 223p 46×32cm 36000円 ①978-4-8419-0453-6 Ⓝ290.38

(目次)THE EARTH TODAY（IMAGES OF EARTH,STARS AND PLANETS,THE WORLD TODAY,MAPPING THE WORLD,GEOGRAPHICAL INFORMATION），ATLAS OF THE WORLD（OCEANIA,ASIA,EUROPE,AFRICA ほか）

タイムズ世界地図帳 雄松堂書店 〔2011.11〕 223p 47×33cm 〈原書第13版，本文：英

文　原書名：The Times Comprehensive Atlas of the World. 13th Edition〉　19000円　Ⓘ978-4-8419-0580-9　Ⓝ290.38

(目次)THE EARTH TODAY（IMAGES OF EARTH,STARS AND PLANETS,THE WORLD TODAY,MAPPING THE WORLD, GEOGRAPHICAL INFORMATION）, ATLAS OF THE WORLD（THE WORLD Physical Features,THE WORLD Countries, OCEANIA,PACIFIC OCEAN ISLANDS, AUSTRALASIA and SOUTHWEST PACIFIC ほか）

旅に出たくなる地図 世界　帝国書院編集部編　帝国書院　2004.2　200p　30cm　2400円　Ⓘ4-8071-5442-7　Ⓝ290.38

(目次)ヨーロッパ，北アメリカ、南アメリカ，アジア，環太平洋，アフリカ，南極地方

(内容)この一冊で世界のおもな観光スポットをカバー。プランづくりに最適。ツアーコースをカバーする広域地図を満載。観光スポットにはイラストと一口解説を記載。現役ツアーコンダクターが編集協力。

旅に出たくなる地図 世界　新訂版　帝国書院編集部著　帝国書院　2006.2　200p　30cm　2400円　Ⓘ4-8071-5508-3　Ⓝ290.38

(目次)世界自然遺産の旅 ヨーロッパ，ヨーロッパ，ここに行きたいフランス・スイス，ここに行きたいイギリス・アイルランド，ここに行きたいドイツ・オーストリア・オランダ・ベルギー，ここに行きたいイタリア・ギリシャ，ここに行きたいスペイン・ポルトガル，ここに行きたい北欧，ここに行きたい中欧・ロシア，ここに行きたいアメリカ〔ほか〕

(内容)「世界自然遺産」を地域別に迫力のある写真満載で新規掲載（全4図）。プラン作りに最適。ツアーコースをカバーする広域図を満載（全105図）。世界のおもな観光スポットをイラストとワンポイント解説で紹介。迫力のあるパノラマ鳥瞰図を全11図掲載（アルプスなど）。海外旅行で人気の国16カ国には、全体図「ここに行きたい」を掲載。この国に行ったらはずせないという観光スポットが、ひと目でわかる。「食」「映画」「文学」「美術」「音楽」の5つのテーマで世界の魅力を紹介。

旅に出たくなる地図 世界　14版　帝国書院編集部著　帝国書院　2008.3　240p　30cm　2400円　Ⓘ978-4-8071-5780-8　Ⓝ290.38

(目次)世界自然遺産の旅 ヨーロッパ，ヨーロッパ，特集 ヨーロッパ 音楽の旅，特集 ヨーロッパ 文学の旅，特集 ヨーロッパの美術めぐり，ここに行きたい フランス・スイス，パリ，特集 モンマルトルを散策しよう，特集 セーヌの流れとフランス近代絵画，ノルマンディー～ピレネー、アルザス～ブルゴーニュ〔ほか〕

(内容)「世界自然遺産の旅」で、各地の世界自然遺産を雄大な写真で紹介（ヨーロッパ、北アメリカ、太平洋、南アジア・西アジア、アフリカなど）。観光名所をひとまとめにして紹介。広域図「ここに行きたい」全17図掲載（フランス・スイス、イタリア・ギリシャ、北欧、南アメリカ、東南アジアなど）。主要な都市を、イラスト入り市街図で詳しく紹介（ローマ、北京など）。観光スポットをイラストとワンポイント解説で紹介した拡大図を多数掲載。

旅に出たくなる地図 世界　15版　帝国書院編集部著　帝国書院　2010.2　240p　30cm　〈索引あり〉　2400円　Ⓘ978-4-8071-5900-0,978-4-8071-5901-7　Ⓝ290.38

(目次)ヨーロッパ，北アメリカ、南アメリカ，アジア，太平洋，南アジア・西アジア、アフリカ

(内容)特集「世界自然遺産の旅」では、各地の世界自然遺産を迫力ある大写真で紹介（ヨーロッパ、北アメリカ、太平洋など）。観光スポットはひと目で分かるイラスト（ワンポイント解説付）で紹介。観光名所をまとめて紹介。広域図「ここに行きたい」全17図掲載（フランス・スイス、イタリア・ギリシャなど）。主要な都市の市街図を多数掲載（ローマ、北京など全68都市）。

旅に出たくなる地図 世界　16版　帝国書院編集部著　帝国書院　2012.2　248p　30cm　〈索引あり〉　2400円　Ⓘ978-4-8071-6016-7　Ⓝ290.38

(目次)ヨーロッパ世界自然遺産の旅，北アメリカ南アメリカ世界自然遺産の旅，アジア世界自然遺産の旅，太平洋世界自然遺産の旅，南アジア・西アジア、アフリカ世界自然遺産の旅

(内容)8ページ増!コッツウォルズ、慶州の特集ページを新設。人気の鳥瞰図は、新たにヴェネツィアやカッパドキアを追加。観光名所はまとめて紹介。広域図「ここに行きたい」にはトルコを追加（その他、フランス・スイス、イタリア・ギリシャなど、全18図掲載）。観光スポットはひと目で分かるイラスト（ワンポイント解説付）で紹介。主要な都市の市街図を多数掲載（ローマ、北京など全68都市）。

旅に出たくなる地図 世界　17版　帝国書院編集部著　帝国書院　2014.3　257p　30cm　〈索引あり〉　2400円　Ⓘ978-4-8071-6152-2　Ⓝ290.38

(目次)ヨーロッパ—世界自然遺産の旅，北アメリカ、南アメリカ—世界自然遺産の旅，アジア—世界自然遺産の旅，太平洋—世界自然遺産の旅，南アジア・西アジア、アフリカ—世界自然

遺産の旅

(内容)旅情あふれる特集ページを多数掲載…「ヨーロッパ」音楽の旅、豪華クルーズ、「北アメリカ」映画の舞台、「南アメリカ」リオデジャネイロ、「アジア」世界自然遺産の旅など。大好評!迫力ある鳥瞰図を多数掲載…ヴェネツィア、ロマンティック街道、グランドキャニオン、マチュピチュなど。主要な観光スポットを、広域図「ここに行きたい」でまとめて紹介…フランス・スイス、北欧、アメリカ・カナダ、東南アジア、ハワイなど。美しいイラストとワンポイント解説で、観光スポットが一目瞭然!

旅に出たくなる地図 世界　18版　帝国書院編集部著　帝国書院　2017.2　261p　30cm　〈索引あり〉　2400円　Ⓘ978-4-8071-6333-5　Ⓝ290.38

(目次)ヨーロッパ―世界自然遺産の旅，北アメリカ 南アメリカ―世界自然遺産の旅，アジア―世界自然遺産の旅，太平洋―世界自然遺産の旅，南アジア・西アジア アフリカ―世界自然遺産の旅

(内容)旅情あふれる特集を多数掲載。迫力ある鳥瞰図が充実!主要な観光スポットを広域図「ここに行きたい」で紹介。

旅に出たくなる地図 世界編　最新版　帝国書院　1991.1　271p　26cm　2800円　Ⓘ4-8071-2006-9　Ⓝ290.38

(内容)夢をはぐくむ世界の美しい街と自然にあなたをさそう観光地図集。

旅に出たくなる地図 世界編　初訂版　帝国書院著　帝国書院　1991.12　271p　27×20cm　2900円　Ⓘ4-8071-2007-7　Ⓝ290.38

(内容)さまざまな情報に溢れる世界の都市と世界の主要地域に焦点を当てた『都市の時代』に応じた新しいタイプの地図帳。バルト三国独立、レニングラード(サンクトペテルブルグ)など、ソ連情勢の変化も修正済。

旅に出たくなる地図 世界編　3訂版　帝国書院　1992.12　271p　30cm　2900円　Ⓘ4-8071-2008-5　Ⓝ290.38

(内容)主要都市のみどころを示した〈都市図〉(ホテル、史蹟、名勝、地下鉄路線入り86都市)。旅行先でのみどころがわかる主要地域の〈拡大図〉28地域。景勝地のみどころを立体的に表現した〈鳥瞰図〉。旧ソ連の新しく独立した国々12ヶ国を含め全183ヶ国の国旗を掲載。

旅に出たくなる地図 世界編　4訂版　帝国書院著　帝国書院　1993.12　273p　30cm　2900円　Ⓘ4-8071-1219-8　Ⓝ290.38

旅に出たくなる地図 世界編　5訂版　帝国書院　1995.1　225p　28×21cm　2400円　Ⓘ4-8071-5035-9　Ⓝ290.38

(内容)ホテル、史跡、名勝地、ショッピング街、地下鉄路線入りの主要都市の市街図、86図。見どころのわかる主要地域の地図、30図。景勝地を空から見おろした鳥瞰図。最近の情勢変化を修正済。10,700項目の詳細な地名索引。

旅に出たくなる地図 世界編　6訂版　帝国書院著　帝国書院　1996.3　225p　28cm　2400円　Ⓘ4-8071-5065-0　Ⓝ290.38

旅に出たくなる地図 世界編　7訂版　帝国書院著　帝国書院　1997.6　225p　28cm　2400円　Ⓘ4-8071-5108-8　Ⓝ290.38

旅に出たくなる地図 世界編　8訂版　帝国書院編集部著　帝国書院　1998.6　225p　30cm　2400円　Ⓘ4-8071-5157-6　Ⓝ290.38

(目次)世界の国旗，北極，アジア，中国東部，北京、北京郊外、万寿山，西安、西安付近，上海，洛陽、洛陽付近、重慶，桂林、長江三峡，南京、杭州、成都、武漢、広州〔ほか〕

(内容)海外旅行のための世界地図百科。主要地域の拡大図66図、主要都市の市街図101図を収録。巻頭でワイン産地、世界遺産、自動車レース開催地など、フランスを特集。全世界191か国の国旗を掲載し、10700項目の地名索引付き。

旅に出たくなる地図 世界編　9訂版　帝国書院　2000.2　225p　30cm　2400円　Ⓘ4-8071-5196-7　Ⓝ290.38

(目次)世界の国旗，北極，アジア，中国東部，北京(ペキン)、北京郊外、万寿山(ワンショウシャン)，西安(シーアン)、西安付近，上海(シャンハイ)，南京(ナンキン)、杭州(ハンチョウ)、成都(チョンツー)、武漢(ウーハン)、広州(コワンチョウ)，台湾(タイワン)〔ほか〕

(内容)海外旅行のための世界地図帳。9訂版では人気のリゾートアイランドの地図を新設、変貌のあったシンガポール・クアラルンプールの都市図を改訂する。地名は海外旅行で役立つ現地語表記を採用。主要地域の拡大図66図、世界の主要都市の市街図101図、全世界191カ国の国旗を掲載。10700項目の五十音順索引を付す。

旅に出たくなる地図 世界編　10訂版　帝国書院編集部著　帝国書院　2002.3　225p　26cm　2400円　Ⓘ4-8071-5342-0　Ⓝ290.38

(目次)北極，アジア，中国東部，北京、北京郊外、万寿山，西安、西安付近，上海，洛陽、洛陽付近、重慶，桂林、長江三峡，南京、杭州、成都、武漢、広州，台湾〔ほか〕

(内容)海外旅行のための世界地図帳。総頁230頁、地図頁183頁、統計・索引頁47頁からなる。見どころのわかる主要地域の拡大図66図、世界の主要都市の市街図101図、10700項目の詳細な地名索引、全世界191カ国の国旗とミニ資料・ユネスコ世界遺産地図などを収録する。また巻頭特集では韓国をいろいろな角度から紹介している。

旅に出たくなる地図 世界編　11訂版　帝国書院編　帝国書院　2003.4　225p　30cm　2400円　①4-8071-5398-6　Ⓝ290.38

(目次)北極，アジア，アフリカ、アフリカの独立，ヨーロッパ、ヨーロッパの国境の変遷、ヨーロッパの民族，北アメリカ，南アメリカ、リマ，太平洋、ニューカレドニア、ガラパゴス諸島、イースター島，南極

(内容)主要地域図をはじめ、「世界の国旗」、「世界の酒めぐり」などのテーマ図、豊富な都市地図などを掲載。市街図の有名建造物は、その形をイラストでわかりやすく表現。約10700項目の詳細な地名索引付き。

地図で知る世界の国ぐに　正井泰夫監修　平凡社　2000.7　104p　30cm　2500円　①4-582-44308-7　Ⓝ290.38

(目次)アジアの自然，アジアの国ぐに，ヨーロッパの自然，ヨーロッパの国ぐに，アフリカの自然，アフリカの国ぐに，北アメリカの自然，北アメリカの国ぐに，南アメリカの自然，南アメリカの国ぐに，オセアニアの自然と国ぐに，南極大陸

(内容)世界191ヵ国すべての国を収録した国別地図帳。各地図には自然、歴史、国旗、面積、人口、首都、言語などの解説とデータも記載する。

地図で知る世界の国ぐに　新訂第2版　正井泰夫監修　平凡社　2006.7　104p　31×22cm　2500円　①4-582-44311-7　Ⓝ290.38

(目次)アジアの自然，アジアの国ぐに，ヨーロッパの自然，ヨーロッパの国ぐに，アフリカの自然，アフリカの国ぐに，北アメリカの自然，北アメリカの国ぐに，南アメリカの自然，南アメリカの国ぐに，オセアニアの自然と国ぐに，南極大陸

(内容)小さな国も大きく掲載、大きな文字ときれいな色で、見やすい世界地図。面積・人口・言語など最新データのほか、色などが正確な国旗をすべて掲載。各大陸の地図は、世界の地形の特徴、気候などの自然が一目でわかる。

中学校社会科地図　最新版　帝国書院編集部編　帝国書院　1993.11　142p　26cm　1300円　①4-8071-1519-7　Ⓝ290.38

(内容)世界と日本の中学校学習地図帳。世界図は7地域19面、日本地図は基本図と地方図をあわせ25面で構成。他に「人々の生活と環境」「日本と世界の結びつき」などのテーマ別の図版、統計資料を掲載する。巻末に世界と日本に分けた地名索引がある。

中学校社会科地図　最新版　帝国書院　1994.9　142p　26cm　1300円　①4-8071-4002-7　Ⓝ290.38

(内容)世界と日本の中学校学習地図帳。世界図は7地域19面、日本地図は基本図と地方図をあわせ25面で構成。他に「人々の生活と環境」「日本と世界の結びつき」などのテーマ別の図版、統計資料を掲載する。巻末に世界と日本に分けた地名索引がある。

中学校社会科地図　最新版　帝国書院　1995.9　142p　26cm　1300円　①4-8071-4007-8　Ⓝ290.38

(内容)中学校社会科の学習用地図帳。世界と日本の地図のほか、主要都市の人口等、各種統計資料も掲載する。巻末に五十音順の地名索引(世界／日本)がある。

中学校社会科地図　最新版　帝国書院　1996.9　139p　26cm　1300円　①4-8071-4014-0　Ⓝ290.38

(目次)世界の国々，人々の生活と環境(1)住居・衣服・食事，人々の生活と環境(2)言語・人口・宗教，ユーラシア・オセアニア・北極・南極，アジア，アフリカ，ヨーロッパ，ユーラシア北部，アメリカ，オセアニオ〔ほか〕

(内容)中学校社会科の学習用地図帳。世界と日本の地図のほか、主要都市の人口等、各種統計資料も掲載する。巻末に五十音順の地名索引(世界／日本)がある。

中学校社会科地図　帝国書院編集部編　帝国書院　1997.4　139p　26cm　1400円　①4-8071-4018-3　Ⓝ290.38

(目次)世界の国々，世界の地図の記号・日本の地図の記号，世界の地形，世界の気候，人々の生活と環境，アジア・オーストラリア・北極，東アジアの環境と人間活動，中国の資料図，台湾、ホンコン・マカオの環境と人間活動，朝鮮半島の環境と人間活動〔ほか〕

(内容)中学校社会科の学習用地図帳。世界と日本の地図のほか、主要都市の人口等、各種統計資料も掲載する。巻末に五十音順の地名索引(世界／日本)がある。

中学校社会科地図　初訂版　帝国書院編集部著　帝国書院　1998.11　142p　26cm

1400円　Ⓘ4-8071-4023-X　Ⓝ290.38

中学校社会科地図　初訂版　帝国書院編集部著　帝国書院　1999.10　42p　26cm　1400円　Ⓘ4-8071-4028-0　Ⓝ290.38

(目次)世界の国々，世界の地図の記号・日本の地図の記号，世界の地形，世界の気候，人々の生活と環境(食事，衣服と住居，言語と宗教)，アジア・オーストラリア・北極(1：4500万)，東アジアの環境と人間活動(1：1600万)，中国の資料図，台湾(1：320万)、ホンコン・マカオ(1：100万)の環境と人間活動，朝鮮半島の環境と人間活動(1：500万)〔ほか〕

中学校社会科地図　初訂版　帝国書院編集部編　帝国書院　2001.11　142p　26cm　1400円　Ⓘ4-8071-4043-4　Ⓝ290.38

(目次)世界の国々，世界の地図の記号・日本の地図の記号，世界の地形，世界の気候，人々の生活と環境，アジア・オーストラリア・北極，東アジアの環境と人間活動，中国の資料図，台湾，ホンコン・マカオの環境と人間活動，朝鮮半島の環境と人間活動〔ほか〕

(内容)世界と日本の基本図、拡大図および資料図・統計資料などを収載する社会科地図。

中学校社会科地図　帝国書院編集部編　帝国書院　2012.10　164p　26×21cm　1400円　Ⓘ978-4-8071-6053-2　Ⓝ290.38

(目次)世界の地形，世界の気候，世界の環境問題，世界の生活・文化，アジア・オーストラリア・北極，アジア州の資料図，東アジア，朝鮮半島，東アジアと日本，東南アジア〔ほか〕

(内容)中学校で使用されている地図帳の市販品。世界・日本の地図、統計、資料図をコンパクトにまとめた地図帳。

中学校社会科地図　帝国書院編集部編　帝国書院　2013.10　161p　26×22cm　1400円　Ⓘ978-4-8071-6113-3　Ⓝ290.38

(目次)世界の地形，世界の気候，世界の環境問題，世界の生活・文化，アジア・オーストラリア・北極，アジア州の資料図，東アジア，朝鮮半島，東アジアと日本，東南アジア〔ほか〕

中学校社会科地図　帝国書院編集部編　帝国書院　2014.10　164p　26cm　〈索引あり〉　1400円　Ⓘ978-4-8071-6164-5　Ⓝ290.38

(目次)地域の特色をとらえるポイント，世界の地形，世界の気候，世界の環境問題，世界の生活・文化，アジア・オーストラリア・北極，アジア州の資料図，東アジア，朝鮮半島，東アジアと日本〔ほか〕

中学校社会科地図　帝国書院編集部編　帝国書院　2015.10　164p　26×21cm　1400円　Ⓘ978-4-8071-6215-4　Ⓝ290.38

(目次)アジア・オーストラリア・北極，アジア州の資料図，東アジア，朝鮮半島，東アジアと日本，東南アジア，南・西・中央アジア，アフリカ州・ヨーロッパ州，アフリカ州の資料図，ヨーロッパ〔ほか〕

中学校社会科地図　帝国書院編集部編　帝国書院　2016.10　176p　26cm　〈索引あり〉　1400円　Ⓘ978-4-8071-6294-9　Ⓝ290.38

(目次)世界の地形，世界の気候，世界の環境問題，世界の生活・文化，アジア州，アジア州の資料図，東アジア，朝鮮半島，東アジアと日本，東南アジア〔ほか〕

中学校社会科地図　帝国書院編集部編　帝国書院　2017.10　176p　26cm　〈索引あり〉　1500円　Ⓘ978-4-8071-6345-8　Ⓝ290.38

(目次)世界の国々，世界の地形，世界の気候，世界の環境問題，世界の生活・文化，アジア州，アジア州の資料図，東アジア，朝鮮半島，東アジアと日本〔ほか〕

地歴高等地図　現代世界とその歴史的背景　最新版　帝国書院編集部編　帝国書院　1998.10　143p　26cm　1500円　Ⓘ4-8071-4025-6　Ⓝ290.38

(目次)世界の国々，地図の記号，ユーラシア，アジア，地中海・西アジア，アフリカ，ヨーロッパ，ユーラシア北部，アメリカ，太平洋〔ほか〕

地歴高等地図　現代世界とその歴史的背景　最新版　帝国書院編集部編　帝国書院　1999.10　144p　26cm　1500円　Ⓘ4-8071-4030-2　Ⓝ290.38

(内容)学習用の地図帳。地名索引付き。

地歴高等地図　現代世界とその歴史的背景　最新版　帝国書院編集部編　帝国書院　2000.9　144p　26cm　(Teikoku's atlas)　1500円　Ⓘ4-8071-4035-3　Ⓝ290.38

地歴高等地図　現代世界とその歴史的背景　最新版　帝国書院編集部著　帝国書院　2001.9　144p　26cm　1500円　Ⓘ4-8071-4041-8　Ⓝ290.38

(目次)ユーラシア，アジア，地中海・西アジア，アフリカ，ヨーロッパ，ユーラシア北部，アメリカ，太平洋，オセアニア，大西洋〔ほか〕

(内容)世界と日本の詳細地図に歴史地図や主題地図を併載する地図帳。

地歴高等地図　現代世界とその歴史的背景　最新版　帝国書院編集部編　帝国書院　2002.9　144p　26cm　1500円　Ⓘ4-8071-4076-0　Ⓝ290.38

(目次)ユーラシア，アジア，地中海・西アジア，

アフリカ，ヨーロッパ，ユーラシア北部，アメリカ，太平洋，オセアニア，大西洋〔ほか〕

(内容)世界と日本の詳細地図に歴史地図や主題地図を併載する地図帳。世界は各大陸ごと、日本は各地方ごとに構成。それぞれの地図は古代から現代までの歴史的内容を解説するものとなっている。この他に環境問題、言語・宗教・人口、国際関係、エネルギー・食糧など、現代の諸問題に関する資料を掲載。巻末に統計資料、索引が付く。

地歴高等地図　現代世界とその歴史的背景
新訂版　帝国書院編集部編　帝国書院
2003.9　146p　26cm　1500円
①4-8071-4086-8　Ⓝ290.38

(目次)世界の国々，地図の記号・もくじ，結びつく世界，ユーラシア・北極・オセアニア，アジア，アフリカ・インド洋，地中海・西アジア，大西洋，ヨーロッパ，ユーラシア北部〔ほか〕

地歴高等地図　現代世界とその歴史的背景
新訂版　帝国書院編集部編　帝国書院
2004.10　145p　26cm　1500円
①4-8071-4098-1　Ⓝ290.38

(目次)ユーラシア・北極・オセアニア，アジア，アフリカ・インド洋，地中海・西アジア，大西洋，ヨーロッパ，ユーラシア北部，アメリカ，太平洋，オセアニア〔ほか〕

地歴高等地図　現代世界とその歴史的背景
新訂版　帝国書院編集部編　帝国書院
2005.10　145p　26cm　1500円
①4-8071-4114-7　Ⓝ290.38

(内容)高等学校で使用されている地図帳の市販版。現在の世界各地域および日本各地の地図に、歴史的背景や史跡などが記載されている。歴史学習でよく使う地域の拡大図や都市図を充実。人物や場所の写真・イラストも併載。最新の統計資料も豊富に収録。地名索引付き。

地歴高等地図　現代世界とその歴史的背景
新訂版　帝国書院編集部編　帝国書院
2006.10　144p　26cm　1500円
①4-8071-5608-X　Ⓝ290.38

(内容)高等学校で使用されている地図帳の市販版。現在の世界各地域および日本各地の地図に、歴史的背景や史跡などが記載されている。歴史学習でよく使う地域の拡大図や都市図を充実。人物や場所の写真・イラストも併載。最新の統計資料も豊富に収録。地名索引付き。

地歴高等地図　現代世界とその歴史的背景
最新版　帝国書院編集部編　帝国書院
2007.10　152p　26cm　1500円
①978-4-8071-5730-3　Ⓝ290.38

(内容)高等学校で使用されている地図帳の市販版。現在の世界各地域および日本各地の地図に、歴史的背景や史跡などが記載されている。歴史学習でよく使う地域の拡大図や都市図を充実。人物や場所の写真・イラストも豊富に掲載。最新の統計資料も多数。地名索引付き。

地歴高等地図　現代世界とその歴史的背景
最新版　帝国書院編集部編　帝国書院
2008.10　152p　26cm　(Teikoku's atlas)
1500円　①978-4-8071-5796-9　Ⓝ290.38

地歴高等地図　現代世界とその歴史的背景
最新版　帝国書院編集部編　帝国書院
2009.10　152p　26cm　(Teikoku's atlas)
〈索引あり〉　1500円　①978-4-8071-5856-0
Ⓝ290.38

(目次)世界の国々／地図にみる世界，ユーラシア，東アジア，東南アジア／シンガポール，南アジア／コルカタ，アフリカ・インド洋，ヨーロッパ・地中海，南北アメリカ・大西洋／北極／南極，北アメリカ，南アメリカ，日本の位置〔ほか〕

地歴高等地図　現代世界とその歴史的背景
最新版　帝国書院編集部編　帝国書院
2010.10　152p　26cm　(Teikoku's atlas)
〈索引あり〉　1500円　①978-4-8071-5946-8
Ⓝ290.38

(目次)世界の国々／地図にみる世界，ユーラシア，東アジア，内陸アジア東部，東アジア要部，中国要部，西安・洛陽周辺，ペキン／シーアン，長江下流デルタ／シャンハイ／ホンコン，台湾海峡周辺／コワンチョウ・ホンコン周辺〔ほか〕

地歴高等地図　現代世界とその歴史的背景
最新版　帝国書院編集部編　帝国書院
2011.10　152p　26cm　1500円
①978-4-8071-5981-9　Ⓝ290.38

(目次)ユーラシア，東アジア，内陸アジア東部，東アジア要部，中国要部，西安・洛陽周辺，ペキン／シーアン，長江下流デルタ／シャンハイ／ホンコン，台湾海峡周辺／コワンチョウ・ホンコン周辺，朝鮮半島／ピョンヤン／ソウル〔ほか〕

(内容)世界史の資料集の地図が、地理の要素を強めた地図帳。国、国境に照準を合わせた地理としての地図というより、文明、文化が栄えた地域、領域を見ようとしているなと感じる地図でした。そのため、自然物(山脈や海洋、河川など)を糸口に地図として区分をしています。地図が好きで旅行好きなかたは読み物としても楽しめると思います。京都市の地図は、観光マップのようにも見えました。歴史が動いたところなんだなぁと見ると思います。

地歴高等地図　現代世界とその歴史的背景
最新版　帝国書院編集部編　帝国書院
2012.10　150p　26cm　1500円

①978-4-8071-6055-6　Ⓝ290.38

(目次)ユーラシア，東アジア，内陸アジア東部，東アジア要部，中国要部，西安・洛陽周辺，ペキン／シーアン，長江下流デルタ／シャンハイ／ホンコン，台湾海峡周辺／コワンチョウ・ホンコン周辺，朝鮮半島／ピョンヤン／ソウル〔ほか〕

地歴高等地図　現代世界とその歴史的背景　最新版　帝国書院編集部編　帝国書院　2013.10　151p　26cm　1500円　①978-4-8071-6115-7　Ⓝ290.38

(目次)ユーラシア，東アジア，内陸アジア東部，東アジア要部，中国要部，西安・洛陽周辺，ペキン／シーアン，長江下流デルタ／シャンハイ／ホンコン，台湾海峡周辺／コワンチョウ・ホンコン周辺，朝鮮半島／ピョンヤン／ソウル〔ほか〕

地歴高等地図　現代世界とその歴史的背景　帝国書院編集部編　帝国書院　2014.10　166p　26cm　〈索引あり〉　1500円　①978-4-8071-6166-9　Ⓝ290.38

(目次)ユーラシア，東アジア，中国要部，中国北部・モンゴル，西域，西安・洛陽周辺／ペキン，長江デルタ／台湾海峡周辺，朝鮮半島，東南アジア，インドシナ半島・マレー半島〔ほか〕

地歴高等地図　現代世界とその歴史的背景　帝国書院編集部編　帝国書院　2015.10　166p　26×21cm　1500円　①978-4-8071-6217-8　Ⓝ290.38

(目次)アジア，アフリカ，ヨーロッパ，南北アメリカ，オセアニア，日本，資料図

地歴高等地図　現代世界とその歴史的背景　帝国書院編集部編　帝国書院　2016.10　166p　26cm　〈索引あり〉　1500円　①978-4-8071-6297-0　Ⓝ290.38

(目次)アジア，アフリカ，ヨーロッパ，南北アメリカ，オセアニア，日本，資料図

地歴高等地図　現代世界とその歴史的背景　帝国書院編集部編　帝国書院　2017.10　166p　26cm　〈索引あり〉　1600円　①978-4-8071-6348-9　Ⓝ290.38

(目次)アジア，アフリカ，ヨーロッパ，南北アメリカ，オセアニア，日本，資料図

でっか字コンパクト 世界地図帳　大きな文字で世界がわかる　昭文社　2002.1　142p　21cm　1000円　①4-398-20014-2　Ⓝ290.38

(目次)世界全図，日本，アジア，ヨーロッパ，アフリカ，北・南アメリカ，オセアニア，北極・南極，資料

(内容)文字が大きく読みやすい地図帳。アジア、ヨーロッパ、アフリカなど、各大陸ごとに構成。大陸全図から細かい地域までの地図を収録する。ユネスコ世界遺産を地図上に掲載。250万分の1の日本地図も併録。資料として時差マップ、世界の国旗、都市間距離と飛行時間、各国要覧、世界遺産リストなどが付く。巻末に世界の地名索引と日本の市名索引が付く。

デラックス世界地図帳　昭文社　2006　527p　38cm　〈他言語標題：Deluxe world atlas〉　20000円　①4-398-20012-6　Ⓝ290.38

TVのそばに一冊 ワールドアトラス　初訂版　帝国書院編集部編　帝国書院　1990.3　122p　26cm　1010円　①4-8071-2074-3　Ⓝ290.38

TVのそばに一冊 ワールドアトラス　3訂版　帝国書院編集部編　帝国書院　1990.10　126p　26cm　1010円　①4-8071-2076-X　Ⓝ290.38

TVのそばに一冊 ワールドアトラス　4訂版　帝国書院編集部編　帝国書院　1991.11　126p　26cm　1010円　①4-8071-2077-8　Ⓝ290.38

TVのそばに一冊 ワールドアトラス　5訂版　帝国書院編集部編　帝国書院　1992.12　126p　26cm　1500円　①4-8071-2078-6　Ⓝ290.38

(内容)刻々と変化する国際情勢が分かるこの一冊。

TVのそばに一冊 ワールドアトラス　5訂版　帝国書院編集部編　帝国書院　1993.3　126p　26cm　①4-8071-2079-4　Ⓝ290.38

TVのそばに一冊 ワールドアトラス　最新版　帝国書院編集部編　帝国書院　1994.5　126p　26cm　1200円　①4-8071-5000-6　Ⓝ290.38

TVのそばに一冊 ワールドアトラス　初訂版　帝国書院　1995.3　123p　26cm　1200円　①4-8071-5041-3　Ⓝ290.38

(内容)世界・日本の地図帳。地図92頁、都市図28図を収録。巻末には世界や日本の気候・人口などに関する統計を記載。日本周辺の活断層の地図も掲載する。約6000項目の地名索引を付す。

TVのそばに一冊 ワールドアトラス　3訂版　帝国書院編集部編　帝国書院　1996.4　126p　26cm　1200円　①4-8071-5072-3　Ⓝ290.38

(内容)オリンピック開催地アトランタの市街図新設。成長著しい「東南アジア」の拡大図新設。すべての独立国の正式国名・首都・人口など掲載。日本のすべての市の人口など掲載。

TVのそばに一冊 ワールドアトラス　4訂版　帝国書院編集部著　帝国書院　1997.4　123p

26cm　1200円　①4-8071-5106-1　Ⓝ290.38

(目次)世界の諸地域，日本の基礎資料，日本の諸地域，統計資料

(内容)地図帳。アジアの地図を充実させ、朝鮮半島の図を2ページに拡大。香港をはじめ上海などのアジア都市図を充実。冬季長野オリンピックの競技会場を掲載。

TVのそばに一冊 ワールドアトラス　5訂版
帝国書院編集部編　帝国書院　1998.3　126p
26cm　1200円　①4-8071-5149-5　Ⓝ290.38

TVのそばに一冊 ワールドアトラス　6訂版
帝国書院編集部著　帝国書院　1999.3　126p
26cm　1200円　①4-8071-5193-2　Ⓝ290.38

(目次)世界の国々，特集 地図が語る20世紀，地図帳の記号と文字，ユーラシア・北極，アジア・アフリカ，アフリカ，ヨーロッパ，ユーラシア北部，東ヨーロッパ，アメリカ，太平洋・インド洋，オセアニア〔ほか〕

TVのそばに一冊 ワールドアトラス　7訂版
帝国書院編集部編　帝国書院　2000.5　126p
26cm　1200円　①4-8071-5236-X　Ⓝ290.38

(目次)ユーラシア・北極，アジア，アジア・アフリカ，アフリカ，ヨーロッパ，ユーラシア北部，東ヨーロッパ 東ヨーロッパ・ロシア連邦西部・モスクワ，アメリカ，太平洋・インド洋，オセアニア オセアニア要部・ニュージランド〔ほか〕

(内容)世界・日本の地図資料集。地図は世界各地域および日本の地方による地図を掲載。特集として文明の十字路と呼ばれる中央アジアの詳細図・資料を収録。また、統計資料として地球の歴史、州(大陸)の面積と人口、世界および日本の主な都市の月平均気温・月降水量などのデータを収載。巻末に外国および日本の地名索引と日本と世界の動き、世界の言語・宗教・人口、日本要図を掲載。

TVのそばに一冊 ワールドアトラス　8訂版
帝国書院編集部編　帝国書院　2001.8　122p
26cm　1200円　①4-8071-5276-9　Ⓝ290.38

(目次)ユーラシア・北極，アジア，アジア・アフリカ，アフリカ，ユーラシア北部，東ヨーロッパ，アメリカ，太平洋・インド洋，オセアニア〔ほか〕

(内容)世界・日本の最新情報を掲載した家庭用地図帳。世界と日本の一般図を掲載。2002年のサッカーワールドカップ日韓共同開催を記念しての特集として、ワールドカップ会場図、日本と朝鮮半島の関わりについての資料などを掲載。2000年刊に次ぐ8訂版。

TVのそばに一冊 ワールドアトラス　9訂版
帝国書院編集部編　帝国書院　2003.4　126p
26cm　1200円　①4-8071-5402-8　Ⓝ290.38

(内容)世界・日本の最新情報が手軽に活用できる、テレビのそばに常備しておきたい家庭用地図帳。合併でぬりかわる日本が一目でわかる「平成の市町村大合併」と詳細イラク全図の「イラクの素顔」を特集。2001年刊に次ぐ9訂版。

なるほど世界知図帳　'03-'04　第2版　昭文社〔2003.7〕272p　30×21cm（ワールドマップル）〈付属資料：折りたたみ地図1〉1600円　①4-398-20015-0　Ⓝ290.38

(目次)巻頭特集 最新42テーマで今がわかる(スポーツ，カルチャー，レジャー，政治・軍事 ほか)，World Map 知りたい国・地名がすぐひける(アジア，ヨーロッパ，アフリカ，南北アメリカ ほか)

(内容)日本人が活躍するメジャーリーグや欧州サッカーの話題、紛争や事件、環境問題など、テレビや新聞を通して日々飛び込んでくるニュースや、世界のスパイスやワイン、旅行に行きたい世界遺産や観光地など、世界地図を使って身近な42テーマを紹介。普段見たり聞いたりする国や地名が、知りたい時にすぐ探せて、知れば知るほど見えてくる詳しい世界の地図情報が満載。

なるほど世界知図帳　'04-'05　第2版　昭文社〔2004.3〕280p　30cm　1600円
①4-398-20019-3　Ⓝ290.38

(目次)最新47テーマで今がわかる(スポーツ，カルチャー，レジャー，政治・軍事，産業・経済 ほか)，知りたい国・地名がすぐひける(アジア，ヨーロッパ，アフリカ，南北アメリカ，オセアニア ほか)

(内容)知りたい国・地名がすぐひける。192ヶ国要覧＆国旗解説。2万4000件全地名索引。61主要都市詳細マップ。大判折りたたみ世界地図付録。

なるほど世界知図帳　2005　2版　昭文社〔2004.11〕1冊　30cm　1600円
①4-398-20022-3　Ⓝ290.38

(目次)巻頭特集 最新47テーマで今がわかる(スポーツ，カルチャー，レジャー，政治・軍事，産業・経済，健康・環境，その他)，World Map 知りたい国・地名がすぐひける(アジア，ヨーロッパ，アフリカ，南北アメリカ，オセアニア，世界の都市)

(内容)世界のスパイスやワイン、旅行に行きたい世界遺産や観光地情報、日本人が活躍するメジャーリーグやFIFAワールドカップ2006年ドイツ大会の話題、紛争や事件、環境問題など、テレビや新聞を通して日々飛び込んでくるニュースの話題を、世界地図を使って47テーマを紹介。普段見たり聞いたりする国や地名が、知りたい時にすぐ探せて、知れば知るほど見えてくる、

世界の情報が満載。

なるほど! 世界地図帳 最新版 複雑な現代世界を読み解く　帝国書院編集部編　帝国書院　2003.7　142p　29×21cm　1500円　Ⓘ4-8071-5404-4　Ⓝ290.38

(目次)序章 変化する国際社会, 経済 社会主義国の市場経済, 経済 グローバル化する世界, 政治 噴出する民族問題, 経済 活発化する地域経済, 経済 冷戦後の超大国, 基礎資料図 言語・宗教, 時事 平成の市町村大合併(東日本), 時事 平成の市町村大合併(西日本), 時事 イラクの素顔〔ほか〕

(内容)複雑な現代世界の構造も、美しいコンピューターグラフィックスですぐわかる。ワイドな図取りと大きな文字で美しく見やすい地図。現代の諸課題に関わる重要地名はワンポイント解説付き。最新の日本の拡大図・日本の都市図も掲載。

なるほど知図帳 世界 2006　第3版　昭文社　2006.1　288p　30cm　1600円　Ⓘ4-398-20026-6　Ⓝ290.38

(目次)特集, スポーツ, カルチャー, レジャー, 政治・軍事, 産業・経済, 健康・環境, アジア, ヨーロッパ, アフリカ, 南北アメリカ, オセアニア, 世界の都市詳細図

(内容)2006年に開催されるFIFAワールドカップドイツの最新情報、ドイツ情報を大特集。ほかメジャーリーグや世界のサッカーリーグなどのスポーツ、世界のペットやワイン・ビールなどのカルチャー、経済や政治、環境問題などの最新データを満載。世界地図とともに50テーマを「そもそもの基本」からわかりやすく解説。

なるほど知図帳 世界 2007　第4版　昭文社　2007.1　304p　30×22cm　1600円　Ⓘ4-398-20029-0　Ⓝ290.38

(目次)巻頭特集, 歴史・文化, 観光, 生活, スポーツ, 政治・軍事, 産業・経済, 健康・環境, 地理, 資料, アジア, ヨーロッパ, アフリカ, 北アメリカ, 南アメリカ, オセアニア

(内容)ニュースの理解をより深く、充実の世界地図。全世界遺産掲載。

なるほど知図帳 世界 2008 知れば知るほどみえてくる!!　第5版　昭文社〔2007.11〕　304p　30cm　〈付属資料：別冊1〉　1600円　Ⓘ978-4-398-20034-1　Ⓝ290.38

(目次)なるほどニュース2008, なるほど世界旅行, 歴史・文化, 生活, スポーツ, 政治・軍事, 産業・経済, 健康・環境, 地理, 資料, World Map

(内容)豊富な写真と情報量。充実の地図ページ、全件地名索引つき。地図87頁、地名索引25000件。世界の最新情報をお届け。別冊付録に「世界遺産BOOK」がつく。

なるほど知図帳 世界 2009　第6版　昭文社〔2008.11〕　304p　30cm　〈付属資料：別冊1〉　1600円　Ⓘ978-4-398-20039-6　Ⓝ290.38

(目次)巻頭特集1 2009年注目トピックス, 巻頭特集2 なるほど世界旅行, 歴史・文化, 政治・軍事, 社会, 産業・経済, 地理, 世界遺産リスト, World Map

(内容)世界をもっと知るための身近な疑問に答えるなるほどクイズ。

なるほど知図帳 世界 2010 知れば知るほど見えてくる!!　第7版　昭文社　2010.1　304p　30cm　〈付属資料：別冊1〉　1600円　Ⓘ978-4-398-20041-9　Ⓝ290.38

(目次)巻頭特集1 ゼロからわかる!世界経済, 巻頭特集2 ゼロからわかる!アフリカ, 旅・グルメ, 歴史・文化, 政治・軍事, 社会, 環境・エネルギー, World Map

(内容)従来の世界地図に、旅、グルメ、歴史、文化、政治、軍事、社会、環境などの特集をプラスした、“情報系”世界地図帳の最新版。付録に「世界遺産完全ガイドBOOK」が付く。

なるほど知図帳 世界 2011 最新ニュースを知る　第8版　昭文社〔2010.11〕　176,95,62p　30cm　〈文献あり 索引あり〉　1600円　Ⓘ978-4-398-20043-3　Ⓝ290.38

(内容)知りたいニュースをズバリ解説。充実の情報量! テーマ別特集記事+詳しく探せる詳細世界地図。

なるほど知図帳 世界 2012 激動の明日を読み解く　第9版　昭文社〔2011.11〕　176,95,62p　30cm　〈索引あり　文献あり〉　1600円　Ⓘ978-4-398-20045-7　Ⓝ290.38

(目次)巻頭特集 世界の中の日本, 旅行, 国際情勢, 歴史文化, 産業経済, 社会と生活, 環境と自然, ランキング, 各国要覧

(内容)原発、エネルギー、21世紀はこう動く。世界のトピック86を図表+地図でわかりやすく解説。

なるほど知図帳 世界 2013 地図とトピックスで“いま”を伝える!　第10版　昭文社〔2012.11〕　175,95,62p　30cm　〈文献あり 索引あり〉　1600円　Ⓘ978-4-398-20047-1　Ⓝ290.38

(目次)巻頭特集, 国際情勢, 産業経済, 社会生活, 旅行, 歴史・文化・スポーツ, 自然環境・地理, 世界遺産, 各国要覧

なるほど知図帳 世界　2014　ニュースのツボがすいすいわかる　昭文社　2014　213p　30cm　〈文献あり 索引あり〉　1600円　①978-4-398-20055-6　Ⓝ290.38

(内容)話題の政治・経済の問題や自然・文化など幅広いテーマについてわかりやすく解説した情報地図帳。巻頭では、「国際的な領土問題」「TPPの対立点」「世界の株式市場」など日本と関係の深い国際ニュースを掘り下げて解説。その他にも、「グローバル企業の動向」「宇宙開発」「原子力と再生可能エネルギー」など世界で話題のテーマを取り上げている。また、新たに追加された19件の世界遺産についてもビジュアルとともに紹介している。

なるほど知図帳 世界　2015　ニュースがスイスイわかる　昭文社　2015　213p　30cm　〈文献あり 索引あり〉　1600円　①978-4-398-20060-0　Ⓝ290.38

(目次)巻頭特集（もうすぐやってくる「ロボット」に満ちあふれた日常生活—科学の進歩で「世界の未来」は激変する，超大国が抱える11の難題—中国の「今」を読む），国際情勢，産業・資源，社会，旅行，歴史・文化，自然・地理，世界遺産，各国要覧，世界地図

(内容)世界の最新情報を徹底調査!世界地図とともに国際情勢、産業・資源、社会、歴史・文化、自然・地理、世界遺産などのテーマを基本から解説。巻頭に「科学の進歩で「世界の未来」は激変する」等を特集する。

なるほど知図帳 世界　2016　今日のニュースがスイスイわかる　昭文社　〔2015.11〕　213p　30cm　〈文献あり 索引あり〉　1600円　①978-4-398-20062-4　Ⓝ290.38

(目次)特集1 世界を動かすビッグイベント、ざわめく中南米、魅惑のカリブ海、各国の状況を読み解けば時代のうねりが見えてくる 激動のアメリカ大陸，特集2 最新のデジタル教育が進む裏で、広がる世界の教育格差 次世代の子どもたちが受ける教育とは?彼らが作る未来とは?世界の教育最新事情，国際情勢，社会，産業・資源，自然・地理，旅行，世界遺産，各国要覧，世界地図

(内容)国際情勢・社会・産業・自然・地理・旅行・世界遺産まで…今日のニュースがスイスイわかる。

なるほど知図帳 世界　2017　今日のニュースがスイスイわかる!　国際情勢・社会・産業・自然・地理・旅行・世界遺産まで…　昭文社　2016.11　213p　30cm　〈文献あり 索引あり〉　1600円　①978-4-398-20064-8　Ⓝ290.38

(目次)調べてみよう!初めて知ろう!—なるほどthe☆ワールドランキング2017，いま、この世界で起きていること—「グローバル化」とは何か?，国際情勢，紛争と内戦，社会，産業・資源，自然・地理，旅行，世界遺産，各国要覧，世界地図

(内容)国際情勢・社会・産業・自然・地理・旅行・世界遺産まで…今日のニュースがスイスイわかる!

なるほど知図帳 世界　2018　ニュースと合わせて読みたい世界地図　昭文社　2017.12　141,111p　30cm　〈文献あり 索引あり〉　1600円　①978-4-398-20066-2　Ⓝ290.38

(目次)特集1 AWARDS OF THE WORLD '17 - '18，特集2 The Seven Maps—世界の“今”を読み解く7つの地図，特集3 もっと便利に!より豊かに!—世界を変えるスタートアップ，国際情勢，紛争と領土問題，社会，産業・資源，自然・地理，旅行・世界遺産，各国要覧

なんでもひける世界地図　〔2003年〕　正　井泰夫監修　成美堂出版　2003.4　127p　26×21cm　1200円　①4-415-02326-6　Ⓝ290.38

(目次)世界，アジア（アジア，日本 ほか），オセアニア（オセアニア，オーストラリア・ニュージーランド），ヨーロッパ・ロシア（ヨーロッパ，イギリス・アイルランド ほか），アフリカ（アフリカ・アフリカ西南部，アフリカ東部），アメリカ（北アメリカ，アメリカ合衆国・カナダ南部・メキシコ ほか），北極圏・南極圏

(内容)本書では最新の地名情報をそろえ、さがしだすための索引ページを充実させた。また、「世界遺産」のある場所を網羅し、地図からでも、名称からでもひきやすいようにした。

なんでもひける世界地図　〔2006年〕　正　井泰夫監修　成美堂出版　2006.7　127p　26×21cm　1200円　①4-415-03959-6　Ⓝ290.38

(目次)世界，アジア，オセアニア，ヨーロッパ・ロシア，アフリカ，アメリ，北極圏・南極圏

(内容)多角的なテーマに基づく索引により、知りたい地名を探すことができる世界地図。世界、アジア、オセアニア、ヨーロッパ・ロシア、アフリカ、アメリカ、北極圏・南極圏の順に収録。国名、世界遺産、政治、経済、歴史、レジャー、交通、自然、都市名の索引付き。世界時差マップを掲載。

なんでもひける世界地図　〔2007年〕　正　井泰夫監修　成美堂出版　2007.6　127p

26cm　1200円　Ⓘ978-4-415-30165-5　Ⓝ290.38

なんでもひける世界地図　〔2008年〕　正井泰夫監修　成美堂出版　2008.10　127p　26cm　1200円　Ⓘ978-4-415-30548-6　Ⓝ290.38

(目次)索引図，世界，アジア，オセアニア，ヨーロッパ・ロシア，アフリカ，アメリカ，北極圏・南極圏，テーマ別索引

(内容)この地図は最新の地名情報をそろえ、さがしだすための索引ページを充実させた。豊富なテーマに分けた、情報つきの索引で、知りたい地名情報へもすぐにたどり着く。また、「世界遺産」のある場所を網羅し、地図からでも、名称からでもひきやすい。

なんでもひける世界地図　〔2009年〕　正井泰夫監修　成美堂出版　2009.7　127p　26cm　〈文献あり 索引あり〉　1200円　Ⓘ978-4-415-30698-8　Ⓝ290.38

(目次)世界，アジア，オセアニア，ヨーロッパ・ロシア，アフリカ，アメリカ，北極圏・南極圏

(内容)最新の地名情報をそろえた世界地図。テーマ別に分けた、情報つきの索引で、知りたい地名情報がわかる。また「世界遺産」を網羅し、地図からでも、名称からでも検索できる。

なんでもひける世界地図　〔2015年〕　成美堂出版編集部編　成美堂出版　2015.4　127p　26cm　〈文献あり 索引あり〉　1200円　Ⓘ978-4-415-31988-9　Ⓝ290.38

(目次)世界，アジア，オセアニア，ヨーロッパ・ロシア，アフリカ，アメリカ，北極圏・南極圏

(内容)国名・主要都市名はもちろん、世界遺産、観光地、ニュースによく出る地名など、さまざまなテーマでひける世界地図帳。地形がよくわかるリアルな精密MAP!!

なんでもひける世界地図　〔2017年〕　成美堂出版編集部編　成美堂出版　2017.4　127p　26cm　〈文献あり 索引あり〉　1200円　Ⓘ978-4-415-32318-3　Ⓝ290.38

(目次)世界，アジア，オセアニア，ヨーロッパ・ロシア，アフリカ，アメリカ，北極圏・南極圏，テーマ別索引

(内容)国名・主要都市名はもちろん、世界遺産、観光地、ニュースによく出る地名など、さまざまなテーマでひける世界地図帳。地形がよくわかるリアルな精密MAP!!

21世紀の世界地図　ワールドワイドウォッチ.コミュニケーション　国際地学協会　2000.1　160p　30cm　（ユニオンマップ）　1650円　Ⓘ4-7718-3020-7　Ⓝ290.38

(目次)世界の情報地図（社会・経済・環境編，文化・スポーツ編，政治・軍事編，旅行・交通編），世界の地域図（アジア（1／3500万），北東アジア（1／1600万），日本北東部（1／400万），日本南西部（1／400万），朝鮮半島、台湾（1／400万）ほか）

21世紀の世界地図　Info graphics　国際地学協会　2005.6　160p　30cm　（ユニオンマップ）　1333円　Ⓘ4-7718-3021-5　Ⓝ290.38

(内容)詳細な世界地図・都市図と、社会・経済・環境・文化・政治・軍事・旅行・交通等の情報地図、国勢情報を一冊に収録。近く・楽しく・手軽に世界を知るための地図。

日本・世界地図帳　コンパクト デュアル・アトラス　朝日新聞出版　2013.9　191p　21cm　〈索引あり〉　1000円　Ⓘ978-4-02-331234-0　Ⓝ290.38

(目次)日本地図（日本全図，北海道地方北部，北海道地方東部，千島列島，北海道地方南部 ほか），世界地図（世界の国々，アジア（全図），日本周辺，アジア東部，朝鮮半島 ほか）

(内容)世界196カ国と日本各県の詳細地図や、ニューヨーク、ソウル、ロンドンなど海外主要都市図を収録。日本各県データ、世界各国・地域データ、世界主要都市の気候も掲載。市町村合併等の情報は2013年4月現在のもの。

日本・世界地図帳　Dual Atlas　〔2009〕超最新版　平凡社地図出版編集・制作　朝日新聞出版　2009.3　160p　30cm　（ASAHI ORIGINAL）　1300円　Ⓘ978-4-02-272372-7　Ⓝ290.38

(内容)日本全県と世界各国の地図を収録した地図帳。巻末には世界194カ国+41地域、日本各県の詳細データも掲載。壁に貼れる、日本・世界の大判地図付き。

日本・世界地図帳　Dual Atlas　2010-11年版　平凡社地図出版編集・制作　朝日新聞出版　2010.3　176p　30cm　（ASAHI ORIGINAL）　1400円　Ⓘ978-4-02-272393-2　Ⓝ290.38

(内容)日本全県と世界各国の地図を収録した地図帳。世界194カ国+41地域と日本各県の詳細地図、「平成の市町村大合併」地名索引、各種ランキングを収録。壁に貼れる、日本・世界の大判地図付き。

日本・世界地図帳　Dual Atlas　2011-12年版　平凡社地図出版編集・制作　朝日新聞出版　2011.3　176p 図版1枚　30cm　（ASAHI ORIGINAL）　1400円

①978-4-02-272405-2　Ⓝ290.38

(内容)日本全県と世界各国の地図を収録した地図帳。世界194カ国+40地域と日本各県の詳細地図、「平成の市町村大合併」地名索引、各種ランキングを収録。壁に貼れる、日本・世界の大判地図付き。

日本・世界地図帳　Dual Atlas　2012-13年版　平凡社地図出版編集・制作　朝日新聞出版　2012.3　176p　30cm　（ASAHI ORIGINAL）　1400円　①978-4-02-272419-9　Ⓝ290.38

(内容)日本全県と世界各国の地図を収録した地図帳。世界196カ国+39地域と日本各県の詳細地図、平成の市町村大合併地名索引、各種ランキングを収録。切り取れる日本・世界の大判地図付き。

日本・世界地図帳　Dual Atlas　2013-14年版　平凡社地図出版編集・制作　朝日新聞出版　2013.3　176p　30cm　（ASAHI ORIGINAL）〈索引あり〉　1400円　①978-4-02-272434-2　Ⓝ290.38

(内容)日本全県と世界各国の地図を収録した地図帳。世界196カ国+39地域と日本各県の詳細地図、平成の市町村大合併地名索引、各種ランキングを収録。切り取れる日本・世界の大判地図付き。

日本・世界地図帳　Dual Atlas　2014-2015年版　朝日新聞出版　2014.3　184p　30cm　（ASAHI ORIGINAL）〈他言語標題：WORLD & JAPAN ATLAS　索引あり〉　1400円　①978-4-02-272450-2　Ⓝ290.38

(内容)日本・世界の地図を一冊にまとめ、見やすさを追求した地図帳が新たに海外都市の地図を追加。日本各県・世界各国別の基本データほか。

日本・世界地図帳　Dual Atlas　2015-2016年版　朝日新聞出版　2015.3　184p　30cm　（ASAHI ORIGINAL）〈他言語標題：WORLD & JAPAN ATLAS　索引あり〉　1400円　①978-4-02-272468-7　Ⓝ290.38

(内容)日本・世界の地図を一冊にまとめ、見やすさを追求した地図帳の最新版。最新の市町村合併に対応しているため、新聞やテレビに登場する地名・地域などの確認にも最適。日本各県・世界各国別の国旗・面積・人口・経済規模などの基本データ、壁に貼れる大判地図のほか、地域別の生活が分かる「暮らしと社会」、山川湖などの「TOP10ランキング」、平成の大合併による「旧・新市町村名比較表」なども完備。

日本・世界地図帳　Dual Atlas　2016-2017年版　朝日新聞出版　2016.3　184p　30cm　（ASAHI ORIGINAL）〈他言語標題：WORLD & JAPAN ATLAS　索引あり〉　1400円　①978-4-02-272480-9　Ⓝ290.38

(内容)日本・世界の地図を一冊にまとめ、見やすさを追求した地図帳の最新版。日本各県・世界各国別の基本データ、地域別の生活が分かる「暮らしと社会」、山川湖などの「TOP10ランキング」、平成の大合併による「旧・新市町村名比較表」なども完備。

日本・世界地図帳　Dual Atlas　2017-2018年版　朝日新聞出版　2017.3　184p　30cm　（ASAHI ORIGINAL）〈他言語標題：WORLD & JAPAN ATLAS　索引あり〉　1400円　①978-4-02-272496-0　Ⓝ290.38

日本・世界地図帳　ハンディアトラス　平凡社編　平凡社　2011.10　216p　21cm　〈索引あり〉　1600円　①978-4-582-41715-9　Ⓝ290.38

(目次)日本地図（日本とその周辺，日本全図，北海道東部，北海道北部，北海道南部，青森県，岩手県，宮城県，秋田県，山形県 ほか），世界地図

(内容)詳しい都道府県別の日本地図と、欧文地名付きの見やすい世界地図が、コンパクトな一冊に。

日本・世界白地図帳　国際地学協会　〔2006.7〕　88p　30cm　（ユニオンマップ）〈付属資料：CD-ROM1〉　1500円　①4-7718-3026-6　Ⓝ290.38

(目次)日本（50音索引，索引図（日本），索引図（世界），日本全図，北海道 ほか），世界（世界全図（日本中心），世界全図（アジア中心），世界全図（経度0度中心），アジア全体図，朝鮮半島 ほか）

ニュートン ワールドアトラス　改訂版　（東村山）教育社　1992.1　252p　43cm　〈総監修：竹内均，西川治　付：参考文献〉　16800円　①4-315-51249-4　Ⓝ290.38

はっきり大文字世界地図　handy map　2004年版　東京地図出版　〔2004〕　119,118p　18cm　〈左右同一ページ付〉　952円　①4-8085-7701-1　Ⓝ290.38

ビジュアル ワールド・アトラス　絵で知る図で読む　ルディコ，山川さら訳　（京都）同朋舎出版　1995.3　168p　37cm　〈原書名：THE EYEWITNESS ATLAS OF THE WORLD〉　3000円　①4-8104-1979-7　Ⓝ290.38

(目次)北アメリカ，中央アメリカと南アメリカ，

ヨーロッパ，アフリカ，北アジアと西アジア，南アジアと東アジア，オセアニア

(内容)世界各国・地域の最新情報をコンピュータ・グラフィックの図版入りで表現した地図帳。地図は約65点、写真・イラストは1000点以上を掲載。世界各地の民族・文化、国際関係や地球環境に関する記述にも重点を置く。巻末に用語集と地名索引を付す。

必携 コンパクト地図帳　2004-2005　世界の独立国192か国基本データ完備　二宮書店編集部編　二宮書店　2004.4　223p　21cm　1524円　①4-8176-0221-X　Ⓝ290.38

(目次)世界テーマ図1（地図の話，世界の国々（政治区画）ほか），世界地図・都市図（アジアの自然と東西交流，東アジア ほか），日本地図・都市図（日本の位置，北海道 ほか），世界テーマ図2（言語・民族・宗教，生活文化 ほか），日本テーマ図（日本の行政区分・交通，日本の人口 ほか）

必携 コンパクト地図帳　2005-2006　この一冊で世界がわかる　二宮書店編集部編　二宮書店　2005.1　223p　21cm　1524円　①4-8176-0229-5　Ⓝ290.38

(目次)世界テーマ図1（地図の話，世界の国々（政治区画）ほか），世界地図・都市図（アジアの自然と東西交流，東アジア ほか），日本地図・都市図（日本の位置，北海道 ほか），世界テーマ図2（言語・民族・宗教，生活文化 ほか），日本テーマ図（日本の行政区分・交通，日本の人口 ほか）

(内容)世界の国々基本データ…世界の独立国一九二ヵ国の情報満載。精選されたテーマ地図・便利な統計資料…世界の国勢が一目瞭然。

必携 コンパクト地図帳　2006-2007　世界の独立国192か国基本データ完備　二宮書店編集部編　二宮書店　2006.2　223p　21cm　1524円　①4-8176-0243-0　Ⓝ290.38

(目次)世界テーマ図1（地図の話，世界の国々（政治区画）ほか），世界地図・都市図（アジアの自然と東西交流，東アジア ほか），日本地図・都市図（日本の位置，北海道 ほか），世界テーマ図2（言語・民族・宗教，生活文化 ほか），日本テーマ図（日本の行政区分・交通，日本の人口 ほか）

必携 コンパクト地図帳　2007-2008　世界の独立国193か国基本データ完備　二宮書店編集部編　二宮書店　2007.3　223p　21cm　1524円　①978-4-8176-0311-1　Ⓝ290.38

(目次)世界テーマ図，世界地図・都市図，日本地図・都市図，日本テーマ図

標準高等社会科地図　五訂版　帝国書院編集部編　帝国書院　1991.9　148p　26cm　1340円　①4-8071-2047-6　Ⓝ290.38

標準高等社会科地図　五訂版　帝国書院編集部編　帝国書院　1993.10　148p　26cm　1500円　①4-8071-1549-9　Ⓝ290.38

(内容)世界と日本の高等学校学習地図帳。世界図は10地域30面、日本地図は全体図と地方図をあわせて19面で構成し、ともに都市図を多く収録する。他に国際関係、気候などテーマ別の図版、統計資料を掲載する。巻末に世界と日本に分けた地名索引がある。

標準高等社会科地図　五訂版　帝国書院　1994.9　148p　26cm　1500円　①4-8071-4004-3　Ⓝ290.38

(内容)世界と日本の高等学校学習地図帳。世界図は10地域30面、日本地図は全体図と地方図をあわせて19面で構成し、ともに都市図を多く収録する。他に国際関係、気候などテーマ別の図版、統計資料を掲載する。巻末に世界と日本に分けた地名索引がある。

標準高等社会科地図　五訂版　帝国書院　1995.9　148p　26cm　1500円　①4-8071-4010-8　Ⓝ290.38

(内容)高等学校社会科の学習用地図帳。世界と日本の地図のほか、主要都市の人口等、各種統計資料も掲載する。巻末に五十音順の地名索引（外国／日本）がある。

標準高等社会科地図　六訂版　帝国書院編集部編　帝国書院　1996.9　148p　26cm　1500円　①4-8071-4013-2　Ⓝ290.38

(内容)高等学校社会科の学習用地図帳。世界と日本の地図のほか、主要都市の人口等、各種統計資料も掲載する。巻末に五十音順の地名索引（外国／日本）がある。

標準高等社会科地図　七訂版　帝国書院編集部編　帝国書院　1997.9　147p　26cm　1500円　①4-8071-4021-3　Ⓝ290.38

(内容)高等学校社会科の学習用地図帳。世界と日本の地図のほか、人口などの各種統計資料も掲載。巻末に五十音順の地名索引が付く。

標準高等地図　現代世界とその歴史的背景　最新版　帝国書院　1995.9　144p　26cm　1500円　①4-8071-4009-4　Ⓝ290.38

標準高等地図　現代世界とその歴史的背景　最新版　帝国書院　1996.9　143p　26cm　1500円　①4-8071-4016-7　Ⓝ290.38

(目次)世界の国々，地図の記号，先史時代の遺跡，アジア，アフリカ，ヨーロッパ，ユーラシア北部，アメリカ，オセアニア・両極，日本，

基礎資料図

(内容)高等学校社会科の学習用地図帳。世界と日本の地図のほか、主要都市の人口等、各種統計資料も掲載する。巻末に五十音順の地名索引(外国／日本)がある。

標準高等地図　地図でよむ現代社会　新訂版　帝国書院編集部編　帝国書院　2004.10　134p　28×22cm　1500円　①4-8071-4099-X　Ⓝ290.38

(目次)世界の国々，ユーラシア・北極・オセアニア，東アジア，中国要部，朝鮮半島，日本の近隣諸国，東南アジア要部，南アジア，中央アジア，アフリカ〔ほか〕

標準高等地図　地図でよむ現代社会　新訂版　帝国書院編集部編　帝国書院　2005.10　134p　28×22cm　1500円　①4-8071-4115-5　Ⓝ290.38

(目次)序章 変化する国際社会，経済：社会主義国の市場経済，経済：グローバル化する世界，政治：噴出する民族問題，経済：活発化する地域経済，経済：冷戦後の超大国，基礎資料図 地形，基礎資料図 気候，基礎資料図 言語・宗教，政治：民族の問題〔ほか〕

標準高等地図　地図でよむ現代社会　新訂版　帝国書院編集部編　帝国書院　2006.10　133p　29×22cm　1500円　①4-8071-5609-8　Ⓝ290.38

(目次)ユーラシア・北極・オセアニア，東アジア，中国要部，朝鮮半島，日本の近隣諸国，東南アジア要部，南アジア，中央アジア，アフリカ，ヨーロッパ〔ほか〕

標準高等地図　地図でよむ現代社会　新訂版　帝国書院編集部編　帝国書院　2007.10　134p　28×22cm　1500円　①978-4-8071-5731-0　Ⓝ290.38

(内容)アジア、アフリカ、ヨーロッパ、北アメリカ、南アメリカ、オセアニア、日本列島(九州、中国・四国、近畿、中部、関東、東北、北海道)の地図帳。政治・経済・環境・軍事などの資料図を多数掲載。基礎資料として各地域の地形、気候、言語、宗教を収録。巻末に外国の部・日本の部に分けた五十音順の地名索引付き。

標準高等地図　地図でよむ現代社会　初訂版　帝国書院編集部編　帝国書院　2008.10　140p　29cm　(Teikoku's atlas)　1500円　①978-4-8071-5797-6　Ⓝ290.38

標準高等地図　地図でよむ現代社会　平成21年初訂版　帝国書院編集部編　帝国書院　2009.10　140p　29cm　(Teikoku's atlas)　〈索引あり〉　1500円　①978-4-8071-5857-7　Ⓝ290.38

(目次)環境：環境問題(1) さまざまな地球環境の破壊，環境：環境問題(2) 地球温暖化と世界的な取り組み，社会：資源・エネルギー問題―エネルギー消費の課題と対策，社会：豊かな生活と福祉社会―少子高齢化する社会と福祉，社会：科学技術と生命の問題―科学技術がもたらす変化と問題，社会：日常生活と宗教―さまざまな宗教と文化の結びつき，経済：国際経済(1) 世界経済とグローバル化，経済：国際経済(2) 地域経済統合の拡大，経済：現代の日本経済―グローバル化と日本経済の変化，政治：地方自治と財政―地方自治の課題と変化〔ほか〕

標準高等地図　地図でよむ現代社会　平成22年初訂版　帝国書院編集部編　帝国書院　2010.10　140p　29cm　(Teikoku's atlas)　〈索引あり〉　1500円　①978-4-8071-5947-5　Ⓝ290.38

(目次)世界の国々，現代社会を読み解く基礎データ―経済の地図・人口の地図，環境：環境問題(さまざまな地球環境の破壊，地球温暖化と世界的な取り組み)，社会：資源・エネルギー問題―エネルギー消費の課題と対策，社会：豊かな生活と福祉社会―少子高齢化する社会と福祉，社会：科学技術と生命の問題―科学技術がもたらす変化と問題，社会：日常生活と宗教―さまざまな宗教と文化の結びつき，経済：国際経済(世界経済とグローバル化，地域経済統合の拡大)，経済：現代の日本経済―グローバル化と日本経済の変化，政治：地方自治と財政―地方自治の課題と変化，政治：民主主義と選挙―国民の政治参加と選挙〔ほか〕

標準高等地図　地図でよむ現代社会　初訂版　帝国書院編集部編　帝国書院　2011.10　140p　29×21cm　1500円　①978-4-8071-5982-6　Ⓝ290.38

(目次)ユーラシア・北極・オセアニア，東アジア，中国要部，ペキン・シャンハイ東部・ペキン中心部・シャンハイ中心部・ピョンヤン中心部・ソウル中心部・朝鮮半島，東南アジアシンガポール，東南アジア要部マニラ，南アジア，中央アジア，中東要部・イスラエル・パレスチナ エルサレム，アフリカ カイロ周辺〔ほか〕

標準高等地図　地図でよむ現代社会　初訂版　帝国書院編集部編　帝国書院　2012.10　137p　28×22cm　1500円　①978-4-8071-6056-3　Ⓝ290.38

(目次)環境：環境問題(1) さまざまな地球環境の破壊，環境：環境問題(2) 地球温暖化と世界的な取り組み，社会：資源・エネルギー問題 エネルギー消費の課題と対策，社会：豊かな生活と福祉社会 少子高齢化する社会と福祉，社会：科学技術と生命の問題 科学技術がもたらす変化と問題，社会：日常生活と宗教 さまざまな宗教と文化の結びつき，経済：国際経済(1)世界経済とグローバル化，経済：国際経済(2)地域経済統合の拡大，経済：現代の日本経済 グローバル化と日本経済の変化，政治：地方自治と財政 地方自治の課題と変化〔ほか〕

標準高等地図 地図でよむ現代社会 帝国書院編集部編 帝国書院 2013.10 153p 30cm 1500円 Ⓘ978-4-8071-6116-4 Ⓝ290.38

(目次)アジア，アフリカ，ヨーロッパ，北アメリカ，南アメリカ，オセアニア，日本，地理の資料図，現代社会の資料図，統計

標準高等地図 地図でよむ現代社会 帝国書院編集部編 帝国書院 2014.10 156p 30cm 〈索引あり〉 1500円 Ⓘ978-4-8071-6167-6 Ⓝ290.38

(目次)ユーラシア・北極・オセアニア，東アジア 台湾，中国東部，中国要部，ペキン ペキン中心部 ターリエン シャンハイ シャンハイ中心部 ホンコン・マカオ，チベット高原・カシミール，朝鮮半島 パンムンジョム(板門店)周辺 ソウル，東南アジア シンガポール，東南アジア要部 フィリピン，南アジア デリー〔ほか〕

標準高等地図 地図でよむ現代社会 帝国書院編集部編 帝国書院 2015.10 156p 30cm 1500円 Ⓘ978-4-8071-6218-5 Ⓝ290.38

(目次)アジア，アフリカ，ヨーロッパ，北アメリカ，南アメリカ，オセアニア，日本，地理の資料図，現代社会の資料図，統計

標準高等地図 地図でよむ現代社会 帝国書院編集部編 帝国書院 2016.10 156p 30cm 〈索引あり〉 1500円 Ⓘ978-4-8071-6296-3 Ⓝ290.38

(目次)世界，資料図，アジア，アフリカ，ヨーロッパ，北アメリカ，南アメリカ，オセアニア，日本，地理の資料図〔ほか〕

標準高等地図 地図でよむ現代社会 帝国書院編集部編 帝国書院 2017.10 160p 30cm 〈索引あり〉 1600円 Ⓘ978-4-8071-6347-2 Ⓝ290.38

(目次)世界，アジア，アフリカ，ヨーロッパ，北アメリカ，南アメリカ，オセアニア，日本，地理の資料図，現代社会の資料図，統計

復刻版地図帳 昭和9年版 守屋荒美雄著 帝国書院 〔2006.12〕 2冊(セット) 23×16cm 4000円 Ⓘ4-8071-5610-1 Ⓝ290.38

(目次)増訂改版新選詳図世界之部(天文圖，兩半球圖，世界の氣温・雨量，世界の海流及植物分布 ほか)，増訂改版新選詳図帝國之部(地圖の形式，帝國の膨脹，帝國の位置，世界に於ける帝國の位置 ほか)

復刻版地図帳 中学校社会科地図 昭和48年版 帝国書院 2006.11 138p 26cm 〈「中学校社会科地図 最新版」の複製〉 2000円 Ⓘ4-8071-5612-8 Ⓝ290.38

(目次)日本(九州地方，中国・四国地方，近畿地方 ほか)，世界(アジア，アフリカ，ヨーロッパ ほか)，資料図(世界の中の日本の農業・水産業，世界の中の日本の工業，世界を結ぶ貿易と交通 ほか)

復刻版地図帳 中学校社会科地図帳 昭和25年版 帝国書院 2006.11 115p 26cm 〈「中学校社会科地図帳」の複製〉 2000円 Ⓘ4-8071-5611-X Ⓝ290.38

(目次)九州地方，中国・四国地方，近畿地方，中部地方，関東地方，奥羽地方，北海道地方，日本の人口、日本の交通と貿易，ユーラシア，アジア主部〔ほか〕

ブラウの世界地図 17世紀の世界 ジョン・ゴス著，小林章夫監訳 (京都)同朋舎出版 1992.5 223p 39cm 9800円 Ⓘ4-8104-0992-9 Ⓝ290.38

ブルーアトラス 世界地図 増補新訂版 佐藤久，中村和郎監修 平凡社 1999.3 103p 26cm 1300円 Ⓘ4-582-41706-X Ⓝ290.38

(内容)世界地図帳。世界地図・日本地図69頁、世界の主要都市の市街図26図を収録。世界のすべての国の国旗、世界の主要50地点の気候データ、各国・各県要覧、世界と日本の主要4000地名の地名索引などを収載。

ブルーアトラス 世界地図 増補新訂版 佐藤久，中村和郎監修 平凡社 2000.3 103p 26cm 1300円 Ⓘ4-582-41706-X Ⓝ290.38

(目次)日本編(日本全図，日本北東部，日本中央部，日本南西部 ほか)，世界編(オセアニア、オアフ島，オーストラリア・ニュージーランド、シドニー，南極，北京 ほか)

(内容)2000年版の世界地図帳。世界地図・日本地図と主要都市の市街図26図にくわえて各国の国旗、主要地点の気候データ、各国・各県要覧など各種データを掲載。巻末に世界と日本の主要4000地名の地名索引を収載。

ブルーアトラス 世界地図 増補新訂第3版 佐藤久，中村和郎監修 平凡社 2002.4 111p 26cm 1300円 Ⓘ4-582-41708-6 Ⓝ290.38

(目次)日本編(日本全図，日本北東部，日本中央部，日本南西部，東京周辺 ほか)，世界編(オ

セアニア、オアフ島，オーストラリア・ニュージーランド、シドニー，南極，北京，アジア（景観図）ほか）

（内容）日本および世界の地図を収録する地図帳。日本地図76頁、世界・日本の主要都市の市街図26図、世界のすべての国の国旗、世界の主要50地点の気候データ、各国・各県要覧、世界と日本の主要4000地名の地名索引などを収載。第3版では朝鮮半島、中国主要部、インド主要部などアジアの地域図を中心に8頁追加収録されている。

ブルーアトラス　世界地図・日本地図　平凡社　1994.3　95p　26cm　1280円　Ⓘ4-582-41703-5　Ⓝ290.38

（内容）世界と日本の小型地図帳。掲載資料は、世界地図・日本地図54頁、世界の主要都市の市街図14図、世界のすべての国の国旗、世界の主要50地点の気候データ、各国・各県要覧、世界と日本の主要4,000地名の地名索引など。

プレミアムアトラス 世界地図帳　グローバルな時代を読む　平凡社編　平凡社　2008.11　8,176p　30cm　1500円　Ⓘ978-4-582-41712-8　Ⓝ290.38

（内容）世界地図とテーマ図を掲載する基本地図帳。世界全図、主要37都市図、アメリカ・ロシア・中国ほか10カ国の州・省区分図などを掲載。194カ国+13地域の国旗・地域旗とデータ、7000項目の地名索引等も収録する。世界の情勢がわかる地図帳。

プレミアムアトラス 世界地図帳　新版　平凡社編　平凡社　2014.5　8,176p　30cm　〈初版のタイトル：PREMIUM ATLAS世界地図帳　索引あり〉　1500円　Ⓘ978-4-582-41724-1　Ⓝ290.38

（目次）各国図（世界の国々，アジア，日本周辺 ほか），都市図（ソウル，北京，上海、香港 ほか），世界の国々（各国の国旗とデータ，主要国の行政区分，世界の小さな島々 ほか）

（内容）地名に欧文を併記し、国旗や各国現勢、主要国の都市図・行政図などの情報も満載。手元に置いておきたい、役立つ一冊。地図本来の機能を追求したロングセラー地図帳の改訂新版。

プレミアムアトラス 世界地図帳　新訂第3版　平凡社編　平凡社　2017.7　22,162p　30cm　〈索引あり〉　1500円　Ⓘ978-4-582-41733-3　Ⓝ290.38

（目次）ビジュアル世界地理（地球が生み出す壮大な自然―世界の山・川・湖・島，躍動する地球―世界の地震・火山・プレート ほか），各国図（世界の国々，アジア ほか），都市図（ソウル，北京 ほか），世界の国々（主要国の行政区分，世界の小さな島々 ほか）

（内容）複雑化する世界を知り、地理的・地政学的な理解を助ける、ロングセラー地図帳。地名に欧文を併記し、国旗や各国現勢、主要国の都市図・行政図などの情報も満載した改訂新版。

平凡社 アトラス世界地図帳　平凡社編　平凡社　2005.7　221p　30cm　3800円　Ⓘ4-582-43511-4　Ⓝ290.38

（内容）A4判地図帳の中でも、もっとも豊富な情報量。世界各国を45の地域で掲載。隣接国・周辺国との関係がよく見える。行ってみたい、知りたい世界の主要都市図40余りを掲載。事件、紛争、テロなど、ニュースに頻出する地名もこの一冊で。地図上の記載地名は2万件、索引地名は約1万5000件。

平凡社大百科事典　世界地図　平凡社　1991.4　365p　29cm　〈奥付の書名：大百科事典〉　8800円　Ⓝ031

平凡社版 世界地図帳　平凡社　1991.2　205p　30×22cm　3900円　Ⓘ4-582-43505-X　Ⓝ290.38

（内容）各国図90頁は400万分の1から1600万分の1の統一された縮尺で構成。主要42都市図23頁は20万分の1と5分万の1の縮尺で構成。地図上の記載地名は3万、すべて欧文併記。索引地名は1万3000。

平凡社版 世界地図帳　2版　平凡社　1992　205p　29cm　Ⓘ4-582-43505-X　Ⓝ290.38

平凡社版 世界地図帳　2版　平凡社　1993.12　205p　29cm　〈監修：梅棹忠夫ほか〉　3900円　Ⓘ4-582-43505-X　Ⓝ290.38

平凡社版 世界地図帳　第2版　平凡社　1994.4　205p　30cm　〈第3刷（第1刷：'92.6.15）〉　3900円　Ⓘ4-582-43505-X　Ⓝ290.38

平凡社版 世界地図帳　3訂版　平凡社　1995　205p　29cm　Ⓘ4-582-43505-X　Ⓝ290.38

平凡社版 世界地図帳　4訂版　平凡社　1999.6　205p　30cm　3786円　Ⓘ4-582-43508-4　Ⓝ290.38

（目次）各国図（世界全図，アジア，日本周辺，朝鮮半島周辺 ほか），都市図（ソウル，北京，香港，バンコク ほか）

（内容）各国図51図、都市図42図、地名3万を収録した世界地図。巻末に、地名索引を付す。

平凡社版 ポケット世界地図帳　平凡社　1997.12　199p　15cm　1500円　Ⓘ4-582-41705-1　Ⓝ290.38

（目次）世界全図，アジア，東アジア，朝鮮半島，中国北部，中国中心部，中国南部，東南アジア，

インドシナ，フィリピン〔ほか〕

(内容)世界191ケ国、主要44都市、合計2万地名を収録した、ポケット判の地図帳。

ベーシックアトラス 世界地図帳　平凡社編　平凡社　2006.10　152p　28×20cm　1200円　①4-582-41710-8　Ⓝ290.38

(目次)世界全図，アジア，日本周辺，朝鮮半島，中国，中国東北部，中国南東部，中国西部，東南アジア西部，東南アジア東部〔ほか〕

(内容)A4判世界地図帳の中で、もっとも豊富な情報量。見やすい大きな文字、しかも全地名に欧文併記。正しい色、正確な形の国旗一覧。7000項目の地名索引。

ベーシックアトラス 世界地図帳　世界を知ることは現代人の常識　新版　平凡社編　平凡社　2012.3　152p　28cm　〈索引あり　初版(2006年刊)のタイトル：BASIC ATLAS 世界地図帳〉　1200円　①978-4-582-41717-3　Ⓝ290.38

(目次)世界全図，アジア，日本周辺，朝鮮半島，中国，中国東北部，中国南東部，中国西部，東南アジア西部，東南アジア東部〔ほか〕

(内容)美しい色調の精細な地図で地形がひと目でわかる。各地名に欧文を併記。索引項目数は、約7000項目。世界の国々の国旗、基本データも収載。

ベルテルスマン 世界地図帳 日本版　昭文社　1999.3　607p　40cm　〈他言語標題：Bertelsmann world atlas　付属資料：1枚：国名索引・索引図 ルーペット〉　30000円　①4-398-20010-X　Ⓝ290.38

ベルテルスマン 世界地図帳 日本版　普及版　昭文社　2000.1　431p　37cm　9500円　①4-398-20011-8　Ⓝ290.38

(目次)衛星写真，世界，アジア，ヨーロッパ，北アメリカ，南アメリカ，オーストラリア・オセアニア，アフリカ，世界の国々

(内容)世界地図帳。衛星写真、1350万分の1、450万分の1、225万分の1、行政区分図の各種を収録。各国要覧、略語集、国名索引、地名索引付き。

ポケットアトラス 世界　4訂版　帝国書院編集部著　帝国書院　1990.3　238p　19cm　1240円　①4-8071-2085-9　Ⓝ290.38

ポケットアトラス 世界　5訂版　帝国書院著　帝国書院　1991.1　238p　19cm　1500円　①4-8071-2086-7　Ⓝ290.38

ポケットアトラス 世界　6訂版　帝国書院編集部編　帝国書院　1993.6　238p　19cm　1500円　①4-8071-2087-5　Ⓝ290.38

ポケットアトラス 世界　7訂版　帝国書院編集部編　帝国書院　1995.2　238p　19cm　1500円　①4-8071-5040-5　Ⓝ290.38

ポケットアトラス 世界　8訂版　帝国書院編集部編　帝国書院　1996.7　238p　19cm　1500円　①4-8071-5073-1　Ⓝ290.38

(内容)ハンディタイプで携帯に便利な地図帳。見やすい地域別地図で全世界をカバー。地域ごとに、多くの独立国の国旗・人口・面積などの資料を掲載。各国の風土の概要(歴史・現状)なども解説。地図192ページ(解説ページを含む)。資料・索引48ページ。

ポケットアトラス 世界　8訂 新地名版　帝国書院編集部編　帝国書院　1997.8　238p　19cm　〈他言語標題：Pocket atlas of the world〉　1500円　①4-8071-5111-8　Ⓝ290.38

ポケットアトラス 世界　9訂版　帝国書院編集部著　帝国書院　1999.4　238p　19cm　1500円　①4-8071-5161-4　Ⓝ290.38

(目次)アジア，西ヨーロッパ，独立国家共同体諸国・東ヨーロッパ，アフリカ，北アメリカ，オセアニア，両極地方

ポケットアトラス 世界地図帳　平凡社編　平凡社　2013.12　128p　21cm　880円　①978-4-582-41722-7　Ⓝ290.38

(目次)世界の自然，面積と人口ランキング，世界の国々，アジア，日本周辺，アジア東部，朝鮮半島，中国主要部，アジア南東部，インドシナ〔ほか〕

(内容)調べたいとき、いつも手元に! 精細な美しい色調で地形もわかりやすい。各地名には欧文も併記。世界の主要都市図も収録。

ポケットアトラス 世界地図帳　新訂　平凡社編　平凡社　2017.3　128p　21cm　〈索引あり〉　880円　①978-4-582-41730-2　Ⓝ290.38

(目次)世界の国々，アジア，日本周辺，アジア東部，朝鮮半島，中国主要部，アジア南東部，インドシナ，インド，インド北部〔ほか〕

(内容)調べたい地名をすぐに調べられる!精細な美しい色調で地形がわかりやすい。各地名には欧文を併記、世界の主要都市図も収録。

ワイドアトラス 世界地図帳　平凡社編　平凡社　2012.8　136p　37cm　〈索引あり〉　1900円　①978-4-582-41719-7　Ⓝ290.38

(目次)各国図(アジア，日本周辺，朝鮮半島，中国，中国東北部 ほか)，都市図(ソウル，北京，香港，バンコク、シンガポール，イスタンブー

ル ほか)

(内容)各地名には欧文も併記、世界の国旗データも収録。

ワイドアトラス 世界地図帳　新訂　平凡社編　平凡社　2015.9　136p　37cm　〈索引あり〉　1900円　①978-4-582-41727-2　Ⓝ290.38

(目次)各国図(アジア, 日本周辺, 朝鮮半島, 中国, 中国東北部 ほか), 都市図(ソウル, 北京, 香港, バンコク、シンガポール, イスタンブール ほか)

(内容)見やすさを追求した迫力のB4判基本地図帳。各地名には欧文を併記、世界の国旗データも収録。

<年鑑・白書>

世界各国要覧　Vol.13(1990年版)　二宮書店　1990.2　223p　21cm　420円　Ⓝ290.36

世界各国要覧　Vol.14(1991年版)　二宮書店　1991　223p　21cm　420円　Ⓝ290.36

世界各国要覧　Vol.15(1992年版)　二宮書店　1992.1　235p　21cm　460円　Ⓝ290.36

世界各国要覧　Vol.16(1993年版)　二宮書店　1992.1　256p　21cm　470円　Ⓝ290.36

世界の国一覧表　1991年版　外務省大臣官房国内広報課編　世界の動き社, 東京官書(発売)　1991.3　39p　21cm　300円　①4-88112-011-5　Ⓝ290.36

(目次)世界の国旗, 世界の国および地域一覧表, その他の主な地域, 地図, 世界主要国・地域時差比較表, 世界の国最新情報・データにみる世界の中の日本

世界の国一覧表　1992年版　外務省大臣官房国内広報課編　世界の動き社　1992.3　39p　21cm　350円　①4-88112-011-5　Ⓝ290.36

(目次)世界の国旗, 世界の国および地域一覧表(アジア州, 大洋州, アフリカ州, ヨーロッパ州, CIS諸国, 北アメリカ州, 南アメリカ州), その他の主な地域, 地図, 世界主要国・地域時差比較表, 世界の国新情報・データにみる世界の中の日本

(内容)1992年3月20日現在、わが国が承認している国の数は、アジア36、大洋州13、アフリカ52、ヨーロッパ35、CIS(独立国家共同体)11、北アメリカ23、南アメリカ12、計182です。本書で扱っている世界の国の数は、これに日本を含め合計183国です。

世界の国一覧表　1993年版　外務省大臣官房国内広報課編　世界の動き社　1993.3　39p　21cm　350円　①4-88112-011-5　Ⓝ290.36

(目次)世界の国旗, 世界の国および地域一覧表, その他の主な地域, 地図, 世界主要国・地域時差比較表, 世界の国最新情報

世界の国一覧表　1994年版　外務省大臣官房国内広報課編　世界の動き社, 東京官書(発売)　1994.3　39p　21cm　350円　①4-88112-011-5　Ⓝ290.36

(目次)世界の国旗, 世界の国および地域一覧表, その他の主な地域, 地図, 世界主要国・地域時差比較表, 世界の国新情報

世界の国一覧表　1995年版　外務省外務報道官編　世界の動き社　1995.3　43p　21cm　450円　①4-88112-011-5　Ⓝ290.36

(目次)世界の国旗, 世界の国および地域一覧表, その他の主な地域, 地図, 世界主要国・地域時差比較表, 世界の国新情報, 索引

世界の国一覧表　1996年版　外務省外務報道官編　世界の動き社　1996.3　43p　21cm　〈付:世界の国旗, 地図, 世界時差表 世界の国新情報〉　437円　①4-88112-011-5　Ⓝ290.36

世界の国一覧表　1997年版　外務省大臣官房国内広報課編　世界の動き社　1997.4　43p　21cm　440円　①4-88112-012-3　Ⓝ290.36

(目次)世界の国旗, 世界の国および地域一覧表, その他の主な地域, 地図, 世界主要国・地域時差比較表, 世界の国新情報

(内容)1997年2月1日現在、わが国が承認している国、アジア36ヵ国、大洋州14ヵ国、アフリカ53ヵ国、ヨーロッパ39ヵ国、NIS諸国12ヵ国、北アメリカ23ヵ国、南アメリカ12ヵ国と日本を含めた合計190の国を収録。

世界の国一覧表　1998年版　国際理解のための基本データ集　世界の動き社編　世界の動き社, 東京官書(発売)　1998.4　44p　21cm　480円　①4-88112-701-2　Ⓝ290.36

(内容)世界190カ国の国旗、面積、人口、首都、言語GNPなど基本的なデータを収録したデータ集。

世界の国一覧表　1999年版　国際理解のための基本データ集　世界の動き社, 東京官書(発売)　1999.4　44p　21cm　480円

①4-88112-702-0　Ⓝ290.36

(目次)国旗，世界の国一覧表，その他の主な地域，地図（アジア州，大洋州，アフリカ州，ヨーロッパ州，北アメリカ州，南アメリカ州），世界主要国・地域時差比較表，世界の国新情報（1999年の世界各国ナショナルデー，1998年の世界主要トピック，東京にある各国大使館一覧），索引

(内容)世界の各国の基本データをまとめたもの。1999年3月1日現在、わが国が承認している国である、アジア36、大洋州14、アフリカ53、ヨーロッパ39、NIS諸国12、北アメリカ23、南アメリカ12と日本を含めた合計190の国を収録。掲載項目は、国旗、面積、首都、独立年月、国民総生産（GNP）、為替レート、貿易額など。索引付き。

世界の国一覧表　2000年版　国際理解のための基本データ集　世界の動き社編　世界の動き社，東京官書（発売）　2000.4　44p　21cm　480円　①4-88112-703-9　Ⓝ290.36

(目次)世界各国の，その他の主な地域の，世界各地域別地図，世界主要国・地域時差比較表，世界の国新情報

(内容)世界各国および地域の各種統計資料集。国は2000年3月1日現在我が国が承認する189カ国に日本を含めた190カ国を収録。各国のデータと世界各地域別地図、世界主要国・地域時差比較表、世界の国新情報で構成。各国のデータは国旗、面積、人口、主要言語、首都、独立年月、国連加盟年月、GNP、1人当たりのGNP、通貨単位、対米ドル為替レート、公館の設置状況、対日貿易額、英語による名称を一覧で掲載。その他の主な地域は領有ないし保護等の関係にある国、政庁等所在地、面積などを掲載。巻末に国名、首都名、その他の主な地域名の五十音順索引を付す。

世界の国一覧表　2001年版　国際理解のための基本データ集　外務省編集協力　世界の動き社，東京書籍（発売）　2001.5　44p　21cm　480円　①4-88112-704-7　Ⓝ290.36

(目次)国旗，世界の国一覧表，その他の主な地域，地図，世界主要国・地域時差比較表，世界の国新情報

(内容)世界各国および地域の各種統計資料集。国は2001年3月1日現在我が国が承認する189カ国に日本を含めた190カ国を収録。各国のデータと世界各地域別地図、世界主要国・地域時差比較表、世界の国新情報で構成。各国のデータは国旗、面積、人口、主要言語、首都、独立年月、国連加盟年月、GNP、1人当たりのGNP、通貨単位、対米ドル為替レート、公館の設置状況、対日貿易額、英語による名称を一覧で掲載。その他の主な地域は領有ないし保護等の関係にある国、政庁等所在地、面積などを掲載。

世界の国一覧表　2002年版　国際理解のための基本データ集　外務省編集協力，世界の動き社編　世界の動き社　2002.4　44p　21cm　480円　①4-88112-705-5　Ⓝ290.36

(目次)国旗，世界の国一覧表，その他の主な地域，地図，世界主要国・地域時差比較表，世界の国新情報

(内容)世界各国および地域の統計等の資料集。2002年3月1日現在で日本が承認する189カ国に日本を加えた190カ国を収録。各国のデータと地図、時差比較表、世界の国新情報で構成。各国データは国旗、面積、人口、主要言語、首都、独立年月、国連加盟年月、GNP、1人当たりのGNP、通貨単位、対米ドル為替レート、公館の設置状況、対日貿易額、英語による名称を一覧で掲載。その他の主な地域は領有ないし保護等の関係にある国、政庁等所在地、面積などを掲載。巻末に国名、首都名、その他の主な地域名の五十音順索引、目次がある。

世界の国一覧表　2003年版　国際理解のための基本データ集　世界の動き社　2003.4　44p　21cm　480円　①4-88112-706-3　Ⓝ290.36

(目次)世界の国一覧表，その他の主な地域，地図（アジア州，大洋州，アフリカ州，ヨーロッパ州，北アメリカ州，南アメリカ州），世界主要国・地域時差比較表，各種主要協力機構（枠組み）と加盟国一覧，データにみる世界と日本，東京にある各国大使館一覧

(内容)世界191カ国を大陸別に掲載、国名、面積、人口、主要言語、首都、国連加盟年月、国民総所得、通貨単位、などを記載。巻末に国名、首都名、地域名が引ける索引が付く。

世界の国一覧表　2004年版　国際理解のための基本データ集　世界の動き社編　世界の動き社，東京官書（発売）　2004.4　48p　21cm　480円　①4-88112-707-1　Ⓝ290.36

(目次)世界の国一覧表，その他の主な地域，地図（アジア，大洋州，アフリカ，ヨーロッパ，北アメリカ，南アメリカ），世界主要国・地域時差比較表，主要国際協力機構（枠組み）と加盟国一覧，データにみる世界と日本，東京にある各国大使館一覧

(内容)191カ国の基本データを収録。国名、面積、首都、独立年月、国民総所得、為替レート、公館の設置、貿易額などを掲載。巻末に国名、首都名、地域名から引ける索引が付く。

世界の国一覧表　2005年版　国際理解のための基本データ集　外務省編集協力　世界の動き社，東京官書（発売）　2005.4　48p　21cm　476円　①4-88112-708-X　Ⓝ290.36

(目次)国旗，データにみる世界と日本，世界の

国一覧表，その他の主な地域，地図，世界主要国・地域時差比較表，主要国際協力機構（枠組み）と加盟国一覧，東京にある各国大使館一覧

世界の国一覧表　2006年版　国際理解のための基本データ集　外務省編集協力　世界の動き社　2006.4　48p　21cm　476円　Ⓘ4-88112-709-8　Ⓝ290.36

(目次)国旗，データにみる世界と日本，主要国際協力機構（枠組み）と加盟国一覧，世界の国一覧表，その他の主な地域，地図，世界主要国・地域時差比較表，東京にある各国大使館一覧

世界の国一覧表　2007年版　国際理解のための基本データ集　世界の動き社，東京官書（発売）　2007.4　48p　21cm　476円　Ⓘ978-4-88112-710-0　Ⓝ290.36

(目次)データにみる世界と日本，主要国際協力機構（枠組み）と加盟国一覧，世界の国一覧表，その他の主な地域，地図，世界主要国・地域時差比較表，東京にある各国大使館一覧

世界の国情報　2008　世界193カ国の基礎情報が一目で分かる　リブロ　2008.8　72p　21cm　600円　Ⓘ978-4-903611-10-5　Ⓝ290

(目次)アジアの地図と各国情報，中東の地図と各国情報，ヨーロッパの地図と各国情報，アフリカの地図と各国情報，北米・中南米の地図と各国情報，オセアニアの地図と各国情報，その他の地域情報，付録 ランキング

(内容)世界の国・地域の国旗と基礎情報・地図を掲載した要覧。2008年版では、2008年3月現在、日本が承認している国の数に日本を加えた193カ国と4地域を紹介している。国の並べ方や大陸分類は、外務省の国・地域情勢に準じる。2008年3月までに入手可能な資料およびデータベースを使用。資料は主として国際機関、各省庁など公的機関の情報である。数字が無い場合は「—」と記載する。

世界の国情報　2009　世界193カ国の基礎情報が一目で分かる　リブロ　2009.7　72p　21cm　〈索引あり〉　600円　Ⓘ978-4-903611-40-2　Ⓝ290

(目次)世界の国旗，索引，凡例，アジアの地図と各国情報，中東の地図と各国情報，ヨーロッパの地図と各国情報，アフリカの地図と各国情報，北米・中南米の地図と各国情報，オセアニアの地図と各国情報，その他の地域情報，付録

(内容)世界の国・地域の国旗と基礎情報・地図を掲載した要覧。

世界の国情報　2010　世界193カ国の基礎情報が一目で分かる　リブロ　2010.7　72p　21cm　〈索引あり〉　600円　Ⓘ978-4-903611-46-4　Ⓝ290

(目次)アジアの地図と各国情報，中東の地図と各国情報，ヨーロッパの地図と各国情報，アフリカの地図と各国情報，北米・中南米の地図と各国情報，オセアニアの地図と各国情報，その他の地域情報，付録：ランキング

(内容)世界の国・地域の国旗と基礎情報・地図を掲載した要覧。

世界の国情報　2011　世界194カ国の基礎情報が一目で分かる　リブロ　2011.6　74p　21cm　600円　Ⓘ978-4-903611-49-5　Ⓝ290

(目次)アジアの地図と各国情報，中東の地図と各国情報，ヨーロッパの地図と各国情報，アフリカの地図と各国情報，北米・中南米の地図と各国情報，オセアニアの地図と各国情報，その他の地域情報，付録：ランキング

世界の国情報　2012　世界195カ国の基礎情報が一目でわかる　リブロ　2012.6　74p　21cm　600円　Ⓘ978-4-903611-53-2　Ⓝ290

(目次)アジアの地図と各国情報，中東の地図と各国情報，ヨーロッパの地図と各国情報，アフリカの地図と各国情報，北米・中南米の地図と各国情報，オセアニアの地図と各国情報，その他の地域情報，付録 ランキング

世界の国情報　2013　世界195カ国の基礎情報が一目でわかる　リブロ，東京官書普及（発売）　2013.6　76p　21cm　600円　Ⓘ978-4-903611-56-3　Ⓝ290

(目次)アジアの地図と各国情報，中東の地図と各国情報，ヨーロッパの地図と各国情報，アフリカの地図と各国情報，北米・中南米の地図と各国情報，オセアニアの地図と各国情報，その他の地域情報，付録：ランキング／主な国の祝祭日

(内容)世界の国旗／世界の地図／面積／人口／首都／主要言語／宗教／GDP（国内総生産）／1人当たりGDP／外貨準備高／通貨単位／為替レート／政治体制／国家元首／議会／主な産業／輸出額と品目／輸入額と品目／日本との貿易／日本の投資額／気候／日本との時差／在留日本人数／在日外国人数／在日大使館。

世界の国情報　2014　世界195カ国の基礎情報が一目でわかる　リブロ　2014.5　76p　21cm　600円　Ⓘ978-4-903611-58-7　Ⓝ290

(目次)アジアの地図と各国情報，中東の地図と各国情報，ヨーロッパの地図と各国情報，アフリカの地図と各国情報，北米・中南米の地図と各国情報，オセアニアの地図と各国情報，その他の地域情報，付録：ランキング／主な国の祝祭日

世界の国情報　2015　世界195カ国の基礎

情報が一目でわかる　リブロ，東京官書普及(発売)　2015.5　76p　21cm　600円　①978-4-903611-60-0　Ⓝ290

(目次)アジアの地図と各国情報，中東の地図と各国情報，ヨーロッパの地図と各国情報，アフリカの地図と各国情報，北米・中南米の地図と各国情報，オセアニアの地図と各国情報，その他の地域情報，付録：ランキング／主な国の祝祭日

(内容)世界195カ国の基礎情報が一目でわかる。

世界の国情報　2016　世界196カ国の基礎情報が一目でわかる　リブロ制作　リブロ，東京官書普及(発売)　2016.5　76p　21cm　600円　①978-4-903611-62-4　Ⓝ290

(目次)アジアの地図と各国情報，中東の地図と各国情報，ヨーロッパの地図と各国情報，アフリカの地図と各国情報，北米・中南米の地図と各国情報，オセアニアの地図と各国情報，その他の国・地域情報，付録：ランキング／主な国の祝祭日

(内容)世界196カ国の基礎情報が一目でわかる。

世界の国情報　2017　世界196カ国の基礎情報が一目でわかる　リブロ，東京官書普及(発売)　2017.5　76p　21cm　〈索引あり〉　648円　①978-4-903611-63-1　Ⓝ290

(目次)アジアの地図と各国情報，中東の地図と各国情報，ヨーロッパの地図と各国情報，アフリカの地図と各国情報，北米・中南米の地図と各国情報，オセアニアの地図と各国情報，その他の国・地域情報，付録：ランキング／主な国の祝祭日

(内容)世界196カ国の基礎情報が一目でわかる。

◆国 旗

<事 典>

国旗と国名由来図典　辻原康夫監修　(武蔵野)出窓社　2010.1　119p　22cm　〈『よくわかる国旗と国名由来図典』(2004年刊)の新版　文献あり 索引あり〉　1800円　①978-4-931178-71-7　Ⓝ288.9

(目次)東アジア，東南アジア，南アジア，中央アジア，西アジア，北アフリカ，西・中部アフリカ，東アフリカ，南アフリカ，北ヨーロッパ，西ヨーロッパ，東ヨーロッパ，北アメリカ，中央アメリカ，南アメリカ，オセアニア

(内容)世界194カ国(独立国)の国名と国旗の由来を簡潔・明快に解説。最新の各国データを掲載。便利なインデックス付き。

<ハンドブック>

国旗・国歌の世界地図　21世紀研究会編著　文芸春秋　2008.7　413p　18cm　(文春新書)　〈奥付のタイトル(誤植)：国旗・国家の世界地図〉　1000円　①978-4-16-660645-0　Ⓝ288.9

(目次)アイスランド共和国，アイルランド，アゼルバイジャン共和国，アフガニスタン・イスラーム共和国，アメリカ合衆国，アラブ首長国連邦，アルジェリア民主人民共和国，アルゼンチン共和国，アルバニア共和国，アルメニア共和国〔ほか〕

(内容)国のシンボルから辿る世界各国案内。国旗と国歌には、様々な意味が込められている。それを読み解くと、自然や民族、信仰、歴史など、その国のアイデンティティーの在処が見えてくる。

世界が見える国旗の本　国旗でわかる世界の事情とお国柄　新国旗楽会著　笠倉出版社　2012.5　231p　18×12cm　800円　①978-4-7730-8610-2　Ⓝ288.9

(目次)アジア，ヨーロッパ(NIS諸国含む)，中東，アフリカ，大洋州，北・中央アメリカ，南アメリカ

世界の国旗国歌　世界の国々がひと目でわかる CD付き　大泉書店編集部編　大泉書店　1998.11　158p　21cm　〈付属資料：CD1〉　1500円　①4-278-09500-7　Ⓝ288.9

(目次)世界の国旗(アジア，オセアニア，ヨーロッパ，アフリカ，アメリカ)，世界の国歌(日本国国歌「君が代」，イスラエル国歌「Hatikvah(希望)」，クウェート国国歌，シンガポール共和国国歌「Majulah Singapura(進めシンガポール)」 ほか)

(内容)世界192か国の国旗と、42か国の国家を紹介したもの。国旗には、その国の首都、人口、面積、主要言語、通貨単位、国花のデータが付く。国歌はすべて付属のCDに収録。

<図鑑・図集>

国旗総覧　吹浦忠正著　古今書院　1993.11　230p　20×15cm　(ユネスコ選書)　2400円　①4-7722-1635-9　Ⓝ288.9

(内容)民族、歴史、宗教、信条などさまざまなことが反映している国旗。世界192ヵ国の独立国およびそれに準ずる国の国旗をとりあげ、国旗の意匠と色の意味、由来とその背景などについて解説する。

国旗と国章図鑑　決定版　苅安望著　世界文

化社　2016.3　351p　26cm　〈他言語標題：Definitive Edition Pictorial Book of National Flags & Emblems of the World 文献あり 索引あり〉　2600円　①978-4-418-16404-2　Ⓝ288.9

目次 アジア（アゼルバイジャン共和国，アフガニスタン・イスラム共和国 ほか），ヨーロッパ（アイスランド共和国，アイルランド ほか），アフリカ（アルジェリア民主人民共和国，アンゴラ共和国 ほか），北アメリカ（アメリカ合衆国，アンティグア・バーブーダ ほか），南アメリカ（アルゼンチン共和国，ウルグアイ東方共和国 ほか），オセアニア（オーストラリア連邦，キリバス共和国 ほか），国際オリンピック委員会加盟地域（アルバ，英領バージン諸島 ほか）

内容 現在のデザインに至る国旗の変遷をビジュアルで紹介。197の独立国とIOC加盟の11地域を網羅した決定版!すべての国章を一挙掲載。

国旗、都市、地図のマーク・記号　学習研究社　2005.3　48p　27cm　（マーク・記号の大百科 2）　2800円　①4-05-202259-9　Ⓝ288.9

目次 マンホールのマークって何だろう?，マンホールのマークが表すもの（都道府県のマーク，市のマーク ほか），団体のもついろいろなマークや記号（都道府県のマーク，都道府県庁のある市のマーク ほか），世界の国のマーク―国旗（国旗や色や図柄には意味がある），地図に使われている記号（物の形や意味から生まれた記号，いろいろな建物の記号 ほか）

国旗と地図　世界の歴史と地理がよくわかる　国際地学協会　2004.9　77p　26cm　1400円　①4-7718-2621-8　Ⓝ288.9

目次 世界の地理と歴史が見える!国旗のなぜなに（日出づる国のシンプルな日の丸，世界の歴史とユニオンジャック，自由の象徴、星条旗，「自由・平等・博愛」を表す三色旗，国の枠を越えた意味を持つ旗 ほか），地図で見る世界の国と国旗（ヨーロッパの国旗，NIS諸国（旧ソ連の新独立国）の国旗，アジアの国旗，オセアニアの国旗，北アメリカの国旗 ほか）

内容 この本では、国旗に興味を持ち、国旗を覚えやすいような内容構成になっている。また、国旗そのものだけでなく、その国や周辺の歴史、地理などを理解しやすいよう工夫している。

世界がよくわかる国旗図鑑　講談社編　講談社　2003.6　79p　26cm　1600円　①4-06-211853-X　Ⓝ288.9

目次 第1部 研究編―世界の国旗をデザイン別に分類してみると（丸と赤と太陽の関係，三日月はイスラムのシンボル，十字架はキリストのシンボル，星は夜の道しるべ，オールスターゲーム，国旗のなかの動物たち，国旗のなかの植物たち，国旗のなかの武器と言葉，紋章が入っている国旗，国旗の色のいろいろな意味 ほか），第2部 資料編―五十音順にならべた205の国と地域の旗一覧

内容 国旗のデザイン・色・紋様の比較から、世界のすがたが見えてくる。調べたい国旗がすぐにさがせる、五十音順にならべた「旗一覧」。面積・人口・首都・宗教・言語など、基本データも一目でわかる。その国の位置がすぐにさがせる、見やすく便利な世界地図付き。

世界「地方旗」図鑑　苅安望著　えにし書房　2015.9　287p　27cm　〈他言語標題：Subnational flags & head of state standards of the world〉　12000円　①978-4-908073-15-1　Ⓝ288.9

目次 第1章 アジア編（アゼルバイジャン共和国，アフガニスタン・イスラム共和国 ほか），第2章 ヨーロッパ編（アイスランド共和国，アイルランド ほか），第3章 アフリカ編（アルジェリア民主人民共和国，アンゴラ共和国 ほか），第4章 アメリカ編（アメリカ合衆国，アンティグア・バーブーダ ほか），第5章 オセアニア編（オーストラリア連邦，キリバス共和国 ほか）

内容 世界の独立国198ヵ国、県、州などと呼ばれる区域の旗、大統領、国王などの元首旗・首都旗2400以上掲載!

世界の軍旗・翼章・国旗図鑑　苅安望編著　彩流社　2007.2　111p　26cm　2800円　①978-4-7791-1236-2　Ⓝ288.9

目次 アジア，ヨーロッパ，アフリカ，北アメリカ，南アメリカ，オセアニア

内容 本書は旗の原点でもある軍旗に焦点を合わせ、世界の独立国194ヵ国のうち軍隊並びに準軍隊を有する国で実際に現在使われている統合軍旗、陸軍旗、海軍旗、空軍旗そして翼章を国旗と共に正確な色・縦横比率で再現、網羅したデータ・ブックである。

世界の国旗　森重民造著　（大阪）保育社　1990.3　151p　15cm　（カラーブックス 794）　620円　①4-586-50794-2　Ⓝ288.9

目次 国際連合旗、オリンピック旗、国際赤十字旗，アジア州，大洋州，アフリカ州，ヨーロッパ州，南アメリカ州，北アメリカ州，各国の国章，国旗についての知識，日の丸の知識，国旗の扱い方と掲揚法，国旗のデザイン

内容 世界の独立国の国旗をカラーで正確に再現。面積、人口、首都、言語なども。

世界の国旗　ビジュアル　国際理解教育大系編集委員会編　教育出版センター　1994.4　206p　26cm　2500円　①4-7632-4050-1

Ⓝ288.9

(目次)アジア(インドネシア共和国, カンボジア, 大韓民国, 中華人民共和国, 日本国, フィリピン共和国, ブルネイ・ダルサラーム国 ほか), ヨーロッパ(アイスランド共和国, アイルランド, アルバニア共和国, オーストリア共和国, オランダ王国, クロアチア共和国 ほか), 北アメリカ(アメリカ合衆国, アンチグア・バーブーダ, エルサルバドル共和国, カナダ, キューバ共和国 ほか), 南アメリカ(アルゼンチン共和国, ウルグアイ共和国, エクアドル共和国, ガイアナ協同共和国, コロンビア共和国, スリナム共和国 ほか), アフリカ(アルジェリア民主人民共和国, エジプト・アラブ共和国, エチオピア, ガーナ共和国, カーボベルデ共和国, ガボン共和国 ほか), オセアニア(オーストラリア, キリバス共和国, ソロモン諸島, ツバル, トンガ王国 ほか)

(内容)世界各国の国旗をオールカラーでビジュアルに編集。各国面積・人口・首都・主要言語・通貨単位など、新しいデータを満載。

世界の国旗　新訂　森重民造著　偕成社　1996.4　240p　19cm　1854円　Ⓘ4-03-529420-9　Ⓝ288.9

世界の国旗　ビジュアルワイド判　吹浦忠正監修　学習研究社　1996.11　231p　30cm　2300円　Ⓘ4-05-400548-9　Ⓝ288.9

(目次)アジア39か国, オセアニア14か国, アフリカ53か国, ヨーロッパ39か国, NIS諸国12か国, 北アメリカ23か国, 南アメリカ12か国

世界の国旗　地球を結ぶわたしたちの旗　吹浦忠正著　ほるぷ出版　1997.10　63p　19×25cm　1600円　Ⓘ4-593-59342-5　Ⓝ288.9

(目次)アジア, オセアニア, ヨーロッパ, アフリカ, アメリカ(北・南アメリカ)

(内容)世界192カ国・地域の国旗を収録した最新の国旗図鑑。国際連合(国連)や赤十字、国際オリンピック委員会の旗のほか、香港の旗までオールカラーで掲載。

世界の国旗　世界191か国・国旗で知ろう世界の国々!　辻原康夫監修　成美堂出版　2000.4　64p　26cm　880円　Ⓘ4-415-01035-0　Ⓝ288.9

(目次)アジアの国々の国旗, オセアニアの国々の国旗, アフリカの国々の国旗, ヨーロッパの国々の国旗, 北アメリカの国々の国旗, 南アメリカの国々の国旗

(内容)2000年1月1日現在の独立国の国旗、国際機構旗を掲載したもの。アジア、オセアニア、アフリカ、ヨーロッパ、北アメリカ、南アメリカの6地域に区分し、それぞれを五十音順に排列。

世界の国旗　201の国と地域の最新情報も満載　主婦の友社編　主婦の友社　2006.5　159p　17cm　(主婦の友ポケットBOOKS)　900円　Ⓘ4-07-249857-2　Ⓝ288.9

(内容)世界の国の数は、日本が承認している国190カ国と日本を合わせた191カ国となる。このほかに、国ではないものの、独自の旗を持つ地域がある。それらは、その国の地域の歴史や理想を色、文様などで表わしている。旗に込められた願いや意味を知ることで、そこに住む人々の表情を垣間見ることができる。

世界の国旗　国章・州旗・国際機関旗　フラッグ・インスティチュート編著　新樹社　2006.8　239p　21cm　〈原書名：Complete Flags of the World〉　2800円　Ⓘ4-7875-8552-5　Ⓝ288.9

(目次)北アメリカ・中央アメリカ, 南アメリカ, アフリカ, ヨーロッパ, アジア, オーストラリア・オセアニア

(内容)色鮮やかな旗や紋章を、かつてないスケールで掲載・解説した、国旗図鑑の決定版。メインの部分では、世界全192か国の国旗を国別に紹介し、さらに、国章、州旗、海外領土旗、国際機関旗、国際信号旗など、さまざまな旗や紋章を合計679点も掲載。その由来や変遷、デザイン・色の意味などの豊富な解説に加え、すべての国旗の正しい比率や採択時期を明記するなど、データ面も充実している。

世界の国旗　国旗が教えてくれる世界の国々　国際政治文化研究会編　創樹社美術出版　2014.3　294p　21cm　1400円　Ⓘ978-4-7876-0083-7　Ⓝ288.9

(目次)世界の国旗・地域別(アジア, ヨーロッパ, アフリカ, 北アメリカ, 南アメリカ, オセアニア), 代表的な海外領土の旗

(内容)283の国・地域・海外領土の旗と11の国際機関旗を掲載!「国旗」や「国旗の意味」の解説のほかに小学校高学年から中学1～2年生の社会科資料や各国の公的資料、インターネット情報などの最新情報を参考に、それぞれの国の概要も載せ、各国ごとの資料集として、学習にも使えるように編集。

世界の国旗　国旗で学ぶ世界の国々　改訂版　メトロポリタンプレス編　メトロポリタンプレス　2016.8　251p　21cm　1300円　Ⓘ978-4-907870-35-5　Ⓝ288.9

(目次)アジア, ヨーロッパ, NIS諸国(New Independent States), アフリカ, 南北アメリカ, オセアニア, その他(国際機関他), 附録

(内容)各種最新データをもとに209の世界の独

立国（+IOC"国際オリンピック委員会"加盟地域）+国連旗、赤十字旗、オリンピック旗などの11の国際機関旗を解説。すべての国旗・地域の旗の解説とその国・地域の成り立ち、面積、人口、首都、民族、宗教、言語、通貨、日本との関係、国名の現地公用語表記などの最新データつき。国の位置がよくわかる地図や巻末にイギリスの連合王国旗&アメリカ合衆国の州旗も掲載。総ルビつき。こどもからおとなまで楽しめて勉強になる図鑑。

世界の国旗193　グループコロンブス構成　講談社　2007.12　1冊（ページ付なし）　26cm　（知育アルバム 1）　650円　Ⓘ978-4-06-283400-1　Ⓝ288.9

世界の国旗・国章歴史大図鑑　苅安望著　山川出版社　2017.8　366p　27cm　〈他言語標題：National Flags & Emblems of The World From The Past To The Present　文献あり〉　12000円　Ⓘ978-4-634-16004-0　Ⓝ288.9

（目次）アジア，アフリカ，ヨーロッパ，北アメリカ・中央アメリカ，南アメリカ，オセアニア

（内容）世界の独立国197カ国の歴史的な国旗・国章を網羅。類書の15倍を超える3000点以上の国旗・国章（域旗、軍旗も含む）を図柄解説つきでオールカラー掲載。各国国旗の歴史的変遷をわかりやすくレイアウトし、国旗からその国の歴史がわかる「世界にも類のない」（著者）大図鑑です。

世界の国旗全図鑑　国旗から海外領土・国際機構・先住民族の旗まで　辻原康夫編著　小学館　1998.1　223p　21cm　1800円　Ⓘ4-09-386019-X　Ⓝ288.9

（目次）アジア，アフリカ，ヨーロッパ，北アメリカ，南アメリカ，オセアニア，その他の地域，国際機構旗，先住民族旗，旧国旗，旗の基礎知識

（内容）独立国の国旗、非自治地域などの地域の旗、国際機構旗、先住民族旗、旧国旗の492点を解説したもの。

世界の国旗大百科　辻原康夫編著　人文社　2001.4　287p　26cm　2800円　Ⓘ4-7959-1281-5　Ⓝ288.9

（目次）アジア，アフリカ，ヨーロッパ，北アメリカ，南アメリカ，オセアニア，国際機関旗，先住民・独立運動旗，旧国旗

（内容）世界の国旗672種を収録した図鑑。全独立国旗191種、海外領土の旗60種、国際機関旗、州旗、都道府県旗、先住民族や独立運動の旗58種をオールカラーで掲載。五十音順排列。各旗のもとに所属地域・機関名、地域データ、地図、旗の制定年、由来や歴史などの解説。巻頭に世界全図、巻末に旗用語解説と索引がある。

世界の国旗大百科　2002年度版　辻原康夫編著　人文社　2002.3　287p　26cm　〈他言語標題：Encyclopedia of flags　全672旗〉　2800円　Ⓘ4-7959-1281-5　Ⓝ288.9

世界の国旗大百科　2003年度版　辻原康夫編著　人文社　2003.3　292p　26cm　〈他言語標題：Encyclopedia of flags　全687旗〉　2800円　Ⓘ4-7959-1281-5　Ⓝ288.9

世界の国旗と国章大図鑑　苅安望編著　平凡社　2003.11　103p　31×22cm　2500円　Ⓘ4-582-40726-9　Ⓝ288.9

（目次）アジア（アゼルバイジャン共和国，アフガニスタン移行政権 ほか），ヨーロッパ（アイスランド共和国，アイルランド ほか），アフリカ（アルジェリア民主人民共和国，アンゴラ共和国 ほか），北アメリカ（アメリカ合衆国，アンティグア・バーブーダ ほか），南アメリカ（アルゼンチン共和国，ウルグアイ東方共和国 ほか），オセアニア（オーストラリア，キリバス共和国 ほか）

（内容）世界全独立国の正しい形の国旗とその国章を掲載。

世界の国旗と国章大図鑑　2訂版　苅安望編著　平凡社　2006.4　103p　31×22cm　2500円　Ⓘ4-582-40728-5　Ⓝ288.9

（目次）アジア，ヨーロッパ，アフリカ，北アメリカ，南アメリカ，オセアニア

（内容）国旗と国章は密接な関係にあり、国章自体や国章の色、デザインの要素が国旗に使われることが多い。また国旗には国際規格は存在せず、各国政府が独自にそれぞれの国旗について最も美しく見える縦横の比率を決めている。カラー図版とともに縦横正比率の国旗と国章の由来、制定年月日をとりあげるのは日本では本書が初めてである。

世界の国旗と国章大図鑑　3訂版　苅安望編著　平凡社　2008.5　111p　31cm　〈他言語標題：Pictorial book of national flags & emblems of the world〉　2500円　Ⓘ978-4-582-40735-8　Ⓝ288.9

（目次）アジア，ヨーロッパ，アフリカ，北アメリカ，南アメリカ，オセアニア，国際オリンピック委員会加盟地域

（内容）オリンピック選手のユニフォームのエンブレムに使用される国章・域章を掲載。世界の全独立国+IOC（国際オリンピック委員会）加盟地域（207の国と地域）を対象とした日本で初めての国旗・国章の図鑑。

世界の国旗と国章大図鑑　4訂版　苅安望編著　平凡社　2012.7　112p　30cm　2500円

①978-4-582-40740-2　Ⓝ288.9

(目次)アジア，ヨーロッパ，アフリカ，北アメリカ，南アメリカ，オセアニア，国際オリンピック委員会加盟地域

(内容)世界の全独立国196の国旗・国章が勢ぞろい! クック諸島、南スーダンなど近年の独立国まで網羅。IOC(国際オリンピック委員会)加盟地域の旗と域章も掲載、オリンピックなどの国際試合の観戦に最適。

世界の国旗 ビジュアル大事典　吹浦忠正著　学習研究社　2007.2　231p　26cm　3500円　①978-4-05-403198-2　Ⓝ288.9

(目次)アジア，オセアニア，ヨーロッパ，アフリカ，北アメリカ，南アメリカ

(内容)世界194カ国と地域の国旗、国連旗、欧州連合旗、オリンピック旗を国際会議などで用いる縦横比2：3の国旗及び、国内で使用されているオリジナル比率の国旗を合わせて紹介。国花、国鳥をはじめ、その国で親しまれている、植物や鳥をリアルなイラストで紹介。人口、面積、主な言語、宗教、通貨単位、在日各国大使館の住所などの役に立つデータを掲載。国旗の正確な色を表現する、印刷インクの数値を掲載。

世界の国旗 ビジュアル大事典　第2版　吹浦忠正著　学研教育出版，学研マーケティング(発売)　2013.5　231p　21cm　1800円　①978-4-05-405577-3　Ⓝ288.9

(目次)アジア，オセアニア，ヨーロッパ，アフリカ，北アメリカ，南アメリカ

(内容)国際会議などで用いる縦横比2：3の国旗と、国内で使用されているオリジナル比率の国旗の両者を掲載。国花、国鳥をはじめ、その国で親しまれている、植物や鳥をリアルなイラストで紹介。人口、面積、主な民族、言語、宗教、通貨単位などの、役に立つデータを掲載。国旗の正確な色を表現する、印刷インクの数値を掲載。「国名の由来」「国旗の愛称」「国名の漢字表記」もわかる。東京(成田、羽田)から各国首都への飛行時間、ルートを掲載。

世界の国旗ポケット図鑑　国旗を知れば世界の現在が見えてくる全193カ国の国旗の秘密と最新データ　吹浦忠正著　オリジン社，主婦の友社(発売)　1996.9　432p　15cm　(主婦の友生活シリーズ)　1400円　Ⓝ288.9

楽しい世界の国旗本　国旗を知れば世界が見える　国旗楽会著　笠倉出版社　2010.2　239p　19cm　〈文献あり 索引あり〉　552円　①978-4-7730-9993-5　Ⓝ288.9

(目次)アジア，ヨーロッパ(※NIS諸国含む)，中東，アフリカ，大洋州，北・中央アメリカ，南アメリカ

(内容)新しい国旗の楽しみ方がこの一冊に。195カ国を掲載。

徹底図解 世界の国旗　国旗の由来・配色の意味から、正しい比率と色まで　辻原康夫著　新星出版社　2007.6　223p　21cm　1400円　①978-4-405-10659-8　Ⓝ288.9

(目次)第1章 アジア(47か国)，第2章 オセアニア(14か国)，第3章 アフリカ(53か国)，第4章 ヨーロッパ(44か国)，第5章 北・中央アメリカ(23か国)，第6章 南アメリカ(12か国)，第7章 国際機関旗

(内容)日本政府が承認する192の独立国及び北朝鮮の国旗、主要な地域の旗を収録。

日本「地方旗」図鑑　ふるさとの旗の記録　苅安望著　えにし書房　2016.5　285p　27cm　〈他言語標題：PREFECTURAL FLAGS & MUNICIPAL FLAGS OF JAPAN　文献あり〉　12000円　①978-4-908073-25-0　Ⓝ288.9

(目次)第1章 北海道編，第2章 東北編，第3章 関東編，第4章 北陸甲信越編，第5章 東海編，第6章 近畿編，第7章 中国編，第8章 四国編，第9章 九州編，第10章 沖縄編

(内容)日本の47都道府県旗、1741の市町村旗、1247の廃止市町村旗などの地方旗3000以上掲載!

日本「地方旗」図鑑　ふるさとの旗を読む　解読編　苅安望，西浦和孝著　えにし書房　2017.6　84p　26cm　〈他言語標題：Expository book of prefectural flags & municipal flags of Japan　折り込 1枚〉　4000円　①978-4-908073-39-7　Ⓝ288.9

(目次)第1部 ふるさとの旗を解読する(廃止市町村旗(『日本「地方旗」図鑑』収録後発見された68旗)，私的市町村旗ベスト10，色から解読(使用される色数・地色，色のあれこれ日本の伝統色)，都道府県旗の影響，紋章不使用型市町村旗，紋章追加型市町村旗，市町村旗の制定，市町村旗デザインの主なモチーフ，類似市町村旗)，第2部 ふるさとの旗のいろいろ(都道府県旧旗・国体旗，都道府県シンボル旗・略旗・標旗，都道府県警察旗，県漁業取締旗，市消防旗)，附録 日本の都道府県・市町村旗一覧

(内容)色やデザインモチーフによる分類、類似旗分析など様々な視点から解読。貴重な都道府県旧旗、団体旗、シンボル旗なども紹介・解説。巻末には旗チャートとして使える日本の都道府県・市町村旗一覧(内寸1020ミリ×660ミリ)を付す。

ビジュアル博物館　16　旗　ウィリアム・クランプトン著，リリーフ・システムズ訳

（京都）同朋舎出版　1991.3　63p　29×23cm　3500円　①4-8104-0935-X　Ⓝ288.9

(目次)旗の構造，最初のしるし，紋章，敵か、味方か，旗幟（きし）を鮮明に，出帆，旗による信号，民衆の旗，スポーツや祝典のための旗，アメリカ合衆国，フランス，ドイツ，オランダとベルギー，オーストリアとスイス，イタリア，スペインとポルトガル，ギリシアとユーゴスラビア，デンマーク，ノルウェーとアイスランド，スウェーデンとフィンランド，イギリス，カナダとニュージーランド，オーストラリア，日本，アフリカと南アメリカ，ソ連，中国，世界の国旗

(内容)世界中にはたくさんの旗や国旗がある—その歴史、意味、使われ方などを探る。世界の旗の歴史を探る博物図鑑。最も古い紋章旗から今日の国旗まで、実物写真によって、旗の物語を目のあたりに見るガイドブック。

ポケット版 世界の国旗　辻原康夫監修　人文社　2003.10　144p　22cm　850円　①4-7959-1282-3　Ⓝ288.9

(目次)アジア，アフリカ，ヨーロッパ，北アメリカ，南アメリカ，オセアニア，国際機関旗

(内容)国旗・国際機関旗・都道府県旗・アメリカ合衆国州旗を含む305旗を収録。

◆アジア

<書 誌>

四庫提要　訓点本　史部 4　地理・職官類　原田種成編　汲古書院　1990.10　430p　19cm　〈複製〉　4600円　Ⓝ025.22

<事 典>

インドネシアの事典　土屋健治，加藤剛，深見純生編　（京都）同朋舎出版　1991.6　600p　21cm　（東南アジアを知るシリーズ）　8500円　①4-8104-0851-5　Ⓝ292.4

(内容)ガイドライン、事典項目、参考資料、索引からなる事典。項目総数1432項、図版約125点。

インドを知る事典　山下博司，岡光信子著　東京堂出版　2007.9　428p　19cm　2800円　①978-4-490-10722-7　Ⓝ302.25

(目次)第1章 インドとは，第2章 インドの歴史と宗教，第3章 インドの「衣」，第4章 インドの「食」，第5章 インドの「住」，第6章 インド人と「美」，第7章 インドの暮らし，第8章 インドの産業と環境問題，第9章 インドへの旅

(内容)歴史や宗教をはじめ、現代インドの「衣」「食」「住」、服飾やファッション、交通事情から通信インフラまで、旅行、ビジネス、インド生活に必携の一冊。著者たちが長い生活経験と調査経験をもつ南インドにおける諸事実を中心に記述。巻末に五十音順索引を収録。

最新 中国地名事典　日外アソシエーツ，紀伊国屋書店（発売）　1994.5　599p　21cm　7800円　①4-8169-1231-2　Ⓝ292.203

(内容)中国の地名を収録・解説する事典。行政区画名から産業地名、自然地名までの5500項目を収録。日本式の漢字音読みで排列し、中国よみを示すピンインも記載する。

最新 朝鮮民主主義人民共和国地名辞典　申大興編　雄山閣出版　1994.5　388p　21cm　3980円　①4-639-01230-6　Ⓝ292.103

(内容)北朝鮮（朝鮮民主主義人民共和国）の現在の地名を掲載した事典。道（直轄市）及び（区域）・郡・区の最新の行政区域、さらに、末端の里、洞、労働者区までを網羅的に収録する。行政区域の変遷を道、市、郡ごと、年別に簡単に紹介し、改称された地名も記載する。地名には朝鮮語、漢字、カタカナ、ローマ字を併記し、索引等で検索できるようになっている。

事典 東南アジア　風土・生態・環境　京都大学東南アジア研究センター，古川久雄，海田能宏，山田勇，高谷好一編　弘文堂　1997.3　617p　26cm　20000円　①4-335-05008-9　Ⓝ292.3

(目次)1 生態（地形と地質，気候，土壌，植生，動物，海，自然災害，人間環境），2 生活環境（野の幸，海の幸，山の幸，川の幸，食，衣，住，体，生産技術），3 風土を編むもの（人の心，外文明の伝播，交易と集落，権力，海のシルクロード），4 風土とその変貌（生態的風土の区分，熱帯多雨林の風土，海域の風土，大陸山地の風土，平原の風土，デルタの風土，火山島の風土，ウォーレシアの風土，イリアンジャヤの風土），5 開発に揺れる風土（豊かさの功罪，開発の思想，都市文明，世界システムの中の東南アジア，もうひとつの豊かさを求めて）

新香港1000事典　魅力つきない香港のすべてを1000のキーワードで読み解く　小柳淳編　メイプルプレス　2000.9　431p　21cm　2800円　①4-944161-06-9　Ⓝ292.239

(内容)香港のありとあらゆることを1000件集めてアイウエオ順に配列した本。香港の生活、風俗、雑踏、経済、社会、建築、芸能、文化、習慣、流行、言語、飲食、道路、交通、歴史、政治、ビジネス、観光、地理など幅広く、正に森羅万象を詰め込みました。

タイ事典　日本タイ学会編　めこん　2009.9　556p　22cm　〈日本タイ学会創立一〇周年

記念 日タイ修好一二〇周年記念事業実行委員会助成財団法人日本タイ協会助成　文献あり 年表あり 索引あり〉　5000円　Ⓘ978-4-8396-0226-0　Ⓝ292.37

(目次)総説，項目編，主要統計，資料，文献案内，索引

(内容)タイに関する事項を幅広くとりあげて解説する事典。地理、歴史、民族、言語、政治、行政などの各分野を概観する「総説」と、830項目を五十音順に排列した「項目編」の二部構成。巻末に「主要統計」「資料」「文献案内」「索引」が付く。

タイの事典　石井米雄，吉川利治編　(京都)同朋舎出版　1993.3　498p　22cm　(東南アジアを知るシリーズ)　〈監修：石井米雄〉　8500円　Ⓘ4-8104-0853-1　Ⓝ292.37

(内容)タイの国が、隅から隅まで、手にとるようにわかる、"国際派"必携の書。

中央ユーラシアを知る事典　小松久男，梅村坦，宇山智彦，帯谷知可，堀川徹編　平凡社　2005.4　624p　21cm　6500円　Ⓘ4-582-12636-7　Ⓝ292.96

(目次)項目編(ア‐ワ)，特別項目(アフガニスタン戦争，アラル海問題，安全保障，イスラーム化 ほか)，資料編(歴史地図，系図，年表，各国便覧 ほか)

(内容)奥深い歴史と多様な文化を有する中央ユーラシア現代史の前面に姿を現した広大な地域の歴史と現在、社会と文化を解き明かす。"シルクロード""石油・天然ガス""祭り"など40の「特別項目」を含む1000項目。"歴史地図""系図""年表""各国便覧""文献・サイト案内"付き。

中国主要地名辞典　隋～宋金　鈴木哲雄著　山喜房仏書林　2003.9　763p　22cm　〈付属資料：13枚(袋入)：地図〉　15000円　Ⓘ4-7963-0894-6　Ⓝ292.203

中国人名資料事典　第10巻　最新中華民国満州帝国人名地名便覧　日本図書センター　1999.8　1冊　22cm　〈タイムス出版社昭和14年刊の複製〉　Ⓘ4-8205-2456-9　Ⓝ282.203

「中国全省を読む」事典　莫邦富著　新潮社　2009.4　328p　16cm　(新潮文庫 も-20-4)　〈『中国全省を読む地図』(2001年刊)の加筆修正〉　476円　Ⓘ978-4-10-130024-5　Ⓝ292.2

(目次)北京市，天津市，河北省，山西省，内蒙古自治区，遼寧省，吉林省，黒竜江省，上海市，江蘇省〔ほか〕

(内容)21世紀を迎え、存在感を増す中国。急成長をみせるその原動力とは何か?五輪開催により急速な変化を遂げる北京、毛沢東主義を貫いた河南省の栄光、改革・開放以後、大躍進を遂げた広東省、返還後の香港経済の衰退と再興…超大国に潜む各省の光と影を浮き彫りに。地図に加え、名産品情報も写真も盛り込み、旅行に仕事に大活躍の一冊。

中国都市名辞典　河内潔編纂　リバリスランド　2002.6　370,137p　27cm　9800円　Ⓝ292.203

中国文化事典　中国文化事典編集委員会編　丸善出版　2017.4　776p　22cm　〈文献あり 索引あり〉　20000円　Ⓘ978-4-621-30117-3　Ⓝ302.22

(目次)1 歴史，2 地理，3 思想，4 言語，5 文学，6 美術，7 芸能，8 生活，付録

中国歴史地名辞典　第1巻　ウェード式表記順一覧　A～IJ　中国地名研究会編　科学書院，霞ケ関出版(発売)　1995.3　759p　30cm　20600円　Ⓝ292.203

(内容)中国の地名を各種の欧文表記で示した事典。全5巻で、計約3万4千件を収録。ウェード式表記のアルファベット順に排列、地名の区分、属する省、ピンイン・レッシング式・仏式の各表記を記載。本巻にはAからIJまでを収録する。

中国歴史地名辞典　第2巻　ウェード式表記順一覧　K～S　中国地名研究会編　科学書院，霞ケ関出版(発売)　1995.3　778p　30cm　20600円　Ⓝ292.203

(内容)中国の地名を各種の欧文表記で示した事典。全5巻で、計約3万4千件を収録。ウェード式表記のアルファベット順に排列、地名の区分、属する省、ピンイン・レッシング式・仏式の各表記を記載。本巻にはKからSまでを収録する。

中国歴史地名辞典　第3巻　ウェード式表記順一覧　T～Y　中国地名研究会編　科学書院，霞ケ関出版(発売)　1995.3　505,13p　30cm　20600円　Ⓝ292.203

(内容)中国の地名を各種の欧文表記で示した事典。全5巻で、計約3万4千件を収録。ウェード式表記のアルファベット順に排列、地名の区分、属する省、ピンイン・レッシング式・仏式の各表記を記載。本巻にはT以降を収録する。巻末に欧文表記発音記号対照表を掲載。

中国歴史地名辞典　第4巻　Pin-Yin・Lessing式・仏式表記順索引　中国地名研究会編　科学書院，霞ケ関出版(発売)　1995.3　787p　30cm　20600円　Ⓝ292.203

(内容)中国の地名を各種の欧文表記で示した事典。全5巻で、計約3万4千件を収録。本巻はピンイン・レッシング式・仏式の各表記から、ウェード式表記順の本文を引ける3種の索引を掲載。

中国歴史地名辞典　第5巻　欧文表記総合索引・漢字部首画数順索引　中国地名研究会編　科学書院，霞ケ関出版（発売）　1995.3　697p　30cm　20600円　Ⓝ292.203

（内容）中国の地名を各種の欧文表記で示した事典。全5巻で、計約3万4千件を収録。本巻はピンイン・レッシング式・仏式・ウェード式の表記から本文を引ける欧文表記総合索引と、漢字部首画数順索引を掲載。

朝鮮を知る事典　増補版　伊藤亜人〔ほか〕監修　平凡社　1998.9　544p　22cm　〈文献あり〉　Ⓘ4-582-12603-0　Ⓝ221.0033

朝鮮を知る事典　新訂増補版　伊藤亜人，大村益夫，梶村秀樹，武田幸男，高崎宗司監修　平凡社　2000.11　611p　21cm　5000円　Ⓘ4-582-12629-4　Ⓝ221.0033

（目次）項目編（ア - ワ），地域・国名（朝鮮史略年表，朝鮮，大韓民国，朝鮮民主主義人民共和国），増補項目編（ア - ワ）

（内容）朝鮮の歴史や文化、人々の生活様式とその背景を立項・解説する事典。「項目編」「増補項目編」あわせて1200余の項目を収録、五十音順に排列。「地域・国名」では朝鮮及び現在の南北両国家を概観する。ほかに人口統計、文献案内、関連サイト案内、ハングル表、索引がある。

朝鮮支那地名辞彙　根来可敏編　竜渓書舎　1995.9　548,109,69欄　21cm　（韓国併合史研究資料 6）　〈共同出版明治43年刊の複製〉　8240円　Ⓘ4-8447-5394-0　Ⓝ292.1

朝鮮支那地名辞彙　上　復刻版　根来可敏編　竜渓書舎　2002.9　369p　21cm　（韓国併合史研究資料 41）　〈奥付の責任表示（誤植）：根本可敏〉　Ⓘ4-8447-5463-7　Ⓝ292.1

朝鮮支那地名辞彙　下　復刻版　根来可敏編　竜渓書舎　2002.9　p370-548,109,69p　21cm　（韓国併合史研究資料 41）　〈奥付の責任表示（誤植）：根本可敏　原本：共同出版明治43年刊〉　Ⓘ4-8447-5463-7　Ⓝ292.1

東南アジアを知る事典　新訂増補　石井米雄〔ほか〕監修　平凡社　1999.3　543p　22cm　5000円　Ⓘ4-582-12621-9　Ⓝ292.3

東南アジアを知る事典　新版　桃木至朗，小川英文，クリスチャン・ダニエルス，深見純生，福岡まどか，見市建，柳沢雅之，吉村真子，渡辺佳成編，石井米雄，高谷好一，立本成文，土屋健治，池端雪浦監修　平凡社　2008.6　729p　22cm　〈他言語標題：Cyclopedia of Southeast Asia　年表あり　文献あり〉　8000円　Ⓘ978-4-582-12638-9　Ⓝ292.3

（内容）多様な自然と生活、豊かな歴史と文化をもち、激動する現代世界で存在感を増す東南アジアの全貌を「項目編」「地域・国名編」の2部構成で紹介する事典。1986年初版、1999年新訂増補版の改訂新版。「項目編」では事項名を五十音順に排列し解説。末尾に現代の著名人80人を紹介する「現代東南アジアWho's Who」を掲載する。「地域・国名編」では11の国ごとに歴史、文化、経済などの概要を掲載。また「資料編」では各国便覧、統計、年表、関連文献、関連サイトを掲載する。巻末に五十音順の索引付き。

南方地名辞典　南洋事情研究会編　大空社　2007.2　395p　21cm　（アジア学叢書）　〈付属資料：地図13〉　16000円　Ⓘ978-4-283-00501-3　Ⓝ292.4

（内容）太平洋諸島、ニュージーランド、濠洲、ニューギニヤなど約4000の地名を原住民の発音に近い読み方で記載。本文は五十音順で排列。巻末に佛領印度支那、タイ、ビルマなどの折り込み地図を付載。昭和17年婦女界社刊の復刻。

ヒマラヤ名峰事典　薬師義美，雁部貞夫編，藤田弘基写真　平凡社　1996.11　648p　26cm　10300円　Ⓘ4-582-13301-0　Ⓝ292.58

（目次）1 東部ヒマラヤ，2 ブータン・ヒマラヤ，3 シッキム・ヒマラヤ，4 ネパール・ヒマラヤ，5 チベット・ヒマラヤ，6 ガルワール・ヒマラヤ，7 パンジャーブ・ヒマラヤ，8 大カラコルム，9 小カラコルム，10 ヒンドゥー・ラジ，11 東部ヒンドゥー・クシュ，12 アフガン・ヒンドゥー・クシュ

ビルマ地名要覧 全　東亜研究所編　大空社　2007.2　1114,37p　21cm　（アジア学叢書）　〈付属資料：地図1〉　37000円　Ⓘ978-4-283-00502-0　Ⓝ292.38

（内容）ビルマの地名を記載。上ビルマ・下ビルマの2部に分かれ、上ビルマは自然、住民、歴史などの概観、下ビルマは地名をアルファベット順に排列。巻末にビルマ地名の起源を記載、付図「緬甸（ビルマ）要図」を掲載。昭和17年刊の復刻。

フィリピンの事典　鈴木静夫，早瀬晋三編　（京都）同朋舎出版　1992.4　467p　21cm　（東南アジアを知るシリーズ）　8500円　Ⓘ4-8104-0852-3　Ⓝ292.48

（内容）フィリピンの国が、隅から隅まで、手にとるようにわかる、"国際派"必携の書。総項目数897項。図版約220点。

ベトナムの事典　石井米雄監修，桜井由躬雄，桃木至朗編　同朋舎，角川書店（発売）　1999.6　448p　21cm　（東南アジアを知るシ

リーズ）　9500円　Ⓘ4-8104-2550-9
Ⓝ292.31

(目次)ガイドライン，項目編，資料編，索引

(内容)総項目数700項目、図版・写真130点を収録した、ベトナムに関する事典。50音順に配列。年表、文献目録、索引付き。

南アジアを知る事典　平凡社　1992.10
933p　21cm　7800円　Ⓘ4-582-12619-7
Ⓝ225.033

(内容)インド世界の森羅万象を照らし出す。南アジア7カ国の歴史と現在をマクロとミクロの両視点でとらえた初の総合事典。項目数1650、図版約190点。

南アジアを知る事典　新訂増補版　辛島昇，前田専学，江島恵教，応地利明，小西正捷ほか監修　平凡社　2002.4　1005p　21cm
8000円　Ⓘ4-582-12634-0　Ⓝ225.033

(目次)項目編，地域編（南アジア，インド，スリランカ，ネパール，パキスタン，バングラデシュほか），増補項目編，資料編

(内容)南アジア7ヵ国の歴史と現在をまとめた事典。新訂増補版では1990年代以降の情報を追加し、文献増補、サイト案内新設などを含め70頁増加。項目数1700余、図版約190点を掲載する。

南アジアを知る事典　インド+スリランカ+ネパール+パキスタン+バングラデシュ+ブータン+モルディヴ　新版　辛島昇，前田専学，江島恵教，応地利明，小西正捷，坂田貞二，重松伸司，清水学，成沢光，山崎元一監修　平凡社　2012.5　1073p
22cm　〈他言語標題：CYCLOPEDIA OF SOUTH ASIA　付属資料：8p：テーマ別の項目ガイド　文献あり 年表あり 索引あり〉
9000円　Ⓘ978-4-582-12645-7　Ⓝ225.033

(目次)項目編，地域編，資料編

(内容)新興経済圏の一翼を担う大国インド、発展と停滞の狭間を揺れるパキスタン、バングラデシュ、ヒマラヤに抱かれたネパール、ブータン、そして洋上のスリランカ、モルディヴ―南アジア世界を根源から理解するための総合事典、2000年代以降の変動を網羅した最新版。

蒙古地名辞典　朝鮮銀行調査課編　大空社
2007.2　92p　21cm　（アジア学叢書 164）
7000円　Ⓘ978-4-283-00506-8　Ⓝ292.26

(内容)蒙古の地名について記載。満洲帝国領内蒙古、支那領内蒙古、外蒙古、布里雅特（ブリカート）蒙古にわかれていて、それぞれ五十音順に排列。昭和11年刊の復刻。

<索 引>

大東亜南方圏地名索引集　印度支那地図地名索引・マダガスカル島地名索引・濠洲地名索引・印度洋諸島地名索引　東亜研究所，南洋経済研究所編　大空社　2007.2
1冊　21cm　（アジア学叢書）　13000円
Ⓘ978-4-283-00504-4　Ⓝ292.3

(内容)印度支那地図名索引、マダガスカル島地名索引、濠洲地名索引、印度洋諸島地名索引を収録。印度支那地図地名を邦語・欧語・漢語でそれぞれ五十音順、アルファベット順で排列、マダガスカル島地名、濠洲地名、印度洋諸島地名はそれぞれアルファベット順に排列。昭和17-18年刊の復刻。

中国大陸地図総合索引　1　中国大陸地図総合索引編纂委員会作図・編集　科学書院
2002.12　4冊　30cm　〈東京 霞ケ関出版（発売）　付属資料：図63枚〉　全50000円
Ⓘ4-7603-0241-7　Ⓝ292.038

(目次)科学書院発行『旧満州五万分の一地図集成』収録図幅一覧，科学書院発行『中国大陸五万分の一地図集成』収録図幅一覧，台湾中央研究院近代史研究所档案館所蔵五万分の一図図幅一覧，科学書院発行『中国大陸二万五千分の一地図集成』収録図幅一覧，台湾中央研究院近代史研究所档案館所蔵各縮尺図図幅一覧（百五十万分の一、百万分の一、五十万分の一、四十万分の一、三十万分の一、二十五万分の一、二十万分の一図），台湾中央研究院近代史研究所档案館所蔵十万分の一図図幅一覧（河北、山東、河南、山西、陝西、甘粛、江蘇、安徽、浙江、江西、湖北、湖南、四川），台湾中央研究院近代史研究所档案館所蔵十万分の一図図幅一覧（県図・省図、福建、広東、広西、雲南、貴州、熱河、察哈爾、綏遠、寧夏、青海、西康、遼寧、蒙古），欧文表記総合索引

<ハンドブック>

韓国・朝鮮地名便覧　1992年版　日本加除出版編　日本加除出版　1992.5　316,118,56p
21cm　3750円　Ⓘ4-8178-1015-7　Ⓝ292.103

韓国ってどんな国?　佐々木典子監修，渡辺一夫文・写真　ポプラ社　2003.4　47p　27cm
（韓国まるごと大百科 国際理解に役立つ 1）
2800円　Ⓘ4-591-07557-5　Ⓝ292.1

(目次)韓国の国土（韓国の誇りと心のささえ，韓国の自然と四季 ほか），韓国の政治と貿易（政治のしくみと兵役，通貨から物価、貿易まで），韓国の交通と産業（韓国の国内交通，韓国の都市の交通 ほか），韓国の情報とくらし（韓国の

マスコミ，韓国がかかえる環境問題 ほか）

(内容)韓国には四季ってあるのだろうか?通信や交通はどのようにはりめぐらされているのだろう?国土と自然、政治と経済、南北の軍事境界線、大都市と地方都市、交通、工業、農業、漁業、テレビ・ラジオ、新聞から環境問題まで、韓国について知りたいデータをまとめました。

韓国百科　秋月望，丹羽泉編著　大修館書店　1996.7　317p　19cm　〈現代史年表：p306～309〉　2369円　①4-469-23128-2　Ⓝ292.1

(目次)1 韓国を知る（政治，経済，社会，歴史，文化），2 韓国を読む，3 韓国を見る

(内容)韓国の政治・経済・社会・歴史などの基礎情報のほか、人々の考え方や習慣、日本との関連事項などをテーマとしてとりあげ紹介。データ編付。

韓国百科　第2版　秋月望，丹羽泉編著　大修館書店　2002.2　309p　19cm　1900円　①4-469-23219-X　Ⓝ292.1

(目次)1 韓国を知る（政治，経済，社会 ほか），2 韓国を読む（現代の「両班」，儒教と現代社会，風水 ほか），3 韓国を見る（韓国地図，国旗，国花 ほか）

(内容)韓国についての情報ガイドブック。政治・経済・社会・歴史・文化の5分野に区分しての韓国の基礎的な情報を解説、宗教・衣食住・社会問題など人々の考え方や習慣、在日韓国人など日本と関連する事項などをテーマにしたコラム集もある。また、地図・人口・韓国の現状を知るための各種統計資料も掲載している。巻末には現代史年表を付す。

環日本海エリア・ガイド　古田陽久，古田真美監修，シンクタンクせとうち総合研究機構編　（広島）シンクタンクせとうち総合研究機構　2000.6　128p　21cm　（ふるさとシリーズ）　2000円　①4-916208-31-5　Ⓝ292

(目次)環日本海エリアの概観（環日本海エリアの地勢，環日本海エリアの地域区分，環日本海エリアの交通基盤 ほか），環日本海諸国の概要（中華人民共和国，ロシア連邦，朝鮮民主主義人民共和国 ほか），わが国の日本海沿岸自治体の概要（北海道，青森県，秋田県 ほか），姉妹都市提携関係，環日本海エリアの関連情報源（大使館・観光局等，各種団体・研究機関等，図書館・資料室等 ほか），コラム（守りたい 北方領土の貴重な自然環境，進めたい環日本海交流の促進）

(内容)21世紀に注目される環日本海エリア、すなわち、ロシア連邦極東地域、中国東北部、朝鮮半島、および日本の日本海沿岸の16県に焦点をあて、各国・地方・構成自治体の特色、特性、地域資源等をまとめた資料集。開発、経済の視点だけではなく、自然環境と文化財の保護、そして、異文化交流の視点を基調にしている。

大韓民国地名便覧　1994年版　日本加除出版編，大韓民国内務部地方企画課監修　日本加除出版　1994.4　526p　21cm　3900円　①4-8178-1116-1　Ⓝ292.10189

(内容)韓国（大韓民国）の現在の地名を収録した事典。特別市、直轄市、道別に、市、区、郡（邑・面）の行政区域の変遷と市、区、郡、邑、面別の現行地名（1994年3月1日現在）を「大韓民国地方自治法」並びに「大韓民国内務部」で作成した地方自治団体掲載順にもとづき掲載する。行政区域の変遷は1945年8月15日を標準にし、1994年3月1日現在の内容までを収める。地方自治団体の名称及び地名のカタカナ読みについては、ハングル音に近い表現を編集部で記載している。

大韓民国地名便覧　1995年版　大韓民国内務部地方企画課監修，日本加除出版株式会社出版部編　日本加除出版　1995.8　9,558p　21cm　〈1995年6月1日現在〉　3835円　①4-8178-1139-0　Ⓝ292.10189

大韓民国地名便覧　1998年版　大韓民国内務部自治企画課監修，日本加除出版株式会社出版部編　日本加除出版　1998.3　570p　21cm　4000円　①4-8178-1181-1　Ⓝ292.10189

(内容)特別市、広域市、道別に、市、区、郡の行政区域の変遷と市、区、郡別の現行地名を地方自治団体掲載順にもとづき掲載。

大韓民国地名便覧　2001年版　大韓民国行政自治部自治制度課監修，日本加除出版出版部編　日本加除出版　2001.1　582p　21cm　4000円　①4-8178-1224-9　Ⓝ292.10189

(内容)韓国の行政区域の変遷と現行地名（2001年1月1日現在）のハンドブック。特別市、広域市、道別に、市、区、郡（邑・面）は「大韓民国行政自治部」で作成した地方自治団体掲載順に、洞、里はハングル記号順に掲載する。

大韓民国地名便覧　2012年版　大韓民国行政安全部自治制度課監修　日本加除出版　2011.11　593p　21cm　4700円　①978-4-8178-3961-9　Ⓝ292.10189

(目次)ソウル特別市，釜山広域市，大邱広域市，仁川広域市，光州広域市，大田広域市，蔚山広域市，京畿道，江原道，忠清北道，忠清南道，全羅北道，全羅南道，慶尚北道，済州特別自治道

台湾百科　若林正丈，劉進慶，松永正義編著　大修館書店　1990.7　262p　19cm　2060円　①4-469-23074-X　Ⓝ292.24

(目次)序章 転換期の台湾，第1章 自然と社会（地理と自然，住民と社会，原住民族），第2章 歴史

(清代以前，日本統治時代，戦後)，第3章 政治(政治制度，政党，民主化の展開，台湾の対外関係と国際的地位，中国共産党の対台湾政策，国民党政府の対大陸政策，軍事的にみた台湾，日台関係)，第4章 経済と産業(ニーズ的発展の現状と問題，農業，工業，財政・金融，対外経済，大陸との経済関係，労働問題，環境問題)，第5章 くらしと文化(台湾の文化，衣食住，年中行事，宗教と民俗，民間芸能，文学，映画，報道・出版，教育)

(内容)自然と社会、歴史、政治、経済と産業、くらしと文化等、5章31項目に分けて解説。巻末に索引を付す。中国研究所編「中国年鑑」1988年版別冊「台湾小事典」を改訂、増補したもの。

台湾百科　第2版　若林正丈，劉進慶，松永正義編著　大修館書店　1993.3　262p　19cm　2266円　①4-469-23092-8　Ⓝ292.24

(目次)序章 転換期の台湾，第1章 自然と社会，第2章 歴史，第3章 政治，第4章 経済と産業，第5章 くらしと文化

(内容)台湾の政治・経済・文化などを体系的に紹介する資料集。

地図で見る 中国ハンドブック　ティエリ・サンジュアン著，太田佐絵子訳　原書房　2017.8　160p　21cm　〈地図製作：マドレーヌ・ブノワ＝ギュイヨ　文献あり 年表あり 索引あり　ATLAS DE LA CHINE 原著第3版の翻訳〉　2800円　①978-4-562-05422-0　Ⓝ302.22

(目次)遺産，先進社会に向けて，グローバル化した領土，中国の都市，周辺地域，グローバル化の主役，付録

(内容)今の中国が一目瞭然でわかるアトラス!交通、宗教、金融・産業投資などの未刊行資料を掲載。世界のあらたな秩序を判断するために必要不可欠の著書!!

<地図帳>

韓国歴史地図　韓国教員大学歴史教育科著，吉田光男監訳　平凡社　2006.11　226p　26cm　3800円　①4-582-41105-3　Ⓝ221.0038

(目次)1章 古代，2章 南北国時代，3章 高麗，4章 朝鮮，5章 近代，6章 現代

(内容)韓国の出版社が2005年に刊行した「アトラス韓国史」を翻訳したもの。古代の合戦から現代の事件まで、韓国の歴史を見開きのカラー地図と図版でまとめた地図。巻末に索引を収録。

最新 地図で知る中国・東アジア　普及版　正井泰夫，中村和郎監修　平凡社　2000.3　237p　21cm　(平凡社エリアアトラス)　2400円　①4-582-44305-2　Ⓝ292.2

(目次)世界の中の中国・東アジア，中国・東アジア全図，中国概説、行政区分図，中国東北部，黒竜江省，黒竜江省概説、ハルビン市街図，吉林省概説、長春市街図，吉林省、遼寧省，大連市街図，遼寧省概説、瀋陽市街図〔ほか〕

(内容)地図と解説で中国・東アジアを紹介する地図帳。地図、市街図、解説のほか、民族、史跡、名勝などのテーマ図を収載。地名索引付き。

最新 地図で知る東南・南アジア　普及版　平凡社　2000.4　237p　21cm　(平凡社エリアアトラス)　2400円　①4-582-44307-9　Ⓝ292.3038

(目次)東南アジア・南アジア全図，東南アジア，インドシナ半島、フィリピン，フィリピン，フィリピン概説、マニラ市街図，フィリピン主要部，マレーシア、インドネシア西部，インドネシア東部，マレーシア西部、シンガポール、スマトラ，マレーシア概説、クアラ・ルンプル市街図〔ほか〕

(内容)地図にくわえて国や地域や都市の解説、各種のテーマ図、データ等をくわえた地域情報資料集。全17カ国の地図と首都市街地、解説のほか言語、史跡などのテーマ図を収載。巻末に約6000項目の地域索引を付す。

大東亜南方圏地図帖　附・地誌概説並地名索引　藤田元春著　大空社　2007.2　66,34p　30cm　(アジア学叢書)　28000円　①978-4-283-00505-1　Ⓝ292.038

(内容)大東亜南方圏の地図を収録。佛領印度支那、タイ国、マライ半島他などの大亜南方圏の図版を記載。巻末に地誌概説、地名索引を収録。昭和19年刊の復刻。

地図で知る中国・東アジア　中華人民共和国＋モンゴル＋朝鮮民主主義人民共和国＋大韓民国　平凡社　1994.2　237p　22cm　(平凡社エリアアトラス)　〈監修：正井泰夫，中村和郎〉　5800円　①4-582-44302-8　Ⓝ292.2038

(内容)単に従来以上に詳しい地図を収載するだけでなく、中国各省の解説、各省都の詳細市街図、各種のテーマ図、データ等などを加えている。扱いやすいハンディな大きさと相俟って国際化時代に役立つアトラス。

地図で知る東南・南アジア　平凡社　1994.9　237p　22cm　(平凡社エリアアトラス)　〈監修：高橋彰〉　6200円　①4-582-44303-6　Ⓝ292.3038

(内容)いま注目のアジアの国々を知る最新最詳のアトラス。全17ヵ国の詳細地図、首都市街図、解説を収載。言語・史跡などのテーマ図も収録。

旅行、ビジネス、調査研究必携の書。

中国商工地図集成　地図資料編纂会編　柏書房　1992.10　43枚　62cm　〈複製　参考文献一覧：p43〉　58000円　Ⓘ4-7601-0886-6　Ⓝ292.2038

中国全省を読む地図　22省・4直轄市・5自治区・香港・マカオ・台湾　莫邦富著　新潮社　2001.12　282p　16cm　（新潮文庫）　476円　Ⓘ4-10-130023-2　Ⓝ292.2

(内容)北京郊外の“シリコンバレー”、天津を本拠とする世界の大企業群、多メディア化を誘発した「湖南現象」、毛沢東思想を忠実に実行した河南省の栄光と凋落、返還後の香港住民の苦悩…経済開放政策が招いた中国各省の明と暗を、地図を通して浮き彫りにする。さらに、上海でのレトロブームから、注目の秘境・雲南省の知られざるスポットまで、観光情報も充実。ビジネスマン・旅行者必携の書。

中国大陸五万分の一地図集成　1　科学書院，霞ケ関出版（発売）　1986.10　515枚　46×63cm　200000円　Ⓝ292.038

中国大陸五万分の一地図集成　2　科学書院，霞ケ関出版（発売）　1987.5　501枚　46×63cm　200000円　Ⓝ292.038

中国大陸五万分の一地図集成　3　科学書院，霞ケ関出版（発売）　1988.6　537枚　46×63cm　200000円　Ⓝ292.038

中国大陸五万分の一地図集成　4　科学書院，霞ケ関出版（発売）　1993.10　376枚　46×63cm　206000円　Ⓝ292.038

(内容)20世紀初頭から第二次世界大戦前まで、日本の陸地測量部が測量・製版した、正式の地形図に先立つ略図を含む五万分の一地形図を、原寸で製版した地図資料。

中国大陸五万分の一地図集成　5　科学書院，霞ケ関出版（発売）　1994.10　487枚　47×63cm　206000円　Ⓝ292.038

中国大陸五万分の一地図集成　6　科学書院，霞ケ関出版（発売）　1996.10　528枚　47×63cm　206000円　Ⓘ4-7603-0163-1　Ⓝ292.038

中国大陸五万分の一地図集成　7　科学書院，霞ケ関出版（発売）　1997.10　546枚　47×64cm　210000円　Ⓘ4-7603-0164-X　Ⓝ292.038

中国大陸五万分の一地図集成　8　科学書院，霞ケ関出版（発売）　1998.10　597枚　47×64cm　200000円　Ⓘ4-7603-0165-8　Ⓝ292.038

中国大陸五万分の一地図集成　総合索引　改訂・増補版　中国大陸地図総合索引編纂委員会作図・編　科学書院，霞ケ関出版（発売）　2002.10　2冊（セット）　30cm　50000円　Ⓘ4-7603-0229-8　Ⓝ292.038

(目次)第一分冊（旧満州五万分の一地図集成収録図幅一覧，中国大陸五万分の一地図集成収録図幅一覧），第二分冊（台湾所蔵五万分の一図図幅一覧，図幅名欧文表記総索引）

(内容)科学書院発行『中国大陸五万分の一地図集成』（全8巻）および『旧満州五万分の一地図集成』（全2巻）収録のすべての図幅について、その情報を整理したもの。別添の『省域別索引図』（全50枚）を補完する目的で編集されたものであり、特定の地名・場所の検索に主眼を置いたものではない。前述図幅の頁順に排列。図幅名、図番、中国音表記、図誌データ、索引図の番号を記載している。

中国大陸五万分の一地図集成　索引図　科学書院，霞ケ関出版（発売）　1994　552p　30cm　〈『旧満州五万分の一地図集成』（1985年刊）の索引図を含む〉　41200円　Ⓝ292.038

中国大陸五万分の一地図集成及び旧満州五万分の一地図集成　科学書院，霞ケ関出版（発売）　〔1994.9〕　552p　30cm　41200円　Ⓝ292.038

(内容)科学書院発行『中国大陸五万分の一地図集成』（全5巻）および『旧満州五万分の一地図集成』（全2巻）収録の全図幅の検索のための資料。省別索引図、原本の収録頁順に掲載する収録図幅一覧、索引篇の3部構成。索引篇には、図幅名の漢字部首画数順、漢語ピンイン表記順、Wade式表記順、フランス式表記順、Lessing式表記順、欧文表記総索引の6種の索引がある。

中国大陸二万五千分の一地図集成　1　科学書院，霞ケ関出版（発売）　1989.6　405枚　47×63cm　206000円　Ⓝ292.2038

(内容)二十世紀初頭から昭和二十年まで、日本の陸地測量部（参謀本部）が測量・製版した、正式の地形図に先立つ略図を含む二万五千分の一地形図を、原寸で製版したもの。図名は、その図幅内にある主要な都市・町村・集落名が採用されている。

中国大陸二万五千分の一地図集成　2　科学書院，霞ケ関出版（発売）　1990.5　394枚　47×63cm　206000円　Ⓝ292.2038

(内容)二十世紀初頭から昭和二十年まで、日本の陸地測量部（参謀本部）が測量・製版した、正式の地形図に先立つ略図を含む二万五千分の一地形図を、原寸で製版したもの。図名は、その図幅内にある主要な都市・町村・集落名が採用されている。

中国大陸二万五千分の一地図集成　3　科学書院，霞ケ関出版（発売）　1991.5　399枚　63×46cm　206000円　Ⓝ292.2038

(内容)二十世紀初頭から昭和二十年まで、日本の陸地測量部（参謀本部）が測量・製版した、正式の地形図に先立つ略図を含む二万五千分の一地形図を、原寸で製版したもの。図名はその図幅内にある主要な都市・町村・集落名が採用されている。

中国大陸二万五千分の一地図集成　4　科学書院，霞ケ関出版（発売）　1992.5　491枚　47×63cm　206000円　Ⓝ292.2038

中国大陸二万五千分の一地図集成　索引図　科学書院，霞ケ関出版（発売）　1993.2　250p　30cm　20000円　Ⓝ292.2038

(内容)「中国大陸二万五千分の一地形図集成」全4巻に対する索引。第1部の省別・特別市及び地区別索引図では略地図上を升目状に区切り収録図幅名を記載、第2部の収録図幅一覧では収録図幅名を表形式で巻・頁順に一覧掲載する。ウェード式表記索引と漢語ピンイン表記索引を付す。

中国歴史地図　朴漢済編著，金秉駿，李瑾明，李俊甲，金衡鍾著，吉田光男訳　平凡社　2009.1　238p　27cm　〈文献あり 索引あり〉　3800円　Ⓘ978-4-582-41107-2　Ⓝ222.0038

(目次)01 古代（多元的新石器文明，初期国家段階への発展 ほか），02 中世（英雄時代の到来，五胡十六国時代 ほか），03 近世前期（五代十国時代，宋の中国統一 ほか），04 近世後期（明の建国，靖難の変と北京遷都 ほか），05 近現代（第1次・第2次アヘン戦争，太平天国運動 ほか）

(内容)古代から改革・開放に至る中国の時間と空間を、5つの時代、96のテーマに分け、1テーマを見開き2ページで掲載する歴史地図帳。オールカラーでグラデーションを用いた立体感あふれる地図を収録。2006年刊『韓国歴史地図』の姉妹編。

朝鮮半島地図集成　朝鮮半島地図資料研究会編　科学書院，霞ケ関出版（発売）　1999.7　6冊（セット）　48×66cm　250000円　Ⓘ4-7603-0226-3　Ⓝ292.1

(内容)朝鮮半島の5千分の1、2万分の1、2万5千分の1地図を収録したもの。

陳舜臣中国ライブラリー　別巻　中国五千年史地図年表　陳舜臣著，稲畑耕一郎編　集英社　2001.12　143p　21cm　2500円　Ⓘ4-08-154031-4　Ⓝ222.003

(目次)地域別歴代名勝・古蹟地図，王朝時代別歴史地図，殷，西周，春秋，戦国，秦，前漢，後漢，三国〔ほか〕

(内容)中国史を地図であらわした年表。巻頭にアジア大陸NASA衛星画像、日中対照年表、現代中国行政図、巻末に王朝時代別・五十音順索引、中国五千年史年表がある。

ベーシックアトラス 中国地図帳　世界を知ることは現代人の常識　平凡社編　平凡社　2008.7　94p　30cm　1400円　Ⓘ978-4-582-44312-7　Ⓝ292.2038

(目次)中国をとりまく国々，中国全図，中国の行政区分，河北省・北京市・天津市，天津、石家荘，北京市，北京，北京中心部，遼寧省・大連中心部，瀋陽、大連〔ほか〕

(内容)詳細な省別地図と主要45都市の都市図。北京、上海、香港は中心部の詳細図付き。主要都市には簡体字を併記。空港、ホテルや観光地など、見どころを網羅。世界遺産マップと主要24都市の月別平均気温・降水量を掲載。5000の地名索引は日本語よみ、中国語よみの両方を完備。

ベーシックアトラス 中国地図帳　新版　平凡社編　平凡社　2012.11　95p　30cm　〈初版のタイトル：BASIC ATLAS 中国地図帳 索引あり〉　1500円　Ⓘ978-4-582-41720-3　Ⓝ292.2038

(目次)河北省・北京市・天津市，天津、石家荘，北京市，北京，北京中心部，遼寧省、大連中心部，瀋陽、大連，吉林省、長春，黒竜江省、チチハル、ハルビン，内蒙古自治区、フフホト、太原、鄭州〔ほか〕

(内容)見やすい広域図と詳細な主要45都市図を掲載、世界遺産や人気の観光地も網羅。主要都市名には簡体字を併記。日本語と中国語の両方の読みから調べることができる索引付き。

◆中東・アフリカ

<事 典>

アフリカを知る事典　新訂増補版　伊谷純一郎〔ほか〕監修　平凡社　1999.9　604p　22cm　5800円　Ⓘ4-582-12623-5　Ⓝ294.033

アフリカを知る事典　新版　小田英郎，川田順造，伊谷純一郎，田中二郎，米山俊直監修　平凡社　2010.11　772p　22cm　〈他言語標題：CYCLOPEDIA OF AFRICA　付（6p）：テーマ別の項目ガイド　文献あり 年表あり 索引あり〉　7600円　Ⓘ978-4-582-12640-2　Ⓝ294.033

(内容)激動する大陸の悠遠な歴史と多彩な文化。54の国家・地域の自然、民族、歴史と現状、日本との関係などを詳述。アフリカ全体を概観する総論、ホットなテーマのコラム群。各国便覧、年表、文献案内、在日外国公館／在外日本公館、関連サイト案内、世界遺産、索引付き。項目数634項、図版140点。

<ハンドブック>

地図で見る アラブ世界ハンドブック　マテュー・ギデール著，太田佐絵子訳，クレール・ルヴァスール地図制作　原書房　2016.12　161p　21cm　〈文献あり 索引あり 原書名：ATLAS DES PAYS ARABES 原著第3版の翻訳〉　2800円
①978-4-562-05357-5　Ⓝ312.27

(目次)「アラブの春」以後，アラブ諸国―過去と現在，権力と政治，戦争と平和，人々と社会，経済と発展，変革と革命，民主主義への長い道のり，付録 アラブ連盟の22カ国

(内容)世界の地政学を一変させた「アラブの春」。国際社会の表舞台で、激しい変動を経験したアラブ世界を理解するために徹底分析!地図やグラフィックによる画期的地政学。

<地図帳>

情報アトラス アラブの世界　ラフィック・ブスタニ，フィリップ・ファルグ著　集英社　1991.6　147p　29×23cm　〈原書名：Atlas du Monde Arabe Geopolitique et Societe〉　2300円　①4-08-783049-7　Ⓝ228

(目次)国境，少数民族，人口，社会，文化，都市，農業，石油・産業，地域統合，国家，パレスチナ，戦争，各国データバンク

(内容)世界と日本の“いま”を最新の地図と情報のフルセットで1冊に。イミダスの国際関係執筆陣が、世界のエリア別最新動向を解説。イギリスを代表する年鑑“STATESMAN'S YEAR-BOOK”の編集協力で国際データを充実。各国データは、地理・歴史解説付き、主要国は州単位のデータを充実。いま注目の「国連」の機構・機能のすべてを特集。

聖都エルサレム地形図集　中東都市地図刊行会編　遊子館　2005.10　12,276p　43cm　〈他言語標題：Topographical maps of Jerusalem　年表あり〉　78000円
①4-946525-77-7　Ⓝ292.79

中東世界データ地図　歴史・宗教・民族・戦争　ダン・スミス著，龍和子訳　原書房　2017.9　177p　28cm　〈文献あり 索引あり 原書名：THE STATE OF THE MIDDLE EAST ATLAS〉　5800円
①978-4-562-05430-5　Ⓝ227

(目次)第1部 中東の形成（オスマン帝国，ヨーロッパの植民地主義，第一次世界大戦後の新たな中東 ほか），第2部 転換期にある中東地域（政治と人権，信仰，民族 ほか），第3部 紛争の舞台（イスラエルとパレスチナ，レバノン，アルジェリア ほか）

(内容)地図やグラフィックを用いて、中東世界を読み解く決定版。オスマン帝国の時代に始まり、ヨーロッパの帝国拡大、アラブ世界のナショナリズム、アルカイーダ、「アラブの春」、ISISまで、170点以上の地図、グラフ、年表により解説する。

◆ヨーロッパ

<事 典>

イギリス文化事典　橋口稔編　大修館書店　2003.6　443p　21cm　5000円
①4-469-01273-4　Ⓝ302.33

(目次)地誌，言語，教育，ジャーナリズム，学問，芸術，児童，衣食住，生活，宗教，法，軍事，海外，社会

(内容)イギリス文化全般にわたる基本知識を60項目に分け解説したイギリス文化の事典。巻末に欧文と和文の事項索引が付く。

イギリス文化事典　イギリス文化事典編集委員会編　丸善出版　2014.11　27,906p　22cm　〈文献あり 年表あり 索引あり〉　20000円　①978-4-621-08864-7　Ⓝ233.0036

(目次)第1章 イギリスという国，第2章 社会，第3章 物語・小説，第4章 詩，第5章 演劇，第6章 映画，第7章 音楽，第8章 絵画・彫刻・建築，第9章 教育・スポーツ，第10章 哲学・思想，第11章 歴史・王室，第12章 日英関係，第13章 スコットランド，第14章 ウェールズ，第15章 北アイルランド

(内容)中項目主義：各項目見開き2頁完結で、類書にない読みやすさを追求した“文化事典シリーズの第4弾”。イングランド、スコットランド、ウェールズ、北アイルランドという、それぞれに独自の文化を有する4つの地域から成るイギリスの魅力を389の項目で余すところなく伝えるユニークな事典。見開き完結のため、どこを開いても興味深く読め、楽しめる内容。知られざるイギリスの素顔や裏側のエピソードも随所に散りばめられ、また豊富な写真が理解を倍増させてくれる。

イギリス歴史地名辞典　歴史地名篇　A.D.

ミルズ著，中林瑞松〔ほか〕訳　東洋書林，原書房（発売）　1996.3　727p　24cm　〈参考文献：p616〜619　原書名：A dictionary of English place-names.〉　25750円　Ⓘ4-88721-091-4　Ⓝ293.303

イギリス歴史地名辞典　A.D.ミルズ著，中林瑞松〔ほか〕訳　東洋書林，原書房（発売）　1996.5　442p　24cm　〈原書名：A dictionary of English place-names.〉　20600円　Ⓘ4-88721-092-2　Ⓝ293.303

イタリア文化事典　イタリア文化事典編集委員会編，日伊協会監修　丸善出版　2011.12　899p　22cm　〈年表あり　索引あり〉　20000円　Ⓘ978-4-621-08429-8　Ⓝ302.37

(内容)イタリア半島の歴史・政治・経済・文化に加え、衣・食・住など日常生活も含めてイタリア社会を総合的・多角的に捉えた事典。「都市・地域・自然」「美」「食べる」「創る」といった11分野に分け、関連写真と共に紹介する。

英国らしさを知る事典　小池滋著　東京堂出版　2003.7　329p　20×14cm　2600円　Ⓘ4-490-10626-2　Ⓝ293.3

(目次)アイルランド，アーサー王伝説，アフガニスタン，アヘン，アマチュアリズム，アングリー・ヤング・メン（怒れる若者たち），イギリス，イギリス人気質，田舎，ヴィクトリア朝〔ほか〕

(内容)日本人がイメージする「英国」と、本物の「イギリス」との落差を楽しみ、新たなイギリスへの旅に出かけよう。

現代フランス情報辞典　キーワードで読むフランス社会　草場安子著　大修館書店　1998.5　324p　19cm　2600円　Ⓘ4-469-25059-7　Ⓝ293.5

(内容)現代のフランスを理解するためのキーワード230をアルファベット五十音順に排列し解説した辞典。1997年12月末現在。

事典 現代のフランス　増補版　新倉俊一，朝比奈誼，石井晴一，稲生永，弥永康夫，鈴木康司，冨永明夫編　大修館書店　1997.7　750,258p　21cm　10000円　Ⓘ4-469-05175-6　Ⓝ293.5

(目次)領土，地形，気候，フランス語，人口，政治制度，法律，経済，金融，産業，環境問題，商業・物価，貿易，女性問題の現状，労働，社会保障，医療・保健，住居と都市計画，市民生活，交通・運輸，郵便・電信，マスコミ・出版，教育，学術・文化，思想，科学研究，宗教，歴史，文学，美術，音楽，演劇，映画，モード，料理・酒，スポーツ，地方，パリ，観光，治安，国防，国際関係

スコットランド文化事典　木村正俊，中尾正史編　原書房　2006.11　1252p　21cm　15000円　Ⓘ4-562-04022-X　Ⓝ293.32

(目次)スコットランド概要，自然・地理，主要都市・町・地方，歴史，王（女王）・王家，城・城塞，民族・国民性，宗教，言語，産業，交通・運輸，観光・旅行，都市・環境・施設，教育・学校，哲学・思想・倫理，科学・技術，民族・伝承，文学，建築・デザイン・彫刻，絵画・写真・工芸，音楽・舞踊，映画・演劇，ジャーナリズム，衣食住，生活・習慣，スポーツ・競技，スコットランドと世界

(内容)自然・地理から歴史、民俗、学芸、産業、言論、生活からスポーツまでお雇い外国人以来の深い絆の、スコットランド文化全般を網羅。1700を超す項目の充実した記事と500を超す写真・図版、索引完備。

スペイン文化事典　川成洋，坂東省次編　丸善　2011.1　884p　22cm　〈文献あり 年表あり 索引あり〉　20000円　Ⓘ978-4-621-08300-0　Ⓝ302.36

(内容)新しいスペインと伝統のスペインの両面を勘案し、総合的かつ立体的なスペイン文化の知識・情報を収録。「美術・芸術」「食文化」「社会・政治・経済・宗教」といった14分野を、関連写真と共に紹介する。

スペイン・ポルトガルを知る事典　平凡社　1992.5　472p　21cm　4800円　Ⓘ4-582-12618-9　Ⓝ236.0033

(内容)イベリア地域の歴史・社会・文化・風俗を網羅した、わが国初の本格的事典。全900項目。いま話題のバルセロナ関連の項目も充実し、スペイン、ポルトガルと親しむ必携の事典。

スペイン・ポルトガルを知る事典　新訂増補版　池上岑夫，牛島信明，神吉敬三，金七紀男，小林一宏ほか監修　平凡社　2001.10　533p　21cm　4800円　Ⓘ4-582-12632-4　Ⓝ236.0033

(内容)スペイン・ポルトガルの歴史・社会・文化を総合的に扱った初の事典。1000の項目を五十音順で排列、図版は約180点。90年代に大変貌した両国を新訂増補版でフォロー。資料編として「イベリア史略年表」「文献案内」「関連サイト案内」等があり、巻末に索引を付す。

東欧を知る事典　平凡社　1993.12　843p　21cm　7800円　Ⓘ4-582-12620-0　Ⓝ293.033

(内容)民族・言語・宗教が交錯し、厚い歴史の層につつまれた東欧の歴史・社会・文化を紹介する事典。総項目数1300、図版200点、巻末に各国要覧を掲載する。

東欧を知る事典　新訂増補版　伊東孝之，直

野敦，萩原直，南塚信吾，柴宜弘監修　平凡社　2001.3　905p　21cm　7600円
①4-582-12630-8　Ⓝ293.033

(目次)項目編ア‐ワ，地域・国名編，現代東欧Who's Who，資料編（各国便覧，東欧各国の主要都市人口，東欧史略年表 ほか）

(内容)東欧に関する総合事典。総項目数1350。東欧世界を理解するための基本項目を五十音順に排列する項目編と、各国名項目からなる地域・国名編を主軸とし、巻末で東欧革命後10年の変動を各国別に追補、キイパーソン50余人を解説する"現代東欧Who's Who"を加える。資料編として各国便覧、文献案内などを収め、巻末に索引を付す。

東欧を知る事典　新版　柴宜弘，伊東孝之，南塚信吾，直野敦，萩原直監修　平凡社　2015.7　970p　22cm　〈他言語標題：CYCLOPEDIA OF EASTERN EUROPE　付属資料：6p：テーマ別の項目ガイド　布装　文献あり 年表あり 索引あり〉　9200円
①978-4-582-12648-8　Ⓝ293.033

(目次)項目編「アーワ」，地域・国名編（東欧（ポーランド，（チェコスロバキア），チェコ，スロバキア，ハンガリー ほか）），資料編（各国便覧，東欧史略年表，文献案内，東欧の研究機関・関連サイト案内，世界遺産「東欧」 ほか）

(内容)民族・言語・宗教が多彩に交錯する東欧の歴史、混迷する世界の行く末に光明をもたらす智慧の宝庫、先進地域。21世紀に至るその全体像を多様な領域で説き明かす最新総合事典。全1439項目。図版205点。索引付き。

フランス文化事典　田村毅，塩川徹也，西本晃二，鈴木雅生編　丸善出版　2012.7　17,767p　22cm　〈文献あり 年表あり 索引あり〉　20000円　①978-4-621-08522-6
Ⓝ302.35

(内容)フランス文化の地理的な特有性と、各土地に宿る歴史の流れに焦点をあて、文学、美術、建築、音楽、料理、モード等、多分野に渡る文化的な営みを、1項目につき見開き2頁という枠組みを基本に解説する。

北欧文化事典　北欧文化協会，バルト＝スカンディナヴィア研究会，北欧建築・デザイン協会編　丸善出版　2017.10　657p　22cm　〈文献あり 年表あり 索引あり〉　20000円
①978-4-621-30171-5　Ⓝ302.389

(目次)1.北欧とは，2.北欧とその周辺，3.北欧の人と自然，4.北欧の歴史，5.北欧の文化，6.北欧の社会，7.北欧の生活デザインと建築

(内容)本書は、第2次世界大戦後まもなくの、1949年に発足した伝統ある「北欧文化協会」、1983年設立の北欧の建築・デザインに関わる専門家集団の「北欧建築・デザイン協会（SADI）」、そして1978年発足の北欧の政治・社会・歴史に関心を寄せる研究者集団「バルト＝スカンディナヴィア研究会」の3つの文化団体による長年の活動実績が実を結んで、創り出された。したがって、『北欧文化事典』の名のもとに、北欧文化のもつ独自性とその魅力の数々を、その歴史的背景、地域性、政治的状況、社会的状況、建築・デザインなどと関連付けて語ることで、本書はこれまでに例のない事典となっている。

物語古代ギリシア・ローマ人物地名事典
安達正編著　彩流社　2008.11　482p　22cm　〈年表あり〉　4800円　①978-4-7791-1396-3
Ⓝ283.1

(内容)古代ギリシア・ローマの神話と歴史にあらわれる人名と地名を解説する事典。約800項目を五十音順に排列。解説は「物語」の手法を導入し、過去の歴史を現在の視点で捉え、歴史と文芸を共通の広場に引き出し構成する。巻末に古代ギリシア・ローマの関連地図、五十音順の索引などがある。

読む事典 フランス　菅野昭正，木村尚三郎，高階秀爾，荻昌弘編　三省堂　1990.9　703p　22×15cm　4500円　①4-385-34271-7
Ⓝ293.5

(目次)フランス―対立と調和の国，地理，歴史，政治，経済，科学・技術，社会，教育，マスコミ，宗教，フランス語，精神的表現，造形，スペタクル，生活，フランス人気質

(内容)地理、歴史、政治経済等13の大項目に分かれ、その中を約80の分野に分けた、フランスについての百科全書。巻末には、人名、地名.書名、作品名を含む約3,600項目の事項索引がある。索引の排列はカタカナ表記の五十音順で、フランス語表記が付されている。

ロシアを知る事典　新版　川端香男里，佐藤経明，中村喜和，和田春樹，塩川伸明ほか監修　平凡社　2004.1　1090p　21cm　8000円
①4-582-12635-9　Ⓝ293.8

(目次)項目篇「ア‐ワ」，現代ロシア・旧ソ連諸国Who's Who，国名篇（ロシア連邦，エストニア，ラトヴィア，リトアニア ほか），資料篇（ロシア連邦の連邦構成主体と人口，旧ソ連諸国の現在の行政区画図，各国便覧，年表）

(内容)ソ連崩壊から十余年。大きく変貌したロシアと旧ソ連諸国の歴史・文化・社会を展望する総合事典。収録項目数は2000。巻末「国名篇」では15ヵ国の歴史と現状を詳述。"現代Who's Who"には、キーパーソン130名余を収める。

ロンドン地名由来事典　渡辺和幸著　鷹書房弓プレス　1998.5　318p　21cm　3500円

①4-8034-0439-9 Ⓝ290.18

(目次)ロンドン街路名概観(「通り」であることを示すさまざまな英語,「通り」の歴史と由来を秘める第1要素),ロンドン地名由来事典

(内容)街路名を中心とするロンドンの地名750項目を選び、その由来や歴史的な背景、ゆかりの人物などについて解説した事典。和文対照一覧付き。

ロンドン歴史地名辞典 A.D.ミルズ著,中林正身,今野史昭訳 柊風舎 2017.6 491p 22cm 〈文献あり 索引あり A DICTIONARY OF LONDON PLACE NAMES 原著第2版の翻訳〉 15000円 ①978-4-86498-047-0 Ⓝ293.333

(目次)序論,グレーターロンドンの自治区,地図,ロンドン歴史地名辞典,ロンドンの地名に現れる構成要素の用語解説,精選参考文献一覧,おすすめウェブサイト一覧,和名索引,訳者跋文

(内容)ヒースロー、テムズ、ピカデリー、アビーロード、アーセナル、チェルシー…誰もが目にしたことのある地名からあまり知られていない地名まで、地名が持つ成り立ちの歴史と意味を詳細に解き明かす。地名からロンドンの歴史が見えてくる画期的な辞典。

<ハンドブック>

最新 ヨーロッパ各国要覧 外務省欧亜局監修 東京書籍 1993.10 278p 26cm 2600円 ①4-487-79016-6 Ⓝ293.036

(内容)ECからCIS諸国まで、変貌する52か国のデータと情報を掲載したデータブック。国ごとに見開き4または6ページに収録。

地図で見る バルカン半島ハンドブック アマエル・カッタルッツァ,ピエール・サンテス著,ロマン・アンバック地図製作,太田佐絵子訳 原書房 2017.11 163p 21cm 〈文献あり 索引あり 原書名:ATLAS GÉOPOLITIQUE DES BALKANAS〉 2800円 ①978-4-562-05427-5 Ⓝ293.9

(目次)帝国の境界から国民国家へ(「ヨーロッパのトルコ」時代のバルカン半島,国民国家の形成 ほか),再構築される社会(人口分布の特徴,人口の空間力学 ほか),共同体と政治的アイデンティティ(アイデンティティの政治化,宗教と言語—集団的アイデンティティの媒体? ほか),「大国のかけひき」の場であるバルカン半島(バルカン半島に直面する世界,国際的援助か保護国か ほか),さまざまなバルカンらしさ(海外移住者たちのバルカン,変化しつつある観光目的地 ほか)

(内容)1990年代からつねに激動のなかにある国家と民族のモザイク、バルカン半島の複雑さを理解するための100以上の地図とグラフ。アルバニア、ボスニア、ヘルツェゴヴィナ、ブルガリア、クロアチア、ギリシア、コソヴォ、モンテネグロ、マケドニア共和国、セルビア、ルーマニア、スロヴェニア国家のなりたちとその変遷。ロシアの影響力と欧州連合への統合とのあいだで、大きな地政学的課題をかかえる地域。音楽とスポーツと遺産—バルカン半島がヨーロッパや世界におよぼす影響力。

地図で見る ロシアハンドブック パスカル・マルシャン著,シリル・シュス地図製作,太田佐絵子訳 原書房 2017.6 175p 21cm 〈文献あり 原書名:ATLAS GÉOPOLITIQUE DE LA RUSSIE〉 2800円 ①978-4-562-05405-3 Ⓝ302.38

(目次)十字路に立つヨーロッパ,ロシア全図,世界最大の広さをもつ国家(領土の形成,ロシアの記憶とアイデンティティ,遺産1 多民族国家 ほか),大国の切り札と課題(宇宙大国,航空産業,原子力大国 ほか),ロシアの地政学的利点(ロシアとNATO,ロシアと欧州連合,軍事大国ロシア ほか)

(内容)今のロシアが一目瞭然でわかるアトラス!ウクライナ危機、国境の変化、北方領土、世界のあらたな均衡など、ロシア地政学全般のわかりやすい充実した図版と記述!!

ヨーロッパ社会統計地図 ディミトリス・バラス,ダニー・ドーリング,ベンジャミン・ヘニッグ著,猪口孝監訳,藤井真人訳 柊風舎 2015.6 212p 22×31cm 〈文献あり 原書名:THE SOCIAL ATLAS OF EUROPE〉 12000円 ①978-4-86498-029-6 Ⓝ302.3

(目次)1 序章,2 アイデンティティと文化,3 人口統計,4 教育,5 雇用,6 工業ど職業,7 健康,8 政治,9 経済,10 環境,11 社会的結束,12 政策,13 結論

(内容)ヨーロッパは統合されていると同時に細分化されている地域でもあり、国境が社会的・経済的区分けを反映していることは稀である。本書はそうした現実に即し、人文地理の視点から、最新の人口・社会・経済データを最先端の地理情報システムと革新的な視覚化技術を用いて社会統計地図として提示し、ヨーロッパを新たな視点から捉え直している。ヨーロッパの大胆な再考察であり、現実に則した姿でヨーロッパを描くものである。

<地図帳>

イギリス歴史地図　改訂版　マルカム・フォーカス，ジョン・ギリンガム責任編集，中村英勝〔ほか〕訳　東京書籍　1990.5　230p　30cm　〈世界史年表：p216～217　原書名：Historical atlas of Britain. new. ed.／の翻訳〉　9800円　①4-487-76019-4　Ⓝ233.0038

（内容）原書（Historical atlas of Britain）は1981年に初版刊、1983年に邦訳が出されている。今回はその新版の邦訳。巻末に世界史年表を付す。

1万分の1ロンドン地形図集成　地図資料編纂会編　柏書房　1991.12　1冊　46×63cm（ロンドン基本地図コレクション 第1集）　98000円　①4-7601-0730-4　Ⓝ293.33

ヴィクトリア朝ロンドン詳細地図　第1期　東部・北東部　小池滋総合監修　本の友社　1997.11　3冊（別冊とも）　30-53cm　〈編集：本の友社ロンドン事務所〉　全168000円　①4-89439-114-7　Ⓝ233.33

（内容）世界の政治・経済・文化の中心だったロンドンを舞台に活動した文化人の足跡を、19世紀末に刊行された大縮尺地図と地域別・人名別解説によりたどれるように配慮した今までにない資料。

ウィーン都市地図集成　増谷英樹編　柏書房　1999.1　114p　46×62cm　〈他言語標題：Die Historischen Stadtplane von Wien vom 15. bis 19. Jh.〉　180000円　①4-7601-1704-0　Ⓝ293.46

革命期19世紀パリ市街地図集成　地図資料編纂会編　柏書房　1995.2　150枚　46×62cm　〈監修：福井憲彦 複製 付（98p 26cm）：別冊 福井憲彦他著〉　145000円　①4-7601-1138-7　Ⓝ293.5

近代ヨーロッパ首都地図集成　第1期　近代ヨーロッパ都市地図刊行会編　遊子館　1999.5　201p　43cm　〈他言語標題：Historical maps of European capitals〉　76000円　①4-946525-13-0　Ⓝ293.038

近代ヨーロッパ首都地図集成　第2期　近代ヨーロッパ都市地図刊行会編　遊子館　1999.10　217p　43cm　〈他言語標題：Historical maps of European capitals〉　76000円　①4-946525-20-3　Ⓝ293.038

近代ヨーロッパ首都地図集成　第3期　近代ヨーロッパ都市地図刊行会編　遊子館　2000.1　249p　42cm　76000円　①4-946525-21-1　Ⓝ293.038

（目次）ロンドン，ケンブリッジ，リバプール，マンチェスター，グラスゴー，ダブリン，アムステルダム，ハーグ，ブリュッセル，ルクセンブルク，ベルリン，コペンハーゲン，オスロ，ベルゲン，ストックホルム，ヘルシンキ，ベオグラード，ザグレブ，ソフィア，ブカレスト，モナコ

近代ヨーロッパ首都地図集成　第4期　近代ヨーロッパ都市地図刊行会編　遊子館　2003.5　237p　43cm　〈他言語標題：Historical maps of European capitals　複製〉　76000円　①4-946525-51-3　Ⓝ293.038

近代ヨーロッパ首都地図集成　第5期　近代ヨーロッパ都市地図刊行会編　遊子館　2003.5　209p　43cm　〈他言語標題：Historical maps of European capitals　複製〉　76000円　①4-946525-52-1　Ⓝ293.038

近代ヨーロッパ首都地図集成　追補版　近代ヨーロッパ都市地図刊行会編　遊子館　2003.12　230p　43cm　〈他言語標題：Historical maps of European capitals　複製〉　76000円　①4-946525-53-X　Ⓝ293.038

近代ロシア都市地図集成　1845-1941　近代ロシア都市地図刊行会編　遊子館　2005.9　10,373p　43cm　〈他言語標題：Historical maps of Russian cities〉　95000円　①4-946525-72-6　Ⓝ293.8

最新 地図で知るヨーロッパ　普及版　高橋伸夫監修　平凡社　2000.3　353p　21cm（平凡社エリアアトラス）　2800円　①4-582-44306-0　Ⓝ293.038

（目次）ヨーロッパのくにぐに，ヨーロッパの自然，アイスランド概説、アイスランド，レイキャビーク市街図，ノルウェー，ノルウェー主要部，ノルウェー概説、オスロ市街図，スウェーデン，スウェーデン概説、ストックホルム市街図，スウェーデン主要部〔ほか〕

（内容）地図と解説でヨーロッパを紹介する地図帳。地図、市街図、解説のほか、民族、史跡、名勝などのテーマ図を収載。地名索引付き。

大英帝国歴史地図　イギリスの海外進出の軌跡「1480年～現代」　アンドリュー・N.ポーター編著，横井勝彦，山本正訳　東洋書林，原書房（発売）　1996.7　294p　26cm　〈参考文献：p250～262　原書名：Atlas of British overseas expansion.〉　18540円　①4-88721-154-6　Ⓝ233.05

大ベルリン検索地図帖　1899-1921　ベルリン地図帖刊行会編　遊子館　2002.7　246p　30cm　45000円　①4-946525-44-0　Ⓝ234.3

（内容）ベルリン測量局が作成したベルリンの2000分の1（1889 - 1921年）大縮尺都市地図の85%縮

小の地図帖。2000分の1の大縮尺地図を原図として編集してあるため、街路名・地名・建造物名・地番が克明に表記されている。研究者にとって、資料・文学作品の研究・調査において、地名・建造物名などの検索や歴史の舞台としての空間的な把握をすることができる有効な地図帖。

タイムズ・アトラス ヨーロッパ歴史地図 マーク・アーモンド，フェリペ・フェルナンデス=アルメスト，クリス・スカール，ジェレミー・ブラック，ロザモンド・マキタリック編　原書房　1995.12　236p　31cm　〈参考図書：p192　原書名：Atlas of European History〉　18540円　Ⓘ4-562-02713-4　Ⓝ230.038

(内容)ヨーロッパ3000年の歴史の歩みが、鮮やかなカラー地図と解説で一目でわかる画期的アトラス。ヨーロッパ世界の変遷を多彩な配色によってわかりやすくヴィジュアルに表現。前900年から1993年まで、46のキー年代に〔全体図+部分図〕の見開き4ページ構成。

タイムズ・アトラス ヨーロッパ歴史地図 第2版　マーク・アーモンド，リチャード・ヴィネン，クリス・スカール，ジェフリー・パーカー，フェリペ・フェルナンデス=アルメスト，ジェレミ・ブラック，ロザモンド・マキタリック編，樺山紘一監訳　原書房　2001.6　236p　32cm　〈原書名：Atlas of European History〉　18000円　Ⓘ4-562-03410-6　Ⓝ230.038

(目次)前900年・最初の国家，前550年・ギリシアの勃興，前480年・サラミスの海戦，前323年・アレクサンドロス以降のヨーロッパ，前270年・ローマの勃興，前121年・地中海におけるローマの拡大，前31年・地中海を越えたローマの拡大，180年・ローマの勝利，395年・ローマの衰退，450年・蛮族の移住〔ほか〕

(内容)紀元前900年から1997年までの3000年にわたるヨーロッパを地図と解説で構成する歴史地図帳。古代から現代への時代順に構成、民族や国家・帝国の進展、その出現から成長・衰退と滅亡を示す地図を収録。1995年刊の第2版にあたり、150ページ、1000個所におよぶ全面改訂を施している。

地図で知るヨーロッパ 高橋伸夫監修，浅井辰郎，犬井正，鹿島正裕，桐生尚武ほか執筆　平凡社　1996.6　353p　21cm　（平凡社エリアアトラス）　8000円　Ⓘ4-582-44304-4　Ⓝ293.038

(内容)ヨーロッパ39か国のハンディサイズ地図帳。首都市街図、観光地図、産業地図、歴史地図のほか、国と都市の歴史・景観・名所の解説や各国の主要データを掲載する。巻末に和文・欧文の地名索引がある。—西欧文化のふるさと・ヨーロッパの国々を知る。

2500分の1ロンドン検索大地図 地図資料編纂会編　柏書房　1993.1　1冊　46×63cm　（ロンドン基本地図コレクション 第2集）　128000円　Ⓘ4-7601-0743-6　Ⓝ293.33

パリ都市地図集成 Plans de Paris 1530-1808 地図資料編纂会編　柏書房　1994.3　118枚　46×63cm　〈監修：高橋正〉　98000円　Ⓘ4-7601-1052-6　Ⓝ293.5

ブラウンとホーヘンベルフのヨーロッパ都市地図 16世紀の世界 ジョン・ゴス著，小林章夫監訳　（京都）同朋舎出版　1992.5　127p　39cm　〈付：参考文献〉　9800円　Ⓘ4-8104-0991-0　Ⓝ293.038

ライン・ドナウ流域都市地図集成 1572-1969 上巻 ライン・ドナウ流域都市地図刊行会編　遊子館　2007.11　239p　43cm　〈他言語標題：Maps of cities along the river Rhine and Danube〉　Ⓘ978-4-946525-86-5　Ⓝ293.038

ライン・ドナウ流域都市地図集成 1572-1969 下巻 ライン・ドナウ流域都市地図刊行会編　遊子館　2007.11　p241-475　43cm　〈他言語標題：Maps of cities along the river Rhine and Danube〉　Ⓘ978-4-946525-86-5　Ⓝ293.038

ロシア歴史地図 紀元前800年-1993年 マーチン・ギルバート著，木村汎監訳，菅野敏子訳　東洋書林，原書房（発売）　1997.5　243p　26cm　〈原書名：Atlas of Russian history.〉　15000円　Ⓘ4-88721-178-3　Ⓝ238.0038

◆南北アメリカ

<事 典>

アメリカを知る事典 新訂増補　斎藤真〔ほか〕監修　平凡社　2000.1　683p　22cm　5400円　Ⓘ4-582-12626-X　Ⓝ253.0033

アメリカを知る事典 新版　荒このみ，岡田泰男，亀井俊介，久保文明，須藤功，阿部斉，金関寿夫，斎藤真監修　平凡社　2012.4　803p　22cm　〈付属資料：8p：テーマ別の項目ガイド　文献あり 年表あり 索引あり〉　8000円　Ⓘ978-4-582-12643-3　Ⓝ253.0033

(内容)自然、民族、歴史と、現在の政治・外交、経済・産業、日本との関係などを詳述。アメリカ全体を概観する“総論”が充実。資料編には「年表」「文献案内」「関連サイト案内」「世界遺産」のほか「独立宣言」「歴代大統領」「作家・作品年表」を付ける。項目数1915項、図版216点、「和文・英文索引」付き。

アメリカ地名語源辞典　木村正史編著　東京堂出版　1994.7　298p　19cm　2900円
①4-490-10367-0　Ⓝ295.3

(内容)アメリカ50州と各州主要都市の名前の語源的な由来を解説する事典。名称・語源とともに、その成立の歴史的背景や文化的背景も解説している。

アメリカ地名辞典　井上謙治，藤井基精編　研究社出版　2001.5　487p　20cm　〈文献あり 索引あり〉　3800円　①4-327-46143-1　Ⓝ295.3

(内容)アメリカと関連地域の地名を解説する事典。2700余の項目を収録。人口、地理的位置、その土地にゆかりのある人物、歴史、地名の由来など、歴史・社会・文化について詳しく解説する。

現代ブラジル事典　ブラジル日本商工会議所編，小池洋一，西沢利栄，堀坂浩太郎，西島章次，三田千代子，桜井敏浩，佐藤美由紀監修　新評論　2005.7　501p　21cm　6000円
①4-7948-0662-0　Ⓝ296.2

(目次)第1章 自然と人々のくらし，第2章 政治と市民参加，第3章 経済発展，第4章 産業とグローバリゼーション，第5章 社会と制度，第6章 文化と多元性，第7章 環境破壊と持続的開発，第8章 日本とブラジル，第9章 法制度

(内容)本事典は、「国際社会の未来を担う大国」として登場し始めたブラジルの全貌を具体的に、生き生きと伝えることを目的として編纂されている。9つの分野ごとに章を設け、現代ブラジル社会の全体像を体系的に解説した。

現代ブラジル事典　新版　ブラジル日本商工会議所編　新評論　2016.4　254p　22cm　〈他言語標題：Enciclopé dia do Brasil Contemporâ neo　編集：阿部博友ほか　年表あり 索引あり〉　3500円
①978-4-7948-1033-5　Ⓝ296.2

(目次)第1章 日本とブラジル，第2章 政治と外交，第3章 経済，第4章 産業，第5章 社会政策・社会運動，第6章 環境と開発，第7章 法制度

(内容)世界の食糧・資源供給国／貧困削減の前進／社会変革を求める大衆運動のうねり…持続可能な経済社会をめざし、過渡期の難局に立ち向かうブラジルの「今」を照射! 2005年旧版を全面刷新、主に2000年代以降の動向に焦点を絞った最新・決定版。

最新ニューヨーク情報辞典　佐々木謙一編　研究社　2003.1　1冊　19cm　3000円
①4-7674-3017-8　Ⓝ295.321

(内容)グランド・ゼロ、ブルームバーグ新市長、MoMA QNSをはじめ、政治から文化までニューヨークを知るのに欠かせないキーワードを集大成。人名・地名・店名など固有名詞を中心に、俗語やインディッシュ語も収録。さらに歴代市長の全名簿、ニューヨーク・シティ・マラソンの全優勝者リスト、倒壊したワールド・トレード・センターに入居していた全会社・団体名など、資料として活用できるデータも掲載。ニューヨークの現在と過去を調べるには必携の辞典。

ブラジル雑学事典　田所清克著　（横浜）春風社　2016.3　438p　21cm　〈他言語標題：Brasil　文献あり〉　5000円
①978-4-86110-496-1　Ⓝ296.2

(目次)第1章 地理，第2章 歴史，第3章 移民（史），第4章 経済，第5章 社会，第6章 民俗，第7章 民族，第8章 教育，第9章 文化

(内容)世界最大の日系人居住地、ブラジル。オリンピック開催をひかえ、いまブラジルがますます熱い!知ろう、学ぼう、感じよう、ブラジルのあれこれ。現地でのフィールド・リサーチに基づき、40年にわたってブラジルの文化・社会を研究してきた成果。

ラテンアメリカを知る事典　新版　大貫良夫，落合一泰，国本伊代，恒川恵市，松下洋，福嶋正徳監修　平凡社　2013.3　694p　22cm　〈他言語標題：CYCLOPEDIA OF LATIN AMERICA　文献あり 年表あり 索引あり〉　7000円　①978-4-582-12646-4
Ⓝ255.033

(内容)自然、民族、歴史と、現在の政治・外交、経済・産業、日本との関係などを詳述。ラテンアメリカ全体を概観する「総論」。資料編は「各国便覧」「年表」「文献案内」「関連サイト案内」「世界遺産」。項目数1236項、図版205点、索引付き。

ラテン・アメリカ事典　1996年版　ラテン・アメリカ協会　1996.2　1263p
22×17cm　20000円　Ⓝ295.5

(目次)総論編（自然，住民と言語 ほか），各国編（アンティグア・バーブーダ，アルゼンチン ほか），その他の地域（米領プエルトリコ，米領バージン諸島 ほか），資料編（ラテン・アメリカ主要地域機構および地域開発金融機関一覧表，国連、同専門機関、同地域経済委員会加盟状況一覧表 ほか）

ラテン・アメリカを知る事典　新訂増補版　大貫良夫，落合一泰，国本伊代，恒川恵市，福嶋正徳，松下洋監修　平凡社　1999.12　613p　21cm　5800円　①4-582-12625-1

Ⓝ255.033

(目次)項目編，地域編，増補地域編，増補事項編，各国便覧，付表，文献案内，ラテン・アメリカに関連のURLリスト，世界遺産「ラテン・アメリカ」，索引

(内容)ラテン・アメリカに関する総合事典。五十音配列による項目編と、ラテン・アメリカを概観した地域編から成る。索引付き。1987年7月刊行の初版に、約150項目を追補し、統計データ、文献案内、ラテン・アメリカに関連のURL・世界遺産のリストを付した新訂増補版。

<ハンドブック>

地図で見る ラテンアメリカハンドブック オリヴィエ・ダベーヌ，フレデリック・ルオー著，オレリー・ボワシエール地図製作，太田佐絵子訳 原書房 2017.12 165p 21cm 〈文献あり 索引あり 原書名：ATLAS DE L'AMÉ RIQUE LATINE〉 2800円 Ⓘ978-4-562-05428-2 Ⓝ302.55

(目次)歴史の遺産，広大な土地、資源、入植，発展―安定と不安定，文化と革命，政治体制，ラテンアメリカと世界，付録

(内容)「ラテンアメリカは、世界でもっとも不均衡がきわだっている大陸である」。喧噪のただなかにあるラテンアメリカの、社会・経済・政治の様相を発見するための120以上の地図やグラフ。

<地図帳>

アメリカ合衆国 テーマ別地図 ロジャー・ドイル編 東洋書林，原書房(発売) 1995.12 253p 30cm 〈原書名：THE ATLAS OF CONTEMPORARY AMERICA〉 18540円 Ⓘ4-88721-087-6 Ⓝ302.53

(内容)米国の政治、経済、環境、社会、民族、宗教等に関する統計データをテーマ別に地図化したもの。各テーマに解説文を付す。巻末に事項索引がある。

アメリカ歴史地図 The routledge atlas of American history マーティン・ギルバート著，池田智訳 明石書店 2003.12 180p 27cm 〈原書名：The routledge atlas of American history. 4th ed.〉 4800円 Ⓘ4-7503-1827-2 Ⓝ253.0038

図説・アメリカ歴史地図 目で見るアメリカの500年 ロバート・H.フェレル著，リチャード・ナトキール地図，谷中寿子〔ほか〕訳 原書房 1994.3 198p 31cm 〈日本語版監修：猿谷要 原書名：Atlas of American history.〉 12360円 Ⓘ4-562-02510-7 Ⓝ253.0038

ニューヨーク都市地図集成 太田弘編 柏書房 1997.7 86枚 46×62cm 〈他言語標題：Historical maps of New York City, 1660-1879 付1966-67 文献あり〉 120000円 Ⓘ4-7601-1385-1 Ⓝ295.321

◆オセアニア

<事 典>

オセアニアを知る事典 平凡社 1990.8 360p 21cm 4800円 Ⓘ4-582-12617-0 Ⓝ297.033

(内容)21世紀は太平洋の時代。オーストラリア、ニュージーランド、太平洋の島々の多様な歴史と文化に光をあてる総合入門事典。本項目800、図版約100点。

オセアニアを知る事典 新訂増補版 石川栄吉，越智道雄，小林泉，百々佑利子監修 平凡社 2000.3 410p 21cm 4700円 Ⓘ4-582-12627-8 Ⓝ297.033

(目次)項目編，増補地域編，資料編

(内容)オセアニアに関する事項をまとめた事典。オセアニアの自然から人々の生活と文化、歴史、現代の政治、経済にいたるまでの基礎的な知識を収載。新訂増補では増補地域編に国名および地域項目を、また資料として各国便覧、主要都市および地域の人口データ、オセアニア略年表、文献案内と関連URLリスト、世界遺産リストなどを増補。巻末に五十音順索引を付す。

オセアニアを知る事典 新版 小林泉，加藤めぐみ，石川栄吉，越智道雄，百々佑利子監修 平凡社 2010.5 491p 22cm 〈他言語標題：CYCLOPEDIA OF OCEANIA 付(6p)：テーマ別の項目ガイド 文献あり 年表あり 索引あり〉 5200円 Ⓘ978-4-582-12639-6 Ⓝ297.033

(目次)総論―世界史の中のオセアニア，項目編(ア‐ワ)，国名・地域編(アメリカ領サモア，オーストラリア，北マリアナ諸島 ほか)，資料編(各国便覧，オセアニア略年表，文献案内 ほか)

(内容)広大な大洋に浮かぶ多数の島々や大陸にいとなまれるオセアニアの多彩な社会。先住民と伝統文化、海洋と環境、提携する島嶼国家の存在感、多民族社会と国際関係などを盛り込んだ最新の総合事典。

大東亜南方圏地名集成　ニウギニア地名集成・ソロモン諸島地名集成・ニウカレドニア地名集成　南洋経済研究所編　大空社　2007.2　1冊　21cm　(アジア学叢書)　14000円　Ⓘ978-4-283-00503-7　Ⓝ297.36

(内容)ニウギニア、ソロモン諸島、ニウカレドニアの各地名を収録。「ニウギニア地名集成」「ソロモン諸島地名集成」「ニウカレドニア地名集成」の3書を合本。それぞれアルファベット順に排列。昭和18-19年丸善刊の復刻。

ニュージーランド百科事典　ニュージーランド学会編　(横浜)春風社　2007.7　455p　21cm　9333円　Ⓘ978-4-86110-111-3　Ⓝ297.2

(内容)歴史・政治・経済・文化・教育・福祉・自然・生活・スポーツなどあらゆる情報を網羅した総2000項目。巻末には年表・統計・地図など役に立つ充実の資料。写真・図版148点。

<ハンドブック>

図説 ニュージーランド・アメリカ比較地誌　植村善博著　(京都)ナカニシヤ出版　2004.6　126p　26cm　〈文献あり〉　2400円　Ⓘ4-88848-862-2　Ⓝ297.2

(目次)第1部 ニュージーランド(ニュージーランドの形成, 土地と自然, 営み, パーマストン・ノース), 第2部 アメリカ(アメリカの形成, コロラドの自然と風土, 営み, デンバー, ボルダー)

(内容)本書は2002年度仏教大学海外研修により両国滞在中におこなった地誌学および地域文化学の講義のための資料収集と野外調査の結果を中心にまとめたものである。

日本の地理

<年 表>

近世日英交流地誌地図年表　1576-1800　島田孝右, 島田ゆり子著　雄松堂出版　2006.10　294p　27cm　〈文献あり〉　20000円　Ⓘ4-8419-0399-2　Ⓝ291.018

(内容)1576年から1800年にイギリスで刊行された217点の本に見られる日本に関する記述と地図を、年表のかたちにまとめる。また、1555年から1800年に刊行された日本関係英語文献1524点の一覧も収録。

<事 典>

コンサイス日本地名事典　第4版　三省堂編修所編, 谷岡武雄, 山口恵一郎監修　三省堂　1998.12　1288,61p　19cm　5000円　Ⓘ4-385-15327-2　Ⓝ291.033

コンサイス日本地名事典　第5版　三省堂編修所編, 谷岡武雄監修　三省堂　2007.11　1330,69p　19×13cm　5000円　Ⓘ978-4-385-16051-1　Ⓝ291.033

(内容)市町村名から山・川・海・鉄道・公園・温泉名など2万1千項目収録。地理的記述に加えて、別称・旧称などの呼び方、地名の由来、歴史上のエピソード、万葉集の歌なども紹介。目的地への交通手段、国土地理院の5万分1地形図名なども明示。

最新 出張に使える都道府県事典　学研辞典編集部編　学習研究社　2005.1　320p　18cm　1500円　Ⓘ4-05-402452-1　Ⓝ291.036

(目次)都道府県トピックス, 北海道・東北エリア, 関東エリア, 北陸・中部エリア, 近畿エリア, 中国・四国エリア, 九州・沖縄エリア, 主要都市ガイド

(内容)47都道府県＆11主要都市別に詳細解説。日本を読み解く最新県勢データ満載。「ビジネスポイント」「発展動向」「消費傾向」で、出張やビジネスに役立つ。賛否両論?読んで楽しい「県民性」解説。旅行や出張に使える「観光」「土産」情報収録。

事典日本の地域遺産　自然・産業・文化遺産　日外アソシエーツ株式会社編　日外アソシエーツ, 紀伊国屋書店(発売)　2013.1　419p　21cm　12000円　Ⓘ978-4-8169-2394-4　Ⓝ709.1

(目次)自然(熊本水遺産, 世界ジオパーク, 新見癒やしの名勝遺産, 日本山岳遺産, 日本ジオパーク ほか), 産業(いしかわモノづくり産業遺産, 化学遺産, 機械遺産, 近代化産業遺産, ぐんま絹遺産 ほか), 文化(美しき日本—いちどは訪れたい日本の観光遺産, 近江水の宝, おおいた遺産, 大垣市景観遺産 ほか)

(内容)近代化を支えた土木・建築・技術から自然・文化まで有形・無形の国内の地域遺産を収録したデータブック。官公庁、地方自治体、学会・各種団体、国際機関によって選定・登録された日本の地域遺産73種4,700件を通覧。都道府県・市町村単位で引くことが出来る「地域別索引」付き。

全国「別所」地名事典　鉄と俘囚の民俗誌　蝦夷「征伐」の真相　上　柴田弘武著　彩流社　2007.10　849,21p　26cm　9500円

①978-4-7791-1268-3　Ⓝ291.0189

(目次)第1章 東国の別所（信濃国の別所，甲斐国の別所 ほか），第2章 奥羽の別所（陸奥国の別所，出羽国の別所），第3章 北陸の別所（越後国の別所，佐渡国の別所 ほか），第4章 近畿の別所（大和国の別所，紀伊国の別所 ほか）

(内容)古代史の真相に迫る、かつてない「地名」事典。「別所」―全国に遺る621ヵ所の地名を悉皆調査。「蝦夷征伐にともなう俘囚移配の主目的は、彼らを製鉄をはじめとした金属工業生産に従事せしめる為であった」という説を実証。古代王権敗れ、歴史に埋もれた産鉄民の姿に光を当てる。621ヵ所の別所地名を中世の国別区分で編集。地図（約500点）、写真（約1250点）収載。巻末資料として「平成の大合併」により失われた地名と現在の地名対照表、全国別所地名一覧表を付す。

全国「別所」地名事典　鉄と俘囚の民俗誌 蝦夷「征伐」の真相　下　柴田弘武著　彩流社　2007.10　864,21p　26cm　9500円　①978-4-7791-1269-0　Ⓝ291.0189

(目次)第4章 近畿の別所，第5章 山陰の別所，第6章 山陽の別所，第7章 四国の別所，第8章 九州の別所

(内容)古代史の真相に迫る、かつてない「地名」事典。「別所」―全国に遺る621ヵ所の地名を悉皆調査。「蝦夷征伐にともなう俘囚移配の主目的は、彼らを製鉄をはじめとした金属工業生産に従事せしめる為であった」という説を実証。古代王権に敗れ、歴史に埋もれた産鉄民の姿に光を当てる。621ヵ所の別所地名を中世の国別区分で編集。地図（約500点）、写真（約1250点）収載。巻末資料として「平成の大合併」により失われた地名と現在の地名対照表、全国別所地名一覧表を付す。

全日本地名辞典　1996年度版　ジオ・ブレーン編　人文社　1995.10　1175p　30cm　32000円　①4-7959-1166-5　Ⓝ291.031

(目次)市区町村コード順地名一覧，五十音順地名一覧

(内容)住所を書く際に用いられる全国の地名を一覧にしたもの。市区町村コード順地名一覧と五十音順地名一覧で構成され、前者は自治省の「都道府県市区町村コード」に準拠して地名を排列し、その読みを付す。後者は地名を五十音順に排列し、その読みと郵便番号を示す。巻末に地名の一文字目の漢字の画数順に排列した難読地名一覧と、全国市区町村地名索引がある。

大日本地名辞書 増補　第1巻　汎論 索引　新装版　吉田東伍著　冨山房　1992　1冊　27cm　①4-572-00085-9　Ⓝ291.03

大日本地名辞書 増補　第2巻　上方　新装版　吉田東伍著　冨山房　1992　1029p　27cm　①4-572-00086-7　Ⓝ291.03

大日本地名辞書 増補　第3巻　中国 四国　新装版　吉田東伍著　冨山房　1992　823p　27cm　①4-572-00087-5　Ⓝ291.03

大日本地名辞書 増補　第4巻　西国　新装版　吉田東伍著　冨山房　1992　634p　27cm　①4-572-00088-3　Ⓝ291.03

大日本地名辞書 増補　第5巻　北国 東国　新装版　吉田東伍著　冨山房　1992　1088p　27cm　①4-572-00089-1　Ⓝ291.03

大日本地名辞書 増補　第6巻　坂東　新装版　吉田東伍著　冨山房　1992　1261p　27cm　①4-572-00090-5　Ⓝ291.03

大日本地名辞書 増補　第7巻　奥羽　新装版　吉田東伍著　冨山房　1992　1108p　27cm　①4-572-00091-3　Ⓝ291.03

大日本地名辞書 増補　第8巻　北海道・樺太・琉球・台湾　新装版　吉田東伍著　冨山房　1992.9　851,10p　27cm　①4-572-00092-1　Ⓝ291.03

地名の由来を知る事典　武光誠著　東京堂出版　1997.6　293p　20cm　2400円　①4-490-10458-8　Ⓝ291.0189

(目次)地名から歴史が見えてくる，もっとも多い地形による地名，古代の豪族や官制による地名，農業と交通に関する地名，信仰から生まれた地名，荘園制と中世の地名，幕藩制と近世の地名，北海道とアイヌ語の地名，沖縄方言の地名，新しく作られた地名

(内容)地名は地形や農業・交通・信仰あるいは古代から現代までの政治や社会とかかわって名づけられている…全国の地名の由来や語源を探り地名から地域の歴史がわかる。

地名苗字読み解き事典　丹羽基二著　柏書房　2002.3　382p　19cm　2800円　①4-7601-2202-8　Ⓝ288.1

(目次)第1編 苗字・地名・家紋のはなし（苗字は地名のデータベースだ，苗字の読み解き，地名の読み解き，苗字のルーツを調べる，家紋の読み解き），第2編 県名苗字・県別固有苗字一覧（北海道，青森県 ほか），第3編 地名由来苗字の事典（あ行の苗字，か行の苗字 ほか），第4編 日本の大姓（日本の十大姓，日本の百大姓）

(内容)苗字と地名を研究する著者が、同表記の地名と苗字の関係性についてまとめた事典。第2編では本文の見出し苗字にゆかりのある地名が、どの都道府県に存在するかを県別に示す。第3編では地名と共通している苗字を五十音順に排列し、読み、由来、類姓、古代または現代

地名を示す記号などにより解説。巻頭に第2編から第4編までの見出し苗字を五十音順に列挙した収載苗字略覧がある。

データで読む 47都道府県情報事典　読売新聞校閲部編　中央公論新社　2003.1　382p　18cm　（中公新書ラクレ）　1000円　①4-12-150075-X　Ⓝ291.036

(目次)北海道・東北地方，関東地方，中部地方，近畿地方，中国・四国地方，九州・沖縄地方，比例代表選出国会議員，五十音順市町村名一覧

(内容)自然環境、人口、経済基盤から医療、家計など日々の暮らしのありように至るまで、各地域の最新情報を網羅したデータブックの決定版。ビジネスマン、公務員必携。

日本全国合成地名の事典　浅井建爾著　東京堂出版　2017.3　284p　19cm　〈文献あり　索引あり〉　2000円　①978-4-490-10889-7　Ⓝ291.0189

(目次)都道府県別索引，1 北海道地方の合成地名，2 東北地方の合成地名，3 関東地方の合成地名，4 中部地方の合成地名，5 近畿地方の合成地名，6 中国・四国地方の合成地名，7 九州地方の合成地名

(内容)知らなかった!我が町の由来はかつて合併の際、旧地名から1字ずつ採用で合成。

日本地図地名事典　三省堂編修所編　三省堂　1991.9　1278p　21cm　5200円　①4-385-15437-6　Ⓝ291.03

(内容)〈日本地名編〉は、『コンサイス日本地名事典』第3版をベースに、行政地名と自然地名2万余を収録。〈日本地図編〉は、県別地図のほか、主要地域・都市図を掲載。欄外に便利な百科資料。地名と地図が対照できるよう〈日本地名編〉の項目の前に、地図のページ、経線間のアルファベット、緯線間の数字を明示。

日本地名事典　〔コンパクト版〕　吉田茂樹著　新人物往来社　1991.4　488p　19cm　3800円　①4-404-01809-6　Ⓝ291.03

(内容)地名は土地に刻まれた日本人の歴史。日本の地名5500の語源を調べた労作。

日本地名大事典　上　吉田茂樹著　新人物往来社　2004.10　340p　21cm　9800円　①4-404-03198-X　Ⓝ291.033

(内容)全国各地の主要な現行地名、約9000項目を収録した地名語源事典。配列は見出し語の五十音順で、項目のよみ、漢字表記、解説文からなり、「あ」から「す」までを収録。

日本地名大事典　下　吉田茂樹著　新人物往来社　2004.10　341p　21cm　9800円　①4-404-03199-8　Ⓝ291.033

(内容)全国各地の主要な現行地名、約9000項目を収録した地名語源事典。配列は見出し語の五十音順で、項目のよみ、漢字表記、解説文からなり、「せ」から「わ」までを収録。

日本地名大辞典　第1巻　日本図書センター　1996.1　950p　27cm　〈日本書房昭和12年刊の複製〉　①4-8205-2971-4　Ⓝ291.03

日本地名大辞典　第2巻　日本図書センター　1996.1　p951～1943,8p　27cm　〈日本書房昭和13年刊の複製〉　①4-8205-2972-2　Ⓝ291.03

日本地名大辞典　第3巻　日本図書センター　1996.1　p1945～2920　27cm　〈日本書房昭和13年刊の複製〉　①4-8205-2973-0　Ⓝ291.03

日本地名大辞典　第4巻　日本図書センター　1996.1　p2921～4024,12p　27cm　〈日本書房昭和13年刊の複製〉　①4-8205-2974-9　Ⓝ291.03

日本地名大辞典　第5巻　日本図書センター　1996.1　p4025～4954　27cm　〈日本書房昭和13年刊の複製〉　①4-8205-2975-7　Ⓝ291.03

日本地名大辞典　第6巻　日本図書センター　1996.1　p4955～5854　27cm　〈日本書房昭和13年刊の複製〉　①4-8205-2976-5　Ⓝ291.03

日本地名大事典 コンパクト版　上　あ～す　吉田茂樹著　新人物往来社　2005.12　340p　19cm　4800円　①4-404-03283-8　Ⓝ291.033

(内容)地名は土地に刻まれた日本人の歴史。正確な語源解釈による9000項目を収録。

日本地名大事典 コンパクト版　下　せ～わ　吉田茂樹著　新人物往来社　2005.12　341p　19cm　4800円　①4-404-03284-6　Ⓝ291.033

(内容)地名がわかれば土地の歴史がわかる。正確な語源解釈による9000項目を収録。

日本地名大百科　ランドジャポニカ　浮田典良，中村和郎，高橋伸夫監修　小学館　1996.12　1327p　27cm　14200円　①4-09-523101-7　Ⓝ291.033

日本地名百科事典　コンパクト版　浮田典良，中村和郎，高橋伸夫監修　小学館　1998.6　1465p　19cm　4600円　①4-09-523111-4　Ⓝ291.0189

(内容)全国の地名10000項目、文化ガイド5000項目を収録した地名百科事典。五十音順に排列。文化ガイド索引、難読索引付き。1997年刊行の

「日本地名百科事典」を再編集したもの。

日本地名ルーツ辞典　歴史と文化を探る
創拓社　1992.3　1078p　18cm　〈監修：池田末則，丹羽基二〉　2800円
①4-87138-140-4　Ⓝ291.03

(内容)今も鼓動する古代語の化石“日本地名”その歴史と謎・語源を探る。ふる里の地名には古代人の知恵と夢がある。

日本地理がわかる事典　読む・知る・愉しむ　浅井建爾著　日本実業出版社　1997.3
307p　19cm　1545円　①4-534-02598-X
Ⓝ291.04

(目次)第1章 日本の地図と地形を読み解く，第2章 日本の気候と自然を読み解く，第3章 日本の山を読み解く，第4章 日本の川を読み解く，第5章 日本の湖沼を読み解く，第6章 日本の島を読み解く，第7章 日本の都市を読み解く，第8章 日本の地名を読み解く，第9章 日本の道を読み解く，第10章 日本の鉄道を読み解く，第11章 日本の港を読み解く，第12章 日本の史蹟と文化財，第13章 日本の祭りと伝統行事を読み解く，第14章 日本の観光地を読み解く

(内容)日本の地形や気候・風土、都市…楽しみながら博識になれる知的ガイド。

「日本地理」なるほど雑学事典　知っているようで知らない意外なおもしろ知識！　日本博学倶楽部著　PHP研究所　1999.7
237p　15cm　（PHP文庫）　476円
①4-569-57306-1　Ⓝ291.049

日本地理の雑学事典　おもしろくてためになる　浅井建爾著　日本実業出版社　1995.6
222p　19cm　1300円　①4-534-02340-5
Ⓝ291.04

(目次)第1章 日本地図を解剖する，第2章 変化に富む日本の地形・豊かな自然，第3章 鉄道・道路・港の雑学，第4章 日本の文化と伝統の雑学，第5章 地名の雑学

(内容)狭いようで日本は広い。知らないことがどっさり。この本を開けば「なるほどそうか」「知らなかった」と思わずうなること請け合い。楽しみながらだれでも日本地理博士になれる本。

日本の地名　超雑学読んだら話したくなる謎・ロマン・ミステリーがいっぱい！　浅井建爾著　日本実業出版社　2010.1　230p
19cm　〈『日本の地名雑学事典』(2005年刊)の改訂版　文献あり〉　1300円
①978-4-534-04660-4　Ⓝ291.0189

(目次)第1章 日本の地名に今、何が起きているか—平成の大合併とその後，第2章 “ユイショ正しい”日本の地名—47都道府県名と都市名，第3章 日本史に登場する地名—地名がわかれば歴史はもっと面白い，第4章 日本の文化に登場する地名—生活・伝統との密接な関係，第5章 地名の誕生—自然発生から一般公募まで、地名とはそもそも何か?，第6章 山の名前、川の名前からわかる日本の文化，第7章 鉄道の駅名、路線名

(内容)地名の由来と誕生の意外なエピソード。歴史・文化・人間の営みと地名の関係。“難読&間違えやすい”地名の読み方付き。

日本の地名がわかる事典　読む・知る・愉しむ　浅井建爾著　日本実業出版社　1998.7
294,8p　19cm　1500円　①4-534-02808-3
Ⓝ291.0189

(目次)第1章 バラエティに富む日本の地名，第2章 地名は誰がつけたのか，第3章 位置、方角にちなむ地名，第4章 日本列島に氾濫する合成地名，第5章 地名から地形と自然がわかる，第6章 地名から歴史がわかる，第7章 文字からわかる地名の由来，第8章 意外に多い縁起かつぎ、ブランド志向の地名，第9章 人物、建造物などにちなむ地名，第10章 故事、伝説、史実に由来する地名，第11章 面白い地名、不思議な地名を探る，第12章 どれだけ読める?難読地名、珍地名

(内容)地形、歴史、人物、故事、市町村合併など、地名の由来を紹介した地名の入門書。

日本の地名雑学事典　地理と地図が大好きな人のための　浅井建爾著　日本実業出版社　2005.10　237,7p　19cm　1400円
①4-534-03969-7　Ⓝ291.0189

(目次)第1章「平成の大合併」で行政区分が大きく変わった，第2章 旧国境や県境はどう変遷してきたのか，第3章 都道府県名や旧国名の由来をさぐる，第4章 地名の誕生—自然発生から一般公募まで，第5章 文字からわかる地名のルーツ，第6章 地名からわかる自然と地形，第7章 地名に隠された日本の文化史，第8章 職業や建造物、人名に由来する地名，第9章 謎が謎を呼ぶ摩訶不思議な地名，第10章 各地に息づく多彩な地名、文化、県民性

(内容)本書は、平成の大合併だけを述べたものではない。むしろ、純粋に地名のもつ歴史や文化、地名そのものの面白さを多く述べた。

日本歴史地名大系　第1巻　北海道の地名
永井秀夫監修　平凡社　2003.10　1755p
27×20cm　〈付属資料：地図1〉　34000円
①4-582-49001-8　Ⓝ291.03

(目次)総論，北海道，渡島支庁，桧山支庁，後志支庁，札幌市，石狩支庁，胆振支庁，日高支庁，空知支庁，留萌支庁，上川支庁，宗谷支庁，網走支庁，十勝支庁，釧路支庁，根室支庁，文献解題，行政区画変遷表

(内容)重要なアイヌ語地名（アイヌ語に由来する地名）項目はもとより、近世・近現代の行政地

名項目、自然地名項目、考古遺跡項目、近代産業・交通関連項目、文化・宗教施設項目など、多種多様な5400項目を収録。

日本歴史地名大系　第2巻　青森県の地名
平凡社　2002.6　765p　27cm　〈オンデマンド版　原本：1993年刊 初版第3刷〉　20388円　Ⓘ4-582-91021-1　Ⓝ291.03

日本歴史地名大系　第3巻　岩手県の地名
平凡社　1990.7　803p　27cm　〈付（地図1枚 袋入）：岩手県全図〉　22000円　Ⓘ4-582-49003-4　Ⓝ291.03

(内容)総論のほか、出羽国、米沢市、西置賜郡、長井市、南陽市、山形市、東村山郡、天童市、寒河江市、尾花沢市、最上郡、新庄市、東田川郡、酒田市等の地名を歴史的に解説している。

日本歴史地名大系　第3巻　岩手県の地名
平凡社　2002.6　803p　27cm　〈オンデマンド版　原本：1990年刊〉　21359円　Ⓘ4-582-91022-X　Ⓝ291.03

日本歴史地名大系　第4巻　宮城県の地名
平凡社　2006.3　801p　27cm　〈オンデマンド版　原本：1987年刊〉　21000円　Ⓘ4-582-91023-8　Ⓝ291.03

日本歴史地名大系　第5巻　秋田県の地名
平凡社　2004.12　765p　27cm　〈オンデマンド版　原本：2001年刊 初版第3刷〉　20388円　Ⓘ4-582-91024-6　Ⓝ291.03

日本歴史地名大系　第6巻　山形県の地名
平凡社　1990.2　975p　27cm　〈付（地図1枚 袋入）：山形県全図〉　24000円　Ⓘ4-582-49006-9　Ⓝ291.03

(内容)岩手県旧郡域・現郡市町村域対照図、岩手県のおもな自然地名と道筋、陸奥国、大船渡市他の地区の歴史地名の解説とその歴史・文化・生活を紹介。岩手県全図を付す。

日本歴史地名大系　第6巻　山形県の地名
平凡社　2005.5　975p　27cm　〈オンデマンド版　1990年刊〉　23301円　Ⓘ4-582-91025-4　Ⓝ291.03

日本歴史地名大系　第7巻　福島県の地名
平凡社地方資料センター編　平凡社　1993.6　1225p　26cm　27000円　Ⓘ4-582-49007-7　Ⓝ291.03

(内容)福島県の歴史地名事典。見出し項目には古代から現代に至る各時代の行政地名のほか人文地名、自然地名、歴史的建造物等の名称も含まれる。排列は現在の郡・市・町・村別。付録として主要な文献の解題、用語解説、行政区画変遷・石高一覧を掲載。巻末に総索引、難読地名一覧がある。

日本歴史地名大系　第8巻　茨城県の地名
平凡社　2002.6　977p　27cm　〈オンデマンド版　1996年刊 初版第4刷〉　25728円　Ⓘ4-582-91027-0　Ⓝ291.03

日本歴史地名大系　第9巻　栃木県の地名
平凡社　1988.8　849p　26cm　〈付属資料：地図1枚：栃木県全図〉　20000円　Ⓘ4-582-49009-3　Ⓝ291.03

(内容)地名には祖先の生活が今も息づく。東国文化の揺籃から江戸幕府の聖地へ。緑と水に結ばれた下野の歴史。

日本歴史地名大系　第10巻　群馬県の地名
平凡社　2005.5　897p　27cm　〈オンデマンド版　原本：1993年刊 初版第2刷〉　23786円　Ⓘ4-582-91029-7　Ⓝ291.03

日本歴史地名大系　第11巻　埼玉県の地名
平凡社地方資料センター編　平凡社　1993.11　1273p　26cm　〈付属資料：埼玉県全図〉　27000円　Ⓘ4-582-49011-5　Ⓝ291.03

(内容)埼玉県の歴史地名事典。見出し項目には古代から現代に至る各時代の行政地名のほか人文地名、自然地名、歴史的建造物等の名称も含まれる。排列は現在の郡・市・町・村別。付録として主要な文献の解題、用語解説、行政区画変遷・石高一覧を掲載。巻末に総索引、難読地名一覧がある。

日本歴史地名大系　第11巻　埼玉県の地名
平凡社　2004.12　1273p　27cm　〈オンデマンド版　原本：1993年刊〉　26214円　Ⓘ4-582-91030-0　Ⓝ291.03

日本歴史地名大系　第12巻　千葉県の地名
平凡社　1996.7　1345p　26cm　〈付属資料：地図1〉　32000円　Ⓘ4-582-49012-3　Ⓝ291.03

(目次)総論，下総国，千葉市，八千代市，習志野市，東葛飾郡，船橋市，市川市，浦安市，鎌ヶ谷市，松戸市，流山市，野田市，柏市，我孫子市，印旛郡，印西市，佐倉市，四街道市〔ほか〕

(内容)千葉県の歴史地名事典。見出し項目には古代から現代に至る各時代の行政地名のほか人文地名、自然地名、歴史的建造物等の名称も含まれる。排列は現在の大字にあたる近世村名を中心に、市・町・村ごとの地域順。付録として重要な文献・用語の解説、近世以降の行政変遷、石高一覧表を掲載。巻末に1万3000項目の五十音順索引、難読地名一覧がある。

日本歴史地名大系　第13巻　東京都の地名
平凡社地方資料センター編　平凡社　2002.7　1453p　27×20cm　〈付属資料：付録1〉　28000円　Ⓘ4-582-49013-1　Ⓝ291.03

(目次)総論，武蔵国，江戸・東京，千代田区，

中央区，港区，新宿区，文京区，台東区，墨田区〔ほか〕

(内容)地名を通じて東京の歴史・文化・生活を読み解くための事典。古代の郡・郷から、現在の行政区画地名までのほか、山や川などの自然地名、街道・宿・河岸・港津などの産業・交通地名、歴史的建造物や遺跡、坂や橋の名などを地域別に原則として時計回りに排列。各地名の事歴を詳述する。主要地名には振り仮名付き。巻頭に東京都旧郡区域・現郡市区町村対照図、おもな自然地名と道筋、巻末に文献解題・歴史用語解説、五十音順総合索引、難読地名一覧がある。

日本歴史地名大系　第14巻　神奈川県の地名　平凡社　2004.9　857p　27cm　〈オンデマンド版　原本：1997年刊 初版第4刷〉　22900円　Ⓘ4-582-91033-5　Ⓝ291.03

日本歴史地名大系　第15巻　新潟県の地名
平凡社　1986.7　1463p　27cm　〈付属資料：地図1枚：新潟県全図〉　22000円　Ⓘ4-582-49015-8　Ⓝ291.03

日本歴史地名大系　第16巻　富山県の地名
平凡社　1994.7　1185p　27cm　〈付（地図1枚 袋入）：富山県全図〉　27000円　Ⓘ4-582-49016-6　Ⓝ291.03

(内容)富山県の歴史地名事典。見出し項目には古代から現代に至る各時代の行政地名のほか人文地名、自然地名、歴史的建造物等の名称も含まれる。排列は現在の郡・市・町・村別。付録として主要な文献の解題、用語解説、行政区画変遷・石高一覧を掲載。巻末に総索引、難読地名一覧がある。

日本歴史地名大系　第16巻　富山県の地名
平凡社　2001.7　1185p　27cm　〈オンデマンド版　原本：1994年刊〉　26214円　Ⓘ4-582-91008-4　Ⓝ291.03

日本歴史地名大系　第17巻　石川県の地名
平凡社　1991.9　1119p　27cm　〈付（地図1枚 袋入）：石川県全図〉　27000円　Ⓘ4-582-49017-4　Ⓝ291.03

(内容)総論のほか、加賀・能登の2国に大別して、現在の郡・市・町・村、古代の郡・郷、中世の庄園、近世の町・村、山や川等の自然に関する地名等をとりあげて歴史的に解説している。

日本歴史地名大系　第18巻　福井県の地名
平凡社　2001.7　795p　27cm　〈オンデマンド版〉　20874円　Ⓘ4-582-91010-6　Ⓝ291.03

日本歴史地名大系　第19巻　山梨県の地名
平凡社地方資料センター編　平凡社　1995.11　859p　26cm　〈付属資料：地図〉　22000円　Ⓘ4-582-49019-0　Ⓝ291.03

(目次)総論，甲斐国，北都留郡，大月市，南都留郡，都留市，富士吉田市，東山梨郡，塩山市，山梨市〔ほか〕

(内容)山梨県の歴史地名事典。見出し項目には古代から現代に至る各時代の行政地名のほか人文地名、自然地名、歴史的建造物等の名称も含まれる。排列は現在の郡・市・町・村別。付録として主要な文献の解題、用語解説、行政区画変遷・石高一覧を掲載。巻末に総索引、難読地名一覧がある。

日本歴史地名大系　第19巻　山梨県の地名
平凡社　2004.3　859p　27cm　〈オンデマンド版　原本，1995年刊〉　21359円　Ⓘ4-582-91034-3　Ⓝ291.03

日本歴史地名大系　第20巻　長野県の地名
平凡社　2002.6　1159p　27cm　〈オンデマンド版　原本：1995年刊 初版第7刷〉　28155円　Ⓘ4-582-91035-1　Ⓝ291.03

日本歴史地名大系　第21巻　岐阜県の地名
平凡社　2007.7　1181p　27cm　〈オンデマンド版　原本：1989年刊〉　28155円　Ⓘ978-4-582-91036-0　Ⓝ291.03

日本歴史地名大系　第22巻　静岡県の地名
「静岡県の地名」編集委員会監修　平凡社　2000.10　1387p　26cm　32000円　Ⓘ4-582-49022-0　Ⓝ291.03

(目次)静岡県旧郡域・現郡市町村域対照図，静岡県のおもな自然地名と道筋，総論，伊豆国，三島市，田方郡，賀茂郡，熱海市，伊東市，下田市〔ほか〕

(内容)静岡県の歴史地名を収録した事典。現在の大字にあたる近世村名を中心に収録し、市町村ごとの地域順に掲載する。項目は、現在の郡・市・町・村をはじめ、古代の郡・郷、中世の庄園、近世の町・村など、古代から現在までの地名、山や川などの自然に関する地名、街道・湊津などの産業・交通地名、歴史的建造物や遺跡、寺院・神社などを収録。巻末付録に、文献・用語の解説、近世以降の行政変遷・石高一覧表、約13000項目の五十音順索引、難読地名一覧がある。

日本歴史地名大系　第23巻　愛知県の地名
平凡社　2002.6　1251p　27cm　〈オンデマンド版　原本：1993年刊 初版第4刷〉　28155円　Ⓘ4-582-91038-6　Ⓝ291.03

日本歴史地名大系　第24巻　三重県の地名
平凡社　2003.3　1081p　27cm　〈オンデマンド版　原本：1983年刊〉　26700円　Ⓘ4-582-91039-4　Ⓝ291.03

日本歴史地名大系　第25巻　滋賀県の地名

平凡社　1991.2　1217p　27cm　〈付(地図1枚 袋入)：滋賀県全図〉　27000円　Ⓘ4-582-49025-5　Ⓝ291.03

(内容)総論(琵琶湖、東海道、朝鮮人街道、若狭街道、他)のほか、近江国12郡の古代～近世と各郷、および現代の滋賀郡、大津市、栗太郡等の各市・町・地区について歴史的に解説している。文献目録を付す。

日本歴史地名大系　第26巻　京都府の地名
平凡社　2002.6　955p　27cm　〈オンデマンド版　原本：1997年刊 初版第6刷〉　23300円　Ⓘ4-582-91040-8　Ⓝ291.03

日本歴史地名大系　第27巻　京都市の地名
平凡社　2001.7　1201p　27cm　〈オンデマンド版　原本：1979年刊　付属資料：京都府全図(1枚)〉　28155円　Ⓘ4-582-91012-2　Ⓝ291.03

日本歴史地名大系　第28巻　大阪府の地名 1
平凡社　2001.7　756p　27cm　〈オンデマンド版　原本：1988年刊 初版第2刷〉　Ⓘ4-582-91013-0　Ⓝ291.03

日本歴史地名大系　第28巻　大阪府の地名 2
平凡社　2001.7　p757-1661　27cm　〈オンデマンド版　共通の付属資料が1にあり　原本：1988年刊 初版第2刷〉　Ⓘ4-582-91013-0　Ⓝ291.03

日本歴史地名大系　第29巻　兵庫県の地名 1
平凡社地方資料センター編，今井林太郎監修　平凡社　1999.10　1263p　26cm　〈付属資料：地図1〉　25000円　Ⓘ4-582-49060-3　Ⓝ291.03

(目次)総論，摂津国，神戸市，芦屋市，西宮市，三田市，川辺郡，宝塚市，川西市，伊丹市，尼崎市，丹波国，篠山市，氷上郡，但馬国，朝来郡，養父郡，出石郡，城崎郡，豊岡市，美方郡，淡路国，津名郡，三原郡，洲本市，文献改題・用語解説，行政区画変遷・石高一覧，索引(五十音順索引・難読地名一覧)

(内容)兵庫県の歴史地名事典。項目は、現在の郡・市・町・村をはじめ、古代の郡・郷、中世の庄園、近世の町・村など、古代から現在までの地名、山や川などの自然に関する地名、街道・港津などの産業・交通地名、歴史的建造物や遺跡、寺院・神社などを収録。巻末付録に、文献・用語の解説、近世以降の行政変遷・石高一覧表、約17000項目の五十音順索引、難読地名一覧がある。特別付録で「復刻 兵庫県全図」(輯製20万分の1図)付き。本巻は、摂津国、丹波国、但馬国、淡路国、播磨国の現神戸市域分を含む地域を収録する。

日本歴史地名大系　第29巻　兵庫県の地名 2
平凡社地方資料センター編，今井林太郎監修　平凡社　1999.10　919p　26cm　〈付属資料：地図1〉　23000円　Ⓘ4-582-49061-1　Ⓝ291.03

(目次)総論，播磨国，加古郡，明石市，加古川市，高砂市，美嚢郡，三木市，加東郡，小野市，加西市，多可郡，西脇市，神崎郡，飾磨郡，姫路市，揖保郡，竜野市，相生市，赤穂郡，赤穂市，佐用郡，宍粟郡，文献改題・用語解説，行政区画変遷・石高一覧，索引(五十音順索引・難読地名一覧)

(内容)兵庫県の歴史地名事典。項目は、現在の郡・市・町・村をはじめ、古代の郡・郷、中世の庄園、近世の町・村など、古代から現在までの地名、山や川などの自然に関する地名、街道・港津などの産業・交通地名、歴史的建造物や遺跡、寺院・神社などを収録。巻末付録に、文献・用語の解説、近世以降の行政変遷・石高一覧表、約11000項目の五十音順索引、難読地名一覧がある。特別付録で「復刻 兵庫県全図」(輯製20万分の1図)付き。本巻は、播磨国のうち現在の神戸市域をのぞいた地域と、備前国・美作国の一部を収録する。

日本歴史地名大系　第29巻　兵庫県の地名 1
平凡社　2001.7　1263p　27cm　〈オンデマンド版　1999年刊〉　29000円　Ⓘ4-582-91019-X　Ⓝ291.03

日本歴史地名大系　第29巻　兵庫県の地名 2
平凡社　2002.8　919p　27cm　〈オンデマンド版　1999年刊〉　27000円　Ⓘ4-582-91058-0　Ⓝ291.03

日本歴史地名大系　第30巻　奈良県の地名
平凡社　2001.7　1025p　27cm　〈オンデマンド版　原本：1994年刊 初版第4刷〉　25243円　Ⓘ4-582-91014-9　Ⓝ291.03

日本歴史地名大系　第31巻　和歌山県の地名
平凡社　2001.10　827p　27cm　〈オンデマンド版　原本：1983年刊〉　21845円　Ⓘ4-582-91015-7　Ⓝ291.03

日本歴史地名大系　第32巻　鳥取県の地名
平凡社地方資料センター編　平凡社　1992.10　937p　26cm　〈付属資料：鳥取県全図〉　24000円　Ⓘ4-582-49032-8　Ⓝ291.03

(内容)鳥取県史の舞台である地名を、現在の大字にあたる近世村名を中心に、市・町・村ごとに地域順に配列し、充実した郷土の歴史が読めるように構成されています。項目は現在の郡・市・町・村をはじめ、古代の郡・郷、中世の庄園、近世の町・村など、古代から現在までの地名、山や川などの自然に関する地名、新田な用水、鉱山や街道の宿駅、湊津などの産業・交通の地名、歴史的建造物や遺跡、歌枕などの文学地名と、あらゆる分野が網羅されています。もちろん生活に深く密着した寺院や神社も収めています。『古事記』『日本書紀』以下、文字の時代の史料をもとに、記述には確かな典拠が記されます。もちろん生活に関係の深い伝承なども取り上げられています。

日本歴史地名大系　第32巻　鳥取県の地名
平凡社　2001.7　937p　27cm　〈オンデマンド版　原本：1994年刊 初版第2刷〉　23301円　①4-582-91016-5　Ⓝ291.03

日本歴史地名大系　第33巻　島根県の地名
平凡社　1995.7　947p　26cm　25000円　①4-582-49033-6　Ⓝ291.03

(内容)島根県の古代から現代に至る地名の事典。見出し項目には行政地名のほか自然地名、産業・交通地名、歴史的建造物等の名称も含み、その地域の歴史・文化・生活等を解説する。特別付録として明治20年代に刊行された島根県全図（輯製20万分の1図）の復刻版を付す。巻末に五十音順の事項索引、難読地名一覧がある。

日本歴史地名大系　第33巻　島根県の地名
平凡社　2001.7　947p　27cm　〈オンデマンド版　原本：1995年刊〉　24272円　①4-582-91017-3　Ⓝ291.03

日本歴史地名大系　第34巻　岡山県の地名
平凡社　1988.4　1073p　26cm　〈付属資料：地図1枚：岡山県全図〉　26000円　①4-582-49034-4　Ⓝ291.03

日本歴史地名大系　第35巻　広島県の地名
平凡社　1982.5　925p　27cm　〈付属資料：地図1枚：広島県全図〉　13500円　Ⓝ291.03

日本歴史地名大系　第36巻　山口県の地名
平凡社　2004.4　769p　27cm　〈オンデマンド版　原本：1993年刊 初版第3刷〉　20388円　①4-582-91044-0　Ⓝ291.03

日本歴史地名大系　第37巻　徳島県の地名
三好昭一郎監修　平凡社　2000.2　809p　26cm　〈付属資料：地図1〉　22000円　①4-582-49037-9　Ⓝ291.03

(目次)総論，阿波国，板野郡，鳴門市，阿波郡，麻植郡，美馬郡，三好郡，名東郡，徳島市，名西郡，勝浦郡，小松島市，那賀郡，阿南市，海部郡

(内容)徳島県の歴史地名事典。過去から現在の地名及び遺跡名等を項目として、その地に展開された地域の歴史・文化・生活について記述。地域ごとに項目をたてて排列。巻末に文献解題・用語解説、行政区画変遷・石高一覧を収録。約8000の五十音順索引と難読一覧を付す。別に特別付録として徳島県全図がつく。

日本歴史地名大系　第37巻　徳島県の地名
平凡社　2002.12　809p　27cm　〈オンデマンド版　原本：2000年刊〉　22000円　①4-582-91045-9　Ⓝ291.03

日本歴史地名大系　第38巻　香川県の地名
平凡社　1989.2　515p　27cm　〈付属資料：地図1枚：香川県全図〉　16000円　①4-582-49038-7　Ⓝ291.03

日本歴史地名大系　第39巻　愛媛県の地名
平凡社　2004.5　765p　27cm　〈オンデマンド版　原本：1980年刊〉　20388円　①4-582-91047-5　Ⓝ291.03

日本歴史地名大系　第40巻　高知県の地名
平凡社　2005.5　755p　27cm　〈オンデマンド版　原本：1993年刊 初版第2刷〉　20874円　①4-582-91048-3　Ⓝ291.03

日本歴史地名大系　第41巻　福岡県の地名
有馬学監修，川添昭二編集顧問　平凡社　2004.10　1587p　27×20cm　〈付属資料：地図1〉　29000円　①4-582-49041-7　Ⓝ291.03

(目次)総論，筑前国，遠賀郡，北九州市（旧筑前域），中間市，鞍手郡，直方市，嘉穂郡，飯塚市，山田市〔ほか〕

(内容)「漢委奴国王」の金印、“海の正倉院”沖ノ島の存在は大陸との交渉を物語る。「遠の朝廷」と詠まれた大宰府は西海道を束ね、天満宮・宗像・筥崎の宮や英彦山・求菩提山は信仰の拠点となる。モンゴル襲来の荒波を乗り越え、福岡・博多・久留米・柳川・小倉に都市が形成された。人々が山笠・神楽・風流に興じる福岡県の大地。いま地名がその歴史を語り出す。

日本歴史地名大系　第42巻　佐賀県の地名
平凡社　2004.6　583p　27cm　〈オンデマンド版　原本：1993年刊 初版第3刷〉　18447円　①4-582-91050-5　Ⓝ291.03

日本歴史地名大系　第43巻　長崎県の地名
瀬野精一郎監修　平凡社　2001.10　1115p　30cm　〈付属資料：地図1〉　24600円　①4-582-49043-3　Ⓝ291.03

(目次)総論，肥前国，長崎市，西彼杵郡，東彼杵郡，大村市，北高来郡，諫早市，南高来郡，島原市，北松原郡，佐世保市，松浦市，平戸市，南松原郡，福江市，壱岐国，壱岐郡，対馬国，上県郡，下県郡，文献解題・用語解説，行政区画変遷・石高一覧

(内容)長崎県の地名・歴史地名を収録する地名事典。日本歴史地名大系全50巻のうちの第43巻。現在の大字にあたる近世村名を中心に、地名を市・町・村ごとに地域順に排列し、郷土の歴史が読めるように構成する。収録項目は、現在の郡・市・町・村をはじめ、古代の郡・郷、中世の庄園、近世の町・村など、古代から現在まで

の地名、山や川などの自然地名、街道・湊津などの産業・交通の地名、歴史的建造物や遺跡など、歴史上のあらゆる分野を網羅する。生活に深く密着した寺院や神社も収めている。

日本歴史地名大系　第44巻　熊本県の地名　平凡社　2002.6　1013p　27cm　〈オンデマンド版　原本：1993年刊 初版第3刷〉　24757円　Ⓘ4-582-91052-1　Ⓝ291.03

日本歴史地名大系　第45巻　大分県の地名　平凡社　1995.2　1117p　26cm　〈付録，復刻 大分県全図〉　28000円　Ⓘ4-582-49045-X　Ⓝ291.03

(目次)総論，豊前国，下毛郡，中津市，宇佐郡，宇佐市，豊後国，西国東郡，豊後高田市，東国東郡〔ほか〕

(内容)大分県の歴史地名事典。現在の大字にあたる近世村名を中心に、考古遺跡から古代・中世地名、寺院・神社、山や川などの自然地名、歌枕などの文学地名などを収録。市町村ごとに地域順に排列。土地特有の伝承なども取り上げる。巻頭に旧郡域・現郡市町村域対照地図、巻末に用語解説や五十音順索引・難読地名一覧を付す。

日本歴史地名大系　第45巻　大分県の地名　平凡社　2001.7　1117p　27cm　〈オンデマンド版　原本：1995年刊〉　27184円　Ⓘ4-582-91018-1　Ⓝ291.03

日本歴史地名大系　第46巻　宮崎県の地名　平凡社　1997.11　765p　27cm　〈付属資料：地図1枚：宮崎県全図〉　18571円　Ⓘ4-582-49046-8　Ⓝ291.03

(目次)総論，日向国，東臼杵郡，延岡市，日向市，西臼杵郡，児湯郡，西都市，宮崎郡，宮崎市，南那珂郡，日南市，串間市，東諸県郡，西諸県郡，小林市，えびの市，北諸県郡，都城市，文献解題・用語解説，行政区画変遷・石高一覧

(内容)宮崎県史の舞台である地名を現在の大字にあたる近世村名を中心に、市・町・村ごとに地域順に配列、自然地名や遺跡や寺院などの建造物も収録。巻末には人名、地名、事件名を五十音順に配列した索引が付く。

日本歴史地名大系　第46巻　宮崎県の地名　平凡社　2004.12　765p　27cm　〈オンデマンド版　原本：1997年刊〉　22000円　Ⓘ4-582-91053-X　Ⓝ291.03

日本歴史地名大系　第47巻　鹿児島県の地名　平凡社　1998.7　1031p　27cm　〈付属資料：地図2枚：鹿児島県全図〉　28000円　Ⓘ4-582-49047-6　Ⓝ291.03

日本歴史地名大系　第47巻　鹿児島県の地名　平凡社　2004.12　1031p　27cm　〈オンデマンド版〉　28000円　Ⓘ4-582-91054-8　Ⓝ291.03

日本歴史地名大系　第48巻　沖縄県の地名　高良倉吉ほか編　平凡社　2002.12　837p　26cm　〈付属資料：地図1〉　18800円　Ⓘ4-582-49048-4　Ⓝ291.03

(目次)総論，琉球国，那覇市，沖縄島南部，沖縄島中部，沖縄島北部，伊是名島・伊平屋島，慶良間諸島，久米島・渡名喜島・粟国島，宮古諸島，八重山諸島，大東諸島，文献解題用語解説，行政区画変遷・石高一覧，紀年対照表，索引（五十音順索引・難読地名一覧）

(内容)沖縄県の地名・歴史地名を収録する地名事典。日本歴史地名大系全50巻のうちの第48巻。近世村名を中心に収録、地域順に構成する。巻末に五十音順索引、難読地名一覧を付す。

日本歴史地名大系　第48巻　沖縄県の地名　平凡社　2007.4　837p　27cm　〈オンデマンド版　原本：2002年刊〉　22000円　Ⓘ978-4-582-91055-1　Ⓝ291.03

日本歴史地名大系　第49巻　総索引　平凡社　2005.1　1452p　26cm　18000円　Ⓘ4-582-49049-2　Ⓝ291.03

(内容)日本歴史地名大系第1巻から第48巻の項目及び解説文から採った地名計40万項目を五十音順に配列した索引。

日本歴史地名大系　第50巻　分類索引　平凡社編　平凡社　2005.1　1484,5p　26cm　18000円　Ⓘ4-582-49050-6　Ⓝ291.03

(目次)1 現行都道府県名・市区町村名，2 自然地名等，3 近世の町村名、近現代の大字・町名等，4 国・郡・郷・庄・保・名等，5 交通路・交通施設、対外関係施設、産業・商工業施設等，6 統治施設、城郭・軍事施設、集団・個人の生活施設等，7 宗教施設、文化・教育・研究・運動施設等，8 考古

(内容)日本歴史地名大系第1巻から第48巻収載の各分類項目を五十音順に配列した分類索引。

日本歴史地理用語辞典　藤岡謙二郎〔ほか〕編　柏書房　1991.1　595p　22cm　〈新装版〉　6800円　Ⓘ4-7601-0612-X　Ⓝ291.018

方位読み解き事典　山田安彦編　柏書房　2001.6　417,13p　19cm　3200円　Ⓘ4-7601-2066-1　Ⓝ291.018

(目次)序 方位という視点でものをみる，第1部 地理と方位，第2部 信仰と方位，第3部 生活と方位，第4部 考古・歴史と方位，第5部 世界各地の方位，第6部 科学と方位

(内容)古今東西の方位の謎を解こうとする事典。地理、宗教、民俗、考古、歴史、文学、自然科

学諸分野から考察する。

苗字と地名の由来事典　丹羽基二著　新人物往来社　2006.8　262p　21cm　3800円
①4-404-03410-5　Ⓝ288.1

(目次)第1章 苗字と地名の謎を解く(苗字の数，苗字一〇〇大姓を見ると，訓とやまとことば，苗字と家紋 ほか)，第2章 苗字と地名の由来三〇〇，第3章 山名・川名みな苗字—都道府県別地名の由来事典(北海道，青森県，岩手県，山形県 ほか)

(内容)苗字と地名について分かりやすく解説。第1章では苗字と地名を概説、第2章で難読苗字・地名を解説している。

<辞 典>

ウソ読みで引ける難読地名　篠崎晃一監修，小学館辞典編集部編　小学館　2008.3　222p　18cm　900円　①978-4-09-387767-1
Ⓝ291.0189

(内容)あてずっぽうの読み方からも難読地名の読み方がにわかる、“ウソ読み索引”で引ける地名辞典。読みを調べることすら難しかった日本の難読地名や当て字の外国地名約2000がすぐに読める。

角川日本地名大辞典　別巻 1　日本地名資料集成　市川健夫，宇野俊一，北原進，杉山博，竹内誠，所理喜夫，西垣晴次編　角川書店　1990.11　877p　21cm　13000円
①4-04-001480-4　Ⓝ291.033

(目次)序章 日本の国号，第2章 荘園の成立と地名，第3章 武士団と中世村落，第4章 都市地名の発生と地域景観，第5章 大名領国の形成と地域の変容，第6章 幕藩体制の確立と村々，第7章 近世の都市と交通，第8章 近代国家と地方行政，第9章 日本の自然と風土，第10章 地名主要資料解説，第11章 地名の研究

(内容)「角川日本地名大辞典」都道府県別47巻を効果的にご利用いただくため、地名の基本的な解説書として、また地名研究のための「読史備要」として、全47巻の成果をもとに、県別では収められなかった国号や広域地名、地名に関する全国的な制度の改変、地名の歴史的変遷などを全体的・総合的にとらえるよう配慮した。

角川日本地名大辞典　別巻 2　日本地名総覧　角川日本地名大辞典編纂委員会編　角川書店　1990.12　2374p　26cm　22000円
①4-04-001490-1　Ⓝ291.033

(内容)「角川日本地名大辞典」都道府県別47巻の総索引。古代から現代までの地名項目約50万の見出しのすべてを五十音順に収録した、これまで成しえなかった日本の全地名の一大集成。郡支庁・自治体一覧および難読地名一覧を付す。

近代地名研究資料集　第2巻　帝国地名大辞典　上　池田末則編・解説　［富本時次郎］［編纂］　クレス出版　2005.6　1冊　22cm　〈又間精華堂明治36年刊の複製　折り込1枚〉　20000円
①4-87733-274-X,4-87733-277-4　Ⓝ291.0189

近代地名研究資料集　第3巻　帝国地名大辞典　下　池田末則編・解説　［富本時次郎］［編纂］　クレス出版　2005.6　1冊　22cm　〈又間精華堂明治36年刊の複製〉　26000円　①4-87733-275-8,4-87733-277-4
Ⓝ291.0189

新全国地名読みがな辞典　人文社編集部編　人文社　2000.3　1冊　26cm　9500円
①4-7959-1155-X　Ⓝ291.03

(内容)全国47都道府県の市・区・郡・町・村名を収録した辞典。内容は、平成12年1月10日現在。掲載項目は、自治省コードに基づく都道府県番号、都道府県名、都道府県内の市区町村数内訳、都道府県庁・市区町村役場の住所・緯度・経度・郵便番号・電話番号、国土地理院の面積、総務庁統計局の人口、旧国名、市町村名、市区町村のコード名、市制施行年月日、役所への最寄りの駅と主な交通手段、五十音順見出し、町名。大字名、小字名、通称、郵便番号など。巻頭に、市・区・郡・町・村名索引、巻末付録として、市町村変更一覧、住居表示新旧対照一覧がある。

新全国地名読みがな辞典　2002　人文社編集部編　人文社　2002.4　1冊　26cm
9500円　①4-7959-1155-X　Ⓝ291.03

新訂 全国地名駅名よみかた辞典　平成の市町村大合併対応　新訂版　日外アソシエーツ編集部編　日外アソシエーツ，紀伊國屋書店(発売)　2006.10　1282p　21cm　7400円
①4-8169-2009-9　Ⓝ291.033

(内容)日本全国の地名118,900件、JR・私鉄・公営鉄道線の駅名9000件弱の読みかたを収録。難読地名を多数掲載、町(まち・ちょう)、村(むら・そん)の読みかたも万全。「頭字音訓ガイド」「検字表」付き。

全国地名駅名よみかた辞典　日外アソシエーツ編集部編　日外アソシエーツ，紀伊国屋書店(発売)　2000.9　124,1253p　21cm
7400円　①4-8169-1622-9　Ⓝ291.033

(目次)頭字音訓ガイド，検字表，全国地名駅名よみかた辞典

(内容)全国の地名および鉄道線の駅・停留所名の読みを示すよみかた辞典。全国の地名117,300

件、駅名8,500件を収録。地名・駅名の1文字目によって英数字、カタカナ、ひらがな、漢字に分け、漢字は総画数部首順に排列。巻頭に頭字音訓ガイド、検字表あり。

全国地名駅名よみかた辞典　最新市町村合併完全対応版　日外アソシエーツ編集部編　日外アソシエーツ，紀伊国屋書店（発売）　2016.10　1304p　21cm　〈索引あり〉　9250円　Ⓘ978-4-8169-2629-7　Ⓝ291.033

内容 10年ぶりの新訂版。日本全国の地名118,845件、JR・私鉄・公営鉄道線の駅名8,987件の読みかたを収録。難読地名を多数掲載、町（まち・ちょう）、村（むら・そん）の読みかたも万全、新名称にも対応。「頭字音訓ガイド」「検字表」付き。

全国地名読みがな辞典　第4版　（大阪）清光社，人文社（発売）　1991.12　1冊　26cm　8000円　Ⓘ4-87160-115-3　Ⓝ291.03

内容 全国市町村の町・丁・字名総収録。収録地名24万・わが国唯一最大の収録地名数である。

全国地名読みがな辞典　第5版　（大阪）清光社，大阪人文社ほか（発売）　1995.1　1冊　27cm　8500円　Ⓘ4-87160-115-3　Ⓝ291.03

全国地名読みがな辞典　第6版　（大阪）清光社　1998.1　1冊　27cm　〈発売所：大阪人文社ほか〉　8400円　Ⓘ4-87160-115-3　Ⓝ291.03

難姓・難地名事典　丹羽基二著　新人物往来社　1994.11　259p　19cm　4300円　Ⓘ4-404-02116-X　Ⓝ291.03

内容 地名・姓氏両方に存在している語のうち、四月一日、八月一日、四十者など珍名・難名と呼べるものを集めた事典。見出し語の五十音順に排列し、読み、地名の所在地、略注、おもな関連姓氏を記載する。

難読・異読地名辞典　楠原佑介編　東京堂出版　1999.3　447,30p　21cm　5700円　Ⓘ4-490-10497-9　Ⓝ291.033

内容 読めない・間違いやすい、読み方が何通りもある地名を漢字画数順に配列した辞典。地方自治体名などの行政区画名郡名や大字・町名などの地域区分名、地域社会で広く認知されている集落名を対象として収録。頭字標準音訓索引付き。

難読姓氏・地名大事典　丹羽基二著　新人物往来社　2002.4　323p　19cm　9800円　Ⓘ4-404-02956-X　Ⓝ288.1

内容 厳木（きゅうらぎ）や鶏冠井（かえで）など、難読と思われる日本人の苗字と同表記の地名を併せて収録した事典。苗字・地名に共通する名称を見出し語として五十音順に排列し、読み、関係する地名の所在地、語義、類似する苗字を記載する。

難読姓氏・地名大事典 コンパクト版　丹羽基二著　新人物往来社　2006.2　324p　19cm　4800円　Ⓘ4-404-03291-9　Ⓝ288.1

内容 あっと驚く姓氏や地名を読み解く、ユニークな事典。解読するのが難しい姓氏や地名の漢字を収録し、読みと解説を付けた。本文は五十音順に排列。

難読姓氏・地名大事典 続　丹羽基二著　新人物往来社　2005.6　290p　21cm　9800円　Ⓘ4-404-03243-9　Ⓝ288.1

内容 亀甲、犬童、三砂、米多比、榴岡、五十鈴、不知火、卯子酉。難読姓氏・地名2000を収録したユニークな事典。

日本地名よみかた辞典　共立文化社　2003.7　1200p　27cm　〈東京 星雲社（発売）〉　8800円　Ⓘ4-434-03393-X　Ⓝ291.033

<ハンドブック>

NHK ふるさとデータブック　1　東日本編 北海道　NHK情報ネットワーク編　日本放送出版協会　1992.4　438p　26cm　4000円　Ⓘ4-14-009178-9　Ⓝ291

内容 今回、NHKとNHK情報ネットワークでは、平成2年に行なわれた国勢調査を機に、3,268にも及ぶ市町村の基礎データを収集するため、大がかりなアンケート調査を実施。その調査項目の中から一般情報として利用価値が高いと思われる約70項目を厳選した。

NHK ふるさとデータブック　2　東日本編 東北　NHK情報ネットワーク編　日本放送出版協会　1992.4　897p　26cm　6000円　Ⓘ4-14-009179-7　Ⓝ291

内容 今回、NHKとNHK情報ネットワークでは、平成2年に行なわれた国勢調査を機に、3,268にも及ぶ市町村の基礎データを収集するため、大がかりなアンケート調査を実施。その調査項目の中から一般情報として利用価値が高いと思われる約70項目を厳選した。

NHK ふるさとデータブック　3　東日本編 関東　NHK情報ネットワーク編　日本放送出版協会　1992.4　1078p　26cm　7000円　Ⓘ4-14-009180-0　Ⓝ291

内容 今回、NHKとNHK情報ネットワークでは、平成2年に行なわれた国勢調査を機に、3,268にも及ぶ市町村の基礎データを収集するため、大がかりなアンケート調査を実施。その調査項目の中から一般情報として利用価値が高いと思われる約70項目を厳選した。

NHK ふるさとデータブック 4 東日本編 北陸・甲信越 NHK情報ネットワーク編 日本放送出版協会 1992.4 926p 26cm 6000円 Ⓘ4-14-009181-9 Ⓝ291

(内容)今回、NHKとNHK情報ネットワークでは、平成2年に行なわれた国勢調査を機に、3,268にも及ぶ市町村の基礎データを収集するため、大がかりなアンケート調査を実施。その調査項目の中から一般情報として利用価値が高いと思われる約70項目を厳選した。

NHK ふるさとデータブック 5 東日本編 東海 NHK情報ネットワーク編 日本放送出版協会 1992.4 714p 26cm 5000円 Ⓘ4-14-009182-7 Ⓝ291

(内容)今回、NHKとNHK情報ネットワークでは、平成2年に行なわれた国勢調査を機に、3,268にも及ぶ市町村の基礎データを収集するため、大がかりなアンケート調査を実施。その調査項目の中から一般情報として利用価値が高いと思われる約70項目を厳選した。

NHK ふるさとデータブック 6 西日本編 近畿 NHK情報ネットワーク編著 日本放送出版協会 1992.5 730p 26cm 5000円 Ⓘ4-14-009183-5 Ⓝ291

(目次)滋賀, 京都, 大阪, 兵庫, 奈良, 和歌山

(内容)今回、NHKとNHK情報ネットワークでは、平成2年に行なわれた国勢調査を機に、3,263にも及ぶ市町村の基礎データを収集するため、大がかりなアンケート調査を実施。その調査項目の中から一般情報として利用価値が高いと思われる約70項目を厳選した。

NHK ふるさとデータブック 7 西日本編 中国 NHK情報ネットワーク編著 日本放送出版協会 1992.5 694p 26cm 5000円 Ⓘ4-14-009184-3 Ⓝ291

(目次)鳥取, 島根, 岡山, 広島, 山口

(内容)今回、NHKとNHK情報ネットワークでは、平成2年に行なわれた国勢調査を機に、3,268にも及ぶ市町村の基礎データを収集するため、大がかりなアンケート調査を実施。その調査項目の中から一般情報として利用価値が高いと思われる約70項目を厳選した。

NHK ふるさとデータブック 8 西日本編 四国 NHK情報ネットワーク編著 日本放送出版協会 1992.5 466p 26cm 4000円 Ⓘ4-14-009185-1 Ⓝ291

(目次)徳島, 香川, 愛媛, 高知

(内容)今回、NHKとNHK情報ネットワークでは、平成2年に行なわれた国勢調査を機に、3,268にも及ぶ市町村の基礎データを収集するため、大がかりなアンケート調査を実施。その調査項目の中から一般情報として利用価値が高いと思われる約70項目を厳選した。

NHK ふるさとデータブック 9 西日本編 九州 1 NHK情報ネットワーク編著 日本放送出版協会 1992.5 577p 26cm 5000円 Ⓘ4-14-009186-X Ⓝ291

(目次)福岡, 佐賀, 長崎, 大分

(内容)今回、NHKとNHK情報ネットワークでは、平成2年に行なわれた国勢調査を機に、3,268にも及ぶ市町村の基礎データを収集するため、大がかりなアンケート調査を実施。その調査項目の中から一般情報として利用価値が高いと思われる約70項目を厳選した。

NHK ふるさとデータブック 10 西日本編 九州 2 NHK情報ネットワーク編著 日本放送出版協会 1992.5 583p 26cm 5000円 Ⓘ4-14-009187-8 Ⓝ291

(目次)熊本, 宮崎, 鹿児島, 沖縄

(内容)今回、NHKとNHK情報ネットワークでは、平成2年に行なわれた国勢調査を機に、3,268にも及ぶ市町村の基礎データを収集するため、大がかりなアンケート調査を実施。その調査項目の中から一般情報として利用価値が高いと思われる約70項目を厳選した。

県別・都市別ビジネス情報ハンドブック エリアデータ、マーケティングポイントから生活情報まで 矢野新一, エリア・インテリジェント・システムズ著 PHP研究所 1992.12 300p 18cm 1200円 Ⓘ4-569-53825-8 Ⓝ291.03

(内容)地域の歴史、現状、開発計画から県民性、マーケティングポイントに至るまでまとめた都道府県編と、地域中心都市と政令指定都市について基本的なデータをまとめた都市編から成る、転勤・出張ガイドつきの地域ごとのお役立ち情報ハンドブック。

諸国名物地図 にっぽんの基礎知識 市川健夫監修 東京書籍 1999.6 319p 21cm 2000円 Ⓘ4-487-79400-5 Ⓝ291

(目次)日本に生まれてよかった之巻(駅弁, 和菓子, 漬物, 地酒, 珍味, 郷土玩具, 陶磁器, 漆器, 和紙, 文具 ほか), 行ったら絶対チェック之巻(祭り, 供養祭, 花火, 朝市, 市, 世界遺産, 国宝・重文, 小京都, 国立 ほか), ちょっと得した気分になる之巻(人間国宝, 銅像, 行脚・逃亡, 初めての地, 第三セクター線, 蒸気鉄道, 廃線, 駅舎, 橋 ほか), こんなこと知ってた?之巻(島, 火山, 川, 湖, 名瀑, スキー場,

渚，鍾乳洞，“富士”山，希少動物 ほか)

(内容)日本の名物99を紹介したもの。各名物ごとに、全国それぞれの事物を紹介。東京名物地図、七道七五州名物地図、全国物産館・博物館一覧、全国自治体観光・物産課一覧、名産・物産関連組合団体一覧、市町村島しょ別件名索引、50音別件名索引付き。

都道府県別データブック　1995　読売新聞校閲部編　PHP研究所　1994.12　327p　18cm　1200円　①4-569-54531-9　Ⓝ291.036

(内容)都道府県ごとの基礎データから雑学的知識までをまとめたデータブック。地域別に構成する。各都道府県は6ページを使用し、面積・人口、知事、各県の日本一、自然、各県人名録(明治以降)、主要都市へのアクセス、統計、県内代表企業、スポーツ成績、大学・図書館・国宝等、国会議員、市町村データ、小選挙区マップ、難読地名・紛らわしい地名のデータを記載する。巻末に選挙区区割りの資料と参考文献一覧がある。

都道府県別データブック　1997　記者、アナウンサー、公務員必携　読売新聞校閲部編　PHP研究所　1997.1　326p　18cm　1165円　①4-569-55447-4　Ⓝ291.036

(目次)北海道・東北地方，関東地方，中部地方，近畿地方，中国・四国地方，九州・沖縄地方

(内容)各都道府県別に、選出された国会議員、自治体の首長、山河の名前の読み方、主要都市への電車でのアクセス法、小選挙区・比例区選挙結果、市町村データ、各種統計データ、自治体開設のホームページのURLなどを掲載したデータブック。

都道府県別データブック　1998　ビジネスマン、公務員必携　読売新聞校閲部編　PHP研究所　1998.1　326p　18cm　1143円　①4-569-55962-X　Ⓝ291.036

(目次)北海道・東北地方，関東地方，中部地方，近畿地方，中国・四国地方，九州・沖縄地方，比例代表選出国会議員

都道府県別データブック　1999　読売新聞校閲部編　PHP研究所　1999.1　326p　18cm　1143円　①4-569-60445-5　Ⓝ291.036

都道府県別データブック　2000　ビジネスマン、公務員必携　読売新聞校閲部編　PHP研究所　2000.1　334p　18cm　1200円　①4-569-60976-7　Ⓝ291.036

(目次)北海道・東北地方，関東地方，中部地方，近畿地方，中国・四国地方，九州・沖縄地方，比例代表選出国会議員

(内容)都道府県別の、全国ランキング、全国市町村名、難読地名読み方、99年選挙結果、国会議員・知事・市長便覧、県別重大ニュース、都道府県のホームページ情報などを収録した地域データブック。

都道府県別データブック　2001　読売新聞校閲部編　PHP研究所　2001.1　335p　18cm　1200円　①4-569-61445-0　Ⓝ291.036

都道府県別データブック　2002　ビジネスマン、公務員必携　読売新聞校閲部編　PHP研究所　2002.1　335p　18cm　1250円　①4-569-61987-8　Ⓝ291.036

(目次)北海道・東北地方，関東地方，中部地方，近畿地方，中国・四国地方，九州・沖縄地方，比例代表選出国会議員

(内容)都道府県のデータ資料集。全国都道府県を北から6地方別に区分、各都道府県別に、2001年時点の最新の資料に準拠した、面積・人口・気候・交通などの基本データ、出身有名人の人名録、県別重要ニュース、史跡、施設、行事などの情報を掲載する。2001年12月5日現在の比例代表選出国会議員も紹介、ラムサール条約登録地、世界遺産登録地や旧国名などの地理的情報を地図で紹介する「アトラスデータ」もある。巻末に「統計で見る都道府県の姿」の全国1位と47位の一覧、都道府県別の面積・人口・世帯数などの各種資料を付す。

都道府県別データブック　最新版　読売新聞東京本社編集局校閲部編　PHP研究所　2010.5　287p　18cm　(〔PHPハンドブック〕)　1400円　①978-4-569-77731-3　Ⓝ291.036

(目次)北海道・東北地方，関東地方，中部地方，近畿地方，中国・四国地方，九州・沖縄地方

(内容)全国ランキング、市町村データ、選挙区図、難読地名の読み方、出身人物録、美術館・博物館、祭り、行事、史跡など、知りたい地域データが満載。

日本の地誌　1　日本総論1(自然編)　中村和郎，新井正，岩田修二，米倉伸之編　朝倉書店　2005.11　401p　27cm　〈シリーズ責任表示：山本正三／［ほか編］〉　18000円　①4-254-16761-X　Ⓝ291.08

(目次)1 日本列島の位置と自然の特徴(日本列島の位置，日本列島とその周辺の地形，日本列島とその周辺の気候 ほか)，2 日本列島の自然景観(自然景観をつくるもの，日本の地形景観，日本の気候環境 ほか)，3 日本の自然環境と人間活動(日本列島の土地利用とその歴史的変化，第二次世界大戦後の大規模開発と環境破壊，自然災害と防災 ほか)

日本の地誌　2　日本総論2(人文・社会編)　山本正三，谷内達，菅野峰明，田林明，

奥野隆史編　朝倉書店　2006.8
576p 図版16p　27cm　〈文献あり　シリーズ責任表示：山本正三／［ほか編］〉
23000円　Ⓘ4-254-16762-8　Ⓝ291.08

日本の地誌　3　北海道　山下克彦，平川一臣編　朝倉書店　2011.11　530p　27cm
〈索引あり　シリーズ責任表示：山本正三／［ほか編］〉　22000円　Ⓘ978-4-254-16763-4
Ⓝ291.08

日本の地誌　4　東北―青森県・岩手県・秋田県・宮城県・山形県・福島県　田村俊和，石井英也，日野正輝編　朝倉書店
2008.4　502p 図版8p　27cm　〈文献あり　シリーズ責任表示：山本正三／［ほか編］〉
20000円　Ⓘ978-4-254-16764-1　Ⓝ291.08

(目次)1 東北地方の領域と地域的特徴，2 東北地方の地域性（地理的性格，歴史的背景，自然環境，住民と生活，空間の組織化，資源と産業，農村集落と景観，都市システム，東北地方の課題と今後の方向性），3 東北地方の地域誌

(内容)東北地方全体の特徴とそのなかでの地域的傾向を指摘した第1編および第2編と、県およびさらに狭い地域について記した第3編から構成。各編を構成する章・節の内容は、地理学をはじめとする諸分野での実証研究の成果に基づいて記述されている。本書で初めて公表されたオリジナルな調査研究結果も含まれている。

日本の地誌　5　首都圏1―東京都・神奈川県・埼玉県・千葉県　菅野峰明，佐野充，谷内達編　朝倉書店　2009.4　580p 図版8p
27cm　〈文献あり　シリーズ責任表示：山本正三／［ほか編］〉　23000円
Ⓘ978-4-254-16765-8　Ⓝ291.08

日本の地誌　6　首都圏2―群馬県・栃木県・茨城県長野県・山梨県・新潟県　斎藤功，石井英也，岩田修二編　朝倉書店
2009.3　582p 図版8p　27cm　〈文献あり　シリーズ責任表示：山本正三／［ほか編］〉
23000円　Ⓘ978-4-254-16766-5　Ⓝ291.08

日本の地誌　7　中部圏―愛知県・静岡県・岐阜県・三重県・富山県・石川県・福井県　藤田佳久，田林明編　朝倉書店
2007.4　672p　26cm　〈シリーズ責任表示：山本正三／［ほか編］〉　26000円
Ⓘ978-4-254-16767-2　Ⓝ291.08

(目次)1 中部圏の領域と地域的特徴（位置と領域，地域的特徴），2 東海地方の地域性（地理的性格，歴史的背景 ほか），3 東海地方の地域誌（愛知県，静岡県 ほか），4 北陸地方の地域性（地理的性格，歴史的背景 ほか），5 北陸地方の地域誌（富山県，石川県 ほか）

日本の地誌　8　近畿圏―大阪府・兵庫県・京都府・滋賀県・奈良県・和歌山県
金田章裕，石川義孝編　朝倉書店　2006.4
563p 図版8p　27cm　〈文献あり　シリーズ責任表示：山本正三／［ほか編］〉　26000円
Ⓘ4-254-16768-7　Ⓝ291.08

日本の地誌　9　中国・四国―鳥取県・島根県・岡山県・広島県・山口県・香川県・愛媛県・徳島県・高知県　森川洋，篠原重則，奥野隆史編　朝倉書店　2005.3
636p 図版12p　27cm　〈シリーズ責任表示：山本正三／［ほか編］〉　25000円
Ⓘ4-254-16769-5　Ⓝ291.08

(目次)1 中国・四国地方の領域と地域的特徴，2 中国地方の地域性，3 中国地方の地域誌（鳥取県，島根県，岡山県，広島県，山口県），4 四国地方の地域性，5 四国地方の地域誌（香川県，愛媛県，徳島県，高知県）

日本の地誌　10　九州・沖縄―福岡県・佐賀県・長崎県・熊本県・大分県・宮崎県・鹿児島県・沖縄県　野澤秀樹，堂前亮平，手塚章編　朝倉書店　2012.11
656p 図版16p　27cm　〈索引あり　シリーズ責任表示：山本正三／［ほか編］〉
25000円　Ⓘ978-4-254-16770-2　Ⓝ291.08

日本の100選データ・ブック　こんな100選、あんな百選、日本の100選大集合。
大蔵省印刷局編　大蔵省印刷局　1998.11
199p　21cm　1200円　Ⓘ4-17-312180-6
Ⓝ291

(目次)官公庁（自然，文化，観光），団体（自然，文化，観光），地方団体（自然，文化，観光），民間

日本の100選データ・ブック　改訂版　財務省印刷局編　財務省印刷局　2001.10　247p
21cm　1400円　Ⓘ4-17-312180-6　Ⓝ291

(目次)官公庁（自然，文化，観光），団体（自然，文化，観光），地方団体（自然，文化，観光），民間，百選増補分

日本ふるさと百科　データで見るわたしたちの郷土　シンクタンクせとうち総合研究機構編　シンクタンクせとうち総合研究機構
1997.12　128p　21cm　1429円
Ⓘ4-916208-11-0　Ⓝ291

(目次)1 事物編（自然・景観・生態，歴史・文化・建造物，風土・方言・舞台作品，産業・技術），2 統計編（人，経済，豊かさの検証（豊かさ指標に見る4年間の変動），生活環境），3 地域戦略編（地方ブロックの枠組み，広域交通基盤，国際交流，都道府県間交流，国土軸・地域連携軸，地方行財政，地域別整備の方向性）

(内容)国土や都市の社会構造の静態と動態を事物・統計・地図などのデータを基に整理した資料集。全国的な視点で、各都道府県のポジショニングを把握できる。

ビジュアルデータブック 日本の地理　井田仁康監修　学研プラス　2016.2　99p　30cm　4500円　Ⓘ978-4-05-501178-5　Ⓝ291

(目次)第1章 日本の国土と自然(国土と海，地域区分，人口 ほか)，第2章 日本の産業(農業，稲作(米)，畑作(野菜，くだもの) ほか)，第3章 日本の貿易・交通(貿易，鉄道，高速道路と橋 ほか)，第4章 日本の文化・社会(祭り，郷土料理，ご当地グルメ ほか)

誇れる郷土ガイド　口承・無形遺産編　古田陽久，古田真美監修　(広島)シンクタンクせとうち総合研究機構　2001.6　126p　21cm　(ふるさとシリーズ)　2000円　Ⓘ4-916208-44-7　Ⓝ291

(目次)北海道，青森県，岩手県，宮城県，秋田県，山形県，福島県，茨城県，栃木県，群馬県〔ほか〕

(内容)日本の主要な口承及び無形遺産の名称を全国47都道府県別に整理収録したもの。各都道府県の文化財指定件数、国指定の重要無形民俗文化財、その他の主要な無形民俗文化財、国指定等の無形文化財、口承・昔話・民話・民謡、祭り・イベント、伝統工芸品、行政データを記載。ユネスコの「人類の口承及び無形遺産の傑作」の概要についても紹介する。

誇れる郷土ガイド　全国47都道府県の観光データ編　古田陽久監修，21世紀総合研究所企画・制作，シンクタンクせとうち総合研究機構編　(広島)シンクタンクせとうち総合研究機構　2003.4　128p　21cm　(ふるさとシリーズ)　2000円　Ⓘ4-916208-74-9　Ⓝ291

(目次)全国47都道府県の主要観光資源(北海道，青森県，岩手県，宮城県，秋田県 ほか)，全国47都道府県の観光関連データ(2001年都道府県別観光入込客数・観光消費額，都道府県別主要観光地，都道府県別主要観光資源，訪日外国人旅行者数並びに日本人海外旅行者数の推移，2002年訪日外国人数，2002年日本人海外旅行者・各国別訪問者数，日本の主要旅行業者の旅行取扱状況，2002年空港・海港別外国人正規入国者数・出国日本人数)，観光関連情報源，観光キーワード

(内容)全国47都道府県の観光データを収録。「観光入込客数・観光消費額」「訪日外国人数」「日本人海外旅行者・各国別訪問者数」などデータ充実。巻末には「観光関連情報源」「観光キーワード」を収録。

誇れる郷土ガイド　全国47都道府県の観光データ編　2010改訂版　世界遺産総合研究所企画・編集，古田陽久，古田真美監修　(広島)シンクタンクせとうち総合研究機構　2009.12　128p　21cm　(ふるさとシリーズ)〈文献あり〉　2381円　Ⓘ978-4-86200-123-8　Ⓝ291

(目次)はじめに 世界遺産を活かした地域再生と観光立国への道，全国47都道府県の主要観光資源(北海道，青森県，岩手県，宮城県，秋田県 ほか)，全国47都道府県の観光関連データ(2008年都道府県別観光入込客数・観光消費額，都道府県別主要観光地，都道府県別主要観光資源，訪日外国人旅行者数並びに日本人海外旅行者数の推移，2008年訪日外国人数 ほか)

(内容)わが国の旅行・観光産業は、国内生産額、雇用効果などわが国の経済、雇用、地域の活性化に大きな影響を及ぼすものであり、21世紀のリーディング産業に成長する可能性がある産業分野である。本書は、ユネスコの世界遺産などのヘリティッジ・ツーリズム(遺産観光)の振興をわが国の観光施策の柱に位置づけることを検討する基礎資料としたい。

誇れる郷土ガイド　全国47都道府県の国際交流・協力編　古田陽久監修，21世紀総合研究所企画・制作，シンクタンクせとうち総合研究機構編　(広島)シンクタンクせとうち総合研究機構　2004.4　128p　21cm　(ふるさとシリーズ)　2000円　Ⓘ4-916208-85-4　Ⓝ291

(目次)全国47都道府県の国際交流・協力にかかわる参考データ(北海道，青森県，岩手県，宮城県，秋田県，山形県，福島県，茨城県，栃木県，群馬県 ほか)，国際交流・協力関係機関(全国47都道府県の国際交流協会等，在日国連関連機関，国連NGO等，日本政府関係機関，公益法人等，在日外国公館，政府観光局・友好協会等)

(内容)各都道府県と海外との結びつき、地方自治体の姉妹提携、主要大学の大学間協力協定、国際交流活動団体、国際化計画、主要施策などの概況を都道府県別に整理する。全国47都道府県の国際交流協会、日本政府関係機関、在日外国公館、政府観光局・友好協会など、データ充実。

誇れる郷土ガイド　全国47都道府県の誇れる景観編　古田陽久監修，21世紀総合研究所企画・制作，シンクタンクせとうち総合研究機構編　(広島)シンクタンクせとうち総合研究機構　2003.10　128p　21cm　(ふるさとシリーズ)　2000円　Ⓘ4-916208-78-1　Ⓝ291

(目次)全国47都道府県の誇れる景観(北海道，青森県，岩手県，宮城県，秋田県 ほか)，わが国の多様な景観，国立公園・国定公園，国指定の特別名勝・名勝，水田景観，草地景観，畑地景観，森林景観，漁場景観・漁港景観・海浜景観，河

川景観・池沼景観・湖沼景観・水路景観〔ほか〕

(内容)日本全国の自然環境や文化的な景観を都道府県別に整理。国立公園や特別名勝はもちろん、水田、草地、森林、河川など幅広く収録。巻末にコラム「人間と自然との共同作品－文化的景観について」を収載。

誇れる郷土ガイド　西日本編　古田陽久，古田真美監修　(広島)シンクタンクせとうち総合研究機構　2000.1　126p　21cm　(ふるさとシリーズ)　1905円　①4-916208-25-0　Ⓝ291

(目次)三重県，滋賀県，京都府，大阪府，兵庫県，奈良県，和歌山県，鳥取県，島根県，岡山県，広島県，山口県，徳島県，香川県，愛媛県，高知県，福岡県，佐賀県，長崎県，熊本県，大分県，宮崎県，鹿児島県，沖縄県

(内容)西日本に所在する24都道府県の各々の特色、特性、魅力、個性、独自性、ナンバーワン、オンリーワン、発祥、ゆかり、本拠地、本社所在地等各分野の代表的なものを紹介したデータブック。掲載項目は、プロフィール、概観、自然・景観・生態、歴史・文化・建造物、風土・方言・舞台作品、経済・産業・技術、観光・物産・祭り、教育、スポーツ、メディア、ゆかりの人物、都道府県行政データ、広域交通基盤、21世紀に向けてのビッグプロジェクト、21世紀に向けてのビッグイベント、各都道府県広報紙(誌)、各都道府県ホームページURL、各都道府県の刊行物、各都道府県の統計情報、各都道府県立図書館など。

誇れる郷土ガイド　東日本編　古田陽久，古田真美監修　(広島)シンクタンクせとうち総合研究機構　1999.12　126p　21cm　(ふるさとシリーズ)　1905円　①4-916208-24-2　Ⓝ291

(目次)北海道，青森県，岩手県，宮城県，秋田県，山形県，福島県，茨城県，栃木県，群馬県，埼玉県，千葉県，東京都，神奈川県，新潟県，富山県，石川県，福井県，山梨県，長野県，岐阜県，静岡県，愛知県，三重県

(内容)東日本に所在する24都道府県の各々の特色、特性、魅力、個性、独自性、ナンバーワン、オンリーワン、発祥、ゆかり、本拠地、本社所在地等各分野の代表的なものを収録したガイドブック。内容は、1999年11月1日現在。内容項目は、人口や面積、県庁所在地等が書かれているプロフィール、概観、自然・景観・生態、歴史・文化・建造物、風土・方言・舞台作品、経済・産業・技術、観光・物産・祭り、教育、スポーツ、メディア、ゆかりの人物、都道府県行政データ、広域交通基盤など。

誇れる郷土ガイド　北海道・東北編　古田陽久，古田真美監修，シンクタンクせとうち総合研究機構編　(広島)シンクタンクせとうち総合研究機構　2001.5　128p　21cm　2000円　①4-916208-42-0　Ⓝ291

(目次)北海道・東北地方の概観(北海道・東北地方の地勢，北海道・東北地方の交通基盤，北海道・東北地方の地域整備の基本方向性 ほか)，北海道，青森県，秋田県，岩手県，山形県，宮城県，福島県，姉妹都市提携関係，北海道・東北地方の関連情報源(各都道府県等，各種団体・研究機関等，博物館・図書館・資料室等 ほか)，キーワード解説，コラム(北海道遺産について，アイヌ文化，守りたい 北方領土の貴重な自然環境 ほか)

(内容)日本の地域ごとに、自然環境や文化財などの有形遺産、風俗習慣、伝統芸能などの無形遺産等の地域遺産データを収録した文化財ガイド。既刊「誇れる郷土ガイド 東日本編」「環日本海エリア・ガイド」を基に編集。道県別に構成、また、各都道府県の先進的な取組み、市町村合併の動向等も紹介する。巻末にキワード解説とコラムあり。

誇れる郷土データ・ブック　1996-97年版　全国47都道府県　古田陽久，古田真美共編　シンクタンクせとうち総合研究機構　1996.6　99p　21cm　1300円　①4-9900145-6-1　Ⓝ291

(内容)最新の資料と統計で全国47都道府県の特色と個性をコンパクトに整理。国体、国民文化祭等の全国的なイベント、Uターン、生涯学習、手軽に役立つガイドブック。

誇れる郷土データ・ブック　2004改訂版　全国47都道府県の概要　古田陽久，古田真美監修，21世紀総合研究所企画・制作，シンクタンクせとうち総合研究機構編　(広島)シンクタンクせとうち総合研究機構　2003.12　128p　21cm　(ふるさとシリーズ)　2000円　①4-916208-77-3　Ⓝ291

(目次)全国47都道府県の概要(北海道，青森県，岩手県，宮城県，秋田県 ほか)，日本の誇れる遺産データ(日本の国立公園・国定公園，日本の原生自然環境地域・自然環境保全地域，日本の森林生態系保護地域，日本の主要な鳥獣保護区，日本のユネスコ生物圏保護区 ほか)

(内容)本書は、これまでに発刊してきた誇れる郷土ガイドのシリーズ、すなわち、地域編、そして、テーマ編を総合的に編集した概要版。また、1996年に出版した「全国47都道府県誇れる郷土データ・ブック―1996～97年版」の改訂版を兼ねる。巻末に参考資料として「日本の都道府県庁」を収録。

誇れる郷土データ・ブック　2009改訂版

全国47都道府県の概要　古田陽久，古田真美監修，世界遺産総合研究所企画・編集　（広島）シンクタンクせとうち総合研究機構　2009.2　124p　21cm　（ふるさとシリーズ）　2000円　①978-4-86200-137-5　Ⓝ291

(目次)全国47都道府県の概要（北海道，青森県，岩手県 ほか），参考データ（47都道府県庁所在地の住所、面積、人口，インターネットURL,47都道府県の市町村数の推移 ほか），世界遺産登録の潮流（世界遺産登録の現状，世界遺産登録の意義，日本の世界遺産登録の現状 ほか）

(内容)「誇れる郷土データ・ブック―2004年版」の改訂版。全国47都道府県のトピックス、世界遺産、ふるさと検定、市町村合併などの関連データ、それに、解説として「世界遺産登録の潮流」を特集。

誇れる郷土データ・ブック　2012年版　古田陽久，古田真美著，世界遺産総合研究所企画・編集　（広島）シンクタンクせとうち総合研究機構　2012.6　128p　21cm　（ふるさとシリーズ）　2381円　①978-4-86200-167-2　Ⓝ291

(目次)全国47都道府県の概要，国内外に通用する「顕著な普遍的価値」を有する新たな資産形成に向けて，参考データ

(内容)2011年3月11日に発生した東日本大震災、それに、東電福島第一原発の事故などの影響で、日本列島は自然災害や人為災害の脅威や危険にさらされ、不穏な社会状況下にある。本書では、国内外に通用する「顕著な普遍的価値」を有する新たな資産形成に向けて希望の光となる世界遺産、世界無形文化遺産、世界記憶遺産などの新たなシーズの発掘に照準をあて、全国47都道府県の最新のトピックスを特集する。

誇れる郷土データ・ブック　2015年版　地方の創生と再生　古田陽久，古田真美著，世界遺産総合研究所企画・編　（広島）シンクタンクせとうち総合研究機構　2015.5　126p　21cm　（ふるさとシリーズ）　2500円　①978-4-86200-192-4　Ⓝ291

(目次)世界遺産と地方の創生と再生，全国47都道府県の概要，参考データ

(内容)本書では、将来的に、国や地域の創生や再生につながる世界遺産、世界無形文化遺産、世界記憶遺産、それに、2015年に文化庁が新設した日本遺産などの候補にもなりうる遺跡、建造物群、モニュメント、口承及び表現、芸能、社会的慣習、儀式及び祭礼行事、自然及び万物に関する知識及び慣習、伝統工芸技術、歴史的な文書や記録などを都道府県別に整理。

誇れる郷土データ・ブック　2017年版　2020東京オリンピックに向けて　古田陽久，古田真美著，世界遺産総合研究所企画・編集　（広島）シンクタンクせとうち総合研究機構　2017.3　128p　21cm　（ふるさとシリーズ）　2500円　①978-4-86200-209-9　Ⓝ291

(目次)全国47都道府県の概要（北海道，青森県，岩手県，宮城県，秋田県 ほか），参考データ（日本の世界遺産と世界遺産暫定リスト記載物件等，日本の世界遺産、世界無形文化遺産、世界の記憶，世界遺産、世界無形文化遺産、世界の記憶の違い，訪日外国人観光客数の推移，訪日外国人観光客数地域別 ほか）

(内容)2020年に開催される東京オリンピック・パラリンピックを見据えて、外国人旅行者の増加等訪日プロモーションの戦略的拡大の為に、世界に通用する魅力ある観光地域づくりの整備が求められている。本書は、日本の美しい自然環境や歴史的な和の文化、新しい時代の日本文化など多彩な観光資源を活かした地域づくりの基礎資料としてご活用いただきたい。

もっと知りたい日本と世界のすがた　帝国書院編集部編　帝国書院　2008.2　248p　26cm　857円　①978-4-8071-5755-6　Ⓝ291

(目次)日本（日本の成り立ちと自然，日本の諸地域，さまざまな面からとらえた日本），世界（世界の人々の生活・文化，世界の諸地域）

47都道府県・地名由来百科　谷川彰英著　丸善出版　2015.1　310p　20cm　〈文献あり　索引あり〉　3800円　①978-4-621-08761-9　Ⓝ291.0189

(目次)第1部 日本地名列島を読み解く（地名から解く，「日本地名列島」の面白さ，明治以降の地名改変の歴史，難読地名の世界），第2部 都道府県別地名の由来とその特色，付録 平成11年度以降の合併市町村一覧（都道府県順）

(内容)本書は北海道から沖縄県に至るまで、日本列島を縦断するように、それぞれの地域の特色ある地名の由来を解説しています。一方で、こうした特色ある地名の中でも特にユニークといえる難読地名を取り上げ、その読み方とともに意味を紹介しています。知りたいことが探しやすい都道府県別編集!

47都道府県なるほどデータブック　上　教育画劇　2009.3　103p　27cm　〈文献あり〉　4500円　①978-4-7746-0971-3　Ⓝ291

(目次)都道府県パズル，北海道・東北地方，関東地方，北陸地方，中部・東海地方，お化け・妖怪日本地図，おもしろ地名日本地図，都道府県パズル

(内容)日本の47都道府県について、面白く興味深く学ぶためのデータブック。県の形を見せて何県かあてるクイズや、「なんでもナンバーワ

ン」といった楽しく学べる話題を掲載する。2分冊構成で、上巻は北海道から愛知県まで、下巻は近畿地方から九州・沖縄までを収録。

47都道府県なるほどデータブック　下　教育画劇　2009.4　103p　27cm　〈文献あり〉　4500円　①978-4-7746-0972-0　Ⓝ291

(目次)近畿地方（どこの都道府県かわかるかな?カタカナの「メ」の形に似てるね!, どこの都道府県かわかるかな?ピーマンの形に似てるね! ほか），中国地方（どこの都道府県かわかるかな?ライオンが走る形に似てるね!, どこの都道府県かわかるかな?キュウリの形に似てるね! ほか），四国地方（どこの都道府県かわかるかな?ヒラメの形に似てるね!, どこの都道府県かわかるかな?バクの親子の形に似てるね! ほか），九州・沖縄地方（どこの都道府県かわかるかな?左向きの天狗の顔の形に似てるね!, どこの都道府県かわかるかな?上を向くピエロの顔の形に似てるね! ほか）

<図鑑・図集>

地図からわかる日本　猪郷久義，今泉忠明，木村真冬監修　学研教育出版，学研マーケティング（発売）　2012.10　136p　30×23cm　（ニューワイドずかん百科）　2000円　①978-4-05-203634-7　Ⓝ291

(目次)第1章 変化に富んだ国土と自然（日本列島の素顔，寄木細工のような日本列島，大陸からはがれて出来た日本列島 ほか），第2章 自然を生かした産業（産業は地域でちがってくる，くらしの中の農畜水産物，気候や地形にあった野菜と果樹栽培 ほか），第3章 地域の特徴と文化（特徴のある都市，大都市の役割と特徴，人が多く集まる場所 ほか）

(内容)学習指導要領にピッタリの産業・文化のページ。地域の自然が地図ですぐわかる。地域の料理や祭りが地図でひとめで丸わかり。暗記しなくても地図からその地域の特徴・産業がわかる。地図と写真から日本を知るのが楽しくなる。いろいろな地図が100。

地図に見る日本　倭国・ジパング・大日本　海野一隆著　大修館書店　1999.5　197,29p　22cm　2600円　①4-469-23204-1　Ⓝ291.018

(内容)古今東西の地図に描かれた日本のすがた、決定版・日本地図の歴史。地図は丹念な測量が行われてからできるものとは限らず、まず人々の頭の中に描かれる。日本列島に住む人々、それ以外の地域＝東西両洋の各地に住む人々が、古来どのように日本列島を描いてきたかを図版を用いながら展望する。

にっぽん探検大図鑑　小学館　2006.12　304p　29×22cm　（NIPPON-PAL）　4286円　①4-09-213172-0　Ⓝ291

(目次)特集・日本ってどんな国?，海に囲まれた島国・日本，日本の各地方の特色，北海道地方（北海道—大自然が広がる北の大地と海），東北地方（青森県—祭りとりんごが名物，岩手県—日本でもっとも大きな県，宮城県—東北地方の中心地・仙台がある ほか），関東地方（茨城県—農家が多く、いろいろな作物がとれる，栃木県—世界遺産がある関東で最大面積の県，群馬県—豊かな自然を生かす内陸の県 ほか），中部地方（新潟県—おいしい米と豊富な地下資源，富山県—海の幸、美しい自然にめぐまれた，石川県—伝統工芸と天下の名園 ほか），近畿地方（三重県—湾を生かした水産業が盛ん，滋賀県—県の6分の1を琵琶湖がしめる，京都府—1200年の伝統文化をつくってきた ほか），中国・四国地方（鳥取県—日本海最大の漁港と砂丘，島根県—国造り神話のふるさと，岡山県—太陽のめぐみ豊かな瀬戸内の県 ほか），九州地方（福岡県—九州の経済・文化の中心地，佐賀県—世界に名だたる焼き物のふるさと，長崎県—海外文化を伝え続けて400年 ほか），日本おもしろ情報館（いろいろなちがいを探検!，日本おもしろ名字マップ，「ふしぎな自然」写真館 ほか），都道府県調べ学習ガイド（日本の人口とおもな自然ベスト10，都道府県基本データ集）

(内容)自然・産業・暮らし・伝統文化…日本がはっきり見えてくる。都道府県ごとに特色を紹介。学校で、家庭で、日本の“いま”がわかる最新ビジュアル図鑑。

日本図誌大系　北海道・東北 1（北海道 青森県）　普及版　山口恵一郎，佐藤侊，沢田清，清水靖夫，中島義一編　朝倉書店　2011.9　648p　31cm　34000円　①978-4-254-16841-9　Ⓝ291.08

(目次)北海道（道南，道央，道北，道東），青森県（青森，浅虫，油川（新城），小湊，夏泊崎 ほか）

日本図誌大系　北海道・東北 2（岩手県 秋田県 宮城県 山形県 福島県）　普及版　山口恵一郎，佐藤侊，沢田清，清水靖夫，中島義一編　朝倉書店　2011.9　644p　31cm　34000円　①978-4-254-16842-6　Ⓝ291.08

(目次)岩手県（一関・厳美渓（狐禅寺・達谷窟），平泉・前沢（束稲山）ほか），秋田県（秋田（土崎港・新屋），湯沢・増田・十文字・西馬音内 ほか），宮城県（仙台（長町），名取・閖上（中田・増田・仙台空港・貞山堀）ほか），山形県（山形，上山（金瓶）ほか），福島県（福島（町庭坂・大森），飯坂・桑折・保原・梁川（厚樫山・瀬上・掛田）ほか）

日本図誌大系　関東 1（東京都 神奈川県

埼玉県）　普及版　山口恵一郎，佐藤侊，沢田清，清水靖夫，中島義一編　朝倉書店　2011.9　368p　31cm　18000円
①978-4-254-16843-3　Ⓝ291.08

目次 東京都（千代田・中央（皇居・霞ヶ関・赤坂・市ヶ谷・秋葉原），上野・浅草・本郷（柳橋・日暮里・尾久・千住・白鬚・言問・吾妻・駒形・蔵前），小石川・駒込・王子（巣鴨）ほか），神奈川県（川崎（京浜運河・六郷橋・（横浜）鶴見），大師河原（大師橋・大師公園），日吉・新鶴見（鶴見川・綱島・丸子橋・小田中）ほか），埼玉県（川口（新荒川大橋・蕨・鳩ヶ谷），浦和（浦和競馬場・与野・田島ヶ原），行田・羽生（忍・吹上・利根大堰・武蔵水路・見沼代用水・埼玉古墳群・昭和橋）ほか）

日本図誌大系　関東 2（千葉県 茨城県 栃木県 群馬県）　普及版　山口恵一郎，佐藤侊，沢田清，清水靖夫，中島義一編　朝倉書店　2011.9　286p　31cm　18000円
①978-4-254-16844-0　Ⓝ291.08

目次 千葉県（千葉（千葉公園・加曽利・千葉寺・松ヶ丘・蘇我・生実），稲毛（登戸・黒砂・園生・犢橋・検見川）ほか），茨城県（水戸（水府・青柳・勝田），常陸太田 ほか），栃木県（日光（清滝・いろは坂・中禅寺湖・男体山・女峰山・赤薙山・戦場ヶ原・湯元・白根山・金精峠），今市・鬼怒川・川治（日光杉並木・光徳・藤原）ほか），群馬県（前橋・高崎（上泉・玉村・岩鼻・柳瀬橋・群馬・総社），前橋（元総社・新前橋・群馬大橋・利根橋）ほか）

日本図誌大系　中部 1（山梨県 静岡県 愛知県 岐阜県）　普及版　山口恵一郎，佐藤侊，沢田清，清水靖夫，中島義一編　朝倉書店　2011.9　400p　31cm　18000円
①978-4-254-16845-7　Ⓝ291.08

目次 山梨県（甲府（湯村・敷島・古府中・積翠寺・酒折），御岳昇仙峡（積翠寺・要害山・千代田湖・帯那・板敷渓谷・野猿谷）ほか），静岡県（熱海（伊豆山・初島・網代・丹那・十国峠・玄岳），伊東・大室山（一碧湖・川奈崎・伊豆高原・宇佐美）ほか），愛知県（名古屋北部（名古屋城・名古屋駅・中村・浄心・大曽根・志賀・西枇杷島・須ヶ口），名古屋中部（名古屋駅・栄・大須・鶴舞公園・千種・今池・金山橋・熱田・堀田・中川運河・八田）ほか），岐阜県（岐阜（金華山・加納），揖斐川・大野・北方（池田・神戸）ほか）

日本図誌大系　中部 2（長野県 新潟県 富山県 石川県 福井県）　普及版　山口恵一郎，佐藤侊，沢田清，清水靖夫，中島義一編　朝倉書店　2011.9　388p　31cm　18000円
①978-4-254-16846-4　Ⓝ291.08

目次 長野県（長野，篠ノ井・松代（川中島・皆神山）ほか），新潟県（新潟，松浜・葛塚（新潟東港）ほか），富山県（富山（岩瀬），呉羽・四方ほか），石川県（金沢，小松・美川（根上・寺井・安宅）ほか），福井県（福井，森田・春江（福井空港・坂井）ほか）

日本図誌大系　近畿 1（大阪府 兵庫県 和歌山県）　普及版　山口恵一郎，佐藤侊，沢田清，清水靖夫，中島義一編　朝倉書店　2011.9　280p　30cm　16000円
①978-4-254-16847-1　Ⓝ291.08

目次 大阪府（大阪都心（梅田・大阪城・湊町・心斎橋・道頓堀・千日前・難波・天王寺），阿倍野・住吉，大阪港（神崎川河口・新淀川河口・安治川河口・天保山・尻無川河口）ほか），兵庫県（尼崎（塚口）ほか），和歌山県（和歌山，加太・友ヶ島，岩出・粉河（根来・打田・名手・笠田・安楽川・貴志川）ほか）

日本図誌大系　近畿 2（三重県 滋賀県 京都府 奈良県）　普及版　山口恵一郎，佐藤侊，沢田清，清水靖夫，中島義一編　朝倉書店　2011.9　264p　31cm　16000円
①978-4-254-16848-8　Ⓝ291.08

目次 三重県（津（阿漕浦・贄崎・一身田），四日市 ほか），滋賀県（大津（膳所・石山・瀬田・矢橋・琵琶湖疏水・逢坂山・音羽山・南郷洗堰），堅田・琵琶湖大橋（洲本）ほか），京都府（京都北部（京都駅・御所・二条城・吉田山・鹿ヶ谷・粟田口・東山・西山・太秦・徳大寺），福知山 ほか），奈良県（奈良（三笠山・若草山・春日山・古市・大安寺），西大寺・あやめ池・西ノ京（国際ゴルフ場・津風呂）ほか）

日本図誌大系　中国（鳥取県 島根県 岡山県 広島県 山口県）　普及版　山口恵一郎，佐藤侊，沢田清，清水靖夫，中島義一編　朝倉書店　2011.9　396p　31cm　17000円
①978-4-254-16849-5　Ⓝ291.08

目次 鳥取県（鳥取（賀露・鳥取砂丘・多鯰ヶ池），湖山池・吉岡（鳥取空港・白兎海岸）ほか），島根県（松江（玉造），恵曇・佐陀（鹿島・加賀潜戸）ほか），岡山県（岡山，玉野（宇野・玉・日比・（香川県）直島）ほか），広島県（広島（己斐・祇園・府中・海田市・船越・矢野），五日市・廿日市（草津・井口）ほか），山口県（岩国・（広島県）大竹（錦帯橋・和木），周東・玖珂（高森・欽明路峠）ほか）

日本図誌大系　四国（徳島県 香川県 愛媛県 高知県）　普及版　山口恵一郎，佐藤侊，沢田清，清水靖夫，中島義一編　朝倉書店　2011.9　344p　31cm　16000円
①978-4-254-16850-1　Ⓝ291.08

目次 徳島県（徳島（眉山・吉野川橋・名田橋・藍住・勝瑞・北島・松茂・徳島空港），鳴門（小

鳴門橋・大毛島・島田島・鳴門海峡・小鳴門海峡）ほか），香川県（高松（栗林公園・紫雲山），高松・国府台（石清尾山・香西・鬼無・女木島・小槌島）ほか），愛媛県（川之江・伊予三島（翠波峰・法皇隧道），金砂湖・佐々連（柳瀬ダム）ほか），高知県（室戸・吉良川・西山（室戸岬・津呂・室津・行当岬），奈半利・田野・安田（羽根岬）ほか）

日本図誌大系　九州 1（福岡県 佐賀県 長崎県 大分県）　普及版　山口恵一郎，佐藤侊，沢田清，清水靖夫，中島義一編　朝倉書店　2011.9　430p　31cm　23000円
①978-4-254-16851-8　Ⓝ291.08

(目次)福岡県（北九州1門司（関門海峡・早鞆瀬戸・和布刈・大里・風師山），北九州2戸畑・小倉（足立山）ほか），佐賀県（鳥栖・（福岡県）小郡（基山），三根・中原（北茂安・上峰）ほか），長崎県（長崎（浦上・稲佐山・大浦・茂木），香焼・伊王島 ほか），大分県（大分・鶴崎・坂ノ市，佐賀関（志生木・地蔵（関）崎）ほか）

日本図誌大系　九州 2（熊本県 宮崎県 鹿児島県 沖縄県）　普及版　山口恵一郎，佐藤侊，沢田清，清水靖夫，中島義一編　朝倉書店　2011.9　426p　31cm　23000円
①978-4-254-16852-5　Ⓝ291.08

(目次)熊本県（熊本（熊本空港・健軍・江津湖），川尻（百貫石・飽田・天明）ほか），宮崎県（宮崎（宮崎神宮・平和塔・宮崎大橋・赤江・宮崎空港），青島・内海（折生迫・こどものくに・鬼の洗濯岩・鵜戸神宮）ほか），鹿児島県（鹿児島（鴨池・谷山・下伊敷），桜島・垂水（袴腰・古里・海潟）ほか），沖縄県（那覇（首里・真和志・小禄・那覇空港・浦添・宜野湾・西原・与那原・南風原），糸満・具志頭・知念（豊見城・東風平・大里・玉城・佐敷・喜屋武崎・摩文仁・戦跡記念公園）ほか）

Newtonアトラス 日本列島　改訂新版　教育社　1993.1　242p　42cm　16800円
①4-315-51303-2　Ⓝ291.038

(目次)1 宇宙から見た日本，2 地図で見た日本，3 資料で見た日本

(内容)地図・写真・イラストで日本列島の情報をまとめた地理図鑑。

ふるさとホームページ図鑑 北海道遠別町から沖縄県読谷村まで 全国厳選100市町村のおもしろ情報発信　言葉工房編　小学館　1997.11　239p　24cm　1900円
①4-09-387225-2　Ⓝ291

(内容)あなたの「ふるさと」見つけて下さい。見知らぬ町、懐しいふるさとの独自の祭り、産業、歴史などの情報満載のホームページを紹介。旅行の予備知識を手軽に検索できるURLやコラムも収めた新型情報図鑑。本書は、「ふるさと発見の旅」をテーマとし、読者のみなさまにまずは、インターネット上から見知らぬ町、懐かしいふるさとをネットサーフィンしていただきたいと、地方の情報を多彩に掲載しております。また旅行の予備知識としての情報を簡単に検索できるURL（ホームページのアドレス）集を、本文と巻末に収録しております。

<地図帳>

アトラスジャパン　英語・日本語版　帝国書院編集部編　帝国書院　1990.3　55p　34cm　1500円　①4-8071-2705-5　Ⓝ291.038

(内容)日本の地方図、および日本列島の地殻構造等21種の資料図からなる。地方図に記載の記号は、発電所に水力・火力・原子力・地熱の4種を区別するなど、計104種を数える。巻末に統計資料、索引を付す。

一冊でわかる日本地図・世界地図　正井泰夫監修　成美堂出版　2004.8　215p　26×21cm　1600円　①4-415-02671-0　Ⓝ291.038

(目次)日本（日本全図，北海道・東北地方，関東地方，北陸・中部地方 ほか），世界（世界地図，アジア，オセアニア，ヨーロッパ・ロシア ほか）

(内容)日本地図は都道府県ごとの最新地図市町村合併にも対応。都道府県ごとの基本情報とさがしやすい観光地、温泉検索ガイド。おもな都市の検索ガイドにはわかりやすい都市の情報を紹介。世界遺産は最新情報から調べた位置と検索ガイドを掲載。引きやすいよう種類（都市・自然・川・観光地など）ごとにわけた色別索引。

一冊でわかる日本地図・世界地図　正井泰夫監修　成美堂出版　2006.3　215p　26cm　1600円　①4-415-03163-3　Ⓝ291.038

一冊でわかる日本地図・世界地図　正井泰夫監修　成美堂出版　2007.6　215p　26cm　1600円　①978-4-415-30164-8　Ⓝ291.038

一冊でわかる日本地図・世界地図　正井泰夫監修　成美堂出版　2009.7　215p　26cm　〈文献あり 索引あり〉　1600円
①978-4-415-30697-1　Ⓝ291.038

(目次)日本（日本全図，北海道・東北地方，関東地方，北陸・中部地方，近畿地方，中国・四国地方，九州・沖縄地方），世界（世界地図，アジア，オセアニア，ヨーロッパ・ロシア，アフリカ，アメリカ，北極圏・南極圏）

(内容)「平成の大合併」に完全対応。地図からでも、索引からでも、新・旧市町村名がすぐに探せる。都道府県地図には精選した名所・旧跡、テー

マパークと温泉検索ガイド付き。新聞・ニュースにでてくる世界各国の地名もすぐに引ける、最新世界地図。見ておきたい、知っておきたい最新の世界遺産が地図で引ける。各国ごとに分けた世界遺産検索ガイド付き。

一冊でわかる日本地図・世界地図　正井泰夫監修　成美堂出版　2011.4　215p　26cm　〈文献あり 索引あり〉　1600円　①978-4-415-31102-9　Ⓝ291.038

目次 日本（日本全図，北海道・東北地方，関東地方，北陸・中部地方，近畿地方，中国・四国地方，九州・沖縄地方），世界（世界地図，アジア，オセアニア，ヨーロッパ・ロシア，アフリカ，アメリカ）

内容「平成の大合併」に完全対応。地図からでも、索引からでも、新・旧市町村名がすぐに探せる。都道府県地図には精選した名所・旧跡、テーマパークと温泉検索ガイド付き。新聞・ニュースにでてくる世界各国の地名もすぐに引ける、最新世界地図。見ておきたい、知っておきたい最新の世界遺産が地図で引ける。各国ごとに分けた世界遺産検索ガイド付き。

一冊でわかる日本地図・世界地図　成美堂出版編集部編　成美堂出版　2015.3　215p　26cm　〈文献あり 索引あり〉　1600円　①978-4-415-31972-8　Ⓝ291.038

目次 日本（日本全図，北海道・東北地方，関東地方，北陸・中部地方，近畿地方，中国・四国地方，九州・沖縄地方），世界（世界地図，アジア，オセアニア，ヨーロッパ・ロシア，アフリカ，アメリカ）

内容 テレビ・新聞と一緒に!10倍役立つ便利な地図帳。すぐに引ける!世界遺産検索ガイド付き。合併前の旧市町村名も!知りたい地名がカンタンに探せるオールカラー地名索引1万件以上。

一冊でわかる日本地図・世界地図　成美堂出版編集部編　成美堂出版　2017.3　215p　26cm　〈文献あり 索引あり〉　1600円　①978-4-415-32316-9　Ⓝ291.038

目次 日本全国，北海道・東北地方，関東地方，北陸・中部地方，近畿地方，中国・四国地方，九州・沖縄地方，世界地図，アジア，オセアニア，ヨーロッパ・アジア，アフリカ，アメリカ

内容 おもな名所、テーマパーク、温泉がすぐに探せる、見やすい都道府県別地図。市町村合併の情報を掲載。世界遺産や、おもな自然地名の検索ガイド付き日本全図。新聞・ニュースに出てくる世界各国の地名がすぐに引ける、最新世界地図。国別でわかりやすい世界遺産検索ガイド付き。首都と国旗一覧、時差マップも。

「今」を読み解く日本の地図帳　造事務所編著　大和書房　2015.12　252p　15cm　（だいわ文庫 106-7H）　〈文献あり〉　680円　①978-4-479-30569-9　Ⓝ291

目次 1 日本列島おもしろ「地理・地形」がわかる地図（“概説”あなたの知らない奇妙な地理・地形の謎，全国の「飛び地」から見えてくる地域の歴史と自治体・住民の思惑 ほか），2 日本の驚くべき「過去・現在・未来」がわかる地図（“概説”過去から未来へ変わりゆく日本，平安時代に定められた日本各地の「国名」と現在の都道府県 ほか），3 日本のやっかいな「環境・エネルギー問題」がわかる地図（“概説”暮らしに密接した環境とエネルギー問題，安全な原発はどこ?活断層だらけの日本列島 ほか），4 日本のこれからの「政治・経済・外交」がわかる地図（“概説”地図で見る日本の政治・経済・外交，世界6位の広さを誇る日本の領海と排他的経済水域 ほか）

内容 日本の「へそ」はどこだ?東京オリンピックで東京はこんなに変わる。日本の領海と排他的経済水域は世界第6位などなど、地図で読み解く日本の現在。

今と未来がまるごとわかる日本地図 2013　日本経済新聞出版社編　日本経済新聞出版社　2012.11　255p　30cm　〈索引あり〉　1600円　①978-4-532-31844-4　Ⓝ291.038

目次 日本全図，北海道・東北，関東，中部，近畿，中国・四国，九州

内容 政治、経済・産業、社会、健康・医療・介護・教育、環境、文化・歴史・風習、スポーツなど主要ジャンルのデータ・ランキング等86項目を地図を使ってビジュアル解説した。

絵でみる日本大地図　（京都）同朋舎出版　1994.9　79p　36×28cm　（ピクチャーアトラスシリーズ）　2980円　①4-8104-2090-6　Ⓝ291

内容 単なる情報としてではなく地図本来の楽しさが味わえることを狙いとして、各種図法による地図とイラストレーション、解説で構成した地図帳。列島の四季、日本上空地図、日本列島を7つの地域に分けた各地方地図など、様々なテーマの地図を収録する。巻末に索引を付す。—日本列島の生きたすがたが、あざやかな地図から伝わってくる。最新の地理情報もいっぱい。

絵でみる日本大地図　改訂版　千田稔，神崎宣武，斎藤靖二監修　同朋舎，角川書店（発売）　2001.11　79p　37cm　（ピクチャーアトラスシリーズ）　2900円　①4-8104-2719-6　Ⓝ291

目次 日本列島のすがお，日本列島の成り立ち，生きている日本列島—地震と火山，列島の四季（春，夏，秋，冬），日本上空地図（春，夏，秋，

冬），九州地方，中国・四国地方，近畿地方，中部地方，関東地方，東北地方，北海道地方，最大・最高・最長チャンピオン，山林と林業の地図，海流と魚の地図，作物と牧畜の地図，自然の恵みを祝うお祭り地図，国立公園と自然の地図，日本の地図いろいろ

(内容)日本列島のさまざまな顔を示すべく、イラストと解説でわかりやすく表現した日本地図帳。7地方別の地図では、各県の特色と名勝地・名産をイラストで解説し、各地の地形のパノラマ地図、各地域の中から特長ある地域の絵地図を掲載する。巻末には本文及び図版解説中の地名を五十音順にひく地名索引がある。

グローバルマップル 日本地図帳　昭文社〔2014.3〕 159p 30cm 1800円 ①978-4-398-20057-0 Ⓝ291.038

(目次)北海道地方，東北地方，関東地方，中部地方，近畿地方，中国・四国地方，九州地方，巻末付録

(内容)詳細な地勢表現。都道府県別地図。県勢基本データ。充実の地名索引。主要都市拡大図。

現代日本分県地図　改訂新版　人文社編集部編　人文社　1991.1 1冊 30cm 3900円 ①4-7959-1150-9 Ⓝ291.038

(内容)北海道から沖縄まで、47都道府県の県別詳細地図。主要都市市街図や、おもな山岳、河川、湖沼、島などの地名索引も付いて、増々使い易くなった最新版分県地図帳。

ゴールドアトラス 日本・世界地図　平凡社 1996.7 125p 29cm 〈監修：梅棹忠夫ほか〉 5000円 ①4-582-40716-1 Ⓝ291.038

最新 県別日本地図帳 ビジネスに、学習に、すぐに役だつ県別の地図帳　国際地学協会　1997.2 1冊 30cm （ユニオンマップ） 1500円 ①4-7718-2616-1 Ⓝ291.038

(目次)東北地方，関東地方，中部地方，近畿地方，中国地方，四国地方，九州地方

最新 県別日本地図帳 ビジネスに、学習に、すぐに役だつ県別の地図帳　国際地学協会　1997.4 1冊 30cm （ユニオンマップ） 1500円 ①4-7718-2616-1 Ⓝ291.038

最新 県別日本地図帳 ビジネスに、学習に、すぐに役だつ県別の地図帳　国際地学協会　1998.2 1冊 30cm （ユニオンマップ） 1500円 ①4-7718-2616-1 Ⓝ291.038

(目次)東北地方，関東地方，中部地方，近畿地方，中国地方，四国地方，九州地方

最新 県別日本地図帳 ビジネスに、学習に、すぐに役だつ県別の地図帳　国際地学協会　2004.1 1冊 30cm （ユニオンマップ） 1500円 ①4-7718-2616-1 Ⓝ291.038

最新 県別日本地図帳 ビジネスに、学習に、すぐに役だつ県別の地図帳　国際地学協会　2005.1 1冊 30cm （ユニオンマップ） 1500円 ①4-7718-2616-1 Ⓝ291.038

最新日本地図　人文社　1991.6 1冊 26cm 1750円 Ⓝ291.038

(内容)日本鉄道地図付。付表（日本のおもな山・川・湖・都市人口）。

最新日本地図　人文社　1993.11 1冊 26cm 1750円 Ⓝ291.038

最新日本地図　人文社　1995.1 1冊 26cm 1750円 Ⓝ291.038

(内容)分県図を中心に地図と地理データを収録した地図帳。分県図は、北海道を南部・北部に分けた他は各都府県を見開き一面に収録。他に世界全図、日本全図、主要15都市の市街図、各種交通図を収録し、おもな湖沼・河川・島・山・都市人口、都道府県庁一覧、おもな都市の月平均気温・月降水量、国道一覧、国立・国定公園一覧を掲載する。索引を付す。

最新版 高等日本地図　人文社　1990.8 1冊 26cm 1200円 ①4-7959-1153-3 Ⓝ291.038

字の大きなアトラス日本地図帳　平凡社編　平凡社　2015.3 128p 30cm 〈索引あり〉 1300円 ①978-4-582-41809-5 Ⓝ291.038

(目次)分県図（北海道東部，北海道北部，北海道南部，青森県，岩手県 ほか），都市図（東京横浜周辺，名古屋，京都，大阪神戸周辺）

(内容)見やすさと読みやすさを重視して大きな文字を採用し、必要な情報を厳選。探したい情報にすばやくアクセスできる便利な一冊。

常用日本地図帳　新装版　梅棹忠夫，佐藤久，西川治，正井泰夫監修　平凡社　1999.1 271p 19cm 2500円 ①4-582-43403-7 Ⓝ291.038

(目次)分県図（沖縄県，鹿児島県，宮崎県南部，宮崎県北部、大分県南部 ほか），市街図（福岡，北九州周辺，松山，高松 ほか）

(内容)コンパクトサイズの日本地図帳。50万分1分県図（6色刷）89図、2.5万分1主要都市図（4色刷）22図を収載。県勢一覧、市町村一覧、各地の気候などの便覧および主要地名索引付。

新日本分県地図 全国地名総覧　平成4年度新版　国際地学協会出版部編集　国際地学協会　1992.1 1冊 43cm 〈附・公共施設一覧 監修：浅香幸雄 折り込図1枚 付（図1枚）〉 33981円 ①4-7718-3057-6 Ⓝ291.038

(内容)都道府県ごとに、全図、観光道路図、市街

図、地名総覧、公共機関一覧、市町村「日本一」紹介を掲載。巻頭にランドサット画像などの付図、巻末に市町村名索引、自然地名索引を付す。

新日本分県地図 全国地名総覧 平成5年度新版 国際地学協会 1993.4 1冊 43cm 〈監修：浅香幸雄〉 36000円 ①4-7718-3058-4 Ⓝ291.038

(内容)都道府県ごとに地図と地名・地理情報をまとめた地図帳。各都道府県について、全図、観光道路図、市街図、地名総覧、公共機関一覧などを掲載する。市町村名索引・自然地名索引を付す。平成4年度新版に続く新版。

新日本分県地図 全国地名総覧 平成6年度新版 国際地学協会編集部編 国際地学協会 1994.1 1冊 43cm 36000円 ①4-7718-3059-2 Ⓝ291.038

新日本分県地図 全国地名総覧 平成7年度新版 国際地学協会編集部編 国際地学協会 1995.1 1冊 43cm 36000円 ①4-7718-3060-6 Ⓝ291.038

新日本分県地図 全国地名総覧 平成8年度新版 国際地学協会編集部編 国際地学協会 1996.1 1冊 43cm 38000円 ①4-7718-3061-4 Ⓝ291.038

新日本分県地図 全国地名総覧 平成9年度新版 国際地学協会 1997.1 1冊 43cm 〈監修：浅香幸雄 付：公共施設一覧 地図2枚袋入〉 38000円 ①4-7718-3062-2 Ⓝ291.038

新日本分県地図 全国地名総覧 平成10年度新版 浅香幸雄監修 国際地学協会 1998.1 1冊 43cm 〈付：公共施設一覧 付属資料：44p（26cm）：都道府県・市町村別人口、面積、人口密度（平成7年国勢調査）〉 37143円 ①4-7718-3063-0 Ⓝ291.038

(内容)各都道府県別に地図、地名、公共機関をまとめたもの。地名総覧では都道府県別に市数と郡数、面積、人口、公共機関の所在など記載。巻末に全国市町村名索引、自然地名索引が付く。

新日本分県地図 全国地名総覧 平成11年度新版 浅香幸雄監修 国際地学協会 1998.10 2冊（別冊とも） 43cm 〈付：公共施設一覧 別冊（226p）：最新全国郵便番号簿〉 37143円 ①4-7718-3064-9 Ⓝ291.038

新日本分県地図 全国地名総覧 平成12年度新版（2000年記念版） 浅香幸雄監修 国際地学協会 2000.4 1冊 43cm 〈付：公共施設一覧 折り込1枚〉 37143円 ①4-7718-3065-7 Ⓝ291.038

新日本分県地図 全国地名総覧 平成13年度新版（2001年記念版） 浅香幸雄監修 国際地学協会 2001.4 1冊 43cm 〈付：公共施設一覧 折り込1枚〉 37143円 ①4-7718-3066-5 Ⓝ291.038

新日本分県地図 全国地名総覧 平成14年度新版（2002年版） 浅香幸雄監修 国際地学協会 2002.1 1冊 43cm 〈付・公共施設一覧 折り込1枚〉 37143円 ①4-7718-3067-3 Ⓝ291.038

(目次)北海道全図，青森県全図，岩手県全図，宮城県全図，秋田県全図，山形県全図，福島県全図，茨城県全図，栃木県全図，群馬県全図〔ほか〕

(内容)分県地図と地名総覧をあわせて収録、地名辞典としても使える地図帳。本文は北から南へ地方別に分けて排列、各県ごとに県全図、地名総覧、公共機関一覧、観光道路図、主要な地域の市街図から成る。付図として世界全図、日本周辺図、日本全図、全国地方別県勢一覧、住居表示実施一覧、全国市町村移動一覧などを収録、巻末に五十音順の全国市町村名索引を付す。

新日本分県地図 全国地名総覧 平成15年度版（2003年版） 浅香幸雄監修 国際地学協会 2003.1 1冊 43cm 〈付：公共施設一覧 折り込1枚〉 37143円 ①4-7718-3068-1 Ⓝ291.038

新日本分県地図 全国地名総覧 平成16年度版（2004年版） 浅香幸雄監修 国際地学協会 2004.1 1冊 43cm 〈附・公共施設一覧 折り込1枚〉 40000円 ①4-7718-3069-X Ⓝ291.038

新版 日本分県地図 人文社編集部編 人文社 1992.3 1冊 26cm 2900円 Ⓝ291.038

新版 日本分県地図 人文社 1993.12 1冊 26cm 2900円 Ⓝ291.038

スタンダードアトラス 日本 地図帳 平凡社 1991.4 413p 29cm 〈書名は奥付等による 標題紙の書名：日本地図帳 監修：梅棹忠夫ほか〉 8800円 ①4-582-43404-5 Ⓝ291.038

正式二万分一地形図集成 関西 地図資料編纂会編 柏書房 2001.4 177枚 46×63cm 〈付属資料：31p（26cm）：解題 清水靖夫，小林茂著〉 95000円 ①4-7601-2056-4 Ⓝ291.038

正式二万分一地形図集成 九州 地図資料編纂会編 柏書房 2001.10 141枚 46×63cm 〈付属資料：19p（26cm）：解題 清水靖夫，小林茂著〉 85000円 ①4-7601-2102-1 Ⓝ291.038

正式二万分一地形図集成 東日本 地図資料編纂会編 柏書房 2001.4 182枚

46×63cm 〈付属資料：31p(26cm)：解題 清水靖夫，小林茂著〉 95000円 Ⓘ4-7601-1968-X Ⓝ291.038

正式二万分一地形図集成 中国・四国 1 地図資料編纂会編 柏書房 2002.4 132枚 46×62cm 〈付属資料：30p(26cm)：解題 清水靖夫，小林茂，本田豊著〉 80000円 Ⓘ4-7601-2204-4 Ⓝ291.038

正式二万分一地形図集成 中国・四国 2 地図資料編纂会編 柏書房 2002.4 167枚 46×62cm 〈付属資料：30p(26cm)：解題 清水靖夫，小林茂，本田豊著〉 95000円 Ⓘ4-7601-2205-2 Ⓝ291.038

正式二万分一地形図集成 中部日本 1 地図資料編纂会編 柏書房 2002.9 198枚 46×62cm 〈付属資料：22p(26cm)：解題 清水靖夫，小林茂著 箱入〉 100000円 Ⓘ4-7601-2263-X Ⓝ291.038

正式二万分一地形図集成 中部日本 2 地図資料編纂会編 柏書房 2003.4 146枚 46×62cm 〈付属資料：20p(26cm)：解題 清水靖夫，小林茂著 箱入〉 85000円 Ⓘ4-7601-2297-4 Ⓝ291.038

正式二万分一地形図集成 中部日本 3 地図資料編纂会編 柏書房 2003.4 93枚 46×62cm 〈付属資料：35p(26cm)：解題 清水靖夫，小林茂，井口悦男著 箱入〉 70000円 Ⓘ4-7601-2298-2 Ⓝ291.038

世界大百科事典 日本地図 改訂新版 平凡社 2007.9 300p 29cm 〈他言語標題：Heibonsha's world encyclopaedia〉 Ⓘ978-4-582-03400-4 Ⓝ031

全国市町村衛星写真地図 初めて衛星写真で全国の市町村を確認する地図 (〔大阪〕)清光社，大阪人文社(発売) 1998.10 199p 43cm 〈併・日本の統計全国市町村人口・世帯・面積順位指標〉 15048円 Ⓘ4-87160-075-0 Ⓝ291.038

(内容)日本列島を大きく鮮明な衛星写真画像で掲載し、市町村名をその画像上に記載した日本地図。衛星写真で故郷の市町村が確認でき、その自然環境を知ることができる。日本の統計全国市町村人工・世帯・面積順位指標付き。

大日本分県地図 明治十四年・大正五年 復刻 昭和礼文社 1990.9 1冊(頁付なし) 39cm (地図でみる県の移り変り 2) 〈付・明治十八年地名索引 解説：黒崎千晴，小口千明 地名監修：山田光二，本田豊〉 30000円 Ⓘ4-915124-35-5 Ⓝ291.038

大日本分県地図 併地名総覧 昭和十二年 昭和礼文社 1989.12 1冊(頁付なし) 39cm (地図でみる県の移り変り 1) 〈付・公共機関便覧 解説：黒崎千晴，小口千明 地名監修：山田光二，本田豊 国際地学協会昭和12年刊の複製〉 29000円 Ⓘ4-915124-35-5 Ⓝ291.038

旅に出たくなる地図 関東甲信越 帝国書院編集部著 帝国書院 2016.7 136p 30cm 〈索引あり〉 1500円 Ⓘ978-4-8071-6257-4 Ⓝ291.038

(目次)東京，神奈川，千葉，埼玉，茨城，栃木，群馬，山梨，長野，新潟

旅に出たくなる地図 景観地図日本 4訂版 帝国書院編集部著 帝国書院 1990.2 186p 28cm 〈監修：佐藤久〉 2780円 Ⓘ4-8071-2025-5 Ⓝ291.038

(内容)本書は、"机上旅行"が楽しめて、旅行プランを立てたり、実際に旅行するときに、役立つ地図を目指して編集しました。

旅に出たくなる地図 日本 佐藤久監修，帝国書院編集部編 帝国書院 2004.2 212p 30cm 2400円 Ⓘ4-8071-5443-5 Ⓝ291.038

(目次)鳥かん地方図，基本図，拡大図・鳥かん図，都市図，資料図

(内容)この一冊で日本のおもな観光スポットをカバー。地図中に史跡・名勝などの観光スポットを多数掲載。おもな観光地は詳細な拡大図や鳥瞰図(92図)で紹介。詳細な地名索引(22,000項目)。

旅に出たくなる地図 日本 市町村合併対応最新版 帝国書院 2005.3 211p 30cm 2400円 Ⓘ4-8071-5474-5 Ⓝ291.038

(目次)鳥かん地方図，基本図，拡大図・鳥かん図，都市図，資料図

(内容)この一冊で日本のおもな観光スポットをカバー。地図中に史跡・名称などの観光スポットを多数掲載。おもな観光地は詳細な拡大図や鳥瞰図(92図)で紹介。

旅に出たくなる地図 日本 新訂版 帝国書院編集部編 帝国書院 2006.3 200p 30×21cm 2400円 Ⓘ4-8071-5507-5 Ⓝ291.038

(目次)日本列島、日本とその周辺，春を愛でる旅，夏を愛でる旅，秋を愛でる旅，冬を愛でる旅，入りたい温泉100選，名物郷土料理，美味しい有名駅弁，旅先で一献酒どころ，北海道を訪ねて〔ほか〕

(内容)プランづくりに最適。ツアーコースをカバーする広域地図を満載。日本の美しさ再発見。迫力のある鳥瞰図を全36図掲載(麗峰富士等)。日本列島の魅力をテーマ別に紹介した、特

集ページを多数掲載。巻頭特集全8テーマ、地域別特集全9テーマ(奥の細道、会津街道を行く等)。観光スポットをイラストとワンポイント解説で紹介した拡大図を多数掲載。旅を楽しむテーマ別資料も充実(城、ミュージアム、祭り、山、寺、鉄道)。

旅に出たくなる地図 日本 15版 帝国書院編集部著 帝国書院 2008.3 232p 30cm 2400円 ①978-4-8071-5779-2 Ⓝ291.038

(目次)旅する翼，巻頭特集 春を愛でる旅，巻頭特集 夏を愛でる旅，巻頭特集 秋を愛でる旅，巻頭特集 冬を愛でる旅，巻頭特集 入りたい温泉100選，巻頭特集 名物郷土料理，巻頭特集 美味しい有名駅弁，巻頭特集 旅先で一献酒どころ，北海道を訪ねて〔ほか〕

(内容)大好評!迫力のある鳥瞰図を全44図掲載(神戸、熊野古道、しまなみ海道、祖谷渓、開聞岳など)。旅情あふれるジャンル別特集を全8テーマ掲載(春を愛でる旅、温泉100選、名物郷土料理、有名駅弁、酒どころなど)。詳細な日本の市街図を多数掲載(尾道、北九州、福岡、鹿児島)。観光スポットをイラストとワンポイント解説で紹介した拡大図を多数掲載。旅を楽しむ資料編も充実(城の見える風景、日本の祭り、鉄道路線図など)。

旅に出たくなる地図 日本 16版 帝国書院編集部著 帝国書院 2010.2 240p 30cm 〈索引あり〉 2400円 ①978-4-8071-5899-7,978-4-8071-5901-7 Ⓝ291.038

(目次)北海道を訪ねて，東北を訪ねて，新潟・北関東・東北南部を訪ねて，関東・甲信を訪ねて，東海・北陸を訪ねて，近畿を訪ねて，中国を訪ねて，四国を訪ねて，九州を訪ねて，沖縄を訪ねて

(内容)特集「旅を楽しむ資料編」に新規テーマを追加(動物園&水族館、高速道路・サービスエリア)。旅情あふれるジャンル別特集を全8テーマ掲載。「入りたい温泉」「美味しい有名駅弁」を拡充。観光スポットはひと目で分かるイラスト(ワンポイント解説付)で紹介。大好評!迫力ある鳥瞰図を全44図掲載(麗峰富士、道東、北アルプス、しまなみ海道など)。

旅に出たくなる地図 日本 17版 帝国書院編集部著 帝国書院 2012.2 240p 30cm 〈索引あり〉 2400円 ①978-4-8071-6015-0 Ⓝ291.038

(目次)北海道を訪ねて，東北を訪ねて，新潟・北関東・東北南部を訪ねて，関東・甲信を訪ねて，東海・北陸を訪ねて，近畿を訪ねて，中国を訪ねて，四国を訪ねて，九州を訪ねて，沖縄を訪ねて

(内容)旅情あふれる特集ページを8テーマ掲載。…入りたい温泉、名物郷土料理、美味しい有名駅弁など。旅の途中で立ち寄りたい観光スポットをテーマ別に紹介。…動物園&水族館、日本百名山、高速道路・サービスエリアなど。観光スポットはひと目で分かるイラスト(ワンポイント解説付)で紹介。大好評!迫力ある鳥瞰図を全44図掲載。…麗峰富士、那須高原、しまなみ海道など。

旅に出たくなる地図 日本 18版 帝国書院編集部著 帝国書院 2014.3 251p 30cm 〈索引あり〉 2400円 ①978-4-8071-6151-5 Ⓝ291.038

(目次)巻頭特集，北海道を訪ねて，東北を訪ねて，新潟・北関東・東北南部を訪ねて，関東・甲信を訪ねて，東海・北陸を訪ねて，近畿を訪ねて，中国を訪ねて，四国を訪ねて，九州を訪ねて，沖縄を訪ねて，資料編

(内容)旅情あふれる特集ページを巻頭に掲載…豪華列車の旅、入りたい温泉、名物郷土料理など。大好評!迫力ある鳥瞰図を多数掲載…霊峰富士、那須高原、小笠原諸島、しまなみ海道など。旅の途中で立ち寄りたい観光スポットをテーマ別に紹介…城、動物園&水族館、日本百名山など。美しいイラストとワンポイント解説で、観光スポットが一目瞭然!

旅に出たくなる地図 日本 19版 帝国書院編集部著 帝国書院 2017.2 255p 30cm 〈索引あり〉 2400円 ①978-4-8071-6332-8 Ⓝ291.038

(目次)巻頭特集，北海道を訪ねて，東北を訪ねて，新潟・北関東・東北南部を訪ねて，関東・甲信を訪ねて，東海・北陸を訪ねて，近畿を訪ねて，中国を訪ねて，四国を訪ねて，九州を訪ねて，沖縄を訪ねて

(内容)旅情あふれる特集を多数掲載。迫力ある鳥瞰図をさらに充実!旅の途中で立ち寄りたい観光スポットをテーマ別に紹介。

旅に出たくなる地図 日本編 最新版 帝国書院編集部著 帝国書院 1991.3 203p 28×21cm 2800円 ①4-8071-2026-3 Ⓝ291.038

(内容)旅行のルート作りに役立つ基本図。旅先での見どころがわかる拡大図・都市図。景勝地の美しさが味わえる鳥かん図。旅の楽しさを深める民俗文化図。

旅に出たくなる地図 日本編 初訂版 帝国書院編集部著 帝国書院 1991.8 203p 29cm 〈監修：佐藤久〉 2900円 ①4-8071-2027-1 Ⓝ291.038

(内容)読んで楽しむ旅行地図、プランづくりはこの一冊で。

旅に出たくなる地図 日本編 3訂版　帝国書院編集部著　帝国書院　1992.11　203p　28×21cm　2900円　Ⓘ4-8071-2028-X　Ⓝ291.038

(内容)机上で旅行が楽しめ、旅行のプランづくりや実際の旅行に役立つ地図帳。

旅に出たくなる地図 日本編 4訂版　帝国書院編集部著　帝国書院　1994.1　211p　28×21cm　2900円　Ⓘ4-8071-1240-6　Ⓝ291.038

旅に出たくなる地図 日本編 5訂版　帝国書院　1995.1　210p　28×21cm　2400円　Ⓘ4-8071-5036-7　Ⓝ291.038

(内容)史跡、名勝地のほか、各地のテーマパークや国道沿いのふるさと休憩所「道の駅」まで表示。景勝地を空から見おろした多くの鳥瞰図。都市地図には、観光の見どころを表示。関西国際空港が、大阪中心より一目で見られる図取り。各地方の伝統芸能、民芸品、お祭りがよくわかる絵地図。25,000項目の詳細な地名索引。

旅に出たくなる地図 日本編 6訂版　佐藤久監修，帝国書院編集部著　帝国書院　1996.3　211p　28cm　〈索引あり〉　2400円　Ⓘ4-8071-5066-9　Ⓝ291.038

旅に出たくなる地図 日本編 7訂版　佐藤久監修，帝国書院編集部著　帝国書院　1997.6　211p　28cm　2400円　Ⓘ4-8071-5107-X　Ⓝ291.038

旅に出たくなる地図 日本編 8訂版　佐藤久監修，帝国書院編集部著　帝国書院　1998.6　211p　30cm　2400円　Ⓘ4-8071-5156-8　Ⓝ291.038

(目次)鳥かん地方図，基本図，拡大図・鳥かん図，資料図

(内容)国内旅行のための日本地図百科。主な観光地は拡大図や鳥瞰図92図で紹介し、都市地図28図にも観光ポイントを表示。目的別テーマ図6図、25000項目の地名索引付き。

旅に出たくなる地図 日本編 9訂版　佐藤久監修，帝国書院編集部著　帝国書院　2000.2　211p　26cm　2400円　Ⓘ4-8071-5195-9　Ⓝ291.038

(目次)鳥かん地方図，基本図，拡大図・鳥かん図，都市図，資料図

(内容)旅行のための日本地図帳。史跡・名勝地から温泉など様々な観光スポットを記載。主な観光地の拡大図・鳥瞰図を92図、都市地図を28図、伝統芸能・民芸品など目的別のテーマ図を6テーマ収録。25000項目の五十音順索引を付す。

旅に出たくなる地図 日本編 10訂版　佐藤久監修，帝国書院編集部著　帝国書院　2002.3　211p　26cm　2400円　Ⓘ4-8071-5341-2　Ⓝ291.038

(目次)鳥かん地方図（九州地方，中国・四国・近畿地方 ほか），基本図（九州地方北部，九州地方南部 ほか），拡大図・鳥かん図（九州西部，福岡市付近 ほか），都市図（那覇市，鹿児島市 ほか），資料図（九州地方の民俗文化，中国・四国・近畿地方の民俗文化 ほか）

(内容)旅行のための日本地図帳。史跡・名勝地から温泉など様々な観光スポットを記載。日本全国をカバーする基本地図（1／80万）の他、主な観光地の拡大図・鳥瞰図を92図、都市地図を28図、目的別のテーマ図を6テーマ、収録している。22000項目の五十音順索引を付す。

旅に出たくなる地図 日本編 11訂版　帝国書院編集部編，佐藤久監修　帝国書院　2003.4　212p　30cm　2400円　Ⓘ4-8071-5399-4　Ⓝ291.038

(目次)鳥かん地方図（九州地方，中国・四国・近畿地方 ほか），基本図（九州地方北部，九州地方南部 ほか），拡大図・鳥かん図（九州西部，福岡市付近 ほか），都市図（那覇市，鹿児島市 ほか），資料図（九州地方の民俗文化，中国・四国・近畿地方の民俗文化 ほか）

(内容)旅行プラン作りに役立ち、机上旅行も楽しめる地図帳。「日本の酒めぐり」「駅弁めぐり」「百名山」などテーマ図も豊富。観光地の見どころを表示した拡大図、都市図：史蹟・名勝のほか、温泉・スキー場など、旅の情報を満載。景勝地を立体的に表現した鳥瞰地図、伝統芸能・祭などの民俗文化図、約22000項目の索引など役立つ資料がいっぱい。

地図で知る日本の都道府県　平凡社　2001.3　118p　30cm　〈付属資料：CD‐ROM1〉　2800円　Ⓘ4-582-41804-X　Ⓝ291.038

(目次)北海道，青森県，岩手県，宮城県，秋田県，山形県，福島県，茨城県，栃木県，群馬県〔ほか〕

(内容)家庭向けの都道府県地図帳。各都道府県ごとの地図には、すべての市町村名の他、おもな史跡、名勝、天然記念物などを掲載するほか、統計データ、祭り・行事、ゆかりの人物、特産品の一覧なども付す。巻末に市町村名索引、都道府県のホームページアドレス一覧がある。

地図で知る日本の都道府県 第2版　平凡社　2004.4　118p　31cm　〈他言語標題：Atlas of every to・do・fu・ken　付属資料：CD-ROM1枚（12cm）〉　2800円　Ⓘ4-582-41805-8　Ⓝ291.038

(目次)北海道，青森県，岩手県，宮城県，秋田県，山形県，福島県，茨城県，栃木県，群馬県

〔ほか〕

地図で知る日本の都道府県　第3版　平凡社　2006.8　118p　31cm　〈他言語標題：Atlas of every to・do・fu・ken〉　2800円　Ⓘ4-582-41807-4　Ⓝ291.038

(目次)北海道，青森県，岩手県，宮城県，秋田県，山形県，福島県，茨城県，栃木県，群馬県，埼玉県，千葉県，東京都，神奈川県，新潟県，富山県，石川県，福井県，山梨県，長野県，岐阜県，静岡県，愛知県，三重県，滋賀県，京都府，大阪府，兵庫県，奈良県，和歌山県，鳥取県，島根県，岡山県，広島県，山口県，徳島県，香川県，愛媛県，高知県，福岡県，佐賀県，長崎県，熊本県，大分県，宮崎県，鹿児島県，沖縄県

(内容)本書の特徴は次のとおり。都道府県別地図は、大きな文字で見やすく、しかも市町村名はすべてルビ付き。地図には史跡・名勝・天然記念物が入り、学習に最適。都道府県の各種統計データを掲載。さらに郷土の祭り、行事、ゆかりの人物もわかる。平成の大合併がすべてわかる市町村合併リスト付き。付録には県別市町村界白地図が入ったCD-ROM。

帝国書院の復刻版地図帳 地図で見る昭和の動き　戦前、占領下、高度経済成長期4巻セット・解説書付　復刻版　帝国書院　2004.1　5冊（セット）　26cm　9500円　Ⓘ4-8071-5444-3　Ⓝ291.038

(目次)昭和9年版『増訂改版新選詳図帝国之部』，昭和9年版『増訂改版新選詳図世界之部』，昭和25年版『中学校社会科地図帳』，昭和48年版『中学校社会科地図最新版』，解説書

(内容)昭和という時代のエポックである、戦前、戦後占領下、高度経済成長期を映し出している地図帳4点を復刻。この3つの時代を取り上げることでほぼ昭和という時代の動きが見えてくる。過去の時世を直接知らない若い世代にはその時代をイメージでき、また、その時代を生きてきた年輩の世代にもその時代を回想できる解説書を用意。

帝国地図　復刻版教科書　大正9年　守屋荒美雄，帝国書院編集部著　帝国書院　2017.4　1冊（ページ付なし）　23cm　2000円　Ⓘ978-4-8071-6340-3　Ⓝ291.038

(目次)帝國位置図，帝國区劃図，関東地方図，東京市図附横濱市図，奥羽地方図，本州中部地方図，濃尾平野地方図，近畿地方図，近畿地方主要部等図，中國及四國地方図〔ほか〕

TVのそばに一冊 エッセンシャルアトラス日本・世界　最新情報版　帝国書院著　帝国書院　2004.8　128p　26cm　1100円　Ⓘ4-8071-5453-2　Ⓝ291.038

(内容)日本・世界のオールカラー地図のほか、公用語、気候、人口などを収録。地図は地域ごとに掲載。巻末に索引付き。

TVのそばに一冊 エッセンシャルアトラス日本・世界　市町村合併対応 最新版　帝国書院　2005.3　131p　26cm　1100円　Ⓘ4-8071-5477-X　Ⓝ291.038

(目次)日本の位置，都道府県，昔の国名と国境，日本列島，色丹島・国後島・択捉島・歯舞諸島，伊豆諸島，伊豆・小笠原諸島，沖縄島，那覇市，宮古列島〔ほか〕

(内容)巻頭3ページ大特集：平成の市町村大合併地図。2005年5月まで合併予定の市町村を反映。世界の地名には欧文を併記。見開きの世界全図には、全ての国の国旗付。絵記号で一目で分かる日本・世界の特産品。

TVのそばに一冊 エッセンシャルアトラス日本・世界　3訂版　帝国書院著　帝国書院　2006.4　131p　26cm　〈折り込1枚〉　1100円　Ⓘ4-8071-5565-2　Ⓝ291.038

なるほど知図帳 ニッポン歴史知図　日本を知る!郷土を知る!　昭文社　2008　400p　30cm　3800円　Ⓘ978-4-398-20053-2　Ⓝ291.038

(内容)日本の史跡を掲載した歴史地図帳。ふるさとに残る知る人ぞ知る小さな史跡から、歴史を動かした名将、名シーンにゆかりの地まで、全国規模で1万を超える史跡を掲載する。山川出版社「歴史散歩」と昭文社「全国道路地図」のコラボレーション企画。源義経・織田信長・坂本龍馬ら歴史的英傑の特集や名勝負の地などを特集でまとめる。

なるほど知図帳 日本　2006　第2版　昭文社　2006.1　304p　30cm　1600円　Ⓘ4-398-20027-4　Ⓝ291.038

(目次)巻頭特集 最新50テーマで日本がもっと楽しくなる（生き物，スポーツ，文化芸能，民俗風習，観光，名産品，歴史，自然，政治，産業交通，社会，その他），詳細MAP（北海道地方，東北地方，関東地方，中部地方，近畿地方，中国・四国地方，九州・沖縄地方）

(内容)日本列島の過去・現在・未来を、10ジャンル、50テーマで徹底調査。絶滅寸前の希少動物から、目を見張る絶景、海に眠る巨大戦艦などなど、日本をめぐる興味深い話題をたっぷり紹介。紹介した主なスポットには、後半の地図ですぐに場所を確かめられる地図索引付き。

なるほど知図帳 日本　2007　第3版　昭文社　2007.1　304p　30×22cm　1600円　Ⓘ4-398-20033-9　Ⓝ291.038

(目次)巻頭特集2007，生き物，スポーツ，文化芸能，民俗風習，観光・名産，味，歴史，自然，

政治，産業交通，社会，その他

(内容)日本の最新情報満載。色彩豊かな地形表現で地図がより楽しくわかる。

なるほど知図帳 日本　2008　知れば知るほど見えてくる!!　第4版　昭文社〔2007.11〕　304p　30cm　〈付属資料：別冊1〉　1600円　①978-4-398-20037-2　Ⓝ291.038

(目次)巻頭特集2008，旅，名産，スポーツ・文化芸能，自然，歴史・風習，産業・交通，政治・社会，その他，詳細MAP 知りたい都道府県・地名がすぐわかる

(内容)豊富な写真と情報量。充実のテーマ地図+日本の百選1800件をプロット。日本の最新事情がわかる。別冊付録に「日本の百選BOOK」がつく。

なるほど知図帳 日本　2009　第5版　昭文社〔2008.11〕　304p　30cm　〈付属資料：別冊1〉　1600円　①978-4-398-20040-2　Ⓝ291.038

(目次)巻頭特集2009，都道府県スペシャル，旅・名産，政治・社会，産業・交通，歴史・風習，自然，スポーツ・文化芸能，テーマ地図+都道府県地図

(内容)イマまでとココが違う徹底分析、47の都道府県。各テーマごとに注目県をクローズアップ。知的好奇心全開のあなたのために。

なるほど知図帳 日本　2010　知れば知るほど見えてくる!!　第6版　昭文社　2010.1　304p　30cm　〈付属資料：別冊2〉　1600円　①978-4-398-20042-6　Ⓝ291.038

(目次)巻頭特集2010,2010年版メイン・テーマ，政治・社会，産業・交通，歴史・風習，スポーツ・文化・芸能，自然，旅・名産，県勢一覧，日本なるほどランキング，世界遺産解説＆MAP，都道府県地図

(内容)いまニッポンは世界からこう見られている。"なるほど"とうなずける「ジャパン・オリジナル」の数々を一挙紹介。2010年最新データ満載。文化庁選定「伝統的建造物群保存地区」をまるごと一冊に凝縮した"完全ガイドブック"と「日本の百選BOOK」を収録した付録付き。

なるほど知図帳 日本　2011　最新ニュースを知る　昭文社〔2010.11〕　328p　30cm　〈文献あり 索引あり〉　1600円　①978-4-398-20044-0　Ⓝ291.038

(内容)注目のトピックス・リアルな地図が満載!類書中No.1充実の情報量! 見やすい都道府県地図＆オリジナルマップ。

なるほど知図帳 日本　2012　激動の明日を読み解く　昭文社〔2011.11〕　328p　30cm　〈文献あり 索引あり〉　1600円　①978-4-398-20046-4　Ⓝ291.038

(目次)巻頭特集 実感・旅列島，クローズアップ，政治・社会，生活，スポーツ・文化芸能，産業・交通，旅・名産，歴史・風習，自然，県勢一覧，日本なるほどランキング，世界遺産MAP，地図目次・索引図，北海道地方，東北地方，関東地方，中部地方，近畿地方，中国・四国地方，九州・沖縄地方

(内容)地震、津波、原発、明日のニッポンはどうなる? 日本の最新トピックを図表+地図でわかりやすく解説。

なるほど知図帳 日本　2013　地図とトピックスで"いま"を伝える!　昭文社〔2012.11〕　336p　30cm　〈折り込 1枚　文献あり 索引あり〉　1600円　①978-4-398-20048-8　Ⓝ291.038

(目次)巻頭特集2013，社会問題，政治，生活，産業・交通，自然・科学，歴史・旅，スポーツ・文化芸能，県勢一覧，日本の世界遺産＆百選，地図目次・索引図，北海道地方，東北地方，関東地方，中部地方，近畿地方，中国・四国地方，九州・沖縄地方

なるほど知図帳 日本　2014　ニュースのツボがすいすいわかる　昭文社　2014　212p　30cm　〈文献あり 索引あり〉　1600円　①978-4-398-20056-3　Ⓝ291.038

(内容)話題の政治・経済の問題や自然・文化など幅広いテーマについてわかりやすく解説した情報地図帳。消費税増税が決定し、今最も気になる「ニッポンのお金」について巻頭で特集。「日本の財政」「景気の変動」「東京五輪の経済効果」などのテーマを最新のデータとともに読み解く。また、こうした海外からの注目が高まる背景を受けて「日本の国際性」にも焦点を当て、労働、教育、観光それぞれの現場で存在感を増す外国人と日本の取り組みについて検証する。

なるほど知図帳 日本　2015　ニュースがスイスイわかる　昭文社　2015　252p　30cm　〈文献あり 索引あり〉　1600円　①978-4-398-20061-7　Ⓝ291.038

(目次)巻頭特集（2015年の展望 日本はこうなる!，世界に誇れる!ニッポンの最先端技術），政治・社会，生活，産業・交通，自然・科学，文化歴史・スポーツ，県勢一覧，都道府県別日本地図

(内容)日本の最新情報を徹底調査!日本地図とともに政治・社会、産業・交通、自然・科学、文化歴史・スポーツなどのテーマを基本から解説。巻頭に「ニッポンの最先端技術」等を特集。日本の世界遺産ダイジェストMAPも収録。

なるほど知図帳 日本 2016 今日のニュースがスイスイわかる 昭文社 〔2015.11〕 252p 30cm 〈文献あり 索引あり〉 1600円 Ⓘ978-4-398-20063-1 Ⓝ291.038

(目次)巻頭特集1 5分でわかる!2016年トピックニュース10, 巻頭特集2 先人に学べ!「日本初」の発想力, 政治・社会, 生活, 産業・交通, 自然・科学, 文化歴史・スポーツ, 県勢一覧, 都道府県別日本地図

(内容)政治・社会・生活・自然・文化・スポーツまで…今日のニュースがスイスイわかる。

なるほど知図帳 日本 2017 今日のニュースがスイスイわかる! 政治・社会・生活・自然・文化・スポーツまで… 昭文社 2016.11 252p 30cm 〈文献あり 索引あり〉 1600円 Ⓘ978-4-398-20065-5 Ⓝ291.038

(目次)2017年ニッポンが激変する!?―いま知っておきたい「規制緩和」の最前線, 成功のヒントはここにある!―ニッポンイチの理由, なんでこの県が1位なの!?―都道府県なんでもランキング, 政治・社会, 生活, 産業・交通, 自然・科学, 文化歴史・スポーツ, 県勢一覧, 都道府県別日本地図

(内容)政治・社会・生活・自然・文化・スポーツまで…今日のニュースがスイスイわかる!

なるほど知図帳 日本 2018 ニュースと合わせて読みたい日本地図 昭文社 2017.12 252p 30cm 〈文献あり 索引あり〉 1600円 Ⓘ978-4-398-20067-9 Ⓝ291.038

(目次)巻頭スペシャル 世の中の動きがスッキリわかる!―2017→2018トピックス, 巻頭特集1 その足音は着々と近づいてきている!!SF化する日常, 巻頭特集2 力強く打ちはじめた鼓動が日本を変える!世界を変える!―2020年東京五輪(オリンピック、パラリンピック)に向け動き出すニッポン, 巻頭特集3 出身県で性格がわかる!?―統計から浮かび上がる県民性, 政治・社会, 生活, 産業・交通, 自然・科学, 文化歴史・スポーツ, 県勢一覧

なるほど日本知図帳 2004-2005 知れば知るほどみえてくる!! 昭文社 2004.4 270p 30cm 〈付属資料:別冊1〉 1600円 Ⓘ4-398-20018-5 Ⓝ291.038

(目次)最新40テーマで日本が分かる(トピックス, スポーツ, カルチャー, レジャー&グルメ, 歴史 ほか), 知りたい都道府県・地名がすぐ分かる(北海道, 東北, 関東, 中部, 近畿 ほか)

(内容)47都道府県図。65主要都市・38観光地詳細図。山岳鳥瞰図。県勢一覧山・名水・滝・サクラ100選一覧。大判折りたたみ日本全図付録。

なるほど日本知図帳 2005 知れば知るほどみえてくる!! 昭文社 2005.4(8刷) 270p 30cm 〈付属資料:別冊付録(30p):都道府県別市町村合併情報 折り込1枚〉 1600円 Ⓘ4-398-20023-1 Ⓝ291.038

(目次)巻頭特集 最新40テーマで日本が分かる(トピックス, スポーツ, カルチャー, レジャー&グルメ ほか), 詳細MAP 知りたい都道府県・地名がすぐ分かる(北海道, 東北, 関東, 中部 ほか)

(内容)愛・地球博やセントレア(中部国際空港)など最新トピックスから、タレント出身地や妖怪のふるさと、高齢化や少子化など社会問題まで、日本地図を使った40テーマを紹介。世界遺産や温泉、日本酒、駅弁など旅行ガイドのマメ知識にもぴったり。知っているようで知らなかった日本の地名が、知りたい時にすぐ探せて、知れば知るほど見えてくる詳しい日本地図情報が満載。

なんでもひける日本地図 〔2007年〕 正井泰夫監修 成美堂出版 2008.5 175p 26cm 1300円 Ⓘ978-4-415-30421-2 Ⓝ291.038

(目次)日本全図, 北海道・東北地方, 関東地方, 北陸・中部地方, 近畿地方, 中国・四国地方, 九州・沖縄地方, テーマ別索引

(内容)知りたいテーマですぐひける。便利なジャンル別索引(写真付)。美しく見やすい精緻な県別+全国MAPで地形もリアルに再現。

なんでもひける日本地図 〔2008年〕 正井泰夫監修 成美堂出版 2007.4 175p 26cm 1300円 Ⓘ978-4-415-30060-3 Ⓝ291.038

なんでもひける日本地図 〔2009年〕 正井泰夫監修 成美堂出版 2009.4 175p 26cm 〈索引あり〉 1300円 Ⓘ978-4-415-30594-3 Ⓝ291.038

(目次)日本全図, 北海道・東北地方, 関東地方, 北陸・中部地方, 近畿地方, 中国・四国地方, 九州・沖縄地方

(内容)知りたいテーマですぐひける!便利なジャンル別索引。美しく見やすい精緻な県別MAPで地形もリアルに再現。

なんでもひける日本地図 〔2015年〕 成美堂出版編集部編 成美堂出版 2015.4 175p 26cm 〈文献あり 索引あり〉 1300円 Ⓘ978-4-415-31989-6 Ⓝ291.038

(目次)日本全図, 北海道・東北地方, 関東地方, 北陸・中部地方, 近畿地方, 中国・四国地方, 九州・沖縄地方, テーマ別索引

(内容)知りたいテーマですぐひける、検索性抜群の日本地図帳。県別MAPでは名所、温泉情報も充実。美しく見やすい精緻な地図で、地形もリアルに再現!

なんでもひける日本地図　〔2017年〕　成美堂出版編集部編　成美堂出版　2017.4　175p　26cm　〈文献あり 索引あり〉　1300円　Ⓘ978-4-415-32317-6　Ⓝ291.038

(目次)日本全図，北海道・東北地方，関東地方，北陸・中部地方，近畿地方，中国・四国地方，九州・沖縄地方，テーマ別索引

(内容)知りたいテーマですぐひける、検索性抜群の日本地図帳。県別MAPでは名所、温泉情報も充実。美しく見やすい精緻な地図で、地形もリアルに再現!

日本国勢地図　新版　建設省国土地理院編　日本地図センター　1990.11　218p　60cm　Ⓝ291.038

(内容)国土の実態を明らかにし、国勢の現状の理解を容易にする意図で制作された国の代表的な地図帳。各分野についての政府機関、地方公共団体等の白書・統計書等調査・研究の成果を、地図と解説により集大成。自然・気候等14項目にわたり235の主題図を収録。各項目は必要に応じ細分。解説面は3頁分の主題図に1頁をあて、解説文、使用した資料一覧、副図(小図・グラフ等)を掲載。巻末行政区画索引には市町村名ごとに面積・人口のデータを付す。

日本主要地図集成　明治から現代まで　日本国際地図学会編　朝倉書店　1995.5　257p　30cm　18540円　Ⓘ4-254-16331-2　Ⓝ291.038

(内容)明治以降日本で作成された主要な地図の目録。主要地図集成、主要地図目録、主要地図記号一覧、その他で構成され、主要地図集成ではカラー図版120図、モノクロ図版43図を発行機関別に掲載する。ほかに主要地図の年表、主要文献等がある。

日本主要地図集成　明治から現代まで　普及版　日本国際地図学会編　朝倉書店　2006.2　257p　31cm　〈年表あり，文献あり〉　18000円　Ⓘ4-254-16345-2　Ⓝ291.038

(内容)明治以降に日本で作成された主な地図の情報を網羅。主要地図集成、主要地図目録、主要地図記号、地図にかかわる主要語句、主要地図の年表、主要文献などで構成。

日本大地図　索引　ユーキャン　2013.2　274p　30cm　Ⓝ291.038

(内容)自宅にいながら日本大観光が楽しめる大判の地図セット。索引は本文の6万カ所から引ける。巻末に、市町村一覧、難読地名一覧を掲載。

日本大地図　上巻　日本分県大地図　ユーキャン　2013.2　159p　43cm　〈タイトルは奥付による　編集・制作：平凡社ほか〉　Ⓝ291.038

(目次)ランドサット画像，広域図，分県図，市街図，日本の世界遺産，国立・国定公園

(内容)自宅にいながら日本大観光が楽しめる大判の地図セット。「世界大地図」の姉妹編。パノラマ図・立体都市図・ランドサット図などを用いて掲載する。

日本大地図　中巻　日本名所大地図 1　ユーキャン　2013.2　132p　43cm　〈タイトルは奥付による　編集・制作：平凡社ほか〉　Ⓝ291.038

(目次)名勝，山，島，湖，花，温泉，50選100，自然ランキング，日本全図，世界全図

(内容)自宅にいながら日本大観光が楽しめる大判の地図セット。パノラマ図・立体都市図・ランドサット図などを用いて掲載する。

日本大地図　下巻　日本名所大地図 2　ユーキャン　2013.2　139p　43cm　〈タイトルは奥付による　編集・制作：平凡社ほか〉　Ⓝ291.038

(目次)パノラマ，城，町並み，歴史の道，庭園，ローカル線，都市図

(内容)自宅にいながら日本大観光が楽しめる大判の地図セット。パノラマ図・立体都市図・ランドサット図などを用いて掲載する。

日本大地図帳　新装改訂版　平凡社　1990.6　229p　42cm　18000円　Ⓘ4-582-43402-9　Ⓝ291.038

(内容)地図は全国を50万分1で統一した分県図34図、15万分1の大都市周辺図、主要観光地図20図、全県庁所在都市の2万5千分1市街図47図などで構成。地名註記5万はすべて地名索引で検索可能、ほかに日本全土のランドサット画像、全国市町村の行政区分図が付く日本地図帳。

日本大地図帳　3訂版　平凡社　1994.11　237p　42cm　22000円　Ⓘ4-582-43402-9　Ⓝ291.038

(内容)ランドサット画像、分県図、地域図、市街図で構成する大判の日本地図帳。分県図は全国を50万分の1の同縮尺で30図に分け、1図に1県ないし数県を収録する。地域図は大都市周辺と主要観光地を15万分の1で、市街図は47の県庁所在地を2万5千分の1で収録する。地名索引・市町村区分を付す。初版は1985年刊行、今回の改訂により関西国際空港、ひたちなか市も掲載され。

日本大地図帳　4訂版　平凡社　1998.3

237p　42cm　21400円　①4-582-43406-1　Ⓝ291.038

(目次)ランドサット画像（北海道，東北 ほか），分県図（日本全図，日本区分図 ほか），地域図（阿寒、大雪山，支笏・洞爺 ほか），市街図（札幌，青森、盛岡 ほか）

(内容)日本本土50万分の1分県地図、全県庁所在都市の2万5千分の1都市地図、15万分の1の大都市周辺地図、主要観光地を収録。巻末には地名索引が付く。

日本大地図帳　5訂版　梅棹忠夫，佐藤久，西川治，正井泰夫監修　平凡社　2000.9　237p　42cm　21400円　①4-582-43409-6　Ⓝ291.038

(目次)ランドサット画像，分県図，地域図，市街図，地名索引

(内容)分県図・市街図などを収録した大型地図帳。50万分1各都道府県図、15万分1大都市周辺図、主要観光地図、2.5万分1全県庁所在地市街図などをを収録する。分県図は全国を30図に分け、1図に1県ないし数県を収める。約9万の地名・注記を記載し、巻末の地名索引には約5万地名を収録。四訂版以後4,500箇所を改訂している。

日本大地図帳　6訂版　梅棹忠夫〔ほか〕監修　平凡社　2002.12　237p　43cm　〈他言語標題：Grand atlas Japan〉　21400円　①4-582-43410-X　Ⓝ291.038

日本大地図帳　6訂特別版　梅棹忠夫〔ほか〕監修　平凡社，ユーキャン（発売）　2003.12　20,143p　43cm　（日本大地図 上巻）〈他言語標題：Grand atlas Japan〉　29000円　①4-582-43409-6　Ⓝ291.038

日本大地図帳　7訂版　平凡社編，梅棹忠夫，佐藤久，西川治，正井泰夫監修　平凡社　2004.6　237p　43×30cm　21400円　①4-582-43415-0　Ⓝ291.038

(目次)ランドサット画像（北海道，東北 ほか），分県図（日本全図，日本区分図 ほか），地域図（阿寒・大雪山，支笏洞爺 ほか），市街図（札幌，青森・盛岡・秋田・山形 ほか）

(内容)日本全土の50万分の1分県図、全県庁所在都市の2万分の1市街図、大都市周辺および主要観光地域の15万分の1地域図を収録。巻末に市町村一覧、難読地名一覧がつく。

日本大地図帳　8訂版　平凡社編　平凡社　2005.6　237p　43×30cm　21400円　①4-582-43417-7　Ⓝ291.038

(目次)ランドサット画像（北海道，東北 ほか），分県図（日本全図，日本区分図 ほか），地域図（阿寒・大雪山，支笏洞爺 ほか），市街図（札幌，青森・盛岡・秋田・山形 ほか）

(内容)この地図帳は、地形の理解と地名の検索を主とした、本格的地図帳を目指して制作された。地図帳の基幹をなすものは、日本全土の50万分の1分県図と、全県庁所在都市の2万分の1市街図であって、両者の間に、大都市周辺および主要観光地域の15万分の1地域図―北海道は25万分の1―をはさんでいる。

日本大地図帳　9訂版　平凡社編，梅棹忠夫，佐藤久，西川治，正井泰夫監修　平凡社　2006.5　237p　44×31cm　21400円　①4-582-43418-5　Ⓝ291.038

(目次)ランドサット画像（北海道，東北 ほか），分県図（日本全図，日本区分図 ほか），地域図（阿寒・大雪山，支笏洞爺 ほか），市街図（札幌，青森・盛岡・秋田・山形 ほか），地名索引

(内容)2006年4月1日までの市町村合併情報を反映した最新地図帳。

日本大地図帳　10訂版　梅棹忠夫，佐藤久，西川治，正井泰夫監修　平凡社　2007.10　237p　43×30cm　21400円　①978-4-582-43419-4　Ⓝ291.038

(目次)ランドサット画像（北海道，東北 ほか），分県図（日本全図，日本区分図 ほか），地域図（阿寒・大雪山，支笏 洞爺 ほか），市街図（札幌，青森・盛岡・秋田・山形 ほか）

日本地図　浅香幸雄監修　国際地学協会　1999.2　1冊　30cm　（Union atlas）〈他言語標題：Japan atlas〉　3300円　①4-7718-3006-1　Ⓝ291.038

日本地図帳　昭文社　1990　231p　30cm　（エアリアマップ）　①4-398-20008-8　Ⓝ291.038

日本地図帳　昭文社　1992.1　231p　31cm　（エアリアマップ）〈監修：木内信蔵，山口恵一郎〉　3610円　①4-398-20002-9　Ⓝ291.038

日本地図帳　昭文社　1993.5　231p　30cm　（エアリアマップ）〈他言語標題：JAPAN PREFECTURAL ATLAS〉　3505円　①4-398-20002-9　Ⓝ291.038

日本地図帳　昭文社　1994　231p　30cm　（エアリアマップ）〈他言語標題：JAPAN PREFECTURAL ATLAS〉　3505円　①4-398-20002-9　Ⓝ291.038

日本地図帳　第43版　昭文社　〔1997.7〕　231p　30cm　（エアリアマップ）　3524円　①4-398-20008-8　Ⓝ291.038

(目次)都道府県図，都市図

(内容)本書の主図としては、47都道府県図に加

え、全都道府県庁所在都市および川崎・北九州の都市図で構成し、日本全図、世界全図、鉄道路線図を付図として補う。巻末には、各種統計資料と索引を付す。

日本地図帳　日本がさらに深く詳しくわかる　昭文社　1997.5　141p　30cm　(グローバルアクセス)　1762円　Ⓘ4-398-20006-1　Ⓝ291.038

(内容)衛星から見た日本列島。日本全国150主要都市・観光地収録。8大都市ビジュアル立体感マップ。

日本地図帳　日本がさらに深く詳しくわかる　昭文社　1999　141p　30cm　(グローバルアクセス)　1762円　Ⓘ4-398-20006-1　Ⓝ291.038

日本地図帳　第46版　昭文社　1999　231p　30cm　(エアリアマップ)　Ⓘ4-398-20008-8　Ⓝ291.038

日本地図帳　昭文社　2001　141p　30cm　(グローバルアクセス)　1762円　Ⓘ4-398-20006-1　Ⓝ291.038

日本地図帳　第53版　昭文社　2002.1　231p　30cm　(エアリアマップ)　3524円　Ⓘ4-398-20008-8　Ⓝ291.038

日本地図帳　昭文社　2002.5　141p　30cm　(グローバルアクセス)　1762円　Ⓘ4-398-20006-1　Ⓝ291.038

日本地図帳　2版　昭文社　2003　255p　31cm　〈他言語標題：JAPAN PREFECTURAL ATLAS〉　3800円　Ⓘ4-398-20017-7　Ⓝ291.038

日本地図帳　昭文社　c2003　160p　30cm　(グローバルアクセス)　〈付・折りたたみ日本地図(1枚)〉　1800円　Ⓘ4-398-20016-9　Ⓝ291.038

日本地図帳　2版　昭文社　2009　255p　31cm　〈他言語標題：JAPAN PREFECTURAL ATLAS〉　3800円　Ⓘ4-398-20017-7　Ⓝ291.038

日本地図帳　2版　昭文社　2015　1冊　31cm　〈他言語標題：JAPAN PREFECTURAL ATLAS〉　3800円　Ⓘ4-398-20017-7　Ⓝ291.038

日本地図帳　2版　昭文社　2016　1冊　31cm　〈他言語標題：JAPAN PREFECTURAL ATLAS〉　3800円　Ⓘ4-398-20017-4　Ⓝ291.038

日本地名地図館　小学館　2002.4　590p　30cm　〈付属資料：CD - ROM1(発刊記念読者サービス品)〉　9500円　Ⓘ4-09-526064-5　Ⓝ291.0189

(目次)日本地図(日本の世界遺産とラムサール条約登録地，国立・国定公園，島と湖と山・川のベスト10，日本列島の地震と噴火 ほか)，地名百科

(内容)地名百科付きの地図帳。地名から地図のページと位置が検索でき、また地図にある地名を地名百科で調べることができる。地図は都道府県ごとに北から排列。地名百科は全都道府県、全市町村など約9000余の項目を収録。この他に、巻頭に9つの「地図で知る列島データ」を掲載。巻末には難読地名索引と県別地図温泉索引が付く。

日本 二ヵ国語アトラス　日本語・英語併記　講談社インターナショナル　1991.2　128p　22cm　〈英語書名：Japan a bilingual atlas〉　2087円　Ⓘ4-7700-1536-4　Ⓝ291.038

(内容)地域図、都市図、観光図、交通図、テーマ図より成り、68図を収載。巻末は町村名索引。初の英文併記の日本地図帳とある。

日本 二ヵ国語アトラス　梅田厚編　講談社インターナショナル　1998.6　128p　21cm　〈本文：日英両文〉　2100円　Ⓘ4-7700-1536-4　Ⓝ291.038

(目次)1 地域図(南西日本，中央日本，北東日本 ほか)，2 市街図(那覇，福岡，北九州 ほか)，3 観光図(沖縄，別府、阿蘇、雲仙，京都とその周辺 ほか)，4 交通図(首都圏自然歩道，首都圏電車路線図，東京地下鉄路線図 ほか)，5 主題図(活火山，国立公園，国定公園 ほか)

(内容)英文併記の日本地図帳。外国人と日本人が一緒に参照できるよう、地名、駅名、施設名など、すべて日本語と英語で併記。地方図、地域拡大図など、全国3000の市町村名がほとんど網羅された21の地域図、政令都市及びその他の主要都市の市街図として19の都市図、京都、奈良、鎌倉など、国際的観光地を7の案内図、全国の道路、鉄道、航空路及び大都市周辺の電車路線図などを9の交通図、自然公園、名勝、史跡、天然記念物、温泉、探鳥地、伝統的工芸品産地など、目的ごとに日本の断面を一望できる12のテーマ別地図付き。

日本の地図　衛星写真とイラストで日本が見えてくる 教科書対応版　成田喜一郎監修　成美堂出版　1996.7　81p　26cm　1000円　Ⓘ4-415-08399-4　Ⓝ291

(目次)日本の地形と自然，九州地方，中国地方・四国地方，近畿地方，中部地方，関東地方，東北地方，北海道地方，日本のようす

(内容)衛星写真とイラスト地図で各地域の特徴を解説した児童向けの日本地図帳。排列は九州

地方から北海道地方までの地域順。それぞれの解説文に総てルビが振られている。巻末に五十音順の地名索引がある。

日本白地図帳　昭文社　〔2006.10〕　128p　30cm　1000円　Ⓘ4-398-20031-2　Ⓝ291.038

(目次)日本全図，北海道，青森県，岩手県，宮城県，秋田県，山形県，福島県，茨城県，栃木県，群馬県，埼玉県，千葉県，東京都，神奈川県，新潟県，富山県，石川県，福井県，山梨県，長野県，岐阜県，静岡県，愛知県，三重県，滋賀県，京都府，大阪府，兵庫県，奈良県，和歌山県，鳥取県，島根県，岡山県，広島県，山口県，徳島県，香川県，愛媛県，高知県，福岡県，佐賀県，長崎県，熊本県，大分県，宮崎県，鹿児島県，沖縄県，詳細地図，主題図

(内容)大都市拡大図、主題図6テーマ、付録に大判日本全図を収録した白地図帳。

日本分県精図　昭和三十九年版 復刻　昭和礼文社　1991.9　1冊　28×39cm　(地図でみる県の移り変り 3)　〈付・地名総覧，公共機関総覧 解説：黒崎千晴，小口千明 地名監修：山田光二，本田豊〉　36000円　Ⓘ4-915124-35-5　Ⓝ291.038

日本分県大地図　平凡社編　平凡社　2011.2　262p　43cm　〈他言語標題：PREFECTURE ATLAS OF JAPAN　索引あり〉　24000円　Ⓘ978-4-582-41714-2　Ⓝ291.038

(内容)標高差や複雑な地形、都市の賑わいが一目でわかる、美しく見やすい分県地図帳。県名、市町村名、主要集落名、駅名、自然地名、観光地名など約9万の地名を掲載。全都道府県庁所在都市の中心市街図や日本・世界全図も収録。

日本分県大地図　二訂版　平凡社編　平凡社　2016.6　262p　44×31cm　24000円　Ⓘ978-4-582-41728-9　Ⓝ291.038

(目次)ランドサット画像(北海道 1：1,000,000(縮尺)，東北 1：1,000,000，関東・中部 1：1,000,000 ほか)，分県図(北海道 1：1,200,000，北海道東部 1：600,000，北海道北部 1：600,000 ほか)，市街図(札幌 1：18,000，青森・盛岡・秋田・山形 1：18,000，仙台 1：18,000 ほか)

(内容)47都道府県それぞれが、最も大きく見渡せるよう縮尺・方位を設定しました。標高差や複雑な地形、都市の賑わいなどが一目でわかる、美しく見やすい色調です。県名、市町村名、主要集落名、駅名、自然地名、観光地名など、約9万地名を読みとりやすく記載しました。全都道府県庁所在都市の中心市街図は同縮尺で表し、各都市の規模や密集度が比較できます。巻末には、地図上の主要な地名約5万を選び、「地名索引」「難読地名一覧」に収載。「市町村一覧」も付しています。

日本分県地図　新版　人文社編集部編　人文社　1992.3　1冊(頁付なし)　27cm　2900円　Ⓝ291.038

日本分県地図地名総覧　平成3年版　人文社編集部編　人文社　1990.10　1冊　42cm　〈折り込図3枚　公共機関・地形図索引・自動車路線営業キロ程図　付(別冊 30p 26×37cm)：全国都道府県市区町村別人口・世帯数・面積一覧〉　34000円　Ⓘ4-7959-2100-8　Ⓝ291.038

(内容)分県地図はレリーフ式・段彩式の6色刷り、地名総覧は計24万の地名を総よみがなつきで収録。巻末に自然地名索引がある。他に公共機関一覧・地形図地勢図索引・自動車路線営業キロ程図と別冊(30p、全国都道府県市区町村別人口・世帯数・面積一覧)を付す。

日本分県地図地名総覧　平成4年版　人文社編集部編　人文社　1991.10　1冊　42cm　〈公共機関・地形図索引・自動車路線営業キロ程図　折り込図4枚〉　35000円　Ⓘ4-7959-2100-8　Ⓝ291.038

(内容)分県地図はレリーフ式・段彩式の6色刷り、地名総覧は計24万の地名を総よみがなつきで収録。巻末に自然地名索引がある。他に公共機関・地形図索引、自動車路線営業キロ程図を付す。

日本分県地図地名総覧　平成5年版　人文社　1992.10　1冊　33×42cm　〈公共機関・地形図索引・自動車路線営業キロ程図　折り込図4枚〉　36000円　Ⓘ4-7959-2100-8　Ⓝ291.038

日本分県地図地名総覧　平成6年版　人文社編集部編　人文社　1993.10　1冊　42×33cm　〈公共機関・地形図索引・自動車路線営業キロ程図　付(地図2枚 袋入)：最新日本全図，全国自動車路線営業キロ程図〉　37000円　Ⓘ4-7959-2100-8　Ⓝ291.038

(内容)北海道から沖縄までの地域順に、それぞれレリーフ式・段彩式6色刷り・A2判の分県地図と地名総覧(全国総計で24万件、よみがな付)で構成する地図帳。他に公共機関一覧、主要都市市街図(全国157都市)・地形図索引(2.5万分の1地形図、5万分の1地形図、20万分の1地勢図)・貨物自動車路線営業キロ程図、全国人口・世帯数・面積一覧などを収める。市・区・郡(支庁)・町・村名索引を付す。

日本分県地図地名総覧　平成7年版　人文社　1994.10　1冊　42×33cm　〈公共機関・地形図索引・自動車路線営業キロ程図　折り込図1枚　付(図2枚 袋入)〉　38000円

①4-7959-2100-8　Ⓝ291.038

(内容)北海道から沖縄までの地域順に、それぞれレリーフ式・段彩式6色刷り・A2判の分県地図と地名総覧(全国総計で24万件、よみがな付)で構成する地図帳。他に公共機関一覧、主要都市市街図・地形図索引・貨物自動車路線営業キロ程図、全国人口・世帯数・面積一覧などを収める。市・区・郡(支庁)・町・村名索引を付す。

日本分県地図地名総覧　平成8年版　人文社編集部編　人文社　1995.10　1冊　42cm　〈公共機関・地形図索引・自動車路線営業キロ程図　折り込図1枚　付(図2枚 袋入)〉　38000円　①4-7959-2100-8　Ⓝ291.038

日本分県地図地名総覧　平成9年版　人文社編集部編　人文社　1997.4　1冊　42cm　〈公共機関・地形図索引・自動車路線営業キロ程図　折り込図1枚　付(図2枚 袋入)〉　38000円　①4-7959-2100-8　Ⓝ291.038

日本分県地図地名総覧　平成10年版　人文社編集部編　人文社　1997.10　1冊　42cm　〈公共機関・地形図索引・自動車路線営業キロ程図　折り込1枚　付属資料：図2枚(袋入り)〉　37143円　①4-7959-2100-8　Ⓝ291.038

日本分県地図地名総覧　平成11年版　人文社編集部編　人文社,(大阪)大阪人文社,(福岡)福岡人文社　1998.10　1冊　43×31cm　〈付属資料：別冊1〉　37143円　①4-7959-2100-8　Ⓝ291.038

(内容)日本地名総覧, 日本分県地図, 都道府県別公共機関一覧。

日本分県地図地名総覧　平成12年版　地図編／地名編　人文社編集部編　人文社　1999.10　1冊　43cm　〈別冊：都道府県別公共機関一覧〉　37143円　①4-795-92100-8　Ⓝ291.038

日本分県地図地名総覧　平成13年版　地図編／地名編　人文社編集部編　人文社　2000.10　1冊　43cm　〈別冊：都道府県別公共機関一覧　付(地図2枚), 索引あり〉　37143円　①4-795-92100-8　Ⓝ291.038

日本分県地図地名総覧　平成14年版　人文社編集部編　人文社　2001.10　1冊　43cm　〈別冊(122,8p)：都道府県別公共機関一覧　折り込2枚〉　全37143円　①4-7959-2100-8　Ⓝ291.038

日本分県地図地名総覧　平成15年版　人文社編集部編　人文社　2002.10　1冊　43cm　〈別冊(122p)：都道府県別公共機関一覧〉　全37143円　①4-7959-2100-8　Ⓝ291.038

日本分県地図地名総覧　平成16年版　人文社編集部編　人文社　2003.10　1冊　43cm　〈都道府県別公共機関一覧・自動車路線営業キロ程図　共同刊行：福岡人文社　折り込3枚〉　37143円　①4-7959-2100-8　Ⓝ291.038

日本分県地図地名総覧　平成17年版　人文社編集部編　人文社　2004.10　1冊　43cm　〈サブタイトル：平成の大合併記念版　都道府県別公共機関一覧・自動車路線営業キロ程図　共同刊行：福岡人文社　折り込1枚〉　37143円　①4-7959-2100-8　Ⓝ291.038

日本分県地図地名総覧　2006年版　新版　平成の大合併記念版　人文社　2005.10　1冊　26cm　〈付属資料：CD-ROM1〉　17143円　①4-7959-1168-1　Ⓝ291.038

(内容)膨大で複雑な市町村の合併が一目でわかる変遷図。日本語・ローマ字表記の地名総覧を収録したCD-ROM。2色刷りでより見やすくなった地名総覧。最新版47都道府県の地図とその県の概要。

日本分県地図地名総覧 関東地方　2006年版　新版　人文社　2005.10　1冊　26cm　1500円　①4-7959-1141-X　Ⓝ291.038

(内容)膨大で複雑な市町村の合併が一目でわかる変遷図。2色刷りでより見やすくなった地名総覧。関東地方1都6県の最新版地図と概要。

日本分県地図地名総覧 九州地方・山口県　2006年版　新版　人文社　2005.10　1冊　26cm　1600円　①4-7959-1144-4　Ⓝ291.038

(内容)膨大で複雑な市町村の合併が一目でわかる変遷図。2色刷りでより見やすくなった地名総覧。九州地方8県と山口県の最新版地図と概要。

日本分県地図地名総覧 近畿地方　2006年版　新版　人文社　2005.10　1冊　26cm　1600円　①4-7959-1143-6　Ⓝ291.038

(内容)膨大で複雑な市町村の合併が一目でわかる変遷図。2色刷りでより見やすくなった地名総覧。近畿地方2府5県の最新版地図と概要。

日本分県地図地名総覧 中部地方　2006年版　新版　人文社　2005.10　1冊　26cm　1700円　①4-7959-1142-8　Ⓝ291.038

(内容)膨大で複雑な市町村の合併が一目でわかる変遷図。2色刷りでより見やすくなった地名総覧。中部地方9県の最新版地図と概要。

日本分県地図地名総覧 東北地方　2006年版　新版　人文社　2005.10　1冊　26cm　1500円　①4-7959-1140-1　Ⓝ291.038

(内容)膨大で複雑な市町村の合併が一目でわか

る変遷図。2色刷りでより見やすくなった地名総覧。東北地方6県の最新版地図と概要。

日本列島大地図館　小学館　1990.12　375p　37cm　12000円　①4-09-526061-0　Ⓝ291.038

(内容)地名総数は約10万。大画面の分県地図。より立体に近い2.3次元のテクノ図。ランドサットがとらえた自然色日本列島。あらゆる「目」で日本の「いま」を図解。変化する日本列島の最新情報を完全紹介。楽しく実用的な列島交通網図。

日本列島大地図館　新訂版　秋庭隆編著　小学館　1996.6　375p　37cm　13800円　①4-09-526063-7　Ⓝ291.038

(目次)日本列島（九州地方，中国・四国地方，近畿地方，中部地方，関東地方，東北地方，北海道，列島トラベル，地図でみる日本列島），列島データ，地名索引

(内容)見開きで分県地図・県別立体地形図で日本の各地域の特徴を解説した大型の地図帳。日本全図・地方図・分県図・県のすがた・市街図・地形・気候・農工業・動植物等を収録する。立体地形図にはJR線やその他の鉄道・高速自動車道路・主要道路・トンネル・市街地・河川など交通網を掲載。五十音順の地名索引が巻末にある。―あらゆる「目」で日本の「いま」を図解。

日本列島二万五千分の一地図集成　1　科学書院，霞ケ関出版（発売）　1995.5　341枚　47×64cm　〈国土地理院刊の複製〉　206000円　Ⓝ291.038

(内容)20世紀初頭から第二次世界大戦の前までに、日本の陸地測量部が測量・製版した2万5000分の1地形図の集成。本巻には北海道、東北地方の地形図341枚を収録する。道県単位の索引図、地名索引、図式および地形図の解説書を付す。

日本列島二万五千分の一地図集成　2　科学書院，霞ケ関出版（発売）　1991.10　362枚　47×63cm　〈国土地理院刊の複製〉　206000円　Ⓝ291.038

(内容)二十世紀初頭から第二次世界大戦前まで、日本の陸地測量部（参謀本部）が測量・製版した、正式の地形図に先立つ略図を含む二万五千分の一地形図を、建設省国土地理院長の承認を得て、原寸で製版したもの。

日本列島二万五千分の一地図集成　3　科学書院，霞ケ関出版（発売）　1993.5　413枚　47×63cm　〈国土地理院刊の複製〉　206000円　Ⓝ291.038

(内容)20世紀初頭から第二次世界大戦前まで、日本の陸地測量部（参謀本部）が測量・製版した、正式の地形図に先立つ略図を含む二万五千分の一地形図を、建設省国土地理院長の承認のもと、原寸で複刻したもの。

日本列島二万五千分の一地図集成　4　科学書院，霞ケ関出版（発売）　1992.10　514枚　47×63cm　〈国土地理院刊の複製〉　206000円　Ⓝ291.038

(内容)本地図群は、20世紀初頭から第二次世界大戦前まで、日本の陸地測量部（参謀本部）が測量・製版した、正式の地形図に先立つ略図を含む2万5千分の1地形図を、建設省国土地理院長の承認を得て、原寸で製版した。

日本列島二万五千分の一地図集成　5　科学書院，霞ケ関出版（発売）　1994.5　341枚　47×63cm　〈国土地理院刊の複製〉　206000円　①4-7603-0070-8　Ⓝ291.038

(内容)20世紀初頭から第二次世界大戦前まで、日本の陸地測量部（参謀本部）が測量・製版した、正式の地形図に先立つ略図を含む二万五千分の一地形図を、建設省国土地理院長の承認のもと、原寸で複刻したもの。

日本列島二万五千分の一地図集成 総合索引　科学書院　〔1992.10〕　132,15p　30cm　〈東京 霞ヶ関出版（発売）　付属資料：1枚　複製を含む〉　15450円　Ⓝ291.038

(内容)当索引は、『日本列島二万五千分の一地図集成』所収の1,896図幅について、その情報を整理したものである。

プレミアムアトラス 県別日本地図帳　平凡社編　平凡社　2011.3　160p　30cm　〈索引あり〉　1600円　①978-4-582-41713-5　Ⓝ291.038

(目次)日本とその周辺，日本全図，分県図，市街図，都市の分布，日本の主な山岳，日本の世界遺産／国立・国定公園，江戸時代の日本

(内容)各都道府県が見開きページの詳細・鮮明な地図で展開。全都道府県庁所在都市の中心市街図（2万分の1）も収載。

プレミアムアトラス 日本地図帳　日本の今が見えてくる　平凡社編　平凡社　2008.11　8,176p　30cm　1500円　①978-4-582-41711-1　Ⓝ291.038

(内容)基本地図帳。主要都市の詳細な都市図や、ランドマークがわかる8大市街地図、富士山鳥瞰図などを掲載。市町村別人口・面積一覧、6000項目の地名索引等も収録する。

プレミアムアトラス 日本地図帳　新版　平凡社編　平凡社　2014.5　8,176p　30cm　〈初版のタイトル：PREMIUM ATLAS日本地図帳　索引あり〉　1500円

①978-4-582-41725-8　Ⓝ291.038

(目次)分県図（沖縄県（先島諸島），沖縄県，鹿児島県（奄美群島）ほか），都市図（熊本・那覇，福岡，広島，神戸，大阪神戸周辺 ほか）

(内容)激動する日本列島が地図を通してわかる最新地図帳。2014年春に変更になった87山の新標高データ（国土地理院発表）など、最新データを盛り込む。地図本来の機能を追求したロングセラー地図帳の改訂新版。

プレミアムアトラス 日本地図帳　新訂第3版　平凡社編　平凡社　2017.7　8,176p　30cm　〈索引あり〉　1500円　①978-4-582-41732-6　Ⓝ291.038

(目次)ビジュアル日本地理（山岳列島、日本―日本の山，恵まれた水資源―日本の河川・湖沼，地震と火山の国―日本の地震・火山・プレート ほか），分県図（沖縄県・先島諸島，沖縄県，鹿児島県・奄美群島 ほか），都市図（熊本・那覇，福岡，広島 ほか）

(内容)知りたい地名や地形がすぐに調べられる!激動する日本列島が地図を通してわかる最新地図帳。地図本来の機能を追求したロングセラー地図帳の改訂新版。

平凡社 アトラス日本地図帳　平凡社編　平凡社　2005.7　220p　30cm　3800円　①4-582-43416-9　Ⓝ291.038

(内容)「平成の大合併（市町村合併）」の最新情報をすべて反映。分県図100頁は45万分の1で、すべての県がよくわかる。2万分の1の市街地図で、都道府県庁所在地と主要都市を網羅。さらに首都圏、中京圏、京阪神15万分の1周辺地域図でより詳しく。地図上の記載地名は4万件、索引地名は約1万2000件。

平凡社大百科事典　日本地図　平凡社　1991.4　413p　29cm　〈奥付の書名：大百科事典〉　8800円　Ⓝ031

平凡社版 日本地図帳　平凡社　1991.2　213p　30×22cm　3900円　①4-582-43405-3　Ⓝ291.038

(内容)分県図98頁は50万分の1の同一縮尺で構成。全県庁所在地47都市の市街地図44頁は2万5000分の1の大縮尺、主要都市周辺地域図9頁は15万分の1の縮尺で構成。地図上の記載地名は4万。索引地名は1万5000。

平凡社版 日本地図帳　第2版　平凡社　1992　213p　29cm　①4-582-43405-3　Ⓝ291.038

平凡社版 日本地図帳　第3版　平凡社　1995　213p　29cm　①4-582-43405-3　Ⓝ291.038

平凡社版 日本地図帳　4訂版　平凡社　1999.6　213p　30cm　3786円　①4-582-43408-8　Ⓝ291.038

(目次)分県図（世界全図，日本全図，北海道・東北，関東・中部・近畿・中国・四国 ほか），市街図（札幌市，青森市，盛岡市，仙台市 ほか）

(内容)50万分の1分県図50図、2万5千分の1の主要都市地図55図、4万地名を収録した日本地図。巻末に、地名索引を付す。

ベーシックアトラス 日本地図帳　平凡社編　平凡社　2006.10　152p　28×20cm　1200円　①4-582-41709-4　Ⓝ291.038

(目次)日本全図，南西諸島，九州，関東、中部、近畿、中国、四国，北海道、東北，分県図，地域図〔ほか〕

(内容)大きい、見やすい、新しい45万分の1で全都道府県を統一。平成の大合併がすべて分かる、市町村合併一覧付。全市町村の人口・面積もひと目で分かる。5000項目の地名索引。

ベーシックアトラス 日本地図帳　日本を知る、今を知る　新版　平凡社編　平凡社　2012.3　152p　28cm　〈索引あり　初版（2006年刊）のタイトル：BASIC ATLAS 日本地図帳〉　1200円　①978-4-582-41716-6　Ⓝ291.038

(目次)分県図（沖縄県（先島諸島），南西諸島，沖縄県，鹿児島県（奄美諸島），鹿児島県（吐噶喇列島），鹿児島県（大隅諸島），鹿児島県，宮崎県，大分県，熊本県 ほか），地域図（大阪市周辺，東京周辺）

(内容)全国を45万分の1の縮尺で網羅、詳細で調べやすい。美しい色調の精細な地図で地形がひと目でわかる。索引項目数は、約5000項目。平成の市町村合併リストや、市町村一覧などのデータも付す。

ポケットアトラス 日本　4訂版　帝国書院編集部編　帝国書院　1991.1　287p　19cm　1500円　①4-8071-2096-4　Ⓝ291.038

ポケットアトラス 日本　6訂版　帝国書院編集部編　帝国書院　1993.5　287p　19cm　1500円　①4-8071-2097-2　Ⓝ291.038

ポケットアトラス 日本　7訂版　帝国書院編集部編　帝国書院　1995.2　287p　19cm　1500円　①4-8071-5001-4　Ⓝ291.038

ポケットアトラス 日本　8訂版　帝国書院編集部編　帝国書院　1997.8　287p　19cm　〈他言語標題：Pocket atlas of Japan〉　1500円　①4-8071-5112-6　Ⓝ291.038

ポケットアトラス 日本　9訂版　帝国書院編集部著　帝国書院　1999.2　287p　19cm　1500円　①4-8071-5160-6　Ⓝ291.038

(目次)九州地方全図，中国・四国地方全図，近

畿地方全図，中部地方全図，関東地方全図，東北地方全図，北海道地方全図

ポケットアトラス 日本地図帳　平凡社編　平凡社　2013.12　152p　21cm　880円　Ⓘ978-4-582-41723-4　Ⓝ291.038

目次 分県図（青森県，岩手県，宮城県，秋田県，山形県 ほか），都市図（札幌，仙台，千葉，さいたま，東京23区 ほか）

内容 バッグに入れておきたいこの1冊! 見やすく調べやすい、詳細な都道府県別の地図。主要都市図や東京・大阪の周辺図も収録。

ポケットアトラス 日本地図帳　新訂　平凡社編　平凡社　2017.3　152p　21cm　〈索引あり〉　880円　Ⓘ978-4-582-41729-6　Ⓝ291.038

目次 北海道東部，北海道北部，北海道南部，青森県，岩手県，宮城県，秋田県，山形県，福島県，茨城県〔ほか〕

内容 軽くて薄くて、でも見やすい。携帯に最適の1冊!見やすく調べやすい、詳細な都道府県別の地図。主要都市図や東京・大阪の周辺図も収録。

読んで見て楽しむ都道府県地図帳　学研教育出版，学研マーケティング（発売）　2010.5　79p　26cm　〈都道府県カードつき 文献あり 索引あり〉　1200円　Ⓘ978-4-05-203261-5　Ⓝ291

目次 47都道府県地図と地方区分（北海道地方，東北地方，関東地方，中部地方，近畿地方，中国地方，四国地方，九州・沖縄地方），データでわかる都道府県（農業，畜産・酪農，漁業，工業，交通，自然，貿易）

内容 この地図帳で日本の都道府県はバッチリ! わかりやすい都道府県別の47の地図。データ地図で都道府県のようすがわかる。

レッドアトラス　県別・日本地図　平凡社　1994.10　95p　26cm　1280円　Ⓘ4-582-41704-3　Ⓝ291.038

内容 分県図を基本に39のエリアに分けた観光・実用地図帳。ほかに、56都市の市街図、付表として国立・国定公園、鉄道、高速道路、空港のデータを収録する。5000項目の地名索引を付す。―スリムな中に豊富な内容。

レッドアトラス　県別・日本地図　増補新訂版　佐藤久，中村和郎監修　平凡社　1999.3　103p　26cm　1300円　Ⓘ4-582-41707-8　Ⓝ291.038

内容 日本地図帳。レジャーに役立つ見どころも盛り込んだ県別アトラス、56都市の詳細な市街図と11の地域周辺図、国立公園・鉄道・道路・空港の最新データを収録。5000地名の地名索引を収載。

レッドアトラス　県別・日本地図　増補新訂版　佐藤久，中村和郎監修　平凡社　2000.3　103p　26cm　1300円　Ⓘ4-582-41707-8　Ⓝ291.038

目次 北海道、旭川、小樽、函館，札幌、青森，青森県，秋田県，岩手県，宮城県、山形県、盛岡、秋田、山形、福島，福島県，仙台、千葉，茨城県、栃木県、群馬県、埼玉県、水戸、宇都宮、前橋、高崎，千葉県、東京都、神奈川県、山梨県、大宮、浦和、甲府〔ほか〕

内容 2000年版の日本地図帳。観光などにも役立つ県別地図と56都市の詳細な市街図、11の地域の周辺図を掲載。他に国立公園、鉄道、道路、空港のデータと5000地名の地名索引を収載している。

ワイドアトラス 日本地図帳　平凡社編　平凡社　2012.8　128p　37cm　〈索引あり〉　1900円　Ⓘ978-4-582-41718-0　Ⓝ291.038

目次 広域図（日本全国，南西諸島，九州，関東、中部、近畿、中国、四国 ほか），分県図（沖縄県・先島諸島，南西諸島，沖縄県，鹿児島県・奄美群島 ほか），都市図（福岡，神戸，大阪，京都 ほか）

ワイドアトラス 日本地図帳　新訂　平凡社編　平凡社　2015.9　128p　37cm　〈索引あり〉　1900円　Ⓘ978-4-582-41726-5　Ⓝ291.038

目次 広域図（日本全図，南西諸島，九州 ほか），分県図（沖縄県（先島諸島），南西諸島，沖縄県 ほか），都市図（福岡，神戸，大阪 ほか），地名索引

内容 迫力のB4判基本地図帳。海底地形や火山、世界遺産の最新データも紹介。見やすさを追求した、大判地図帳の決定版!!

<年鑑・白書>

日本地理データ年鑑　2014　松田博康監修　小峰書店　2014.3　215p　26cm　3500円　Ⓘ978-4-338-01858-6　Ⓝ291

目次「今」がわかる注目のトピックス，国土、人口、行政，自然、災害，環境問題，農林水産業，工業と資源，商業、サービス業，交通，世界と日本，くらし〔ほか〕

内容 本書は、変貌する日本や都道府県のすがたを最新のデータをもとに、豊富な写真と図表をランキング形式に整理して、必要な情報が分かりやすく紹介されています。学校教育の場で、多くのみなさんが社会科や総合的な学習の時間

をはじめ、各教科の学習に本書を活用され、調べ学習の参考にしたり、自分の興味・関心のあることを調べるために役立ててください。また、日常生活の場で、ニュースや疑問に思ったことなどをこの本を開いて、解決するための参考にして、正しい知識を身に付けてください。

日本地理データ年鑑　2015　松田博康監修　小峰書店　2015.3　215p　26cm　3500円　Ⓘ978-4-338-01046-7　Ⓝ291

(目次)「今」がわかる注目のトピックス，国土、人口、行政，自然、災害，環境問題，農林水産業，工業と資源，商業、サービス業，交通，世界と日本，くらし，スポーツ，文化，観光，県勢一覧

(内容)オールカラー!ビジュアル重視で、重要なデータが一目でわかる!全都道府県のランキングを紹介!自分の地域の「今」がわかる!スポーツやテーマパーク、ご当地キャラや駅弁など、多彩なテーマで楽しさアップ!

日本地理データ年鑑　2016　松田博康監修　小峰書店　2016.3　215p　26cm　3500円　Ⓘ978-4-338-01047-4　Ⓝ291

(目次)「今」がわかる注目のトピックス，国土、人口、行政，自然、災害，環境問題，農林水産業，工業と資源，商業、サービス業，交通，世界と日本，くらし，スポーツ，文化，観光，県勢一覧

(内容)スポーツやテーマパーク、ご当地キャラやご当地グルメなど、多彩なテーマで楽しさアップ!変貌する日本や都道府県のすがたを最新のデータを基に、豊富な写真と図表をランキング形式に整理して、必要な情報を分かりやすく紹介。

日本地理データ年鑑　2017　松田博康監修　小峰書店　2017.3　215p　26cm　3500円　Ⓘ978-4-338-01049-8　Ⓝ291

(目次)「今」がわかる注目のトピックス，国土、人口、行政，自然、災害，環境問題，農林水産業，工業と資源，商業、サービス業，交通，世界と日本，くらし，スポーツ，文化，観光，県勢一覧

(内容)都道府県ランキングで、日本の今がまるわかり!

◆島

<事 典>

島の博物事典　加藤庸二著　成山堂書店　2015.6　679p　22cm　〈他言語標題：Encyclopedia of Japanese Islands　文献あり 索引あり〉　5000円　Ⓘ978-4-425-91151-6　Ⓝ291.033

(内容)日本の島々について解説した本邦初のオールカラー博物事典。日本国内の有人島約440をはじめ、人工島、埋立島、湖中の島などのほか、島と人との関わり、歴史、地理・自然、伝統・芸能、動植物など906項目を、豊富な写真とともに50音順に掲載。

島嶼大事典　日外アソシエーツ編　日外アソシエーツ，紀伊国屋書店（発売）　1991.12　903p　21cm　19800円　Ⓘ4-8169-1113-8　Ⓝ291.03

(内容)日本全国の島の情報を集大成した初の事典。択捉・国後島から与那国島まで無人島を含む5000島を五十音順に排列。面積、人口から、歴史、文化財、動植物の生息、地形図名、参考文献、問合せ先まで、幅広い情報が得られる。都道府県別、海域別、諸島別、国立、国定公園別の各島名一覧付。

日本の島事典　菅田正昭編著　三交社　1995.6　495p　27cm　〈監修：日本離島センター〉　25750円　Ⓘ4-87919-554-5　Ⓝ291.035

日本のすごい島 調べ事典　1　島と領土問題　教育画劇　2014.2　59p　29cm　〈文献あり〉　3400円　Ⓘ978-4-7746-1793-0　Ⓝ291

(目次)序章 島の特徴（島ってなに?，島の種類は? ほか），1章 北方領土問題を考えよう（北方四島をめぐる問題，北方領土問題の原因は? ほか），2章 竹島問題を考えよう（竹島の問題を考えよう，竹島問題の原因は? ほか），3章 尖閣諸島の問題を考えよう（尖閣諸島をめぐる問題，尖閣諸島問題の原因は? ほか），4章 日本の領土と島を考えよう（領土・領海・領空ってなに?，日本の経済水域は広ーい ほか），まとめ 島と領土問題

(内容)北方四島、竹島、尖閣諸島…それに、国境に近い場所…領土問題は、島にとても関係が深い。この巻では、島と領土問題に焦点をあて、どんな問題があるのか、その問題が起こっている原因などを探っていきます。

日本のすごい島 調べ事典　2　島のくらし・産業　教育画劇　2014.4　55p　29cm　〈文献あり〉　3400円　Ⓘ978-4-7746-1794-7　Ⓝ291

(目次)1章 島のくらし（島のくらしの特徴は?，人々のつながりが強い，島との行き来の方法は?，島へものを運ぶには? ほか），2章 島の産業（くだものや花を育てる―農業，海とともに生きる―水産業，島の運命を決める―鉱業，島の魅力を生かす―観光業），まとめ 島のくらしと産業

(内容)島のくらしには、本土とはちがった特徴

があり、昔から受けつがれています。人々は、生活を営むために働き、産業となります。島のくらしや特徴を調べることで、島の特徴が見えてくるはずです。この巻では、島のくらしと産業に焦点をあて、くわしく探っていきます。

日本のすごい島 調べ事典　3　島の文化・芸術・歴史　教育画劇　2014.4　63p　29cm　〈文献あり〉　3400円
①978-4-7746-1795-4　Ⓝ291

(目次)はじめに 島を調べよう, 1章 世界自然遺産の島(屋久島の自然を探る, 小笠原諸島の自然), 2章 島の自然(南北でちがう自然, 火山の島 ほか), 3章 島の文化(島の祭り, 島の行事と風習 ほか), 4章 歴史の舞台となった島(金をほり出した島—佐渡島, 2人の天皇が流された—隠岐 ほか), まとめ 島の自然・文化・歴史

(内容)祭り、年中行事などの文化…豊かな自然…そして、それぞれの島が歩んだ歴史…島には、独自の姿がありまりす〜!この巻では、島の自然・文化・芸術・歴史に焦点をあて、くわしく探っていきます。

<辞 典>

難読誤読島嶼名漢字よみかた辞典　日外アソシエーツ株式会社編集　日外アソシエーツ, 紀伊国屋書店(発売)　2015.10　20,101p　19cm　〈索引あり〉　2500円
①978-4-8169-2569-6　Ⓝ291.033

(内容)難読、または誤読しやすい島の名前を調べられる島嶼名小辞典。漢字名見出し771種、北海道から沖縄までの計1,625島を収録。各島の所在地を明記。同じ漢字でもよみの異なる島を一覧できる。漢字の部首や総画数・音・訓から引ける。五十音順索引も完備。

<ハンドブック>

SHIMADAS　'93　離島情報ガイド　SHIMADAS編集委員会編　日本離島センター　1993.6　577p　30cm　3000円
①4-931230-05-9　Ⓝ291.035

(内容)日本全国の有人島の情報を集成したガイドブック。北海道礼文島から沖縄県与那国島までの主要有人島332島を収録。北から南への地域順に掲載する。各島には「みどころ」「やど」「主な出身者」「トピックス」「島おこし」などの情報を記載する。

SHIMADAS　'94　島の情報カイド　SHIMADAS編集委員会編　日本離島センター　1994.8　831p　30cm　3200円
①4-931230-07-5　Ⓝ291.035

(目次)1 北部日本の島々, 2 伊豆・小笠原の島々, 3 東海・紀伊の島々, 4 瀬戸内海東部の島々, 5 瀬戸内海中部の島々〔ほか〕

(内容)日本全国の有人島・主要無人島のみどころ・くらしなどの情報を集成したガイドブック。456島を収録。北から南への地域順にまとめ、北方領土と主要無人島は付録として掲載する。各島には地図、面積・人口、みどころ・島じまん・ゆかりの人物・島おこしなどの情報、参考文献を記載する。巻末に五十音順島名索引を付す。

SHIMADAS　'95　島の情報ガイド　日本離島センター　1995.7　863p　30cm　3300円　①4-931230-09-1　Ⓝ291.035

(目次)1 北部日本の島々, 2 伊豆・小笠原の島々, 3 東海・紀伊の島々, 4 瀬戸内海東部の島々, 5 瀬戸内海中部の島々, 6 瀬戸内海西部の島々, 7 日本海の島々, 8 宇和海・九州東部の島々, 9 九州北部の島々, 10 西海の島々, 11 九州南部・奄美の島々, 12 沖縄東部の島々, 13 沖縄西部の島々

(内容)全国の島嶼456島の1994年現在のデータ、プロフィール、みどころ、宿泊施設等の情報を紹介するガイド。排列は北から南へ地域順。手書きの地図、島の全景のカラー写真も掲載。巻末に市町村別索引、島嶼名の五十音索引がある。

SHIMADAS　日本の島ガイド　日本離島センター編　日本離島センター　1998.8　1151p　21cm　2800円　①4-931230-14-8　Ⓝ291.035

(目次)1 北部日本の島々, 2 伊豆・小笠原の島々, 3 東海・紀伊の島々, 4 瀬戸内海東部の島々, 5 瀬戸内海中部の島々, 6 瀬戸内海西部の島々, 7 日本海の島々, 8 宇和海・九州東部の島々, 9 九州北部の島々, 10 西海の島々, 11 九州南部・奄美の島々, 12 沖縄東部の島々, 13 沖縄西部の島々

(内容)850島を収録した日本の島ガイド。掲載データは、所在地、面積、標高、世帯数、人口、年齢、産業、来島者、交通、窓口、URL、みどころ、島じまん、島おこし、その他。市町村別及び五十音順の索引、港への交通データ付き。

SHIMADAS　日本の島ガイド　第2版　日本離島センター編　日本離島センター　2004.7　1327p　21cm　3000円
①4-931230-22-9　Ⓝ291.035

(目次)北日本の島々, 北陸の島々, 伊豆・小笠原の島々, 東海・紀伊の島々, 瀬戸内海の島々(兵庫・岡山), 瀬戸内海の島々(徳島・香川), 瀬戸内海の島々(広島), 瀬戸内海の島々(愛媛), 瀬戸内海の島々(山口), 日本海の島々, 宇和海・九州東部の島々, 九州北部の島々, 九州西

部の島々，西海の島々，天草の島々，九州南部の島々，南海の島々，奄美の島々，沖縄本島周辺の島々，宮古・八重山の島々

(内容)日本の全有人島と主な無人島あわせて1000島以上のさまざまな最新情報を満載。「島の人口・面積」「島への交通」「プロフィール」といった基本データ、みどころ、特産物、やどなどの観光情報、生活、学校、お医者さんなど島の暮らしの情報、島おこし、Iターン情報を島ごとに紹介。市町村合併の経緯もデータ化したほか、島ごとの詳細な地図も収録した。巻末に「島名総索引」を収録。

<図鑑・図集>

原色 日本島図鑑　日本の島433 有人島全収録　加藤庸二著　新星出版社　2010.7　383p　21cm　〈文献あり 索引あり〉　2500円　①978-4-405-07130-8　Ⓝ291.09

(目次)北海道・東日本・中部，西日本・瀬戸内・四国，九州，南西諸島（トカラ・奄美・沖縄），日本の島々と領土

(内容)日本の有人島をすべて網羅したほか、かつて人が住んでいた島、かかわりの深い周辺の島などの無人島を地域別に紹介。島の基本データの他、島の景観、行事、生活などの写真を掲載。巻末に五十音順の索引が付く。

原色 日本島図鑑　日本の島443 有人島全収録　改訂第2版　加藤庸二著　新星出版社　2013.5　383p　21cm　2500円　①978-4-405-07166-7　Ⓝ291.09

(目次)北海道・東日本・中部，西日本・瀬戸内・四国，九州，南西諸島（トカラ・奄美・沖縄），日本の島々と領土

日本の島　加藤庸二著　成美堂出版　1994.10　463p　15cm　（ポケット図鑑シリーズ）　1400円　①4-415-08075-8　Ⓝ291.09

(内容)全国の主要な島を写真と解説で紹介する図鑑。北海道から沖縄までの346島を6エリアに分けて掲載する。写真のほか、各島の所在地・人口・面積・観光情報窓口、解説、島への交通などを記載する。巻末に島名索引、参考文献一覧がある。—自然の宝庫、日本の島全346島、島歩き事典。

秘島図鑑　清水浩史著　河出書房新社　2015.7　221p　21cm　〈他言語標題：THE BOOK OF SECRET ISLANDS IN JAPAN 文献あり〉　1600円　①978-4-309-27615-1　Ⓝ291.09

(目次)1部 秘島ガイド編（忘れられた島，“いちばん”の島，忘れられない歴史の島，行けないけど無理すれば行ける（?）島，もうひとつの「秘島」—絶海の奇岩 ほか），2部 秘島実践編—行けない島を身近に感じる方法（本籍を移してみる，日本の漂流記を読んでみる，もうひとつの漂流記を読んでみる，秘島の「夢のあと」を本でたどる，秘島の「最寄」有人島まで行ってみる ほか）

(内容)小さな島の物語から、国境や海洋資源の問題まで。島国・日本の本質が見えてくる、33の秘島ガイド!

蔵書目録

<書 誌>

狩野文庫目録　東北大学附属図書館所蔵和書之部 第3門　歴史・地理　東北大学附属図書館編　丸善　1994.3　307,45,24p　30cm　〈監修：東北大学狩野文庫マイクロ化編集委員会〉　11196円　①4-8395-0109-2　Ⓝ029.9

慶應義塾図書館和漢図書分類目録 第5巻 2 慶應義塾図書館所蔵江戸期地誌紀行類目録稿—含・寺社略縁起類　慶應義塾図書館〔編〕　慶應義塾大学三田情報センター〔編〕　大空社　1997.8　p365-690,49　27cm　（国書目録叢書 20）　〈複製〉　12000円　①4-7568-0564-7　Ⓝ029.71361

国立国会図書館蔵書目録　明治期 第2編 歴史・地理　国立国会図書館図書部編　国立国会図書館，紀伊国屋書店（発売）　1994.6　1冊　30cm　29000円　①4-87582-394-0　Ⓝ029.11

(内容)明治年間に日本で刊行された図書、日本人・日本機関により外国で刊行された図書を収録した国立国会図書館の蔵書目録。全体で113328件、第3編には18331件を収録する。NDC新訂6版を基本とした分類順、書名五十音・ABC順に排列する。目次の後に主題索引、巻末に書名索引・著者名索引を付す。

国立国会図書館蔵書目録　大正期 第1編 総記・哲学・宗教・歴史・地理　国立国会図書館図書部編　国立国会図書館　1998.12　578,163,156p　31cm　〈付：書名索引・著者名索引　東京 紀伊国屋書店（発売）〉　44000円　①4-87582-535-8　Ⓝ029.11

国立国会図書館蔵書目録　昭和元年-24年3月 第2編　歴史・地理　国立国会図書館図書部編　国立国会図書館，紀伊国屋書店（発売）　1997.12　741,199p　30cm　36000円

①4-87582-510-2　Ⓝ029.11

(目次)歴史（日本史一般、考古学，アジア，ヨーロッパ，アフリカ，北アメリカ、中南米，南アメリカ，オセアニア、南太平洋諸島，北極），伝記，地理、地誌、紀行（日本，アジア，ヨーロッパ，アフリカ ほか）

(内容)帝国図書館、国立図書館の旧蔵書資料を中心に昭和元年から昭和24年3月までに刊行された歴史・地理の和図書25052件を収録した蔵書目録。排列は日本十進分類法新訂6版の分類記号順に分類し、書名の五十音順となっている。巻末に書名索引、著社名索引が付く。

国立国会図書館蔵書目録　昭和23-43年 第2編　歴史・地理　国立国会図書館図書部編　国立国会図書館，紀伊国屋書店（発売）　1994.2　766,176,190p　31×22cm　30000円　①4-87582-366-5　Ⓝ029.11

(内容)国立国会図書館が創設時の昭和23年から昭和43年までの20年間に収蔵した和図書のうち、歴史・地理部門に分類したものを累積収録したもの。ただし児童書・学習参考書は収録対象外としている。各編に書名索引・著者名索引を付す。第2編（歴史・地理）の収録件数は、23147件。

国立国会図書館蔵書目録　昭和61年-平成2年 第4編　歴史・地理　国立国会図書館図書部編　国立国会図書館，紀伊国屋書店（発売）　1992.2　2冊（セット）　30cm　41000円　①4-87582-296-0　Ⓝ029.11

(内容)この目録は、昭和61年1月から平成2年12月までの5年間に収集・整理し「日本全国図書誌」No.1523（1986年1月）‐No.1783（1990年12月）に収蔵した和図書のうち、歴史・地理に分類したものを累積収録した。ただし、児童書、学習参考書は省いた。

国立国会図書館蔵書目録　昭和61年-平成2年 第4編2　歴史・地理（書名索引・著者名索引）　国立国会図書館図書部編　国立国会図書館，紀伊国屋書店（発売）　1992.2　2冊（セット）　30cm　41000円　①4-87582-287-1　Ⓝ029.11

国立国会図書館蔵書目録　平成3年～平成7年 第4編 1　歴史・地理 1　国立国会図書館図書部編　国立国会図書館，紀伊国屋書店（発売）　1996.12　1423p　31cm　①4-87582-462-9　Ⓝ029.11

国立国会図書館蔵書目録　平成3年～平成7年 第4編 2　歴史・地理 2　国立国会図書館図書部編　国立国会図書館　1996.12　p1425～1942,471,422p　31cm　〈付：書名索引・著者名索引 発売：紀伊国屋書店〉　①4-87582-463-7　Ⓝ029.11

国立国会図書館蔵書目録　洋書編 昭和23年～昭和61年8月 第7巻　NDLC分類の部（昭和43年4月～昭和61年8月） 歴史・地理、哲学・宗教、芸術・言語・文学、学術一般　国立国会図書館図書部編　紀伊国屋書店　1991.10　p5847～7461　31cm　〈英語書名：National Diet Library foreign books catalog〉　84000円　①4-314-10044-3　Ⓝ029.11

満鉄大連図書館蔵書目録　第6巻　和漢図書分類目録 歴史・伝記・地誌　ゆまに書房　1998.7　1冊　26cm　（書誌書目シリーズ）　18000円　①4-89714-497-3　Ⓝ029.21

(内容)「南満州鉄道株式会社大連図書館和漢図書分類目録 第4編 歴史 伝記 地誌（昭和2年3月末日現在）」（満鉄大連図書館編・刊 昭和8年3月20日）の復刻版。和漢図書分類表、書名索引付き。

満鉄大連図書館蔵書目録　第7巻　和漢図書分類目録 歴史・伝記・地誌 追録　ゆまに書房　1998.7　1冊　26cm　（書誌書目シリーズ）　11000円　①4-89714-498-1　Ⓝ029.21

(内容)「南満州鉄道株式会社大連図書館和漢図書分類目録 第4編追録 歴史 伝記 地誌（昭和2年4月1日‐昭和11年3月31日）」（満鉄大連図書館編・刊 昭和12年3月15日）の復刻版。和漢図書分類表、書名索引付き。

自然地理学

地球・自然地理

<書 誌>

地球・自然環境の本全情報　2004-2010　日外アソシエーツ株式会社編　日外アソシエーツ，紀伊国屋書店（発売）　2011.1　957p　22cm　〈索引あり〉　28000円　Ⓘ978-4-8169-2296-1　Ⓝ450.31

(目次)地球全般，自然環境全般，自然環境汚染，自然保護，自然エネルギー，自然学・博物学，自然誌，気象，海洋，陸水，地震・火山，地形・地質，古生物学・化石，鉱物

(内容)地球・自然環境に関する図書10091点を収録。2004年から2010年までに国内で刊行された図書をテーマ別に分類。地球環境、自然エネルギーから気象、地質、鉱物まで幅広い図書を収録。巻末に「書名索引」「事項名索引」付き。

地球・自然環境の本全情報 1999-2003　日外アソシエーツ編　日外アソシエーツ，紀伊國屋書店（発売）　2004.8　673p　21cm　28000円　Ⓘ4-8169-1860-4

(目次)地球全般，自然環境全般，自然環境汚染，自然保護，自然エネルギー，自然学・博物学，自然誌，気象，海洋，陸水，地震・火山，地形・地質，古生物学・化石，鉱物

(内容)地球・自然環境に関する図書を網羅的に集め、主題別に排列した図書目録。1999年（平成11年）から2003年（平成15年）までの5年間に日本国内で刊行された商業出版物、政府刊行物、私家版など7456点を収録。巻末に書名索引、事項名索引が付く。

地球・自然環境の本全情報　45-92　日外アソシエーツ編　日外アソシエーツ，紀伊国屋書店（発売）　1994.2　739p　21cm　32000円　Ⓘ4-8169-1215-0　Ⓝ450.31

(内容)地球・自然環境に関する図書目録。1945年〜1992年に刊行された1万4千点を分類体系順に収録する。収録テーマは、地球科学、自然保護、気象、海洋、水、地震、火山、化石、鉱物資源など。事項名索引を付す。

地球・自然環境の本全情報93／98　日外アソシエーツ編　日外アソシエーツ，紀伊国屋書店（発売）　1999.7　678p　21cm　28000円　Ⓘ4-8169-1557-5

(目次)地球全般，自然環境全般，自然環境汚染，自然保護，自然エネルギー，自然学・博物学，自然誌，気象，海洋，陸水，地震・火山，地形・地質，古生物学・化石，鉱物

(内容)地球・自然環境に関する図書を網羅的に集め、主題別に排列した図書目録。1993年（平成5年）から1998年（平成10年）までの6年間に日本国内で刊行された商業出版物、政府刊行物、私家版など8011点を収録。各図書を「地球全般」「自然環境全般」「自然環境汚染」「自然保護」「自然エネルギー」「自然学・博物学」「自然誌」「気象」「海洋」「陸水」「地震・火山」「地形・地質」「古生物学・化石」「鉱物」の14分野に区分した。図書の記述は、書名、副書名、巻次、各巻書名、著者表示、版表示、出版地、出版者、出版年月、ページ数または冊数、大きさ、叢書名、叢書番号、注記、定価、ISBN、NDC、内容など。書名索引、事項名索引付き。

<事 典>

オックスフォード地球科学辞典　坂幸恭監訳，Ailsa Allaby,Michael Allaby編　朝倉書店　2004.5　724p　21cm　〈原書第2版　原書名：A Dictionary of Earth Sciences, SECOND EDITION〉　15000円　Ⓘ4-254-16043-7

(内容)基礎科学では扱わない応用分野、太陽系天文学までを扱った、広範な地球科学用語辞典。邦訳語に英語術語を付し、信頼のおける定義・意味を記載。約6000語を五十音順に排列した。随所に図解も記載。巻末に付表、文献、欧文索引付き。

自然地理学事典　小池一之，山下脩二，岩田修二，漆原和子，小泉武栄，田瀬則雄，松倉公憲，松本淳，山川修治編集　朝倉書店　2017.1　465p　27cm　〈索引あり〉　18000円　Ⓘ978-4-254-16353-7　Ⓝ450.9

地学事典　新版　地学団体研究会編　平凡社　1996.10　2冊（セット）　21cm　19800円　Ⓘ4-582-11506-3　Ⓝ450.33

(内容)本書は項目解説と付図図表・索引の2分冊からなり、項目解説では地学に関する専門用語

から生活に密接した環境問題まで約20000項目を収録、付図付表・索引では索引34000項目と54の図表を収録。

地球と宇宙の化学事典　日本地球化学会編集　朝倉書店　2012.9　479p　22cm　〈年表あり　索引あり〉　12000円　Ⓘ978-4-254-16057-4　Ⓝ450.13

(内容)地球化学を基礎から理解するのに役立つ項目(キーワード)を、地球史・古環境・海洋・地殻・地球外物質など幅広い研究分野から厳選して解説する。通常の語句索引のほか、元素関連項目・分析化学関連項目索引も収録。

地球と惑星探査　佐々木晶監訳・訳，米沢千夏訳，ピーター・カッターモール，スチュアート・クラーク著，ジョン・グリビン，ジル・シュナイダーマン監修　朝倉書店　2008.2　174p　30cm　(「図説」科学の百科事典 7)　〈年表あり　文献あり　原書名：Earth and other planets.〉　6500円　Ⓘ978-4-254-10627-5　Ⓝ450

(目次)1 宇宙から，2 太陽の家族，3 熱エンジン，4 躍動する惑星，5 地理的なジグソーパズル，6 変わりゆく地球，7 はじまりとおわり

宮沢賢治地学用語辞典　加藤碵一著　(日野)愛智出版　2011.9　460p　22cm　〈文献あり〉　6000円　Ⓘ978-4-87256-416-7　Ⓝ450.33

(内容)多くの「地＝ジオ」に関する言葉が散りばめられ、その大部分は学術用語でもある宮澤賢治の作品世界。本書では辞典形式で、地質学の立場から、できる限り賢治の時代の地質学的知見に依拠した地学用語の解説を試みる。

<辞 典>

地学英語文例辞典　河内洋佑著　(日野)愛智出版　1994.11　419p　21cm　5000円　Ⓘ4-87256-901-6　Ⓝ450.7

(内容)地質学の英語論文(報告書などを含む)によく出る表現で、誤りやすいものについて主に取り上げると共に、英語でも日本語でも、専門用語辞典ではほとんど扱われていない非名詞的表現を集めた辞典。

地学英和用語辞典　猪郷久義監修，宮野敬，宮野素美子編著　(日野)愛智出版　1998.5　351p　22cm　5600円　Ⓘ4-87256-403-0　Ⓝ450.33

日英中地学用語辞典　中国・地質出版社編　東方書店　1994.12　858p　21cm　28000円　Ⓘ4-497-94437-9

(内容)地質・古生物・岩石・鉱物・地球物理・地震・海洋・地理・天文とその関連分野の用語2万語を収録した対訳用語辞典。日本語見出しの五十音順に排列し、対応する英語・中国語を記載する。巻末に英語索引・中国語索引を付す。

マグロウヒル現代地球科学辞典 英英　第2版　南雲堂フェニックス　2003.4　468p　22×14cm　3400円　Ⓘ4-88896-311-8

(内容)地球科学分野の専門用語10,000語を網羅した大幅改訂版。同義語、頭字語、略語も収録。地質学、地球化学、地理学、測地学、地球物理学、水文学、海洋学、気象学、気候学等のトピックも余さずカバー。

<ハンドブック>

簡明 地球科学ハンドブック　力武常次著　聖文社　1992.5　296p　19cm　(ハンドブックシリーズ)　1000円　Ⓘ4-7922-1332-0

(目次)1 地球の形・大きさ，2 重力，3 地震，4 地球内部—構造と組成，5 地球の熱と温度，6 地球の電磁気，7 プレート・テクトニクス，8 月と惑星，9 火成・火山活動，10 地球の進化，11 造山運動と変成作用，12 磁気圏と超高層大気，13 大気とその運動，14 海と海底，15 地下水・温泉，16 地球の資源

知られざる宇宙 海の中のタイムトラベル　フランク・シェッツィング著，鹿沼博史訳　大月書店　2007.8　642p　19cm　〈原書名：Nachrichten aus einem unbekannten Universum：Eine Zeitreise durch die Meere〉　3800円　Ⓘ978-4-272-44036-8

(目次)おととい(ベルリン)，きのう(雨期，陸が見えるぞ，進化のハンドバッグ ほか)，きょう(月のない地球，でこぼこの海，波の不意打ち ほか)，あす(パディとバーチャルな子羊，すこやかなる世界，ちょっぴりワット・ハイキング ほか)

(内容)私たちの故郷＝海のふしぎと驚異をビッグバンから近未来まで壮大なスケールとユーモアで描く型破りのノンフィクション。

地学ハンドブック　新訂版，〔新装版〕　大久保雅弘，藤田至則編著　築地書館　1990.7　239p　20×14cm　1854円　Ⓘ4-8067-1119-5　Ⓝ450.36

(目次)地球，地質時代，土器・石器・化石，堆積，地質構造，測地・地球物理，地史・地体構造，火成岩・変成岩，鉱床，鉱物，土壌，水理地質，地盤

地学ハンドブック　第6版　大久保雅弘，藤

田至則編著　築地書館　1994.3　242p　19cm　2266円　①4-8067-1146-2　Ⓝ450.36

(目次)地球，地質時代，土器・石器・化石，堆積，地質構造，測地・地球物理，地史・地体構造，火成岩・変成岩，鉱床，鉱物，土壌，水理地質，地盤

(内容)地学の基本データを13の項目にわけて収録するハンドブック。第6版にあたっては、最新データをもりこむほか、図表を追加している。

地球　図説アースサイエンス　産業技術総合研究所地質標本館編　誠文堂新光社　2006.9　175p　30cm　2600円　①4-416-20622-4

(目次)第1部 地球の歴史となりたち(地球の誕生と進化，岩石と鉱物，生物の進化を化石にたどる，地質と地形)，第2部 地球と人間のかかわり(生活と地下資源・水資源，自然の恵みと災害)，付録 地質標本館について

(内容)日本で唯一の地球科学の専門博物館である地質標本館の展示物を材料として、一般市民向けに編集された、固体地球科学の入門書。博物館図録と地学教科書の中間的な性格を持っている。手軽に利用できるサイズに作り上げることを眼目とし、展示物についても、地球科学のトピックスについても網羅性に完璧を期するよりは、ストーリー性をもたせた構成とした。

地球・宇宙をはかる　瀧上豊監修　文研出版　2005.3　40p　27cm　(はかってわかる!おどろき大百科 2)　2200円　①4-580-81521-1　Ⓝ448.9

(目次)1 歩いてはかった3万9000km—地形をはかる，2 地面の動きをはかるGPS衛星—地球上の正確な位置をはかる，3 宇宙からの電波でとらえた6cmの動き—プレートの移動をはかる，4 重力異常で予知した火山の陥没—重力をはかる，5 太陽の光と影ではかった地球—地球の大きさをはかる，6 天文単位は1億5000万km—月・太陽までの距離をはかる，7 宇宙のはてにかける"距離のはしご"—星や銀河までの距離をはかる，8 46億年前の石が語る地球の誕生—地球の年齢をはかる

「理科」の地図帳　ビジュアルで味わう!日本列島ウォッチング　神奈川県立生命の星・地球博物館監修　技術評論社　2006.10　143p　26cm　1680円　①4-7741-2868-6　Ⓝ402.91

(目次)1 地形(火山国ニッポン 噴火の可能性のある活火山を見る!，地震多発国ニッポン!なぜ、こんなに多く地震が発生するのか? ほか)，2 気象(日本の気候区と海流の関係をザッと見てみよう，米の出来、不出来を左右する「やませ」の正体とは? ほか)，3 生物(ニッポンの植生帯を見る。実は日本に高山帯はなかった!!，ニッポンの森林(1)ブナ林、その豊富な植物相の特徴は? ほか)，4 環境(「四大公害」は今どうなっている?日本の環境問題，地球温暖化を過去の温暖期から推測する?! ほか)

(内容)日本の地形や自然を楽しむナルホドマップ解説。

<図鑑・図集>

地面の下をのぞいてみれば…　カレン・ラッチャナ・ケニー文，スティーブン・ウッド絵　六耀社　2017.8　[32p]　27cm　(Rikuyosha Children & YA Books　絵本図鑑)　〈訳出協力：Babel Corporation　原書名：WHAT'S BENEATH PEEKING UNDERGROUND〉　1850円　①978-4-89737-984-5　Ⓝ450

絶景ビジュアル図鑑　理科が楽しくなる大自然のふしぎ　神奈川県立生命の星・地球博物館監修　学研プラス　2018.2　127p　32cm　〈文献あり 索引あり〉　6000円　①978-4-05-501245-4　Ⓝ450

(目次)1章 大地(火山と噴火—おそるべきマグマの怒り，火口とカルデラ—火口にせまるあやしい湖 ほか)，2章 宇宙(日食と月食—大地に闇を連れて来る黒い太陽，オーロラのしくみ—地球を守る戦いの光 ほか)，3章 水(潮の満ち引き—しずみゆく巨大遺跡?，川のはたらき—岩山を囲むドーナツ池? ほか)，4章 気象(スーパーセルと竜巻—大嵐を連れて来る不気味なUFO?，氷と雪の現象—湖にさき競う氷の花 ほか)，5章 生き物(サンゴ礁の世界—命をはぐくむ海のネックレス，群れをつくる理由—集まる・群れる・いっしょに動く ほか)

地球大図鑑　ジェームス・F.ルール総編集，瀬戸口烈司日本語版総監修，岩本真理子，小笠原景子，河村真紀子，佐藤利恵，佐々木とも子ほか訳　ネコ・パブリッシング　2005.3　519p　31×26cm　〈原書名：EARTH〉　8800円　①4-7770-5074-2

(目次)惑星地球(地球の歴史，宇宙の中の地球 ほか)，陸地(山と火山，河川と湖 ほか)，海洋(海洋，海岸)，大気(気候，天気)，地質構造(地球のプレート)

(内容)本書は5つのセクションで構成される。第1セクション"惑星地球"で地球全体を紹介し、続く3つのセクション"陸地""海洋""大気"で地球を取り巻く環境を解説する。この第2～第4セクションでは、地球の特徴をいくつかのカテゴリーに分けて取り上げる。各項ではまずカテゴリーの典型的な特徴を述べ、それらがどのように形成されたかを説明する。次にそのカテゴ

リーの代表的なものを個別に説明する。最後の第5セクション“地質構造”は地図を立体的に解説している。

ビジュアル地球大図鑑　マイケル・アラビー著，関利枝子，武田正紀訳　日経ナショナルジオグラフィック社，日経BP出版センター(発売)　2009.1　256p　31cm　(National Geographic)　〈原書名：Encyclopedia of earth.〉　6476円　①978-4-86313-049-4　Ⓝ450

(目次)宇宙のなかの地球，地球の生命，地球のなりたち，生きている地球，海洋，陸地，気象，資源・エネルギー

(内容)「宇宙のなかの地球」から地中の組成まであらゆる角度から地球を解剖。地球のなりたちや、活動のしくみを全ページのカラーイラストで詳しく解説。生命の誕生から私たちの時代まで38億年の進化の歴史をたどる。

46億年の地球史図鑑　高橋典嗣著　ベストセラーズ　2014.10　221p　18cm　(ベスト新書 451　ヴィジュアル新書)　〈文献あり〉　1100円　①978-4-584-12451-2　Ⓝ450

(目次)序章 宇宙の創成，第1章 太陽系と地球の誕生，第2章 超大陸の誕生，第3章 生命の萌芽と真っ白い地球，第4章 古生代の生き物たち，第5章 恐竜の時代，第6章 新生代、ヒトの時代へ

(内容)本書は、気の遠くなる様な時間を経て、原始地球が文明をもつ人類までにいたった歴史を、ヴィジュアルを中心にしながら読み解く一冊である。

<地図帳>

絵でみる日本自然地図　(京都)同朋舎出版　1994.9　71p　36×28cm　(ピクチヤーアトラスシリーズ)　2980円　①4-8104-2091-4　Ⓝ402.91

(内容)特徴的な自然がみられる日本各地の地域24ケ所を取り上げ、各地域を見開きごとに表したピクチャーブック。地域の地図と断面図、動植物の図版、写真、それらの解説を記載する。日本列島の北から南への順に排列。巻末に五十音順索引、参考文献を付す。―日本のすばらしい自然を再発見できる。自然の中で息づく動物・植物、地形の成り立ちが一目でわかるイラストを満載。地形の特徴がわかる鮮やかな地図。

地図学

<事 典>

図説 地図事典　山口恵一郎，品田毅編　日本図書センター　2011.3　311p　31cm　〈武揚堂1984年刊の復刻　文献あり 年表あり 索引あり〉　28000円　①978-4-284-50204-7　Ⓝ448.9

(内容)地図発達の歴史的経過と、現代の内外の各種地図、地図の応用などを具体的に解説する。図鑑のようにヴィジュアルで、事典のように体系的な「地図事典」。武揚堂、昭和59年刊の復刻再版。「地図を視る」「地図を知る」、その他「資料」編の3部構成。

地図を楽しむ　なるほど事典　今尾恵介著　実業之日本社　2002.12　229p　19cm　〈文献あり〉　1400円　①4-408-39507-2　Ⓝ448.9

(目次)第1章 地図は今昔を語る，第2章 地図記号を解読する，第3章 机上海外旅行のすすめ，第4章 地図で探る境界線，第5章 秘密の地図・謎の地図，第6章 地図の言葉を読もう，第7章 地図の楽しい活用法

(内容)本書は「クセモノ」としての地図の楽しさに多方面からアプローチし、読者のみなさんに独自の楽しみを見つけていただくための参考書である。

地図学用語辞典　増補改訂版　日本国際地図学会地図用語専門部会編　技報堂出版　1998.2　515p　19cm　6600円　①4-7655-4002-2　Ⓝ448.9

(内容)昭和60年刊の「地図学用語辞典」の増補改訂版。概念や内容の変わったものは新しく書き換えたり、追加説明を加えるなど全項目を見直したほか、理論地図学、コンピュータ地図学、地理情報システムなどの用語200語を増補してある。

地図のことがわかる事典　読む・知る・愉しむ　田代博，星野朗編著　日本実業出版社　2000.2　294p　19cm　1500円　①4-534-03051-7　Ⓝ448.9

地図の読み方事典　西ヶ谷恭弘，池田晶一，坂井尚登著　東京堂出版　2009.12　177p　27cm　〈索引あり〉　2500円　①978-4-490-10766-1　Ⓝ448.9

(目次)第1章 地図の読み方(基礎知識)(「地図」とは何だろう?―三次元を二次元に，バーチャル世界への入り口―地図投影法 ほか)，第2章 地図から自然を読む(断層と隆起・地熱発電の国―ニュージーランド，扇状地―琵琶湖西岸 ほ

か), 第3章 地図から歴史を読む(自然堤防上の遺跡—荒川の低地の遺跡分布と地形, 源平合戦—逆落としと鵯越え・源義経 ほか), 第4章 地図の歴史(古代から近代に至る世界の地図, 日本の古地図 ほか)

(内容)新旧の地図を見比べると地形の変化がよく分かる。歴史上の事件の謎解きのカギは地図に載っている。戦前・戦時中には時局を反映した地図が描かれた。—地形図読解の基本から、珍しい地形を記載した地図まで掲載。

地図豆 地図についての小さな疑問に答える地図雑学辞典　やまおかみつはる著　([山形])藤庄印刷　2005.9　154p　15cm　(豆辞典シリーズ 4)　〈他言語標題：Globe-beans〉　477円　Ⓘ4-944077-79-3　Ⓝ448.9

<索 引>

『検夫爾日本誌』解説・総索引　『検夫爾日本誌』解説・総索引編纂委員会編　霞ケ関出版　1999.3　458p　26cm　〈他言語標題：Verklaring en generale index op de beschryving van Japan　東京 科学書院(製作)〉　30000円　Ⓘ4-7603-0126-7　Ⓝ291.09

国土地理院刊行地図の地図索引図 マップインデックス　改訂版　日本地図センター　2003.8　80p　42cm　2000円　Ⓘ4-88946-126-4　Ⓝ291.038

図名便覧 全国都道府県市区町村別国土地理院刊行一般図 平成13年版　国土地理院編　地図協会　2001.3　423p　30cm　(国土地理院技術資料 A・1-no.232)　2800円　Ⓘ4-9900771-1-3　Ⓝ291.038

<ハンドブック>

最新 地形図の本 地図の基礎から利用まで　大森八四郎著　国際地学協会　1992.4　159p　21cm　〈『地図に強くなる地形図の本』(1977年刊)の第2版〉　1000円　Ⓘ4-7718-1005-2　Ⓝ448.9

(内容)オリエンテーリング、ハイク、山登りなど地形図を利用する機会は多い。ところが、地形図の知識がなければ、地図も単なる紙きれになってしまう。この本は、地形図の基礎から利用のしかたまで詳細に解説する。

地域調査ハンドブック 地理研究の基礎作業　第2版　藤岡謙二郎編　(京都)ナカニシヤ　1991.3(8刷)　144p　27cm　〈文献あり〉　2060円　Ⓘ4-88848-035-4　Ⓝ448.9

地形図図式の手引き　新版　日本国際地図学会編　日本地図センター　1990.10　56p　21cm　950円　Ⓝ448.9

地形図の手引き　2訂版　日本地図センター編　日本地図センター　1995.9　97p　21cm　〈参考文献：p97〉　1000円　Ⓝ448.9

地形図の手引き　3訂版　日本地図センター編　日本地図センター　1999　100p　21cm　1000円　Ⓘ4-889-46123-X　Ⓝ448.9

地形図の手引き　4訂版　日本地図センター編　([東京])日本地図センター　2003.4　100p　21cm　1200円　Ⓘ4-88946-123-X　Ⓝ448.9

地形図の手引き　5訂版　日本地図センター編　([東京])日本地図センター　2005.10　101p　21cm　1200円　Ⓘ4-88946-180-9　Ⓝ448.9

地図記号500　日本地図センター　2015.7　47p　30cm　500円　Ⓘ978-4-88946-306-4　Ⓝ448.9

(内容)地形図の地図記号は、時代の変化と共に見直しがおこなわれ改訂されてきた。図式が改訂される度に、地図記号の追加や削除が行われ、今までにいろいろな記号が地形図に使用されてきた。その数ある地図記号のなかから500を選択して掲載している。月刊誌「地図中心 500号」(2014年5月発行、絶版)に掲載したものに正誤訂正を行い、市町村名称の変更など、修正を加えた。歴代の地形図から新しい多色刷2万5千分1までを対象としている。国土地理院が2016年に決定した訪日外国人向けの、地図記号のガイドラインとなる「外国人向け地図記号」15種類も収録。

地図情報ものしり百科 1 さまざまな地図と地図情報　学習研究社　2008.2　47p　30cm　2800円　Ⓘ978-4-05-202874-8　Ⓝ448.9

(目次)第1章 身のまわりにある地図(身近な地図をさがしてみよう, 地図から何がわかるのかな?, 町にはどんな地図があるかな?), 第2章 道案内の地図(目的地への移動に役立つ地図, 交通に役立つ地図, 空と海で役立つ地図), 第3章 情報を知るための地図(主題図のいろいろ), 第4章 基本的な地図と地図ができるまで(国土地理院がつくる地図, 地形図づくりの流れ, 日本の国土を測る, 新しい測量方法, 空中写真を撮る, GIS(地理情報システム)って何?, GISで新しい社会が生まれる), 第5章 地球儀と地図の図法(地球儀は、一番正確な地図, 丸い地球を平らな地図にする方法, さまざまな図法)

地図情報ものしり百科 2 進化する地図の形と歴史　学習研究社　2008.2　47p

30cm 2800円 ①978-4-05-202875-5 Ⓝ448.9

(目次)第1章 世界の地図—古代 地図のはじまり, 第2章 世界の地図—中世～近世 発展する地図, 第3章 世界の地図と日本の関係—世界地図に日本が登場!, 第4章 日本の地図—古代～中世 日本地図のはじまり, 第5章 日本の地図—近世 身近になった地図, 第6章 日本の地図—近代～現代 より正確になっていく地図

(内容)今、地図の世界が急速にかわりつつあります。これまでは、みなさんが学校で使う地図帳や本屋さんで見かける道路地図などのように、紙に印刷された地図が中心でした。しかし、最近ではコンピュータ、携帯電話やインターネットなどで見られるデジタル地図が進歩して、わたしたちの生活の中に広まっています。この本では、そうした最新の地図の情報をふくめ、地図の基本的な知識、使い方や作り方、歴史などをわかりやすく記しました。

地図情報ものしり百科 3 地図のきまりと記号 地図の読み方・使い方基礎編 学習研究社 2008.2 47p 30cm 2800円 ①978-4-05-202876-2 Ⓝ448.9

(目次)第1章 地図のきまりを知ろう(地図にはどんなことがかかれているの?, 地図は必ず実際の長さより縮められている, 地図はどちらの方位を向いているの?, 建物や土地利用などは「記号」で表す, 土地の高さは「等高線」で表す), 第2章 地形図を読もう(地形図で見るさまざまな地形, 地形図で見るさまざまな集落, 地形図で見るさまざまな土地利用, 地図で見る地域の変化), 第3章 地図を使って調べよう(地図から緯度と経度を測ろう, 地図から面積を測ろう)

(内容)今、地図の世界が急速にかわりつつあります。これまでは、みなさんが学校で使う地図帳や本屋さんで見かける道路地図などのように、紙に印刷された地図が中心でした。しかし、最近ではコンピュータ、携帯電話やインターネットなどで見られるデジタル地図が進歩して、わたしたちの生活の中に広まっています。この本では、そうした最新の地図の情報をふくめ、地図の基本的な知識、使い方や作り方、歴史などをわかりやすく記しました。

地図情報ものしり百科 4 地図のおもしろ活用法 地図の読み方・使い方応用編 学習研究社 2008.2 47p 30cm 2800円 ①978-4-05-202877-9 Ⓝ448.9

(目次)第1章 案内地図を使おう(案内地図を見て、目的地まで行こう, 道に迷わないために), 第2章 デジタル地図を使おう(パソコンで地図を見よう, 人工衛星を使った地図を見よう, 3D(3次元)地図を見よう), 第3章 世界地図を使おう(地図から世界のようすを知ろう, 地図から世界の時間がわかる), 第4章 地図を使ってあそぼう(地図を使ったスポーツ—オリエンテーリング, 地図からおもしろい地名を見つけよう, 宝さがしゲームをしよう, 地図パズルと地図カルタをつくろう), 第5章 地図クイズでもっと地図を知ろう(日本地図に強くなろう, 地図の読み方に強くなろう, 世界地図に強くなろう)

(内容)今、地図の世界が急速にかわりつつあります。これまでは、みなさんが学校で使う地図帳や本屋さんで見かける道路地図などのように、紙に印刷された地図が中心でした。しかし、最近ではコンピュータ、携帯電話やインターネットなどで見られるデジタル地図が進歩して、わたしたちの生活の中に広まっています。この本では、そうした最新の地図の情報をふくめ、地図の基本的な知識、使い方や作り方、歴史などをわかりやすく記しました。

地図情報ものしり百科 5 身の回りの地図を作ってみよう 地図の作り方初級編 学習研究社 2008.2 47p 30cm 2800円 ①978-4-05-202878-6 Ⓝ448.9

(目次)第1章 地図づくりをはじめよう(見やすい地図をつくろう, 地図づくりの基本, テーマを決めて目的に合った地図をつくろう, 調査をしよう, 地図をかこう, 地図から考えよう), 第2章 いろいろな情報地図をつくろう(身近なところからはじめよう, 人々のくらしに密着した地図をつくろう, いろいろな分布図をつくろう, 生き物マップをつくろう, 町のPRマップをつくろう), 第3章 「地域安全マップ」をつくろう(「地域安全マップ」って、どんな地図?, 犯罪がおきやすい場所をさがしてみよう, 地域安全マップづくりの準備をしよう, 地域安全マップづくりをはじめよう), 第4章 みんなの地図を見てみよう(環境をテーマにした作品, 地域やくらしの情報をテーマにした作品)

(内容)今、地図の世界が急速にかわりつつあります。これまでは、みなさんが学校で使う地図帳や本屋さんで見かける道路地図などのように、紙に印刷された地図が中心でした。しかし、最近ではコンピュータ、携帯電話やインターネットなどで見られるデジタル地図が進歩して、わたしたちの生活の中に広まっています。この本では、そうした最新の地図の情報をふくめ、地図の基本的な知識、使い方や作り方、歴史などをわかりやすく記しました。

地図情報ものしり百科 6 地球の環境を考える地図を作ってみよう 地図の作り方中上級編 学習研究社 2008.2 47p 30cm 2800円 ①978-4-05-202879-3 Ⓝ448.9

(目次)第1章 コンピュータで地図づくり(『地球地図』はほとんどの国が参加, 日本の環境マップをつくろう(地球地図), 『地図太郎』で身近

な環境地図をつくろう，まず自分の家や学校を表示しよう（地図太郎），位置に関する情報を地図に加えよう（地図太郎），野外観察・調査地図の実例を紹介（地図太郎），『カシミール3D』で山登り記録をのこす），第2章 日本と世界の地図をかく（日本の森林率マップをつくる，世界の穀物自給率マップをつくる，変形地図（カルトグラム）を知ろう，世界のCO2排出量の変形地図をつくる），第3章 立体地図をつくってみよう（プロの現場で立体地図づくりを学ぼう，立体地図づくりに挑戦しよう）

(内容)今、地図の世界が急速にかわりつつあります。これまでは、みなさんが学校で使う地図帳や本屋さんで見かける道路地図などのように、紙に印刷された地図が中心でした。しかし、最近ではコンピュータ、携帯電話やインターネットなどで見られるデジタル地図が進歩して、わたしたちの生活の中に広まっています。この本では、そうした最新の地図の情報をふくめ、地図の基本的な知識、使い方や作り方、歴史などをわかりやすく記しました。

地図や案内図のつくり方　井上健語著　技術評論社　2017.2　191p　23cm　（ああしたい!こうしたい!）〈Word／Excel／PowerPoint対応版　索引あり〉　1980円　Ⓘ978-4-7741-8662-7　Ⓝ007.63

(目次)1 作例のつくり方（ゴミ集積所のお知らせ，グループ展開催のお知らせ，通学路の道順，災害時避難場所のお知らせ，駅前集合場所の案内図 ほか），2 地図や案内図作成に便利なテクニック（グリッド線に沿って図形を配置したい，図形に頂点を追加したい，グリッド線を使って図形をきれいに整形したい，連続して複数の直線を描きたい，中心を基準に図形を作成したい ほか）

よくわかる地図記号　1　種類をしらべよう　山岡光治著　汐文社　2012.12　47p　27cm　〈索引あり〉　2300円　Ⓘ978-4-8113-8938-7　Ⓝ448.9

(目次)地図記号の森を探検してみよう（使い方からの分類，生まれ方からの分類（上から見た形，横から見た形，関連する文字の形，きまりといったもの，そのほか―地形をあらわしたものなど）），もっと地図記号（もっと地図記号，日本の地図記号のはじまり，温泉記号のうつりかわり）

よくわかる地図記号　2　きまりを知ろう　山岡光治編著　汐文社　2013.2　47p　27cm　〈索引あり〉　2300円　Ⓘ978-4-8113-8939-4　Ⓝ448.9

(目次)地図記号のきまりを知ろう（Quiz1，パイナップルは、くだものか、野菜か ほか），地図記号は、地上の風景をうつしたもの（地図の太陽は、どこにあるのか，立体的に見せようとする地図記号 ほか），地図記号のおもしろい仲間たち（2つの顔をもつ地図記号，かたむいたままの地図記号 ほか），地図を広げて知らない町を探検!（Quiz2／地図で探検1,Quiz3／地図で探検2 ほか）

よくわかる地図記号　3　地図をつくろう　山岡光治著　汐文社　2013.3　47p　27cm　〈索引あり〉　2300円　Ⓘ978-4-8113-8940-0　Ⓝ448.9

(目次)地図を使い、知るための知識とテクニック（地図は、ちぢこまる，地図の縮尺を知る，ひもを使って距離を知る，四角に区切って公園の面積を知る，地図から学校の標高を知る ほか），公園の樹木地図を作ってみよう（地図は上から見た風景，近隣公園で「公園の樹木地図」を作る，ひと工夫して良い絵地図にする，「公園の樹木地図」作りでわかったこと，地図ができあがったら! ほか）

<図鑑・図集>

切手が伝える地図の世界史　探検家と地図を作った人々　西海隆夫著　彩流社　2008.7　119p　21cm　（切手で知ろうシリーズ 4）〈年表あり〉　1900円　Ⓘ978-4-7791-1344-4　Ⓝ448.9

(目次)第1章 近代以前の地図（海図以前の航海，ローマ時代起源の地図 ほか），第2章 大航海時代―探検家と地図製作者（東方への道，西方への道 ほか），第3章 近代地図の時代（近代地図帳の完成，北方への道と北米探検 ほか），第4章 真の世界地図へ―未踏地域の探検（南太平洋探検，大陸内部の探検 ほか），第5章 もう一つの地図史（投影図法の考案，主題図の登場 ほか）

(内容)文字のない社会にも地図は存在した。無文字社会の地図から現代まで、それぞれの時代の世界を描き出している「地図」の歴史を探検家の足跡とともに、400点以上の美しい切手でたどる。

世界の地図の歴史図鑑　岩に刻まれた地図からデジタルマップまで ビジュアル版　ジョン＝レニー＝ショート著，小野寺淳，大島規江監訳　柊風舎　2010.11　223p　29cm　〈文献あり 索引あり　原書名：The world through maps.〉　13000円　Ⓘ978-4-903530-40-6　Ⓝ448.9

(目次)序，古代，中世，探検時代のはじまり，植民地時代の地図製作，現代世界の地図化

(内容)地図は文字の発明以前から、人間社会にかかせない情報の伝達や記録の手段であった。先史時代の岩に刻まれた最古の地図から、アボ

リジニの砂絵、イスラーム世界の天文学的な地図、中世ヨーロッパの絵画のように美しい地図、戦争中の征服地図や戦略図、そして今日の地図にいたるまで、さまざまな時代背景を映し出す地図の歴史や地図製作の技術を、多数の図版とともにわかりやすく解説。

地図の世界史大図鑑　ジェリー・ブロットン著，斎藤公太，石垣憲一，石井克弥，荻野哲矢，黒田真知，中川泉訳　河出書房新社　2015.11　256p　31cm　〈索引あり　原書名：Great Maps〉　8800円　①978-4-309-22630-9　Ⓝ448.9

(目次)ベドリーナ・ペトログリフ（製作者不明），バビロニアの世界図（製作者不明），プトレマイオスの世界図（クラウディオス・プトレマイオス），ポイティンガー図（製作者不明），マダバのモザイク地図（製作者不明），敦煌の天文図（李淳風），珍稀の書（製作者不明），禹跡図（製作者不明），世界横断を望むものの慰みの書（アル＝シャリーフ・アル＝イドリーシー），ソーリー図（製作者不明）〔ほか〕

(内容)紀元前1500年頃に岩石に彫られた線刻地図からグーグルマップまで、人類の地図の歴史を一望する図鑑。地図は細部にこそ命がある。本書では、各地図の部分拡大図（「くわしく見る」）をいくつも載せて詳細に展開。日本の伊能図をはじめ、中国の鄭和航海図、坤輿万国全図、朝鮮の疆理図など、西欧だけでなくアジアの地図も多数収録。グローバル化とデジタル化で、中学・高校の地理教育も変わりつつある。学校図書館の基本図書に。公共図書館、大学図書館、地図・歴史愛好家、必携!

地図の歴史　ビジュアル版　ヴィンセント・ヴァーガ，アメリカ議会図書館著，川成洋，太田直也，太田美智子訳　東洋書林　2009.5　495p　22cm　〈索引あり　原書名：Cartographia〉　7500円　①978-4-88721-757-7　Ⓝ448.9

(目次)プロローグ 果てしない発見の旅，第1部 地中海世界（バビロニア人，エジプト人，ギリシア人，エトルリア人，ローマ人，イスラーム世界，聖地，地中海），第2部 三つの大陸の世界（アジア，アフリカ，ヨーロッパ），第3部 新世界アメリカ（ラテンアメリカ，アングロアメリカ），第4部 オセアニアと南極大陸（オセアニア，南極大陸），エピローグ 目に見えない文化的世界

(内容)世界最古のバビロニアの地図からヒトゲノムの解析データ図まで、200点を超える豪華希少な地図の数々を収録!地図文化の本質に迫る。

デザインが楽しい! 地図の本　サンドゥー・パブリッシング編，［中村亜希子］［訳］　グラフィック社　2016.9　239p　29cm　〈索引あり　原書名：ALL ABOUT MAPS〉　3800円　①978-4-7661-2966-3　Ⓝ448.9

(目次)テレグラフ・ツーリズム，キングスクロス・ウォーキングガイド，カラーコーツ・バイク＆カヤック・レンタル，オルティージャの地図，世界旅行が当たるキャンペーン，スカイリム，I Amsterdamエリアマップ，スポーツイベントマップ，ゼーラント地図，コペンハーゲン地図〔ほか〕

(内容)グラフィックデザイナーやイラストレーターが、地図作家にもなり得る現代。タイポグラフィやインフォグラフィック、その他最先端のデザイン手法を駆使して生み出される地図はどれもクリエイティブで、地図の持つ大きな可能性を感じずにはいられません。科学や芸術、テクノロジーを融合することで、いかにして情報ツールであると同時に人々に感動を与えるアートとしての地図を生み出すことができるのか?『デザインが楽しい!地図の本』では世界中から選りすぐりの地図を集め、その秘密に迫ります。

◆伊能図

<地図帳>

伊能図　東京国立博物館所蔵伊能中図原寸複製　日本国際地図学会，伊能忠敬研究会監修　武揚堂　2002.4　240p　43cm　13143円　①4-8297-0801-8　Ⓝ291.038

(目次)1 伊能中図索引図（当社全日本・対比索引図，地勢図・対比索引図，伊能忠敬の顕彰地），2 伊能図を作る（作った目的，伊能図を作った人々，測量隊と行程，測量の方法，地図化の方法），3 伊能図を観る（地図の見方，大図，中図，小図，特別小図，特別地域図，特別大図，江戸府内図，伊能忠敬自作の地図），4 伊能図を活かす（日本国内，外国）

(内容)原寸複製伊能図のすべてがわかる百科事典。東京国立博物館が所蔵する中図の原寸大複製を中心に、他の伊能図全種類にわたっても文字が読めるように複製収録。さらに、なぜ作られたのか、どのようにして作られたのかなど伊能図の疑問についてもカラーで簡明に図解する。

伊能図集成　大図・小図 最終上呈版　伊能忠敬〔作〕，鈴木純子，渡辺一郎編　柏書房　1999.9　10p 図版51枚　62cm　〈複製〉　80000円　①4-7601-1805-5　Ⓝ291.038

(内容)1821年幕府に上呈された「大日本沿海輿地全図」は、大図214枚、中図8枚、小図3枚と膨大なものだった。これらは1874年の皇居炎上の際すべて焼失し、さらに伊能家にあった控え図も東京帝国大学で保管中に関東大震災により

焼失した。この「幻の最終上呈版伊能図」の内「大図」43枚の写図が気象庁内の図書館で発見され、現在国会図書館で保管されている。本地図集では、美麗で迫力のあるこの「大図」43図をはじめ、幕末の老中阿部正弘氏の後裔阿部正道氏所蔵「小図(蝦夷図)」と都立中央図書館所蔵「小図(本州東部の図・日本西南部の図)」の貴重図3図を収録した。世界が驚嘆した日本の近代的実測図「伊能図」を高精細印刷により、細部まで忠実に復原した。柏書房創立30周年記念出版。

伊能大図総覧　伊能〔忠敬〕〔作〕，渡辺一郎監修，日本地図センター編著　河出書房新社　2006.12　3冊(解説とも)　54cm　〈箱入(59cm)〉　全380000円　①4-309-81201-5　Ⓝ291.038

◆地理データ処理

<事 典>

地理情報科学事典　地理情報システム学会編　朝倉書店　2004.4　519p　21cm　16000円　①4-254-16340-1　Ⓝ448.9

(目次)基礎編(地理情報科学，地理情報の取得，地理参照系 ほか)，実用編(自然環境，森林，バイオリージョン ほか)，応用編(情報通信技術と時空間モデリング，社会情報基盤，法的問題 ほか)

(内容)地理情報システム(GIS)に関して30項目に分類し解説。図解も収載。本文は基礎編、実用編、応用編に分けて記載。巻末に地図投影の基礎と主な地図投影法、国内・海外のクリアリングハウス、略語表を収録。索引付き。

地理情報システム用語辞典　星仰，堀勝也共著　ウラップ・ユニ，朝日出版社(発売)　1998.7　230p　21cm　2700円　①4-255-98024-1　Ⓝ448.9

(内容)地図、測量、写真測量、土木工学、農業工学、林学、法律、地理、コンピュータグラフィックス、ネットワーク、リモートセンシング工学などの分野から、約1000項目の用語を収録し解説した地理情報システムの用語辞典。排列は五十音順。アルファベットの索引付き。

<ハンドブック>

Excel作図入門〈地図・アイコン・図解資料〉プロ技BESTセレクション　リブロワークス著　技術評論社　2017.10　319p　21cm　(今すぐ使えるかんたんEx)　〈索引あり〉　1980円　①978-4-7741-9257-4　Ⓝ007.6384

(目次)第1章 基本図形の描き方，第2章 案内地図の作成，第3章 下絵を基にした地図の作成，第4章 地図用アイコンの作成，第5章 手順図の作成，第6章 組織図の作成，第7章 フローチャートの作成，第8章 ビジネスアイコンの作成，第9章 POP広告の作成，第10章 間取図や座席表の作成，第11章 作図に便利な効率アップ技，付録(Wordで作図しよう，PowerPointで作図しよう)

(内容)基本図形の描き方／案内地図の作成／下絵を基にした地図の作成／地図用アイコンの作り方／SmartArtを使った手順図や組織図の作成／フローチャートの描き方／ビジネスアイコンの作り方／POP広告の作成／間取図や座席表の作成／作図の効率アップテクニックetc…ビジネス文書に必要な図やアイコンがすぐに作れる!図形の描き方からワードアートやSmartArt、写真の使い方まですべて解説!

Autodesk Map 3D実務ガイドブック 地図やGISデータを効率的に作成・管理するための実務ガイド　オートデスク株式会社編著　ソフトバンクパブリッシング　2005.3　204p　26cm　(公認トレーニングブックス)　2800円　①4-7973-3055-4　Ⓝ448.9

かんたんJPGIS JPGIS Ver.2.1対応 地理情報標準プロファイルのデータ・ガイドブック　国土交通省国土地理院編　日本測量調査技術協会　2009.9　54p　30cm　1000円　Ⓝ448.9

Google Maps API v2活用リファレンス　アイティティ著　技術評論社　2007.3　195p　21cm　2180円　①978-4-7741-3025-5　Ⓝ448.9

(目次)1 Google Mapsを利用するための基礎知識(Google Maps APIを利用するには，XHTMLの基本，Google Maps APIはクラスライブラリ)，2 Google Maps API v2クラスリファレンス(GMap2,GBounds,GBrowserIsCompatible ほか)，3 Google Maps API活用法(地図の位置情報の基礎知識，地図の位置情報を外部ファイルから取得する，サーバーと通信する)

Google Maps API逆引きクイックリファレンス web 2.0対応　古籏一浩著　毎日コミュニケーションズ　2006.9　415p　25cm　2800円　①4-8399-2165-2　Ⓝ448.9

(目次)Introduction Google Maps APIとJavaScriptの基本，第1部 Google Maps API Version2(マップ，コントロール，イベント ほか)，第2部 Google Maps API Version1(マッ

プ，コントロール，イベント ほか），第3部 応用編（日本測地系から世界測地系に変換する，マップにセンターマーカーを表示する，マウスオーバーでマップコントロールを表示する ほか）

(内容)「ここをこうしたい!」「これがやりたい!」に答えるGoogle Maps APIの逆引き事典。やりたいことが目的別にすぐ探せる。1項目1～4ページで簡潔に解説。

これだけは知っておきたいGIS関連知識解説集　日本測量調査技術協会技術委員会第7技術部門「これだけは知っておきたいGIS関連知識解説集」ワーキンググループ編　日本測量調査技術協会　2005.6　95p　30cm　1500円　Ⓝ448.9

市町村GIS（地理情報システム）導入マニュアル　国土庁土地局土地情報課監修，地図情報システムによる市町村土地情報整備研究会編　ぎょうせい　1997.5　198p　26cm　3800円　①4-324-05149-6　Ⓝ448.9

数値地図ユーザーズガイド　国土地理院の数値地図利用手引書　日本地図センター地図研究所研究第1部編　日本地図センター　1992.7　494p　26cm　〈監修：建設省国土地理院〉　3000円　Ⓝ448.9

地名入力高速化キット　PC-9801の 3文字変換は衝撃だ!　堤大介著　ピクニック企画　1994.10　111p　16×22cm　〈付属資料（フロッピーディスク1枚 3.5インチ2HD 袋入）〉　2400円　①4-938659-19-0　Ⓝ291.03

(内容)〈FD付き〉ワープロ入力する時になにかと面倒なのが、地名の漢字変換。本書では、日本全国の市・町・村・区名、3385件をひらがな・漢字対照で収録。

地理情報技術ハンドブック　高阪宏行著　朝倉書店　2002.4　481p　21cm　16000円　①4-254-16338-X　Ⓝ448.9

(目次)1 地理情報技術（GISの機能性，GISと新しい空間分析，空間的自己相関と地理的応用 ほか），2 GISの応用と関連技術（マーケティングにおけるGISの応用，都市・地域計画におけるGISの応用，交通GISの応用 ほか），3 空間データ、空間データモデル、空間データベース（空間データの標準化，空間データモデルとファイル構造，実体関連モデルと関係データベースの設計 ほか）

(内容)地理情報システム（GIS）に関連する情報ガイドブック。GISの基本的概念、方法、最近の動向を3部、30章でまとめる。第1章はGISの機能性や空間分析の手法等、基本的な技術について概説、第2章は、マーケティング、都市・地域計画等各分野におけるGISの応用技術とその手法について紹介し、第3章ではGISの活用に必要な空間データの整備について解説していく。海外の文献・論文の図表も多数引用している。巻末に参考文献一覧と索引を付す。

地理情報システム導入・運用マニュアル　日本建設情報総合センター　1993.8　77p　30cm　〈『地理情報システム技術指導マニュアル 国土地理院技術資料 E・1-no.228』（国土地理院刊）の複製〉　1200円　Ⓝ448.9

地理情報データハンドブック　日本地図センター編　日本地図センター　1999.8　204p　30cm　〈「地理データハンドブック'93」（平成5年刊）の改訂〉　1524円　Ⓝ448.9

使えるハンディGPSナビゲートブック　Garminオレゴン300コロラド300対応　高橋玉樹著　東京新聞出版部　2010.3　144p　21cm　1524円　①978-4-8083-0930-5　Ⓝ448.9

(目次)第1章 GPSの基礎知識（オレゴンとコロラドってどんなGPS?，GPSの仕組み，GPSが使える場所，電波を上手に受信する，GPSの精度と感度と指向性，ハンドヘルドGPSで扱うデータ），第2章 GPSで地図を活用する（緯度経度と地形図，マップソースからの地図転送，電子コンパスと気圧高度計，地形図との併用），第3章 GPSでのナビゲーション法，第4章 パソコンとの連携による便利な活用法，第5章 用途別の初期設定

(内容)地図表示機能付き最新ハンディGPSの機能を100%使いこなすための基本と実践例が満載の解説書。

ディジタルマッピング　公共測量への手引き　日本測量調査技術協会編，津留宏介，浦本洋市，磯部浩平，住田英二共著　鹿島出版会　2005.6　277p　26cm　3800円　①4-306-02375-3　Ⓝ448.9

(目次)第1章 ディジタルマッピングとは，第2章 ディジタルマッピングデータファイルの活用，第3章 ディジタルマッピングの標準化，第4章 ディジタルマッピングデータファイル仕様，第5章 ディジタルマッピングデータファイルの特徴，第6章 ディジタルマッピングデータファイルの管理，第7章 ディジタルマッピングデータファイルの更新（修正測量），第8章 ディジタルマッピングの取得基準，第9章 ディジタルマッピングの地図表現，第10章 過去と未来に向けて，拡張ディジタルマッピング実装規約（案）

(内容)GISソフトベンダーやユーザーはもとより、測量一般、建設設計、CAD、CG分野の方々に向けた「拡張DM」の解説書。平成17年3月に改訂された国土地理院「拡張ディジタルマッピング実装規約（案）」を収録。

Mapデザインのための Illustrator実践ガイドブック　工学社　2000.12　127p　26cm　（I／O別冊）〈付属資料：CD-ROM1枚（12cm）　奥付のタイトル：Illustrator実践ガイドブック〉　1900円　①4-87593-891-8　Ⓝ448.9

MapFan 2オフィシャル・ハンドブック Windows 95／Macintosh版対応　白滝由裕著　毎日コミュニケーションズ　1997.6　254p　22cm　〈付属資料：CD-ROM1枚（12cm）〉　1800円　①4-89563-100-1　Ⓝ448.9

<図鑑・図集>

即戦力素材集 地図　ホロニック，村山雅成著　毎日コミュニケーションズ　2008.12　112p　21cm　1980円　①978-4-8399-3048-6　Ⓝ727

(目次)01 作例集（地球，世界，日本，地方，県，市，町，丁目，施設，アリの巣），02 ベーシックな地図の描き方，03 パズル式地図，04 地図用素材

(内容)Illustrator8&CSデータを、CD‐ROMに完全収録。地球からアリの巣まで、様々なスケールの地図と便利なアイコン。収録したIllustratorデータは新旧バージョンで開くことができ、自由に流用・加工することができる。地図の即戦力素材集。

<カタログ・目録>

GISデータブック　1993　日本の地理情報システムの紹介　日本建設情報総合センター研究第三部編　日本建設情報総合センター　1994.3　288p　30cm　4700円　Ⓝ448.9

(内容)日本国内で製品化され利用可能なGISソフトウェア・数値地図データ及びネットサービスを俯瞰できる総合資料。

GISデータブック　1996　日本の地理情報システムの紹介　日本建設情報総合センター建設情報研究所研究第三部編　日本建設情報総合センター　1996.4　345p　30cm　5826円　Ⓝ448.9

(内容)日本国内で製品化され利用可能なGISソフトウェア・数値地図データ及びネットサービスを俯瞰できる総合資料。

GISデータブック　1998　地理情報システムの紹介　JACIC GIS利用技術研究会監修，日本建設情報総合センター建設情報研究所研究第三部編　日本建設情報総合センター　1998.4　348p　30cm　6300円　Ⓝ448.9

(内容)日本国内で製品化され利用可能なGISソフトウェア・数値地図データ及びネットサービスを俯瞰できる総合資料。

GISデータブック　1999　日本の地理情報システムの紹介　JACIC GIS利用技術研究会監修，日本建設情報総合センター建設情報研究所研究第三部編　日本建設情報総合センター　1999.11　527p　30cm　3429円　①4-89106-091-3　Ⓝ448.9

(目次)数値地図データ，数値地図データ作成，自動地図作成，CAD，汎用GIS，施設管理，都市／地域管理，土地情報管理，環境管理，マーケティング／顧客管理，移動体管理／指令支援，その他

(内容)日本国内で製品化され利用可能なGISソフトウェア・数値地図データ及びネットサービスを俯瞰できる総合資料。

GISデータブック　2000　日本の地理情報システムの紹介　日本建設情報総合センター建設情報研究所研究第三部編　日本建設情報総合センター建設情報研究所研究第三部　2000.10　561p　30cm　3524円　①4-89106-092-1　Ⓝ448.9

(目次)地図データ，汎用GIS，施設管理，都市・地域・防災，土地・税務，農林，リモートセンシング，環境，マーケティング・顧客管理・物件管理，移動体・GPS〔ほか〕

(内容)日本国内で製品化され利用可能なGISソフトウェア・数値地図データ及びネットサービスを俯瞰できる総合資料。

GISデータブック　2001　日本の地理情報システムの紹介　日本建設情報総合センター　2001.10　567p　30cm　3600円　①4-89106-093-X　Ⓝ448.9

(目次)地図データ，汎用GIS，施設管理，都市・地域・防災，土地・税務，農林，リモートセンシング，環境，マーケティング・顧客管理・物件管理，移動体・GPS〔ほか〕

(内容)日本国内で製品化され利用可能なGISソフトウェア・数値地図データ及びネットサービスを俯瞰できる総合資料。

GISデータブック　2001　日本の地理情報システムの紹介　日本建設情報総合センター建設情報研究所研究第三部編　日本建設情報総合センター建設情報研究所研究第三部　2001.10　567p　30cm　3600円　①4-89106-093-X　Ⓝ448.9

(内容)日本国内で製品化され利用可能なGISソフトウェア・数値地図データ及びネットサービスを俯瞰できる総合資料。

GISデータブック　2002　日本の地理情報システムの紹介　日本建設情報総合センター建設情報研究所研究第三部編　日本建設情報総合センター　2002.11　546p　30cm　3600円　①4-89106-095-6　Ⓝ448.9

(目次)地図データ，汎用GIS,WebGIS，埋設物管理，道路，都市・防災，河川，環境，農林，土地・税務〔ほか〕

(内容)日本国内で製品化され利用可能なGISソフトウェア・数値地図データ及びネットサービスを俯瞰できる総合資料。

GISデータブック　2003・2004　日本の地理情報システムの紹介　日本建設情報総合センター編　日本建設情報総合センター　2004.2　529p　30cm　3600円　①4-89106-097-2　Ⓝ448.9

(目次)地図データ，汎用GIS,WebGIS，埋設物管理，道路，都市・防災，河川，環境，農林，土地・税務〔ほか〕

(内容)日本国内で製品化され利用可能なGISソフトウェア・数値地図データ及びネットサービスを俯瞰できる総合資料。

GISデータブック　2005　日本の地理情報システムの紹介　日本建設情報総合センター建設情報研究所GIS研究部編　日本建設情報総合センター建設情報研究所GIS研究部　2005.3　609p　30cm　3600円　①4-89106-098-0　Ⓝ448.9

(目次)地図データ，汎用GIS,WebGIS，埋設物管理，道路，都市・防災，河川，環境，農林，土地・税務〔ほか〕

(内容)日本国内で製品化され利用可能なGISソフトウェア・数値地図データ及びネットサービスを俯瞰できる総合資料。

GISデータブック　2006　日本の地理情報システムの紹介　日本建設情報総合センター建設情報研究所GIS研究部編　日本建設情報総合センター建設情報研究所GIS研究部　2006.3　619p　30cm　3600円　①4-89106-099-9　Ⓝ448.9

(内容)日本国内で製品化され利用可能なGISソフトウェア・数値地図データ及びネットサービスを俯瞰できる総合資料。

GISデータブック　2007　日本の地理情報システムの紹介　日本建設情報総合センター建設情報研究所GIS研究部編　日本建設情報総合センター　2007.3　559p　30cm　3600円　①4-89106-101-4　Ⓝ448.9

(目次)地図データ，汎用GIS,WebGIS，埋設物管理，道路，都市・防災，環境，河川，農林，土地・税務，マーケティング，ネットサービス，GPS・移動体，地図データ作成，その他，お問合せ先一覧

(内容)日本国内で製品化され利用可能なGISソフトウェア・数値地図データ及びネットサービスを俯瞰できる総合資料。

GISデータブック　2008　日本の地理情報システムの紹介　日本建設情報総合センター建設情報研究所GIS研究部編　日本建設情報総合センター建設情報研究所GIS研究部　2008.3　485p　30cm　3600円　①978-4-89106-102-9　Ⓝ448.9

(目次)地図データ，汎用GIS,WebGIS，道路，環境，埋設物管理，都市・防災，河川，農林，土地・税務，マーケティング，ネットサービス，GPS・移動体，地図データ作成，その他，お問合せ一覧

(内容)日本国内で製品化され利用可能なGISソフトウェア・数値地図データ及びネットサービスを俯瞰できる総合資料。

GISデータブック　2009　日本の地理情報システムの紹介　日本建設情報総合センター建設情報研究所GIS研究部編　日本建設情報総合センター建設情報研究所GIS研究部　2009.3　517p　30cm　3600円　①978-4-89106-103-6　Ⓝ448.9

(目次)地図データ，汎用GIS,WebGIS，道路，埋設物管理，土地・税務，都市・防災，河川，農林，マーケティング〔ほか〕

(内容)日本国内で製品化され利用可能なGISソフトウェア・数値地図データ及びネットサービスを俯瞰できる総合資料。

GISデータブック　2010　日本の地理情報システムの紹介　日本建設情報総合センターシステム高度化研究部GIS室編　日本建設情報総合センターシステム高度化研究部GIS室　2010.3　501p　30cm　3600円　①978-4-89106-104-3　Ⓝ448.9

(内容)日本国内で製品化され利用可能なGISソフトウェア・数値地図データ及びネットサービスを俯瞰できる総合資料。

GISデータブック　2011　日本の地理情報システムの紹介　日本建設情報総合センターシステム高度化研究部GIS室編　日本建設情報総合センター　2011.3　415p　30cm　3600円　①978-4-89106-105-0　Ⓝ448.9

(目次)地図データ，汎用GIS,WebGIS，道路，農林，土地・税務，都市・防災，マーケティング，埋設物管理，GPS・移動体，地図データ作成，環境，ネットサービス，その他

(内容)日本国内で製品化され利用可能なGISソフトウェア・数値地図データ及びネットサービ

スを俯瞰できる総合資料。今回は44企業・機関の269製品を14のジャンルに分類して紹介。

<年鑑・白書>

「位置情報」ビジネス白書 2005年 ESP総研 2005.9 184,345p 30cm 100000円 ①4-901872-15-X Ⓝ448.9

地球環境

<書 誌>

地球環境を考える 全国学校図書館協議会ブック・リスト委員会編 全国学校図書館協議会 1992.9 86p 21cm （未来を生きるためのブック・リスト 1） 800円 ①4-7933-2230-1

(目次)未来の地球を考えるために，1 水質汚濁・海洋汚染・食，2 森林・熱帯雨林，野生生物，3 大気汚染・酸性雨・温暖化・オゾン層，4 質源・エネルギー，5 ごみ・リサイクル・廃棄物，6 総論・理念・運動，7 資料・事典・白書

地球環境情報 新聞記事データベース 1990 メディア・インターフェイス編 ダイヤモンド社 1990.10 478p 26cm 5500円 ①4-478-87012-8

(目次)第1部 地球環境のいま（温暖化，オゾン層破壊，酸性雨，熱帯雨林，都市ゴミとリサイクル，ゴルフ場，環境事故），第2部 自然の環境（気候，大気，水系，森林，野生生物，農林水産業，開発），第3部 産業と環境（エネルギー，有害物質，公害訴訟，自動車，交通騒音，地盤沈下），第4部 人間と環境（食品汚染，健康，住環境，生活公害，ライフスタイル），第5部 社会環境（市民運動，環境行政，各界の動き，企業，世論調査，環境教育），第6部 国際社会（国際協力と紛争，南北問題，国際機関と行動，海外諸国）

(内容)環境問題に関する膨大な量の新聞報道をオンライン・データベースで検索、厳選、分類した。調査研究、企画、行動のための貴重な情報資料集。地球温暖化の国際会議から環境ビジネスまで、公害防止の先端技術からコミュニティのリサイクル運動まで、「地球環境」をめぐる社会の動きを幅広く収録。本書に収録されたデータベースは1987年1月〜1990年6月の期間である。

地球環境情報 新聞記事データベース 1992 メディア・インターフェイス編 ダイヤモンド社 1992.3 370p 26cm 5000円 ①4-478-87021-7

(目次)第1部 地球環境のいま，第2部 自然の環境，第3部 産業と環境，第4部 人間と環境，第5部 社会と環境

(内容)90年7月〜91年12月の環境問題に関する膨大な量の新聞報道をデータベースから検索。調査研究・企画・行動のための貴重な情報資料集。

地球環境情報 新聞記事データベース 1994 メディア・インターフェイス編 ダイヤモンド社 1994.3 404p 26cm 5000円 ①4-478-87031-4 Ⓝ519.031

(目次)第1部 地球環境のいま，第2部 地球環境とひと，第3部 環境汚染，第4部 産業と環境，第5部 社会と環境，第6部 国際社会と環境

(内容)環境問題に関する新聞報道をデータベースから検索、抄録を掲載したもの。対象期間は1992年1月〜1993年12月。

地球環境情報 新聞記事データベース 1996 メディア・インターフェイス編 ダイヤモンド社 1996.3 404p 26cm 5000円 ①4-478-87049-7

(目次)第1部 戦後五十年，第2部 地球環境と生態系，第3部 環境汚染，第4部 産業と環境，第5部 社会と環境，第6部 国際社会と環境

(内容)1994年1月〜95年12月の新聞記事データベースをもとに、環境問題に関する記事をまとめたもの。テーマ別の6部構成で、さらに章、節に分類して収録。記事見出し、記事の掲載年月日、掲載紙、掲載頁、掲載面および記事の全文あるいは一部を掲載する。巻頭に環境総合年表、章ごとにテーマ年表を付す。巻末に記事中の人名、物質名、団体・組織名、地名、事件等が引ける五十音順の索引がある。—戦後50年の節目に現れた環境問題の諸相。調査研究・企画・行動のための情報資料集。

地球環境情報 新聞記事データベース 1998 メディア・インターフェイス編 ダイヤモンド社 1998.3 404p 26cm 5700円 ①4-478-87070-5

(目次)第1部 地球環境（地球温暖化と京都会議，オゾン層破壊），第2部 エネルギーと環境（石油代替エネルギー，原子力），第3部 開発と生態系（（開発，森林と砂漠化，野生生物と生物多様化），第4部 環境汚染（大気汚染，水質汚染，有害物質，公害），第5部 社会と環境（ゴミとリサイクル，廃棄物問題と地域社かい，循環型社会とライフスタイル），第6部 地球サミット5周年（地球サミット総点検，アジアの環境問題）

(内容)国内主要8紙（朝日新聞、読売新聞、毎日新聞、日本経済新聞、日経産業新聞、日刊工業新聞、流通サービス新聞、日本工業新聞）と共同通信の記事情報から地球環境に関する記事を収録した情報資料集。収録期間は1996年1月から1997年12月までの2年間、1000件の記事を収

録。巻末に事項名の索引が付く。

<事 典>

環境デザイン用語辞典　土肥博至監修，環境デザイン研究会編著　井上書院　2007.10　355p　21×13cm　3600円　①978-4-7530-0033-3

(内容)環境デザインに関する基本的概念、建設、空間、環境、都市計画、まちづくり、農村計画、コミュニティ、土地利用、交通計画、河川、港湾、景観、公園、植生、資源、公害、地球環境、保存、防災、情報・通信、法制度、人名などの分野から約2700語と写真・図表約890点を収録した用語辞典。

環境百科　危機のエンサイクロペディア　駿河台出版社　1992.11　398p　21cm　2800円　①4-411-00288-4

(目次)第1章 炸裂する都市・膨張する人口，第2章 自然の逆襲，第3章 生態系の崩壊・遺伝情報の狂い，第4章 危機のエネルギー，第5章 日本の環境問題

(内容)地球と人類を救うエコロジー百科。地球環境を考える256項目を収録。今、問題の「環境」を読む。

環境用語ハンドブック　eco検定合格必携!　改訂版　日本経営士会中部支部ECO研究会有志編　（名古屋）三恵社　2018.3　267p　19cm　2000円　①978-4-86487-830-2　Ⓝ519.033

国際環境科学用語集　和英英和　環境庁地球環境部監修，北九州国際技術協力協会KITA環境協力センター編　日刊工業新聞社　1995.3　422p　21cm　4700円　①4-526-03672-2

(内容)環境分野における国際技術協力の実施現場で使用されている用語について、和英・英和の対訳を示した用語集。公害、地球環境、環境社会などに関連する用語約2万語を収録。和英は五十音順、英和はアルファベット順に排列。主要語には解説を付す。

最新 エコロジーがわかる地球環境用語事典　学研・UTAN編集部編　学習研究社　1992.11　488p　18cm　1700円　①4-05-106248-1

(目次)1 大気・気象，2 河川・海洋／水，3 自然・生態系，4 エネルギー，5 ごみ・リサイクル，6 食・農業，7 生活環境，8 地球環境，環境関連団体連絡先

最新 環境キーワード　環境庁長官官房総務課編　経済調査会　1992.6　202p　21cm　1700円　①4-87437-239-2

(目次)第1章 環境保全一般，第2章 公害健康被害，第3章 地球環境，第4章 自然環境，第5章 大気汚染，第6章 騒音・振動，第7章 水質・土壌汚濁，第8章 先端技術・物質，第9章 廃棄物

図説地球環境の事典　吉﨑正憲，野田彰，秋元肇，阿部彩子，大畑哲夫，金谷有剛，才野敏郎，佐久間弘文，鈴木力英，時岡達志，深沢理郎，村田昌彦，安成哲三，渡辺修一編集　朝倉書店　2013.9　378p　26cm　〈文献あり 索引あり〉　14000円　①978-4-254-16059-8　Ⓝ468.036

(目次)第1章 古気候，第2章 グローバルな大気，第3章 ローカルな大気，第4章 大気化学，第5章 水循環，第6章 生態系，第7章 海洋，第8章 雪氷圏，第9章 地球温暖化，基礎論

(内容)地球環境の観測・予測の研究で数々の成果を挙げる海洋研究開発機構（JAMSTEC）の研究者を中心とした、オールジャパン体制の豪華な執筆陣。本文に含みきれない詳細な内容（写真・図、シュレーション、動画など）をDVDに収録。自習だけでなく、教育現場でもダイナミックかつ具体的・専門的理解を支援。

生物多様性キーワード事典　生物多様性政策研究会編　中央法規出版　2002.9　247p　21cm　1800円　①4-8058-4422-1

(目次)第1部 生物多様性の危機（絶滅―消えてゆく生物たち，オオカミ―絶滅した守護神 ほか），第2部 生物多様性とは、生態系とは（生物多様性とは，種の多様性―もっとも基本的な「生物の単位」 ほか），第3部 生物多様性の現状（日本の森林―緑の多い先進国，日本の河川―失われる自然の川 ほか），第4部 生物多様性を守る～世界から～（地球サミット―世界で行動計画づくり，生物多様性条約―生物多様性の保全と利用に関する国際条約 ほか），第5部 生物多様性を守る～日本にて～（新・生物多様性国家戦略―生き物のにぎわいがある国土づくりの羅針盤，レッドデータブック―生物の危機に警鐘を鳴らす本 ほか）

(内容)絶滅危惧種やさまざまな生態系、法制度、時事問題など、生物多様性を学び、守るための100語を解説。

地球温暖化の事典　国立環境研究所地球環境研究センター編著　丸善出版　2014.3　435p　21cm　〈索引あり〉　4800円　①978-4-621-08660-5　Ⓝ451.85

(目次)1章 総論，2章 温室効果ガス，3章 地球システム，4章 気候変化の予測と解析，5章 地球表層環境の温暖化影響，6章 生物圏の温暖化影響，7章 人間社会の温暖化影響と適応，8章 緩

和策，9章 条約・法律・インベントリ，10章 持続可能な社会に向けて

(内容)本事典は、地球温暖化に関する基本的かつ重要な事項をできるだけ網羅的に系統立てて解説したもので、温暖化問題に関する用語の意味や基本的な概念について理解を深めることができます。

地球環境学事典　総合地球環境学研究所編　弘文堂　2010.10　651p　27cm　〈文献あり　索引あり〉　25000円　Ⓘ978-4-335-75013-7　Ⓝ519.036

(内容)地球環境問題が総合的に理解できる事典。最重要論点258を「循環」「多様性」「資源」「文明環境史」「地球地域学」の項目にわけて、全項目見開き2ページオールカラーで解説。グロッサリー、文献一覧、各種索引なども掲載。

地球環境カラーイラスト百科　森林・海・大気・河川・都市環境の基礎知識　Rosa Costa‐Pau著，木村規子，中村浩美，林知世，炭田真由美，近藤千賀子訳　産調出版　1997.5　149p　27×21cm　3300円　Ⓘ4-88282-156-7

(目次)私たちの森と林，私たちの川と湖，海の自然保護，きれいな空気を守る，都市生活の影響

地球環境キーワード事典　環境庁長官官房総務課編　中央法規出版　1990.2　155p　21cm　1300円　Ⓘ4-8058-0699-0

(目次)テーマ篇（地球環境問題の見取り図，オゾン層の破壊，地球の温暖化，酸性雨，海洋汚染，有害廃棄物の越境移動，熱帯林の減少，野生生物種の減少，砂漠化，開発途上国の公害），用語篇（考え方、理念，出来事，国際条約、宣言，国際的行動計画，国際機関，国内関係機関，民間団体及び地方自治体，国際会議，出版物）

(内容)オゾン層破壊、地球温暖化、酸性雨、熱帯林、野生生物種の減少、砂漠化…etc。テーマ別解説+用語解説+年表で立体的に構成する。

地球環境キーワード事典　改訂版　環境庁地球環境部編　中央法規出版　1993.4　175p　21cm　1300円　Ⓘ4-8058-1068-8　Ⓝ519

(目次)テーマ篇（地球環境問題の見取り図，地球サミットからの出発，地球の温暖化，オゾン層の破壊，酸性雨，海洋汚染，有害廃棄物の越境移動，生物の多様性の減少，森林の減少，砂模化，開発途上国等の公害），用語篇（考え方、理念，出来事，国際条約、宣言，国際的行動計画，国際機関，国内関係機関，民間団体及び地方自治体，国際会議，出版物）

(内容)地球環境問題をテーマ別解説・用語解説・年表の構成でまとめたハンドブック。

地球環境キーワード事典　三訂版　環境庁地球環境部編　中央法規出版　1997.11　183p　21cm　1400円　Ⓘ4-8058-1656-2

(目次)テーマ篇（地球環境問題の見取り図，地球サミットからの出発，地球の温暖化，オゾン層の破壊，酸性雨，海洋汚染，有害廃棄物の越境移動，生物の多様性の減少，森林の減少，砂漠化，開発途上国等の公害，その他），用語篇（考え方、理念，出来事，国際条約、宣言，国際的行動・研究計画，国際機関，国内関係機関，民間団体（NGO），国際会議，出版物）

地球環境キーワード事典　四訂版　地球環境研究会編　中央法規出版　2003.5　223p　21cm　1500円　Ⓘ4-8058-4468-X

(目次)テーマ篇（地球環境問題の見取り図，地球サミットからヨハネスブルグサミットへ，地球の温暖化，オゾン層の破壊，酸性雨，海洋汚染，有害廃棄物の越境移動，生物の多様性の減少，森林の減少，砂漠化 ほか），用語篇

(内容)6年ぶりの改訂で京都会議からヨハネスブルグサミットまでの進展を盛り込み、テーマ別解説+用語解説+年表に加えて「コラム」を新設するなど大幅拡充。巻末に用語集、年表を収録。

地球環境キーワード事典　5訂　地球環境研究会編　中央法規出版　2008.3　159p　21cm　〈年表あり〉　1500円　Ⓘ978-4-8058-4796-1　Ⓝ519

(目次)第1章 地球環境問題の見取り図，第2章 地球の温暖化，第3章 オゾン層の破壊，第4章 酸性雨，第5章 海洋汚染，第6章 有害廃棄物の越境移動，第7章 生物の多様性の減少，第8章 森林の減少，第9章 砂漠化，第10章 開発途上国等における環境問題，第11章 その他（南極、世界遺産、黄砂、漂流・漂着ゴミ、地球環境研究）

(内容)温暖化進行、生物多様性減少…人類は危機を乗り越えられるか。テーマ別解説をオールカラー化。地球環境問題が読んで、見て、さらによく分かる。

地球環境辞典　丹下博文編　中央経済社　2003.7　239p　19cm　2600円　Ⓘ4-502-64980-5

(目次)アースデイ，ISO14000シリーズ，ISO14001認証取得，愛・地球博，愛知万博，アイドリング，アオコ，青潮，赤潮，悪臭〔ほか〕

(内容)厳選された最新の基本用語600語を収録。環境問題に関心のある学習者や環境実務の初心者を対象に、読み物としても楽しめるようわかりやすく解説された地球環境時代の画期的な入門辞典。

地球環境辞典　第2版　丹下博文編　中央経済社　2007.10　297p　19cm　2800円

①978-4-502-65960-7

(内容)入門から中級レベルの用語までカバーした第2版。基本用語600語に加え、新たに90用語を追加。最新情報をフォローした環境年表を巻末に収録。

地球環境辞典　第3版　丹下博文編　中央経済社　2012.4　352p　20cm　〈他言語標題：Dictionary of Global Environment　年表あり　索引あり〉　3000円
①978-4-502-69350-2　Ⓝ519.033

(内容)基本用語から最新用語まで厳選された約1,000語の見出し語を収録した入門辞典。最新第3版では、社会的責任、自然災害、安心・安全等に関する用語を新たに追加。eco検定の参考書としてもうってつけの学習・実務に役立つ手許に置いておきたい一冊。

地球環境大事典　今「地球」を救う本〔特装版〕　ウータン編集部編　学習研究社　1992.3　382p　26cm　4800円
①4-05-106128-0

(目次)1 大気汚染・異常気象，2 水質汚濁，3 生態系の破壊，4 エネルギー・廃棄物，5 食の危機，6 生活公害，7 地震・火山，8 地球環境

(内容)本書は、現在の地球の問題点をレポートし、マスコミなどに頻繁に登場する用語の解説をします。また、具体的にどこからスタートすべきかというヒントも提案します。

地球環境の事典　三省堂　1992.9　390p　21cm　2300円　①4-385-15357-4

(内容)知りたい言葉から最新情報まで1700のキーワードがすぐひける。巻頭に92年ブラジル地球サミットの成果や今後の課題、また国内外の最新の環境問題について解説。生活や家庭など身近な環境用語を満載。政治・経済、社会システムと環境のかかわりについても収録。巻末には参考文献と環境年表、そしてわかりやすい索引。

地球環境用語辞典　J.ラブロックほか著，E.ゴールドスミス編　東京書籍　1990.7　353p　21cm　〈原書名：THE EARTH REPORT：MONITORING THE BATTLE FOR OUR ENVIRONMENT〉　3800円
①4-487-76073-9　Ⓝ519.033

(目次)人類と自然の秩序，食糧援助，チェルノブイリ以後の核エネルギー，人類とガイア説，酸性雨と森林の衰亡，水は飲むのに適しているか?

(内容)地球温暖化、森林破壊、各種の汚染、エネルギー問題、開発・援助と第3世界ほか、環境問題は全地球規模に広がり、またその原因と結果がそれぞれ直接我々の日常生活に結びついている。その危機的な状況を正しく認識し、地球と人類とが今後も共存していくための指針を示した。地球環境報告。

地球環境用語大事典　山口太一漫画　学習研究社　1991.10　216p　21cm　（学研まんが事典シリーズ）　980円　①4-05-105549-3

(目次)第1章 地球環境にかんする用語，第2章 地域環境にかんする用語，第3章 環境問題へのとりくみにかんする用語

(内容)世界的な大問題である環境破壊について、関係する重要な用語をとりあげ、説明。各ページに、まめちしきとして、環境問題に関連する重要な用語を入れている。上の欄には、大事な事柄の説明や、グラフ、地図などを記載。巻末には、重要な用語を集めた五十音順のさくいんがある。

地球を救う事典　地球生命復活のために“わたしたちにできることの青写真”　マイルズ・リトヴィーノフ著，江本多栄子，大木達哉，駒瀬裕子，鈴木絵美，鈴木由美ほか訳，バベル訳・監修　産調出版　1997.12　191p　29×24cm　〈原書名：Atlas of Earthcare〉　5800円　①4-88282-167-2

(目次)大地，食物と農業，海洋，エネルギーと自然の力，淡水，動物と植物，人類，文明，わたしたちの明日

都市環境学事典　吉野正敏，山下脩二編　朝倉書店　1998.10　435p　21cm　14000円
①4-254-18001-2

(目次)1 都市の気候環境，2 都市の大気質環境，3 都市と水環境，4 建築と気候，5 都市の生態，6 都市活動と環境問題，7 都市気候の制御，8 都市と地球環境問題，9 アメニティ都市の創造，10 都市気候の変化の時代区分について，11 都市気候と都市気候学の発展

和英・英和 国際総合環境用語集　みなまた環境テクノセンター編，環境省地球環境局監修　日刊工業新聞社　2004.3　683p　21cm　5600円　①4-526-05255-8

(内容)公害、地球環境問題、環境測定、環境経済、環境生物、環境社会、環境行政、環境工学、資源・エネルギー、化学物質などの分野から環境に関わる国際用語を収録した環境用語集。和英編は見出し語五十音順の配列で、見出し語、英語、解説文からなる。和英編は数字・アルファベット順の配列で英語索引を兼ねている。

<ハンドブック>

京都議定書と私たちの挑戦　「気候変動に関する国際連合枠組条約」に基づく第2回日本報告書　環境庁地球環境部編　大蔵省印刷局　1998.5　273p　30cm　1800円

①4-17-165020-8

(目次)「気候変動に関する国際連合枠組条約」に基づく第2回日本国報告書(報告書の概要，国家の状況，温室効果ガスの排出と吸収の目録，政策・措置，温室効果ガス排出・吸収の将来見通し，気候変動により予想される影響及び脆弱性の評価，適応措置，資金援助と技術移転，研究と組織的観測、技術開発，教育と普及啓発)，資料編(気候変動に関する国際連合枠組条約(和・英)，気候変動に関する国際連合枠組条約京都議定書(和・英)，気候変動枠組条約第2回締約国会議日本政府代表演説，気候変動枠組条約第3回締約国会議における橋本総理大臣演説，気候変動に関する国際連合枠組条約第3回締約国会議ハイレベル・セグメントにおける大木議長ステートメント，気候変動に関する政府間パネル(IPCC)第2次評価報告書(1995年12月)の概要，CO2の絶対GWPを基準とした主要温室効果ガスの地球温暖化係数，地球温暖化の日本への影響1996(環境庁地球温暖化検討委員会影響評価ワーキンググループ、1997年3月)の概要，二酸化炭素排出量に関する国内外データ，第2回通報における各国の二酸化炭素排出量見通し(環境庁作成)，地球温暖化防止行動計画の概要，地球温暖化問題に関する年表，英文略語の解説)

合成開口レーダ画像ハンドブック　地球環境計測の新しい技術　飯坂譲二監修，日本写真測量学会編　朝倉書店　1998.5　208p　26cm　12000円　①4-254-10145-7

(目次)基礎編(リモートセンシングと合成開口レーダ，地表とマイクロ波との相互作用，SARの基礎，SAR観測システムの例，SARのデータ処理，SARの高度利用)，応用編(SAR画像の判読，SARの地質学への応用，海洋，SARの雪氷学への応用，水文，植生，都市環境)，資料編(JERS‐1搭載SAR，代表的な土地被覆の後方散乱係数)

(内容)本書は、マイクロ波リモートセンシングの代表的なセンサであるSARをいろいろな分野に応用することを目指す専門家、研究者、技術者、実務者、学生を対象に、SAR画像の解析や判読応用上の指針を解説したものである。

新・地球環境百科　鈴木孝弘著　駿河台出版社　2009.6　203p　22cm　〈他言語標題：New encyclopedia of global environmental problems　索引あり〉　2800円　①978-4-411-00388-1　Ⓝ519

(目次)第1章 人と環境の関わりをみる，第2章 自然と生態系を考える，第3章 温暖化と向き合う，第4章 身近な環境問題をみる，第5章 化学物質のリスクに配慮する，第6章 循環型社会をつくる

(内容)本書は環境問題を学ぶ中・高校生から、一般社会人まで、なるべく多くの読者の方々に、現代の環境問題を理解するために手軽に引ける便利な用語辞典として活用されることを意図して編集・執筆した。

新データガイド地球環境　本間慎編著　青木書店　2008.6　256p　21cm　2900円　①978-4-250-20810-2　Ⓝ519

(目次)第1部 どうなる地球の未来(地球史の現在，止められないのか気候変動／地球温暖化，オゾン層破壊，深刻化する熱帯雨林破壊，止まらない土壌流出と砂漠化，失われゆく野生動物，国境を越え降り注ぐ酸性雨，広がる海洋汚染)，第2部 人類の環境はどこへ(限りある資源，地球環境とエネルギー，増えつづける人口と食糧問題，世界の水問題，開発途上国の公害・環境問題，環境事故は避けられるか，軍事と環境，放射線ろ原子力利用)，第3部 足元から進む環境破壊(公害は過去のものか，汚れている大気，水の利用と汚染，土壌はよみがえるか，生活環境ストレス，廃棄物と循環型社会，失われる自然環境，都市のヒートアイランド現象，健康と有害物質)，第4部 環境への模索(環境保全のための国際制度，環境保全のための国内制度，環境保全への自治体の取り組み，環境アセスメント，国際経済と環境問題，企業の環境への取り組み，環境問題と市民・NGOの役割，身近な環境教育)

(内容)私たちがつくる地球の未来。温暖化など32のトピックスから、最新データで見る地球環境の今。

生物多様性緑化ハンドブック　豊かな環境と生態系を保全・創出するための計画と技術　亀山章監修，小林達明，倉本宣編　地人書館　2006.3　323p　21cm　3800円　①4-8052-0766-3

(目次)第1部 生物多様性緑化概論(生物多様性保全に配慮した緑化植物の取り扱い方法―「動かしてはいけない」という声に応えて，緑化ガイドライン検討のための解説―植物の地理的な遺伝変異と形態形質変異との関連)，第2部 生物多様性緑化の実践事例(遺伝的データを用いた緑化のガイドラインとそれに基づく三宅島の緑化計画，ミツバツツジ自生地減少の社会背景と庭資源を用いた群落復元，アツモリソウ属植物の保全および再生のための種子繁殖技術の可能性と問題点，地域性種苗のためのトレーサビリティ・システム，地域性苗木の生産・施工一体化システム―高速道路緑化における試み ほか)

(内容)「外来生物法」が施行され、外国産緑化植物の取扱いについて検討が進んでいる。近年、緑化植物として導入した外来種が急増し、在来植物を駆逐し景観まで変えてしまう例などが多数報告されているが、こうした問題を克服し、生物多様性豊かな緑化を実現するためにはどう

したらよいのか。本書は、これらの課題に長年取り組み、成果を出しつつある日本緑化工学会気鋭の執筆陣が、その理論と実践事例をまとめた総合的なハンドブックである。

世界地図で読む環境破壊と再生　伊藤正直編　旬報社　2004.11　119p　21cm　1200円　①4-8451-0901-8

(目次)1 グローバル化と環境問題(人口増加と環境―地球の人口許容量は，地球温暖化―経済優先がもたらすもの，異常気象と自然災害―温暖化がもたらすもの ほか)，2 環境問題の現状と産業経済(都市化と都市公害―悪化する都市の生活環境，農業と農村―自然破壊と農産物汚染，エネルギー―求められる新エネルギー ほか)，3 環境の再生をめざして(環境政策―国家レベル・国際レベルの取り組み，環境問題への企業の取り組み―環境マネジメント，エコビジネス―環境問題を市場にどう埋め込むか ほか)

(内容)激増する異常気象、猛威を振るう自然災害、破壊される自然、砂漠化する大地、投棄される有害廃棄物…。環境と経済は両立できるのか?23の世界地図で描く地球環境の現在。

世界の資源と環境　世界146か国の最新データ　1990－91　世界資源研究所編　ダイヤモンド社　1991.6　383p　30cm　〈原書名：WORLD RESOURCES,1990－91〉　18000円　①4-478-87013-6

(目次)第1部 環境問題概観，第2部 世界の課題，第3部 現状と動向，第4部 統計資料

(内容)地球環境のすべてを、この一冊に収録。世界資源研究所(WRI)が、国連環境計画(UNEP)と国連開発計画(UNDP)の全面的協力のもと、総力をあげて編纂、地球の現状に関するもっとも包括的なデータ集。環境をめぐるあらゆる議論の基礎を提供する。

世界の資源と環境　世界152か国の最新データ　1994-95　世界資源研究所編　中央法規出版　1994.12　408p　30cm　9000円　①4-8058-1296-6　Ⓝ334.7

(目次)第1部 人間と環境，第2部 地域特集，第3部 現状と動向，第4部 統計資料

(内容)世界152か国の地球環境と開発に関する科学的データを広く収集、分析したもので、1986年の発刊以来隔年刊の6冊目に当る。今回は特に人々と環境に焦点を当てており、人間と環境、地域特集(中国・インド)、現状と動向、統計資料の4部からなる。巻末に索引を付す。―世界152か国の最新データ、世界で最も活用されている環境問題の隔年刊報告書。

世界の資源と環境　1996－97　世界152か国の最新データ　世界資源研究所，国連環境計画，国連開発計画，世界銀行共編，石弘之日本語版監修，環境情報普及センター日本語版製作協力　中央法規出版　1996.12　318p　30cm　8755円　①4-8058-1521-3

(目次)第1部 都市環境(都市と環境，都市環境と人の健康，自然資源に対する都市の影響，都市の交通，都市における優先すべき行動，都市と地域社会―環境の持続可能性を目指して)，第2部 世界の現状と動向、データ表(基礎的経済指標，人口と人間開発，森林と土地被覆，食糧と農業，生物の多様性，エネルギーと資源，水と漁業，大気と気候)

地球温暖化と日本　自然・人への影響予測　第3次報告　原沢英夫，西岡秀三編著　古今書院　2003.8　411p　26cm　14000円　①4-7722-5081-6

(目次)地球温暖化の日本への影響 要約―進む温暖化、予防とともに今から適応策を，第1章 気候―過去の気候変化の解析および気候変化の予測，第2章 陸上生態系への影響，第3章 農林業への影響，第4章 水文・水資源と水環境への影響，第5章 海洋環境への影響，第6章 社会基盤施設と社会経済への影響，第7章 健康への影響，第8章 気候変動の経済影響評価：政策決定からみた日本とアジア途上国への示唆，第9章 温暖化影響の検出と監視，第10章 適応、脆弱性評価

(内容)人間活動から排出される温室効果ガスによる温暖化(気候変動)で、日本列島にどのような変動が予測され、我々の生活がどのように変るのであろうか。また、変化する気候に我々はどう対応すればよいのだろうか。本書は、この疑問について現在までに得られている研究成果を、60人以上の広い分野にわたる専門家が評価し、とりまとめたものである。

地球温暖化の事典に書けなかったこと　最新研究の舞台裏を覗いてみよう　国立環境研究所地球環境研究センター編　(つくば)国立環境研究所地球環境研究センター　2017.3　195p　21cm　(CGER-report CGER-I133-2017)　Ⓝ451.85

地球カルテ　新世紀への精密検査　地球カルテ制作委員会編　青春出版社　2000.7　205p　26cm　1400円　①4-413-00613-5　Ⓝ304

(目次)1 環境(大気―ダイオキシン、オゾン層破壊、大気汚染，気温―地球温暖化、温室効果ガス，水―水不足、酸性雨、水質汚染 ほか)，2 社会(国家―国家数、国家形態、国境、国土、人口，戦争―民族紛争、国際機関、軍縮、国際テロ，経済―グローバル化、資本流動、経済危機 ほか)，3 人類(人口―人口爆発、都市のスラム化，食糧―飢餓状況、食糧汚染問題，出生―出生率低下、少子化進行 ほか)

(内容)地球が抱える諸問題について解説したハンドブック。環境、社会、人類の3パートで構成。環境では、大気、海、土壌など12のポイントから地球環境を検証。社会では戦争、経済など人間社会の現状を地球レベルで考える。人類では人口問題、少子高齢化問題など人類の21世紀の課題を取り上げている。

地球環境工学ハンドブック　地球環境工学ハンドブック編集委員会編　オーム社　1991.11　1372p　26cm　25000円　Ⓘ4-274-02216-1　Ⓝ519.036

(目次)1 総論編(地球工学概論, 地球規模問題概論), 2 基礎編(地球科学, 地球資源), 3 地球(規模)問題編(エネルギー問題, 鉱物資源問題, 森林資源問題, 食料問題, 人口問題, 気候・異常気象問題, 自然災害), 4 地球規模環境問題・対策編(地球温暖化問題, オゾン層破壊問題, 酸性雨問題, 森林破壊・土壌問題, 砂漠化問題, 海洋汚染問題, 野生生物問題, 放射能汚染問題, 廃棄物・越境移動・途上国問題), 5 地球システム技術編(地球の観測, 地球環境のモデリング, 経済・エネルギーシステムのモデリング, 大規模工学), 6 データ編(地球規模環境問題についての条約・宣言・会議・報告, 太陽系天体のデータ, 資源データ, 環境データ, 生物データ, 観測衛星データ, モデリングデータ, 用語解説, 地球規模環境問題年表)

(内容)自然科学的知見や最新技術の解説に加え、21世紀の新しい技術哲学をも提示。国際会議、関連機関・団体、地球環境問題関連キーワード、環境年表など、周辺知識を掲載。総論編、基礎編、地球(規模)問題編、地球規模環境問題・対策編、地球システム技術編、そしてデータ編と続く内容構成により、地球温暖化、酸性雨、オゾン層破壊、砂漠化などの現象ごとに、専門家以外にも無理なく理解できる内容。

地球環境工学ハンドブック　〔コンパクト版〕　地球環境工学ハンドブック編集委員会編　オーム社　1993.10　1372,24p　21cm　9800円　Ⓘ4-274-02253-6　Ⓝ519.036

(目次)1 総論編, 2 基礎編, 3 地球(規模)問題編, 4 地球規模環境問題・対策編, 5 地球システム技術編, 6 データ編

(内容)地球環境問題全般について、自然科学的な基礎知識・理論から保全技術の現状と展望までを包括的にまとめたハンドブック。

地球環境年表　地球の未来を考える　2003　インデックス編　(横浜)インデックス, 丸善(発売)　2002.11　1035p　21cm　2400円　Ⓘ4-901091-19-0　Ⓝ450.36

(目次)1 日本の気象, 2 平年値, 3 気象災害, 4 高層気象観測, 5 オゾン層, 6 地震・火山, 7 世界の気象, 8 大気環境データ(2000年度・市区町村単位), 9 環境データ

(内容)主に気象に関するデータを収録するデータブック。日本の気象、平年値、気象災害、高層気象観測、オゾン層、地震・火山、世界の気象、大気環境データ、環境データの9分野に分類し構成。

データガイド 地球環境　新版　本間慎編著　青木書店　1995.6　356p　21cm　3296円　Ⓘ4-250-95014-X

(目次)第1部 どうなる地球の未来, 第2部 人類の環境はどこへ, 第3部 足元から進む環境破壊, 第4部 環境への模索

(内容)環境問題関連の諸課題をデータと図版で解説したもの。課題別にデータの解説と関連する図表を見開きで掲載する。収録データ、図版数は各200余。

ひと目でわかる地球環境データブック　地球環境データブック編集委員会編　オーム社　1993.5　460p　26cm　8500円　Ⓘ4-274-02244-7　Ⓝ519

(目次)第1部 基礎科学編(環境科学における物理・化学の基礎データ, 生物・生態に関するデータ), 第2部 気圏データ編(大気環境, 気象), 第3部 陸水圏データ編(国内におけるデータ, 国外におけるデータ), 第4部 海洋データ編(海の概要, 海水の性質, 海の生物, 海洋汚染), 第5部 地圏データ編(歴史的にみた地球環境の変遷, 地圏環境の現状), 第6部 生物圏データ編(酸性降下物, 地球温暖化, オゾン層破壊, 熱帯林の減少, 砂漠化, 野生生物の減少, 海洋汚染, 放射性物質, 人口増加, サンゴ礁), 第7部 農業・林業データ編(農業, 林業), 第8部 人間活動圏データ編(エネルギーと経済, 資源とリサイクル, 原子力と放射能), 第9部 データベース編(データベース, 略語一覧, 環境関連団体連絡先 国内版), 第10部 地球環境問題年表, 第11部 地球環境問題に対する国の取組み(地球環境問題全般に関する国際的議論と国の取組み, 個別問題と国の取組み, 資料)

(内容)地球・地域環境に関わる国内・国外のデータをまとめたデータブック。データと図表を主体とした解説を掲載している。

理科年表 環境編　第2版　国立天文台編　丸善　2006.1　373p　19cm　1600円　Ⓘ4-621-07641-8

(目次)1 地球環境変動の外部要因, 2 気候変動・地球温暖化, 3 オゾン層, 4 大気汚染, 5 水循環, 6 淡水・海洋環境, 7 陸域環境, 8 物質循環, 9 産業・生活環境, 10 環境保全に関する国際条約・国際会議

(内容)地球規模でのさまざまな「環境」変化が

この1冊でわかる。待望の、全面大改訂。外部要因による地球環境変動、気候変動・地球温暖化、オゾン層、大気汚染、水域・陸域環境、物質循環、産業・生活環境、環境保全に関する国際条約を網羅、環境データの集大成。

65億人の地球環境　過去・現在・未来の人間と地球の環境が見える世界地図　改訂版　ノーマン・マイヤーズ，ジェニファー・ケント監修・執筆，竹田悦子，藤本知代子，桑平幸子訳　産調出版　2006.9　304p　33×24cm　14000円　①4-88282-492-2

(目次)序論 こわれやすい奇跡・地球，地球の大地，地球の海洋，地球の資源，地球の進化，地球の人類，地球の文明，地球の管理，エピローグ

(内容)全生物の生命維持システム（ガイア）を潜在的資源、地球の危機、代替的管理法の3つの視点から検証。

<法令集>

環境六法　平成29年版1　中央法規出版　2017.3　1冊　21cm　〈索引あり〉　①978-4-8058-5478-5　Ⓝ519.12

環境六法　平成29年版2　中央法規出版　2017.3　1冊　21cm　〈索引あり〉　①978-4-8058-5478-5　Ⓝ519.12

生物多様性というロジック　環境法の静かな革命　及川敬貴著　勁草書房　2010.9　186p　21cm　〈索引あり〉　2200円　①978-4-326-60231-5　Ⓝ519.8

(目次)第1章 生物多様性とはなにか（生物多様性とはなにか，生物多様性プラットフォームの誕生），第2章 生物多様性はルールにできるのか（制度生態系の成立，進化する自然保護法—生物多様性の保全，環境法化する諸法），第3章 ロジックは世界をどう変えるか（生態リスク管理と自然再生，衡平性の確保—ABSとSATOYAMA（里山），生物多様性の確保と「司令塔」），第4章 なぜ戦略をつくるのか（日本の生物多様性戦略，ニュージーランドの地域戦略，地域戦略の技法—資源創造と参加型生物多様性評価）

<図鑑・図集>

環境破壊図鑑　ぼくたちがつくる地球の未来　藤原幸一著　ポプラ社　2016.11　248p　26×26cm　〈文献あり 索引あり〉　6500円　①978-4-591-15151-8　Ⓝ460.87

(目次)第1章 地球の陸，第2章 地球の海，第3章 南極，第4章 北極，第5章 アフリカ大陸，第6章 オセアニア，第7章 アメリカ大陸，第8章 ユーラシア大陸，第9章 日本，第10章 世界遺産，終章 再生の現場

(内容)融け出す永久凍土、10%も残されていない原生林、溺れ死ぬ10万頭の赤ちゃんアザラシ、レジ袋を食べるアジアゾウ…世界遺産の現状、再生の現場も含む、5大陸120ヵ所のレポートから考える。

世界一美しい自然現象図鑑　渡部潤一監修　双葉社　2014.3　126p　21cm　〈文献あり〉　648円　①978-4-575-30634-7　Ⓝ450

(目次)第1章 光の魔術（オーロラ，ダイヤモンド・ダスト ほか），第2章 月と天体が生み出す奇跡（スーパームーン，月虹 ほか），第3章 雲の芸術（天使のはしご（薄明光線），彩雲 ほか），第4章 激動する大地（ザ・ウェーブ，円柱玄武岩 ほか），第5章 水と氷の神秘（ペニテンテ，フロストフラワー ほか）

(内容)一生に一度は見たい奇跡の絶景55選!

地球温暖化図鑑　布村明彦，松尾一郎，垣内ユカ里著　文溪堂　2010.5　64p　31cm　〈索引あり〉　2800円　①978-4-89423-658-5　Ⓝ451.85

(目次)グラビア（ねむらない地球，地球温暖化でゲリラ豪雨がふえている? ほか），第1章 地球温暖化が始まっている（大気に守られている地球，急激に温暖化しはじめている地球 ほか），第2章 地球温暖化でふえる災害（世界的に強い雨がふり大洪水を引き起こす，あたたかくなる海は台風を凶暴にする ほか），第3章 地球温暖化にそなえる（温暖化しないようにする、温暖化しても困らないようにする，ふえる集中豪雨にそなえる ほか），第4章 社会的な取り組み（世界的な動き、試み，日本の政策 ほか）

(内容)地球温暖化とそれにともなう気候変動について、どうして起きるのか?その結果、わたしたちの生活にどんな影響が出るのか?また、どうしたら、問題が解決するのか?などを、豊富な資料と写真とでわかりやすく説明。特に、地球温暖化とそれにともなう気候変動によって新たに起こったり、またはそれまで以上に大きくなる災害について、さまざまな具体例をあげて説明した。

地球環境図鑑　わたしたちの星の過去・現在・未来　デヴィッド・デ・ロスチャイルド総監修，枝広淳子監訳　ポプラ社　2009.9　256p　29cm　〈索引あり　原書名：Earth matters.〉　4750円　①978-4-591-11028-7　Ⓝ519.8

(目次)生命の星のすがた，極地，亜寒帯・温帯林，砂漠，草原，熱帯林，山，淡水，海洋，地球を救おう

(内容)地球の環境問題を基礎から理解できる、画

期的な環境図鑑。美しい写真とわかりやすい解説で、環境問題を地球の生命全体の問題として学び、考えることができる、グローバルな視点の環境図鑑。

地球図鑑　3Dアニメーションで見て学ぼう　キム・ブライアン監修，ジョン・ウッドワード文，伊藤伸子訳　（京都）化学同人　2013.7　71p　29×22cm　〈原書名：Earth 3-D Pops〉　1800円　Ⓘ978-4-7598-1548-1

（目次）わたしたちの地球（太陽系，惑星の誕生 ほか），活発な地球（動くプレート，海洋と大陸 ほか），鉱物と岩石（鉱物，岩石 ほか），天候と気候（気候帯，雨と風 ほか），生命（生命の始まり，水に生きる生物 ほか）

（内容）この本はたくさんの図を使って地球を説明している図鑑です。今までの図鑑とちがうのは、コンピュータを使って3D画面を動かすことができるところです。本当にその場所で観察しているようです。竜巻を発生させてみてください。氷河はどんなふうに動きますか? 大昔に陸のかたまりがぶつかって…その先はあなたの目で確かめてくださいね。

ちきゅう大図鑑　なぜ?どうして?わかった!! 気象・天体・昆虫・動物・魚貝・鳥・植物　世界文化社　1991.6　511p　26cm　〈『家庭画報』別冊〉　3900円　Ⓝ460.38

地球博物学大図鑑　スミソニアン協会監修，デイヴィッド・バーニー顧問編集，西尾香苗，増田まもる，田中稔久訳　東京書籍　2012.6　656p　31cm　〈文献あり 索引あり　原書名：THE NATURAL HISTORY BOOK〉　9500円　Ⓘ978-4-487-80564-8　Ⓝ460.38

（内容）地球上の生命を総合的に紹介するとともに、鉱物から微生物、植物、哺乳類まで、5000種以上をフルカラーで図解。分類群ごとにさまざまな事実を盛り込んだ概説を設け、めぼしい種をピックアップして詳細な説明を施す。

<地図帳>

目で見る世界の動き　1　地球環境―水・緑・人間　ジョニー・シーガー著，国際理解教育・資料情報センター訳　国際理解教育・資料情報センター出版部　1992.6　135p　25cm　〈原書名：The state of the earth atlas.〉　2575円　Ⓘ4-906410-02-2　Ⓝ290.38

<年鑑・白書>

環境年表　第1冊（平成21・22年）　国立天文台編　丸善　2009.2　398p　21cm　（理科年表シリーズ）　〈『理科年表 環境編』第2版（2006年刊）の改訂　索引あり〉　2000円　Ⓘ978-4-621-08068-9　Ⓝ519.036

（目次）1 地球環境変動の外部要因，2 気候変動・地球温暖化，3 オゾン層，4 大気汚染，5 水循環，6 淡水・海洋環境，7 陸域環境，8 物質循環，9 産業・生活環境，10 環境保全に関する国際条約・国際会議

環境年表　第2冊（平成23・24年）　国立天文台編　丸善　2011.1　408p　21cm　（理科年表シリーズ）　〈索引あり〉　2000円　Ⓘ978-4-621-08308-6　Ⓝ519.036

（目次）1 地球環境変動の外部要因，2 気候変動・地球温暖化，3 オゾン層，4 大気汚染，5 水循環，6 淡水・海洋環境，7 陸域環境，8 物質循環，9 産業・生活環境，10 環境保全に関する国際条約・国際会議

環境年表　第3冊（平成25・26年）　国立天文台編　丸善出版　2013.12　454p　21cm　（理科年表シリーズ）　2000円　Ⓘ978-4-621-08737-4

（目次）1 地球環境変動の外部要因，2 気候変動・地球温暖化，3 オゾン層，4 大気汚染，5 水循環，6 陸水・海洋環境，7 陸域環境，8 物質循環，9 産業・生活環境，10 環境保全に関する国際条約・国際会議

環境年表　第5冊（平成29-30年）　国立天文台編　丸善出版　2017.1　515p　21cm　（理科年表シリーズ）　〈索引あり〉　2800円　Ⓘ978-4-621-30100-5　Ⓝ519.036

（目次）地球環境変動の外部要因，気候変動・地球温暖化，オゾン層，大気汚染，水循環，陸水・海洋環境，陸域環境，ヒトの健康と環境，物質循環，産業・生活環境，環境保全に関する国際条約・国際会議

環境年表　'98-'99　茅陽一監修，オーム社編　オーム社　1997.11　556p　21cm　3800円　Ⓘ4-274-02359-1

（目次）第1部 環境科学における物理・化学の基礎データ編（単位と基礎データ），第2部 気圏データ編（大気環境，気象），第3部 陸水圏・沿岸海域データ編（国内における河川・湖と流域データ，国外における河川・湖と流域データ），第4部 海洋データ編（海の構造，海の特徴，海洋汚染），第5部 地圏データ編（歴史的にみた地球環境の変遷，地圏環境の現状），第6部 生物圏データ編（生物・生態に関するデータ，酸性降下物，地球温暖化，オゾン層破壊，熱帯林，砂漠化，野生生物および自然環境，海洋汚染，放射性物質，サンゴ礁），第7部 農林・水産業データ編（土壌，土地利用，砂漠化，肥料の使用量，農

薬の使用量，穀物生産，食肉生産，水産業，林業，食糧），第8部 人間活動圏データ編（人口・経済・産業活動，エネルギーの需給，原子力と放射能，環境と人体・健康影響），第9部 資源とリサイクル編（鉄資源とリサイクル，缶材のリサイクル，プラスチックとリサイクル，紙とリサイクル，ガラスびんとリサイクル，都市ごみからの資源・エネルギーの回収，産業廃棄物の排出と処理），第10部 環境問題に対する国の取組み編（地球環境問題全般に関する国際的議論と国の取組み，個別問題と国の取組み，地球環境に関する国の取組み，環境関連の資格，資料），第11部 資料編（データベース，略語一覧，環境関連団体連絡先）

(内容)環境に関する研究結果や観測結果をとりまとめたデータ集。数値データの更新やダイオキシン等に関するデータも追加されている。

地球環境政策のあり方に関する研究　総合研究開発機構，全国官報販売協同組合（発売） 1995.9　203p　26cm　（NIRA研究報告書 NO.950065）　2000円　①4-7955-9459-7

(目次)序章 人口・食糧・エネルギー，第1章 経済的手法の活用，第2章 途上国の環境対策と経済援助，第3章 地球環境問題と国際貿易，第4章 地球環境問題と「環境ストック」，第5章 今後の地球環境政策のあり方に関する課題及び提言

地球環境データブック　ワールドウォッチ研究所　レスター・ブラウン，マイケル・レナー，ブライアン・ハルウェイル編著，福岡克也監訳　家の光協会　2000.9　251p　21cm　〈原書名：VITAL SIGNS 2000〉　2500円　①4-259-54590-6　Ⓝ519

(目次)第1部 主要基礎データ（食糧の動向，農業生産資源の動向，エネルギーの動向，大気の動向，経済の動向，運輸の動向，通信手段の動向，社会の動向，軍事の動向），第2部 特別分析（環境分野，経済分野，社会分野）

(内容)地球環境問題のデータを収録した資料集。主要基礎データと48項目による特別分析で構成する。特別分析では新しいテーマとして化学肥料使用量、地下水の汚染、環境ホルモンなどについて収録する。

地球環境データブック　ワールドウォッチ研究所　2001-02　クリストファー・フレイヴィン編著，福岡克也監訳，環境文化創造研究所日本語版編集協力　家の光協会　2001.9　260p　21cm　〈原書名：Vital signs：The Trends That Are Shaping Our Future〉　2500円　①4-259-54599-X　Ⓝ519

(目次)第1部 主要基礎データ（食料と農業の動向，エネルギーの動向，大気の動向，経済の動向，運輸の動向 ほか），第2部 特別分析（環境分野，経済金融分野，資源経済分野，交通分野，保健分野 ほか）

(内容)地球環境問題のデータを収録した資料集。食料と農業、エネルギー、大気、経済、運輸、社会と公衆衛生、軍事の7つの動向の主要基礎データと、環境、経済金融、資源経済、交通、保険、社会の9つの分野の特別分析で構成する。

地球環境データブック　2004-05　福岡克也監修　ワールドウォッチジャパン　2004.12　310p　21cm　2500円　①4-948754-18-8

(目次)第1部 主要基礎データ（食料と農業の動向，エネルギーと大気の動向，経済の動向 ほか），第2部 特別分析（BSEとvCJD（変異型ヤコブ病），高病原性鳥インフルエンザ，SARS ほか），第3部 ワールドウォッチ（安くておいしい養殖サケの安全性と環境評価，アメリカのレタスは国防優先でロケット燃料まみれ，「沈黙の冬」をもたらすかも知れない遺伝子組み換えイネ ほか）

(内容)グローバル・セキュリティを探る。

地球環境データブック　ワールドウォッチ研究所　2005-06　クリストファー・フレイヴィン編著，福岡克也監訳，環境文化創造研究所日本語版編集協力　ワールドウォッチジャパン　2005.11　284p　21cm　〈原書名：VITAL SIGNS 2005〉　2500円　①4-948754-19-6

(目次)第1部 主要基礎データ（食料の動向，エネルギーと大気の動向，経済の動向，運輸の動向，社会と公衆衛生の動向，軍事の動向），第2部 特別分析（環境分野，経済・社会分野，ガヴァナンス分野），第3部 ワールドウォッチ（イスラエル・パレスチナ・ヨルダンの死海をめぐる、「水と平和」，「国境なき世界」、WTO体制は誰のためなのか），第4部 特別寄稿 BRICs+トルコ

地球環境データブック　ワールドウォッチ研究所　2007-08　クリストファー・フレイヴィン編著，福岡克也監訳　ワールドウォッチジャパン　2007.12　252p　21cm　2600円　①978-4-948754-29-4

(目次)第1部 主要基礎データ（食料と農業と水産業の動向，エネルギーと環境の動向，社会と経済の動向，運輸と通信の動向，軍事の動向），第2部 特別分析（食料・農業分野，環境分野，社会・経済分野，保健衛生分野），第3部 特別記事（中国のバイオ燃料と食糧）

地球環境データブック　ワールドウォッチ研究所　2010-11　特別記事：世界の水産資源　将来世代のための管理　ワールドウォッチ研究所企画編集，松下和夫監訳　ワールドウォッチジャパン　2011.3　242p　21cm　〈原書名：Vital signs.〉　2600円

①978-4-948754-40-9　Ⓝ361.7

(目次)第1部 主要基礎データ（エネルギーと運輸の動向，環境と気候の動向，食料と農業と水産業の動向，世界経済と資源の動向，人口と社会の動向），第2部 ワールドウォッチ（自転車時代に追い風を，トイレットペーパーの原料にされる森林），第3部 特別記事 世界の水産資源：将来世代のための管理（世界の水産資源をめぐる動き，世界の水産資源の管理の展開—伝統的な資源管理の限界，地球環境問題としての水産資源—どのようなガバナンスが求められるか）

地球白書　ワールドウォッチ研究所　2001-02　レスター・ブラウン編著，エコ・フォーラム21世紀日本語版監修　家の光協会　2001.4　422p　21cm　〈原書名：State of the world 2001〉　2600円　①4-259-54592-2　Ⓝ361.7

(目次)第1章 豊かさを貧困の解消に役立てる，第2章 しのび寄る地下水汚染を防ぐ，第3章 飢餓の根絶をめざして，第4章 衰退する両生類からの警告，第5章 水素エネルギー経済への挑戦，第6章 持続可能な交通手段を選択する，第7章 自然災害の大規模化を回避する，第8章 途上国を重債務から解放する，第9章 国際環境犯罪を取り締まる，第10章 持続可能な社会へのシフトを加速する

(内容)米国のワールドウォッチ研究所による、地球環境についての現状と提言をまとめたもの。巻末に五十音順の人名索引、国名・地名索引、事項索引がある。「State of the World 2001」の日本語版。

地球白書　ワールドウォッチ研究所　2002-03　クリストファー・フレイヴィン編著，エコ・フォーラム21世紀監修，地球環境財団環境文化創造研究所編集協力　家の光協会　2002.4　416p　21cm　〈原書名：State of the world 2002〉　2600円　①4-259-54612-0　Ⓝ361.7

(目次)第1章 ヨハネスブルク・サミットの課題—より安全な世界をつくり出す，第2章 温暖化防止への取り組みを地球規模で前進させる，第3章 農業のもつ社会的役割を評価する，第4章 有害化学物質を減らして、汚染から解放される，第5章 増大する国際旅行の持続可能性を高める，第6章 人口政策を見直し、女性の地位を改善する，第7章 途上国の長期化する資源紛争の構造，第8章 グローバル・ガバナンスを再構築する

(内容)米国のワールドウォッチ研究所による、地球環境についての現状と提言をまとめたもの。「State of the World 2002ー03」の日本語版。2002‐03年版の全8章は、これからの革新に関するビジョンを提示し、社会および環境面で飛躍する新たな10年間を始めるにあたって、地球サミットの行われたヨハネスブルグで実行可能な具体的なステップについての提言を述べている。巻末に五十音順の人名索引、国名・地名索引、事項索引がある。

地球白書　ワールドウォッチ研究所　2003-04　クリストファー・フレイヴィン編著，エコ・フォーラム21世紀日本語版監修，地球環境財団，環境文化創造研究所日本語版編集協力　家の光協会　2003.4　402p　21cm　〈原書名：STATE OF THE WORLD 2003〉　2600円　①4-259-54629-5

(目次)第1章 石器革命から環境革命へ、人類の進化を果たす，第2章 自然と人間とを結び付ける鳥類を守る，第3章 途上国で生態系と共生する女性のエンパワーメント，第4章 三〇秒ごとに子どもの命を奪うマラリアを撲滅する，第5章 政治の意思として新エネルギー革命を支援する，第6章 環境の21世紀、錬金術は金属リサイクル，第7章 スラム住民による、スラム住民のための改革，第8章 大きなチャレンジ—宗教界と環境団体との協働

地球白書　ワールドウォッチ研究所　2004-05　クリストファー・フレイヴィン編著，エコ・フォーラム21世紀日本語版監修　家の光協会　2004.5　401p　21cm　〈原書名：STATE OF THE WORLD 2004〉　2600円　①4-259-54651-1

(目次)第1章 「幸福感」より「不安」が高まる大量消費社会，第2章 エネルギー源を賢く選んで、できるだけ使わない，第3章 水の利用効率を高め、生態系と分かつ，第4章 まともな食べ物を、ほどほどに食べる権利と義務，第5章 人類のため、そして地球のためにグリーン購入をする，第6章 ジハードでもマックワールドでもない、グローバル社会を，第7章 大量消費社会からウェルビーイングな社会へ，第8章 「質の高い生活」を実現するために

(内容)地球環境と企業の社会的責任。

どうなる地球・どうする21世紀　中間報告　地球的規模の環境問題に関する懇談会・地球温暖化問題に関する特別委員会　環境庁企画調整局地球環境部編　大蔵省印刷局　1996.12　119p　30cm　1300円　①4-17-290105-0

(目次)第1章 はじめに，第2章 地球温暖化問題及び対策についての基礎的認識，第3章 世界全体での取組のあり方，第4章 我が国の取組のあり方，第5章 おわりに

ワールドウォッチ研究所 地球環境データブック　2002-03　クリストファー・フレイヴィン編著，福岡克也監訳　家の光協会　2002.9　276p　21cm　〈原書名：VITAL

SIGNS 2002〉　2500円　①4-259-54626-0

(目次)第1部 主要基礎データ(食料と農業の動向, エネルギーの動向, 大気の動向, 経済の動向, 運輸の動向, 通信手段の動向, 社会と公衆衛生の動向, 軍事の動向), 第2部 特別分析(環境分野, 経済金融分野, 資源経済分野, 保健分野, 社会分野, 軍事分野)

ワールドウォッチ研究所 地球環境データブック 2003-04　クリストファー・フレイヴィン編著, 福岡克也監訳, 環境文化創造研究所日本語版編集協力　家の光協会　2003.9　276p　21cm　〈原書名：VITAL SIGNS：The Trends That Are Shaping Our Future〉　2500円　①4-259-54643-0

(目次)第1部 主要基礎データ(食料と農業の動向, エネルギーと大気の動向, 経済の動向 ほか), 第2部 特別分析(環境分野, 経済金融分野, 資源経済分野 ほか), 第3部 ワールドウォッチ(赤い過去から緑の未来へ、ウクライナと旧共産諸国の持続可能な発展, 食の民主主義のために地域の"食と農"を支援する食堂, 自然と人間とで水資源を分け合う ほか)

<統計集>

地球温暖化予測情報　第2巻　二酸化炭素濃度が年率0.5%で増加する場合の全球大気・海洋結合モデルによる気候予測　気象庁編　大蔵省印刷局　1998.7　66p　30cm　2500円　①4-17-263321-8

(目次)時系列図(地上気温・降水量・海面水位, 地上気温の緯度帯平均), 分布図(平均, 地上気温, 降水量, 海面水温, 海氷, 積雪の高さ, 海面水位), 緯度 - 高度断面図(東西平均気温)

(内容)二酸化炭素濃度が年率0.5%で増加する場合の今後150年先までの地球温暖化に関する予測情報をとりまとめたもの。大気中の数種類の温室効果ガスの増加による影響を二酸化炭素濃度の増加による放射強制力の増加に置き換えた全球気候予測の数値実験の結果について、地上気温、降水量、海面水温、海氷、積雪及び海面水位の各要素の地理的分布の変化を中心に掲載。

◆自然保護

<事 典>

事典・日本の自然保護地域　自然公園・景勝・天然記念物　日外アソシエーツ株式会社編集　日外アソシエーツ, 紀伊国屋書店(発売)　2016.4　496p　21cm　〈文献あり 索引あり〉　12500円　①978-4-8169-2596-2　Ⓝ519.8

(目次)自然一般(国定公園, 国立公園 ほか), 記念物・名勝(天然記念物—国指定, 特別天然記念物—国指定 ほか), 森林・樹木・花(あわじ花へんろ, 香川の保存木 ほか), 名水(信州の名水・秘水, とっとり(因伯)の名水 ほか), 生息地(サンクチュアリ, 重要生息地(IBA) ほか)

(内容)官公庁、地方自治体、学会・各種団体、国際機関によって選定・登録された日本の自然保護地域135種6,400件を通覧。地域特有の自然を対象とした保護地域、自然公園、風景、樹木、指定文化財(天然記念物、名勝)を収録。都道府県・市町村単位で引くことが出来る「地域別索引」付き。

<ハンドブック>

自然観察ハンドブック　日本自然保護協会編　平凡社　1994.7　426p　19cm　(フィールドガイドシリーズ 1)　2060円　①4-582-54011-2

(目次)1 自然観察とは, 2 自然観察の技術と方法, 3 自然観察のテーマとその展開, 4 自然のなかの安全とマナー, 5 自然観察会の指導と運営, 6 指導者の心得と保護活動, 7 資料篇(日本自然保護協会における自然保護教育普及事業, NACS - J自然観察指導員の養成, あなたもNACS - J自然観察指導員に, NACS - J自然観察指導員連絡会一覧 ほか)

自然再生ハンドブック　日本生態学会編, 矢原徹一, 松田裕之, 竹門康弘, 西広淳監修　地人書館　2010.12　264p　26cm　4000円　①978-4-8052-0827-4　Ⓝ519.8

(目次)第1章 自然再生事業とは(なぜ自然再生事業が必要か?, 自然再生に関する制度・事業の動向と課題), 第2章 「自然再生事業指針」の解説(自然再生事業の対象, 基本認識の明確化, 自然再生事業を進めるうえでの原則 ほか), 第3章 自然再生事業の実例(釧路湿原の自然再生事業, 釧路川の再蛇行化計画, 霞ヶ浦における湖岸植生の保全・再生の試み ほか), 巻末資料 自然再生事業指針

(内容)自然再生事業とは何か。なぜ必要なのか。何を目標にして、どのような計画に基づいて実施すればよいのか。生態学の立場から、自然再生事業の理論と実際を総合的に解説し、全国各地で行われている実施主体や規模が多様な自然再生事業の実例について、成果と課題を検討する。巻末資料に「自然再生事業指針」(日本生態学会生態系管理専門委員会、2005)を収録。

自然保護と利用のアンケート調査　公園管理・野生動物・観光のための社会調査ハ

ンドブック　愛甲哲也，庄子康，栗山浩一編　築地書館　2016.7　313p　22cm　〈文献あり 索引あり〉　3400円
①978-4-8067-1516-0　Ⓝ519.8

(目次)第1部 基本編（自然環境の保全と観光・レクリエーション利用のための社会環境とは，アンケート調査の企画―実施する前に，アンケート調査票の設計，アンケート調査の実施，データ分析と成果の取りまとめ），第2部 応用編（レクリエーション研究からのアプローチ，環境経済学からのアプローチ―貨幣評価，野生動物管理学からのアプローチ―政策評価・リスク認識，観光学からのアプローチ―市場調査，質的調査による地域資源評価の事例），付録

(内容)自然環境の保護と利用を目的としたアンケート調査の作成から実施方法、データ解析までを、造園学、環境経済学、野生動物管理学、観光学など多様な分野の研究者・実務者が解説する。

自然保護ハンドブック　新装版　沼田眞編　朝倉書店　2007.1　821p　26cm　25000円
①978-4-254-10209-3

(目次)第1編 基礎（自然保護とは何か，自然保護憲章，天然記念物、天然保護区域，自然公園、特別地域、特別保護地区，自然環境保全地域，保安林，保護林制度，生物圏保存地域，自然遺産，レッドデータブック，絶滅のおそれのある野生植物，絶滅のおそれのある野生動物，環境基本法，生物多様性条約，ワシントン条約（CITES），湿地の保護と共生（ラムサール条約），アジェンダ21,IBP（国際生物学事業計画），MAB（人間と生物圏計画），環境と開発，人間環境宣言とリオ宣言，生態系の管理，生態系の退行，自然保護と自然復元，持続的開発（SD）と持続的利用（SU），草地の状況診断，身近な自然―里山，自然保護教育，博物館における環境教育，環境倫理，エコツーリズム花粉分析と自然保護），第2編 各論―問題点と対策（針葉樹林の自然保護，夏緑樹林の自然保護，照葉樹林の自然保護，熱帯多雨林の自然保護，二次林の自然保護，自然草原の自然保護，半自然草原の自然保護，タケ林の自然保護，砂漠・半砂漠の自然保護，湖沼の自然保護，河川の自然保護，湿原の自然保護，マングローブの自然保護，サンゴ礁の自然保護，干潟、浅海域の自然保護，島しょの自然保護，高山域の自然保護，哺乳類の自然保護，陸鳥の自然保護，水鳥の自然保護，両生類・爬虫類の自然保護，淡水魚類の自然保護，海産魚類の自然保護，甲殻類の自然保護，昆虫の自然保護，土壌動物の自然保護），付録

(内容)本書は、IBPのまとめとしての旧版に対し、現代の自然保護上問題とされる点を拾い上げたものである。前半では基礎編として、基礎的な用語、概念、方法、法令、条約、動向などの各種項目の解説をし、後半では各論として、種、種群、各種生態系の自然保護上の問題点と対策をとりあげた。また、読者の便を考え、出版直前に環境庁から発表された植物のレッドリストなど、豊富な資料を付録に収めた。

<年鑑・白書>

環境白書／循環型社会白書／生物多様性白書　平成29年版　環境から拓く、経済・社会のイノベーション　日経印刷，全国官報販売協同組合（発売）　2017.6　400p　30cm　2380円　①978-4-86579-079-5

(目次)平成28年度環境の状況 平成28年度循環型社会の形成の状況 平成28年度生物の多様性の状況（総合的な施策等に関する報告（地球環境の限界と持続可能な開発目標（SDGs），パリ協定を踏まえて加速する気候変動対策，我が国における環境・経済・社会の諸課題の同時解決，東日本大震災及び平成28年熊本地震からの復興と環境回復の取組），各分野の施策等に関する報告（低炭素社会の構築，生物多様性の保全及び持続可能な利用―豊かな自然共生社会の実現に向けて，循環型社会の形成，大気環境、水環境、土壌環境等の保全 ほか）），平成29年度環境の保全に関する施策 平成29年度循環型社会の形成に関する施策 平成29年度生物の多様性の保全及び持続可能な利用に関する施策

自然環境データブック　2001　自然保護年鑑編集委員会編　インタラクション　2000.10　403p　30cm　（自然保護年鑑 5）　8000円　①4-900979-14-7　Ⓝ519.81

(目次)1 自然環境を総括（"環境庁"から"環境省"へ，世界の自然保護地域，国の15年の出来事），2 国の施策（総説，生物多様性の確保，多様な自然の体系的保全 ほか），3 地方公共団体の施策（自然環境データ，自然環境データの比較，北海道 ほか），4 民間団体の組織と活動（全国規模の自然保護団体，自然環境保全活動などに対する助成事業），企画（座談会「自然公園整備・造園工事業からの提言」），資料（自然保護関係用語の解説，自然保護関係・税の減免措置，国設鳥獣保護区 ほか）

自然保護年鑑　2（平成1・2年版）　自然保護年鑑編集委員会編　自然保護年鑑刊行会　1990　494p　26cm　〈日正社（発売）〉　7000円　Ⓝ519.8

(内容)自然保護のうごき、国の施策、地方自治体の施策、民間団体の組織と活動、参考資料、の5部で構成される。図表多数掲載。

自然保護年鑑　3（平成4・5年版）　自然保護年鑑編集委員会編　自然保護年鑑刊行会

1992.12　536p　27cm　7282円
①4-931208-07-X

(内容)世界と日本の自然は今

自然保護年鑑　4（平成7・8年版）　自然と共に生きる時代を目指して　環境庁自然保護局協力，自然保護年鑑編集委員会編　自然保護年鑑刊行会，日正社（発売）　1996.9　462p　26cm　8000円　①4-931208-10-X

(目次)自然保護Q&A50，国の施策，地方自治体の施策，民間団体の組織と活動，自然保護のうごき

<統計集>

緑の国勢調査　自然環境保全基礎調査の概要　1993　環境庁自然保護局編　自然環境研究センター　1993.12　69p　30cm　3605円　①4-915959-08-2　Ⓝ519.81

(目次)1 陸域に関する調査，2 陸水域に関する調査，3 海域に関する調査，4 生態系に関する調査

◆自然公園

<事 典>

日本の国立公園まるわかり事典　体験したい自然がいっぱい!　加藤峰夫監修　PHP研究所　2015.6　63p　29cm　（楽しい調べ学習シリーズ）〈文献あり 索引あり〉　3000円　①978-4-569-78472-4　Ⓝ629.41

(目次)第1章 国立公園を知ろう!（全国国立公園MAP，国立公園ってなんだろう?，国立公園はどのようにして生まれたの?，国立公園には何があるの? ほか），第2章 国立公園に行こう!―全国国立公園ガイド（利尻礼文サロベツ国立公園，知床国立公園，阿寒国立公園，釧路湿原国立公園 ほか）

<ハンドブック>

環境庁レンジャーが選んだ国立公園フィールドガイド　上　環境庁ネイチャーウォッチング研究会著　山と渓谷社　1993.9　143p　21cm　1800円　①4-635-42006-X　Ⓝ291.09

(目次)利尻礼文サロベツ国立公園，知床国立公園，阿寒国立公園，釧路湿原国立公園，大雪山国立公園，支笏洞爺国立公園，十和田八幡平国立公園，陸中海岸国立公園，磐梯朝日国立公園，日光国立公園，上信越高原国立公園

(内容)53フィールドの国立公園をカラー図版を用いて紹介する国立公園ガイド。地域別の上下2分冊。収録する国立公園には、詳細地図を付載する。

環境庁レンジャーが選んだ国立公園フィールドガイド　下　環境庁ネイチャーウォッチング研究会著　山と渓谷社　1993.9　143p　21cm　1800円　①4-635-42007-8　Ⓝ291.09

(目次)秩父多摩国立公園，小笠原国立公園，富士箱根伊豆国立公園，中部山岳国立公園，白山国立公園，南アルプス国立公園，伊勢志摩国立公園，吉野熊野国立公園，山陰海岸国立公園，瀬戸内海国立公園，大山隠岐国立公園，足摺宇和海国立公園，西海国立公園，雲仙天草国立公園，阿蘇くじゅう国立公園，霧島屋久国立公園，西表国立公園

(内容)53フィールドの国立公園をカラー図版を用いて紹介する国立公園ガイド。地域別の上下2分冊。収録する国立公園には、詳細地図を付載する。

自然公園実務必携　改訂版　環境省自然環境局国立公園課監修　中央法規出版　2006.6　1238p　21cm　5600円　①4-8058-4651-8

(目次)第1編 自然公園法，第2編 自然公園の公園計画に係る業務，第3編 自然公園法に係る許認可業務，第4編 自然公園に係る事業等実施関係業務，第5編 環境省所管国有財産の管理業務，第6編 自然とのふれあい関係業務，参考資料

自然公園実務必携　平成3年版　環境庁自然保護局国立公園課監修　第一法規出版　1991.7　841p　21cm　4000円　①4-474-01529-0

(目次)第1編 自然公園法（自然公園法，法律改正等），第2編 自然公園の公園計画に係る業務（公園計画作成要領等，公園事業の決定，その他），第3編 自然公園法に係る許認可業務（現地管理体制及び許認可事務一般，公園事業，行為許可、届出，利用の適正化，その他），第4編 総理府（環境庁）所管国有財産の管理業務（国有財産関係法令，施行通知及び運用通知等），第5編 保護管理に係る補助事業業務（国立公園等環境保全管理関係，特定民有地等買上関係），参考資料

自然公園実務必携　平成9年版　第8次改訂版　環境庁自然保護局国立公園課監修　第一法規出版　1997.5　914p　21cm　4600円　①4-474-00733-6

(目次)第1編 自然公園法，第2編 自然公園の公園計画に係る業務，第3編 自然公園法に係る許認可業務，第4編 総理府（環境庁）所管国有財産の管理業務，第5編 保護管理に係る補助事業業務

誇れる郷土ガイド　自然公園法と文化財保護法　古田陽久，古田真美監修，世界遺産総

合研究所企画・編集　(広島)シンクタンクせとうち総合研究機構　2008.1　128p　21cm　(ふるさとシリーズ)　〈年表あり〉　2000円　①978-4-86200-129-0　Ⓝ291

(内容)わが国の国立公園、国定公園及び都道府県立自然公園を保護する「自然公園法」と、国宝、重要文化財、史跡、名勝、天然記念物、文化的景観、伝統的建造物群などを保護する「文化財保護法」、それに関連参考資料を特集する。「世界遺産ガイド―世界遺産条約とオペレーショナル・ガイドラインズ編―」との姉妹編。

誇れる郷土ガイド　日本の国立公園編　古田陽久，古田真美監修，世界遺産総合研究所企画・編　(広島)シンクタンクせとうち総合研究機構　2005.3　128p　21cm　(ふるさとシリーズ)　2000円　①4-916208-94-3　Ⓝ629.41

(目次)利尻礼文サロベツ国立公園(北海道)，知床国立公園(北海道)，阿寒国立公園(北海道)，釧路湿原国立公園(北海道)，大雪山国立公園(北海道)，支笏洞爺国立公園(北海道)，十和田八幡平国立公園(青森県、秋田県、岩手県)，陸中海岸国立公園(岩手県、宮城県)，磐梯朝日国立公園(山形県、福島県、新潟県)，日光国立公園(福島県、栃木県、群馬県、新潟県)〔ほか〕

(内容)日本の魅力、日本らしさを代表するものを考えるなかで、日本の国立公園がその一つに挙げられる。本書では日本の自然公園法で、「国立公園」に指定されている国立公園を特集し、今後の世界遺産候補を探る為の検討資料にしたい。

<法令集>

新版・自然公園実務必携　自然公園法令研究会監修　中央法規出版　2003.8　1234p　19cm　6000円　①4-8058-4378-0

(目次)第1編 自然公園法，第2編 自然公園の公園計画に係る業務，第3編 自然公園法に係る許認可業務，第4編 自然公園に係る事業等実施関係業務，第5編 環境省所管国有財産の管理業務，第6編 特定民有地等買上関係業務

<図鑑・図集>

ビジュアル版 自然の楽園　美しい世界の国立公園大図鑑　アンジェラ・S.イルドス，ジョルジオ・G.バルデッリ編，藤原多伽夫訳　東洋書林　2013.11　319p　30cm　〈原書名：THE GREAT NATIONAL PARKS OF THE WORLD〉　12000円　①978-4-88721-815-4　Ⓝ290

(目次)1 ヨーロッパ，2 アフリカ，3 アジア・中東，4 オセアニア，5 北アメリカ，6 中央・南アメリカ

(内容)圧巻のフルカラー写真650点。息を呑む地球の魅惑52!!

◆世界遺産

<事 典>

すべてがわかる世界遺産大事典　世界遺産検定1級公式テキスト　〔2016〕上　世界遺産アカデミー監修，世界遺産検定事務局著　世界遺産アカデミー／世界遺産検定事務局，マイナビ出版(発売)　2016.1　433p　21cm　〈索引あり〉　2950円　①978-4-8399-5811-4　Ⓝ709

(目次)日本の遺産(日本の文化遺産，日本の自然遺産 ほか)，アジアの世界遺産(宮殿と庭園，城砦・城砦都市 ほか)，アフリカの世界遺産(エジプト文明の遺産，古代文明と古代遺跡 ほか)，オセアニアの世界遺産(文化的景観，近代建築と植民都市 ほか)

(内容)2016年1月時点の最新情報と全世界遺産を完全網羅!世界遺産の基礎知識、日本の世界遺産、アジアの世界遺産、オセアニアの世界遺産を写真つきで紹介!

すべてがわかる世界遺産大事典　世界遺産検定1級公式テキスト　〔2016〕下　世界遺産アカデミー監修，世界遺産検定事務局著　世界遺産アカデミー／世界遺産検定事務局，マイナビ出版(発売)　2016.1　433p　21cm　〈索引あり〉　2950円　①978-4-8399-5812-1　Ⓝ709

(目次)ヨーロッパの世界遺産(古代ギリシャ関連，古代ローマ関連，先史時代，岩絵と壁画，要塞と城砦、城塞都市 ほか)，アメリカ大陸の世界遺産(先住民族の遺跡(中米)，先住民族の遺跡(南米)，先住民族の遺跡(北米)，マヤ文明に関する遺産，植民都市(中米) ほか)

(内容)2016年1月時点の最新情報と全世界遺産を完全網羅!ヨーロッパの世界遺産、アメリカ大陸の世界遺産を写真つきで紹介!

世界遺産キーワード事典　古田陽久監修，21世紀総合研究所企画・制作，世界遺産総合研究所編　(広島)シンクタンクせとうち総合研究機構　2003.3　128p　21cm　(世界遺産シリーズ)　2000円　①4-916208-68-4

(目次)世界遺産関連用語，2002年・2001年 新登録物件プロフィール，2002年・2001年 新登録危

機遺産プロフィール，人類の口承及び無形遺産の傑作関連用語，人類の口承及び無形遺産の傑作（第1回選定分），世界遺産関連用語（国内），世界遺産 地域別・国別一覧，地域別・国別物件数，地域別・国別物件名，アフリカ23か国，アラブ諸国12か国，アジア・太平洋22か国，ヨーロッパ・北米44か国，ラテンアメリカ・カリブ海地域24か国

(内容)本書では、有形遺産を対象とする、いわゆるユネスコの「世界遺産」と、同じくユネスコの無形文化遺産を対象とする「人類の口承及び無形遺産の傑作」(通称世界無形文化遺産)を広義の世界遺産ととらえ、これらと直接的、或は、接的に関係する用語を幅広く取り上げた。ユネスコの「世界遺産」と「人類の口承及び無形遺産の傑作」の関連用語の説明、それに、2002年と2001年に新しく「世界遺産リスト」と「危機にさらされている世界遺産リスト」に登録された物件及び2001年に「人類の口承及び無形遺産の傑作」として選考された物件のプロフィールなどから構成している。

世界遺産キーワード事典　2009改訂版　古田陽久，古田真美監修，世界遺産総合研究所企画・編集　（広島）シンクタンクせとうち総合研究機構　2008.9　128p　21cm　（世界遺産シリーズ）　2000円
①978-4-86200-133-7　Ⓝ709.033

(目次)世界遺産関連用語，世界遺産関連用語（国内），世界遺産 地域別・国別一覧（地域別・国別物件数，地域別・国別物件名）

世界遺産事典　関連用語と情報源　シンクタンクせとうち総合研究機構編　シンクタンクせとうち総合研究機構　1997.9　128p　21cm　1905円　①4-916208-10-2

(内容)最新のユネスコの世界遺産506物件（物件名は和英対照）のプロフィールを写真データ（約100物件）と共に紹介した事典。また、世界遺産に関する専門用語の解説、インターネット情報も取り込んだ国内外の情報源、世界遺産に関する書誌データも掲載。

世界遺産事典　関連用語と情報源　改訂版　日本ウォッチ研究所企画・制作，世界遺産研究センター編　（広島）シンクタンクせとうち総合研究機構　1999.8　128p　21cm　1905円　①4-916208-23-4

(目次)世界遺産関連用語，世界遺産全物件プロフィール，世界遺産関連情報源（国際機関（含むNGO），アジア地域，太平洋地域，ヨーロッパ地域，CIS地域，アフリカ地域，北アメリカ地域，南アメリカ地域，各種団体・研究機関等，図書館・資料室等，通信社・新聞社・テレビ局，フォト・ライブラリー，資料・ニューズレター・リーフレット，書籍，地図，雑誌，テレビ番組，ビデオ，インターネット）

(内容)ユネスコ世界遺産に関する専門用語の解説、最新の全登録物件のプロフィール、そして、世界遺産に関連する情報が入手できる情報源を網羅。

世界遺産事典　関連用語と全物件プロフィール　2001改訂版　古田陽久監修，21世紀総合研究所企画・構成，世界遺産総合研究センター編　（広島）シンクタンクせとうち総合研究機構　2001.8　128p　21cm　2000円　①4-916208-49-8　Ⓝ519.8

(内容)ユネスコ世界遺産の全物件のプロフィールと関連用語をまとめたもの。プロフィールは物件名の五十音順に排列、登録基準、登録年、所在国などを記載。世界遺産関連用語索引と世界遺産国別索引がある。

世界遺産事典　754全物件プロフィール　2003改訂版　古田陽久，古田真美監修，21世紀総合研究所企画・構成，世界遺産総合研究所編　（広島）シンクタンクせとうち総合研究機構　2003.9　128p　21cm　2000円　①4-916208-79-X

(目次)アフリカ（ウガンダ，エチオピア ほか），アラブ諸国（アルジェリア，イエメン ほか），アジア・太平洋（アフガニスタン，イラン ほか），ヨーロッパ・北米（アイルランド，アゼルバイジャン ほか），ラテンアメリカ・カリブ海地域（アルゼンチン，ヴェネズエラ ほか）

(内容)「世界遺産事典―関連用語と全物件プロフィール 2001改訂版」の再編・再改訂版。ユネスコ世界遺産754全物件のプロフィールを各国別、五十音順に収録。登録物件名、登録物件名の英文、解説、登録年などを記載。巻末に国名索引、物件名索引が付く。

世界遺産事典　788全物件プロフィール　2005　古田陽久，古田真美監修，世界遺産総合研究所企画・編　（広島）シンクタンクせとうち総合研究機構　2005.2　144p　21cm　2200円　①4-916208-96-X

(目次)アフリカ（ウガンダ，エチオピア ほか），アラブ諸国（アルジェリア，イエメン ほか），アジア・太平洋（アフガニスタン，イラン ほか），ヨーロッパ・北米（アイスランド，アイルランド ほか），ラテンアメリカ・カリブ海地域（アルゼンチン，ヴェネズエラ ほか）

(内容)本書は、ユネスコの世界遺産788全物件のプロフィールを地域別、国別、登録年順にコンパクトに整理。各物件については、正式英語名、所在位置や物件のあらまし、自然遺産、文化遺産、複合遺産、それに危機遺産などの物件種別、登録基準、登録年などの概要を簡明に紹介。A5版144頁のハンディな体裁で、旅行等にも携帯

できる。

世界遺産事典　812全物権プロフィール　2006改訂版　古田陽久，古田真美監修，世界遺産総合研究所企画・編　（広島）シンクタンクせとうち総合研究機構　2006.3　144p　21cm　2200円　①4-86200-111-4

(目次)アフリカ（ウガンダ，エチオピア ほか），アラブ諸国（アルジェリア，イエメン ほか），アジア・太平洋（アフガニスタン，イラン ほか），ヨーロッパ・北米（アイスランド，アイルランド ほか），ラテンアメリカ・カリブ海地域（アルゼンチン，ヴェネズエラ ほか）

(内容)本書は、ユネスコの世界遺産812全物件のプロフィールを地域別、国別、登録年順にコンパクトに整理。各物件については、正式英語名、所在位置や物件のあらまし、自然遺産、文化遺産、複合遺産、それに危機遺産などの物件種別、登録基準、登録年などの概要を簡明に紹介。A5版144頁のハンディな体裁で、旅行等にも携帯できる。

世界遺産事典　2007改訂版　830全物件プロフィール　古田陽久，古田真美監修，世界遺産総合研究所企画・編　（広島）シンクタンクせとうち総合研究機構　2006.9　156p　21cm　（世界遺産シリーズ）　2200円　①4-86200-121-1

(目次)世界遺産830全物件プロフィール（アフリカ，アラブ諸国，アジア・太平洋，ヨーロッパ・北米，ラテンアメリカ・カリブ海地域）

(内容)本書は、ユネスコの世界遺産830全物件のプロフィールを地域別、国別、登録年順にコンパクトに整理。各物件については、正式英語名、所在位置や物件のあらまし、自然遺産、文化遺産、複合遺産、それに危機遺産などの物件種別、登録基準、登録年などの概要を簡明に紹介。A5版160頁のハンディな体裁で、旅行等にも携帯できる。

世界遺産事典　851全物件プロフィール　2008改訂版　古田陽久，古田真美監修，世界遺産総合研究所企画・編　（広島）シンクタンクせとうち総合研究機構　2007.8　160p　21cm　（世界遺産シリーズ）　2200円　①978-4-86200-125-2

(目次)アフリカ（ウガンダ，エチオピア ほか），アラブ諸国（アルジェリア，イエメン ほか），アジア・太平洋（アフガニスタン，イラン ほか），ヨーロッパ・北米（アイスランド，アイルランド ほか），ラテンアメリカ・カリブ海地域（アルゼンチン，ヴェネズエラ ほか）

(内容)本書は、ユネスコの世界遺産851全物件のプロフィールを地域別、国別、登録年順にコンパクトに整理。各物件については、正式英語名、所在位置や物件のあらまし、自然遺産、文化遺産、複合遺産、それに危機遺産などの物件種別、登録基準、登録年などの概要を簡明に紹介。A5版160頁のハンディな体裁で、旅行等にも携帯できる。

世界遺産事典　878全物件プロフィール　2009改訂版　古田陽久，古田真美監修，世界遺産総合研究所企画・編集　（広島）シンクタンクせとうち総合研究機構　2008.8　176p　21cm　（世界遺産シリーズ）　2500円　①978-4-86200-135-1　Ⓝ709.036

(目次)アフリカ（ウガンダ，エチオピア ほか），アラブ諸国（アルジェリア，イエメン ほか），アジア・太平洋（アフガニスタン，イラン ほか），ヨーロッパ・北米（アイスランド，アイルランド ほか），ラテンアメリカ・カリブ海地域（アルゼンチン，ヴェネズエラ ほか）

(内容)ユネスコの世界遺産878全物件のプロフィールを地域別、国別、登録年順にコンパクトに整理。各物件については、正式英語名、所在位置や物件のあらまし、自然遺産、文化遺産、複合遺産、それに危機遺産などの物件種別、登録基準、登録年などの概要を簡明に紹介。

世界遺産事典　890全物件プロフィール　2010改訂版　古田陽久，古田真美監修，世界遺産総合研究所企画・編集　（広島）シンクタンクせとうち総合研究機構　2009.8　176p　21cm　（世界遺産シリーズ）　2500円　①978-4-86200-143-6　Ⓝ709.036

(目次)アフリカ（ウガンダ共和国，エチオピア連邦民主共和国 ほか），アラブ諸国（アルジェリア民主人民共和国，イエメン共和国 ほか），アジア（アフガニスタン・イスラム国，イラン・イスラム共和国 ほか），太平洋（ヴァヌアツ共和国，オーストラリア ほか），ヨーロッパ（アイスランド共和国，アイルランド ほか），北米（アメリカ合衆国，カナダ），ラテンアメリカ・カリブ海地域（アルゼンチン共和国，ヴェネズエラ・ボリバル共和国 ほか）

(内容)ユネスコの世界遺産890全物件のプロフィールを地域別、国別、登録年順にコンパクトに整理。各物件については、正式英語名、所在位置や物件のあらまし、自然遺産、文化遺産、複合遺産、それに危機遺産などの物件種別、登録基準、登録年などの概要を簡明に紹介。

世界遺産事典　911全物件プロフィール　2011改訂版　古田陽久，古田真美著，世界遺産総合研究所企画・編集　（広島）シンクタンクせとうち総合研究機構　2010.8　176p　21cm　（世界遺産シリーズ）　〈索引あり〉　2500円　①978-4-86200-155-9　Ⓝ709.036

(目次)アフリカ，アラブ諸国，アジア，太平洋，

ヨーロッパ，北米，ラテンアメリカ・カリブ海地域，グラフで見るユネスコの世界遺産

（内容）本書は、ユネスコの世界遺産911全物件のプロフィールを地域別、国別、登録年順にコンパクトに整理。各物件については、正式英語名、所在位置、物件の概要、自然遺産、文化遺産、複合遺産、それに、危機遺産などの物件種別、登録基準、登録年などの概要を簡潔に紹介。A5版176頁のハンディな体裁で、観光・旅行等にも携帯でき、便利。

世界遺産事典　2012改訂版　936全物件プロフィール　古田陽久，古田真美著，世界遺産総合研究所企画・編集　（広島）シンクタンクせとうち総合研究機構　2011.9　192p　21cm　（世界遺産シリーズ）〈索引あり〉　2500円　①978-4-86200-162-7　Ⓝ709.036

（目次）アフリカ，アラブ諸国，アジア，太平洋，ヨーロッパ，北米，ラテンアメリカ・カリブ，グラフで見るユネスコの世界遺産

（内容）本書は、ユネスコの世界遺産936全物件のプロフィールを地域別、国別、登録年順にコンパクトに整理。各物件については、正式英語名、所在位置、物件の概要、自然遺産、文化遺産、複合遺産、それに、危機遺産などの物件種別、登録基準、登録年などの概要を簡潔に紹介。A5版のハンディな体裁で、観光・旅行等にも携帯でき、便利。

世界遺産事典　2013改訂版　962全物件プロフィール　古田陽久，古田真美著，世界遺産総合研究所企画・編集　（広島）シンクタンクせとうち総合研究機構　2012.10　207p　21cm　（世界遺産シリーズ）〈索引あり〉　2600円　①978-4-86200-171-9　Ⓝ709.036

（目次）アフリカ，アラブ諸国，アジア，太平洋，ヨーロッパ，北米，ラテンアメリカ・カリブ，グラフで見るユネスコの世界遺産

（内容）ユネスコの世界遺産962全物件のプロフィールを地域別、国別、登録年順にコンパクトに整理。各物件については、正式英語名、所在位置、物件の概要、自然遺産、文化遺産、複合遺産、それに、危機遺産などの物件種別、登録基準、登録年などの概要を簡潔・簡明に紹介。A5版のハンディな体裁であり、観光・旅行等にも携帯できて便利。

世界遺産事典　2014改訂版　981全物件プロフィール　古田陽久，古田真美著，世界遺産総合研究所企画・編集　（広島）シンクタンクせとうち総合研究機構　2013.9　208p　21cm　（世界遺産シリーズ）〈索引あり〉　2600円　①978-4-86200-179-5　Ⓝ709.036

（内容）ユネスコの世界遺産981全物件のプロフィールを地域別、国別、登録年順にコンパクトに整理。各物件については、正式英語名、所在位置、物件の概要、自然遺産、文化遺産、複合遺産、それに、危機遺産などの物件種別、登録基準、登録年などの概要を簡潔・簡明に紹介。

世界遺産事典　2015改訂版　1007全物件プロフィール　古田陽久，古田真美著，世界遺産総合研究所企画・編集　（広島）シンクタンクせとうち総合研究機構　2014.8　208p　21cm　（世界遺産シリーズ）〈索引あり〉　2600円　①978-4-86200-189-4　Ⓝ709.036

（目次）アフリカ，アラブ諸国，アジア，太平洋，ヨーロッパ，北米，ラテンアメリカ・カリブ，グラフで見るユネスコの世界遺産

（内容）ユネスコの世界遺産1007全物件のプロフィールを地域別、国別、登録年順にコンパクトに整理。各物件については、正式英語名、所在位置、物件の概要、自然遺産、文化遺産、複合遺産、それに、危機遺産などの物件種別、登録基準、登録年などの概要を簡潔・簡明に紹介。A5版のハンディな体裁であり、観光・旅行等にも携帯できて便利。

世界遺産事典　2016改訂版　1031全物件プロフィール　古田陽久，古田真美著，世界遺産総合研究所企画・編集　（広島）シンクタンクせとうち総合研究機構　2015.9　208p　21cm　（世界遺産シリーズ）〈索引あり〉　2600円　①978-4-86200-195-5　Ⓝ709.036

（目次）アフリカ，アラブ諸国，アジア，太平洋，ヨーロッパ，北米，ラテンアメリカ・カリブ，グラフで見るユネスコの世界遺産

（内容）ユネスコの世界遺産1031全物件のプロフィールを、地域別、国別、登録年順にコンパクトに整理。各物件については、正式英語名、所在位置、物件の概要、自然遺産、文化遺産、複合遺産、それに、危機遺産などの物件種別、登録基準、登録年などの概要を簡潔に整理。A5版のハンディな体裁であり、観光、旅行等にも携帯でき便利。

世界遺産事典　2017改訂版　1052全物件プロフィール　古田陽久，古田真美著，世界遺産総合研究所企画・編集　（広島）シンクタンクせとうち総合研究機構　2016.9　224p　21cm　（世界遺産シリーズ）〈索引あり〉　2778円　①978-4-86200-205-1　Ⓝ709.036

（目次）アフリカ，アラブ諸国，アジア，太平洋，ヨーロッパ，北米，ラテンアメリカ・カリブ，グラフで見るユネスコの世界遺産

（内容）本書は、ユネスコの世界遺産1052全物件のプロフィールを地域別、国別、登録年順にコンパクトに整理。各物件については、正式英語名、所在位置、物件の概要、自然遺産、文化遺産、複合遺産、それに危機遺産などの物件種別、

登録基準、登録年などの概要を簡潔に整理。A5版のハンディな体裁であり、観光、旅行等にも携帯でき便利。

世界遺産事典　2018改訂版　1073全物件プロフィール　古田陽久, 古田真美著, 世界遺産総合研究所企画・編集　(広島)シンクタンクせとうち総合研究機構　2017.9　224p　21cm　(世界遺産シリーズ)　〈索引あり〉　2778円　Ⓘ978-4-86200-213-6　Ⓝ709.036

(目次)グラフで見るユネスコの世界遺産, 世界遺産1073全物件プロフィール(アフリカ, アラブ授国, アジア, 太平洋, ヨーロッパ, 北米, ラテンアメリカ・カリブ, 世界遺産の登録基準)

(内容)ユネスコ世界遺産1073全物件のプロフィールを網羅。本書は、ユネスコ世界遺産1073全物件のプロフィールを、地域別、国別、登録年順にコンパクトに整理。各物件については、正式英語名、所在位置、物件の概要、自然遺産、文化遺産、複合遺産、それに、危機遺産などの物件種別、登録基準、登録年などの概要を簡潔に整理。A5版のハンディな体裁であり、観光・旅行等にも携帯でき便利。

世界遺産地名語源辞典　蟻川明男著　古今書院　2007.12　269p　19cm　3300円　Ⓘ978-4-7722-8501-8

(目次)第1章 アジアの世界遺産, 第2章 アフリカの世界遺産, 第3章 ヨーロッパの世界遺産, 第4章 アメリカの世界遺産, 第5章 オセアニアの世界遺産, 第6章 日本の世界遺産, 第7章 2007年新規登録遺産

(内容)2006年までの世界遺産830カ所と2007年の新規登録遺産22カ所をすべて取り上げ、登録ヶ所と対象物をできるだけわかりやすく紹介。

<辞 典>

世界遺産用語集　改訂版　国立文化財機構東京文化財研究所文化遺産国際協力センター, オフィスHANS(発売)　2017.3　150p　21cm　〈他言語標題：Glossary of World Heritage Terms　初版：国立文化財機構東京文化財研究所 2016年刊　索引あり〉　1500円　Ⓘ978-4-901794-47-3　Ⓝ709.033

<ハンドブック>

世界遺産　ユネスコ登録690遺産すべて収録　昭文社　2001.7　343p　31×25cm　4500円　Ⓘ4-398-20050-9　Ⓝ709

(目次)新規登録遺産, ヨーロッパ, アジア, オーストラリア・オセアニア, アフリカ, アメリカ

(内容)これまでにユネスコの世界遺産リストに登録された文化遺産と自然遺産を、写真や地図を添えて個別に解説したもの。全690(文化遺産529、自然遺産138、複合遺産23)の世界遺産を収録。遺産はヨーロッパ、アジア、オセアニア、アフリカ、アメリカの順にまとめ、さらに地域ごとに分類して排列。

世界遺産Q&A　世界遺産化への道しるべ　古田陽久, 古田真美監修, 世界遺産研究センター編　(広島)シンクタンクせとうち総合研究機構　1998.10　126p　21cm　1905円　Ⓘ4-916208-15-3

(目次)世界遺産Q&A(世界遺産とは, いま何故に世界遺産なのですか, ユネスコとは、どのような機関ですか, 国際連合の組織とユネスコの位置づけは, 世界遺産の数 地域別に見ると ほか), 世界遺産条約, SRIデータ・サービスのご案内

世界遺産Q&A　世界遺産の基礎知識　2001改訂版　古田陽久監修, 21世紀総合研究所企画・構成, 世界遺産総合研究センター編　(広島)シンクタンクせとうち総合研究機構　2001.9　128p　21cm　2000円　Ⓘ4-916208-47-1　Ⓝ709

(目次)世界遺産とは, いま何故に世界遺産なのですか, ユネスコ(UNESCO)とは, 国際連合の組織とユネスコの位置づけ, 世界遺産の数グラフで見ると, 世界遺産は、どのように分布していますか, 世界遺産条約(The World Heritage Convention)とは, 世界遺産条約を締約している国と現在の世界遺産の数は, 世界遺産リスト(The World Heritage List)とは, 自然遺産とは〔ほか〕

(内容)ユネスコ世界遺産についての基本的事項と要点を、写真、地図、グラフ、フロー・チャート等を用いながらQ&A形式で解説したもの。巻末にキーワード索引がある。

世界遺産 一度は行きたい100選 アジア・アフリカ　小林克己著　JTBパブリッシング　2009.3　222p　21cm　(楽学ブックス　海外 2)　1800円　Ⓘ978-4-533-07482-0　Ⓝ709

(目次)東アジア, 南・東南アジア, 中近東・中央アジア, ロシア連邦, アフリカ, 日本

世界遺産 一度は行きたい100選 ヨーロッパ　小林克己著　JTBパブリッシング　2009.3　222p　21cm　(楽学ブックス　海外 1)　1800円　Ⓘ978-4-533-07481-3　Ⓝ709

(目次)南ヨーロッパ(パリのセーヌ河岸(フランス), ヴェルサイユの宮殿と庭園(フランス) ほか), 西ヨーロッパ(ウェストミンスター宮殿、ウェストミンスター大寺院と聖マーガレット教会(イギリス), エディンバラの旧市街と新市街

（イギリス）ほか），北ヨーロッパ（ブリッゲン（ノルウェー），西ノルウェーのフィヨルド群-ガイランゲルフィヨルドとネーロイフィヨルド（ノルウェー）ほか），中央ヨーロッパ（ワルシャワ歴史地区（ポーランド），ヴィエリチカ岩塩坑（ポーランド）ほか）

世界遺産ガイド　危機遺産編　古田陽久，古田真美監修，21世紀総合研究所企画・構成，世界遺産総合研究センター編　（広島）シンクタンクせとうち総合研究機構　2001.7　128p　21cm　2000円　①4-916208-45-5　Ⓝ709

(目次)ユネスコ世界遺産の概要（ユネスコ世界遺産が準拠する国際条約，ユネスコとは，これまでの経緯 ほか），世界遺産に登録されている危機遺産（ザビドの歴史都市―イエメン，バフラ城塞―オマーン，エルサレム旧市街と城壁―ヨルダン推薦物件 ほか），危機遺産関連の情報源（国際機関（含むNGO），大使館・観光局・政府関係機関・各種団体・研究機関等 ほか）

(内容)ユネスコ世界遺産に登録されている物件のうち、深刻な危機にさらされ緊急の救済措置が必要とされている「危機にさらされている世界遺産」（危機遺産）30物件を収録したハンドブック。英語名、遺産種別、登録基準、登録年月、概要、分類、所在国、所在地、登録理由などを記載。危機遺産関連の情報源や参考データも収録。

世界遺産ガイド　危機遺産編　2004改訂版　古田陽久，古田真美監修，21世紀総合研究所企画・構成，世界遺産総合研究所編　（広島）シンクタンクせとうち総合研究機構　2003.11　128p　21cm　（世界遺産シリーズ）　2000円　①4-916208-82-X

(目次)ユネスコ世界遺産の概要（ユネスコとは，世界遺産とは，ユネスコ世界遺産が準拠する国際条約，世界遺産条約の成立と歴史，わが国の世界遺産条約の締結 ほか），危機にさらされている世界遺産（バフラ城塞―オマーン，エルサレム旧市街と城壁―ヨルダン推薦物件，アッシュル（カルア・シルカ）―イラク，ジャムのミナレットと考古学遺跡―アフガニスタン，バーミヤン盆地の文化的景観と考古学遺跡―アフガニスタン ほか），危機遺産関連の情報源（国際機関（含むNGO），大使館・観光局・政府関係機関，各種団体・研究機関等，資料・ニューズレター・リーフレット，書籍 ほか），危機遺産について

(内容)本書は、ユネスコの「世界遺産リスト」に登録されている物件のうち、深刻な危機にさらされ緊急の保護管理など救済措置が必要とされている「危機にさらされている世界遺産」（危機遺産）35物件を特集。また、危機遺産関連の情報源等の参考データも収録。

世界遺産ガイド　危機遺産編　2006改訂版　古田陽久，古田真美監修，世界遺産総合研究所企画・編　（広島）シンクタンクせとうち総合研究機構　2006.4　124p　21cm　2000円　①4-86200-114-9

(目次)危機にさらされている世界遺産の概要（危機遺産 概説，危機遺産 世界分布図，危機遺産世界のこれまでの主な戦争、紛争、テロ事件 ほか），危機にさらされている世界遺産（ジュジ国立鳥類保護区（セネガル），アイルとテネレの自然保護区（ニジェール），ニンバ山厳正自然保護区（ギニア／コートジボワール）ほか），危機にさらされている世界遺産の関連情報源（エチオピア，ギニア，コートジボワール ほか）

(内容)本書は、ユネスコの「世界遺産リスト」に登録されている物件のうち、深刻な危機にさらされ、緊急の保護・保存管理などの救済措置が必要とされている「危機にさらされている世界遺産」（危機遺産）34物件を特集。また、危機遺産関連の参考データも収録。

世界遺産ガイド　危機遺産編　2010改訂版　世界遺産総合研究所企画・編集，古田陽久，古田真美監修　（広島）シンクタンクせとうち総合研究機構　2009.9　124p　21cm　（世界遺産シリーズ）〈索引あり〉　2381円　①978-4-86200-140-5　Ⓝ709

(目次)危機にさらされている世界遺産の概要（危機遺産 概説，最初に危機遺産に登録された世界遺産の過去と現在，世界遺産と監視強化メカニズム ほか），危機にさらされている世界遺産（ニオコロ・コバ国立公園（セネガル），アイルとテネレの自然保護区（ニジェール），ニンバ山厳正自然保護区（ギニア／コートジボワール）ほか），世界遺産リストからの抹消事例（アラビアン・オリックス保護区（オマーン），ドレスデンのエルベ渓谷（ドイツ））危機にさらされている世界遺産の関連情報源（エチオピア，ギニア，コートジボワール ほか）

(内容)本書は、ユネスコの「世界遺産リスト」に登録されている物件のうち、深刻な危機にさらされ、緊急の保護・保存管理などの救済措置が必要とされている「危機にさらされている世界遺産」（危機遺産）31物件を特集。また、世界遺産リストからの抹消物件、それに危機遺産関連の参考データも収録。

世界遺産ガイド　危機遺産編　2016改訂版　古田陽久，古田真美著　（広島）シンクタンクせとうち総合研究機構　2015.12　144p　21cm　2500円　①978-4-86200-197-9　Ⓝ709

(目次)危機にさらされている世界遺産 概要（戦争・紛争などが原因で危機遺産比率は過去最悪，最初に危機遺産に登録された世界遺産の過去と現在，世界遺産と都市景観問題 ほか），危機に

さらされている世界遺産（地域別）（アフリカ，アラブ諸国，アジア・太平洋 ほか），世界遺産リストからの抹消事例（アラビアン・オリックス保護区（オマーン），ドレスデンのエルベ渓谷（ドイツ））

（内容）2015年の第39回世界遺産委員会ボン会議で、ユネスコ事務局長のイリーナ・ボコヴァ氏は、「世界遺産は、今、過激派組織「イスラム国」（IS）などによる攻撃、破壊、盗難などの危機にさらされており、これらの脅威や危険から世界遺産をどのように守っていくべきなのか」と問題提起、これを受けて世界遺産委員会は、平和の大切さを再認識する「世界遺産に関するボン宣言」を採択した。本書では、「危機にさらされている世界遺産」（危機遺産）48件を特集する。

世界遺産ガイド　国立公園編　古田陽久，古田真美監修，世界遺産総合研究センター編　（広島）シンクタンクせとうち総合研究機構　2002.5　128p　21cm　2000円　①4-916208-58-7　Ⓝ709

（目次）ユネスコ世界遺産の概要（ユネスコとは，世界遺産とは，ユネスコ世界遺産が準拠する国際条約，世界遺産条約成立の経緯，わが国の世界遺産条約の締結 ほか），世界遺産に登録されている主な国立公園（イシュケウル国立公園 チュニジア，アルガン岩礁国立公園 モーリタニア，ニオコロ・コバ国立公園 セネガル，タイ国立公園 コートジボワール，ニジェールのW国立公園 ニジェール ほか），世界遺産に登録されている国立公園，コラム 国立公園について

（内容）ユネスコ世界遺産を種類ごとに紹介するガイドブック。本書ではIUCN（国際自然保護連合）が定義する自然保護地域の6分類のうちの「国立公園」に該当する世界遺産をとりあげる。巻末に索引を付す。

世界遺産ガイド　産業遺産編 保存と活用　古田陽久，古田真美監修　（広島）シンクタンクせとうち総合研究機構　2005.4　128p　21cm　2000円　①4-86200-103-3

（目次）世界遺産に登録されている産業遺産（農林水産業関係，鉱業関係，土木・建築関係，工業関係，商業・サービス業関係），日本の産業遺産

（内容）本書は、ユネスコの世界遺産に登録されている産業遺産、すなわち、先人達が苦労して残した顕著な偉業や功績をあらわす有形の文化財であり、生きたことの証し、工夫や発明など多くの教訓や示唆を与えてくれる、農林水産業、鉱業、土木・建築、工業、商業・サービス業の各産業分野の遺産の保存と活用について特集する。

世界遺産ガイド　産業・技術編　古田陽久，古田真美監修，21世紀総合研究所企画・構成，世界遺産総合研究センター編　シンクタンクせとうち総合研究機構　2001.3　126p　21cm　（ザ・ワールドヘリティッジ）　2000円　①4-916208-40-4　Ⓝ709

（目次）ユネスコ世界遺産の概要，世界遺産に登録されている産業・技術関連遺産（乳香フランキンセンスの軌跡，ダージリン・ヒマラヤ鉄道，フィリピン・コルディリェラ山脈の棚田 ほか），産業・技術遺産関連の情報源（国際機関（含むNGO），大使館・観光局・政府関係機関，各種団体・研究機関等，博物館・美術館，通信社・新聞社・テレビ局，資料・ニューズレター・リーフレット，書籍，地図，雑誌，テレビ番組，ビデオ・CD-ROM・DVD，インターネット），日本の文化財と産業・技術関連遺産

（内容）ユネスコ世界遺産に登録されている産業・技術関連遺産、すなわち、農業・林業・鉱業・工業・商業などの産業遺産、干拓・運河・鉄道・橋梁などの土木・建設技術遺産を紹介するガイドブック。参考データとして、日本の近代化遺産など産業・技術関連遺産を収録する。巻末索引あり。

世界遺産ガイド　暫定リスト記載物件編　世界遺産総合研究所企画・編集，古田陽久，古田真美監修　（広島）シンクタンクせとうち総合研究機構　2009.5　124p　21cm　（世界遺産シリーズ）　2000円　①978-4-86200-138-2　Ⓝ709

（目次）アフリカ，アラブ諸国，アジア，太平洋，ヨーロッパ，北米，ラテンアメリカ・カリブ海地域

（内容）ユネスコの世界遺産暫定リストには、今後の世界遺産候補ともいえる約1500近くの物件が記載されている。本書は、暫定リスト記載物件をアフリカ、アラブ諸国、アジア・太平洋などの地域別・国別に一覧できるように整理した。

世界遺産ガイド　自然遺産編　古田陽久，古田真美監修，世界遺産研究センター編　（広島）シンクタンクせとうち総合研究機構　1999.5　126p　21cm　（ザ・ワールド・ヘリティッジ）　1905円　①4-916208-20-X

（目次）ユネスコ世界遺産の概要，アジアの自然遺産，オセアニアの自然遺産，ヨーロッパの自然遺産，CISの自然遺産，アフリカの自然遺産，北アメリカの自然遺産，南アメリカの自然遺産，自然遺産の登録パターン，自然遺産関連の情報源，日本の自然遺産参考資料

（内容）本書は、ユネスコ世界遺産に登録されている自然遺産の全プロフィールを写真・地図・グラフ等を用いながら紹介する。また、危機にさらされている世界遺産や自然遺産関連データも網羅。地球環境保全、国際平和、自然環境保護の大切さを学ぶガイドブックとしてもご活用

頂きたい。

世界遺産ガイド　自然遺産編　2010改訂版　世界遺産総合研究所企画・編集，古田陽久，古田真美監修　（広島）シンクタンクせとうち総合研究機構　2009.12　128p　21cm　（世界遺産シリーズ）〈索引あり〉　2381円　①978-4-86200-145-0　Ⓝ709

(目次)自然遺産の概要（定義，ユネスコと世界遺産 ほか），世界遺産リストに登録されている自然遺産（アフリカ，アラブ諸国 ほか），危機遺産リストに登録されている自然遺産（分布図，物件名と登録された理由 ほか），暫定リストに登録されている自然遺産関係物件，日本の世界遺産と自然遺産ポテンシャル・サイト（日本の世界遺産・暫定リスト記載物件分布図，知床、白神山地、屋久島 ほか），索引

(内容)本書は、ユネスコの自然遺産について、自然遺産の概要、世界遺産リストに登録されている自然遺産のプロフィール、危機遺産リストに登録されている世界遺産、暫定リストに登録されている自然遺産関係物件、日本の世界遺産と自然遺産ポテンシャル・サイトを概観し、世界と日本の自然遺産の全体像を俯瞰・展望する。

世界遺産ガイド　自然遺産編　2013改訂版　古田陽久，古田真美著，世界遺産総合研究所企画・編　（広島）シンクタンクせとうち総合研究機構　2013.5　140p　21cm　2500円　①978-4-86200-176-4

(目次)自然遺産の概要，世界遺産リストに登録されている自然遺産，危機遺産リストに登録されている世界自然遺産，世界遺産暫定リストに登録されている自然遺産関係物件，日本の世界自然遺産とポテンシャル・サイト，世界遺産のこれから

(内容)本書は、ユネスコの世界自然遺産について、自然遺産の概要、世界遺産リストに登録されている自然遺産、危機遺産リストに登録されている世界自然遺産、世界遺産暫定リストに登録されている自然遺産関係物件、日本の世界自然遺産とポテンシャル・サイトを紹介。世界自然遺産の全体像を俯瞰すると共に、「世界遺産のこれから」を展望する。

世界遺産ガイド　自然遺産編　2016改訂版　古田陽久，古田真美著，世界遺産総合研究所企画・編　（広島）シンクタンクせとうち総合研究機構　2016.3　144p　21cm　（世界遺産シリーズ）　2500円　①978-4-86200-198-6　Ⓝ519.8

(目次)自然遺産の概要，世界遺産リストに登録されている自然遺産，危機遺産リストに登録されている自然遺産，世界遺産暫定リストに登録されている自然遺産関係物件，日本のユネスコ自然遺産とポテンシャル・サイト

(内容)本書は、ユネスコ自然遺産について、自然遺産の概要、世界遺産リストに登録されている自然遺産、危機遺産リストに登録されている自然遺産、世界遺産暫定リストに登録されている自然遺産関係物件、日本のユネスコ自然遺産とポテンシャル・サイトを紹介。ユネスコ自然遺産の全体像を俯瞰すると共に、今後を展望する。

世界遺産ガイド　自然景観編　古田陽久，古田真美監修，21世紀総合研究所企画・構成，世界遺産総合研究所編　（広島）シンクタンクせとうち総合研究機構　2004.3　128p　21cm　2000円　①4-916208-86-2

(目次)ユネスコ世界遺産の概要，世界遺産に登録されている主な自然景観（バンディアガラの絶壁（ドゴン人の集落）（マリ），シミエン国立公園（エチオピア），ケニア山国立公園／自然林（ケニア），ンゴロンゴロ保全地域（タンザニア），キリマンジャロ国立公園（タンザニア），バレ・ドゥ・メ自然保護区（セイシェル），モシ・オア・トゥニャ（ヴィクトリア瀑布）（ザンビア／ジンバブエ），グレーター・セント・ルシア湿原公園（南アフリカ），マナス野生動物保護区（インド），サガルマータ国立公園（ネパール）ほか），自然景観関連情報源

(内容)本書では、ユネスコ世界遺産に登録されている物件のうち、山岳、峡谷、渓谷、氷河、カルスト、湖沼、瀑布、海岸、珊瑚礁など「自然景観」に関わる物件を特集。なかでも、自然遺産の登録基準のなかで、「ひときわすぐれた自然美をもつ地域、及び、美的な重要性を含むもの」に該当する代表的な物件を紹介。

世界遺産ガイド　自然保護区編　古田陽久監修，21世紀総合研究所企画・構成，世界遺産総合研究所編　（広島）シンクタンクせとうち総合研究機構　2003.5　128p　21cm　（世界遺産シリーズ）　2000円　①4-916208-73-0

(目次)ユネスコの世界遺産の概要（ユネスコとは，世界遺産とは，ユネスコ世界遺産が準拠する国際条約，世界遺産条約の成立と経緯，わが国の世界遺産条約の締結 ほか），自然保護区とは（自然保護区について，本書で取り上げる自然保護区分布図），世界遺産に登録されている自然保護区（ニンバ山厳正自然保護区―ギニア，アイルとテネレの自然保護区―ニジェール，アルダブラ環礁―セイシェル，ベマラハ厳正自然保護区のチンギ―マダガスカル，オカシュランバ・ドラケンスバーグ公園―南アフリカ ほか），日本の保護地域関連データ，自然保護区関連情報源，自然保護区関連キーワード

(内容)世界自然遺産の評価機関でもあるIUCN（国際自然保護連合）が定義する自然保護地域の6つの管理カテゴリー（厳正自然保護区・原生

保護地域、国立公園、天然記念物、種と生息地保護管理地域、景観保護地域、資源保護管理地域）のうち、「厳正自然保護区・原生保護地域」のカテゴリーの自然保護区を取り上げる。

世界遺産ガイド　19世紀と20世紀の世界遺産編　古田陽久，古田真美監修，21世紀総合研究所企画・構成，世界遺産総合研究センター編　（広島）シンクタンクせとうち総合研究機構　2002.7　128p　21cm　（世界遺産シリーズ）　2000円　Ⓘ4-916208-56-0　Ⓝ709

(目次)ユネスコ世界遺産の概要（ユネスコとは，世界遺産とは，ユネスコ世界遺産が準拠する国際条約，世界遺産条約成立の経緯 ほか），世界遺産リストに登録されている19世紀と20世紀の世界遺産（ダージリン・ヒマラヤ鉄道（インド），フエの建造物群（ヴェトナム），北京の頤和園（中国），広島の平和記念碑（原爆ドーム）（日本） ほか）

(内容)ユネスコ世界遺産に登録されている、19世紀と20世紀を代表する歴史的なモニュメント、産業遺産や現代建築物を紹介するガイドブック。英語名、遺産種別、登録基準、登録年月、概要、時代区分、分類、所在国、所在地、登録理由などを記載。巻末に物件別の和名・英名索引を付す。

世界遺産ガイド　宗教建築物編　古田陽久監修，21世紀総合研究所企画・制作，世界遺産総合研究所編　（広島）シンクタンクせとうち総合研究機構　2003.6　128p　21cm　（世界遺産シリーズ）　2000円　Ⓘ4-916208-72-2

(目次)ユネスコの世界遺産の概要（ユネスコとは，世界遺産とは，ユネスコ世界遺産が準拠する国際条約，世界遺産条約の成立と経緯，わが国の世界遺産条約の締結 ほか），宗教建築物について（世界の宗教と宗教建築物，本書で取り上げる世界遺産の分布図），世界遺産に登録されている主な宗教建築物（イスラム文化都市カイロ―エジプト，聖キャサリン地域―エジプト，エルサレム旧市街と城壁―ヨルダン推薦物件，イスファハンのイマーム広場―イラン，コナーラクの太陽神寺院―インド ほか），宗教建築物関連キーワード

(内容)ユネスコの世界遺産リストに登録されている多様な物件のなかで、キリスト教、イスラム教、ヒンドゥー教、仏教、儒教、道教、ユダヤ教、神道など宗教に関わる建築物のうち代表的な物件を取り上げる。

世界遺産ガイド　情報所在源編　古田陽久，古田真美監修，21世紀総合研究所企画・構成，世界遺産総合研究所編　（広島）シンクタンクせとうち総合研究機構　2004.1　128p　21cm　（世界遺産シリーズ）　2000円　Ⓘ4-916208-84-6

(目次)世界遺産情報所在源（アフリカ，アラブ諸国，アジア・太平洋，ヨーロッパ・北米，ラテンアメリカ・カリブ海地域）

(内容)ユネスコ世界遺産の情報所在源を特集。既刊の「世界遺産事典―関連用語と情報源」を再編し、情報源の部分を独立・拡充させ「世界遺産ガイド―情報所在源編」として刊行。

世界遺産ガイド　人類の口承及び無形遺産の傑作編　古田陽久，古田真美監修，世界遺産総合研究センター編　（広島）シンクタンクせとうち総合研究機構　2002.4　128p　21cm　2000円　Ⓘ4-916208-59-5　Ⓝ709

(目次)ユネスコ「人類の口承・無形遺産の傑作」趣旨概要（準拠する勧告，実施ガイドライン，背景 ほか），ユネスコ「人類の口承及び無形遺産の傑作」各物件概要（The Cultural Space of 'Sosso-Bala' in Niagassola（ニアガッソラのソッソ・バラの文化空間）ギニア，The Gbofe of Afounkaha：the Music of the Transverse Trumpets of the Tagbana Community（アフォンカファのグボフェ：タグバナ族の横吹きトランペット音楽）コートジボワール，The Oral Heritage of Gelede（ゲレデの口承遺産）ベナン〈ナイジェリアとトーゴが支持〉 ほか），「人類の口承及び無形遺産の傑作」の宣言 実施ガイドライン

(内容)人類の口承及び無形遺産を特集した世界遺産ガイドブック。言語・音楽・舞踊・遊戯・神話・儀礼・慣習・手工芸等、ユネスコ世界遺産の無形文化遺産版として2001年5月に初指定された「人類の口承及び無形遺産の傑作」について、20か国19件を写真、地図と概要データで紹介する。ユネスコ「人類の口承及び無形遺産の傑作」の趣旨・概要、選考手順についての解説も付記。巻末に「人類の口承及び無形遺産の傑作」の宣言の実施ガイドライン、及び索引を付す。

世界遺産ガイド　図表で見るユネスコの世界遺産編　古田陽久，古田真美監修，世界遺産総合研究所企画・編　（広島）シンクタンクせとうち総合研究機構　2004.12　128p　21cm　（世界遺産シリーズ）　2000円　Ⓘ4-916208-89-7

(目次)図表でみる世界遺産（国際連合―組織，ユネスコ―組織と機構，ユネスコ―憲章の前文，ユネスコ―歴史，世界遺産―考え方，世界遺産―遺産の種類，世界遺産―関係国際機関，世界遺産条約―成立と背景，世界遺産条約―5か国語の正文，世界遺産条約―締約国数の推移 ほか）

(内容)ユネスコ世界遺産を図表でわかりやすく整理。本書は、既刊の「世界遺産マップス―地図で見るユネスコの世界遺産」「世界遺産フォトス―写真で見るユネスコの世界遺産」と共に世界

遺産シリーズの地図、写真、図表のビジュアル編を構成する。世界遺産の仕組みや各種データを図やグラフを用いてわかりやすく表現し、プレゼンテーション・ツールとしても活用できる。

世界遺産ガイド　生態系編　古田陽久，古田真美著　（広島）シンクタンクせとうち総合研究機構　2014.5　144p　21cm　（世界遺産シリーズ）　2500円　①978-4-86200-186-3　Ⓝ519.8

(目次)世界自然遺産の概要，世界自然遺産のうち、代表的な「生態系」遺産（大地溝帯のケニアの湖水システム（ケニア），ロペ・オカンダの生態系と残存する文化的景観（ガボン），ナミブ砂海（ナミビア），サンダーバンズ（バングラデシュ）ほか），日本の世界自然遺産とポテンシャル・サイト（分布図，知床、白神山地、屋久島、小笠原諸島，世界自然遺産への登録フロー・チャート，世界遺産条約締約後の自然遺産関係の主な動き ほか）

(内容)ユネスコの世界自然遺産の登録基準のうち、世界を代表する重要な生態学的、生物学的なプロセスを示す「生態系」（エコシステム）の価値が認められたものを特集。自然環境が形成した生命の循環をつくりだす「生態系」の維持と持続可能な保全について考える。

世界遺産ガイド　生物多様性編　古田陽久，古田真美監修，21世紀総合研究所企画・構成，世界遺産総合研究所編　（広島）シンクタンクせとうち総合研究機構　2004.1　128p　21cm　2000円　①4-916208-83-8

(目次)ユネスコ世界遺産の概要（ユネスコとは，世界遺産とは，ユネスコ世界遺産が準拠する国際条約，世界遺産条約成立の経緯，わが国の世界遺産条約の締結 ほか），世界遺産に登録されている主な生物多様性（カフジ・ビエガ国立公園（コンゴ民主共和国），オカピ野生動物保護区（コンゴ民主共和国），ニオコロ・コバ国立公園（セネガル），ベマラハ厳正自然保護区のチンギ（マダガスカル），オカシュランバ・ドラケンスバーグ公園（南アフリカ）ほか），生物多様性関連情報源

(内容)自然遺産の4つの登録基準の一つに「生物多様性の本来的保全にとって最も重要かつ意義深い自然生息地を含んでいるもの。これには、科学上、または、保全上の観点からすぐれて普遍的価値をもつ絶滅の恐れのある種が存在するものを含む」という基準がある。本書では、この登録基準を満たしている主な世界遺産を特集。

世界遺産ガイド　世界遺産条約とオペレーショナル・ガイドラインズ編　古田陽久，古田真美監修，世界遺産総合研究所企画・編　（広島）シンクタンクせとうち総合研究機構　2007.12　128p　21cm　（世界遺産シリーズ）　2000円　①978-4-86200-128-3

(目次)世界遺産条約，世界遺産条約履行の為の作業指針（オペレーショナル・ガイドラインズ），世界遺産登録関係書類，関連参考資料

(内容)本書では、ユネスコの世界遺産が準拠する「世界の文化遺産および自然遺産の保護に関する条約」（通称：世界遺産条約）と、「世界遺産条約履行の為の作業指針」（通称：オペレーショナル・ガイドラインズ）、それに、関連参考資料を特集する。

世界遺産ガイド　世界遺産条約編　古田陽久，古田真美監修　（広島）シンクタンクせとうち総合研究機構　2000.7　125p　21cm　2000円　①4-916208-34-X　Ⓝ519.8

(目次)世界遺産条約（世界の文化遺産及び自然遺産の保護に関する条約，Operational Guidelines for the Implementation of the World Heritage Convention），ポイント解説（世界遺産条約，ユネスコ，国際連合の組織とユネスコの位置づけ，世界遺産 ほか），世界遺産条約締約国，参考（地域別・国別一覧）

(内容)ユネスコ世界遺産の準拠法である世界遺産条約、およびOperational Guidelines（世界遺産条約履行の為のガイドライン）を基に、条約の目的等を解説する資料集。世界遺産条約の原文および訳文、世界遺産条約、ユネスコ、国際連合の組織とユネスコの位置づけなどのポイント解説、世界遺産への登録手順および推薦の書式と内容などの図表と世界遺産条約締約国で構成。ほかに参考資料として地域別・国別一覧を収録する。、

世界遺産ガイド　世界遺産の基礎知識編　2004改訂版　古田陽久，古田真美監修，21世紀総合研究所企画・構成，世界遺産総合研究所編　（広島）シンクタンクせとうち総合研究機構　2004.10　128p　21cm　（世界遺産シリーズ）　2000円　①4-916208-88-9

(目次)世界遺産（World Heritage）とは，いま何故に世界遺産なのですか，ユネスコ（UNESCO）とは，国際連合の組織とユネスコの位置づけは，世界遺産の数グラフで見ると，世界遺産は、どのように分布していますか，世界遺産条約（The World Heritage Convention）とは，世界遺産条約を締約している国と現在の世界遺産の数は，世界遺産リスト（The World Heritage List）とは，文化遺産（Cultural Heritage）とは〔ほか〕

(内容)「世界遺産Q&A 世界遺産の基礎知識―2001改訂版」を世界遺産ガイドのシリーズに編入、改題、改訂したもの。ユネスコの世界遺産に関する基本的事項と要点を、写真、地図、グラフ、フロー・チャート等を用いながらQ&A形式でわかりやすく解説。最新のユネスコ世界遺

産の全体像が把握できる。

世界遺産ガイド　世界遺産の基礎知識編 2009改訂版　古田陽久，古田真美監修，世界遺産総合研究所企画・編集　（広島）シンクタンクせとうち総合研究機構　2008.10　128p　21cm　（世界遺産シリーズ）〈年表あり〉　2000円　Ⓘ978-4-86200-132-0　Ⓝ709

(目次)世界遺産（World Heritage）とは?，いま何故に世界遺産なのですか?，ユネスコ（UNESCO）とは，国際連合の組織とユネスコの位置づけは，世界遺産の数遺産種別では?，世界遺産の数地域別では?，世界遺産の数世界遺産委員会別登録数では?，世界遺産の数登録物件数上位国では?，世界産遺は、どのように分布していますか?，世界遺産条約（World Heritage Convention）とは?〔ほか〕

(内容)「世界遺産ガイド―世界遺産の基礎知識編2004改訂版」の5年ぶりの改訂版。ユネスコの世界遺産に関する基本的事項と要点を、写真、地図、グラフ、フロー・チャート等を用いながらQ&A形式でわかりやすく解説する。最新のユネスコ世界遺産の全体像が把握できるように構成している。

世界遺産ガイド　地形・地質編　古田陽久，古田真美著　（広島）シンクタンクせとうち総合研究機構　2014.5　144p　21cm　（世界遺産シリーズ）　2500円　Ⓘ978-4-86200-185-6　Ⓝ519.8

(目次)世界自然遺産の概要，世界自然遺産のうち、代表的な「地形・地質」遺産（ツルカナ湖の国立公園群（ケニア），ナミブ砂海（ナミビア），フレデフォート・ドーム（南アフリカ），ワディ・アル・ヒタン（ホウェール渓谷）（エジプト）ほか），日本の世界自然遺産とポテンシャル・サイト（分布図，知床、白神山地、屋久島、小笠原諸島，世界自然遺産への登録フロー・チャート，世界遺産条約締約後の自然遺産関係の主な動き ほか）

(内容)ユネスコの世界自然遺産の登録基準のうち、世界を代表する地球の歴史上、主要な段階を示す「地形・地質」の価値が認められたものを特集。地球の自然環境がつくりだした「地形・地質」の多様性と持続可能な保全について考える。

世界遺産ガイド　特集 第28回世界遺産委員会蘇州会議　古田陽久，古田真美監修，21世紀総合研究所企画・構成，世界遺産総合研究所編　（広島）シンクタンクせとうち総合研究機構　2004.8　128p　21cm　（世界遺産シリーズ）　2000円　Ⓘ4-916208-95-1

(目次)第28回世界遺産委員会蘇州会議（訪問記，世界遺産への登録手順フロー・チャート ほか），新登録34物件の概要（バタムマリバ族のコウタマコウ（トーゴ），アスキアの墓（マリ）ほか），登録範囲の延長などの物件（チョーラ朝の現存する大寺院群（インド），北京と瀋陽の明・清王朝の皇宮（中国）ほか），危機リスト登録物件（キルワ・キシワーニとソンゴ・ムナラの遺跡（タンザニア），バムの文化的景観（イラン）ほか）

(内容)2004年6月28日から7月7日まで中国の蘇州市で開催された世界遺産委員会蘇州会議を特集。新たに「世界遺産リスト」に登録された日本の「紀伊山地の霊場と参詣道」など34物件、既登録物件のうちその登録範囲が拡大・延長された6物件、それに、「危機遺産リスト」に新たに登録された3物件の概要を紹介。また、今回の世界遺産会議を傍聴した印象、それに、世界遺産を通じた中国の印象なども掲載。

世界遺産ガイド　特集 第29回世界遺産委員会ダーバン会議　古田陽久，古田真美監修，世界遺産総合研究所企画・編　（広島）シンクタンクせとうち総合研究機構　2005.9　128p　21cm　2000円　Ⓘ4-86200-105-X

(目次)第29回世界遺産委員会ダーバン会議の概要，世界遺産リストに新たに登録された24物件の概要，自然遺産から複合遺産になった物件，登録範囲が拡大された物件，危機にさらされている世界遺産リストに新たに登録された物件，危機にさらされている世界遺産リストから除外された物件

(内容)2005年7月10日から17日まで南アフリカのダーバン市で開催された世界遺産委員会ダーバン会議を特集。新たに「世界遺産リスト」に登録された日本の「知床」など24物件、既登録物件のうちその登録範囲が拡大された6物件、それに、「危機遺産リスト」に新たに登録された1物件の概要を紹介。また、今回の世界遺産会議を傍聴した印象、それに、世界遺産を通じた南アフリカの印象なども掲載。

世界遺産ガイド　都市・建築編　古田陽久，古田真美監修，21世紀総合研究所企画・構成，世界遺産研究センター編　（広島）シンクタンクせとうち総合研究機構　2001.2　126p　21cm　2000円　Ⓘ4-916208-39-0　Ⓝ519.8

(目次)ユネスコ世界遺産の概要（ユネスコ世界遺産の準拠法，これまでの経緯 ほか），世界遺産に登録されている都市・建築（イスタンブール歴史地区，エルサレム旧市街と城壁 ほか），都市・建築関連の情報源（国際機関（含むNGO），大使館・観光局・政府関係機関 ほか），世界の主要都市とユネスコ世界遺産

(内容)ユネスコ世界遺産に登録されている主要な都市と建築物のガイドブック。都市の歴史と建築様式、都市計画家や建築家の関わりについても記載。

世界遺産ガイド　複合遺産編　古田陽久，古田真美監修，21世紀総合研究所企画・構成，世界遺産総合研究センター編　シンクタンクせとうち総合研究機構　2001.4　124p　21cm　（ザ・ワールドヘリティッジ）　2000円　①4-916208-43-9　Ⓝ709

(目次)ユネスコ世界遺産の概要，世界遺産に登録されている複合遺産（ギョレメ国立公園とカッパドキア，ヒエラポリス・パムッカレ，泰山，黄山，峨眉山と楽山大仏 ほか），複合遺産関連の情報源，日本の自然環境と文化財（日本の自然環境保全に関する法体系，日本の国立公園・国定公園の指定地域，日本の原生自然環境保全地域・自然環境保全地域・森林生態系保護地域 ほか）

(内容)ユネスコ世界遺産に登録されている複合遺産、すなわち、自然遺産の登録基準と文化遺産の登録基準を併せ持つ物件を紹介するガイドブック。また参考データとして日本の自然公園法や文化財保護法で指定されている物件等も収録する。

世界遺産ガイド　複合遺産編　2006改訂版　古田陽久，古田真美監修，世界遺産総合研究所企画・編　（広島）シンクタンクせとうち総合研究機構　2006.12　124p　21cm　（世界遺産シリーズ）　2000円　①4-86200-120-3

(目次)複合遺産の概要（複合遺産定義，ユネスコと世界遺産 ほか），世界遺産に登録されている複合遺産（バンディアガラの絶壁（ドゴン人の集落・マリ），オカシュランバ・ドラケンスバーグ公園（南アフリカ） ほか），複合遺産暫定リスト記載物件，複合遺産情報所在源

(内容)本書は、自然遺産の登録基準と文化遺産の登録基準を併せ持つ複合遺産について、その概要を学ぶと共に、世界遺産リストに登録されている複合遺産24物件のプロフィール、暫定リストに記載されている複合遺産関係の物件名を紹介する。

世界遺産ガイド　複合遺産編　2013改訂版　古田陽久，古田真美著，世界遺産総合研究所企画・編　（広島）シンクタンクせとうち総合研究機構　2013.5　142p　21cm　2500円　①978-4-86200-177-1

(目次)複合遺産の概要（複合遺産定義，複合遺産ユネスコと世界遺産，複合遺産世界遺産条約に関連する他の国際条約や計画 ほか），世界遺産リストに登録されている複合遺産（ロペ・オカンダの生態系と残存する文化的景観（ガボン），バンディアガラの絶壁（ドゴン族の集落）（マリ），ンゴロンゴロ保全地域（タンザニア） ほか），世界遺産暫定リストに登録されている複合遺産関係物件，世界遺産のこれから

(内容)本書は、ユネスコの世界複合遺産について、複合遺産の概要、世界遺産リストに登録されている複合遺産、世界遺産暫定リストに登録されている複合遺産関係物件を紹介。世界複合遺産の全体像を俯瞰すると共に、「世界遺産のこれから」を展望する。

世界遺産ガイド　複合遺産編　2016改訂版　古田陽久，古田真美著，世界遺産総合研究所企画・編　（広島）シンクタンクせとうち総合研究機構　2016.3　144p　21cm　（世界遺産シリーズ）　2500円　①978-4-86200-200-6　Ⓝ709

(目次)複合遺産の概要，世界遺産リストに登録されている複合遺産，世界遺産暫定リストに登録されている複合遺産関係物件

(内容)本書は、ユネスコ複合遺産について、複合遺産の概要、世界遺産リストに登録されている複合遺産、世界遺産暫定リストに登録されている複合遺産関係物件を紹介。ユネスコ複合遺産の全体像を俯瞰すると共に、今後を展望する。

世界遺産ガイド　複数国にまたがる世界遺産編　古田陽久，古田真美著，世界遺産総合研究所企画・編集　（広島）シンクタンクせとうち総合研究機構　2010.6　128p　21cm　（世界遺産シリーズ）〈索引あり〉　2381円　①978-4-86200-151-1　Ⓝ709

(目次)ユネスコ世界遺産の概要，複数国にまたがる世界遺産の概要，複数国にまたがる自然遺産，複数国にまたがる文化遺産，複数国にまたがる複合遺産，統合することが望ましい複数国にまたがる世界遺産，世界遺産暫定リストに記載されている複数国にまたがる主な物件

(内容)世界遺産の数は、1000近くになり、国内外を問わず、同種、同類の世界遺産の統合・再編の整理が必要である。複数国にまたがる瀑布、山岳、森林などの自然環境は、一体的な管理が望ましく、一方、10か国にまたがる「シュトルーヴェの測地弧」の様に、同一テーマでの国際的な共同登録は、今後も増えていくことが期待される。

世界遺産ガイド　文化遺産編　2013改訂版　古田陽久，古田真美著，世界遺産総合研究所企画・編　（広島）シンクタンクせとうち総合研究機構　2013.5　140p　21cm　2500円　①978-4-86200-175-7

(目次)文化遺産の概要（定義，ユネスコと世界遺産 ほか），世界遺産リストに登録されている文化遺産（アフリカ，アラブ諸国 ほか），危機遺産リストに登録されている文化遺産（危機遺産対策こそが世界遺産条約の本旨，最初に危機遺産登録された文化遺産の過去と現在 ほか），日本の世界文化遺産とポテンシャル・サイト（世

界遺産条約締約後の文化遺産関係の主な動き，世界文化遺産登録のフロー・チャート ほか)，世界遺産のこれから(世界遺産条約採択40周年から50周年に向けて)

(内容)本書は、ユネスコの世界文化遺産について、文化遺産の概要、世界遺産リストに登録されている文化遺産、危機遺産リストに登録されている世界文化遺産、日本の世界文化遺産とポテンシャル・サイトを紹介。世界文化遺産の全体像を俯瞰すると共に、「世界遺産のこれから」を展望する。

世界遺産ガイド　文化遺産編　2016改訂版　古田陽久，古田真美著，世界遺産総合研究所企画・編　(広島)シンクタンクせとうち総合研究機構　2016.3　141p　21cm　(世界遺産シリーズ)　2500円
①978-4-86200-199-3　Ⓝ709

(目次)文化遺産の概要，世界遺産リストに登録されている文化遺産，危機遺産リストに登録されている文化遺産，日本のユネスコ文化遺産とポテンシャル・サイト

(内容)本書は、ユネスコ文化遺産について、文化遺産の概要、世界遺産リストに登録されている文化遺産、危機遺産リストに登録されている文化遺産、日本のユネスコ文化遺産とポテンシャル・サイトを紹介。ユネスコ文化遺産の全体像を俯瞰すると共に、今後を展望する。

世界遺産ガイド　文化遺産編 1 遺跡　古田陽久，古田真美監修，世界遺産研究センター編　(広島)シンクタンクせとうち総合研究機構　2000.8　128p　21cm　2000円
①4-916208-32-3　Ⓝ709

(目次)ユネスコ世界遺産の概要(ユネスコ世界遺産の準拠法，これまでの経緯，わが国の世界遺産条約の締結 ほか)，世界遺産に登録されている遺跡(ハトラ，ペルセポリス，チョーガ・ザンビル ほか)，文化遺産の定義と登録基準，文化遺産関連の情報源(国際機関(含むNGO)，各種団体・研究機関等，図書館・資料室等 ほか)

(内容)ユネスコ世界遺産のうち文化遺産(遺跡)を特集するガイド。ユネスコ世界遺産に登録されている文化遺産(遺跡)のプロフィールを写真・地図・グラフ等を用いながら紹介している。巻末に索引とコラムあり。

世界遺産ガイド　文化遺産編 2 建造物　古田陽久，古田真美監修，世界遺産研究センター編　(広島)シンクタンクせとうち総合研究機構　2000.9　128p　21cm　2000円
①4-916208-33-1　Ⓝ709

(目次)ユネスコ世界遺産の概要(ユネスコ世界遺産の準拠法，これまでの経緯，わが国の世界遺産条約の締結 ほか)，世界遺産に登録されている建造物(イスタンブール歴史地区，ディヴリイの大モスクと病院，サフランボル市街 ほか)，文化遺産の定義と登録基準，文化遺産関連の情報源(国際機関(含むNGO)，各種団体・研究機関等，図書館・資料室等 ほか)

(内容)ユネスコ世界遺産のうち文化遺産(遺跡)を特集したガイド。登録文化遺産(建造物)のプロフィールを写真・地図・グラフ等を用いながら紹介している。巻末に索引とコラムあり。

世界遺産ガイド　文化遺産編 3 モニュメント　古田陽久，古田真美監修，世界遺産研究センター編　(広島)シンクタンクせとうち総合研究機構　2000.10　128p　21cm　2000円　①4-916208-35-8　Ⓝ709

(目次)ユネスコ世界遺産の概要(ユネスコ世界遺産の準拠法，これまでの経緯，わが国の世界遺産条約の締結 ほか)，世界遺産に登録されているモニュメント(ネムルト山の古代遺跡，ヒエラポリスとパムッカレ，カディーシャ渓谷(聖なる谷)と神の杉の森(ホルシュ・アルゼ・ラップ) ほか)，文化遺産の定義と登録基準，文化遺産関連の情報源(国際機関(含むNGO)，各種団体・研究機関等，博物館・美術館 ほか)

(内容)ユネスコ世界遺産のうち文化遺産(モニュメント)を特集するガイド。登録文化遺産のプロフィールを写真・地図・グラフ等を用いながら紹介している。巻末に索引とコラムあり。

世界遺産ガイド　文化遺産編 4 文化的景観　古田陽久，古田真美監修，21世紀総合研究所企画・構成，世界遺産総合研究センター編　(広島)シンクタンクせとうち総合研究機構　2002.1　128p　21cm　2000円
①4-916208-53-6　Ⓝ709

(目次)ユネスコ世界遺産の概要(ユネスコとは，世界遺産とは，ユネスコ世界遺産が準拠する国際条約 ほか)，文化的景観の範疇に入る主な世界遺産(カディーシャ渓谷(聖なる谷)と神の杉の森(ホルシュ・アルゼ・ラップ)(レバノン)，チャムパサックの文化的景観の中にあるワット・プーおよび関連古代集落群(ラオス)，フィリピンのコルディリェラ山脈の棚田(フィリピン) ほか)，文化的景観関連の情報源(国際機関(含むNGO)，大使館・観光局・政府関係機関，各種団体・研究機関等 ほか)

(内容)文化的景観を特集した世界遺産ガイド。「文化遺産編」の第4巻。庭園、公園、棚田、里山、聖山など、1992年以降に「文化的景観」として世界遺産リストに登録された31物件を写真、地図と概要データで紹介する。ユネスコ世界遺産についての概要解説と、国際機関、大使館などの関連情報源のガイド、世界遺産の基礎用語集等の参考データもある。巻末には国別、物件別(和名・英名別)索引を付す。

世界遺産ガイド　文化的景観編　古田陽久，古田真美著，世界遺産総合研究所企画・編集　(広島)シンクタンクせとうち総合研究機構　2010.4　128p　21cm　(世界遺産シリーズ)　〈索引あり〉　2381円　Ⓘ978-4-86200-150-4　Ⓝ709

(目次)文化的景観の概要，アフリカの文化的景観，アラブ諸国の文化的景観，アジアの文化的景観，オセアニアの文化的景観，ヨーロッパの文化的景観，ラテンアメリカ・カリブ海地域の文化的景観，日本の重要文化的景観

(内容)本書は、ユネスコの「世界遺産リスト」に登録されている物件のなかで、自然と人間の共同作品ともいえる「文化的景観」を特集する。アフリカ、アラブ諸国、アジア・オセアニア、ヨーロッパ、ラテンアメリカ・カリブ海地域の代表的な文化的景観の特色を明らかにすると共に、日本を代表する「重要文化的景観」との違い、周辺の自然環境と人間の営みの歴史の関わりを学ぶ題材としたい。

世界遺産ガイド　文化の道編　古田陽久，古田真美著，世界遺産総合研究所編　(広島)シンクタンクせとうち総合研究機構　2016.12　128p　21cm　(世界遺産シリーズ)　2500円　Ⓘ978-4-86200-207-5　Ⓝ709

(目次)ユネスコ世界遺産の概要，信仰の道(サンティアゴ・デ・コンポステーラへの巡礼道：フランス人の道とスペイン北部の巡礼路群―スペイン，サンティアゴ・デ・コンポステーラへの巡礼道(フランス側)―フランス ほか)，交易の道(フランキンセンスの地―オマーン，ウマワカの渓谷―アルゼンチン ほか)，運河、水路(ポン・デュ・ガール(ローマ水道)―フランス，ミディ運河―フランス ほか)，鉄道(センメリング鉄道―オーストリア，インドの山岳鉄道群―インド ほか)，今後のポテンシャル・サイト(シルクロード：ペンジケント・サマルカンド・ポイケント回廊―タジキスタン／ウズベキスタン，バイキングの道―アイスランド／デンマーク／ドイツ／ラトヴィア／ノルウェー ほか)

(内容)巡礼道、シルクロード、運河、水路、鉄道など、世界遺産に登録されている「文化の道」を特集。

世界遺産ガイド　名勝・景勝地編　古田陽久，古田真美監修，21世紀総合研究所企画・構成，世界遺産総合研究センター編　シンクタンクせとうち総合研究機構　2001.3　126p　21cm　(ザ・ワールドヘリティッジ)　2000円　Ⓘ4-916208-41-2　Ⓝ709

(目次)ユネスコ世界遺産の概要，世界遺産に登録されている主要な名勝・景勝地(ギョレメ国立公園とカッパドキア，ヒエラポリス・パムッカレ，カディーシャ渓谷と神の杉の森 ほか)，世界の名勝・景勝地関連情報源，日本の名勝・景勝地関連データ

(内容)ユネスコ世界遺産に登録されている世界各地の山岳、海浜、峡谷、庭園、橋梁など芸術上または鑑賞上価値の高い名勝・景勝地を紹介するガイドブック。また富士山など日本各地の特別名勝と名勝も参考データとして収録する。

世界遺産ガイド　歴史的人物ゆかりの世界遺産編　古田陽久，古田真美監修，世界遺産総合研究センター編　(広島)シンクタンクせとうち総合研究機構　2002.9　128p　21cm　2000円　Ⓘ4-916208-57-9　Ⓝ709

(目次)ユネスコ世界遺産の概要(ユネスコとは，世界遺産とは，ユネスコ世界遺産が準拠する国際条約，世界遺産条約成立の経緯，わが国の世界遺産条約の締結 ほか)，歴史的人物ゆかりの世界遺産(モシ・オア・トゥニャ(ヴィクトリア瀑布) ザンビア／ジンバブエ，ロベン島 南アフリカ，アブ・シンベルからフィラエまでのヌビア遺跡群 エジプト，聖キャサリン地域 エジプト，エルサレム旧市街と城壁 ヨルダン推薦物件 ほか)，世界遺産の歴史的位置づけ

(内容)ユネスコ世界遺産を種類ごとに紹介するガイドブック。本書では歴史的人物にゆかりのある世界遺産をとりあげる。巻末に索引を付す。

世界遺産ガイド　歴史都市編　古田陽久，古田真美監修，世界遺産総合研究センター編　(広島)シンクタンクせとうち総合研究機構　2002.9　128p　21cm　2000円　Ⓘ4-916208-64-1　Ⓝ709

(目次)ユネスコ世界遺産の概要(ユネスコとは，世界遺産とは，ユネスコ世界遺産が準拠する国際条約，世界遺産条約成立の経緯，わが国の世界遺産条約の締結 ほか)，世界遺産に登録されている主要な歴史都市(トンブクトゥー マリ，ラムの旧市街 ケニア，ザンジバルのストーン・タウン タンザニア，モザンビーク島 モザンビーク，エッサウィラ(旧モガドール)のメディナ モロッコ ほか)，歴史都市について

(内容)ユネスコ世界遺産を種類ごとに紹介するガイドブック。本書では歴史と伝統のある都市景観や町並みで知られる歴史都市をとりあげる。巻末に索引を付す。

世界遺産データ・ブック　1995年版　河野祥宣編著　(広島)シンクタンクせとうち総合研究機構　1996.1　68p　21cm　2500円　Ⓘ4-9900145-5-3

(目次)世界遺産とは，世界遺産条約の目的，世界遺産の登録基準，世界遺産基金，世界遺産条約の締約国，世界遺産の地域別・国別データ，世界遺産の地域別・国別分布図

(内容)本書は、世界遺産とは何か、また、どの

ような物件が世界遺産として登録されているのかなどの基本的な理解と認識を深め啓蒙していくことを目的に編集したものです。エジプトのピラミッド、アメリカ合衆国のグランド・キャニオン、中国の万里の長城をはじめとして世界遺産を国別にデータ・ブックとして取り纏めました。

世界遺産データ・ブック　1997年版　シンクタンクせとうち総合研究機構編　シンクタンクせとうち総合研究機構　1996.12　112p　21cm　1500円　①4-9900145-8-8

(目次)ユネスコの世界遺産とは（世界遺産条約，世界遺産委員会，世界遺産の登録基準，世界遺産基金，世界遺産条約の締約国世界遺産の数，日本の世界遺産），世界遺産の地域別・国別データ（アジア，オセアニア，ヨーロッパ，アフリカ，アメリカ），追穂，索引

(内容)世界遺跡の数は、107か国、506物件（自然遺産107、文化遺産380、複合遺産19）。メキシコ・メリダ市での「第20回世界遺産委員会」で登録された物件（日本は原爆ドームと厳島神社）も追補し、ユネスコの世界遺産の全体像が把握できるように各物件の概要を国別に紹介。国別データには、人口、首都、公用語、政体、通貨、日本との時差、主要国際空港、主要航空会社それに在日公館も載せており世界遺産の所在位置も学べる構成。

世界遺産データ・ブック　1998年版　古田陽久，古田真美監修，日本ウォッチ研究所企画・構成，シンクタンクせとうち総合研究機構編　（広島）シンクタンクせとうち総合研究機構　1998.2　127p　21cm　1429円　①4-916208-13-7

(目次)世界遺産の概要，自然遺産，文化遺産，複合遺産，危機にさらされている世界遺産，地域別・国別一覧表

(内容)イタリアのナポリで開催された第21回世界遺産委員会で新たに登録された46件を追加し、計552件の世界遺産を自然遺産、文化遺産、複合遺産の分類別に紹介した世界遺産のデータブック。巻末には五十音順索引が付く。

世界遺産データ・ブック　1999年版　古田陽久，古田真美監修　（広島）シンクタンクせとうち総合研究機構　1999.1　126p　21cm　1905円　①4-916208-18-8

(目次)ユネスコ世界遺産の概要，世界遺産委員会別データ，世界遺産地域別・国別データ，世界遺産種別・登録パターン別データ

(内容)世界遺産582物件を紹介したデータブック。1998年12月の第22回世界遺産委員会京都会議で新たに登録された30物件のプロフィールの紹介を中心に、最新の世界遺産582物件の地域別・国別（114か国）、遺産種別（自然117物件、文化445物件、複合20物件）、世界遺産委員会別（第1回～第22回）の更新データを掲載。

世界遺産データ・ブック　2000年版　古田陽久，古田真美監修，世界遺産研究センター編　（広島）シンクタンクせとうち総合研究機構　2000.1　126p　21cm　2000円　①4-916208-26-9　Ⓝ519.8

(目次)ユネスコ世界遺産の概要（ユネスコ世界遺産の準拠法，これまでの経緯 ほか），世界遺産委員会別データ（第1回世界遺産委員会パリ会議，第2回世界遺産委員会ワシントン会議 ほか），世界遺産地域別・国別データ（アジア地域，オセアニア地域 ほか），世界遺産種別・登録パターン別データ（自然遺産の登録パターン，文化遺産の登録パターン），索引（物件名・アイウエオ順，国名・アイウエオ順）

(内容)世界遺産を地域・国別、遺産種別、世界遺産委員会別に紹介したガイドブック。第23回世界遺産委員会マラケシュ会議で新たに登録された48件を加えた計630件を収録。巻末には五十音順索引がある。

世界遺産データ・ブック　2001年版　古田陽久，古田真美監修，21世紀総合研究所企画・構成，世界遺産研究センター編　（広島）シンクタンクせとうち総合研究機構　2001.1　126p　21cm　2000円　①4-916208-37-4　Ⓝ519.8

(目次)ユネスコ世界遺産の概要（ユネスコ世界遺産の準拠法，これまでの経緯 ほか），世界遺産委員会別データ（第1回世界遺産委員会パリ会議，第2回世界遺産委員会ワシントン会議 ほか），世界遺産地域別・国別データ（アジア・太平洋地域，ヨーロッパ地域 ほか），世界遺産種別・登録パターン別データ（自然遺産の登録パターン，文化遺産の登録パターン ほか）

(内容)ユネスコ世界遺産690物件の登録データを、世界遺産委員会別、地域別・国別（122か国）、登録パターン別に掲載したデータブック。第24回世界遺産委員会ケアンズ会議で、新たにユネスコの「世界遺産リスト」と「危機にさらされている世界遺産リスト」に登録された物件を収録する2001年版。

世界遺産データ・ブック　2002年版　古田陽久，古田真美監修，21世紀総合研究所企画・構成，世界遺産総合研究センター編　（広島）シンクタンクせとうち総合研究機構　2002.1　124p　21cm　（世界遺産シリーズ）　2000円　①4-916208-51-X　Ⓝ519.8

(目次)ユネスコ世界遺産の概要（ユネスコとは，世界遺産とは ほか），地域別・国別データ（アフリカ，アラブ諸国 ほか），遺産種別・登録パ

ターン分析（自然遺産の登録パターン，文化遺産の登録パターン），ユネスコの「人類の口承・無形遺産の傑作」（準拠するガイドライン，目的ほか）

(内容)ユネスコ世界遺産の総覧。第25回世界遺産委員会ヘルシンキ会議で、「世界遺産リスト」に新登録された31物件を加えた最新の世界遺産721物件について、和名・英語名、登録年など地域別・国別データを、地図とともに紹介する。加えて、ユネスコ「人類の口承・無形遺産の傑作」19件も紹介。世界遺産条約の成立経緯、世界遺産の分布地図やグラフデータなどでユネスコ世界遺産の概要も紹介している。巻末に五十音順・地域別の国名索引、五十音順の物件名索引を付す。

世界遺産データ・ブック　2003年版　古田陽久，古田真美監修，21世紀総合研究所企画・構成，世界遺産総合研究センター編（広島）シンクタンクせとうち総合研究機構　2002.7　124p　21cm　（世界遺産シリーズ）　2000円　①4-916208-60-9　Ⓝ519.8

(目次)ユネスコ世界遺産の概要，地域別・国別データ（アフリカ，アラブ諸国，アジア・太平洋，ヨーロッパ・北米，ラテンアメリカ・カリブ海地域），遺産種別・登録パターン分析，ユネスコの「人類の口承及び無形遺産の傑作」

(内容)ユネスコ世界遺産の全データを収録したガイドブック。730件の登録データを、世界遺産委員会別、地域別・国別（122か国）、登録パターン別に掲載。2003年版は第26回世界遺産委員会ブダペスト会議で、新たに「世界遺産リスト」に登録された9物件を追加収録。また、世界文化遺産の無形遺産版ともいえるユネスコの「人類の口承及び無形遺産の傑作」19件も掲載し、有形・無形の世界遺産が一覧できるように構成。総索引として、国名（五十音順）、国名（地域別五十音順）、物件名（五十音順）新登録物件がある。

世界遺産データ・ブック　2004年版　古田陽久，古田真美監修，21世紀総合研究所企画・構成，世界遺産総合研究所編　（広島）シンクタンクせとうち総合研究機構　2003.8　128p　21cm　（世界遺産シリーズ）　2000円　①4-916208-75-7

(目次)ユネスコ世界遺産の概要（ユネスコとは，世界遺産とは，ユネスコ世界遺産が準拠する国際条約 ほか），地域別・国別データ（アフリカ，アラブ諸国，アジア・太平洋 ほか），遺産種別・登録パターン分析（自然遺産の登録パターン，文化遺産の登録パターン）

(内容)第27回世界遺産委員会パリ会議で、新たに「世界遺産リスト」に登録された24物件を加えた最新のユネスコ世界遺産754物件をユネスコの地域分類別（アフリカ、アラブ諸国、アジア・太平洋、ヨーロッパ・北米、ラテンアメリカ・カリブ地域）、それに、国別に整理。

世界遺産データ・ブック　2005年版　古田陽久，古田真美監修，21世紀総合研究所企画・構成，世界遺産総合研究所編　（広島）シンクタンクせとうち総合研究機構　2004.7　128p　21cm　（世界遺産シリーズ）　2000円　①4-916208-92-7

(目次)ユネスコ世界遺産の概要（ユネスコとは，世界遺産とは，ユネスコ世界遺産が準拠する国際条約 ほか），地域別・国別データ（アフリカ，アラブ諸国，アジア・太平洋，ヨーロッパ・北米，ラテンアメリカ・カリブ海地域），遺産種別・登録パターン分析（自然遺産の登録パターン，文化遺産の登録パターン）

(内容)第28回世界遺産委員会蘇州会議で、新たに「世界遺産リスト」に登録された34物件を加えた最新のユネスコ世界遺産788物件をユネスコの地域分類別（アフリカ、アラブ諸国、アジア・太平洋、ヨーロッパ・北米、ラテンアメリカ・カリブ海地域）、それに、国別に整理。巻末に国名索引、物件名索引、新規登録物件一覧が付く。

世界遺産データ・ブック　2006年版　古田陽久，古田真美監修　（広島）シンクタンクせとうち総合研究機構　2005.8　140p　21cm　2200円　①4-86200-104-1

(目次)ユネスコ世界遺産の概要（ユネスコとは，世界遺産とは，ユネスコ世界遺産が準拠する国際条約 ほか），地域別・国別データ（アフリカ，アラブ諸国，アジア・太平洋 ほか），遺産種別・登録パターン分析（自然遺産の登録パターン，文化遺産の登録パターン）

(内容)第29回世界遺産委員会ダーバン会議で、新たに「世界遺産リスト」に登録された24物件を加えた最新のユネスコ世界遺産812物件をユネスコの地域分類別（アフリカ、アラブ諸国、アジア・太平洋、ヨーロッパ・北米、ラテンアメリカ・カリブ海地域）、それに、国別に整理。

世界遺産データ・ブック　2007年版　古田陽久，古田真美監修，世界遺産総合研究所企画・編　（広島）シンクタンクせとうち総合研究機構　2006.8　144p　21cm　2200円　①4-86200-119-X

(目次)ユネスコ世界遺産の概要（ユネスコとは，世界遺産とは ほか），図表で見るユネスコの世界遺産（グラフで見るユネスコの世界遺産，世界遺産への登録手順フローチャート ほか），地域別・国別データ（アフリカ（AFRICA），アラブ諸国（ARAV STATES） ほか），遺産種別・登録パターン分析（自然遺産の登録パターン，文

化遺産の登録パターン）

(内容)第30回世界遺産委員会ヴィリニュス会議で、新たに「世界遺産リスト」に登録された18物件を加えた最新のユネスコ世界遺産830物件をユネスコの地域分類別（アフリカ、アラブ諸国、アジア・太平洋、ヨーロッパ・北米、ラテンアメリカ・カリブ海地域）、それに、国別に整理。

世界遺産データ・ブック　2008年版　古田陽久，古田真美監修，世界遺産総合研究所企画・編　（広島）シンクタンクせとうち総合研究機構　2007.7　144p　21cm　（世界遺産シリーズ）　2200円　①978-4-86200-124-5

(目次)ユネスコ世界遺産の概要，地域別・国別データ（アフリカ，アラブ諸国，アジア・太平洋，ヨーロッパ・北米，ラテンアメリカ・カリブ海地域），遺産種別・登録パターン分析（文化遺産の登録パターン，自然遺産の登録パターン），総索引（国名（50音順），国名（地域別50音順），物件名（50音順））

(内容)第31回世界遺産委員会クライスト・チャーチ会議で、新たに「世界遺産リスト」に登録された22物件を加えた最新のユネスコ世界遺産851物件をユネスコの地域分類別（アフリカ、アラブ諸国、アジア・太平洋、ヨーロッパ・北米、ラテンアメリカ・カリブ海地域）、それに、国別に整理。

世界遺産データ・ブック　2009年版　古田陽久，古田真美監修，世界遺産総合研究所企画・編集　（広島）シンクタンクせとうち総合研究機構　2008.8　160p　21cm　（世界遺産シリーズ）　2381円　①978-4-86200-134-4　Ⓝ519.8

(目次)ユネスコ世界遺産の概要（ユネスコとは，世界遺産とは ほか），地域別・国別データ（アフリカ，アラブ諸国 ほか），遺産種別・登録パターン分析（文化遺産の登録パターン，自然遺産の登録パターン），総索引（国名（50音順），国名（地域別50音順） ほか）

(内容)第32回世界遺産委員会ケベック・シティ会議で、新たに「世界遺産リスト」に登録された27物件を加えた最新のユネスコ世界遺産878物件をユネスコの地域分類別（アフリカ、アラブ諸国、アジア・太平洋、ヨーロッパ・北米、ラテンアメリカ・カリブ海地域）、それに、国別に整理。

世界遺産データ・ブック　2010年版　世界遺産総合研究所企画・編集，古田陽久，古田真美監修　（広島）シンクタンクせとうち総合研究機構　2009.8　156p　21cm　（世界遺産シリーズ）　〈索引あり〉　2381円　①978-4-86200-142-9　Ⓝ519.8

(目次)ユネスコ世界遺産の概要（ユネスコとは，世界遺産とは，ユネスコ世界遺産が準拠する国際条約 ほか），地域別・国別データ（アフリカ，アラブ諸国，アジア・太平洋 ほか），遺産種別・登録パターン分析（文化遺産の登録パターン，自然遺産の登録パターン）

(内容)第33回世界遺産委員会セビリア会議で、新たに「世界遺産リスト」に登録された13物件を加えた最新のユネスコ世界遺産890物件を、ユネスコの地域分類別（アフリカ、アラブ諸国、アジア・太平洋、ヨーロッパ・北米、ラテンアメリカ・カリブ海地域）、それに、国別に整理。

世界遺産データ・ブック　2011年版　古田陽久，古田真美著，世界遺産総合研究所企画・編　（広島）シンクタンクせとうち総合研究機構　2010.9　160p　21cm　（世界遺産シリーズ）　2381円　①978-4-86200-154-2

(目次)ユネスコ世界遺産の概要，図表で見るユネスコの世界遺産，第34回世界遺産委員会での新登録物件及び登録範囲の拡大物件，地域別・国別データ，遺産種別・登録パターン分析，総索引

(内容)最新のユネスコ世界遺産911物件のデータを一覧。第34回世界遺産委員会ブラジリア会議で、新たに「世界遺産リスト」に登録された21物件を加えた最新のユネスコ世界遺産911物件を、ユネスコの地域分類別（アフリカ、アラブ諸国、アジア・太平洋、ヨーロッパ・北米、ラテンアメリカ・カリブ海地域）、それに、国別に整理。

世界遺産データ・ブック　2012年版　古田陽久，古田真美著，世界遺産総合研究所企画・編集　（広島）シンクタンクせとうち総合研究機構　2011.8　160p　21cm　（世界遺産シリーズ）　〈索引あり〉　2381円　①978-4-86200-161-0　Ⓝ709

(目次)ユネスコ世界遺産の概要，図表で見るユネスコの世界遺産，第35回世界遺産委員会での新登録物件及び登録範囲の拡大物件，地域別・国別データ，遺産種別・登録パターン分析，総索引

(内容)最新のユネスコ世界遺産936件のデータを一覧。第35回世界遺産委員会パリ会議で、新たに「世界遺産リスト」に登録された25件を加えた最新のユネスコ世界遺産936件を、ユネスコの地域分類別（アフリカ、アラブ諸国、アジア・太平洋、ヨーロッパ・北米、ラテンアメリカ・カリブ）、それに、国別に整理。

世界遺産データ・ブック　2013年版　古田陽久，古田真美著　（広島）シンクタンクせとうち総合研究機構　2012.8　176p　21cm

2500円 Ⓘ978-4-86200-168-9

(目次)ユネスコ世界遺産の概要, 図表で見るユネスコの世界遺産, 第36回世界遺産委員会での新登録物件, 地域別・国別データ, 遺産種別・登録パターン分析, 総索引

(内容)最新のユネスコ世界遺産962件のデータを一覧。第36回世界遺産委員会サンクトペテルブルク会議で、新たに「世界遺産リスト」に登録された26件を加えた最新のユネスコ世界遺産962件を、ユネスコの地域分類別(アフリカ、アラブ諸国、アジア・太平洋、ヨーロッパ・北米、ラテンアメリカ・カリブ)、それに、国別に整理。

世界遺産データ・ブック 2014年版 古田陽久, 古田真美著 (広島)シンクタンクせとうち総合研究機構 2013.9 176p 21cm (世界遺産シリーズ) 2500円 Ⓘ978-4-86200-178-8

(内容)第37回世界遺産委員会プノンペン会議で、新たに「世界遺産リスト」に登録された19件を加えた最新のユネスコ世界遺産981件を、ユネスコの地域分類別(アフリカ、アラブ諸国、アジア・太平洋、ヨーロッパ・北米、ラテンアメリカ・カリブ)、それに、国別に整理。

世界遺産データ・ブック 2015年版 古田陽久, 古田真美著, 世界遺産総合研究所企画・編 (広島)シンクタンクせとうち総合研究機構 2014.8 172p 21cm (世界遺産シリーズ) 2500円 Ⓘ978-4-86200-188-7 Ⓝ709

(目次)ユネスコ世界遺産の概要, 図表で見るユネスコの世界遺産, 第38回世界遺産委員会での新登録物件, 地域別・国別データ, 遺産種別・登録パターン分析, 世界遺産、世界無形文化遺産、世界記憶遺産の違い

(内容)第38回世界遺産委員会ドーハ会議で、新たに「世界遺産リスト」に登録された26件を加えた最新のユネスコ世界遺産1007件を、ユネスコの地域分類別(アフリカ、アラブ諸国、アジア・太平洋、ヨーロッパ・北米、ラテンアメリカ・カリブ)、それに、国別に整理。

世界遺産データ・ブック 2016年版 古田陽久, 古田真美著, 世界遺産総合研究所企画・編 (広島)シンクタンクせとうち総合研究機構 2015.9 176p 21cm (世界遺産シリーズ) 2600円 Ⓘ978-4-86200-194-8 Ⓝ709

(目次)ユネスコ世界遺産の概要, 図表で見るユネスコ世界遺産, 第39回世界遺産委員会での新登録物件等, 地域別・国別データ, 遺産種別・登録パターン分析, 世界遺産、世界無形文化遺産、世界記憶遺産の違い

(内容)第39回世界遺産委員会ボン会議で、新たに「世界遺産リスト」に登録された24件を加えた最新のユネスコ世界遺産1031件(登録遺産名、遺産種別、登録基準、登録年)を、ユネスコの地域分類別(アフリカ、アラブ諸国、アジア・太平洋、ヨーロッパ・北米、ラテンアメリカ・カリブ)、それに、国別(国名、首都、世界遺産の数、世界遺産条約締約年)に整理。

世界遺産データ・ブック 2017年版 古田陽久, 古田真美著, 世界遺産総合研究所企画・編集 (広島)シンクタンクせとうち総合研究機構 2016.9 176p 21cm (世界遺産シリーズ) 〈索引あり〉 2600円 Ⓘ978-4-86200-204-4 Ⓝ709

(目次)ユネスコ世界遺産の概要, 図表で見るユネスコ世界遺産, 第40回世界遺産委員会イスタンブール会議新登録物件等, 地域別・国別データ, 遺産種別・登録パターン分析, 世界遺産、世界無形文化遺産、世界の記憶の違い

世界遺産データ・ブック 2018年版 古田陽久, 古田真美著, 世界遺産総合研究所企画・編集 (広島)シンクタンクせとうち総合研究機構 2017.9 176p 21cm (世界遺産シリーズ) 〈索引あり〉 2600円 Ⓘ978-4-86200-212-9 Ⓝ709

(目次)ユネスコ世界遺産の概要(ユネスコとは, 世界遺産とは ほか), 図表で見るユネスコ世界遺産(世界遺産分布図, グラフで見るユネスコ世界遺産 ほか), 第41回世界遺産委員会クラクフ会議新登録物件等(分布図, 物件名), 地域別・国別データ(アフリカ, アラブ諸国 ほか), 遺産種別・登録パターン分析(文化遺産関係の登録パターン, 自然遺産関係の登録パターン)

(内容)最新のユネスコ世界遺産1073件のデータを一覧。第41回世界遺産委員会クラクフ会議で、新たに「世界遺産リスト」に登録された21件を加えた最新のユネスコ世界遺産1073件(登録遺産名、遺産種別、登録基準、登録年)を、ユネスコの地域分類別(アフリカ、アラブ諸国、アジア・太平洋、ヨーロッパ・北米、ラテンアメリカ・カリブ)、それに、国別(国名、首都、世界遺産の数、世界遺産条約締約年)に整理。

世界遺産なるほど地図帳 講談社編 講談社 2007.5 152p 30×23cm (講談社の世界遺産BOOK) 1600円 Ⓘ978-4-06-280051-8

(目次)1 地図で知る世界遺産の基礎情報(国別の世界遺産登録数と世界遺産条約締結年, 日本の世界遺産, 2006年登録の世界遺産 ほか), 2 地図で読む人類の至宝 文化遺産(悠久の時を語る歴史地区, 都市の歴史を見守ってきた「旧市街」, 首都にある世界遺産 ほか), 3 地図で見る地球の宝物 自然遺産(景観美が優れた遺産の代表例, 魅惑の海洋を含む遺産分布, 遺産に暮らす絶滅寸前の動物たち ほか)

(内容)データマップだからこその驚き、発見、感動。53のテーマを大図解。

世界遺産百科　全981のユネスコ世界遺産　ユネスコテキスト，日高健一郎監訳　柊風舎　2014.7　895p　21cm　〈地図：コリンズ・バーソロミュー　索引あり　原書名：THE WORLD'S HERITAGE〉　15000円　①978-4-86498-015-9　Ⓝ709.036

(目次)国別世界遺産一覧―大陸別地図，世界遺産―解説、地図、写真，世界遺産とユネスコの世界遺産活動，ユネスコ加盟国一覧，世界遺産名総索引，謝辞・図版出典

(内容)人類と地球の壮大な歴史に織り込まれた、すべての世界遺産を登録年順に掲載!過去の世代からの価値ある贈り物を、未来の世代に着実に引き継ぐために―ユネスコの世界遺産活動を正しく理解し、個々の遺産の解説や地図、数々の写真を通して、遠く離れた地域のすぐれた文化や自然の神秘を知る。2013年登録の富士山まで、全981の世界遺産を網羅!

絶対に行きたい! 世界遺産120　アフロ著　KADOKAWA　2016.4　299p　15cm　(中経の文庫)　680円　①978-4-04-601460-3　Ⓝ709

(目次)第1章 アジア(屋久島，知床 ほか)，第2章 中東・アフリカ・オセアニア(ギョレメ国立公園とカッパドキア岩窟群，イスタンブール歴史地域 ほか)，第3章 ヨーロッパ(モン・サン・ミシェルとその湾，パリのセーヌ河岸 ほか)，第4章 南北アメリカ(カナディアン・ロッキー山脈自然公園群，グランド・キャニオン国立公園 ほか)

(内容)人気急上昇の観光スポット「軍艦島」や雄大な自然と独自の生態系が残る「小笠原諸島」、砂漠の中の「世界一美しい廃墟」パルミラ、約50年もかけて建築された絢爛豪華なヴェルサイユ宮殿、「世界屈指の秘境」カナイマ国立公園など、読めば行きたくなること間違いなしの世間遺産を、57カ国、120紹介。「身近なものと比べてみよう」コーナーや世界遺産クイズも楽しめます。

ビジュアル・ワイド世界遺産　青柳正規監修　小学館　2003.12　495p　31×22cm　6000円　①4-09-526054-8

(目次)「世界遺産」を愉しむフォト・ギャラリー，「世界遺産」を愉しむテーマ特集(世界三大宗教の造形，帝国文明の伝播，異文化の受容と混交)，世界遺産全リスト(アジア／オセアニア，ヨーロッパ，アフリカ，南北アメリカ)

(内容)一流写真家による美しく迫力ある口絵写真をはじめ、総写真点数1200点以上。世界遺産をビジュアルに楽しむ。日本およびアジアの世界遺産にスポットをあて、2004年登録予定の「紀伊山地の霊場と参詣道」もいち早く紹介。日本の能楽やインドのサンスクリット劇など、今まで紹介されることの少なかった無形文化遺産もすべて紹介した。世界遺産の旅への想いをかき立てる詳細な解説やテーマ特集など、読む楽しみも満載。

<図鑑・図集>

感動のユネスコ世界遺産300図鑑　私が撮った文化遺産・自然遺産・複合遺産　富田純明著　ロングセラーズ　2010.8　301p　31cm　〈他言語標題：WORLD HERITAGE 300 RUINS　文献あり〉　4571円　①978-4-8454-2188-6　Ⓝ290.87

(内容)ユネスコ世界遺産を154ヶ国、312ヶ所、35年間で撮った感動と絶景の醍醐味。

ユネスコ世界遺産　2　中央・南アメリカ　ユネスコ世界遺産センター監修　講談社　1997.5　295p　30×24cm　5631円　①4-06-254702-3

(目次)キューバ・ハイチ・ドミニカ共和国・アメリカ・グアテマラ・エルサルバドル・ホンジュラス・コスタリカ・パナマ・コロンビア・ベネズエラ・エクアドル・ペルー・ボリビア・パラグアイ・ブラジル・アルゼンチン。

(内容)1995年11月現在において、世界遺産リストに登録されているキューバ、ハイチ、ドミニカ共和国、アメリカ、グアテマラ、エルサルバドル、ホンジュラス、コスタリカ、パナマ、コロンビア、ベネズエラ、エクアドル、ペルー、ボリビア、パラグアイ、ブラジル、アルゼンチンの17ヵ国、43件の遺跡を扱った。

ユネスコ世界遺産　4　東アジア・ロシア　ユネスコ世界遺産センター監修　講談社　1998.5　295p　30×24cm　5631円　①4-06-254704-X

(目次)ロシア(ソロヴェツキー諸島の歴史的建造物群，キジー島の木造聖堂 ほか)，ウズベキスタン(ヒヴァのイチャン・カラ，ブハラの歴史地区)，中国(敦煌の莫高窟，ラサのポタラ宮 ほか)，韓国(宗廟，八万大蔵経版木収蔵の海印寺 ほか)，日本(白神山地，白川郷と五箇山の合掌造り集落 ほか)

(内容)1997年11月現在、世界遺産リストに登録されているロシア、ウズベキスタン、中国、韓国、日本の5カ国、40件の遺産(以下サイトとよぶ)を収録。

ユネスコ世界遺産　5　インド亜大陸　ユネスコ世界遺産センター監修　講談社　1997.11

295p　30×24cm　5631円　Ⓘ4-06-254705-8

(目次)パキスタン(タフティ・ビーハーの仏教遺跡とサリ・バロールの歴史的都市，タキシラの都市遺跡 ほか)，インド(ナンダ・デヴィ国立公園，デリーのフマユーン廟 ほか)，スリランカ(聖地アヌラーダプラ，シーギリアの古代都市 ほか)，ネパール(サガルマータ国立公園，カトマンズの谷，ロイヤル・チトワン国立公園)，バングラデシュ(パハールプルの仏教遺跡，ハゲルハートのイスラーム都市遺跡)

(内容)1995年11月現在の世界遺産リストに登録されているパキスタン、インドスリランカ、ネパール、バングラデシュの5カ国38件の遺跡を収録。

ユネスコ世界遺産　6　東南アジア・オセアニア　ユネスコ世界遺産センター監修　講談社　1997.1　271p　30×24cm　5631円　Ⓘ4-06-254706-6

(目次)人類の宝・世界遺産，収録遺産地図，タイ，カンボジア，ベトナム，フィリピン，インドネシア，オーストラリア，ニュージーランド，イギリス

ユネスコ世界遺産　7　北・中央ヨーロッパ　ユネスコ世界遺産センター監修　講談社　1997.7　295p　30×24cm　5631円　Ⓘ4-06-254707-4

(目次)人類の宝・世界遺産，収録遺産地図，PHOTO CREDITS・凡例，ノルウェー，スウェーデン，フィンランド，デンマーク，ドイツ，ルクセンブルク，スイス，チェコ，ポーランド，ポーランド／ベラルーシ，リトアニア

ユネスコ世界遺産　9　東南ヨーロッパ　ユネスコ世界遺産センター監修　講談社　1997.9　295p　30×24cm　5631円　Ⓘ4-06-254709-0

(目次)スロバキア，ハンガリー，ウクライナ，ルーマニア，スロベニア，クロアチア，ユーゴスラビア，ブルガリア，マケドニア，アルバニア，ギリシア，キプロス

(内容)オールカラーで世界100ヵ国、440件の遺産を網羅!未来に伝えたい人類の文化と地球の自然。ユネスコ世界遺産。

ユネスコ世界遺産　12　中央・南アフリカ　ユネスコ世界遺産センター監修　講談社　1997.3　271p　30×24cm　5631円　Ⓘ4-06-254712-0

(内容)オールカラーで世界100ヵ国、440件の遺産を網羅したユネスコ世界遺産全12巻の中央・南アフリカ編。

<カタログ・目録>

テーマ別日本切手カタログ　Vol.2　世界遺産・景観編　日本郵趣協会，郵趣サービス社(発売)　2016.7　175p　21cm　1570円　Ⓘ978-4-88963-798-4　Ⓝ693.8

(目次)第1部 富士山(富士山周遊，芸術の源泉としての富士山)，第2部 日本の世界遺産(日本の世界自然遺産，日本の世界文化遺産)，第3部 日本の自然景観(山岳，河川，滝，渓谷，湖沼，岬・海岸，湿原・カルスト地形)

(内容)テーマ別切手カタログ第二弾。日本の世界遺産と自然景観に関する切手を収録。

<地図帳>

ザ・ワールド・ヘリティッジ 世界遺産マップス　地図で見るユネスコの世界遺産　古田陽久，古田真美監修　(広島)シンクタンクせとうち総合研究機構　1998.7　125p　21cm　1500円　Ⓘ4-916208-14-5

(目次)ユネスコの世界遺産の概要，世界遺産分布図，アジア，オセアニア，ヨーロッパ，CIS，アフリカ，北アメリカ，南アメリカ，大使館・政府観光局等アドレス

(内容)ユネスコの世界遺産552物件の所在地を世界地図、地域別・主要国別の白地図に整理し掲載したもの。世界遺産への登録手順、世界遺産データ、大使館・政府観光局等アドレスも収録。地理の学習、旅行ガイド、図書館等へのレファレンスにも対応。

世界遺産マップス　地図で見るユネスコの世界遺産　2001改訂版　古田陽久，古田真美監修，21世紀総合研究所企画・構成，世界遺産研究センター編　(広島)シンクタンクせとうち総合研究機構　2001.1　126p　21cm　2000円　Ⓘ4-916208-38-2　Ⓝ519.8

(目次)ユネスコの世界遺産の概要(ユネスコ世界遺産の準拠法，これまでの経緯 ほか)，アジア・太平洋(Asia and the Pacific)27か国(イエメン共和国，イラク共和国 ほか)，ヨーロッパ(Europe)41か国(ギリシャ共和国，マルタ共和国 ほか)，アフリカ(Africa)28か国(エジプト・アラブ共和国，社会主義人民リビア・アラブ国 ほか)，アメリカ(America)26か国(カナダ，アメリカ合衆国 ほか)

(内容)ユネスコ世界遺産に登録されている世界122カ国の自然遺産と文化遺産を、4つの地域ごとに収録したもの。物件名と国名から引ける索引がある。

世界遺産マップス　地図で見るユネスコの

世界遺産　2003改訂版　古田陽久，古田真美監修，21世紀総合研究所企画・構成，世界遺産総合研究所編　（広島）シンクタンクせとうち総合研究機構　2003.1　128p　21cm　（世界遺産シリーズ）　2000円　①4-916208-66-8

(目次)ユネスコの世界遺産の概要，世界遺産地域別・国別データ（アフリカ，アラブ諸国，アジア・太平洋，ヨーロッパ・北米，ラテンアメリカ・カリブ海地域）

(内容)最新のユネスコ世界遺産730物件、並びに、世界無形文化遺産19物件の所在・分布をアフリカ、アラブ諸国、アジア・太平洋、ヨーロッパ・北米、ラテンアメリカ・カリブ海地域の各地域別・各国別に整理。各国の物件については、所在する地方、州、県などの行政区分を明示。旅行・観光の際にも手軽に利用できる一覧性とコンパクト性も重視。

世界遺産マップス　地図で見るユネスコの世界遺産　2005改訂版　古田陽久，古田真美監修，21世紀総合研究所企画・構成，世界遺産総合研究所編　（広島）シンクタンクせとうち総合研究機構　2004.9　124p　21cm　（世界遺産シリーズ）　2000円　①4-916208-97-8

(目次)世界遺産分布図等（世界遺産分布図，自然遺産分布図，文化遺産分布図，複合遺産分布図，危機にさらされている世界遺産分布図，世界遺産委員会のこれまでの開催国），世界遺産地域別・国別データ（アフリカ25か国，アラブ諸国13か国，アジア・太平洋25か国，ヨーロッパ・北米46か国，ラテンアメリカ・カリブ海地域25か国）

(内容)最新のユネスコ世界遺産788物件の所在・分布を、ユネスコ世界遺産センターの地域分類に準拠し、アフリカ、アラブ諸国、アジア・太平洋、ヨーロッパ・北米、ラテンアメリカ・カリブ海地域の各地域別・各国別に整理。各国の物件については、所在する州と県などの行政区分を明示。旅行・観光の際にも手軽に利用できる一覧性とコンパクト性も重視。

世界遺産マップス　地図で見るユネスコの世界遺産　2006改訂版　古田陽久，古田真美監修，世界遺産総合研究所企画・制作　（広島）シンクタンクせとうち総合研究機構　2005.11　128p　21cm　（世界遺産シリーズ）　2000円　①4-86200-106-8

(目次)世界遺産分布図等（世界遺産分布図，自然遺産分布図，文化遺産分布図，複合遺産分布図，危機にさらされている世界遺産分布図，世界遺産委員会のこれまでの開催国），世界遺産地域別・国別データ（アフリカ 25か国，アラブ諸国14か国，アジア・太平洋 25か国，ヨーロッパ・北米 48か国，ラテンアメリカ・カリブ海地域25か国）

(内容)最新のユネスコ世界遺産812物件の所在・分布を、ユネスコ世界遺産センターの地域分類に準拠し、アフリカ、アラブ諸国、アジア・太平洋、ヨーロッパ・北米、ラテンアメリカ・カリブ海地域の地域別・国別に整理。各国の物件については、所在する州や県などの行政区分を明示。旅行・観光の際にも手軽に利用できる一覧性とコンパクト性を重視。

世界遺産マップス　地図で見るユネスコの世界遺産　2008改訂版　古田陽久，古田真美監修，世界遺産総合研究所企画・編　（広島）シンクタンクせとうち総合研究機構　2007.9　128p　21cm　（世界遺産シリーズ）　2000円　①978-4-86200-126-9

(目次)世界遺産分布図等，世界遺産地域別・国別データ（アフリカ28か国，アラブ諸国14か国，アジア・太平洋25か国，ヨーロッパ・北米49か国，ラテンアメリカ・カリブ海地域25か国），索引

(内容)最新のユネスコ世界遺産851物件の所在・分布を、ユネスコ世界遺産センターの地域分類に準拠し、アフリカ、アラブ諸国、アジア・太平洋、ヨーロッパ・北米、ラテンアメリカ・カリブ海地域の地域別・国別に整理。各国の物件については、所在する州や県などの行政区分を明示。旅行・観光の際にも手軽に利用できる一覧性とコンパクト性を重視。

世界遺産マップス　地図で見るユネスコの世界遺産　2009改訂版　世界遺産総合研究所企画・編集，古田陽久，古田真美監修　（広島）シンクタンクせとうち総合研究機構　2009.5　140p　21cm　（世界遺産シリーズ）〈索引あり〉　2381円　①978-4-86200-141-2　Ⓝ709

(目次)世界遺産分布図等（世界遺産分布図，自然遺産分布図，文化遺産分布図，複合遺産分布図，危機にさらされている世界遺産分布図，世界遺産委員会のこれまでの開催国と開催都市），世界遺産地域別・国別データ（アフリカ，アラブ諸国，アジア・太平洋，ヨーロッパ・北米，ラテンアメリカ・カリブ海地域），索引

(内容)最新のユネスコ世界遺産878物件の所在・分布を、ユネスコ世界遺産センターの地域分類に準拠し、アフリカ、アラブ諸国、アジア・太平洋、ヨーロッパ・北米、ラテンアメリカ・カリブ海地域の地域別・国別に整理。各国の物件については、所在する州や省などの行政区分を明示。

世界遺産マップス　地図で見るユネスコの世界遺産　2011改訂版　古田陽久，古田

真美著，世界遺産総合研究所企画・編集　（広島）シンクタンクせとうち総合研究機構　2010.10　144p　21cm　（世界遺産シリーズ）〈索引あり〉　2381円
①978-4-86200-156-6　Ⓝ709

目次 世界遺産分布図等（世界遺産分布図，自然遺産分布図，文化遺産分布図，複合遺産分布図 ほか），世界遺産地域別・国別データ（アフリカ，アラブ諸国，アジア・太平洋，ヨーロッパ・北米 ほか）

内容 最新のユネスコ世界遺産911物件の所在・分布を、ユネスコ世界遺産センターの地域分類に準拠し、アフリカ、アラブ諸国、アジア・太平洋、ヨーロッパ・北米、ラテンアメリカ・カリブ海地域の地域別・国別に整理。各国の物件については、所在する州や県などの行政区分を明示。海外旅行の際に手軽に持参できる一覧性とコンパクト性を重視。

世界遺産マップス　地図で見るユネスコの世界遺産　2014改訂版　古田陽久，古田真美著　（広島）シンクタンクせとうち総合研究機構　2013.9　160p　21cm　（世界遺産シリーズ）　2500円　①978-4-86200-180-1

内容 最新のユネスコ世界遺産981物件の所在・分布を、ユネスコ世界遺産センターの地域分類に準拠し、アフリカ、アラブ諸国、アジア・太平洋、ヨーロッパ・北米、ラテンアメリカ・カリブ海地域の地域別・国別に整理。各国の物件については、所在する州や県などの行政区分を明示。海外旅行の際に手軽に持参できる一覧性とコンパクト性を重視。

世界遺産マップス　地図で見るユネスコの世界遺産　2017改訂版　古田陽久，古田真美著，世界遺産総合研究所企画・編集　（広島）シンクタンクせとうち総合研究機構　2016.12　176p　21cm　（世界遺産シリーズ）〈索引あり〉　2600円
①978-4-86200-206-8　Ⓝ709

目次 世界遺産分布図等，世界遺産地域別・国別データ

内容 最新のユネスコ世界遺産1052全物件の所在・分布を、ユネスコ世界遺産センターの地域分類に準拠し、アフリカ、アラブ諸国、アジア・太平洋、ヨーロツパ・北米、ラテンアメリカ・カリブの地域別・国別に整理。各国の物件については、所在する州や県などの行政区分を明示。

<年鑑・白書>

世界遺産年報　2006　日本ユネスコ協会連盟編　平凡社　2006.3　72p　30cm　1000円
①4-582-71408-0

目次 知床―海と川と森が一体となった生態系，知床、その原生なる姿―北方地域の普遍的な価値を持つ知床の自然，世界自然遺産としての知床の意味―知床の自然の特徴と世界遺産登録までの経緯，2005年登録の世界遺産，蘇ったアンコール―保存修復に貢献した国際支援と日本の取り組み，危機にさらされている世界遺産リスト，白川郷・五箇山の合掌造り集落の現状，世界遺産インフォメーション，人間と生物圏（MAB）計画，無形遺産保護の目的と意義―無形の文化を人類共通の遺産として捉えて保護する，日本ユネスコ協会連盟の世界遺産活動，世界遺産リスト&マップ

世界遺産年報　2007 No.12　日本ユネスコ協会連盟編　日経ナショナルジオグラフィック社，日経BP出版センター（発売）　2007.1　72p　30cm　1000円　①978-4-931450-88-2

目次 特集 2006年登録の世界遺産，特集 危機遺産，特別レポート 景観の危機，新連載データファイル日本の世界遺産（1）法隆寺地域の仏教建造物，アニュアルレポート，世界遺産基本情報，日本ユネスコ協会連盟の世界遺産活動，世界遺産リスト&マップ

世界遺産年報　2008 No.13　日本ユネスコ協会連盟編　日経ナショナルジオグラフィック社，日経BP出版センター（発売）　2008.1　64p　30cm　1000円　①978-4-86313-021-0　Ⓝ709

目次 最新情報 2007年登録の世界遺産，特集 産業遺産，データファイル 日本の世界遺産2―白神山地，アニュアルレポート，特別レポート 世界遺産と観光，世界遺産基本情報，日本ユネスコ協会連盟の世界遺産活動，世界遺産リスト&マップ

世界遺産年報　2012 No.17　日本ユネスコ協会連盟編，日本ユネスコ協会連盟世界遺産年報2012アドバイザリーグループ監修　東京書籍　2012.2　48p　30cm　1000円
①978-4-487-80608-9

目次 特集 平泉―仏国土（浄土）を表す建築・庭園及び考古学的遺跡群，特集 小笠原諸島，2011年登録の世界遺産，世界遺産リストに登録されるための「評価基準」，日本の世界遺産ニュース―日本の世界遺産候補地 - 世界遺産登録への取り組み，第35回世界遺産委員会ニュース，世界遺産基本情報，世界遺産リスト&マップ，危機にさらされている世界遺産リスト

世界遺産年報　2018　日本ユネスコ協会連盟編，日本ユネスコ協会連盟世界遺産年報2018アドバイザリーグループ監修　講談社　2018.1　52p　30cm　（講談社MOOK）

1000円　①978-4-06-509599-7

(目次)巻頭特集 新登録「『神宿る島』宗像・沖ノ島と関連遺産群」, 特集 世界遺産の歴史, 特集 2017年登録の世界遺産紹介, 第41回世界遺産委員会ニュース, 危機にさらされている世界遺産リスト, 世界遺産基本情報, 世界遺産リスト＆マップ

ユネスコ世界遺産年報　1997 - 1998　日本ユネスコ協会連盟編　芸術新聞社　1998.3　63p　30cm　1000円　①4-87586-238-5

(目次)世界遺産とは, ギャラリー, 特集 ユネスコと自然遺産, エッセイ, 世界遺産シンポジウム, 現地リポート, 動きと出来事, データ(世界遺産リスト＆マップ, 世界遺産関連用語解説)

ユネスコ世界遺産年報　2000　平山郁夫総監修, 城戸一夫監修, 日本ユネスコ協会連盟編　平凡社　2000.3　71p　30cm　1000円　①4-582-71402-1　Ⓝ709

(目次)特集・日光の社寺, 1998年登録の世界遺産, 世界遺産リスト＆マップ, 特別企画・自然遺産に生きる稀少動物—最後に残された野生動物の繁栄の地, 1999年の動きと出来事

ユネスコ世界遺産年報　2001　平山郁夫総監修, 城戸一夫監修, 日本ユネスコ協会連盟編　平凡社　2001.3　71p　30cm　1000円　①4-582-71403-X　Ⓝ709

(目次)特集 琉球王国, 2000・1999年登録の世界遺産, 特別企画 世界遺産に見る20世紀の記憶, 緊急レポート 危機にさらされている世界遺産, 2000年の動きと出来事, 2000年第24回世界遺産委員会会議より, ユネスコ世界遺産センター、ユネスコ・パリ本部の動き, この1年の日本の世界遺産の動き, 日本ユネスコ協会連盟の動き, TBS『世界遺産』200回記念「アンコール」取材レポート, 世界遺産Q&A, 世界遺産関連用語解説・関係機関, 世界遺産リスト＆マップ

ユネスコ世界遺産年報　2002　日本ユネスコ協会連盟編　平凡社　2002.3　71p　30cm　1000円　①4-582-71404-8　Ⓝ709

(目次)特集 韓国(今、新たなる日韓の時代へ—韓国の世界遺産と日本文化, 世界遺産から見た韓国の歴史的潮流, 朝鮮史年表, 地図：韓国の世界遺産／世界遺産に対する韓国ユネスコ国内委員会の取り組み, 韓国世界遺産の解説, 地図：ソウルの世界遺産／慶州の世界遺産), 2001・2000年登録の世界遺産, 特別企画 危機遺産を救え!(破壊されたアフガニスタンの文化遺産, 人類によって破壊される世界遺産の悲劇), スペシャル・インタビュー エベレスト清掃登山から学ぶ環境問題, 世界遺産リスト＆マップ

(内容)ユネスコ世界遺産の年報。2001年～2002年に新たに登録されたユネスコ世界遺産、及び2001年以前に登録された各国の世界遺産の動向について紹介する。巻頭特集として、韓国の世界遺産について解説、特別企画として、アフガニスタン等世界遺産の破壊問題についてのレポートや、エベレストの環境問題に関するアルピニスト野口健氏のインタビューも掲載している。巻末に2001年12月現時の世界遺産721件をまとめた地図を付す。

ユネスコ世界遺産年報　2003　日本ユネスコ協会連盟編　平凡社　2002.12　71p　30cm　1000円　①4-582-71405-6　Ⓝ709

(目次)特集 ベトナム—反骨精神から生まれた悠久の文化, 2002・2001年登録の世界遺産, 緊急企画 アフガニスタンの文化財を救え!, 特別企画 世界遺産条約制定30周年, スペシャル・インタビュー 外尾悦郎(彫刻家)—サグラダ・ファミリア彫刻制作にかける情熱, 世界遺産ニュース(国際編, 国内編), 世界遺産Q&A, 世界遺産関係機関／世界遺産関連用語, 世界遺産リスト＆マップ

(内容)ユネスコ世界遺産に関する情報を紹介する年報。特集ではベトナムの4件の世界遺産を紹介。その他に、「2002・2001年登録の世界遺産」「アフガニスタンの文化財を救え」「世界遺産条約制定30周年」「世界遺産ニュース」などを収録。また2002年6月現在の世界遺産730件すべての登録地を地図とともに紹介する「世界遺産リスト＆マップ」も掲載する。

ユネスコ世界遺産年報　2004 No.9　日本ユネスコ協会連盟編　平凡社　2004.1　71p　30cm　1000円　①4-582-71406-4

(目次)特集 古代ギリシャ—時を超えて受け継がれる人類の叡智, 2003年登録の世界遺産, 危機にさらされている世界遺産の現状, 緊急報告 危機遺産と文化財保護の現場から—失われつつあるイラクの文化遺産, スペシャル・インタビュー 豊竹咲甫大夫(人形浄瑠璃文楽座・大夫)伝統芸能を担う若きホープ, 特別企画 世界遺産の現状を考える—世界遺産条約の現在、そして未来へ, 世界遺産リスト＆マップ

◆世界各地の世界遺産

<ハンドブック>

世界遺産ガイド　アジア・太平洋編　古田陽久, 古田真美監修, 日本ウォッチ研究所企画・構成, 世界遺産研究センター編　(広島)シンクタンクせとうち総合研究機構　1999.3　126p　21cm　1905円　①4-916208-19-6

(目次)ユネスコ世界遺産の概要(ユネスコ世界遺

産の準拠法，これまでの経緯 ほか），アジア・太平洋の世界遺産（アジア・太平洋の国と地域，アジア・太平洋の世界遺産分布図），アジア・太平洋の国別データ（アジア地域，太平洋地域，今後、登録が期待される太平洋地域の世界遺産条約締約国），アジア・太平洋の関連情報源（世界遺産研究で参考になる情報源，世界遺産研究で参考になる基礎資料），アジア・太平洋の参考資料（アジア・太平洋の地域別・国別参考データ，世界遺産条約締約国とわが国の地方自治体の姉妹都市提携の状況，わが国とアジア・太平洋の世界遺産の歴史的な位置づけ）

(内容)アジア・太平洋地域のユネスコ世界遺産を、写真、地図、グラフ等を用いて、エリア別・国別に紹介したガイドブック。

世界遺産ガイド　アフリカ編　古田陽久，古田真美監修　（広島）シンクタンクせとうち総合研究機構　2000.3　126p　21cm　2000円　①4-916208-27-7　Ⓝ519.8

(目次)ユネスコ世界遺産の概要，アフリカ概観，北部アフリカの国別データ，西部アフリカの国別データ，中部アフリカの国別データ，東部アフリカの国別データ，南部アフリカの国別データ，今後、ユネスコ世界遺産への登録が期待されるアフリカの世界遺産条約締約国，今後、世界遺産条約の締約が期待されるアフリカの国々，アフリカの関連情報源，アフリカの参考資料

(内容)ユネスコ世界遺産に登録されているアフリカの文化遺産を写真、地図、データを用いて紹介したガイドブック。アフリカ北部から南部へ国ごとに掲載。各国のデータは国連およびユネスコへの加盟年、国の概要と経済活動などを載せ、世界遺産については地図、登録された年と解説を記載する。巻末に世界遺産の物件名索引と国名索引を付す。

世界遺産ガイド　アメリカ合衆国編　古田陽久，古田真美著，世界遺産総合研究所企画・編集　（広島）シンクタンクせとうち総合研究機構　2018.1　128p　21cm　（世界遺産シリーズ）　2500円　①978-4-86200-214-3　Ⓝ709

(目次)ユネスコ世界遺産の概要，アメリカ合衆国 国の概要，アメリカ合衆国の世界遺産 概要，アメリカ合衆国の世界遺産（登録順），アメリカ合衆国の世界遺産暫定リスト記載物件，アメリカ合衆国の「世界の記憶」，備考

(内容)2018年12月末にユネスコを脱退することを表明しているトランプ・アメリカ合衆国（米国）政権、この機会に、アメリカ合衆国のユネスコ遺産（世界遺産、世界無形文化遺産、世界の記憶）の現状を整理しておきたい。

世界遺産ガイド　アメリカ編　古田陽久，古田真美監修，世界遺産研究センター編　（広島）シンクタンクせとうち総合研究機構　1999.6　128p　21cm　1905円　①4-916208-21-8　Ⓝ709

(目次)ユネスコ世界遺産の概要（ユネスコ世界遺産の準拠法，これまでの経緯，わが国の世界遺産条約の締結 ほか），危機にさらされている世界遺産分布図，20世紀の人類の戦争と地域紛争，アメリカの世界遺産，アメリカの国と地域，アメリカの世界遺産分布図，世界遺産の数，北アメリカの国別データ（カナダ，アメリカ合衆国，メキシコ合衆国 ほか），南アメリカの国別データ（コロンビア共和国，ベネズエラ共和国，エクアドル共和国 ほか），アメリカの関連情報源（国際機関（含むNGO），各種団体・研究機関等，大学研究所 ほか），アメリカの参考資料（アメリカの地域別・国別参考データ，世界遺産条約締約国とわが国の地方自治体の姉妹都市提携の状況，アメリカの世界遺産の歴史的な位置づけ）

(内容)ユネスコ世界遺産のうちアメリカ大陸の世界遺産を特集するガイド。北・中・南米の世界遺産の全プロフィールを、写真・地図・グラフ等を用いながら紹介している。同時に、アメリカとわが国の関わりを知るデータなどを掲載し、国際交流を学ぶガイドブックともなる。巻末に索引とコラムあり。

世界遺産ガイド　イスラム諸国編　古田陽久監修，21世紀総合研究所企画・構成，世界遺産総合研究所編　（広島）シンクタンクせとうち総合研究機構　2003.7　128p　21cm　（世界遺産シリーズ）　2000円　①4-916208-71-4

(目次)ユネスコの世界遺産の概要，イスラム諸国の概要，イスラム諸国の主な世界遺産（ウァダン、シンゲッテイ、ティシット、ウァラタのカザール古代都市（モーリタニア），ニンバ山厳正自然保護区（ギニア／コートジボワール），サン・ルイ島（セネガル），ジェンネの旧市街（マリ），アイルとテネレの自然保護区（ニジェール）ほか），イスラム諸国の暫定リスト記載物件（ラス・モハメッド（エジプト），ゲベル・バーカル（スーダン），アシュル（イラク），タクテ・ソレイマン（イラン），マルディンの歴史都市（トルコ）），イスラム諸国の情報源と関連用語

(内容)イスラム諸国は、イスラム教を奉じる国々のことで、アラブを中心に、アジア、アフリカ、北・南米などへと世界的な拡がりを見せている。イスラム諸国といっても、画一的ではなく、それぞれに固有の歴史や文化を有し、環境も異なる。本書では、ユネスコの世界遺産を通じて、イスラム諸国の多様性とイスラム文化圏の特色や特徴についても学習する。

世界遺産ガイド　オーストラリア編　加藤久美，古田陽久，古田真美監修，世界遺産総合研究所企画・編　（広島）シンクタンクせとうち総合研究機構　2006.5　128p　21cm　2000円　①4-86200-115-7

（目次）ユネスコ世界遺産の概要，オーストラリアの概要，オーストラリアの世界遺産の概要，オーストラリアの世界遺産の各物件の概要，オーストラリアの世界遺産暫定リスト記載物件，関連情報源

（内容）2006年は「日豪交流年」。本書ではオーストラリアの世界遺産を特集する。オーストラリアには、自然遺産が11物件、文化遺産が1物件、自然遺産と文化遺産の両方の特質を有する複合遺産が4物件、合計16物件ある。日本とは異なるオーストラリアの壮大な自然景観、地形・地質、生態系、生物多様性、偉大な遺跡、建造物群、モニュメントなど多様な世界遺産の学習を通じて国際理解と学術文化交流に繋げたい。

世界遺産ガイド　オセアニア編　古田陽久監修，21世紀総合研究所企画・制作，世界遺産総合研究所編　（広島）シンクタンクせとうち総合研究機構　2003.5　128p　21cm　（世界遺産シリーズ）　2000円　①4-916208-70-6

（目次）ユネスコの世界遺産の概要（ユネスコとは，世界遺産とは，ユネスコ世界遺産が準拠する国際条約，世界遺産条約の成立と経緯，わが国の世界遺産条約の締結 ほか），オセアニアの概要（オセアニアの国と地域，オセアニアの世界遺産分布図），世界遺産条約締約国—世界遺産のある国（オーストラリア，ニュージーランド，ソロモン諸島），世界遺産条約締約国—世界遺産のない国（フィジー共和国，キリバス共和国，マーシャル諸島共和国，ミクロネシア連邦，パラオ共和国 ほか），世界遺産条約未締約国（ナウル共和国，トンガ王国，ツバル），オセアニアの参考資料

（内容）本書は、ユネスコの世界遺産リストに登録されているオセアニア地域の物件を特集し、写真・地図などを用いて紹介する。同時に、オセアニア地域にある国々の特色、特性、わが国との関わりなども紹介する。

世界遺産ガイド　西欧編　古田陽久，古田真美監修，日本ウォッチ研究所企画・構成，世界遺産研究センター編　（広島）シンクタンクせとうち総合研究機構　2000.4　126p　21cm　2000円　①4-916208-29-3　Ⓝ519.8

（目次）ユネスコ世界遺産の概要，西欧の世界遺産，今後、ユニスコ世界遺産への登録が期待される西欧の世界遺産条約締約国，今後、世界遺産条約の締約が期待される西欧の国，西欧の国々（地図），西欧の関連情報源，西欧の参考資料

（内容）ユネスコ世界遺産に登録されている西欧の文化遺産を、写真・地図・グラフ等を用いながら紹介したガイドブック。また、西欧の国々と地域の特色、それに、わが国と西欧との関わり等を学習するためのデータも掲載。

世界遺産ガイド　中央アジアと周辺諸国編　古田陽久，古田真美監修，21世紀総合研究所企画・構成，世界遺産総合研究センター編　（広島）シンクタンクせとうち総合研究機構　2002.8　128p　21cm　2000円　①4-916208-63-3　Ⓝ709

（目次）ユネスコ世界遺産の概要，中央アジアと周辺諸国の概要，ウズベキスタン共和国，ボイスン地方の文化空間を訪ねて，トルクメニスタン，タジキスタン共和国，キルギス共和国，カザフスタン共和国，中華人民共和国（新彊ウイグル自治区），モンゴル国，アフガニスタン，ジャムのミナレット アフガニスタン復興に向けてのシンボルに

（内容）中央アジアと周辺諸国にあるユネスコ世界遺産を紹介するガイドブック。英語名、遺産種別、登録基準、登録年月、概要、分類、時代区分、見所、所在地などを記載。

世界遺産ガイド　中国・韓国編　古田陽久，古田真美監修，世界遺産総合研究センター編　（広島）シンクタンクせとうち総合研究機構　2002.3　128p　21cm　2000円　①4-916208-55-2　Ⓝ519.8

（目次）ユネスコ世界遺産の概要（世界遺産とは，ユネスコ世界遺産が準拠する国際条約，世界遺産条約成立の経緯 ほか），中国の世界遺産（中国の概要，泰山，万里の長城 ほか），韓国の世界遺産（韓国の概要，石窟庵と仏国寺，宗廟 ほか）

（内容）中国・韓国を特集したユネスコ世界遺産ガイドブック。中国の世界遺産29物件、韓国の世界遺産8物件について、所在地、世界遺産登録年・登録内容、保護対象等の特色について、写真や地図も交えて紹介する。各国の概要として、面積、人口、首都等の地理データに加えて、ユネスコ加盟年、世界遺産条約締約年、ユネスコ生物圏保護区（MAB）、ユネスコ世界遺産、暫定リスト記載物件、ユネスコ無形世界遺産、ユネスコ史料遺産（MOW）等ユネスコ世界遺産関連のデータも紹介している。巻頭にユネスコ世界遺産の全国分布図を付す。

世界遺産ガイド　中国編　古田陽久，古田真美監修，世界遺産総合研究所企画・編　（広島）シンクタンクせとうち総合研究機構　2005.1　128p　21cm　2000円　①4-916208-98-6

（目次）中国の概要，中国の世界遺産の概要，中

国の世界遺産の各物件の概要，中国の世界遺産暫定リスト記載物件，中国の世界無形文化遺産，エッセイ・世界遺産大国への予感，中国と日本との国際交流

(内容)本書では、アジア・太平洋地域で世界遺産の数が最も多い長い歴史と広大な国土面積を誇る中国の世界遺産、今後の世界遺産候補である暫定リスト記載物件、それに、世界無形文化遺産を特集する。これらを通じて、中国の自然や文化の多様性、世界遺産大国としての潜在力、或は、21世紀の国際交流・協力のあり方などを考えたい。

世界遺産ガイド　中国編　2010改訂版　世界遺産総合研究所企画・編集，古田陽久，古田真美監修　(広島)シンクタンクせとうち総合研究機構　2009.10　124p　21cm　(世界遺産シリーズ)　〈索引あり〉　2381円　①978-4-86200-139-9　Ⓝ709

(目次)中国の概要(中国の概要，中国の行政区分，中国の歴史年代略年表)，中国の世界遺産の概要(中国の世界遺産分布図，中国の世界遺産登録物件の登録基準一覧，中国の世界遺産所在地の行政区分 ほか)，中国の世界遺産の各物件の概要(泰山，万里の長城，北京と瀋陽の明・清王朝の皇宮 ほか)，中国の世界遺産暫定リスト記載物件(暫定リスト記載物件，杭州西湖の竜井茶園，中国の丹霞地形 ほか)

(内容)アジア・太平洋地域で世界遺産の数が最も多い悠久の歴史と広大な国土面積を誇る中国の世界遺産、今後の世界遺産候補である暫定リスト記載物件を特集する。

世界遺産ガイド　中東編　古田陽久，古田真美監修，21世紀総合研究所企画・構成，世界遺産研究センター編　(広島)シンクタンクせとうち総合研究機構　2000.7　125p　21cm　2000円　①4-916208-30-7　Ⓝ519.8

(目次)ユネスコ世界遺産の概要，中東の概観，中東の世界遺産，今後、ユネスコ世界遺産への登録が期待される中東の世界遺産条約締約国，今後、世界遺産条約の締約が期待される中東の国々，中東の関連情報源，中東の参考資料

(内容)ユネスコ世界遺産に登録されている中東の文化遺産を、写真・地図・グラフ等を用いながら紹介したガイドブック。国別に掲載し、そのほか今後世界遺産の登録が期待される条約締約国、世界遺産条約の締約が期待される中東の国々、中東の関連情報源及び参考資料を掲載。巻末に物件名の五十音順索引と国名索引を付す。

世界遺産ガイド　中米編　古田陽久，古田真美監修，21世紀総合研究所企画・構成，世界遺産総合研究所編　(広島)シンクタンクせとうち総合研究機構　2004.2　128p　21cm　2000円　①4-916208-81-1

(目次)ユネスコ世界遺産の概要(ユネスコとは，世界遺産とは，ユネスコ世界遺産が準拠する国際条約 ほか)，中米の概観(中米の国と地域，中米の世界遺産分布図，中米の世界遺産)，中米の主な世界遺産(シアン・カアン(メキシコ)，メキシコシティーの歴史地区とソチミルコ(メキシコ)，テオティワカン古代都市(メキシコ) ほか)，中米の暫定リスト記載物件

(内容)本書では、中米地域の最新の世界遺産を特集。中米の代表的な自然遺産、文化遺産、複合遺産、危機にさらされている世界遺産、それに、「人類の口承及び無形遺産の傑作」の学習を通じて、この地域の特色と特性を理解したい。

世界遺産ガイド　朝鮮半島にある世界遺産　古田陽久，古田真美監修，世界遺産総合研究所編　(広島)シンクタンクせとうち総合研究機構　2005.7　128p　21cm　2000円　①4-86200-102-5

(目次)安東の河回民俗村，開城の史跡，球場地域の洞窟群，康津青滋陶窯址，金剛山と周辺の史跡，済州島の自然遺産，三年山城，七宝山，雪岳山自然保護区，南部海岸の恐竜の化石地域〔ほか〕

(内容)本書では、朝鮮半島という一体的な視点から、ユネスコの世界遺産、世界無形文化遺産、そしてメモリー・オブ・ザ・ワールド(史料遺産)を取り上げ、朝鮮民族の偉業を称えたい。

世界遺産ガイド　ドイツ編　古田陽久，古田真美監修，世界遺産総合研究所企画・編　(広島)シンクタンクせとうち総合研究機構　2005.6　124p　21cm　2000円　①4-86200-101-7

(目次)ドイツの概要，ドイツの世界遺産の概要，ドイツの世界遺産の各物件の概要，ドイツの世界遺産暫定リスト記載物件，参考，ドイツと日本との国際交流

(内容)2005／2006年は「日本におけるドイツ年」、2006年はサッカーワールドカップ開催地となる。本書では、ハンザ同盟などの歴史都市、ケルン大聖堂などの宗教建築物、ポツダムなどの宮殿や庭園、ライン川渓谷の古城やブドウ畑などの文化的景観、エッセンの炭坑やフェルクリンゲンの製鉄所などの産業遺産、バウハウスなどの建築遺産、そしてメッセルの化石発掘地など多様な世界遺産を有するドイツを特集する。

世界遺産ガイド　東南アジア編　古田陽久，古田真美監修，世界遺産総合研究所企画・編集　(広島)シンクタンクせとうち総合研究機構　2010.5　128p　21cm　(世界遺産シリーズ)　2381円　①978-4-86200-149-8　Ⓝ709

(目次)東南アジアの世界遺産の概要，インドネ

シアの世界遺産，フィリピンの世界遺産，ヴェトナムの世界遺産，タイの世界遺産，マレーシアの世界遺産，カンボジアの世界遺産，ラオスの世界遺産，ミャンマー、シンガポール、ブルネイ、東ティモール，東南アジアの世界遺産暫定リスト記載物件，東南アジアの世界無形文化遺産

(内容)インドネシア、フィリピン、ヴェトナム、タイ、マレーシア、カンボジア、ラオス、ミャンマーなどの東南アジアの世界遺産や世界遺産暫定リスト記載物件、それに、世界無形文化遺産を特集。これらを通じて、東南アジアの自然環境、歴史・文化、風俗・習慣などの特色、特徴、特質を明らかにする。

世界遺産ガイド　南米編　古田陽久，古田真美監修，21世紀総合研究所企画・構成　（広島）シンクタンクせとうち総合研究機構　2003.9　124p　21cm　（世界遺産シリーズ）　2000円　①4-916208-76-5

(目次)ユネスコ世界遺産の概要（ユネスコとは，世界遺産とは，ユネスコ世界遺産が準拠する国際条約 ほか），南米の概観（南米の国と地域，南米の世界遺産分布図，南米の世界遺産），南米の主な世界遺産（コロとその港（ヴェネズエラ），カナイマ国立公園（ヴェネズエラ），カラカスの大学都市（ヴェネズエラ） ほか），南米の暫定リスト記載物件，南米の参考資料

(内容)本書は、既刊の「世界遺産ガイド アメリカ編」（1999年6月発刊）を北米、中米、南米の3地域に再編、本書では、南米地域の最新のユネスコ世界遺産を特集する。南米の代表的な自然遺産、文化遺産、複合遺産、危機遺産、それに、付記した人類の口承及び無形遺産の傑作の学習を通じ、この地域の特色と特性を理解したい。

世界遺産ガイド　フランス編　古田陽久，古田真美著，世界遺産総合研究所企画・編集　（広島）シンクタンクせとうち総合研究機構　2011.5　128p　21cm　（世界遺産シリーズ）　〈索引あり〉　2381円　①978-4-86200-160-3　Ⓝ709

(目次)フランスの世界遺産概説，フランスの概要，フランスの自然遺産，フランスの文化遺産，フランスの複合遺産，フランスの世界遺産暫定リスト記載物件，フランスの世界無形文化遺産

世界遺産ガイド　北欧・東欧・CIS編　古田陽久，古田真美監修，日本ウォッチ研究所企画・構成，世界遺産研究センター編　（広島）シンクタンクせとうち総合研究機構　2000.4　126p　21cm　2000円　①4-916208-28-5　Ⓝ519.8

(目次)アウシュヴィッツ強制収容所（ポーランド），アッガテレク・スロヴァキア・カルストの洞窟群（ハンガリー／スロヴァキア），アッパー・スヴァネチ（グルジア），アルタイ・ゴールデン・マウンテン（ロシア），アルタの岩石刻画（ノルウェー），イェリング墳丘、ルーン文字石碑と教会（デンマーク），イチャン・カラ（ウズベキスタン），イワノヴォ岩壁修道院（ブルガリア），ヴァグラチ聖堂とゲラチ修道院（グルジア），ヴィエリチカ塩坑（ポーランド）〔ほか〕

(内容)北欧、東欧、CISにおいてユネスコ世界遺産に登録されている文化遺産を掲載したガイドブック。国ごとに写真等を用いて特色などを紹介。巻末に五十音順索引と国名索引がある。

世界遺産ガイド　北東アジア編　古田陽久，古田真美監修，世界遺産総合研究所編　（広島）シンクタンクせとうち総合研究機構　2004.3　128p　21cm　2000円　①4-916208-87-0

(目次)北東アジアの世界遺産，中国と世界遺産，韓国と世界遺産，日本と世界遺産，ロシア極東地域と世界遺産，モンゴルと世界遺産，朝鮮民主主義人民共和国と世界遺産，北東アジアの観光交流を考える

(内容)本書は、ユネスコの世界遺産リストに登録されている北東アジアの世界遺産を特集し、写真・地図などを用いて紹介。また、北東アジアにある国と地域、すなわち、中国、韓国、日本、モンゴル、北朝鮮、ロシア極東地域の特色、特性を把握し、北東アジア地域の世界遺産を通じた観光交流を考える上での基礎資料。

世界遺産ガイド　北米編　古田陽久，古田真美監修，21世紀総合研究所企画・構成，世界遺産総合研究所編　（広島）シンクタンクせとうち総合研究機構　2004.2　128p　21cm　2000円　①4-916208-80-3

(目次)ユネスコ世界遺産の概要，北米の概観，カナダの世界遺産，カナダとアメリカ合衆国の2国にまたがる世界遺産，アメリカ合衆国の世界遺産，バミューダ諸島，北米の暫定リスト記載物件，北米の参考資料

(内容)本書では、北米地域（カナダ、アメリカ合衆国、バミューダ諸島）の最新のユネスコ世界遺産を特集。北米の自然遺産と文化遺産、それに、危機にさらされている世界遺産の学習を通じて、この地域の特色と特性を理解したい。

世界遺産ガイド　メキシコ編　古田陽久，古田真美著，世界遺産総合研究所企画・編　（広島）シンクタンクせとうち総合研究機構　2016.8　128p　21cm　（世界遺産シリーズ）　2500円　①978-4-86200-202-0　Ⓝ709

(目次)メキシコの概要，メキシコの世界遺産概要，メキシコの自然遺産，メキシコの文化遺産，メキシコの複合遺産，メキシコの世界遺産暫定

リスト記載物件，メキシコの世界無形文化遺産，メキシコの世界の記憶

(内容)本書「世界遺産ガイド―メキシコ編―」では、世界遺産の数が世界第7位であるメキシコを取り上げた。メキシコの概観、世界遺産（自然遺産、文化遺産、複合遺産）、それに世界遺産暫定リスト記載物件に加えて、世界無形文化遺産、世界の記憶などユネスコ遺産の全般を特集。

世界遺産ビジュアルハンドブック　7　中欧 1（オーストリア ハプスブルク家、在りし日の輝き）　小泉澄夫撮影・文，世界遺産アカデミー監修　毎日コミュニケーションズ　2008.3　128p　21cm　（世界遺産ビジュアルハンドブック 7）　1380円　①978-4-8399-2695-3　Ⓝ709.34

(目次)1 ウィーンの歴史地区，2 シェーンブルン宮殿と庭園，3 ザルツブルクの歴史地区，4 ワッハウ渓谷の文化的景観，5 グラーツの歴史地区，6 ハルシュタット＝ダッハシュタイン・ザルツカマグートの文化的景観

世界遺産ビジュアルハンドブック　8　中欧 2（チェコ／ハンガリー・黄金のプラハ、ドナウの真珠）　小泉澄夫撮影・文，世界遺産アカデミー監修　毎日コミュニケーションズ　2008.3　128p　21cm　（世界遺産ビジュアルハンドブック 8）　1380円　①978-4-8399-2696-0　Ⓝ709.34

(目次)1 プラハの歴史地区，2 チェスキー・クルムロフの歴史地区，3 テルチの歴史地区，4 ブダペストのドナウ河岸とブダ城，5 ホローケーの伝統的集落

(内容)世界遺産アカデミー監修公式ビジュアルハンドブック。再生と破壊、受難の街。激動のヨーロッパを見守る。

<図鑑・図集>

新疆世界文化遺産図鑑　新疆ウイグル自治区成立60周年祝賀　小島康誉，王衛東主編，本田朋子訳　日本僑報社（発売）　2016.4　108p　29cm　〈年譜あり〉　1800円　①978-4-86185-209-1　Ⓝ709.228

(内容)2014年、中国新疆ウイグル自治区のキジル千仏洞・スバシ故城・クズルガハ烽火台・交河故城・高昌故城・北庭故城などを構成遺産とする「シルクロード：長安―天山回廊の交易路網」が世界文化遺産に登録された。本書はそれらを迫力ある大型写真で収録、あわせて現地専門家が遺跡の概要・歴史・保護の状況などを詳細に解説している貴重な永久保存版である。21世紀は国際協力の世紀でもある。30余年にわたって辺境の地で中国側と文化財保護研究などを地道に実践してきた日本人がいることも示している。

◆日本の世界遺産

<ハンドブック>

世界遺産ガイド　日本の世界遺産登録運動　古田陽久，古田真美監修，世界遺産総合研究所企画・制作　（広島）シンクタンクせとうち総合研究機構　2005.12　128p　21cm　（世界遺産シリーズ）　2000円　①4-86200-108-4

(目次)日本の世界遺産登録運動（日本の世界遺産登録運動（コラム），世界遺産の数の上位国と暫定リスト記載物件数，日本の世界遺産登録運動（位置図）），暫定リスト記載物件（石見銀山遺跡とその文化的景観（島根県），平泉の文化遺産（岩手県），古都鎌倉の寺院・神社ほか（神奈川県），彦根城（滋賀県）），もうすぐ暫定リスト記載物件（小笠原諸島（東京都），琉球諸島（鹿児島県・沖縄県）），世界遺産登録運動等の動き（摩周湖（北海道），大雪山国立公園（北海道），日高山脈（北海道），函館要塞と周辺の歴史地区（北海道），北海道・北東北の縄文遺跡群（北海道・青森県・秋田県・岩手県），民間の山岳信仰文化が育んだ出羽三山等の文化財と風土（山形県），南会津のブナ原生林（福島県），大内宿（福島県），日光杉並木（栃木県），草津温泉（群馬県）ほか）

(内容)誇れる郷土の貴重な自然環境や文化財を保全し未来へ継承していく為ユネスコの「世界遺産リスト」に登録する為の世界遺産登録運動が全国各地で活発化している。本書では、暫定リスト登録物件をはじめ、日本の世界遺産登録運動の動向やポテンシャル物件を特集する。

世界遺産ガイド　日本編　古田陽久，古田真美監修　（広島）シンクタンクせとうち総合研究機構　1999.1　126p　21cm　1905円　①4-916208-17-X

(目次)日本の世界遺産（白神山地，白川郷・五箇山の合掌造り集落，古都京都の文化財（京都市 宇治市 大津市），古都奈良の文化財，法隆寺地域の仏教建造物，姫路城，広島平和記念碑（原爆ドーム），厳島神社，屋久島），暫定リスト記載物件ほか（日光の社寺），参考資料（世界遺産の歴史的な位置づけ，わが国の国立公園・国定公園の指定地域，わが国の原生自然環境保全地域・自然環境保全地域・国説鳥獣保護区，わが国の国宝・重要文化財「建造物」，史跡・名称・天然記念物・重要伝統的建造物群保存地区，世界遺産研究で参考になる基礎資料，世界遺産研究で参考になるインターネットURL）

(内容)日本の9つの世界遺産地での取材と現地資料に基づいて、その概要を取りまとめたもの。

世界遺産ガイド　日本編　2001改訂版　古田陽久，古田真美監修，21世紀総合研究所企画・構成，世界遺産総合研究センター編　シンクタンクせとうち総合研究機構　2001.1　126p　21cm　（ザ・ワールドヘリティッジ）　2000円　①4-916208-36-6　Ⓝ709

(目次)日本のユネスコ世界遺産，日本のユネスコ世界遺産の概要（白神山地，日光の社寺 ほか），世界遺産暫定リスト記載物件ほか，参考資料（世界遺産の歴史的な位置づけ，日本の国立公園・国定公園の指定地域，日本の原生自然環境保全地域・自然環境保全地域・国設鳥獣保護区，日本の国宝・重要文化財建造物，日本の史跡・名勝・天然記念物・重要伝統的建造物群保存地区，日本のユネスコ世界遺産研究で参考になる文献，日本のユネスコ世界遺産研究で参考になるインターネットURL）

(内容)ユネスコ世界遺産を紹介するガイドブック。日本編では、日本にある11のユネスコ世界遺産や、今後登録が期待される物件の概要を紹介する。2年ぶりの改訂版にあたり、第24回世界遺産委員会ケアンズ会議で新たに登録された「琉球王国のグスク及び関連遺産群」を収録する。巻末に索引あり。

世界遺産ガイド　日本編　2004改訂版　古田陽久，古田真美監修，21世紀総合研究所企画・構成，世界遺産総合研究所編　（広島）シンクタンクせとうち総合研究機構　2004.9　124p　21cm　（世界遺産シリーズ）　2000円　①4-916208-93-5

(目次)ユネスコ世界遺産の概要（ユネスコとは，世界遺産とは ほか），日本のユネスコ世界遺産（白神山地，日光の社寺 ほか），暫定リスト記載物件（知床，平泉の文化遺産 ほか），日本の世界遺産登録運動の動き

(内容)本書では、第28回世界遺産委員会蘇州会議で新たに登録された「紀伊山地の霊場と参詣道」をはじめ、日本にある12のユネスコ世界遺産を紹介する。また、今後、登録が期待される「知床」、「石見銀山遺跡」、「平泉の文化遺産」、「古都鎌倉の寺院・神社ほか」、「彦根城」などの物件概要や、全国各地の世界遺産登録運動の動きについても掲載。

世界遺産ガイド　日本編　2006改訂版　古田陽久，古田真美監修，世界遺産総合研究所企画・編　（広島）シンクタンクせとうち総合研究機構　2005.10　124p　21cm　2000円　①4-86200-107-6

(目次)日本の世界遺産の概要（日本の世界遺産分布図，日本の世界遺産世界遺産条約締約後の推移，日本の世界遺産行政区分 ほか），日本のユネスコ世界遺産（知床，白神山地，日光の社寺 ほか），暫定リスト記載物件（石見銀山遺跡とその文化的景観，平泉の文化遺産，古都鎌倉の寺院・神社ほか ほか）

(内容)本書では、第29回世界遺産委員会ダーバン会議で新たに登録された「知床」をはじめ、日本にある13のユネスコ世界遺産を紹介する。また、今後、登録が期待される「石見銀山遺跡とその文化的景観」、「平泉の文化遺産」、「古都鎌倉の寺院・神社ほか」、「彦根城」の暫定リスト記載物件についても紹介。

世界遺産ガイド　日本編　2009改訂版　世界遺産総合研究所企画・編集，古田陽久，古田真美監修　（広島）シンクタンクせとうち総合研究機構　2008.11　176p　21cm　（世界遺産シリーズ）　2500円　①978-4-86200-136-8　Ⓝ709

(目次)日本のユネスコ世界遺産（知床，白神山地，日光の社寺，白川郷・五箇山の合掌造り集落，古都京都の文化財（京都市 宇治市 大津市），法隆寺地域の仏教建造物，古都奈良の文化財，紀伊山地の霊場と参詣道，姫路城，広島の平和記念碑（原爆ドーム） ほか），暫定リスト記載物件（平泉の文化遺産，富岡製糸場と絹産業遺産群，国立西洋美術館本館，小笠原諸島，古都鎌倉の寺院・神社ほか，富士山，彦根城，飛鳥・藤原の宮都とその関連資産群，長崎の教会群とキリスト教関連遺産，北海道・北東北の縄文遺跡群 ほか），世界遺産登録の潮流（世界遺産登録の現状，世界遺産登録の意義，日本の世界遺産の現状，世界遺産登録の潮流と今後の課題，日本の世界遺産と暫定リスト記載物件等）

世界遺産ガイド　日本編　2012改訂版　古田陽久，古田真美著，世界遺産総合研究所企画・編　（広島）シンクタンクせとうち総合研究機構　2011.10　176p　21cm　（世界遺産シリーズ）　2500円　①978-4-86200-163-4

(目次)日本の世界遺産概説（概説，日本の世界遺産遺産種別・地域別の数，日本の世界遺産登録面積と登録基準 ほか），日本の世界遺産各物件の概要（知床，白神山地，平泉 - 仏国土（浄土）を表す建築・庭園及び考古学的遺跡群 ほか），日本の世界遺産暫定リスト記載物件各物件の概要（北海道・北東北を中心とした縄文遺跡群，金を中心とする佐渡鉱山の遺産群，富岡製糸場と絹産業遺産群 ほか）

(内容)日本の最新の世界遺産と暫定リスト記載物件を特集。最新のユネスコ世界遺産「平泉」と「小笠原諸島」、2011年に世界遺産登録15周年を迎えた「原爆ドーム」と「厳島神社」など、日本にある16の世界遺産と2013年以降の世界遺産登録をめざす「富士山」や「古都鎌倉」など12の世界遺産暫定リスト記載物件の概況を最新情報に更新して特集。

世界遺産ガイド　日本編　2014改訂版　古

田陽久，古田真美著，世界遺産総合研究所企画・編　（広島）シンクタンクせとうち総合研究機構　2013.11　192p　21cm　2600円　Ⓘ978-4-86200-181-8

(目次)日本の世界遺産—概説（日本の世界遺産遺産種別・地域別の数，日本の世界遺産登録面積と登録基準 ほか），日本の世界自然遺産—各物件の概要（知床，白神山地 ほか），日本の世界文化遺産—各物件の概要（平泉—仏国土（浄土）を表す建築・庭園及び考古学的遺跡群，日光の社寺 ほか），日本の世界遺産暫定リスト記載物件—各物件の概要（富岡製糸場と絹産業遺産群，明治日本の産業革命遺産—九州・山口と関連地域 ほか）

(内容)最新のユネスコ世界遺産「富士山—信仰の対象と芸術の源泉」、2013年に世界遺産登録20周年を迎えた「白神山地」、「法隆寺地域の仏教建造物」、「姫路城」、「屋久島」など、日本の17の世界遺産と2014年以降の世界遺産登録をめざす「富岡製糸場と絹産業遺産群」や「明治日本の産業革命遺産—九州・山口と関連地域」など12の暫定リスト記載物件の概要を特集。

世界遺産ガイド　日本編　2015改訂版　古田陽久，古田真美著，世界遺産総合研究所企画・編　（広島）シンクタンクせとうち総合研究機構　2014.8　190p　21cm　（世界遺産シリーズ）　2600円　Ⓘ978-4-86200-187-0　Ⓝ709

(目次)日本の世界遺産概説（日本の世界遺産遺産種別・地域別の数，日本の世界遺産登録基準 ほか），日本の世界自然遺産各物件の概要（知床，白神山地 ほか），日本の世界文化遺産各物件の概要（平泉—仏国土（浄土）を表す建築・庭園及び考古学的遺跡群，日光の社寺 ほか），日本の世界遺産暫定リスト記載物件各物件の概要（明治日本の産業革命遺産—九州・山口と関連地域，長崎の教会群とキリスト教関連遺産 ほか）

(内容)最新のユネスコ世界遺産「富岡製糸場と絹産業遺産群」、2014年に世界遺産登録20周年を迎えた「古都京都の文化財」、15周年の「日光の社寺」、10周年の「紀伊山地の霊場と参詣道」など、日本の18の世界遺産と、2015年以降の世界遺産登録をめざす「明治日本の産業革命遺産—九州・山口と関連地域」、「長崎の教会群とキリスト教関連遺産」などの暫定リスト記載物件の概要を特集。

世界遺産ガイド　日本編　2016改訂版　古田陽久，古田真美著，世界遺産総合研究所企画・編　（広島）シンクタンクせとうち総合研究機構　2015.9　192p　21cm　（世界遺産シリーズ）　2600円　Ⓘ978-4-86200-193-1　Ⓝ709

(目次)日本の世界遺産 概説（日本の世界遺産 地方別・都道府県別の数，日本の世界遺産 登録基準 ほか），日本の世界遺産 各物件の概要（法隆寺地域の仏教建造物，姫路城 ほか），日本の世界遺産暫定リスト記載物件 各物件の概要（長崎の教会群とキリスト教関連遺産，国立西洋美術館本館（ル・コルビュジエの建築作品—近代建築運動への顕著な貢献） ほか），日本の世界遺産暫定リスト記載候補物件「奄美・琉球」

(内容)最新のユネスコ世界遺産「明治日本の産業革命遺産：製鉄・鉄鋼、造船、石炭産業」、2015年に世界遺産登録20周年を迎えた「白川郷・五箇山の合掌造り集落」、15周年の「琉球王国のグスク及び関連遺産群」、10周年の「知床」など、日本の19の世界遺産と、2016年以降の世界遺産登録をめざす「長崎の教会群とキリスト教関連遺産」、「国立西洋美術館本館」、「『神宿る島』宗像・沖ノ島と関連遺産群」などの暫定リスト記載物件の概要を特集。

世界遺産ガイド　日本編　2017改訂版　古田陽久，古田真美著，世界遺産総合研究所企画・編　（広島）シンクタンクせとうち総合研究機構　2016.8　208p　21cm　（世界遺産シリーズ）　2778円　Ⓘ978-4-86200-203-7　Ⓝ709

(目次)日本の世界遺産概説，日本の世界遺産 文化遺産，日本の世界遺産 自然遺産，日本の世界遺産暫定リスト記載物件 各物件の概要，日本の世界遺産暫定リスト記載候補物件「奄美・琉球」，ユネスコ遺産の今とこれから

(内容)日本の最新の世界遺産と暫定リスト記載物件を特集。最新のユネスコ世界遺産「国立西洋美術館」、2016年に世界遺産登録20周年を迎えた「厳島神社」と「広島の平和記念碑（原爆ドーム）」、5周年の「小笠原諸島」、「平泉」、3周年の「富士山」など、日本の20の世界遺産と、2017年以降の世界遺産登録をめざす「『神宿る島』宗像・沖ノ島と関連遺産群」、「長崎の教会群とキリスト教関連遺産」などの暫定リスト記載物件の概要を特集。

世界遺産ガイド　日本編　2018改訂版　古田陽久，古田真美著，世界遺産総合研究所企画・編集　（広島）シンクタンクせとうち総合研究機構　2017.8　208p　21cm　（世界遺産シリーズ）　2778円　Ⓘ978-4-86200-211-2　Ⓝ709

(目次)日本の世界遺産概説（概説，日本の世界遺産地方別・都道府県別の数，日本の世界遺産登録基準 ほか），日本の世界遺産（法隆寺地域の仏教建造物，姫路城，白神山地 ほか），日本の世界遺産暫定リスト記載物件 各物件の概要（長崎と天草地方の潜伏キリシタン関連遺産，奄美大島、徳之島、沖縄島北部及び西表島，百舌鳥・古市古墳群 ほか），第41回世界遺産委員会クラ

クフ会議2017

(内容)日本の最新の世界遺産と暫定リスト記載物件を特集。最新のユネスコ世界遺産「『神宿る島』宗像・沖ノ島と関連遺産群」、2018年に世界遺産登録20周年を迎える「古都奈良の文化財」、5周年の「富士山」、3周年の「明治日本の産業革命遺産」など、日本の21の世界遺産と、2018年以降の世界遺産登録をめざす「長崎と天草地方の潜伏キリシタン関連遺産」、「奄美大島、徳之島、沖縄島北部及び西表島」、「百舌鳥・古市古墳群」などの暫定リスト記載物件の概要を特集。

世界遺産ガイド　日本編 2 保存と活用　古田真美監修，21世紀総合研究所企画・構成，世界遺産総合研究センター編　（広島）シンクタンクせとうち総合研究機構　2002.2　128p　21cm　2000円　Ⓘ4-916208-54-4　Ⓝ709

(目次)日本にあるユネスコ世界遺産の分布図，白神山地，日光の社寺，白川郷・五箇山の合掌造り集落，古都京都の文化財（京都市・宇治市・大津市），法隆寺地域の仏教建造物，古都奈良の文化財，姫路城，広島の平和記念碑（原爆ドーム），厳島神社，屋久島，琉球王国のグスク及び関連遺産群

(内容)日本にあるユネスコ世界遺産のガイドブック。「世界遺産ガイド—日本編—2001改訂版」の続刊。1993～2000年に登録された日本にあるユネスコ世界遺産11物件について、所在地、世界遺産登録年・登録内容、保護対象等の特色について、写真や地図も交えて紹介。あわせて保存の状況や活用の現状、課題や問題点についての考察をあげる。寺社・城跡等の文化財については、建造物ごとの詳細を紹介している。巻頭に世界遺産の全国分布図を付す。

日本の世界遺産ガイド　1997年版　古田陽久，古田真美編　（広島）シンクタンクせとうち総合研究機構　1997.3　111p　21cm　1262円　Ⓘ4-9900145-9-6

(目次)ユネスコの世界遺産とは，日本の世界遺産ガイド，誇れる郷土データ，フィールド・ノート，世界遺産の地域別・国別データと分布

誇れる郷土ガイド　全国の世界遺産登録運動の動き　古田陽久，古田真美監修，21世紀総合研究所企画・構成，世界遺産総合研究所編　（広島）シンクタンクせとうち総合研究機構　2003.1　128p　21cm　（ふるさとシリーズ）　2000円　Ⓘ4-916208-69-2　Ⓝ291

(目次)全国の世界遺産登録運動の動き，暫定リスト登載物件（紀伊山地の霊場と参詣道（和歌山県・奈良県・三重県），平泉の文化遺産（岩手県），古都鎌倉の寺院・神社ほか（神奈川県）ほか），世界遺産登録運動等の動き（知床（北海道），摩周湖（北海道），大雪山国立公園（北海道）ほか），日本の自然環境と文化財ポテンシャル物件（日本の国立公園・国定公園の指定地域，日本の原生自然環境保全地域・自然環境保全地域・森林生態系保護地域，日本の国設鳥獣保護区 ほか）

(内容)誇れる郷土の貴重な自然環境や文化財を保全し未来に継承していく為に、ユネスコの「世界遺産リスト」に登録する為の世界遺産登録運動が活発化している。本書では、暫定リスト登録物件をはじめとする全国の世界遺産登録運動の動きやポテンシャル物件を特集する。

<図鑑・図集>

世界自然遺産屋久島の自然図鑑　神崎真貴雄著　メイツ出版　2015.5　175p　21cm　〈文献あり 索引あり〉　1800円　Ⓘ978-4-7804-1591-9　Ⓝ462.197

(目次)白谷雲水峡，蛇の口滝コース，モッチョム岳コース，愛子岳，益救参道，縄文杉コース，花山歩道～永田岳～焼野三叉路，ヤクスギランド～太忠岳，宮之浦岳・黒味岳コース，花之江河歩道〔ほか〕

(内容)ガイドブックと図鑑が1冊になった本。屋久島で見られる動植物588種を掲載。

気象学

<事 典>

気象災害の事典　日本の四季と猛威・防災　新田尚監修，酒井重典，鈴木和史，饒村曜編集　朝倉書店　2015.8　558p　22cm　〈索引あり〉　12000円　Ⓘ978-4-254-16127-4　Ⓝ451.981

(目次)第1章 春の現象，第2章 梅雨の現象，第3章 夏の現象，第4章 秋雨の現象，第5章 秋の現象，第6章 冬の現象，第7章 防災・災害対応，第8章 世界の気象災害

(内容)過去の災害を季節ごとに一挙紹介。人間生活・経済活動を窮地に追いやる災害を知り備える知識を!

台風・気象災害全史　宮沢清治，日外アソシエーツ編集部編　日外アソシエーツ　2008.7　477p　21cm　（日外選書fontana　シリーズ災害・事故史 3）　〈文献あり〉　9333円　Ⓘ978-4-8169-2126-1　Ⓝ451.981

(目次)第1部 大災害の系譜（明治17年8月25日の風水害，明治18年の暴風雨・洪水，十津川大水害，東京・墨田川などの大洪水，別子銅山を直撃した台風，明治43年の洪水，東京湾を襲った高

潮（東京湾台風）ほか），第2部 気象災害一覧，第3部 索引（総説、第1部）・主な種類別災害一覧（第2部）・参考文献

(内容)台風や豪雨雪、竜巻などに代表される気象災害―。古代から始まって、直近2007年までのデータ・2461件を収録。その内の55件を詳説。災害の、点と線を解明。現在と未来に生かすために。

<ハンドブック>

海のお天気ハンドブック　読んでわかる見てわかる!! ヨット乗りの気象予報士が教える天気予報を100%活用するカギ　馬場正彦著　舵社　2009.3　127p　21cm　〈文献あり〉　1400円　①978-4-8072-1516-4　Ⓝ451.24

(目次)1 天気予報―利用する前に知っておきたいこと（天気予報の歴史，天気予報の進化 ほか），2 気象の基礎知識―天気予報を理解するために（太陽からの熱エネルギー，熱エネルギーの運搬 ほか），3 実践的天気予報―自分自身で天気を予測する（天気予報の利用，局地気象 ほか），4 異常気象―地球温暖化がもたらすもの（地球温暖化，気象レジームシフト ほか）

NHK気象・災害ハンドブック　NHK放送文化研究所編　日本放送出版協会　2005.11　300p　21cm　2300円　①4-14-011215-8

(目次)第1部 気象編（日本のお天気，天気予報，生活と気象，地球環境と気候変動），第2部 災害編（地震と火山，河川，気象のことば集）

(内容)気象と災害のすべてをわかりやすく解説。報道・防災にかかわる人、必携の書。

日本の気象史料　第1巻　中央気象台，海洋気象台編　海路書院　2005.9　404p　23×16cm　22000円　①4-902796-43-0

(目次)暴風雨，洪水

(内容)日本の気候、気象現象に関する史料（日本書紀、日本紀略など）を分類し、年代別に編纂。

日本の気象史料　第2巻　中央気象台，海洋気象台編　海路書院　2005.9　1冊　23×16cm　22000円　①4-902796-44-9

(目次)雷，旋風，旱魃，霖雨，雪，雹，霜，雲，虹及暈，霧及霾，赤気（極光），季節，恠雨

(内容)日本の気候、気象現象に関する史料（日本書紀、日本紀略等）を分類し、年代別に編纂。

日本の気象史料　第3巻　中央気象台，海洋気象台編　海路書院　2005.9　1冊　23×16cm　22000円　①4-902796-45-7

(目次)暴風雨，洪水，雷，旋風，旱魃，霖雨，雪，雹，霜，雲，虹及暈，霧及霾，赤気（極光），季節，恠雨

(内容)『日本気象史料』の追補史料を収録するもので、現象別、年代順に配列。

気候学

<事典>

気候変動の事典　山川修治，常盤勝美，渡来靖編集　朝倉書店　2017.12　460p 図版32p　22cm　〈他言語標題：Encyclopedia of Climatic Variations　年表あり 索引あり〉　8500円　①978-4-254-16129-8　Ⓝ451.85

(目次)第1章 多大な影響をもたらす異常気象・極端気象，第2章 地球温暖化の実態，第3章 地球温暖化など気候変化の諸影響，第4章 大気・海洋相互作用からさぐる気候システム変動，第5章 極域・雪氷圏からみた気候システム変動，第6章 自然要因からさぐるグローバル気候システム変動，第7章 歴史時代における気候環境変動，第8章 数百～数千年スケールの気候環境変遷，第9章 自然エネルギーの利活用

WMO気候の事典　世界気象機関編，近藤洋輝訳　丸善　2004.6　243p　26cm　〈原書名：Climate Into the 21st Century〉　15000円　①4-621-07442-3

(目次)第1章 気候に対する認識，第2章 気候システム，第3章 変化する気候の影響，第4章 よりよい社会と気候，第5章 21世紀の気候，付録（用語集，頭字語および略語，天気図，化学記号、変換係数、単位）

(内容)1990年代初頭に地球温暖化と気候変化についての包括的な評価がなされて以来、おそらく初めて、本書が21世紀に世界が直面する可能性が高い気候変化のもっとも決定的な要素を示しているのは注目に値する。世界気象機関（WMO）が、本書の作成を指導してきただけでなく、さまざまな背景や関心をもった読者が参照しやすいようにまとめ上げたことは、たいへん有難いことである。本書は、世界中の高校生にとっての必読の書となり、政府職員、企業経営者、報道関係者などの方々の本棚に並ぶに違いない。

日本気候百科　日下博幸，藤部文昭編集代表，吉野正敏，田林明，木村富士男編集委員　丸善出版　2018.1　498p　22cm　〈他言語標題：Japanese Climate Encyclopedia　索引あり〉　20000円　①978-4-621-30243-9

Ⓝ451.91

<ハンドブック>

古記録による14世紀の天候記録　水越允治編　東京堂出版　2008.1　13,373p　31cm　30000円　①978-4-490-20625-8　Ⓝ451.91

(目次)1301年（正安3年），1302年（正安4年・乾元元年），1303年（乾元2年・嘉元元年），1304年（嘉元2年），1305年（嘉元3年），1306年（嘉元4年・徳治元年），1307年（徳治2年），1308年（徳治3年・延慶元年），1309年（延慶2年），1310年（延慶3年）〔ほか〕

(内容)鎌倉時代末期から室町幕府第4代将軍時代までの日本の14世紀の天候記録をまとめた資料集。「継塵記」など150点の史料を出典とする。年月ごとの表に、和暦、史料名、天気、天文現象、地震、火災、疫病の流行などを記載する。

古記録による15世紀の天候記録　水越允治編　東京堂出版　2006.5　748p　31×22cm　38000円　①4-490-20580-5

(内容)本書は、古記録に残された日々の天気記事を収集し、日付に従って表に整理しまとめたものである。天気記事以外にも、季節に関連することがら（生物季節・生活季節・大気圏以外の自然現象など）も、編者の気付いた範囲で、一段小さい文字により示した。

古記録による16世紀天候記録　水越允治編　東京堂出版　2004.4　669p　30cm　35000円　①4-490-20516-3

(内容)本書は、古記録に残された日々の天気記事を収集し、日付に従って表に整理しまとめたものである。天気記事以外にも、季節に関連することがら（生物季節・生活季節・大気圏以外の自然現象など）も、編者の気付いた範囲で示した。表は、西暦1501年1月1日～1600年12月31日の間について、年次を追って1ヵ月ごとにまとめて配列してある。

日本気候図　1990年版　気象庁編　大蔵省印刷局　1993.8　121p　37cm　28000円　①4-17-310090-6　Ⓝ451.91

(目次)地上気象，生物季節，高層気象，台風，海洋気象

(内容)気象観測・分析の基礎となる平年値（30年間の平均値）を図式化したデータブック。1990年版では、オゾン、海洋、高層気象観測等の資料を追加している。

<年鑑・白書>

気候変動監視レポート　気候変動の動向及び温室効果ガスとオゾン層の状況について　気象庁編　大蔵省印刷局　1998.5　53p　30cm　2060円　①4-17-160297-1

(目次)1997年の主な監視結果，第1章 世界の気候変動，第2章 日本の気候変動，第3章 温室効果ガスおよびオゾン層破壊物質等の動向，第4章 オゾン層および紫外域日射の動向，引用文献，用語一覧，話題1 気候変動の監視・予測及び情報の利用に関する国際ワークショップ，話題2 神戸コレクション―気候問題への歴史的海上気象データの利用，話題3 インドネシア森林火災による大気微量成分の航空機観測

気候変動監視レポート　気候変動の動向及び温室効果ガスとオゾン層の状況について　気象庁編　大蔵省印刷局　1999.5　45p　30cm　2060円　①4-17-160298-X

(目次)第1章 世界の気候変動（1998年の世界の天候，地上気温と降水量，エルニーニョ現象，海面水温，北極および南極域の海氷），第2章 日本の気候変動（1998年の日本の天候，1998年の主な日本の気象災害，地上気温と降水量，台風，北大西洋の海面水温，オホーツク海の海氷），第3章 温室効果ガスおよびオゾン層破壊物質等の動向（大気中の温室効果ガス，海洋の二酸化炭素，エーロゾルの状況），第4章 オゾン層および紫外域日射の動向（オゾン層の状況，紫外域日射の動向）

気候変動監視レポート　1999　気象庁編　大蔵省印刷局　2000.4　55p　30cm　2060円　①4-17-160299-8　Ⓝ451.8

(目次)第1章 世界の気候変動（1999年の世界の天候，地上気温と降水量の経年変化 ほか），第2章 日本の気候変動（1999年の日本の天候，1999年の主な日本の気象災害 ほか），第3章 温室効果ガスおよびオゾン層破壊物質等の動向（大気中の温室効果ガス，海洋の二酸化炭素 ほか），第4章 オゾン層および紫外域日射の動向（オゾン層の状況，紫外域日射の動向），用語一覧，話題（海洋化学物質循環モデルを用いた人為起源・二酸化炭素の海洋への吸収と蓄積の見積もり，1997年インドネシア森林火災で発生した煙霧の光学特性と雲粒子形成への影響）

気候変動監視レポート　2001　気象庁編　財務省印刷局　2002.4　78p　30cm　1900円　①4-17-160301-3　Ⓝ451.8

(目次)第1章 世界の気候変動（2001年の世界の天候，地上気温と降水量 ほか），第2章 日本の気候変動（2001年の日本の天候，2001年の主な日本の気象災害 ほか），第3章 温室効果ガス及び

オゾン層破壊物質等の状況（大気中の温室効果ガス，海洋の二酸化炭素 ほか），第4章 オゾン層及び紫外域日射の状況（オゾン層，紫外域日射）

20世紀の日本の気候　気象庁編　財務省印刷局　2002.5　116p　30cm　〈付属資料：CD-ROM1〉　1900円　①4-17-315175-6　Ⓝ451.91

（目次）第1章 20世紀の日本の気候（平年値にみる日本の気候，暖かくなった20世紀，雨や雪からみた20世紀，日本を取り巻く大気と海洋），第2章 20世紀の気候と災害（顕著な気象災害の記録），第3章 21世紀の気候（21世紀の地球温暖化，21世紀の日本の気候）

水環境

<事 典>

国際水紛争事典　流域別データ分析と解決策　ヘザー・L.ビーチ，ジェシー・ハムナー，J.ジョセフ・ヒューイット，エディ・カウフマン，アンジャ・クルキほか著，池座剛，寺村ミシェル訳　アサヒビール，清水弘文堂書房（発売）　2003.9　254p　21cm　（ASAHI ECO BOOKS 8）　〈原書名：This volume is a translation of Transboundary Freshwater Dispute Resolution〉　2500円　①4-87950-564-1

（目次）1 理論（組織理論，経済理論），2 実践（水抗争，環境抗争），3 結論と要約（結論と要約），4 国際水紛争事典（ケーススタディ，条約リスト）

（内容）本書は、水の質や量をめぐる世界各地の問題、およびそれらに起因する紛争管理に関する文献を包括的に検証したものである。紛争解決に関しては、断片的な研究結果や非体系的で実験的な試みしか存在しなかったのが現状であった。本書で行なわれた国際水域に関する調査では、200以上の越境的な水域から収集された参考データや一般データが提供されている。

雪氷辞典　日本雪氷学会編　古今書院　1990.10　196p　20cm　2600円　①4-7722-1710-X　Ⓝ451.66

（内容）雪氷学に関する1,036項目を五十音順に排列。巻末に英和項目対照表（アルファベット順）と、氷の物性、雪結晶の分類、豪雪地帯指定地域等の利用頻度の高い図・表をまとめた付録がある。

雪氷辞典　新版　日本雪氷学会編　古今書院　2014.3　307p　21cm　〈他言語標題：Japanese Dictionary of Snow and Ice〉　3500円　①978-4-7722-4173-1　Ⓝ451.66

（内容）雪氷に直接関係するもの、基礎的な物理学・化学・気象学・海洋学など関係が深い用語を採用、前版より約550語増加し、1594項目を収録。

水の百科事典　高橋裕，綿抜邦彦，久保田昌治，和田攻，蟻川芳子，内藤幸穂，門馬晋，平野喬編　丸善　1997.9　878p　21cm　20000円　①4-621-04363-3

（目次）総論（水の科学，水の科学—活性水、機能水，水と自然，水と地球環境，水と気象，水と文明，水の利用，治水，水と行政，水と衛生—水道の歴史，水と衛生—公衆衛生，水と環境汚染，水と健康，水と疾病，水の技術，水の産業，水と生活，水と調理，水とスポーツ，水と民俗，水と信仰），各論

<ハンドブック>

雨水利用ハンドブック　雨水貯留浸透技術協会編　山海堂　1998.8　380p　30cm　9400円　①4-381-01199-6

（目次）第1編 総論（都市と水，望ましい雨水利用システム，ハンドブックの構成），第2編 雨水利用に関する基礎知識（降水量・集水量，雨水利用と水質，雨水利用の用途と必要量，雨水利用の経済性と水コスト），第3編 関連技術（集水技術，水質処理技術，貯留技術，浸透技術，環境エネルギー利用技術，維持管理技術），第4編 機能評価手法（利水機能の評価手法，流出抑制機能の評価手法，水収支改善機能の評価手法，水質改善機能の評価手法），第5編 雨水利用事例等（実施事例，貯留浸透施設による水環境対策事例，雨水利用関連施設，技術水準等）

（内容）雨水の貯留・利用・浸透に関する総合的な技術書。雨水利用に際してのコストシミュレーション等の基礎知識や集水技術等の関連技術、さらに雨水利用によって得られる流出抑制機能等の評価手法を解説。

実用水理学ハンドブック　岡本芳美著　築地書館　2016.8　187,195,38p　22cm　〈文献あり 索引あり〉　4500円　①978-4-8067-1520-7　Ⓝ517.1

（目次）第1編 管水路の水理（管水路の流れ，管水路における過渡的現象，管水路の流量の測定，水車、ポンプ、バルブの水理），第2編 開水路の水理（開水路の水面形，等流計算，堰・ダム越流頂・ゲート等の計算，不等流計算，跳水の計算）

（内容）実務者に要求される、管水路と開水路の水理に関する実用知識をくまなく収載。管水路

については、水車、ポンプ、バルブの水理についても1章を割いた。簡潔な図や数式・計算例を用いて詳細に解説する。実用水理学ハンドブックの決定版。

水文・水資源ハンドブック　水文・水資源学会編　朝倉書店　1997.10　636p　26cm　32000円　①4-254-26136-5

(目次)水文編(水文総論，気象システム，水文システム，水環境システム ほか)，水資源編(水資源総論，水資源計画・管理のシステム，水防災システム，利水システム ほか)

地球上の生命を育む水のすばらしさの更なる認識と新たな発見を目指して　文部科学省科学技術・学術審議会資源調査分科会編　財務省印刷局　2003.3　135p　30cm　1800円　①4-17-262650-5

(目次)第1章 水の性質と役割，第2章 水の需給の動向(水循環予測—グローバルな水循環予測と世界の水資源，水の需給—偏在と対応の諸相)，第3章 水質・水環境の保全(水質の保全，水環境の保全—Global Civil Society時代の環境NPO／市民活動)，第4章 水の特性を生かした様々な活用(新しい水処理，超臨界水—高温高圧下で特異なふるまいをする水，溶媒としての水，景観としての水)，第5章 提言・今後の展開方向と課題(水に関する科学技術の振興と国民の水に関する意識の向上に向けた取組，水に関する科学技術に共通する課題)

(内容)本報告書は、水資源委員会におけるこれまでの検討結果を踏まえ、地球上の生命を育む水のすばらしさの更なる認識と新たな発見を目指して、水資源をめぐる各種の課題への対応方策と水の多様な利用可能性について提言するものである。なお、本報告書は、水に関するすべての内容を網羅するというよりも、特に注目に値する内容を取り上げるとともに、水に関する国民一般の意識を高めるという観点から、わかりやすい言葉で表現するという方針で取りまとめている。

雪崩ハンドブック　デビッド・マックラング，ピーター・シアラー著，日本雪崩ネットワーク訳　東京新聞出版局　2007.12　342p　26cm　〈原書第3版　原書名：THE AVALANCHE HANDBOOK,3rd edition〉　2476円　①978-4-8083-0884-1

(目次)第1章 雪崩の特徴と影響，第2章 山岳における雪気候と気象要素，第3章 大気中および積雪内での雪形成と成長，第4章 雪崩の形成，第5章 雪崩地形、運動、影響，第6章 雪崩予測に適用される要素，第7章 不安定性の評価と予測に関係する要素，第8章 バックカントリーでの雪崩予測と意思決定のABC，第9章 安全対策とレスキュー，第10章 雪崩対策，付録

(内容)スキー場、山岳ガイド、ヘリスキー、道路管理など、北米における雪崩の現場に携わる人にとって、この60年間、常に“座右の書”としてベストブックであり続けたのが『雪崩ハンドブック』。雪の物性から雪崩発生のメカニズム、そしてバックカントリーでの雪崩予測や人間の認知に基づく意思決定のプロセスまで、まさに根本原則から最新の知見までを包括的に網羅。新たに加わったバックカントリーユーザー向きの章を含め、雪崩に真摯に向き合う人にとって、垂涎の一冊。

水資源便覧　'96　国土庁長官官房水資源部監修，水資源協会編　山海堂　1996.3　483p　21cm　4996円　①4-381-00985-1

(目次)第1章 水資源の賦存状況，第2章 水資源の利用，第3章 水資源の開発，第4章 水資源の有効利用，第5章 災害、事故等にともなう水に関する影響，第6章 水資源の保全と環境，第7章 地下水の保全と活用，第8章 水源地域対策，第9章 水資源に関する理解の促進、国際交流の推進，第10章 一般統計，第11章 各種計画等，第12章 その他

水ハンドブック　循環型社会の水をデザインする　谷口孚幸著　海象社　2003.10　72p　21cm　(国連大学ゼロエミッションフォーラムブックレット)　510円　①4-907717-88-1

(目次)序 健全な水の循環，1 水と私たちの生活(人間に必要な水，水の機能と水質 ほか)，2 世界の水資源(世界の水資源と水問題，世界の水資源危機の実例 ほか)，3 わが国の水資源と水環境問題(わが国の水資源，地域別水資源と生活用水使用量 ほか)，4 水資源の新たな開発と保全(節水，排水再利用 ほか)

(内容)本書では、まず健全な水循環のあり方を示し、次いで水と私たちの生活として、人間に必要な水、水の機能と水質、水使用形態の区分と使用水量など基本的な考え方とデータを示した。次に、世界の水資源に関連して、世界の水資源と水問題、世界的な水資源危機の実例、国際河川をめぐる問題を示し、将来的な水資源問題の国際的取り組みについて解説。そして、わが国の水資源と水環境問題を取り上げ、わが国の水資源と使用量、地域別水資源と生活使用量、水環境問題の現状と原因分析を行った。最後に、従来型の水資源開発には限界が見えていることから、循環型社会を目指した現在行われつつある新たな水資源開発と保全の動向を紹介した。

雪と氷の事典　日本雪氷学会監修　朝倉書店　2005.2　760p　21cm　25000円　①4-254-16117-4

(目次)雪氷圏，降雪，積雪，融雪，吹雪，雪崩，氷，氷河，極地氷床，海氷，凍土・凍上，雪氷と地球環境変動，宇宙雪氷，雪氷災害と対策，雪

氷と生活，雪氷リモートセンシング，雪氷対策

(内容)「雪と氷」に関するあらゆる事象を網羅し、その個別事象そのものの知識を簡潔に記述するとともに、さらにその事象が雪氷自然とどのようなかかわりをもつかを理解できるよう構成。

陸水の事典　日本陸水学会編　講談社　2006.3　578p　21cm　10000円　①4-06-155221-X

(内容)湖沼、河川、地下水など陸水域の物理学、化学、生物学、地球科学、環境科学ならびに関連応用科学にわたる広範囲な分野の用語の概念と簡潔かつ詳細な解説を世のニーズに応えて提供する。日本陸水学会が総力を結集してまとめた集大成。項目数約5000を五十音で配列。巻末には日本の湖、ダム湖、河川，外国の湖（ダム湖を含む）、河川のリストを掲載。欧文索引からの検索も可能にした。関連分野待望の事典。

<図鑑・図集>

雪と氷の図鑑　武田康男文・写真　草思社　2016.10　107p　20×22cm　〈文献あり〉　1800円　①978-4-7942-2233-6　Ⓝ451.66

(目次)第1部 氷（水面にできる氷―氷には不思議な模様がある，水が流れてできる氷―様々な立体造形，生えてくる氷―伸びる氷には不思議がいっぱい，降る氷―空からの氷もいろいろ，つく氷―どこにどうつくかは天気次第，動く氷―氷はゆっくり動き、大地を削る），第2部 雪（降る雪―天からの手紙を読もう，雪面模様―降った雪がつくっていく形，雪道―雪に対応する雪国の交通常識，山の雪―動いて、残って、さまざまな姿に，雪害―雪と関わる生活の大変さ，富士山の12カ月―印象は雪で変わる，南極の不思議な雪と氷）

(内容)「霜柱」と「霜」はどう違うの?美しい雪結晶ができる温度は?池の氷はどこから凍りはじめる?雪と氷の不思議を美しい写真で紹介、その科学を解説する初めての図鑑。

<年鑑・白書>

全国公共用水域水質年鑑　1996年版　環境庁水質保全局監修　富士総合研究所　1996.2　1001p　26cm　30900円

(目次)1 平成6年度公共用水域水質測定結果について，2 平成6年度公共用水域水質測定結果地点別総括表，3 環境基準地点一覧表

全国公共用水域水質年鑑　1997年版　環境庁水質保全局監修，富士総合研究所編　富士総合研究所　1997.3　1019p　26cm　30000円

(目次)1 平成7年度公共用水域水質測定結果について，2 平成7年度公共用水域水質測定結果地点別総括表，3 環境基準地点一覧表

全国公共用水域水質年鑑　1998年版　環境庁水質保全局監修，富士総合研究所編　富士総合研究所　1998.3　1036p　26cm　30000円

(目次)1 平成8年度公共用水域水質測定結果について（測定地点数及び調査検体数，測定結果の概要，水質汚濁状況の推移，その他），2 平成8年度公共用水域水質測定結果地点別総括表（健康項目，生活環境項目，全窒素・全燐，BOD経月値，COD経月値，トリハロメタン生成能，その他項目），3 環境基準地点一覧表

全国公共用水域水質年鑑　1999年版　環境庁水質保全局監修，富士総合研究所編　富士総合研究所　1999.3　1010p　26cm　30000円

(目次)1 平成9年度公共用水域水質測定結果について（測定地点数及び調査検体数，測定結果の概要，水質汚濁状況の推移 ほか），2 平成9年度公共用水域水質測定結果地点別総括表（健康項目 - 河川，健康項目 - 湖沼，健康項目 - 海域 ほか），3 環境基準地点一覧表

日本の水資源　平成2年版　その開発、保全と活用の現状　国土庁長官官房水資源部編　大蔵省印刷局　1990.8　343p　21cm　2100円　①4-17-310965-2

(目次)第1章 生活の基盤としての水―その機能と活用，第2章 水の循環と水資源賦存量，第3章 水資源の利用状況，第4章 水資源開発と水供給の現状，第5章 渇水の状況，第6章 地域別の水需給状況，第7章 水資源の保全と地下水の適正利用，第8章 水源地域対策，第9章 水資源に関する国民の理解と国際交流の推進，第10章 水資源に係る課題と施策

日本の水資源　平成4年版　その開発、保全と活用の現状　国土庁長官官房水資源部編　大蔵省印刷局　1992.8　410p　21cm　2600円　①4-17-310967-9

(目次)第1章 水が支える豊かな社会，第2章 水資源賦存量と地球環境の変化，第3章 水資源の利用状況，第4章 水資源開発と水供給の現状，第5章 渇水等の状況，第6章 地域別の水需給状況，第7章 水資源の保全と地下水障害の防止，第8章 水源地域対策，第9章 水資源に関する国民の理解と国際交流の推進，第10章 水資源に係る課題と施策

日本の水資源　平成5年版　その開発、保全と活用の現状　国土庁長官官房水資源部

編　大蔵省印刷局　1993.8　421p　21cm　2700円　①4-17-310968-7

(目次)第1章 水資源と持続可能な開発，第2章 水の循環と水資源賦存量，第3章 水資源と環境，第4章 水資源の利用状況，第5章 水資源開発と水供給の現状，第6章 地域別の水需給状況，第7章 渇水等の状況，第8章 水資源の有効利用，第9章 水資源の保全と地下水障害の防止，第10章 水源地域対策，第11章 水資源に関する国民の理解と国際交流の推進，第12章 水資源に係る課題と施策，第13章 平成4年度の水資源をめぐる動き

(内容)国土庁および関係機関の調査に基づいて水需給の現況、水資源開発の現況、水資源に係る今後の課題等についてまとめたもの。

日本の水資源　水資源白書　平成6年版　健全な水循環をめざして　国土庁長官官房水資源部編　大蔵省印刷局　1994.8　507p　21cm　3200円　①4-17-310969-5

(目次)第1編 健全な水循環をめざして(流域における水の循環，流域における水循環系の動向と課題，水を巡る課題への取組)，第2編 水資源の開発、保全と活用の現状(降水と水資源の賦存状況，水資源の利用状況，水資源開発と水供給の現状，地域別の水需給状況，渇水等の状況，水資源の有効利用，水資源の保全と環境，地下水の保全と適正な利用，水源地域対策，水資源に関する理解の促進と国際交流の推進，水資源に係る課題と施策，平成5年度の水資源をめぐる動き)

日本の水資源　平成7年版　水に関する危機対策　国土庁長官官房水資源部編　大蔵省印刷局　1995.8　539p　21cm　3200円　①4-17-310970-9

(目次)平成6年列島渇水，阪神・淡路大震災，水に関する危機対策，水の循環と水資源の賦存状況，水資源の利用状況，水資源開発と水供給の現状，地域別の水需給状況，渇水等の状況，水資源の有効利用，水資源の保全と環境〔ほか〕

(内容)国土庁および関係機関の調査に基づいて水需給の現況、水資源開発の現況、水資源に係る今後の課題等についてまとめたもの。

日本の水資源　平成8年版　水資源の有効利用　国土庁長官官房水資源部編　大蔵省印刷局　1996.8　374p　21cm　3200円　①4-17-310971-7

(目次)平常時における有効利用，渇水時における有効利用，水の有効利用のための今後の取組，水の循環と水資源の賦存状況，水資源の利用状況，水資源開発と水供給の現状，地域別の状況，水に関する危機，水資源の保全と環境，地下水の保全と適正な利用，水源地域対策，水資源に関する理解の促進と国際交流の推進，平成7年度の水資源をめぐる動き，水資源に係る課題と施策

日本の水資源　平成9年版　その利用、開発と保全の現状　国土庁長官官房水資源部編　大蔵省印刷局　1997.8　402p　21cm　3100円　①4-17-310972-5

(目次)第1章 「水の郷百選」等にみる地域の取組―健全な水循環の保全・回復に向けて，第2章 水の循環と水資源の賦存状況，第3章 水資源の利用状況と地域別利用状況，第4章 水資源開発と水供給の現状，第5章 水資源の有効利用，第6章 水に関する危機，第7章 水資源と環境，第8章 水源地域対策，第9章 水資源に関する国際的な取組と理解の促進，第10章 水資源に係る課題と施策

(内容)調査をもとに水需給や水資源開発の現況、早急に対応すべき水資源にかかわる課題などについてまとめた、水資源行成の基礎資料。

日本の水資源　平成10年版　地球環境問題と水資源　国土庁長官官房水資源部編　大蔵省印刷局　1998.8　470p　21cm　2800円　①4-17-310973-3

(目次)水資源と地球環境問題，水資源の開発や利用等における省エネルギー等に向けた取組，今後の取組，水の循環と水資源の賦存状況，水資源の利用状況と地域別利用状況，水資源開発と水供給の現状，水に関する危機，水資源と環境，地下水の保全と適正な利用，水資源の有効利用，水源地域対策，水資源に関する国際的な取組と理解の促進，平成9年度の水資源をめぐる動き，水資源に係る課題と施策(健全な水循環系の創造)

(内容)国土庁および関係機関の調査に基づいて水資源に係る、水需給の現況、水資源開発の現況、水資源に係る今後の課題等についてまとめたもの。

日本の水資源　平成11年版　いつでもいつまでも瑞々しい国土を目指して　国土庁長官官房水資源部編　大蔵省印刷局　1999.8　452p　21cm　(水資源白書)　2800円　①4-17-310974-1

(目次)第1編 新しい全国総合水資源計画(ウォータープラン21)について(日本における水資源の現状と課題，ウォータープラン2000の基本的目標とその達成状況，水資源に係わる将来社会の展望と課題，持続的発展が可能な水活用社会の構築に向けた基本的目標，基本的目標に向けた施策の展開，計画実施上の留意点)，第2編 国際的視点から見た水資源問題の現状と今後の取組(世界の水資源問題の現状，世界の水資源問題に関する取組の現状，今後の取組)，第3編(水

の循環と水資源の賦存状況，水資源の利用状況，水資源開発と水供給の現状，地域別の状況，水に関する危機，水利用の安定性の現状，水資源と環境，地下水の保全と適正な利用，水資源の有効利用，水源地域対策，水資源に関する理解の促進，平成10年度の水資源をめぐる動き，水資源に係る課題と施策（健全な水循環系の創造））

日本の水資源　水資源白書　平成12年版　先人の労苦に学び、水を育む水源地域に感謝しつつ、21世紀の水資源を考える。　国土庁長官官房水資源部編　大蔵省印刷局　2000.8　465p　21cm　2800円　①4-17-310975-X　Ⓝ517

(目次)第1編 我が国の水資源を巡る歩みと21世紀に向けた水資源施策の展望（我が国の水資源の状況，我が国の水資源を巡る歩み，長期的な視点にたった水需給の見通し，21世紀の水資源施策），第2編 平成11年度の日本の水資源の状況（水の循環と水資源の賦存状況，水資源の利用状況，水資源開発と水供給の現状，地域別の状況，水に関する危機，水資源と環境，地下水の保全と適正な利用，水資源の有効利用，水源地域対策，水資源に関する理解の促進，水資源に関する国際的な取組，平成11年度の水資源をめぐる動き）

(内容)水需給や水資源開発の現況と課題について国土庁水資源部がとりまとめた白書。1983年から毎年公表・刊行されている。我が国の水資源をめぐる歩みと21世紀に向けた水資源施策、平成11年度の日本の水資源の状況の2編で構成。過去からの水資源施策の歩みと平成11年度の水環境の状況、地域別の現況、水資源に関する意識の改革のための施策等について論じる。他に水資源トピックスを各章に掲載。巻末に用語の解説、参考資料を付す。

日本の水資源　平成13年版　豊かな暮らしを育む水資源と水源地域の展望　国土交通省土地・水資源局水資源部編　財務省印刷局　2001.8　465p　21cm　3300円　①4-17-310976-8　Ⓝ517

(目次)第1編 豊かな暮らしと水資源（暮らしの中の水資源，より豊かな暮らしの実現に向けた取組，豊かな暮らしの礎となる水源地域の保全・活性化，世界的な水問題と我が国の対応），第2編 平成12年度の日本の水資源の状況（水の循環と水資源の賦存状況，水資源の利用状況，水資源開発と水供給の現状，地域別の状況，水に関する危機，水資源と環境，地下水の保全と適正な利用，水資源の有効利用，水源地域対策，水資源に関する理解の促進，水資源に関する国際的な取組，平成12年度の水資源をめぐる動き），水資源トピックス

(内容)国内の水需給や水資源開発の現況と課題についてまとめた白書。1983年から毎年公表・刊行されている。平成12年度の水環境の状況、地域別の現況、水資源に関する意識の改革のための施策等について論じる。そのほか「水資源トピックス」と題するコラムを各章に掲載。巻末に用語解説、参考資料を付す。

日本の水資源　平成15年版　地球規模の気候変動と日本の水資源問題　国土交通省土地・水資源局水資源部編　国立印刷局　2003.8　332p　30cm　3200円　①4-17-310978-4

(目次)第1編 地球規模の気候変動と日本の水資源問題（地球温暖化と我が国の水資源への影響，第3回世界水フォーラムと閣僚級国際会議），第2編 平成14年度の日本の水資源の状況（水の循環と水資源の賦存状況，水資源の利用状況，水資源開発と水供給の現状，地域別の状況，水に関する危機，水資源と環境，地下水の保全と適正な利用，水資源の有効利用，水源地域対策，水資源に関する理解の促進，水資源に関する国際的な取組，平成14年度の水資源をめぐる動き）

日本の水資源　平成17年版　気候変動が水資源に与える影響　国土交通省土地・水資源局水資源部編　国立印刷局　2005.8　274p　30cm　3200円　①4-17-310980-6

(目次)第1編 気候変動が水資源に与える影響（気候変動に関する研究等，気候変動が水資源に与える影響），第2編 平成16年度の日本の水資源の状況（水の循環と水資源の賦存状況，水資源の利用状況，水資源開発と水供給の現状，地域別の状況，渇水、災害、事故等の状況 ほか）

日本の水資源　平成18年版　渇水に強い地域づくりに向けて　国土交通省土地・水資源局水資源部編　国立印刷局　2006.8　260p　30cm　3200円　①4-17-310981-4

(目次)第1編 渇水に強い地域づくりに向けて（平成17年渇水，四国における渇水，渇水に強い地域づくりに向けて），第2編 日本の水資源と水需給の現況（水の循環と水資源の賦存状況，水資源の利用状況，水資源開発と水供給の現状，地域別の状況，渇水、災害、事故等の状況 ほか）

(内容)「日本の水資源」は、国土交通省土地・水資源局水資源部が関係機関の調査結果などをもとに我が国の水需給や水資源開発の現況、今後早急に対応すべき水資源に関わる課題などについて総合的にとりまとめたもので、昭和58年から毎年公表している。

日本の水資源　平成19年版　安全で安心な水利用に向けて　国土交通省土地・水資源局水資源部編　佐伯印刷　2007.8　288p　30cm　2500円　①978-4-903729-13-8

(目次)第1編 安全で安心な水利用に向けて（水利

用の安定性の確保に向けて，安全で良質な水資源の確保に向けて），第2編 世界の水問題解決に向けた新たな行動（危機的状況を深める世界の水問題と、懸念される国連ミレニアム開発目標の達成，第4回世界水フォーラム—世界的な挑戦のために地域での行動を!，アジア・太平洋地域の水問題とアジア・太平洋水フォーラム（APWF）—アジア・太平洋地域における新たな挑戦 ほか），第3編 日本の水資源と水需給の現況（水の循環と水資源の賦存状況，水資源の利用状況，水資源開発と水供給の現状 ほか）

日本の水資源　平成20年版　総合的水資源マネジメントへの転換　国土交通省土地・水資源局水資源部編　佐伯印刷　2008.8　1冊　30cm　2500円　Ⓘ978-4-903729-36-7

(目次)第1編 総合的水資源マネジメントへの転換（我が国の水資源の現状と課題，総合的水資源マネジメントに向けて），第2編 世界の水問題解決に向けた新たな行動（危機的状況を迎える世界の水問題の状況，水問題解決に向けた国際的取り組み，第1回アジア・太平洋水サミット（世界で初めての水に関する首脳級会合の概要）ほか），第3編 日本の水資源と水需給の現況（水の循環と水資源の賦存状況，水資源の利用状況，水資源開発と水供給の現状 ほか）

日本の水資源　平成21年版　総合水資源管理の推進　国土交通省土地・水資源局水資源部編　アイガー　2009.8　279p　30cm　2400円　Ⓘ978-4-9904810-0-1

(内容)日本の水需給や水資源開発の現況、今後早急に対応すべき水資源に関わる課題などについて総合的にとりまとめる。「総合水資源管理の推進」をテーマに、世界の水問題とその解決に向けた取組などを紹介する。

日本の水資源　平成22年版　持続可能な水利用に向けて　国土交通省土地・水資源局水資源部編　（大阪）海風社，全国官報販売協同組合販売部（発売）　2010.8　281p　30cm　2300円　Ⓘ978-4-87616-009-9　Ⓝ517

(目次)第1編 持続可能な水利用に向けて（水をとりまく状況の変化，今後の地域・社会において求められるもの，今後の水資源分野の取り組み），第2編 日本の水資源と水需給の現況（水の循環と水資源の賦存状況，水資源の利用状況，水資源開発と水供給の現状，地下水の保全と適正な利用，水資源の有効利用，渇水、災害、事故等の状況 ほか）

日本の水資源　平成23年版　気候変動に適応するための取組み　国土交通省水管理・国土保全局水資源部編　ミツバ綜合印刷　2011.8　307p　30cm　2600円　Ⓘ978-4-9904239-1-9

(目次)第1編 気候変動に適応するための取組み（我が国の水資源の現状と課題，水問題に関する国際的な取組みの動向，今後取組むべき方向，世界各国の気候変動への適応策の取組み），第2編 日本の水資源と水需給の現況（水の循環と水資源の賦存状況，水資源の利用状況，水資源開発と水供給の現状，地下水の保全と適正な利用，水資源の有効利用，渇水、災害、事故等の状況 ほか）

日本の水資源　平成25年版　安全・安心な水のために　国土交通省水管理・国土保全局水資源部編　社会システム，全国官報販売協同組合（発売）　2013.8　305p　30cm　2600円　Ⓘ978-4-86458-054-0

(目次)第1編 安全・安心な水のために（我が国の水資源の現状と課題，安全・安心な水のための取組みと方向，水問題に関する国際的な取組みの動向），第2編 日本の水資源と水循環の現況（水の循環と水資源の賦存状況，水資源の利用状況，水の貯留・かん養機能の維持・向上，水の適正な利用の推進，水資源に関する連携の取組み，水資源に関する理解の促進，水に関する理解の促進，水資源に関する国際的な取組み，東日本大震災の復興について，平成24年度の水資源をめぐる動き）

水循環白書　平成28年版　内閣官房水循環政策本部事務局編　勝美印刷　2016.7　86p　30cm　1250円　Ⓘ978-4-906955-56-5

(目次)第1部 水循環施策をめぐる動向（水循環の現状と課題，水循環基本法の制定と水循環基本計画の策定），第2部 平成27年度水循環に関して講じた施策（流域連携の推進等—流域の総合的かつ一体的な管理の枠組み，貯留・涵養機能の維持及び向上，水の適正かつ有効な利用の促進等，健全な水循環に関する教育の推進等，民間団体等の自発的な活動を促進するための措置，水循環施策の策定及び実施に必要な調査の実施，科学技術の振興，国際的な連携の確保及び国際協力の推進，水循環に関わる人材の育成）

河 川

<書 誌>

水・河川・湖沼関係文献集　古賀邦雄編　水文献研究会　1996.8　430p　30cm　5000円

(内容)明治15年から平成6年までの水・河川および湖沼関係の単行本を収録した文献集。発行年別に整理し独自の分類に分けたことにより時代ごとの社会的な傾向も読みとることができる。

<事 典>

河川大事典　日外アソシエーツ編　日外アソシエーツ，紀伊国屋書店（発売）　1991.2　1068p　26cm　39140円　Ⓘ4-8169-1017-4　Ⓝ517.21

(内容)日本国内を流れる河川の所在地、水系、河川同士の関係などを明らかにした本邦初の本格的事典。河川名の五十音順排列で、河川等級、通称・別称・古称、上流端・下流端地名、併合・分流河川名、合流先河川名・合流地点、流出先・流出地点、水源地、河川延長、流域面積、所属水系を記載。通称、別称、古称からの参照もできる。

川を知る事典　日本の川・世界の川　鈴木理生著　日本実業出版社　2003.11　307p　19cm　1600円　Ⓘ4-534-03656-6　Ⓝ290

(目次)第1章「川」のつく地名，第2章 川とは何か，第3章 日本人の川への意識，第4章 人工水路と運河，第5章 地球上の川とガワ，第6章 世界の運河と川

(内容)北海道・東北の川の名前に始まる「カワ」の考察は、日本人の川に対する意識、川にまつわる歴史・文化などを経て、地球上の川を巡って、そこに住む人々との関わりへと深まっていく。都市史研究の第一人者が壮大なスケールで綴る、“川と人間”の有様。

全世界の河川事典　高橋裕編集委員長，宝馨，野々村邦夫，春山成子副編集委員長　丸善出版　2013.7　1013p　22cm　〈索引あり〉　24000円　Ⓘ978-4-621-08578-3　Ⓝ517.2

<辞 典>

河川・湖沼名よみかた辞典　新訂版　日外アソシエーツ編　日外アソシエーツ，紀伊國屋書店（発売）　2004.2　562p　21cm　9800円　Ⓘ4-8169-1826-4

(内容)本書は、漢字で表記される様々な日本の河川・湖沼名26557について、それぞれの読み仮名を明示したものである。

河川名よみかた辞典　日外アソシエーツ編　日外アソシエーツ，紀伊国屋書店（発売）　1991.3　496,64p　21cm　9900円　Ⓘ4-8169-1023-9　Ⓝ517.21

(内容)地名同様、河川名の読み方も難しい。読めたつもりでも、本当は意外な読み方だったりして、しくじることも少なくない。しかし本書を利用すれば、漢字表記の総画数または、単純な音読みのどちらからでも検索でき、全国27000河川の読み方が、たちどころにわかる。各々の読みは、各都道府県河川担当課作成の資料に準拠しており、読み資料のない河川についても、流域の市町村に照会を行っているので、信頼度の高いよみかた辞典といえる。

<ハンドブック>

河川関係補助事業事務提要　改訂26版　大成出版社第2事業部編　大成出版社　2012.3　14,815p　21cm　4200円　Ⓘ978-4-8028-3045-4

(目次)第1章 補助金等の概要及び交付，第2章 補助金の支出と繰越，第3章 補助事業の執行，第4章 補助事業の完了，第5章 NTT無利子貸付金制度，第6章 基本法令等，第7章 質疑応答等

河川技術ハンドブック　総合河川学から見た治水・環境　末次忠司著　鹿島出版会　2010.9　500p　27cm　〈年表あり 索引あり〉　7500円　Ⓘ978-4-306-02422-9　Ⓝ517.036

(目次)基盤地形の形成要因，基盤地形の形成とその影響，河川地形の形成と河道特性，水循環・物質動態とその予測，洪水状況，水害被害と対策，河道・堤防整備，河川計画と施設設計，河道災害と対策，氾濫水理と氾濫対策，施設の維持管理，ダム整備とその効果・影響，河川利用と水環境，生態系の環境構造，個別生態系の特徴，河川環境の再生・調査，河川に関する事柄

(内容)河川の治水・利水・環境に関係する項目を網羅した実用的なハンドブック。地形・河道特性から見た治水・環境について、これまでの河川技術のノウハウと知見を総合的に解説。実務面でも参考になる図表や資料を多数掲載し編集された内容。

河川舟運ハンドブック　河川舟運制度研究会編著　大成出版社　2001.7　266p　26cm　3400円　Ⓘ4-8028-8333-1

(目次)第1章 概説，第2章 委員会報告について，第3章 河川における船舶の通航ルール等について，第4章 不法係留船対策について，第5章 河川舟運をめぐる国会における審議，参考資料

(内容)本書は、今後の河川利用の促進・適正化、特に河川における舟運の発展に寄与するための諸施策等に関する河川審議会の答申、河川舟運検討委員会の報告、関連通達等を整理し、掲載しております。

河川便覧　1992　国土開発調査会編　国土開発調査会　1992.10　411p　21cm　3480円

(目次)1 一般指標，2 河川，3 水資源開発，4 砂防，5 地すべり，6 急傾斜地崩壊対策，7 雪崩対策，8 海岸，9 海洋開発，10 災害復旧，11 水防，12 利水，13 地下水，14 水質，15 外国

河川便覧　1994（平成6年版）　国土開発調査会　1994.10　438p　21cm　3700円

(目次)1 一般指標，2 河川，3 水資源開発，4 砂防，5 地すべり，6 急傾斜地崩壊対策，7 雪崩対策，8 海岸，9 海洋開発，10 災害復旧，11 水防，12 利水，13 地下水，14 水質，15 外国

河川便覧　1996　国土開発調査会編，日本河川協会監修　国土開発調査会　1996.10　413p　21cm　3700円

(目次)1 一般指標，2 河川，3 水資源開発，4 砂防，5 地すべり，6 急傾斜地崩壊対策，7 雪崩対策，8 海岸，9 海洋開発，10 災害復旧，11 水防，12 利水，13 地下水，14 水質，15 外国

河川便覧　2000　国土開発調査会編，日本河川協会監修　国土開発調査会　2000.10　427p　21cm　3524円　Ⓝ517.21

(目次)1 一般指標，2 河川，3 水資源開発，4 砂防，5 地すべり，6 急傾斜地崩壊対策，7 雪崩対策，8 海岸，9 海洋開発，10 災害復旧，11 水防，12 利水，13 地下水，14 水質，15 外国

(内容)日本の河川事業の統計・施策資料などをまとめた実務便覧。巻末には外国の主要な資料も掲載する。

河川便覧　2004　国土開発調査会編，日本河川協会監修　国土開発調査会　2004.10　443p　21cm　3524円

(目次)一般指標，河川，水資源開発，砂防，地すべり，急傾斜地崩壊対策，雪崩対策，海岸，海洋開発，災害復旧〔ほか〕

河川便覧　2006　国土開発調査会編，日本河川協会監修　（茅ヶ崎）国土開発調査会　2006.10　452p　21cm　3700円

(目次)一般指標，河川，水資源開発，砂防，地すべり，急傾斜地崩壊対策，雪崩対策，総合流域防災事業，海岸，海洋開発，災害復旧，水防，利水，地下水，水質，外国

河川便覧　平成2年版　日本河川協会編　国土開発調査会，東京官書普及（発売）　1990.9　391p　22cm　3204円　Ⓝ517.21

(内容)河川・水資源開発・砂防・地下水等の基礎データを集成したデータブック。

日本滝名鑑4000　木田薫写真・解説　（大阪）東方出版　2005.8　514p　34×25cm　28000円　①4-88591-934-7　Ⓝ291.09

(目次)北海道・東北，関東，信越・北陸，東海，近畿，中国・四国，九州・沖縄

(内容)昔から地元の人達に滝として呼ばれ親しまれた、名前のある滝（落差等、スケールの大小にかかわらず）を中心にし、さらに登山者に親しまれている登山道近くの滝、信仰家がその対象としている滝、伝説、詩歌等に詠まれた滝等を撮影の対象として収録。

<法令集>

河川関係基本法令集　河川法研究会編　大成出版社　2008.7　494p　21cm　3200円　①978-4-8028-2836-9　Ⓝ517.091

(目次)河川法，河川法施行令，河川法施行規則，河川法第四条第一項の水系を指定する政令，河川管理施設等構造令，河川管理施設等構造令施行規則，河川法の施行について，河川敷地の占用許可について，工作物設置許可基準について，河川における船舶の通航方法の指定等についての準則について〔ほか〕

河川六法　平成2年版　建設省河川局監修　大成出版社　1990.2　1455p　19cm　4500円　①4-8028-7734-X

(目次)第1編 河川，第2編 ダム・水資源開発，第3編 砂利採取，第4編 砂防，第5編 海岸，第6編 治山治水緊急措置，第7編 水防，第8編 災害，第9編 公有水面埋立て，第10編 運河，第11編 環境保全・公害対策，第12編 参考法令

(内容)河川行政に関連するすべての法令・重要通達を体系的に収録し、根拠法令については詳細な注釈をくわえた最新内容の実務六法。

河川六法　平成3年版　建設省河川局監修　大成出版社　1991.3　1461p　19cm　4500円　①4-8028-7807-9

(目次)第1編 河川，第2編 ダム・水資源開発，第3編 砂利採取，第4編 砂防，第5編 海岸，第6編 治山治水緊急措置，第7編 水防，第8編 災害，第9編 公有水面埋立て，第10編 運河，第11編 環境保全・公害対策，第12編 参考法令

(内容)河川行政に関連するすべての法令・重要通達を体系的に収録し、根拠法令については詳細な注釈をくわえた最新内容の実務六法。

河川六法　平成4年版　建設省河川局監修　大成出版社　1992.3　1492p　19cm　4500円　①4-8028-7842-7

(目次)第1編 河川，第2編 ダム・水資源開発，第3編 砂利採取，第4編 砂防，第5編 海岸，第6編 治山治水緊急措置，第7編 水防，第8編 災害，第9編 公有水面埋立て，第10編 運河，第11編 環境保全・公害対策，第12編 参考法令

河川六法　平成5年版　建設省河川局監修　大成出版社　1993.3　1569p　19cm　4600円　①4-8028-7894-X　Ⓝ517.09

(目次)第1編 河川，第2編 ダム・水資源開発，第

3編 砂利採取，第4編 砂防，第5編 海岸，第6編 治山治水緊急措置，第7編 水防，第8編 災害，第9編 公有水面埋立て，第10編 運河，第11編 環境保全・公害対策，第12編 参考法令

(内容)河川行政事務の遂行に必要な法令・重要通達を収録した法令集。体系的に12編に分類収録し、根拠法令については詳細な注釈をくわえている。巻頭に五十音順の法令名索引がある。

河川六法　平成6年版　建設省河川局監修
大成出版社　1994.3　1593p　19cm　〈付(15p 19cm)：追補〉　4600円
①4-8028-7947-4　Ⓝ517.09

(目次)第1編 河川，第2編 ダム・水質源開発，第3編 砂利採取，第4章 砂防，第5編 海岸，第6編 治山治水緊急措置，第7編 水防，第8編 災害，第9編 公有水面埋立て，第10編 運河，第11編 環境保全・公害対策，第12編 参考法令

(内容)河川行政に関わる法令・重要通達を体系的に収録した法令集。根拠法令については詳細な注釈を記載する。

河川六法　平成7年版　建設省河川局監修
大成出版社　1995.7　1695p　19cm　4600円
①4-8028-8014-6

(内容)河川行政関連の法令集。収録件数は法令185件、告示19件、例規134件、判例2件。内容は1995年4月5日現在。巻頭に法令名索引がある。

河川六法　平成8年版　建設省河川局監修
大成出版社　1996.6　1709p　19cm　4700円
①4-8028-8068-5

(目次)第1編 河川，第2編 ダム・水資源開発，第3編 砂利採取，第4編 水道原水，第5編 砂防，第6編 海岸，第7編 治山治水緊急措置，第8編 水防，第9編 災害，第10編 公有水面埋立て，第11編 運河，第12編 行政手続，第13編 環境保全・公害対策，第14編 参考法令

(内容)河川行政事務の遂行に必要な法令・告示・例規・判例を収録したもの。収録件数は河川法・特定多目的ダム法・砂利採取法などの法令183件、告示19件、例規147件、判例2件。内容は1996年3月19日現在。巻頭に五十音順の法令名索引がある。

河川六法　平成10年版　建設省河川局監修
大成出版社　1998.10　1956p　19cm
4667円　①4-8028-8274-2

(目次)第1編 河川，第2編 ダム・水資源開発，第3編 砂利採取，第4編 水道原水，第5編 砂防，第6編 海岸，第7編 治山治水緊急措置，第8編 水防，第9編 災害，第10編 公有水面埋立て，第11編 運河，第12編 行政手続，第13編 環境保全・公害対策，第14編 参考法令

(内容)河川行政事務の遂行に必要な法令・告示・例規・判例を収録した法令集。収録件数は法令194件、告示21件、例規161件、判例2件。内容は1998年7月31日現在。法令名索引付き。

河川六法　平成11年版　建設省河川局監修
大成出版社　1999.12　2083p　19cm
4667円　①4-8028-8389-7

(目次)河川，ダム・水資源開発，砂利採取，水道原水，砂防，海岸，治山治水緊急措置，水防，災害，公有水面埋立て，運河，行政手続，環境保全・公害対策，参考法令

(内容)河川行政事務の遂行に必要な法令・告示・例規・判例を収録した法令集。収録件数は法令181件、告示22件、例規194件、判例2件。内容は1999年8月5日現在。法令名索引付き。

河川六法　平成12年版　建設省河川局監修
大成出版社　2000.12　2116p　19cm
4667円　①4-8028-8507-5　Ⓝ517.091

(目次)第1編 河川，第2編 ダム・水資源開発，第3編 砂利採取，第4編 水道原水，第5編 砂防，第6編 海岸，第7編 治山治水緊急措置，第8編 水防，第9編 災害，第10編 公有水面埋立て，第11編 運河，第12編 行政手続，第13編 環境保全・公害対策，第14編 参考法令

(内容)河川行政の遂行に必要な法令・告示・例規・判例を収録する法令集。収録件数は法令206件、告示22件、例規158件、判例2件。内容は平成12年6月7日現在。

河川六法　平成13年版　国土交通省河川局監修　大成出版社　2001.12　2170p　19cm
4724円　①4-8028-8715-9　Ⓝ517.091

(目次)河川，ダム・水資源開発，砂利採取，水道原水，砂防，海岸，治山治水緊急措置，水防，災害，公有水面埋立て，運河，行政手続，環境保全・公害対策，参考法令

(内容)河川・ダム関係の法令集。平成13年版には平成13年8月31日現在の法令203件、告示23件、例規166件、判例2件を収録している。五十音順の法令名索引あり。

河川六法　平成14年版　国土交通省河川局監修　大成出版社　2002.12　2182p　19cm
4724円　①4-8028-8815-5　Ⓝ517.091

(目次)河川，ダム・水資源開発，砂利採取，水道原水，砂防，海岸，治山治水緊急措置，水防，災害，公有水面埋立て，運河，行政手続，環境保全・公害対策，参考法令，

(内容)河川行政の実務者向けの法令集。平成14年8月31日現在で河川法をはじめとする法令202件、告示23件、例規163件、判例2件を収録、部門別に掲載する。巻頭に法令名索引を付す。

河川六法　平成16年版　国土交通省河川局

監修　大成出版社　2004.12　2422p　19cm　5300円　Ⓘ4-8028-9126-1

(内容)法令220件、告示26件、例規176件、判例2件を収録。平成16年10月15日現在。

河川六法　平成18年版　国土交通省河川局監修　大成出版社　2005.12　2290p　19×14cm　5300円　Ⓘ4-8028-9243-8

(目次)河川，ダム・水資源開発，砂利採取，水道原水，砂防，海岸，社会資本整備重点計画，治水，水防，都市水害，災害，公有水面埋立て，運河，行政手続，環境保全・公害対策，参考法令

(内容)平成一七年一〇月一五日現在で収録。収録件数―法令二二〇件、告示二六件、例規一七二件、判例二件。

河川六法　平成20年版　河川法研究会編　大成出版社　2007.12　2150p　19cm　5500円　Ⓘ978-4-8028-2800-0

(目次)河川，ダム・水資源開発，砂利採取，水道原水，砂防，海岸，社会資本整備重点計画，特別会計，水防，都市水害，災害，公有水面埋立て，運河，行政手続，環境保全・公害対策，参考法令

(内容)原則として、平成一九年一一月一日現在で収録。収録件数―法令二〇〇件、告示二五件、例規一七三件、判例二件。

河川六法　平成21年版　河川法研究会編　大成出版社　2009.1　2142p　19cm　〈索引あり〉　5500円　Ⓘ978-4-8028-2862-8　Ⓝ517.091

(目次)河川，ダム・水資源開発，砂利採取，水道原水，砂防，海岸，社会資本整備重点計画，特別会計，水防，都市水害，災害，公有水面埋立て，運河，行政手続，環境保全・公害対策，参考法令

(内容)法令二〇〇件、告示二五件、例規一七三件、判例二件を、原則として、平成二〇年一一月二五日現在で収録した。

河川六法　平成22年版　河川法研究会編　大成出版社　2010.6　2156p　19cm　〈索引あり〉　6000円　Ⓘ978-4-8028-2949-6　Ⓝ517.091

(目次)河川，ダム・水資源開発，砂利採取，水道原水，砂防，海岸，社会資本整備重点計画，特別会計，水防，都市水害，災害，公有水面埋立て，運河，行政手続，環境保全・公害対策，参考法令

河川六法　平成24年版　河川法研究会編　大成出版社　2011.12　2296p　19cm　〈索引あり〉　6400円　Ⓘ978-4-8028-3036-2　Ⓝ517.091

(目次)河川，ダム・水資源開発，砂利採取，水道原水，砂防，海岸，低潮線保全，社会資本整備重点計画，特別会計，水防，都市水害，災害，公有水面埋立て，運河，行政手続，環境保全・公害対策，参考法令

河川六法　平成26年版　河川法研究会編集　大成出版社　2014.2　2734p　19cm　〈索引あり〉　7200円　Ⓘ978-4-8028-3135-2　Ⓝ517.091

(目次)第1編 河川，第2編 ダム・水資源開発，第3編 砂利採取，第4編 水道原水，第5編 砂防

(内容)平成25年12月27日現在の法令119件、告示42件、例規190件、判例2件を収録。

河川六法　平成27年版　河川法研究会編集　大成出版社　2015.11　2852p　19cm　〈索引あり〉　7400円　Ⓘ978-4-8028-3230-4　Ⓝ517.091

(目次)河川，ダム・水資源，砂利採取，水道原水，砂防，海岸，低潮線保全，社会資本整備重点計画，特別会計，水防〔ほか〕

河川六法　平成29年版　河川法研究会編集　大成出版社　2017.8　2900p　19cm　〈索引あり〉　7500円　Ⓘ978-4-8028-3301-1　Ⓝ517.091

(目次)河川，ダム・水資源，砂利採取，水道原水，砂防，海岸，低潮線保全，社会資本整備重点計画，特別会計，水防，都市水害，災害，公有水面埋立て，運河，下水道，行政手続，環境保全・公害対策，参考法令

<図鑑・図集>

川の地理図鑑　人びとのくらしと自然　1　ミシシッピ川　ニナ・モーガン著，日高真由美訳　偕成社　1995.4　47p　29cm　〈原書名：The Mississippi.〉　2500円　Ⓘ4-03-629210-2　Ⓝ290

(目次)世界の大河ミシシッピ川，ミシシッピ川のできるまで，野生動物と植物，ミシシッピ川の探検と歴史，現代の河川交通，ミシシッピ川の港町，ミシシッピ川の治水，デルタ（三角州），これからのミシシッピ川

川の地理図鑑　人びとのくらしと自然　2　アマゾン川　ジュリア・ウォーターロー著，大坪奈保美訳　偕成社　1995.4　47p　29cm　〈原書名：The Amazon.〉　2500円　Ⓘ4-03-629220-X　Ⓝ290

(目次)大いなるアマゾン川，アマゾン川の特徴，アマゾン川流域の熱帯雨林，探検家と入植者，

アマゾン川流域の産業，アマゾン川流域の都市，人々の暮らし，消えゆくインディオ，アマゾン川流域の危機

川の地理図鑑　人びとのくらしと自然　3　黄河　ジュリア・ウォーターロー著，西田紀子訳　偕成社　1995.4　47p　29cm　〈原書名：The Yellow River.〉　2500円　①4-03-629230-7　Ⓝ290

(目次)中国の悲しみ，黄河の流れにそって，中国文明のゆりかご，現在の中国，黄河流域の人々，産業と都市，農村の暮らし，暴れ黄流，黄色い竜を治める

(内容)黄河の自然と流域に住む人々の生活がわかる本 大きくて見やすいカラー写真を豊富に使って、美しい川の姿を伝え、環境問題や各国の産業など、幅広い視点で人と川の結びつきをとらえ、川を中心として、周辺の自然や流域に暮らす人々の生活を紹介してあり、理解を深めるために役立つ語句の説明や、周辺諸国の概略も合わせて収録。

川の地理図鑑　人びとのくらしと自然　4　ガンジス川　デイビッド・カミング著，西田紀子訳　偕成社　1995.4　47p　29cm　〈原書名：The Ganges.〉　2500円　①4-03-629240-4　Ⓝ290

(目次)母なる川ガンジス，ガンジス川の旅，ガンジスの気候，農業，交通・都市・産業，ガンジス川はよごれている，聖なる川ガンジス，これからのガンジス川

川の地理図鑑　人びとのくらしと自然　5　ナイル川　ジュリア・ウォーターロー著，原まゆみ訳　偕成社　1995.4　47p　29cm　〈原書名：The Nile.〉　2500円　①4-03-629250-1　Ⓝ290

(目次)生命の源、ナイル川，ナイル川の旅—源流から海へ，ナイル川流域の国々と人々の生活，古代エジプト文明，ナイル川探検の歴史，農業とかんがい，都市、産業、交通，食糧危機と難民，ナイル川の水利用と残された問題

川の地理図鑑　人びとのくらしと自然　6　ボルガ川　デイビッド・カミング著，新井朋子訳　偕成社　1995.4　47p　29cm　〈原書名：The Volga.〉　2500円　①4-03-629260-9　Ⓝ290

(目次)母なる川，ボルガ川とその流域，いのちの水，ボルガ川流域の都市，ボルガ川と産業，農業と漁業，水上交通，ダムによる弊害，ボルガ川のこれから

川の地理図鑑　人びとのくらしと自然　7　ライン川　マーク・スモーリー著，岡本さゆり訳　偕成社　1995.4　47p　29cm　〈原書名：The Rhine.〉　2500円　①4-03-629270-6　Ⓝ290

(目次)ライン川を下る，ライン川の水上交通，ライン地方の工業，ライン川の水，ロマンティック・ライン，ライン地方のワイン

川の地理図鑑　人びとのくらしと自然　8　ドナウ川　デイビッド・カミング著，原まゆみ訳　偕成社　1995.4　47p　29cm　〈原書名：The Danube.〉　2500円　①4-03-629280-3　Ⓝ290

(目次)ヨーロッパの国々を結んで流れるドナウ川，“黒い森”から黒海へ，危険な川から安全な川へ，ドナウ川の交通，ドナウ川の歴史，ドナウ川沿いの首都，産業，発電と環境破壊，農業と漁業，発展を続けるドナウ川

<年鑑・白書>

河川水辺の国勢調査年鑑　河川版　平成11年度 魚介類調査、底生動物調査編　国土交通省河川局河川環境課監修，リバーフロント整備センター編　山海堂　2001.10　69p　26cm　〈付属資料：CD‐ROM1〉　14500円　①4-381-01373-5　Ⓝ517.21

(内容)河川の自然環境を調査に基づき掲載する資料集。「平成9年度 河川水辺の国勢調査マニュアル 河川版（生物調査編）」に基づいて実施された調査結果を収録。河川水辺の国勢調査結果のうち、ダム湖を除く河川に係わる生物調査についてとりまとめる。

河川水辺の国勢調査年鑑　河川版　平成11年度 植物調査編　国土交通省河川局河川環境課監修，リバーフロント整備センター編　山海堂　2001.10　39p　26cm　〈付属資料：CD‐ROM1〉　14500円　①4-381-01374-3　Ⓝ517.21

(内容)河川の自然環境を調査に基づき掲載する資料集。「平成9年度 河川水辺の国勢調査マニュアル 河川版（生物調査編）」に基づいて実施された調査結果を編集。河川水辺の国勢調査結果のうち、ダム湖を除く河川に係わる生物調査についてとりまとめる。

河川水辺の国勢調査年鑑　平成2・3年度　河川空間利用実態調査編　リバーフロント整備センター編，建設省河川局治水課監修　山海堂　1993.5　739p　26cm　19000円　①4-381-08179-X

(目次)1 河川水辺の国勢調査について，2 平成2年度・平成3年度全国の河川空間利用実態の概要，3 水系別河川空間利用実態，4 資料編

(内容)建設省が実施している河川水辺の国勢調

査のうち、河川空間利用実態の調査の結果を収録したもの。

河川水辺の国勢調査年鑑　平成2・3年度 魚介類調査編　リバーフロント整備センター編, 建設省河川局治水課監修　山海堂　1993.5　698p　26cm　9800円　①4-381-08180-3

(目次)1 河川水辺の国勢調査について, 2 平成2・3年度魚介類調査の概要, 3 河川別魚介類調査結果, 4 資料編

(内容)建設省が実施している河川水辺の国勢調査のうち、魚介類の調査の結果を収録したもの。

河川水辺の国勢調査年鑑　平成4年度 河川空間利用実態調査編　リバーフロント整備センター編, 建設省河川局治水課監修　山海堂　1994.8　613p　26cm　17000円　①4-381-00946-0

(目次)1 河川水辺の国勢調査について, 2 平成4年度全国の河川空間利用実態の概要, 3 水系別河川空間利用実態

(内容)建設省が実施している河川水辺の国勢調査のうち、河川空間利用実態の調査の結果を収録したもの。

河川水辺の国勢調査年鑑　平成4年度 魚介類調査編　建設省河川局治水課監修, リバーフロント整備センター編　山海堂　1995.1　786p　26cm　19000円　①4-381-00947-9

(目次)1 河川水辺の国勢調査について, 2 平成4年度魚介類調査の概要, 3 河川別魚介類調査結果, 4 資料編

(内容)建設省が実施している河川水辺の国勢調査のうち、魚介類調査の結果を収録。全国109の一級水系及び90の二級水系河川を地域別に排列。参考資料として「河川水辺の国勢調査」実施要領、同マニュアル（案）がある。

河川水辺の国勢調査年鑑　平成4年度 植物調査編　建設省河川局治水課監修, リバーフロント整備センター編　山海堂　1995.1　1433p　26cm　19800円　①4-381-00949-5

(目次)1 河川水辺の国勢調査について, 2 平成4年度植物調査の概要, 3 河川別植物調査結果, 4 資料編

(内容)建設省が実施している河川水辺の国勢調査のうち、植物調査の結果を収録。全国109の一級水系及び90の二級水系河川を地域別に排列。参考資料として「河川水辺の国勢調査」実施要領、同マニュアル（案）がある。

河川水辺の国勢調査年鑑　平成4年度 鳥類調査編　リバーフロント整備センター編集　山海堂　1994.12　1234p　27cm　〈監修：建設省河川局治水課〉　18932円　①4-381-00950-9

(内容)建設省が実施している河川水辺の国勢調査のうち、鳥類の調査の結果を収録したもの。

河川水辺の国勢調査年鑑　平成4年度 底生動物調査編　建設省河川局治水課監修, リバーフロント整備センター編　山海堂　1994.11　594p　26cm　18000円　①4-381-00948-7

(目次)1 河川水辺の国勢調査について, 2 平成4年度底生動物調査の概要, 3 河川別底生動物調査結果

(内容)建設省が実施している河川水辺の国勢調査のうち、底生動物調査の結果を収録。35河川を地域別に排列。参考資料として「河川水辺の国勢調査」実施要領、同マニュアル（案）がある。

河川水辺の国勢調査年鑑　平成4年度 両生類・爬虫類・哺乳類調査編　建設省河川局治水課監修, リバーフロント整備センター編　山海堂　1994.11　328p　26cm　9800円　①4-381-00951-7

(目次)1 河川水辺の国勢調査について, 2 平成4年度両生類・爬虫類・哺乳類調査の概要, 3 河川別両生類・爬虫類・哺乳類調査結果

(内容)建設省が実施している河川水辺の国勢調査のうち、両生類・爬虫類・哺乳類調査の結果を収録。44河川を地域別に排列。参考資料として「河川水辺の国勢調査」実施要領、同マニュアル（案）がある。

河川水辺の国勢調査年鑑　平成7年度 魚介類調査、底生動物調査編　建設省河川局河川環境課監修, リバーフロント整備センター編　山海堂　1997.11　69p　26cm　〈付属資料：CD‐ROM1〉　19000円　①4-381-01147-3

(内容)平成7年度に実施した魚介類調査、底生動物調査について、その成果をまとめたもの。現地での調査結果のほか、調査対象河川内の文献調査結果もあわせて記載、河川内の魚介類・底生動物の生息状況の既往の記録にもふれた内容になっている。

河川水辺の国勢調査年鑑　平成7年度 植物調査編　建設省河川局河川環境課監修, リバーフロント整備センター編　山海堂　1997.11　55p　26cm　〈付属資料：CD‐ROM1〉　19000円　①4-381-01148-1

(内容)平成7年度に実施した植物調査について、その成果をまとめたもの。現地での調査結果のほか、調査対象河川内の文献調査結果もあわせて記載、河川内の植物の生育状況の既往の記録にもふれた内容になっている。

河川水辺の国勢調査年鑑　平成8年度 魚介類調査、底生動物調査編　建設省河川局河川環境課監修，リバーフロント整備センター編　山海堂　1998.11　71p　26cm　〈付属資料：CD‐ROM1〉　18000円
①4-381-01297-6

(目次)河川水辺の国勢調査について，CD‐ROMの使い方と解説，平成8年度調査の概要（魚介類調査の概要，底生動物調査の概要），資料

(内容)平成8年度に実施した魚介類調査、底生動物調査について、その成果をまとめたもの。現地での調査結果のほか、調査対象河川内の文献調査結果もあわせて記載、河川内の魚介類・底生動物の生息状況の既往の記録にもふれた内容になっている。

河川水辺の国勢調査年鑑　平成8年度 植物調査編　建設省河川局河川環境課監修，財団法人リバーフロント整備センター編　山海堂　1998.11　53p　26cm　〈付属資料：CD‐ROM1〉　18000円　①4-381-01298-4

(目次)河川水辺の国勢調査について，CD‐ROMの使い方と解説，平成8年度調査の概要（植物調査の概要），資料

(内容)平成8年度に実施した植物調査について、その成果をまとめたもの。現地での調査結果のほか、調査対象河川内の文献調査結果もあわせて記載、河川内の植物の生育状況の既往の記録にもふれた内容になっている。

河川水辺の国勢調査年鑑　平成9年度 魚介類調査、底生動物調査編　建設省河川局河川環境課監修，リバーフロント整備センター編　山海堂　1999.10　73p　26cm　〈付属資料：CD‐ROM1〉　12000円
①4-381-01346-8

(目次)河川水辺の国勢調査について，CD‐ROMの使い方と解説（魚介類調査編画面構成，底生動物調査編画面構成 ほか），平成9年度調査の概要（魚介類調査の概要，底生動物調査の概要），資料（「河川水辺の国勢調査」実施要領）

(内容)平成9年度に実施した魚介類調査、底生動物調査について、その成果をまとめたもの。現地での調査結果のほか、調査対象河川内の文献調査結果もあわせて記載、河川内の魚介類・底生動物の生息状況の既往の記録にもふれた内容になっている。CD‐ROM付き。

河川水辺の国勢調査年鑑　平成9年度 植物調査編　建設省河川局河川環境課監修，リバーフロント整備センター編　山海堂　1999.10　45p　26cm　〈付属資料：CD‐ROM1〉　12000円　①4-381-01347-6

(目次)河川水辺の国勢調査について，CD‐ROMの使い方と解説（植物調査編画面構成，植物調査結果収録河川一覧 ほか），平成9年度調査の概要（植物調査の概要），資料（「河川水辺の国勢調査」実施要領）

(内容)平成9年度に実施した植物調査について、その成果をまとめたもの。現地での調査結果のほか、調査対象河川内の文献調査結果もあわせて記載、河川内の植物の生育状況の既往の記録にもふれた内容になっている。CD‐ROM付き。

河川水辺の国勢調査年鑑　河川版　平成11年度 鳥類調査、両生類・爬虫類・哺乳類調査、陸上昆虫類調査編　国土交通省河川局河川環境課監修，リバーフロント整備センター編　山海堂　2001.10　79p　26cm　〈付属資料：CD‐ROM1〉　14500円
①4-381-01375-1　Ⓝ517.21

(内容)河川の自然環境を調査に基づき掲載する資料集。「平成9年度 河川水辺の国勢調査マニュアル 河川版（生物調査編）」に基づいて実施された調査結果を編集。河川水辺の国勢調査結果のうち、ダム湖を除く河川に係わる生物調査についてとりまとめる。

河川水辺の国勢調査年鑑　平成3年度 底生動物調査、植物調査、鳥類調査、両生類・爬虫類・哺乳類調査、陸上昆虫類等調査編　リバーフロント整備センター編集　山海堂　1994.3　999p　27cm　〈監修：建設省河川局治水課〉　18932円　①4-381-08181-1

(内容)建設省が実施している河川水辺の国勢調査のうち、底生動物・植物・鳥類・両生類・爬虫類・哺乳類・陸上昆虫類等の調査の結果を収録したもの。

河川水辺の国勢調査年鑑　平成4年度 陸上昆虫類等調査編　リバーフロント整備センター編集　山海堂　1994.12　1318p　27cm　〈監修：建設省河川局治水課〉　19223円
①4-381-00952-5

(内容)建設省が実施している河川水辺の国勢調査のうち、陸上昆虫類等の調査の結果を収録したもの。

河川水辺の国勢調査年鑑　平成7年度 鳥類調査、両生類・爬虫類・哺乳類調査、陸上昆虫類等調査編　建設省河川局河川環境課監修，リバーフロント整備センター編　山海堂　1997.11　77p　26cm　〈付属資料：CD‐ROM1〉　19000円　①4-381-01149-X

(内容)平成7年度に実施した鳥類調査、両生類・爬虫類・哺乳類調査および陸上昆虫類等調査について、その成果をまとめたもの。現地での調査結果のほか、調査対象河川内の文献調査結果もあわせて記載、河川内の鳥類、両生類・爬虫類・哺乳類および陸上昆虫類等の生息状況の既往の記録にもふれた内容になっている。

河川水辺の国勢調査年鑑　平成8年度 鳥類調査、両生類・爬虫類・哺乳類調査、陸上昆虫類等調査編　建設省河川局河川環境課監修，財団法人リバーフロント整備センター編　山海堂　1998.11　81p　26cm　〈付属資料：CD‐ROM1〉　18000円　①4-381-01299-2

(目次)河川水辺の国勢調査について，CD‐ROMの使い方と解説，平成8年度調査の概要（鳥類調査の概要，両生類・爬虫類・哺乳類調査の概要，陸上昆虫類等調査の概要），資料

(内容)平成8年度に実施した鳥類調査、両生類・爬虫類・哺乳類調査および陸上昆虫類等調査について、その成果をまとめたもの。現地での調査結果のほか、調査対象河川内の文献調査結果もあわせて記載、河川内の鳥類、両生類・爬虫類・哺乳類および陸上昆虫類等の生息状況の既往の記録にもふれた内容になっている。

河川水辺の国勢調査年鑑　平成9年度 鳥類調査、両生類・爬虫類・哺乳類調査、陸上昆虫類等調査編　建設省河川局河川環境課監修，リバーフロント整備センター編　山海堂　1999.10　91p　26cm　〈付属資料：CD‐ROM1〉　12000円　①4-381-01348-4

(目次)河川水辺の国勢調査について，CD‐ROMの使い方と解説（鳥類調査編画面構成，両生類・爬虫類・哺乳類調査編画面構成 ほか），平成9年度調査の概要（鳥類調査の概要，両生類・爬虫類・哺乳類調査の概要 ほか），資料（「河川水辺の国勢調査」実施要領）

(内容)平成9年度に実施した鳥類調査、両生類・爬虫類・哺乳類調査および陸上昆虫類等調査について、その成果をまとめたもの。現地での調査結果のほか、調査対象河川内の文献調査結果もあわせて記載、河川内の鳥類、両生類・爬虫類・哺乳類および陸上昆虫類等の生息状況の既往の記録にもふれた内容になっている。CD‐ROM付き。

全国総合河川大鑑　1991　建設情報社編　全国河川ダム研究会　1991.4　334p　26cm　25000円

(目次)建設省，水資源開発公団，日本下水道事業団の事業計画，沖縄開発庁沖縄総合事務局，北海道開発局の事業計画，東京都下水道局の事業計画，東京都建設局の河川計画

全国総合河川大鑑　1993　建設情報社編　全国河川ダム研究会　1993.4　347p　26cm　25000円

(目次)建設省，水資源開発公団，日本下水道事業団の事業計画，沖縄開発庁沖縄総合事務局，北海道開発局の事業計画，東京都下水道局の事業計画，東京都建設局の河川計画

全国総合河川大鑑　1994　建設情報社編　全国河川ダム研究会　1994.4　333p　27×20cm　25000円

(目次)建設省，水資源開発公団，日本下水道事業団の事業計画，沖縄開発庁沖縄総合事務局，北海道開発局の事業計画，東京都下水道局の事業計画，東京都建設局の河川計画

全国総合河川大鑑　1995　建設情報社編　（富士見）全国河川ダム研究会　1995.4　346p　26×19cm　25000円

(目次)建設省，水資源開発公団，日本下水道事業団の事業計画，沖縄開発庁沖縄総合事務局，北海道開発局の事業計画，東京都下水道局の事業計画，社団法人日本土木工業協会役員，社団法人日本土木工業協力会員，社団法人日本電力建設業協会

全国総合河川大鑑　1996　（富士見）全国河川ダム研究会　1996.4　310p　27×19cm　25000円

(目次)建設省，水資源開発公団，日本下水道事業団の事業計画，沖縄開発庁沖縄総合事務局，東京都下水道局の事業計画

全国総合河川大鑑　1999　建設情報社編　（富士見）全国河川ダム研究会　1999.4　329p　26cm　23812円

(目次)建設省，水資源開発公団，日本下水道事業団の事業計画，沖縄開発庁の事業計画，北海道開発庁の事業計画，東京都下水道局の事業計画，社団法人日本土木工業協会役員，社団法人日本電力建設業協会役員，社団法人日本海洋開発建設協会役員

全国総合河川大鑑　2000　建設情報社編　（富士見）全国河川ダム研究会　2000.4　332p　26cm　23812円　Ⓝ517.091

(目次)建設省（東北地方建設局の河川・ダム計画，関東地方建設局の河川・ダム計画，北陸地方建設局の河川・ダム計画，中部地方建設局の河川・ダム計画，近畿地方建設局の河川・ダム計画，中国地方建設局の河川・ダム計画，四国地方建設局の河川・ダム計画，九州地方建設局の河川・ダム計画），水資源開発公団―水系開発計画の内容，日本下水道事業団の事業計画，沖縄開発庁沖縄総合事務局―国土保全と水資源開発，北海道開発庁の事業計画，東京都下水道局の事業計画，東京都建設局の河川計画

全国総合河川大鑑　2001　建設情報社編　（富士見）全国河川ダム研究会　2001.4　338p　26cm　23812円　Ⓝ517.091

(目次)国土交通省，水資源開発公団，日本下水道事業団の事業計画，沖縄開発庁沖縄総合事務局，北海道開発庁の事業計画，東京都下水道局

の事業計画，社団法人日本土木工業協会役員，社団法人日本電力建設業協会役員，社団法人日本海洋開発建設協会役員

全国総合河川大鑑　2002　建設情報社編（富士見）全国河川ダム研究会　2002.3　363p　26cm　23812円　Ⓝ517.091

(目次)国土交通省，水資源開発公団，日本下水道事業団の事業計画，内閣府沖縄総合事務局開発建設部，北海道の開発，東京都下水道局の事業計画，社団法人日本土木工業協会役員，社団法人日本電力建設業協会役員，社団法人日本海洋開発建設協会役員

全国総合河川大鑑　2003　建設情報社編（富士見）全国河川ダム研究会　2003.3　357p　26cm　23812円

(目次)国土交通省，水資源開発公団，日本下水道事業団の事業計画，内閣府沖縄総合事務局開発建設部，北海道の開発，東京都下水道局の事業計画，社団法人日本土木工業協会役員，社団法人日本電力建設業協会役員，社団法人日本海洋開発建設協会役員

全国総合河川大鑑　2005　建設情報社編（富士見）全国河川ダム研究会　2005.3　303p　26cm　23810円　Ⓘ4-902637-02-2

(目次)国土交通省，独立行政法人水資源機構，日本下水道事業団の事業計画，北海道の開発，東京都下水道局の事業計画，社団法人日本土木工業協会役員，社団法人日本電力建設業協会役員，社団法人日本海洋開発建設協会役員

全国総合河川大鑑　2006　建設情報社編（富士見）全国河川ダム研究会　2006.3　319p　21cm　23810円　Ⓘ4-902637-04-9

(目次)国土交通省，独立行政法人水資源機構，日本下水道事業団の事業計画，北海道の開発，内閣府沖縄総合事務局開発建設部，東京都下水道局の事業計画，社団法人日本土木工業協会役員，社団法人日本電力建設業協会役員，社団法人日本海洋開発建設協会役員

全国総合河川大鑑　2007　建設情報社，全国河川ダム研究会土木調査会共編　（富士見）全国河川ダム研究会　2007.3　309p　26cm　23810円　Ⓘ978-4-902637-06-9

(目次)国土交通省，独立行政法人水資源機構，日本下水道事業団の事業計画，北海道の開発，内閣府沖縄総合事務局開発建設部，東京都下水道局の事業計画，社団法人日本土木工業協会役員，社団法人日本電力建設業協会役員，社団法人日本海洋開発建設協会役員

ともだちになろうふるさとの川　川のパートナーシップハンドブック　2000年度版　リバーフロント整備センター編，パートナーシップによる河川管理のあり方に関する研究会監修　信山社サイテック，大学図書（発売）　2000.11　127p　26cm　1800円　Ⓘ4-7972-2530-0

(目次)概要編（パートナーシップによる河川管理の必要性，パートナーシップによる河川管理を進めるにあたって，パートナーシップによる河川管理の実現のために，今後の課題），アイデア編（多様な主体による河川管理のしくみをつくる，市民・河川管理者・自治体・企業がそれぞれの役割を担う，一緒に取り組む），パートナーシップの現場から（官民協働による通船川再生事業の取り組み，湖と森と人を結ぶ霞ヶ浦アサザプロジェクト，旭川流域ネットワーク（AR‐NET）と旭川流域連絡協議会，全国水環境交流会 ほか）

(内容)川をとりまく社会状況や市民、行政の取り組みを背景として、建設省では平成9年度に「パートナーシップによる河川管理のあり方に関する研究会」を設置し、検討を進めてきたが、その成果が平成11年6月に「パートナーシップによる河川管理に関する提言」としてとりまとめられた。本書は、この提言をもとに、川づくりの現場に携わる行政担当者と、川や流域にかかわる市民活動に携わる実践者が、協力・連携して取り組むためのハンドブックである。

日本河川水質年鑑　1989　日本河川協会編，建設省河川局監修　山海堂　1990.12　1153p　26cm　19570円　Ⓘ4-381-00836-7

(目次)実態編（全国河川の水質概況，北海道地方の河川の水質，東北地方の河川の水質，関東地方の河川の水質，北陸地方の河川の水質，中部地方の河川の水質，近畿地方の河川の水質，中国地方の河川の水質，四国地方の河川の水質，九州地方の河川の水質），研究・参考編（水質汚濁防止法の一部改正について，日本の淡水魚，融雪水の酸性化現象，BOD測定用バイオセンサの開発，噴水による富栄養化対策，霞ケ浦の自然を生かした「植生浄化施設」，筑後川〈沼川〉魚の斃死とその対応について），川を愛する女性からの特別寄稿（私と河川水質の出会い，釣り師から見た川），資料編

日本河川水質年鑑　1990　日本河川協会編，建設省河川局監修　山海堂　1992.3　2冊（セット）　26cm　〈別冊（518p）:「日本河川水質年鑑」発刊20周年記念特集号〉　25000円　Ⓘ4-381-08156-0

(目次)実態編（全国河川の水質概況，北海道地方の河川の水質，東北地方の河川の水質，関東地方の河川の水質，北陸地方の河川の水質，中部地方の河川の水質，近畿地方の河川の水質，中国地方の河川の水質，四国地方の河川の水質，

九州地方の河川の水質），座談会「水環境の未来」，研究・参考編（水質監視及び水質事故，水質予測等，上水，下水，生態系，環境，浄化対策，水管理制度）

日本河川水質年鑑　1991　日本河川協会編，建設省河川局監修　山海堂　1993.3　1116p　26cm　19570円　①4-381-08184-6

(目次)実態編（全国河川の水質概況，北海道地方の河川の水質，東北地方の河川の水質，関東地方の河川の水質，北陸地方の河川の水質，中部地方の河川の水質，近畿地方の河川の水質，中国地方の河川の水質，四国地方の河川の水質，九州地方の河川の水質），研究・参考編（K-82型水質自動監視装置の改良，貯水池における水質予測，都市域からの雨水流出水の水質特性，土壌農地が河川水質に及ぼす影響，森林の水質浄化機能，流出油回収装置の開発），資料編（平成3年一級河川主要地点の水質測定資料）

日本河川水質年鑑　1992　日本河川協会編，建設省河川局監修　山海堂　1994.7　1128p　26cm　19570円　①4-381-08220-6

(目次)実態編（全国河川の水質概況，北海道地方の河川の水質，東北地方の河川の水質，関東地方の河川の水質，北陸地方の河川の水質，中部地方の河川の水質，近畿地方の河川の水質，中国地方の河川の水質，四国地方の河川の水質，九州地方の河川の水質），研究・参考編（マングローブ林と河川の係り，湖沼沿岸の生態系構造の特色、特に藻類群集の生産と窒素の取込みについて，水道水源としての河川の水質について，水質事故対策技術について，木炭浄化システム，淡水魚類の生息状況と河川水質の関係について），資料編（平成4年一級河川主要地点の水質測定資料）

日本河川水質年鑑　1993　建設省河川局監修，日本河川協会編　山海堂　1995.6　1123p　26cm　19570円　①4-381-00982-7

(目次)実態編（全国河川の水質概況，北海道地方の河川の水質，東北地方の河川の水質，関東地方の河川の水質 ほか），研究・参考編（河川・湖沼等の水質浄化方策の視点，わが国の酸性雨の現状と陸域生態系への影響について，生物生産と湖沼の水質，文学作品よりみた戦前の東京の河川環境について ほか）

(内容)全国の一級河川の建設省直轄管理区間（一部指定区間も含む）に関する水質調査の結果および水質問題に関する調査・研究論文等を掲載する年鑑。

日本河川水質年鑑　1995　建設省河川局監修，日本河川協会編　山海堂　1997.11　1151p　26cm　22000円　①4-381-01025-6

(目次)実態編（全国河川の水質概況，北海道地方の河川の水質，東北地方の河川の水質，関東地方の河川の水質，北陸地方の河川の水質，中部地方の河川の水質，近畿地方の河川の水質，中国地方の河川の水質，四国地方の河川の水質，九州地方の河川の水質），研究・参考編（バイオセンサによる水質計測，水中の生物利用可能栄養物質量を評価するMBOD法，地下水保全対策の一層の推進及び事故時対策の充実について―汚染された地下水の浄化措置の導入・油事故時対策の追加，河川水質試験方法の改定と今後の課題，土浦ビオパーク（市民参加型の水質浄化施設））

(内容)平成7年に行った水質測定結果をまとめたもの。

日本河川水質年鑑　1996　建設省河川局監修，日本河川協会編　山海堂　1998.9　1146p　26cm　22000円　①4-381-01192-9

(目次)実態編（全国河川の水質概況，北海道地方の河川の水質，東北地方の河川の水質，関東地方の河川の水質，北陸地方の河川の水質，中部地方の河川の水質，近畿地方の河川の水質，中国地方の河川の水質，四国地方の河川の水質，九州地方の河川の水質），研究・参考編（琵琶湖・淀川水系における農薬消長の機構解明―木津川流域における農薬の使用実態と河川水中濃度の関係，クリプトスポリジウム等の水道水源における動態に関する研究結果，利根川水系黒部川貯水池における水環境改善計画について，「ろ紙吸光法」による河川総合水質指標の試みについて，八田原ダム水質保全対策）

(内容)全国の一級河川の建設省直轄管理区間（一部指定区間も含む）に関する水質調査の結果および水質問題に関する調査・研究論文等を掲載する年鑑。

日本河川水質年鑑　1997　日本河川協会編　山海堂　2000.6　1150p　26cm　22000円　①4-381-01339-5　Ⓝ517.21

(目次)実態編（全国河川の水質概況，北海道地方の河川の水質，東北地方の河川の水質，関東地方の河川の水質，北陸地方の河川の水質，中部地方の河川の水質，近畿地方の河川の水質，中国地方の河川の水質，四国地方の河川の水質，九州地方の河川の水質），研究・参考編（効率的な湖沼底泥処理技術の開発，都市部に適した湿地浄化法「コンパクトウエットランド」による水質浄化，河川等の直接浄化施設の現状と課題，綾瀬川・芝川等浄化導水事業，油分検出装置の開発），資料編（平成9年一級河川主要地点の水質測定資料）

(内容)全国の一級水系の全てと主要な二級水系の水質調査のデータ・関連する情報、及び水質問題に関する最近の調査・研究論文などを収録した年鑑。

日本河川水質年鑑　1998　日本河川協会編　山海堂　2001.12　1161p　30cm　22000円　①4-381-01431-6　Ⓝ517.21

(目次)実態編（全国河川の水質概況，北海道地方の河川の水質，東北地方の河川の水質，関東地方の河川の水質，北陸地方の河川の水質，中部地方の河川の水質，近畿地方の河川の水質，中国地方の河川の水質，四国地方の河川の水質，九州地方の河川の水質），研究・参考編（クロロフィルa簡易測定法の検討，硝化細菌を用いた毒性モニタによる河川水質モニタリング，平成10年度水環境における内分泌攪乱物質に関する実態調査，渡良瀬遊水池における水質浄化事業，水質事故現場における簡易バイオアッセイの活用に関する検討）

(内容)1998年時点の国内のすべての一級河川と主要な二級河川の水質調査結果や関連情報を収録した年鑑。水質問題に関する調査・研究論文なども掲載する。巻末の資料編では平成10年一級河川主要地点の水質測定資料を収載。

水循環白書　平成29年版　内閣官房水循環政策本部事務局編　日経印刷　2017.7　133p　30cm　1600円　①978-4-86579-096-2

(目次)第1部 わたしたちのくらしと水の循環—その変遷と未来への展望（これまでの人と水との関わり，水循環に関する近年の取組，健全な水循環の維持又は回復に向けて），第2部 平成28年度水循環に関して講じた施策（流域連携の推進等—流域の総合的かつ一体的な管理の枠組み，貯留・涵養機能の維持及び向上，水の適正かつ有効な利用の促進等，健全な水循環に関する教育の推進等，民間団体等の自発的な活動を促進するための措置 ほか）

海洋学

<事 典>

海の百科事典　永田豊，岩渕義郎，近藤健雄，酒匂敏次，日比谷紀之編　丸善　2003.3　632p　21cm　17000円　①4-621-07171-8

(目次)赤潮，アクアポリス，アクセスディンギー，アシカとアザラシ，新しい形式の海上空港，アニマル・アシステッド・セラピー，アホウドリ，ARGOS（アルゴス）システム，アンコウのつるし切り，アンデス文明をチチカカ湖底に求めて〔ほか〕

(内容)海洋・水産・マリンレジャーなど、さまざまな分野で海に関係する専門家の総力を結集、日本人にとって身近な「海」について、幅広く多面的に解説した事典。多彩な写真・イラストを大きく掲載。巻頭に索引、巻末に海に関する資料を収録。

深海と地球の事典　深海と地球の事典編集委員会編　丸善出版　2014.12　290p　27cm　〈年表あり 索引あり〉　7500円　①978-4-621-08887-6　Ⓝ452

(目次)1 深海を知る—深海の基礎知識（深海のすがた，圧力と生命 ほか），2 深海に生きる—極限環境に生きる生物（深海にすむ生物，地球環境と生物：深海への物質輸送 ほか），3 深海を調べる—深海研究の先端技術（深海探査の技術と歴史，海洋調査研究船「みらい」 ほか），4 深海から知る—生命誕生と進化、惑星地球の変動（生命の起源と進化，海底火山／マグマ／巨大地震の震源地 ほか）

(内容)「深海」は地球最大の生命圏であり、活発な地殻活動により環境の変化をもたらすとともに、地球誕生から現代まで、さまざまな生命のゆりかごとして、多様性を育んできた。さらに深海でのわずかな変化が気候変動や地震・津波といった地球規模の問題につながることも明らかになってきた。本書では深海研究の最先端にいる専門家たちが、これまで明らかになってきた深海の科学と研究を支える技術開発、さらに研究からわかった地球の姿を豊富なカラー図版とともに解説する。深海の基本から研究や、観測技術の最前線が見えてくる。

テーマで読み解く海の百科事典　ビジュアル版　ドリク・ストウ著，天野一男，森野浩訳　柊風舎　2008.5　256p　31cm　〈原書名：Encyclopedia of the oceans.〉　13000円　①978-4-903530-13-0　Ⓝ452.036

(目次)海洋のしくみ（運動するプレート，パターンとサイクル，塩、太陽、海水準，静かに、すみやかに、そして強く，海洋に秘められた富），海洋における生命（進化と絶滅，生命の網目，海洋における生活様式，複雑な群集，脆弱な環境）

(内容)35億年以上前に海の中で生まれた、地球上の生命の源である魅惑に満ちた海の世界を、「海底のグランドキャニオン」「衝突する大陸」「恐竜の死滅」「ラッコの生態的役割」など、海に関する多様なテーマごとに、詳細な海底地形図や用語解説、豊富な図版とともに紹介する『読む百科事典』。

<ハンドブック>

沿岸域環境事典　日本沿岸域学会編　共立出版　2004.7　265p　21cm　3900円　①4-320-07414-9

(目次)1 環境・生態，2 地理・地質，3 防災・土木，4 港湾・交通，5 船舶，6 水産，7 都市・建築，8 造園，9 観光・レクリエーション，10 歴

史・文化，11 産業・政策

<図鑑・図集>

海と環境の図鑑　ジョン・ファーンドン著，クストー財団監修，武舎広幸，武舎るみ訳　河出書房新社　2012.10　255p　29×22cm　〈原書名：ATLAS OF OCEANS〉　4743円　Ⓘ978-4-309-25265-0

(目次)海の世界―岩石と水（海の地質，海水の動き），海の生態系（生物の分類，沿岸海域，温帯海域，熱帯海域，極地の海，外洋，深海），世界の海（大西洋，太平洋，インド洋，南極海，北極海，ヨーロッパの海，ユーラシア大陸の海，南シナ海）

(内容)海面下の世界では、人々に知られることなく、驚くほどのスピードで危機が進んでいる。深海から沿岸部まで、膨大なデータや最新の科学調査によって明らかになった海の環境の実態を、4部、18章、95のトピックスで詳細に解説。600種におよぶ絶滅危惧種リストや、環境保護団体リスト、参考文献、用語解説、索引を収録し、価値ある資料としても役立つ。

海洋　ステファン・ハチンソン，ローレンス・E.ホーキンス著，出田興生，丸武志，武舎広幸訳　新樹社　2007.9　303p　24×24cm　（ダイナミック地球図鑑）〈原書名：OCEAN〉　4800円　Ⓘ978-4-7875-8563-9

(目次)青い惑星，海の探検，海の生命，深海へ，海の縁，人間の影響

(内容)海の中には多雨林と沙漠の違いほども異なった生息環境が存在する。海岸線から最深の海溝にいたるまで，きわめて多くの海の生き物がいる。珍しい生き物もいれば、奇怪なものもあり、中には驚くほど美しいものもある。こうした生きものは、並はずれた、過酷な状況に適応しているのである。海についての科学である海洋学は、たかだか100年の歴史しかないが、この間にも、宇宙から海洋を調べる手段を発達させて、海水温や海流についての理解を深めてきた。また、潜水艇で潜水下降し、海底の地質を調査することもできる。この本は、海洋の成り立ちや海が育んでいる生き物、人間にとっての海洋の価値、さらには海洋が直面している脅威などを紹介し、海洋の図解案内書となっている。

海洋　ジョン・ウッドワード著，小島世津子，スマーテック訳，宮崎信之監修　ランダムハウス講談社　2009.7　96p　29cm　（見て読んで調べるビジュアル&アクセス大図鑑シリーズ 8）〈年表あり 索引あり　原書名：E.explore ocean.〉　2400円　Ⓘ978-4-270-00483-8　Ⓝ452

(目次)特設ウェブサイトの使い方，海の惑星，海の開拓者たち，海洋学，深海探査，海洋底，海洋と大陸，中央海嶺，ホットスポットと海山，海溝，津波，海岸浸食，深海平原，変動する平均海面，海水，熱と光，サイクロンとハリケーン，風と波，潮汐と潮汐波，表層流，季節変動，深層流，栄養塩類と生命，海洋食物網，水中の生活，浅海の生物，潮間帯の生物，氷の海の生物，サンゴ礁と環礁，外洋，深海，熱水噴出孔，海の鉱物資源，海からのエネルギー，漁業と海洋養殖，乱獲と混獲，海洋貿易と観光事業，生息地の破壊，気候変動，海洋環境保全

(内容)海洋について知るべきことを41の項目に分け、すべて見開きで図説した分かりやすい構成。海洋に関する「年表」と「用語解説」も付与した便利な1冊。

地震学

<事 典>

地震・火山の事典　勝又護編　東京堂出版　1993.9　318p　21cm　5800円　Ⓘ4-490-10354-9　Ⓝ453.033

(内容)プレートテクトニクス、ダイラタンシーモデルなど、最新の研究成果をもとに地震・津波・火山の姿を解説する事典。付録に最新の科学資料を収録する。

地震の事典　第2版　宇津徳治，嶋悦三，吉井敏尅，山科健一郎編　朝倉書店　2001.7　657p　22×16cm　23000円　Ⓘ4-254-16039-9　Ⓝ453.036

(目次)1 地震の概観，2 地震の観測と観測資料の処理，3 地震波と地球内部構造，4 変動する地球と地震の分布，5 地震活動の性質，6 地震の発生機構，7 地震に伴う自然現象，8 地震による地盤の振動と地震災害，9 地震の予測・予知

(内容)地震の知識・情報をまとめた事典。専門家のほか、地震の観測・調査担当者、防災関連担当者、地震に関する記事を担当する記者などを利用対象とする。用語の解説集ではなく、地球物理学、地球化学、土木・建築工学など地震に関する学問の分野から、地震に関するできるだけ多くの知識を系統的に解説する。15年ぶりに全面改訂の第2版。

地震の事典　第2版 普及版　宇津徳治，嶋悦三，吉井敏尅，山科健一郎編　朝倉書店　2010.3　657p　21cm　〈他言語標題：Encyclopedia of earthquakes　文献あり　年表あり〉　19000円　Ⓘ978-4-254-16053-6

Ⓝ450

(目次)1 地震の概観，2 地震の観測と観測資料の処理，3 地震波と地球内部構造，4 変動する地球と地震の分布，5 地震活動の性質，6 地震の発生機構，7 地震に伴う自然現象，8 地震による地盤の振動と地震災害，9 地震の予測・予知

津波の事典　縮刷版　首藤伸夫，今村文彦，越村俊一，佐竹健治，松冨英夫編　朝倉書店　2011.10　350p　19cm　〈索引あり〉　5500円　Ⓘ978-4-254-16060-4　Ⓝ453.4

(目次)1 津波各論，2 津波の調査，3 津波の物理，4 津波の被害，5 津波の予測，6 津波対策，7 津波予警報，8 国際連携

日本被害地震総覧　416-2001　最新版　宇佐美龍夫著　東京大学出版会　2003.4　605p　26cm　〈付属資料：別冊1〉　28000円　Ⓘ4-13-060742-1

(目次)1 序—地震と災害，2 内容の概説（取り上げた地震，記事，震度，震央分布図，基本公式，参考文献），3 被害地震総論（被害地震の統計，津波に関する統計，被害地震の地理的分布，被害地震の相似性と反復性，被害の種々相），4 被害地震各論

(内容)西暦416年から2001年12月までの1000の地震と被害状況を収録した地震総覧。配列は発生年順、震源、震度、被害状況を記載。別冊に「安政2年10月2日の江戸地震における大名家の被害一覧表」が付く。

日本被害地震総覧　599 - 2012　宇佐美竜夫，石井寿，今村隆正，武村雅之，松浦律子著　東京大学出版会　2013.9　694p　26cm　28000円　Ⓘ978-4-13-060759-9　Ⓝ453.21

(目次)1 序—地震と災害，2 内容の概説（取り上げた地震，記事，震度 ほか），3 被害地震総論（被害地震の統計，津波に関する統計，被害地震の地理的分布 ほか），4 被害地震各論（416 8 23：大和，599 5 28：大和，628 - - ：道後温泉 ほか）

(内容)日本の1400年間にわたる被害地震の歴史を網羅した基礎資料。東日本大震災を含む2012年12月までの被害地震の資料を加え、過去の地震についても新たに判明した知見を追加。見返しに地図あり。▽2003年刊の改訂

日本被害津波総覧　第2版　渡辺偉夫著　東京大学出版会　1998.2　238p　26cm　10000円　Ⓘ4-13-061113-5

(目次)第1編 津波総論（津波の物理，津波の統計，津波の防災），第2編 津波各論（日本およびその周辺の沿岸で発生した津波，外国の沿岸で発生した津波のうち、日本およびその周辺の沿岸に影響を与えた津波）

(内容)1985年刊行の「日本被害津波総覧」の第2版。新たに1996年末までの被害津波を追加。

＜辞 典＞

学術用語集　地震学編　増訂版　文部省，日本地震学会〔著〕　日本学術振興会　2000.3　310p　19cm　〈東京 丸善出版事業部（発売）〉　2200円　Ⓘ4-8181-9509-X　Ⓝ453.033

＜ハンドブック＞

地震予測ハンドブック　計測機器を使わない　三一書房編集部編　三一書房　2013.9　295p　19cm　2000円　Ⓘ978-4-380-13010-6　Ⓝ453.38

(目次)第1部 生物編（哺乳類，鳥類，魚類・貝類・両生類・甲殻類ほか，爬虫類ほか，無脊椎動物，植物），第2部 電器・天・地・海・人編（電気機器、体温計など，空と天候の異常，大地の変化，人体，地震時の発光現象）

(内容)専門家や研究者が無視し続けてきた「宏観現象」先人たちの知恵に学び、地震前兆をいち早くつかむ! 道具を使わず、誰でもできる地震予測方法の集大成!

震災対策の充実のために　阪神・淡路大震災の教訓を踏まえて　総務庁行政監察局編　大蔵省印刷局　1998.4　154p　30cm　1400円　Ⓘ4-17-218731-5

(目次)第1 監察の目的等，第2 監察結果（防災体制及び施策の強化，防災対策の充実，その他），参考資料，各省庁（指定行政機関）が阪神・淡路大震災に関連して講じた措置

日本の地震活動　被害地震から見た地域別の特徴　第1版追補版　総理府地震調査研究推進本部地震調査委員会編　財団法人地震予知総合研究振興会地震調査研究センター　1999.4　395p　30cm　3190円　Ⓘ4-9980750-0-4

(目次)全国の地震活動の特徴，北海道地方の地震活動の特徴，東北地方の地震活動の特徴，関東地方の地震活動の特徴，中部地方の地震活動の特徴，近畿地方の地震活動の特徴，中国・四国地方の地震活動の特徴，九州・沖縄地方の地震活動の特徴

火 山

<事 典>

火山の事典　下鶴大輔，荒牧重雄，井田喜明編　朝倉書店　1995.7　590p　21cm　18540円　①4-254-16023-2

(目次)1 火山の概観，2 マグマ，3 火山活動と火山帯，4 火山の噴火現象，5 噴出物とその堆積物，6 火山体の構造と発達史，7 火山岩，8 他の惑星の火山，9 地熱と温泉，10 噴火と気候，11 火山観測，12 火山災害，13 火山噴火予知

(内容)火山現象とそれに関わる事象について総合的に解説した事典。付録として世界の主な活火山および日本の第四世紀火山のデータ、国内海外火山の主要な噴火記録等がある。巻末に事項索引付き。

火山の事典　第2版　下鶴大輔，荒牧重雄，井田喜明，中田節也編　朝倉書店　2008.6　575p　27cm　〈文献あり〉　23000円　①978-4-254-16046-8　Ⓝ453.8

(目次)第1章 火山の概観，第2章 マグマ，第3章 火山活動と火山帯，第4章 火山の噴火現象，第5章 噴出物とその堆積物，第6章 火山の内部構造と深部構造，第7章 火山岩，第8章 他の惑星の火山，第9章 地熱と温泉，第10章 噴火と気候，第11章 火山観測，第12章 火山災害と防災対応，付録

(内容)初版出版以降の、火山現象の解明のための重要な知見の蓄積、新しい研究成果を入れて内容の正確さと充実を図った第2版。

<ハンドブック>

日本活火山総覧　第2版　気象庁編　大蔵省印刷局　1996.4　502p　26cm　2500円　①4-17-315150-0

(内容)本書は、火山ごとの地質、火山活動、観測状況等の概要をとりまとめたものであり、平常時はもちろん異常時にも迅速簡便に火山の概要を検索、調査できることを主眼にしている。

<図鑑・図集>

カラー図鑑 日本の火山　火山の基本的な知識から、それぞれの火山の特徴まで、わかりやすく解説　高田亮監修　ナツメ社　2017.10　239p　21cm　〈他言語標題：VOLCANO OF JAPAN　文献あり〉　2200円　①978-4-8163-6332-0　Ⓝ453.821

(目次)序章 火山の基本，1章 北海道地方の活火山，2章 東北地方の活火山，3章 関東・中部地方の活火山，4章 伊豆・小笠原諸島の活火山，5章 中国・九州地方の活火山，6章 北方領土の活火山

(内容)火山の基本的な知識から、それぞれの火山の特徴まで、わかりやすく解説。過去の火山活動がわかる「日本活火山年表」付き。日本の活火山111をすべて掲載。

世界の火山図鑑　写真からわかる火山の特徴と噴火・予知・防災・活用について　須藤茂著　誠文堂新光社　2013.8　223p　21cm　2600円　①978-4-416-11364-6　Ⓝ453.8

(目次)火山の地形と大きさ，火山の内部構造，日本の火山，世界の火山，火山噴出物，噴火と災害，噴火予知と災害軽減，火山活動の推移の例，火山の調査，火山観測所，火山の恵み，地熱発電，温泉，観光，火山の博物館

(内容)カラー写真をふんだんに用い、世界の火山の特徴をさまざまな角度から紹介した火山図鑑。火山の地形と大きさ、内部構造、火山噴出物、噴火と災害、火山の恵みなどを取り上げて解説する。

世界の火山百科図鑑　マウロ・ロッシ他著，日本火山の会訳　柊風舎　2008.6　335p　21cm　〈原書名：Tutto. 重訳　Volcanoees.〉　8500円　①978-4-903530-15-4　Ⓝ453.8

(目次)マグマ，火山噴火，火山地形，火山の観測，火山学者，シンボルの説明，ヨーロッパ，アフリカ，アジア・オセアニア，南北アメリカ〔ほか〕

(内容)火山の噴火はなぜ起こるのか?地球内部の構造から説き起こし、噴火のしくみやマグマ、火山地形、火山の観測と噴火予知などについて分かりやすく解説。さらに、世界の主要な活火山を一堂に集めて紹介した画期的な火山図鑑。

日本の火山図鑑　110すべての活火山の噴火と特徴がわかる　高橋正樹著　誠文堂新光社　2015.7　223p　21cm　〈文献あり〉　2200円　①978-4-416-11529-9　Ⓝ453.821

(目次)第1章 火山を解剖してみる(4つのプレートと日本列島，火山を解剖する ほか)，第2章 日本の活火山(北海道，東北 ほか)，第3章 火山をより深く身近に知ろう(噴火予知と災害の軽減，火山博物館に行こう)，第4章 火山がもたらすたくさんの恵み(温泉と湧水，食の恵み ほか)

(内容)日本にある110すべての活火山を網羅した図鑑!火山の全景や噴火時のようすがわかる写真を多く掲載し、それぞれの火山の噴火史や防災に関する話題にも触れています。火山の成り立ちや噴火のしくみなど、知っておきたい基礎知

識もわかりやすく解説しています。

温 泉

<事 典>

温泉の百科事典　阿岸祐幸編集委員代表　丸善出版　2012.12　636p　22cm　〈索引あり〉　20000円　①978-4-621-08506-6　Ⓝ453.9

(内容)温泉と周辺領域の約300語を解説する事典。自然科学、医療・保健・健康、社会・経済・観光、歴史・文化に分類収録。温泉にまつわるそれぞれの領域の現時点での知識、用語の定義、現代的意義がわかる。

温泉文学事典　浦西和彦編著　（大阪）和泉書院　2016.10　589p　21cm　（和泉事典シリーズ 32）〈索引あり〉　6000円　①978-4-7576-0808-5　Ⓝ910.26

(内容)温泉と文学、はじめての事典!湯治から観光のための温泉まで、時代・社会とともに移りゆく温泉。温泉文学を通して世の中が見える。

全国温泉大事典　野口冬人著　旅行読売出版社　1997.12　986p　26cm　9524円　①4-89752-059-2

(目次)第1部 全国温泉案内，第2部 温泉学入門（温泉とは不思議な湧水，温泉の歴史をみる，温泉の利用と正しい入浴法），第3部 温泉雑学百科，第4部 効能別温泉

(内容)全国の温泉2300ヶ所を紹介した温泉の事典。泉質、効能や飲用による効果、歴史など日本の温泉に関する様々な情報を収録。

<ハンドブック>

温泉必携　改訂第9版　日本温泉協会温泉研究会編　日本温泉協会　2004.4　406p　21cm　4477円　①4-930797-07-1

(目次)1 温泉法，2 温泉法施行令，3 温泉法施行規則，4 告示，5 通知，6 質疑応答，7 関係法令（抜すい），8 付録

世界の温泉地　発達と現状　新版　山村順次著　日本温泉協会　2004.5　271p　21cm　3333円　①4-930797-08-X

(目次)世界の温泉地の分布と特性，ドイツの温泉地，オーストリアの温泉地，スイスの温泉地，フランスの温泉地，イタリアの温泉地，スペイン・ポルトガルの温泉地，ギリシャの温泉地，アイスランドの温泉地，イギリスの温泉地〔ほか〕

<年鑑・白書>

全国主要温泉地の魅力度調査　専門家アンケートと事例　日経産業消費研究所編　日経産業消費研究所，日本経済新聞社（発売）　2003.3　105p　30cm　8000円　①4-532-63529-2

(目次)第1章 温泉地の魅力と条件（温泉地の魅力，温泉地の評価 ほか），第2章 観光地評価の意義・方法と温泉地評価（「評価」の時代，観光地「評価」の意義と情報開示の必要性 ほか），第3章 主要温泉地魅力度評価の分析（調査結果の詳細）（総合魅力度スコア，項目別魅力度スコア ほか），第4章 現地にみる（乳頭温泉（秘湯型），草津温泉（泉質・情緒型）ほか）

(内容)日経産業消費研究所では、所内に設けている観光地評価研究会のプロジェクトの1つとして、2001～2002年度に主要温泉地の魅力度評価調査を実施した。本報告書は、こうした調査結果の詳細をまとめるとともに、観光地や温泉地の魅力度を評価する意義・方法などについての論考、今回の調査で総合魅力度スコアが高かった温泉地のルポなどを収めた。

地形学

<事 典>

図解 日本地形用語事典　日下哉編著　東洋書店　2002.10　246p　26cm　3200円　①4-88595-402-9　Ⓝ454.033

(内容)日本全国の地形を理解するための専門事典。地形・地図用語は1055項目を収録し、五十音順に排列。原則として偶数ページに用語の仮名表記、対訳語、参照項目を含めた項目説明を記載し、奇数ページには地形図と読図解説を配置する。281点の図版と65点の写真を収載。巻末に参考文献一覧がある。山岳・登山用語、天然記念物、名勝なども紹介。

図解 日本地形用語事典　第2版　日下哉編著　東洋書店　2003.8　252p　26cm　3200円　①4-88595-456-8　Ⓝ454.033

図解 日本地形用語事典　増訂版　日下哉編著　東洋書店　2007.8　262p　26cm　3200円　①978-4-88595-719-2　Ⓝ454.033

(内容)見開き左ページ用語解説、右ページ地形図等の見やすいレイアウト。1100項目に及ぶ、地形・地理用語の解説。収録した地図は圧巻の300点、写真65点。地質図、土壌図、海図など含め、あらゆる地形・地図用語を解説。山岳・登山用語、天然記念物、名勝なども紹介。

地形の辞典　日本地形学連合編，鈴木隆介，砂村継夫，松倉公憲責任編集　朝倉書店　2017.2　1018p　27cm　〈他言語標題：Dictionary of Landforms　索引あり〉　26000円　Ⓘ978-4-254-16063-5　Ⓝ454.033

<辞 典>

洞窟学 4ヶ国語英日韓中用語集　沢勲，鹿島愛彦，庫本正，藤井厚志，金炳宇ほか編著　（八尾）大阪経済法科大学出版部　2004.1　203p　26cm　2600円　Ⓘ4-87204-120-8　Ⓝ454.66

(目次)1 洞窟学4ケ国（英日韓中）用語集（ABC順），2 洞窟学4ケ国（英日韓中）用語集（五十音順），3 溶岩洞窟用語（の関連モデルと写真）（火山・溶岩洞窟，火山・溶岩洞窟内における2次生成物の形成場所と環境，溶岩洞窟内部に見られる2次オーダ地形の諸タイプ ほか），4 溶岩樹型用語（の関連モデルと写真）（井戸タイプ竪樹型の形成モデルと写真，不動タイプ竪樹型の形成モデルと写真，鳴沢タイプ竪樹型の形成モデルと写真 ほか），5 石灰岩洞窟用語（の関連モデルと関連写真）（石灰岩洞窟における2次的な生成物の形成場所と環境，石灰岩洞窟内部に見られる2次オーダの諸タイプ，石灰岩洞窟の天井 ほか）

(内容)自然科学分野は、IT化による情報化社会の中で急速に発展し、膨大な学術用語関係書が刊行されている。一定の期間をおきながら慎重に統一的な改訂をする必要がある。すなわち、用語の不正確な表現・運用で用語の解釈や意思の伝達に混乱の生じる可能性があり、用語統一の必要性が切実に求められている。洞窟学とその関連分野に限定してもその例外ではない。隣接する東アジア内で使用されている用語は、断片的・不統一であり、国際間の協議が不十分な現状である。本書『洞窟学4ケ国語（英日韓中）用語集』は、このような欠陥を補完する目的で編集した。編集の第1の目的は、類似している文字・文化・習慣・環境的な背景を有する東アジア（日本・韓国・中国）の用語を相互に比較する事により関連性を明らかにする。第2の目的は、東アジアの用語は、もともと、漢字圏であるため、漢字の洞窟関連用語の理解を深めることにある。第3の目的は、外来語をより的確な日本語・韓国語・中国語に翻訳するのに役立てる試みである。

<ハンドブック>

日本の地形・地盤デジタルマップ　若松加寿江，久保純子，松岡昌志，長谷川浩一，杉浦正美著　東京大学出版会　2005.11　104p　21cm　〈付属資料：CD-ROM1〉　9000円　Ⓘ4-13-060748-0　Ⓝ454.91

(目次)第1部 日本の地形・地盤デジタルマップの作成（地形・地盤研究の意義とデータベースの必要性，既存の地盤データベースとその問題点，日本の地形・地盤デジタルマップの作成方法と特徴），第2部 ハザード評価への適用例（高潮や洪水氾濫による浸水域の予測，地盤の平均S波速度分布の推定，液状化危険度の予測，流域単位の潜在的侵食速度分布の推定），第3部 ユーザーズマニュアル（ユーザーズマニュアル（日本語版），Manual for the GIS-based database“Japan Engineering Geomorphologic Classification Map（JEGM）”）

(内容)本マップは、我が国初の全国を統一基準で作成された地形・地盤GISデータベースであり、地形分類、表層地質（地質時代区分）、地表面の標高や傾斜に関する各種の情報が約1km四方の基準地域メッシュで網羅されている日本の国土の基礎情報である。

日本の地形レッドデータブック　第1集　小泉武栄，青木賢人編　（小金井）日本の地形レッドデータブック作成委員会　1994.2　226p　26cm　〈日本自然保護協会・プロナトゥーラファンド助成研究（1992・1993）〉　2000円　Ⓝ454.91

日本の地形レッドデータブック　第1集　危機にある地形　新装版　小泉武栄，青木賢人編　古今書院　2000.12　210p　26cm　4800円　Ⓘ4-7722-1355-4　Ⓝ454.91

(目次)保存すべき地形の選定基準について，一覧表，リストアップされた地形についての解説（東北地方，関東地方，中部地方，近畿地方，中国・四国地方，九州・沖縄地方），優れた地形を保護するための提言

(内容)日本の自然を代表する地形や学術上貴重な存在でありながら、破壊が進められているか、そのおそれのある地形のデータを全国的にまとめたデータブック。1994年刊の新装版でその後に寄せられた情報は今後刊行予定の第2集に収録するとしている。地形は地域別に掲載し、破壊の進行の状況に応じて4段階にランクづけしている。掲載内容はランク、選定基準、保全状況、地形図幅、行政区分、地形の特性などのデータと写真、地図。巻頭に一覧表、巻末に索引付き。

日本の地形レッドデータブック　第2集　小泉武栄，青木賢人編　古今書院　2002.3　220p　27cm　〈第1集の出版者：日本の地形レッドデータブック作成委員会〉　5200円　Ⓘ4-7722-6005-6　Ⓝ454.91

(目次)北海道，神奈川県，新潟県，富山県，山

梨県，静岡県

(内容)編者たちは全国の地形レッドデータ作成にむけて、まずは関東・中部地方から選定作業を始めた。本書では、選定のすすんでいる神奈川・新潟・富山・山梨・静岡の5県に加え、第1集ではリストのみで解説の付されていなかった北海道の情報を一部加えた。

<図鑑・図集>

地形がわかるフィールド図鑑　青木正博，目代邦康，沢田結基著　誠文堂新光社　2009.8　175p　21cm　〈文献あり 索引あり〉　2200円　①978-4-416-20927-1　Ⓝ454.91

(目次)北海道（礼文島，霧多布湿原，大雪山，東大雪山，洞爺湖・有珠・昭和新山），東北（恐山，磐梯山と猪苗代湖），関東（袋田の滝と男体山，筑波山，鹿島灘海岸，筑波台地，浅間山・草津白根山，高原山と那須野が原，秩父盆地と長瀞渓谷，養老渓谷，武蔵野台地，江ノ島，富士山・箱根火山・愛鷹火山，コラム 地形・地層の保護），中部（大谷崩・赤崩，上高地，佐渡島，黒部川），近畿（伊吹山，田上山，淡路島と六甲山），中国（出雲平野，久井の岩海，コラム 風穴，秋吉台と秋芳洞），四国（讃岐富士と屋島，吉野川），九州・沖縄（阿蘇山，雲仙，沖縄島南部）日本の地形の基礎知識，空中写真の実体視，ブックガイド，用語集

(内容)日本各地で見ることができる興味深い地域を全国から33箇所を選び、北から順に分かりやすく解説。実際にその地形まで行くことができるようアクセス情報も掲載。

地形探検図鑑　大地のようすを調べよう　目代邦康著　誠文堂新光社　2011.9　95p　24cm　（子供の科学・サイエンスブックス）　2200円　①978-4-416-21109-0　Ⓝ454

(目次)第1章 地形ってなんだろう?（地形のできかた，世界の中の日本の特徴，地形の分類，地形の時代 ほか），第2章 さまざまな地形を探る（山地の地形，平野の地形，海岸の地形，さまざまな地形），第3章 地形の調べ方（資料を集めよう，地形を調べよう，地形をつくろう）

◆山 岳

<事 典>

三省堂 日本山名事典　徳久球雄，石井光造，武内正編集委員　三省堂　2004.5　1140,73p　21cm　5300円　①4-385-15404-X　Ⓝ291.0189

(内容)2.5万分1地形図に記載されているすべての山、峠など2万5千項目を収録。異称、標高、所在地、2.5万分1地形図名、緯度経度などの山名データを明示したほか、鉄道駅からの方角と距離、地形・地質・植物などの自然的記述、宗教・伝承・登山などの人文的記述、山名の由来などを簡潔に解説。付録に山名考の小論「山名の由来」「アイヌ語源の山」「雪形の山」「同名の山」「色の山」「十二支の山」「低い山」「深田久弥『日本百名山』」「富士山」「自然公園と山」。山名漢字索引付き。

三省堂 日本山名事典　改訂版　徳久球雄，石井光造，武内正編　三省堂　2011.8　1141,75p　22cm　〈索引あり〉　6000円　①978-4-385-15428-2　Ⓝ291.0189

(内容)標高5mの天保山から霊峰富士山まで日本のあらゆる山、峠を集大成。収録数を増やして25,100項目収録。新しい市町村名など最新データで記述。

日本山岳ルーツ大辞典　池田末則監修，村石利夫編著　竹書房　1997.12　1142p　27×20cm　19000円　①4-8124-0344-8　Ⓝ291.033

(目次)本文・山岳名解説（富士山，北海道の山，青森県の山，岩手県の山，秋田県の山，宮城県の山 ほか）

(内容)日本の主な山岳約1万3千の山名の由来を記載した辞典。都道府県別に山名の五十音順に収録、山名、標高、所在、名前の由来が記載されている。巻末に索引が付く。

山を楽しむ山名辞典　石井光造著　東京新聞出版局　1997.11　213p　19cm　1500円　①4-8083-0610-7　Ⓝ291.033

(目次)索引地図，この辞典の読み方，山名辞典（50音順），山名辞典コラム（一等三角点の山，富山と貧乏山は同じ山?，峠の地名，地形が由来の山名，十二支の山，雪形にちなむ山名，男女の山・親子兄弟の山・死者の山，大いなる山，山頂湿原の山，信仰の山，山の色，おもな国の最高峰，火山の山名，アイヌ語源の山・難読山名，山・岳・峰・丘）），山名索引（高度順，100名山，200名山，300名山，都道府県最高峰），登山情報問い合わせ（都道府県庁，国立公園管理事務所），2万5千分の1地形図を読む

(内容)日本の1200の山名を五十音順に配列し、標高、所在、主な交通機関などを記載した事典。様々なコラムや高度順の索引が付く。

<ハンドブック>

新日本山岳誌　日本山岳会創立110周年記念出版　改訂版　日本山岳会編著　（京都）ナカニシヤ出版　2016.5　1993p　24×18cm　18000円　①978-4-7795-0995-7　Ⓝ291

(目次)日本山岳概説（日本の山の特徴，山地別解説），山地・山脈別山座解説（北海道（択捉・国後等北方四島，知床・阿寒火山地域 ほか），本州（下北山地，北上山地 ほか），四国（小豆島，讃岐平野北部 ほか），九州（筑紫山地，多良・雲仙火山群 ほか））

(内容)日本全国4000山の情報を網羅。日本全国の山々を90の山系・山脈に分類して、山名の読み方、標高、所在地、山容、山の成り立ち、山名の由来、歴史、文化、民俗、登山記録、山頂の展望、登路の状況を解説。巻末には「山座総索引」（五十音順・標高付）と「参考文献一覧」を掲載。

日本山名総覧　1万8000山の住所録　武内正著　白山書房　1999.3　560p　21cm　1700円　①4-89475-019-8　Ⓝ291.036

(目次)北海道，青森，岩手，宮城，秋田，山形，福島，茨城，栃木，群馬，埼玉，千葉，東京，神奈川，新潟，富山，石川，福井，山梨，長野，岐阜，静岡，愛知，三重，滋賀，京都，大阪，兵庫，奈良，和歌山，鳥取，島根，岡山，広島，山口，徳島，香川，愛媛，高知，福岡，佐賀，長崎，熊本，大分，宮崎，鹿児島，沖縄

(内容)日本の山名を収録したデータブック。国土地理院発行の2.5万分図に記載されている全ての山16667山、過去に2.5万分図に記載されていたが山名が削除された山31山、その他の山1334山で、全収録山数は18032山。掲載項目は、山名、ヨミ、標高、所在市町村名、三角点、名山、充ち、地形図名など。索引付き。

<図鑑・図集>

山　レベッカ・スティーブンス著，長谷川憲絵訳，稲村哲也，山本紀夫日本語版監修　同朋舎，角川書店（発売）　2001.12　62p　30cm　（ビジュアル博物館 86）〈原書名：Eyewitness guides,volume 116 - Everest〉　3400円　①4-8104-2722-6　Ⓝ454.5

(目次)世界の山，山ができるまで，7大陸最高峰，山の特徴，山の気候，山頂に暮らす生き物，山に適応した動物たち，ヒマラヤの住民，ヨーロッパアルプスの住民，アンデスの神々〔ほか〕

(内容)山をテーマとしたカラー図鑑。雲の上の家、ケーブルカーと山岳鉄道、イエティと山の神話の事実、アルプスを越えた象の物語、登山家はどうやってけわしい岸壁を登るのかなどの項目から、人々を魅了する山の世界を紹介する。巻末に五十音順の事項名索引がある。

<地図帳>

なるほど知図帳 日本の山　アイドマ・スタジオ編　昭文社　2006.1　175p　30cm　1600円　①4-398-20025-8　Ⓝ291.09

(目次)山のデータ，山の動植物，登山・山を楽しむ，山の地質・地形・自然，山の文化・歴史，主要山岳マップ，全国広域図

(内容)テーマ特集+マップがドッキング。40テーマで日本の山データが満載。

日本百名山登山地図帳　上　大雪山・早池峰山・白馬岳・剣岳・立山　JTBパブリッシング　2016.8　127p　26cm　1800円　①978-4-533-11322-2　Ⓝ291.09

(目次)北海道（利尻山，羅臼岳 ほか），東北（岩木山，八甲田山 ほか），北関東・上信越（那須岳，越後駒ヶ岳 ほか），北アルプス北部（白馬岳，五竜岳 ほか）

日本百名山登山地図帳　下　槍ヶ岳・穂高岳・富士山・北岳・白山・大山　JTBパブリッシング　2016.8　127p　26cm　1800円　①978-4-533-11323-9　Ⓝ291.09

(目次)北アルプス南部・八ヶ岳周辺，奥秩父・南関東，中央アルプス・南アルプス，北陸・近畿，中国・四国，九州

◆砂浜・砂漠

<事 典>

沙漠の事典　日本沙漠学会編　丸善出版事業部　2009.7　256p　27cm　〈文献あり 索引あり〉　8500円　①978-4-621-08139-6　Ⓝ454.64

(目次)沙漠とは，沙漠化とは，沙漠の気象・気候，沙漠の景観，沙漠での経済活動，乾燥地での産業，沙漠での生活，沙漠の文化・芸術，沙漠と歴史，沙漠の生態系，沙漠の資源と利用，沙漠と環境問題，沙漠の観測，沙漠の水，沙漠の土，沙漠化防止と複合技術，付録

(内容)気象・気候・景観・産業・生活・歴史・生態系・水・土壌など、さまざまな角度から約200の項目を選び、沙漠のすべてをあますところなく解説する中項目事典。日本沙漠学会創立20周年記念。1項目1ページの読み切り形式とし、各項目には、最も象徴的な図・表・写真を掲載。

<ハンドブック>

改訂 日本砂浜紀行　砂データ付　江川善則著　日本図書刊行会，近代文芸社（発売）　2003.8　160p　26cm　1200円　①4-8231-0619-9

(目次)砂浜（オムサロ海岸，常呂前浜，野付崎 ほか），白浜探訪，砂の測定（試料と乾燥，白色度測定，粒度測定 ほか），資料（砂とは，砂浜断面，砂丘 ほか）

日本砂浜紀行　砂データ付　江川善則著　日本図書刊行会，近代文芸社（発売）　2002.8　128p　26cm　950円　①4-8231-0752-7　Ⓝ450.91

(目次)砂浜地図，砂浜（北海道，東北 ほか），白浜探訪，砂の測定（試料と乾燥，白色度測定 ほか），資料（砂とは，砂浜断面 ほか），砂浜関連用語集

(内容)日本の砂浜のデータをまとめた資料集。著者が日本全国47都道府県を採取旅行した調査に基づき、砂に分析手法を導入し、砂の色、粒度のデータをとり、客観データで砂を表現する。これにより読者はたやすく自分好みの砂を選ぶことができるようになったという。北海道など9地域に分けて掲載。巻末に白浜探訪、砂の測定、資料、砂浜関連用語集がある。

<図鑑・図集>

ビジュアル博物館　51　砂漠　ミランダ・マッキュイティ著，加藤珪訳　（京都）同朋舎出版　1995.1　63p　30cm　2800円　①4-8104-2112-0　Ⓝ454.64

(目次)砂漠とは?，砂漠は何でできているのだろう?，岩砂漠，砂の海，砂漠の水，雨が降ると，砂漠の植物の生きのこり術，砂漠の昆虫，砂漠の爬虫類，砂漠の鳥類，砂漠の哺乳類，砂漠の生活に適応する，砂漠の船，ラクダの飾り，家畜〔ほか〕

地質学

<事典>

堆積学辞典　堆積学研究会編　朝倉書店　1998.11　470p　26cm　20000円　①4-254-16034-8　Ⓝ455.9

(内容)堆積学の基本的事項からシーケンス層序学などの先端的分野までの用語約4000項目を収録した辞典。収録項目は、各種層序学、環境地質、資源地質、海洋地質、プレートテクトニクス、海洋水系、水理、物性、火山噴出物、生態、生痕、主要な人名、地層名、学史なども含む。索引付き。

堆積学辞典　普及版　堆積学研究会編　朝倉書店　2011.7　470p　27cm　〈文献あり 年表あり 索引あり〉　20000円　①978-4-254-16268-4　Ⓝ455.9

(内容)基本的事項から先端的分野にいたるまで重要な用語約4000項目を収録。

物理探査用語辞典　新版　物理探査学会編　（日野）愛智出版　2005.5　279p　22cm　〈初版：物理探鉱技術協会昭和54年刊〉　6400円　①4-87256-410-3　Ⓝ455.033

<辞典>

地質学用語集　和英・英和　日本地質学会編　共立出版　2004.9　440p　19cm　4000円　①4-320-04643-9　Ⓝ455.033

(内容)地質学のほぼ全分野である、層序学、堆積学、海洋地質学、岩石学、鉱物学、鉱床学、火山地質学、構造地質学、古生物学、応用地質学、第四紀地質学、環境地質学、情報地質学などのほか、地形学、地球化学、地球物理学、生物学、測量学などからも収録した地質学用語集。収録語数は、「和英の部」約8900語、「英和の部」約8500語、「略語の部」約110語を収録。

土質工学標準用語集　土質工学会表記法検討委員会・標準用語集編集委員会編　土質工学会　1990.3　163p　22cm　2525円　①4-88644-036-3　Ⓝ511.3

(内容)土質工学会が専門用語の標準化のために制定した1,427語を五十音順に排列。欧文索引を付す。

マグロウヒル現代地質学・鉱物学辞典 英英　第2版　南雲堂フェニックス　2003.4　420p　22×14cm　〈本文：英語　原書名：McGraw-Hill dictionary of geology & mineralogy〉　3400円　①4-88896-304-5　Ⓝ455.033

(内容)地質学・鉱物学分野の専門用語9000語を網羅した大幅改訂版。同義語、頭字語、略語も収録。物理地質学、歴史地質学、鉱物学、海洋地質学、プレート・テクトニクス、岩石学、堆積学、層序学等のトピックも余さずカバー。

<ハンドブック>

全国77都市の地盤と災害ハンドブック（DVD付）　地盤工学会編　丸善出版　2012.1　611p　26cm　〈付属資料：DVD1〉

35000円 Ⓘ978-4-621-08477-9 Ⓝ455.1

(目次)序論(はじめに，地形・地盤の成り立ちと特徴(地形は何を表しているのか，地形の区分と地盤の関係 ほか)，都市の地盤災害(風水害，土砂災害 ほか))，全国77都市の地盤と災害(札幌市，釧路市 ほか)

(内容)本書は、日本全国77都市の地盤について、地盤の成り立ちや過去の災害事例、防災対策の現状などを、各土地に特有な現象に焦点をあてて解説しています。研究者はもちろん、防災関連の実務者、地盤や防災に関心をもたれている市民の方々にとって、日本全国の主要都市の地盤や災害の特徴を総括的に知ることができる貴重なハンドブックです。

地質学ハンドブック 加藤碵一，脇田浩二，今井登，遠藤祐二，村上裕編 朝倉書店 2001.9 696p 21cm 23000円 Ⓘ4-254-16240-5 Ⓝ455.036

(目次)1 基礎編(地質学的研究手法，地球化学的研究手法，地球物理学的研究手法)，2 応用編(地質マッピング法，活断層調査法，地下資源調査法，地熱資源調査法，地質災害調査法，循環地質調査法，土木地質調査法，海洋湖沼調査法，惑星調査法)，資料編

(内容)本書は旧版の『地質学ハンドブック』を全面的に書き改め、地球の総合的な理解をめざし、従来の狭義の伝統的な地質学手法にとらわれず、地球物理学的手法や地球化学的手法を地質学の観点から積極的に取り込もうと意図した。内容的にも、教科書的ではなく、研究手法とその応用を中心にした構成で、ハンドブックとしての本来の役割を強調している。参考文献・資料の充実を図り、調査ガイドとしての役割を果たせるように工夫した。

地質学ハンドブック 普及版 加藤碵一，脇田浩二総編集，今井登，遠藤祐二，村上裕編 朝倉書店 2011.7 696p 22cm 〈索引あり〉 19000円 Ⓘ978-4-254-16270-7 Ⓝ455.036

(目次)1 基礎編(地質学的研究手法，地球化学的研究手法，地球物理学的研究手法)，2 応用編(地質マッピング法，活断層調査法，地下資源調査法，地質災害調査法，環境地質調査法，土木地質調査法，海洋湖沼調査法，惑星調査法)，資料編(付図・付表，地学関連情報の入手・検索先，世界の地質調査機関リスト，地学関係論文・報告書の英文表記)

地質調査資料整理要領 平成14年7月改訂版 第2版 国土交通省大臣官房技術調査課監修，日本建設情報総合センター編 日本建設情報総合センター，大成出版社(発売) 2002.8 1冊 30cm (建設情報標準叢書) 2800円 Ⓘ4-8028-8819-8 Ⓝ511.27

(目次)第1章 一般，第2章 ボーリング柱状図編，第3章 地質平面図編，第4章 地質断面図編，第5章 コア写真編，第6章 土質試験及び地盤調査編

地質調査資料整理要領案 平成15年7月改訂版 第3版 国土交通省大臣官房技術調査課監修，日本建設情報総合センター(JACIC)編 日本建設情報総合センター，大成出版社(発売) 2003.8 374p 30cm (建設情報標準叢書) 3900円 Ⓘ4-8028-8970-4 Ⓝ511.27

(目次)第1章 一般編，第2章 ボーリング柱状図編，第3章 地質平面図編，第4章 地質断面図編，第5章 コア写真編，第6章 土質試験及び地盤調査編

地質調査資料整理要領(案)解説書 改訂版 建設大臣官房技術調査室監修 日本建設情報総合センター 1999.5 57p 30cm 1800円 Ⓘ4-89106-071-9 Ⓝ511.27

(目次)1 総説，2 地質調査資料位置図，3 一般的事項(様式A)，4 柱状図 - 地層区分(様式B)，5 標準貫入試験(様式C)，6 土質試験(様式D)，7 孔内載荷試験(様式E1)，8 現場透水試験(様式E2)，9 P波速度・S波速度(様式E3)，10 提出用フロッピーディスク作成上の留意事項

地質・土質調査成果電子納品要領案 平成16年6月版 国土交通省大臣官房技術調査課監修，日本建設情報総合センター編 日本建設情報総合センター，大成出版社(発売) 2004.9 1冊 30cm (建設情報標準叢書) 3900円 Ⓘ4-8028-9100-8 Ⓝ511.27

(目次)第1章 一般編，第2章 ボーリング柱状図編，第3章 地質平面図編，第4章 地質断面図編，第5章 コア写真編，第6章 土質試験及び地盤調査編，第7章 その他の地質・土質調査成果編

日本地方地質誌 1 北海道地方 日本地質学会編 朝倉書店 2010.11 631p 27cm 〈文献あり 索引あり〉 26000円 Ⓘ978-4-254-16781-8 Ⓝ455.1

日本地方地質誌 2 東北地方 日本地質学会編 朝倉書店 2017.10 693p 27cm 〈索引あり〉 27000円 Ⓘ978-4-254-16782-5 Ⓝ455.1

日本地方地質誌 3 関東地方 日本地質学会編 朝倉書店 2008.10 570p 27cm 26000円 Ⓘ978-4-254-16783-2 Ⓝ455.1

日本地方地質誌 4 中部地方 日本地質学会編 朝倉書店 2006.1 564p 26cm 〈付属資料：CD-ROM1〉 25000円

①4-254-16784-9　Ⓝ455.1

(目次)総論（中部地方の基本枠組を構成する付加体の帯状構造，プレート運動とテクトニクス，プレート運動と中部地方のテクトニクス，中部地方の地質体の特徴），各論（飛騨帯—顕生累代の大陸衝突型造山帯，飛騨外縁帯・秋吉帯—日本最古の地層を含む地質帯，舞鶴帯・超丹波帯—古生代後期の海洋底基盤とそれをおおう堆積物，来馬層群・手取層群—中・古生代基盤岩類をおおう中生代堆積物 ほか）

(内容)本書では現在の地球上で起こっていることが地質学的にいかに理解され、過去にどこまでさかのぼることができ、現在と異なるテクトニクス異変が何時起こり、その異変がそれ以前に形成された地質体をどのように変形・切断していったかを、プレート運動と関連付けて述べることにする。

日本地方地質誌　5　近畿地方　日本地質学会編　朝倉書店　2009.2　453p　27cm　〈文献あり 索引あり〉　22000円　①978-4-254-16785-6　Ⓝ455.1

日本地方地質誌　6　中国地方　日本地質学会編　朝倉書店　2009.9　536p　27cm　〈文献あり 索引あり〉　25000円　①978-4-254-16786-3　Ⓝ455.1

(目次)1 序説，2 中・古生界，3 新生界，4 変成岩と変成作用，5 白亜紀 - 古第三紀の火成活動，6 島弧火山岩と火山作用，7 ネオテクトニクス，8 災害地質，9 海洋地質，10 地下資源

日本地方地質誌　7　四国地方　日本地質学会編　朝倉書店　2016.2　679p　27cm　〈索引あり〉　27000円　①978-4-254-16787-0　Ⓝ455.1

日本地方地質誌　8　九州・沖縄地方　日本地質学会編　朝倉書店　2010.7　619p　27cm　〈文献あり 索引あり〉　26000円　①978-4-254-16788-7　Ⓝ455.1

(目次)1 序説，2 第四紀テクトニクス，3 新生界，4 中・古生界，5 火山，6 深成岩，7 変成岩，8 海洋地質，9 環境地質，10 地下資源—火山島弧の恵み

<図鑑・図集>

日本地質アトラス　第2版　通商産業省工業技術院地質調査所編　朝倉書店　1992.7　1冊　60×78cm　51500円　①4-254-16233-2　Ⓝ455.1

日本地質アトラス　第2版 机上版　通商産業省工業技術院地質調査所編　朝倉書店　1993.9　1冊　59×81cm　51500円　①4-254-16235-9　Ⓝ455.1

(目次)日本及び隣接地域地勢図，日本及び隣接地域地質図500万分の1，日本地質構造図300万分の1，日本活構造図300万分の1，日本及び隣接地域第四紀火山図500万分の1，日本花崗岩図300万分の1，日本変成岩図〔ほか〕

日本地質アトラス　第2版 新装版　通商産業省工業技術院地質調査所編　朝倉書店　2009.3　1冊　60×84cm　〈他言語標題：Geological atlas of Japan　英文併記　文献あり〉　35000円　①978-4-254-16262-2　Ⓝ455.1

日本地質図大系　1　日本の地質総図　猪木幸男総編集，通商産業省工業技術院地質調査所監修　朝倉書店　1997.12　117p　60cm　73000円　①4-254-16631-1　Ⓝ455.1

日本地質図大系　2　北海道地方　猪木幸男総編集　朝倉書店　1990.7　136p　60cm　〈監修：通商産業省工業技術院地質調査所　文献：p133〜136〉　71070円　①4-254-16632-X　Ⓝ455.1

(目次)日本列島および周辺の地形，日本の地質概要，ランドサット衛星写真：日本列島，北海道の地質，空から見た北海道地方，北海道の地礎気異常，日高変成帯と千島帯の地質，中軸帯の地質，西南北海道の地質，東部北海道の地質，第4系の地質，火山地質，北海道周辺の日本海およびオホーツク海の海底地質〔ほか〕

(内容)本書で紹介した地質図類は、地質調査所・北海道立地下資源調査所・北海道開発庁の3機関によって発行された約300種の色刷り地質図のうちから、5万分の1図幅を主力として、地質学的に特徴あるテーマおよび地域を勘案した約60種を示したものである。

日本地質図大系　3　東北地方　猪木幸男総編集　朝倉書店　1992.7　135p　60cm　〈監修：通商産業省工業技術院地質調査所　付：文献〉　74160円　①4-254-16633-8　Ⓝ455.1

(目次)日本列島および周辺の地形，日本の地質概要，ランドサット衛星写真—日本列島，東北地方の地質，空から見た東北地方，東北地方のネオテクトニクス，東北地方の重力異常，東北地方の磁気異常，青森県の地質，青函トンネルの地質，陸奥湾西部周辺の地質，鯵ヶ沢地域の地質，青森・秋田県境地域の地質，弘前盆地の地質，八甲田山 - 十和田湖付近の地質，大館盆地の地質，能代平野の地質，秋田県中部・南部および山形県北部の地質，男鹿半島の地質，秋田平野と太平山の地質，八幡平火山群の地質，秋田駒ヶ岳周辺の地質，象潟周辺地域の地質，鳥海火山の地質，湯沢市とその南方地域の地質，横手盆地の地質，奥羽山脈中央部地域の地質，

庄内平野南部‐最上川峡谷の地質，真室川および尾花沢地域の地質，山形盆地の地質，赤湯付近の地質，米沢市周辺地域の地質，鬼首・鳴子および周辺地域の地質，北部北上山地の地質（概要，陸中大野地域，盛岡‐陸中海館地方），陸中海岸沿いの地質（宮古‐田老地域，釜石地域），北上山地中央部の地質―早池峰構造帯付近，北上山地の古生層―大船渡‐世田米地域，北上山地中央西部の地質―大迫地域，南部北上山地の地質（概要，気仙沼地域，登米地域，石巻‐牡鹿地域），宮城県西部・山形県中部の地質，松島付近の地質，仙台市およびその周辺地域の地質，福島県の地質，霊山付近の地質，阿武隈山地北端部の地質（角田地域，原町地域，竹貫地域），いわき市および周辺地域の地質，棚倉周辺地域の地質，磐梯・吾妻・安達太良火山の地質，那須火山の地質，日本海中部地域の地質，日本海溝・千島海溝南部および周辺地域の地質

日本地質図大系　4　関東地方　加藤碵一，牧本博編，通商産業省工業技術院地質調査所監修　朝倉書店　1990.1　118p　A2　63860円　①4-254-16634-6　Ⓝ455.1

(目次)日本列島および周辺の地形，日本の地質概要，ランドサット衛星写真―日本列島，関東地方の地質，空から見た関東地方，関東地方の地質と地形，関東地方の地質構造，関東地方の土台基盤地質，首都圏の重力分布，関東地方のネオテクトニクス〔ほか〕

(内容)地質調査所ですでに発行している地質図類を主軸として、日本全体の代表的な地質図幅を、絶版となり入手不可能な戦前の図幅からごく最近の図幅までを厳選しながら集大成したオールカラー版の「目で見る地質図アトラス」。適宜補図を挿入し、また初心者にも親しめるように、地形写真やランドサット衛星写真も掲載している。

日本地質図大系　5　中部地方　猪木幸男総編集　朝倉書店　1991.9　136p　60cm　〈監修：通商産業省工業技術院地質調査所　文献：p136〉　72100円　①4-254-16635-4　Ⓝ455.1

(内容)本書の目的は、「日本地質図大系」の一環として、中部地方の地質の実態・地史・地質構造を、多くの地質図と解説図によって具体的に紹介し、それを通じて地質図そのものに親しんでいただくとともに、この地域の自然の生い立ちや環境について理解していただくことにある。

日本地質図大系　6　近畿地方　猪木幸男総編集　朝倉書店　1996.12　126p　60cm　〈監修：通商産業省工業技術院地質調査所　ホルダー入〉　77250円　①4-254-16636-2　Ⓝ455.1

日本地質図大系　7　中国・四国地方　服部仁，猪木幸男編，通商産業省工業技術院地質調査所監修　朝倉書店　1991.1　120p　A2　69010円　①4-254-16637-0　Ⓝ455.1

(目次)日本列島および周辺の地形，日本の地質概要，ランドサット衛星写真：日本列島，中国・四国地方の地質，空から見た中国・四国地方，中国・四国地方の磁気異常図，中国・四国地方のネオテクトニクス，隠岐諸島の地質―島後地域，山陰海岸の地質，山陰地方西部の地質―浜田地域，山陽地方西部の地質，山陽地方東部の地質，四国瀬戸内の地質，四国西部の地質

日本地質図大系　8　九州地方　猪木幸男総編集　朝倉書店　1995.12　120p　60cm　〈監修：通商産業省工業技術院地質調査所〉　72100円　①4-254-16638-9　Ⓝ455.1

日本列島重力アトラス　西南日本および中央日本　山本明彦，志知龍一編　東京大学出版会　2004.11　1冊　37×26cm　〈付属資料：CD-ROM1〉　9200円　①4-13-066707-6　Ⓝ455.1

(目次)1 重力データの現状と本アトラス出版（重力データの意味と重力研究の経過，重力データの公表および現状 ほか），2 本書の企画および内容の概略（本書の内容と構成，出版の意義），3 本書の見方とCD-ROMの活用法（本書の構成と利用法，添付CD-ROMの利用法・活用法），4 重力・重力異常の基礎知識（重力，地球の形状と重力 ほか），5 データソース

(内容)重力異常の段彩図など2種類のB4版アトラスと、これを含む10種類の図版からなるCD-ROM（デジタルアトラス）で構成。各地勢図はすべて20万分の1の単位で作成。西南日本および中央日本についてまとめる。

年代で見る日本の地質と地形　日本列島5億年の生い立ちや特徴がわかる　高木秀雄著　誠文堂新光社　2017.1　191p　21cm　〈文献あり 索引あり〉　2200円　①978-4-416-51703-1　Ⓝ455.1

(目次)序章 年代スケールと日本列島の地質の特徴（ジオの時間スケール，日本列島の地質と地形の多様性，付加体―海から生まれた日本列島，日本海の拡大と伊豆弧の衝突，ジオパーク），第1章 日本列島の成り立ち―大陸の縁辺部であった頃（大陸の断片―始生代～原生代，日本列島の起源（カンブリア紀～オルドビス紀，シルル紀～デボン紀，石炭紀～ペルム紀，三畳紀～ジュラ紀，白亜紀，古第三紀）），第2章 日本列島の成り立ち―日本海が拡大し列島となった頃（日本海の拡大―新第三紀前期～中期中新世，日本海の拡大以降―新第三紀中期中新世～鮮新世），

第3章 第四紀―活動的な日本列島の地質現象と地形の形成（第四紀の始まりと地磁気の逆転，火山列島：第四紀火山と火山災害，地震列島：活断層、地震災害，風化・浸食地形）

(内容)世界でも有数の地質、地形が見られる日本列島。その5億年の生い立ちを地質年代の順に沿って解説。フィールドで撮影した景観や特徴的な地形、地質の露頭写真を多く掲載するとともに、年代を特定できる化石や岩石標本などの写真も数多く盛り込んだ、日本列島の地史の図鑑。

ビジュアル探検図鑑 日本列島　地層・地形・岩石・化石　猪郷久義著　岩崎書店　2009.3　175p　29cm　〈索引あり〉　6800円　Ⓘ978-4-265-05959-1　Ⓝ455.1

(目次)第1章 日本列島地質探険―大地のつくりと変化を知る（北の大地の火山と湖，北の大地の成り立ち ほか），第2章 日本列島の生い立ち（地球の構造と地球の運動，さまよう大陸 ほか），第3章 地震と火山を知る（地震とプレートの運動，日本の活断層 ほか），第4章 観察しよう―地層・岩石（地層の重なりと変形，地層ができるまで ほか）

<地図帳>

世界の土壌資源　入門&アトラス　J.A.デッカース，F.O.ナハテルゲーレ，O.C.スパールガレン，E.M.ブリッジズ，N.H.パジェス編，太田誠一，吉永秀一郎，中井信監訳，国際食糧農業協会編　古今書院　2002.12　2冊（セット）　26cm　〈原書名：World Reference Base for Soil Resources〉　11500円　Ⓘ4-7722-4039-X

(目次)入門（序節，照合土壌群の簡略検索表，世界の照合土壌群），アトラス

◆地史・地層

<図鑑・図集>

岩石・鉱物・地層　神奈川県立生命の星・地球博物館編　（横浜）有隣堂　2000.3　143p　19cm　（かながわの自然図鑑 1）　1600円　Ⓘ4-89660-159-9　Ⓝ458.2137

(目次)岩石（岩石の種類，火成岩 ほか），鉱物（造岩鉱物，元素鉱物 ほか），地層（地質図，層序 ほか），神奈川の大地の歴史（層序対比表，神奈川県産鉱物一覧 ほか）

(内容)神奈川県内でみることの出来る岩石、鉱物、地層を写真で紹介する図鑑。岩石、鉱物、地層と神奈川の大地の歴史の4部で構成。各項目は岩石、鉱物、地層名と英名、標本写真および露頭写真、分布図と解説等を掲載。巻末には相除隊批評、神奈川県参考物一覧を収録。事項索引を付す。

岩石・鉱物・地層　新版　神奈川県立生命の星・地球博物館編　（横浜）有隣堂　2016.3　159p　19cm　（かながわの自然図鑑 1）　〈他言語標題：ROCKS MINERALS STRATA　文献あり 索引あり〉　1700円　Ⓘ978-4-89660-221-0　Ⓝ458.2137

(目次)岩石（岩石の種類，岩石の調べ方 ほか），地層（地質図，層序 ほか），鉱物（造岩鉱物，元素鉱物 ほか），神奈川の地形（成層火山／盾状火山，溶岩ドーム／火山岩尖／溶岩末端崖／溶岩堤防 ほか），神奈川の大地の歴史

(内容)新たに「地形編」を加え、多様な地質で構成されている神奈川の大地を読み解く。

第四紀逆断層アトラス　池田安隆〔ほか〕編　東京大学出版会　2002.3　4,254p　43cm　20000円　Ⓘ4-13-066705-X　Ⓝ456.91

(目次)第I部 解説（第四紀逆断層帯の地表表現とその時空間変化，逆断層システムの地下形状とスリップレート，日本の第四紀逆断層帯の起源とテクトニックな背景），第II部 日本の主要逆断層帯（北海道：十勝、天塩、石狩低地、渡島半島ほか，東北：津軽、奥羽脊梁山地両縁、出羽丘陵周辺、仙台－福島、内陸盆地南部ほか，中部：新潟平野周辺、北部・南部フォッサマグナ、伊那谷、北陸ほか，近畿：濃尾－伊勢、敦賀－京都、大阪平野周辺ほか

(内容)日本の主要逆断層帯を地域ごとに解説。縮尺5万分の1の分布図に示し、各断層帯ごとの特徴を描き出す。日本の第四紀逆断層の地質学的な背景、基本的な性質や起源などについての全般的な概説を併せて行う。

地層の見方がわかるフィールド図鑑　地層を見に行こう地形や鉱物を調べよう　青木正博，目代邦康著　誠文堂新光社　2008.7　183p　21cm　2200円　Ⓘ978-4-416-20814-4　Ⓝ456.91

(目次)地層・地形のフィールドガイド（隆起する山，堆積岩の山と山を刻む川，岩盤クリープ，地すべり・崩壊 ほか），野外観察の基礎知識（必要な道具，野外活動で気を付けること，地形図の使い方・読み方，地層の見える場所を探そう ほか）

地層の見方がわかるフィールド図鑑　火山・津波・地すべり・地殻変動…実際の地層や鉱物から成因・特徴がわかる 地層、岩石、鉱物、地形の観察から生きている地球の多様な営みを考える　増補版

青木正博，目代邦康著　誠文堂新光社　2015.1　215p　21cm　〈文献あり 索引あり〉　2200円　Ⓘ978-4-416-61571-3　Ⓝ456.91

(目次)地層・地形のフィールドガイド（地層とは何か?，山，山を刻む川，岩盤クリープ，地すべり・崩壊 ほか），野外観察の基礎知識（必要な道具，野外活動で気を付けること，地形図の使い方・読み方，地層の見える場所を探そう，空中写真を利用した地形の観察 ほか）

(内容)“生きている地球”が感じられる場所や、そこに現れる岩石・鉱物を、写真を用いて解説しています。実際にこれから訪れることができる場所の話題も多く含まれています。火山の爆発に起因する堆積層、大規模地震に起因する地すべり堆積層、津波でできた地層などの話題が新たに加えられています。

地層の見方がわかるフィールド図鑑　岩石・地層・地形から地球の成り立ちや活動を知る　増補改訂版　青木正博，目代邦康著　誠文堂新光社　2017.7　239p　21cm　〈文献あり 索引あり〉　2200円　Ⓘ978-4-416-61782-3　Ⓝ456.91

(目次)地層・地形のフィールドガイド（地層とは何か?，隆起してできる山，堆積岩山地の谷と川，岩盤クリープ，地すべり・崩壊 ほか），野外観察の基礎知識（必要な道具，野外活動で気を付けること，地形図の使い方・読み方，地層の見える場所を探そう，空中写真を利用した地形の観察 ほか）

(内容)“生きている地球”が感じられる場所や、そこに現れる岩石・鉱物を、写真を用いて解説しています。実際にこれから訪れることができる場所の話題も多く含まれています。自然探索の気軽な手引き書として、お役立てください。本書は、2008年に初版を、2015年に増補版を刊行した同名の書籍をもとに、新たに「ゼノリス」、「土柱」、「砂鉄」、「砂州と陸繋島」、「岩石肉眼鑑定の手引き」の項目を加え、既存の項目についてもタイトルを見直し、記述や写真を加えています。

◆岩 石

<事 典>

石の俗称辞典　面白い雲根志の世界　加藤碵一，遠藤祐二編著　（日野）愛智出版　1999.3　312p　22cm　5400円　Ⓘ4-87256-405-7　Ⓝ458.033

石の俗称辞典　第2版　加藤碵一著　（日野）愛智出版　2014.10　408p　27cm　6800円　Ⓘ978-4-87256-419-8　Ⓝ458.033

(内容)石に関する俗称を集成した辞典。現存するもののみでなく、伝承（言い伝え・民話・神話・歴史的記録など）による実在しないものも収録し、平易に解説する。

岩石学辞典　鈴木淑夫著　朝倉書店　2005.3　877p　26cm　38000円　Ⓘ4-254-16246-4

(目次)第1章 一般名称，第2章 堆積岩，第3章 変成作用，第4章 火成岩，第5章 岩石学関係諸表，付録 岩石学関係図

<辞 典>

中・英・日 岩石鉱物名辞典　小村幸二郎監修，狩野一憲編　創土社　2015.5　485p　22cm　〈表紙のタイトル：中国語英語日本語岩石鉱物名辞典　索引あり〉　4620円　Ⓘ978-4-7988-0222-0　Ⓝ458.033

(内容)中国の鉱物資源を対象とする学生、研究者及びビジネス関係者の利便をはかるために編纂。中国語：12,851語、中国語索引：883項目、日本語索引：10,872項目、英語索引：11,181項目。

<図鑑・図集>

かわらの小石の図鑑　日本列島の生い立ちを考える　千葉とき子，斎藤靖二著　東海大学出版会　1996.7　167p　21×13cm　2575円　Ⓘ4-486-01366-2

(目次)荒川の小石をあつめる，多摩川の小石をあつめる，相模川の小石をあつめる，火成岩をあつめる，堆積岩をあつめる，変成岩をあつめる，かわらの小石を見る（荒川，多摩川，相模川，石の薄片を作る，偏光顕微鏡をつかって石を観察する），日本列島の生い立ち

(内容)荒川、多摩川、相模川のかわらで見られる小石のみかけ、その表面をみがいたときのようす、その薄片を偏光顕微鏡で観察したときにみえた造岩鉱物について川別に解説したもの。写真多数。

岩石・化石　ロバート・R.コンラーズ著，瀬戸口美恵子，瀬戸口烈司訳　新樹社　2007.9　303p　24×24cm　（ダイナミック地球図鑑）　〈原書名：ROCKS & FOSSILS〉　4800円　Ⓘ978-4-7875-8562-2

(目次)ダイナミックな地球，古代の世界，主要な特徴，風景の中の岩石と化石，鉱物，化石

(内容)本書は岩石、鉱物、化石が過去の時代への鍵をどのように提供するのかを示す。われわれの惑星内部の働きを見直して、地球の過去を調

査して、地球の生命がほとんど死んだ激動の時代に起こったことを記載する。有史以前の生物が現在の地球生物とどのように関連するか、他のものが絶滅したのにいくつかの生物がなぜ生き残ったのかを示すために化石記録を調べる。景観の特徴の研究が惑星地球に横たわる自然に対して洞察をどのように提供することができるかということを記載し、鉱物がどのように形成され、いくつかが人類にとってなぜ貴重になってきたかを説明する。

岩石鉱物　木下亀城，小川留太郎共著　保育社　1995.11　180p　19cm　（エコロン自然シリーズ）　1800円　①4-586-32103-2

岩石・鉱物図鑑　「知」のビジュアル百科〈1〉　R.F.シムス著，舟木嘉浩日本語版監修，大英自然史博物館協力　あすなろ書房　2004.1　1冊　29×23cm　（「知」のビジュアル百科 1）　2000円　①4-7515-2301-5

(目次)地球，岩石とは、鉱物とは?，岩石はどのように形成されるか，風化と侵食，海岸の岩石，火成岩，火山岩，堆積岩，鍾乳洞，変成岩〔ほか〕

(内容)岩石、化石、鉱物、結晶…地中に眠るものには地球の構造とその進化の歴史をかいまみることのできるさまざまな情報がきざまれている。本書は、岩石や鉱物に秘められた情報の読みとり方をはじめ、地質学の基礎を紹介しながら、地球の不思議に迫る。

岩石と鉱物　スー・フラー著，砂川一郎監修　紀伊国屋書店　1997.4　159p　13cm　（ポケットペディア）　951円　①4-314-00766-4

(目次)岩石と鉱物の世界（岩石と鉱物，鉱物とは，岩石とは），鉱物（無色または白色の鉱物，ダイヤモンド，岩塩 ほか），岩石（火成岩，花崗岩，黒曜岩と流紋岩 ほか）

岩石と鉱物　手のひらに広がる岩石・鉱物の世界　ジェフリー・E・ポスト監修，ロナルド・ルイス・ボネウィッツ文，伊藤伸子訳　（京都）化学同人　2014.8　352p　23cm　（ネイチャーガイド・シリーズ）〈索引あり　原書名：Rocks and Minerals〉　2800円　①978-4-7598-1552-8　Ⓝ459.036

(目次)鉱物とは?，鉱物のグループと組合せ，鉱物の分類，鉱物の識別，結晶とは何か?，晶癖，結晶系，宝石，岩石とは?，岩石と鉱物の収集〔ほか〕

(内容)岩石と鉱物の大きなグループを網羅、270ページ以上にわたってページごとに1種類を解説。大きくて美しい写真で岩石や鉱物の特徴をわかりやすく解説。

岩石と宝石の大図鑑　ROCK and GEM　ロナルド・ルイス・ボネウィッツ著，青木正博訳　誠文堂新光社　2007.4　360p　29×23cm　〈原書名：Rock and Gem〉　4571円　①978-4-416-80700-2

(目次)宇宙と地球の起源（宇宙の生成，地球の形成 ほか），岩石（岩石の生成，岩石のタイプ ほか），鉱物（鉱物とは何か?，鉱物の鑑定 ほか），化石（化石はどのようにしてできるのか，化石記録 ほか）

(内容)地球を構成する基本物質である岩石・鉱物について、その性質、でき方、産地、用途などを豊富なデータと写真を用いて魅力的に紹介。宝石鉱物にはとくに力点を置き、歴史的・民族的背景も含めて、多面的に解説し、地球史を彩った代表的な化石も紹介した。

岩石薄片図鑑　精細写真で読み解く鉱物組成と生い立ち　青木正博著　誠文堂新光社　2017.1　143p　26cm　〈他言語標題：An Illustrated Guide to Petrographic Thin Sections　文献あり 索引あり〉　2400円　①978-4-416-61662-8　Ⓝ459.038

(目次)1 造岩鉱物，2 火成岩，3 堆積岩，4 変成岩，5 熱水沈殿物，岩石薄片の未来，高精度の薄片をつくる

(内容)岩石を光が透き通るぐらいに薄く研磨した"岩石薄片"を顕微鏡で観察すると、そこには鉱物が織りなす色鮮やかで美しい世界が広がっています。岩石薄片を観察することによって、含まれている鉱物などから、岩石の生い立ちと移り変わりを知ることができます。灼熱のマグマ、地下深部の高圧、深い海の底のできごとが30マイクロメートルの厚さに詰まっています。本書に掲載した薄片は、世界でも最高水準の技術により作製されていて、ほかでは見ることができない貴重なものです。岩石、鉱物についての解説も充実した、価値ある一冊です。

自分で探せる美しい石 図鑑&採集ガイド　円城寺守著　実業之日本社　2018.4　157p　21cm　（大人のフィールド図鑑）　1600円　①978-4-408-33775-3

(目次)第1章 岩石・鉱物とは（すべての物質のもとになる元素，岩石と鉱物の違い ほか），第2章 岩石図鑑（姿を変え続ける岩石，3つの分類 ほか），第3章 鉱物図鑑（鉱物といえるもの，鉱物の分類と特徴 ほか），第4章 フィールドワークに出かけよう（石を4次元で見る，岩石・鉱物産地マップ ほか），第5章 採集と標本・観察（事前の情報収集，準備と持ちもの ほか）

(内容)フィールドワークの実例を掲載。標本づくり&観察方法がわかる!便利な観察地MAP付き!オールカラー全72種。

世界の砂図鑑　写真でわかる特徴と分類　須藤定久著　誠文堂新光社　2014.2　223p

21cm 〈他言語標題：SAND FROM AROUND THE WORLD　索引あり〉 2600円 Ⓘ978-4-416-11436-0 Ⓝ458

目次 第1章 砂とは何か?，第2章 日本の砂，第3章 世界の砂，第4章 砂を調べる，第5章 砂漠の砂、あれこれ，第6章 役に立つ砂，第7章 鳴き砂の話

日本の岩石と鉱物　通商産業省工業技術院地質調査所編　東海大学出版会　1992.7　150p　20×27cm　8240円　Ⓘ4-486-01201-1

薄片でよくわかる岩石図鑑　含まれる鉱物や組織で種類を知る　チームG編　誠文堂新光社　2014.3　223p　21cm 〈文献あり　索引あり〉 2600円　Ⓘ978-4-416-11407-0　Ⓝ458

目次 岩石各論，造岩鉱物，火成岩，堆積岩，変成岩，トピックス 新時代の薄片，薄片ができるまで，薄片を作ってみよう!，さまざまな便利情報

ビジュアル博物館　2　岩石と鉱物　R.F.サイメス著，リリーフ・システムズ訳 （京都）同朋舎出版　1990.3　63p　23×29cm　3500円　Ⓘ4-8104-0800-0　Ⓝ458.038

目次 地球，岩石と鉱物とは何か，岩石はどのように形成されるか，風化と侵食，海岸の岩石，火成岩，堆積岩，鐘乳洞，変成岩，大理石，初期の火打ち石（石器類），道具に使われた岩石，建築用の石材，石炭ができるまで，化石，宇宙から来た岩石，岩石を形成する鉱物，結晶，成長する結晶，鉱物の性質，宝石用原石，装飾用の石，なじみの薄い宝石，貴金属，石のカッティングと研磨，岩石と鉱物の採集

内容 岩石、化石、鉱物、貴金属、結晶、宝石、宝石原石などの実物の写真を豊富に使い、地球の進化と構造について解説。

ひとりで探せる川原や海辺のきれいな石の図鑑　2　柴山元彦著 （大阪）創元社　2017.3　159p　19cm 〈他言語標題：Handbook of Beautiful Stones on Riversides and Seashores to find by yourself　文献あり〉 1500円　Ⓘ978-4-422-44009-5　Ⓝ459.21

目次 1 川原や海辺で見つかる鉱物（ガーネット（柘榴石），サファイア，ルビー ほか），2 鉱物を調べる、楽しむ，3 鉱物の見つかる川原や海辺（北海道 十勝川，北海道 音更川，北海道 空知川 ほか）

内容 水辺で見つかる色とりどりの鉱物・宝石を、見比べやすい原石のままの姿で紹介する、新しい石探しガイドブック。鉱物図鑑21種+大増!全国47か所の採集スポットガイド付き。拾った石のみがき方やアクセサリーの作り方、世界の石拾い事情まで、石探しを存分に楽しむための情報が満載!

宝石と鉱物の大図鑑　地球が生んだ自然の宝物　スミソニアン協会監修，諏訪恭一，宮脇律郎日本語版監修，高橋佳奈子，黒輪篤嗣訳　日東書院本社　2017.11　440p　31cm 〈索引あり　原書名：Gem〉 8800円　Ⓘ978-4-528-02010-8　Ⓝ459.038

目次 序章（地球の宝，鉱物とは何か? ほか），元素鉱物（ゴールド，カール大帝の王冠 ほか），宝石（パイライト，スファレライト ほか），生体起源の宝石（真珠（パール），ラ・ペレグリーナ ほか），岩石宝石と岩石（モルダバイト（モルダウ石），オブシディアン ほか）

内容 宝石と鉱物、そして有名な美しい宝飾品まで世界中の自然の宝をまとめた豪華な一冊。比類なき魅力を放つ、世界屈指の宝石やジュエリーを美しい写真と興味をそそる逸話の数々とともに紹介。きらびやかな宝石の世界の奥深さを知ることができ、鉱物と岩石のレファレンスとしても充実している総合的な宝石図鑑!

◆鉱 物

<事 典>

カラー版 鉱物資源百科辞典　牧野和孝著　日刊工業新聞社　1999.12　1410p　26cm　74286円　Ⓘ4-526-04479-2

目次 鉱物資源データベース（水素，ヘリウム，リチウム，ベリリウム，ホウ素，炭素，窒素，酸素，フッ素，ネオン ほか），鉱物の分類図鑑（鉱物の外観と物理性による分類，成因による鉱物の分類，化学組成による鉱物の分類，結晶系による鉱物の分類，宝貴石（Jewels,Gems），主金属による鉱物の分類，地域別に産出する鉱物，工業用原料，岩石（鉱石）），索引（鉱物英名索引，鉱物和名索引，結晶系別索引，比重別索引，光学的性質別索引，硬度別索引，鉱物族別索引，宝石別索引，産地別索引）

内容 地球に存在する約4300種類の鉱物資源を主含有元素別に整理し、埋蔵量、消費量ならびに工学的応用に関連させ、鉱物データベースとしてまとめた鉱物資源辞典。鉱物を主含有元素別に分類し、周期表の元素の順に章立てする。元素別に鉱物資源の世界の埋蔵量、主要埋蔵国の埋蔵量、世界の年間利用量、日本の年間使用量、および光学的応用をまとめて各章の冒頭に示した。各鉱物の掲載項目は、英名、和名、化学式、分子量、金属元素重量分率、結晶系、点群、空間群、単位格子あたりの化学単位（化学式）の数、格子定数、X線回折強度、密度、硬度、

劈開、性状、産地様式、光学的性質、色・光沢、産地、宝石、文献、産地憧憬、族、多形性（多型性）など。鉱物英名索引、鉱物和名索引、結晶系別索引、比重別索引、光学的性質別索引、硬度別索引、鉱物族別索引、宝石別索引、産地別索引の9種類の索引がある。1998年刊のカラー版。

図説 鉱物肉眼鑑定事典　松原聡著　秀和システム　2017.10　267p　21cm　〈他言語標題：Encyclopedia for mineral identification 文献あり 索引あり〉　1600円
①978-4-7980-5233-5　Ⓝ459.13

(目次)第1章 肉眼鑑定を始めるにあたって，第2章 鉱物の種類を調べる，第3章 鉱物図鑑，第4章 産状と鉱物集合のルール，第5章 やさしい結晶学，第6章 やさしい鉱物の化学

(内容)驚きと発見にあふれる鉱物鑑定の世界!ルーペと条痕色で見分ける鉱物鑑定のポイント!主要鉱物から始める肉眼鑑定入門。道具の選定、劈開、光沢、硬度、色、条痕色、結晶面、その他の物性から産状にいたるまで、肉眼鑑定の全手法を一挙公開!116種の主要鉱物を400枚の写真で紹介!

<図鑑・図集>

美しすぎる世界の鉱物　カラー図鑑　松原聡著　宝島社　2014.4　223p　19cm　〈文献あり 索引あり〉　830円
①978-4-8002-2542-9　Ⓝ459

(目次)1章 知っておきたい鉱物基礎知識，2章 色彩や形がアートな鉱物，3章 産業に欠かせない鉱物，4章 宝石になる鉱物，5章 日本で最初に発見された鉱物，6章 キケンな鉱物，7章 岩石を構成する鉱物

(内容)地球46億年、天然の美術品のすべて。鉱物写真292点掲載!

完璧版 岩石と鉱物の写真図鑑　オールカラー世界の岩石と鉱物500　クリス・ペラント著，砂川一郎日本語監修　日本ヴォーグ社　1997.4　255p　21cm　（地球自然ハンドブック）　2600円　①4-529-02854-2

(目次)岩石と鉱物の採集，野外調査用具，家で使う用具，採集品の整理，この本の使い方，鉱物か岩石か?，鉱物の生成，鉱物の組成，鉱物の特徴，鉱物の同定，岩石の生成，火成岩の特徴，変成作用の種類，変成岩の特徴，堆積岩の特徴，岩石同定のカギ〔ほか〕

検索入門鉱物・岩石　豊遥秋，青木正博共著　（大阪）保育社　1996.2　206p　19cm　1600円　①4-586-31040-5　Ⓝ459.21

原色新鉱物岩石検索図鑑　新版　木股三善，宮野敬編　北隆館　2003.5　346p　21cm　4800円　①4-8326-0753-7

(目次)第1部 検索図表，第2部 鉱物・岩石の図説（元素鉱物，硫化鉱物，硫塩鉱物，ハロゲン化鉱物 ほか），第3部 付録―鉱物・岩石の必要知識（鉱物の産状、成因、分類，岩石の分類，岩石薄片の作り方，顕微鏡の使い方 ほか）

(内容)昭和39年刊行の『原色鉱物岩石検索図鑑』の全面改訂版。代表的な鉱物および岩石標本の実際の状態を忠実に示しており、産地に行って鉱物や岩石を採集した後、鉱物や岩石の肉眼鑑定と岩石の薄片鑑定等が行える。巻末に和名索引、英名索引が付く。

鉱物カラー図鑑　日本で採れる200種以上の鉱物を収録　松原聡監修　ナツメ社　1999.9　274p　19cm　1500円
①4-8163-2693-6

(目次)採集の準備から標本の整理・観察まで 鉱物採集の基礎知識（鉱物ってなんだろう? 大自然が育てた宝物，結晶の種類を覚えよう いろいろな結晶の形，鉱物はこんな状態で採れる いろいろな結晶の集合体，化学組成が同じでも名前が違う? 鉱物名による分類方法 ほか），色別鉱物図鑑（無色，銀白色，赤色，オレンジ色 ほか）

(内容)日本でとれる200種類以上の鉱物を収録した図鑑。鉱物の採集に関する基礎知識を紹介した鉱物採集の基礎知識と183種類の鉱物を収録した色別鉱物図鑑の2部構成。巻末付録として用語解説、鉱物が展示してある博物館、和名索引、英名索引がある。

鉱物キャラクター図鑑　地球のスゴさをとことん味わえる!　松原聡監修，いとうみつるイラスト　日本図書センター　2017.1　79p　21cm　1500円　①978-4-284-20391-3　Ⓝ459

(目次)飾りに使われる鉱物（ダイヤモンド王子，コランダム姉妹 ほか），生活のなかで役立つ鉱物（石墨くん，孔雀石おじさん ほか），人のからだで活躍する鉱物（岩塩かあさん，ドロマイトさん ほか），人を楽しませる鉱物（蛍石ちゃん，黄鉄鉱くん ほか）

(内容)知識ゼロでも楽しめる!飾り・生活・からだで役立つ47の鉱物をキャラクター化!!キャラクターだからよくわかる!鉱物“超入門”図鑑!身近な石、きれいな石、おもしろい石…この1冊で鉱物の魅力がまるわかり!

鉱物結晶図鑑　松原聡監修，野呂輝雄編著　（秦野）東海大学出版会　2013.5　232p　21cm　〈文献あり 索引あり〉　3200円
①978-4-486-01978-7　Ⓝ459.92

(目次)結晶の形MAP，鉱物の結晶写真と結晶図（上下左右対称な形の鉱物，柱状の鉱物，板状

の鉱物，少し潰れた形の鉱物，集合結晶になる鉱物），結晶学のはなし（結晶構造と結晶格子，結晶の座標系と格子定数，7つの結晶系，面方程式とミラー指数，ブラベー格子 ほか）

(内容)結晶形に重点を置いた鉱物学入門書。鉱物の結晶形には不思議がいっぱい! 写真と結晶図とたくさんの図表を通じて不思議を紐解きます。

鉱物図鑑 美しい石のサイエンス 青木正博著 誠文堂新光社 2008.7 143p 30cm 2800円 ①978-4-416-80851-1 Ⓝ459.038

(目次)鉱物とは何か，元素鉱物の世界，硫化鉱物の世界，酸化鉱物の世界，ハロゲン化鉱物の世界，炭酸塩／硼酸塩鉱物の世界，硫酸塩鉱物の世界，タングステン酸塩鉱物／モリブデン酸塩鉱物／クロム酸塩鉱物の世界，燐酸塩鉱物／砒酸塩鉱物／バナジン酸塩鉱物の世界，珪酸塩鉱物の世界

(内容)今日4500種を超える鉱物種が認識されている。本書ではそのうち基本的かつ典型的なもの、約220種類を取り上げた。

鉱物図鑑 松原聡著 ベストセラーズ 2014.1 223p 18cm （ベスト新書 429 ヴィジュアル新書） 〈文献あり 索引あり〉 1000円 ①978-4-584-12429-1 Ⓝ459

(目次)1章 鉱物の基礎知識（鉱物とは何か?，鉱物の特徴と性質 ほか），2章 元素と鉱物（自然金，自然銀 ほか），3章 色別鉱物図鑑（なぜ鉱物には色がある?，辰砂 ほか），4章 光と形―不思議な石の世界（灰重石，珪亜鉛鉱 ほか）

(内容)元素鉱物から美しき宝石、レアメタルなど、珠玉の世界を1冊に!!結晶の形、硬度、色、代表的産出国など基礎データを完全網羅。オパル、ルビー、テレビ石、アメシスト…豊富な写真を掲載!

鉱物分類図鑑 見分けるポイントがわかる 青木正博著 誠文堂新光社 2011.2 207p 21cm 〈索引あり〉 2600円 ①978-4-416-21104-5 Ⓝ459.038

(目次)鉱物の産状と成因について（火山岩および噴気孔，温泉沈殿物，熱水鉱脈・熱水交代鉱床・火山岩の気孔 ほか），鉱物解説（元素鉱物，硫化鉱物・硫塩鉱物，酸化鉱物 ほか），鉱物の基礎知識（鉱物の収集，鉱物の性質と鑑定）

図鑑 海底の鉱物資源 東海大学CoRMC調査団編 東海大学出版会 1990.10 123p 30cm 8240円 ①4-486-01130-9

(目次)1 CoRMCの研究史，2 調査海域の特性，3 CoRMCの海底写真，4 CoRMCの形態と構造，5 CoRMCの鉱物組成，6 CoRMCの化学組成，7 CoRMCの元素分布，特別寄稿（Johnston島海域で採取されたCobalt‐Rich Manganese Crustの断面でみられる元素の分布状態 ほか）

楽しい鉱物図鑑 堀秀道著 草思社 1992.11 211p 22×15cm 3900円 ①4-7942-0483-3

(目次)1 元素鉱物，2 硫化鉱物，3 ハロゲン化鉱物，4 酸化鉱物，5 炭酸塩・硼酸塩鉱物，6 硫酸塩鉱物，7 タングステン酸鉱物・他，8 燐酸塩鉱物・他，9 珪酸塩鉱物

(内容)貴石、宝石から地味な石まで、245種の基本的鉱物を迫力あるカラー写真とエッセイ的文章で解説した本邦初の鉱物図鑑。採集、鑑定、コレクションに役立つマニア必携の書。

楽しい鉱物図鑑 〔新装版〕 堀秀道著 草思社 1993.6 211p 21cm 3900円 ①4-7942-0483-3

(目次)この図鑑を使われるまえに，1 元素鉱物，2 硫化鉱物，3 ハロゲン化鉱物，4 酸化鉱物，5 炭酸塩・硼酸塩鉱物，6 硫酸塩鉱物，7 タングステン酸塩鉱物，8 燐酸塩鉱物，9 珪酸塩鉱物

(内容)石墨から沸石までの202種の基本的鉱物を写真と文章で解説する図鑑。写真は内外の代表的産地の典型的標本を使用。硬度、色、結晶の形、代表的産地など基本的データを掲載し、鑑定のポイントを文章で簡潔に記載する。

楽しい鉱物図鑑 2 堀秀道著 草思社 1997.4 222p 21cm 3700円 ①4-7942-0753-0

(目次)1 元素鉱物，2 硫化鉱物，3 ハロゲン化鉱物，4 酸化鉱物，5 炭酸塩・硼酸塩鉱物，6 硫酸塩鉱物，7 燐酸塩鉱物，8 砒酸塩鉱物・他，9 珪酸塩鉱物

日本産鉱物種 2018 松原聡著 鉱物情報 2018.2 155p 21cm 〈他言語標題：The mineral species of Japan〉 ①978-4-9907131-1-9 Ⓝ459.21

日本の鉱物 成美堂出版 1994.9 423p 15cm （ポケット図鑑シリーズ） 1400円 ①4-415-08012-X Ⓝ459.21

(内容)日本の鉱物280種・380点を各県別に収録したポケットブック。

日本の鉱物 フィールドベスト図鑑〈vol.15〉 松原聡著 学習研究社 2003.9 260p 19cm （フィールドベスト図鑑 vol.15） 1900円 ①4-05-402013-5

(目次)鉱物とは，鉱物の調べ方，元素鉱物，硫化鉱物，酸化鉱物，ハロゲン化鉱物，炭酸塩鉱物，ホウ酸塩鉱物，硫酸塩鉱物，リン酸塩・ヒ酸塩鉱物，タングステン酸塩・亜テルル酸塩鉱物，ケイ酸塩鉱物，鉱物採集入門，鉱物の産地ガイド，鉱物名さくいん

(内容)日本で産する鉱物約1110種のうち、主なもの約200種を紹介した鉱物図鑑。鉱物の分類にはいくつかの方法があるが、本書では化学組成のタイプをもとにグループ別に紹介。結晶系と産状は、わかりやすいピクトグラフで示している。鉱物の写真にはその採集地(産地)を記載。巻末には、例として、18か所の産地を紹介している。

日本の鉱物　増補改訂　松原聰著　学研教育出版，学研マーケティング(発売)　2009.12　268p　19cm　(フィールドベスト図鑑 vol. 14)　〈初版：学習研究社2003年刊　索引あり〉　1800円　①978-4-05-404370-1　Ⓝ459.21

(目次)鉱物とは，鉱物の調べ方，元素鉱物，硫化鉱物，酸化鉱物，ハロゲン化鉱物，炭酸塩鉱物，ホウ酸塩鉱物，硫酸塩鉱物，リン酸塩鉱物・ヒ酸塩鉱物，タングステン酸塩・亜テルル酸塩鉱物，ケイ酸塩鉱物，鉱物と岩石，鉱物採集入門，鉱物の産地ガイド，，鉱物名さくいん

(内容)日本産の鉱物約200種。日本に産出する鉱物約1200種のうち、重要かつ基本的な200種を精選してくわしく解説した。写真はもっとも大きく美しい結晶を撮影して使用。興味深いコラムを多数掲載、巻末に鉱物と岩石の関係を解説。

微隕石探索図鑑　あなたの身近の美しい宇宙のかけら　ヨン・ラーセン著，野口高明，米田成一監修，武井摩利訳　(大阪)創元社　2018.3　152p　24×24cm　〈原書名：IN SEARCH OF STARDUST：Amazing Micrometeorites and Their Terrestrial Imposters〉　2400円　①978-4-422-45003-2

(目次)1 微隕石(走査電子顕微鏡画像，新コレクション)，2 地球外からやってきた小球体(アブレーション小球体，謎めいたコンドルール)，3 人間の活動に由来する小球体(1型磁性小球体，大型鉄小球体 ほか)，4 地球由来の物体(角が取れて丸くなった鉱物粒，磁鉄鉱 ほか)

(内容)著者が新しく発見した微隕石を掲載したヴィジュアルガイド。微隕石とまちがえやすい地球由来の物質の写真も多数掲載。小惑星探査機ハヤブサが持ち帰り、これからハヤブサ2が持ち帰ろうとしている「星のかけら」を身近で見つけるための「微隕石の探し方簡単マニュアル」付き。

必携 鉱物鑑定図鑑　楽しみながら学ぶ鉱物の見方・見分け方　藤原卓編著，益富地学会館監修　(京都)白川書院　2014.5　239p　21cm　〈索引あり〉　2500円　①978-4-7867-0071-2　Ⓝ459.13

(目次)元素鉱物，硫化鉱物・砒化鉱物，酸化鉱物，ハロゲン化鉱物，炭酸塩鉱物，硫酸塩鉱物・タングステン酸塩鉱物・モリブデン酸塩鉱物・クロム酸塩鉱物，燐酸塩鉱物・砒酸塩鉱物・バナジン酸塩鉱物，珪酸塩鉱物

(内容)この1冊で基本の鉱物が学べる!鑑定できる!鉱物の見分け方が分かりやすく観察、採集に役立つ、最強の「石の手引書」。220種類の鉱物解説。

ひとりで探せる 川原や海辺のきれいな石の図鑑　柴山元彦著　(大阪)創元社　2015.9　159p　19cm　〈他言語標題：Handbook of Beautiful Stones on Riversides and Seashores to find by yourself　文献あり〉　1500円　①978-4-422-44005-7　Ⓝ459.21

(目次)1 川原や海辺で見つかる鉱物(ガーネット(柘榴石)，サファイア ほか)，2 川原で鉱物を探す(川原になぜ鉱物があるか，石は3つに分けられる ほか)，3 鉱物の見つかる川原や海辺(北海道 宇曽丹川(砂金)，秋田県 荒川(水晶) ほか)，4 出かける前に、帰ったあとに(出かけるときには?，帰ってからの楽しみ)

(内容)探して、見つけて、磨いて—自分だけの宝石は、すぐそばにある。水辺で見つかる色とりどりの鉱物・宝石を、見比べやすい原石のままの姿で紹介する、新しい石さがしガイドブック。鉱物図鑑34種+全国23か所の採集スポットガイド付き!

フィールド版 鉱物図鑑　松原聰著　丸善　1995.7　154p　19cm　2884円　①4-621-04072-3

(目次)1 鉱物学入門(鉱物の調べ方，鉱物のでき方と産状，フィールドでどこまで種類がわかるか)，2 鉱物カタログ，3 フィールドガイド

(内容)初心者向けの鉱物図鑑。鉱物をその色別に分類し、データとカラー写真を掲載する。ほかに全国15カ所のフィールドを紹介する。巻末に鉱物名の和文索引、英文索引がある。

フィールド版 続鉱物図鑑　松原聰著　丸善　1997.10　134p　19cm　2800円　①4-621-04402-8

(目次)1 鉱物学入門(鉱物の産状，鉱物産地を探す方法)，2 鉱物カタログ，3 フィールドガイド(北海道紋別市のオパルなど，札幌市小別沢鉱山のテルル鉱物 ほか)，4 室内で楽しむ

(内容)カラーの図鑑的な要素を中心にした鉱物カタログ。1995年7月刊行「フィールド版 鉱物図鑑」の続編。前版に収録できなかったものと前版と産状が異なるものを収録。鉱物の色別にまとめ、鉱物名、英名、結晶系、産状、解説文などを記載。巻末に和名と英名の索引が付く。

不思議で美しい石の図鑑　山田英春著　(大阪)創元社　2012.2　173p　26cm　〈索引あ

り　文献あり〉　3800円
①978-4-422-44001-9　Ⓝ459.038

(目次)瑪瑙の世界（縞瑪瑙，レース・アゲート，インクルージョンのある瑪瑙，サンダーエッグ，複合的な瑪瑙），ジャスパーの世界，石は描く，風景石の世界，石化した世界

(内容)華麗なる瑪瑙やジャスパー、妖艶な模様石、風景を宿す石や化石・隕石など、自然の奇蹟が堪能できる、スーパー・ビジュアル図鑑。世界的瑪瑙コレクターとして知られる著者秘蔵の名品約380点を一挙公開。

<カタログ・目録>

日本産鉱物型録　松原聰，宮脇律郎著　（秦野）東海大学出版会　2006.3　8,152p　27cm（国立科学博物館叢書 5）〈他言語標題：Catalogue of Japanese minerals　英語併記　折り込1枚〉　2400円　①4-486-03157-1　Ⓝ459.21

生物地理

<年 表>

日本博物誌総合年表　磯野直秀著　平凡社　2012.4　2冊（セット）　27×19cm　30000円
①978-4-582-51230-4

(目次)総合年表編，索引・資料編

(内容)埋もれていた資料を渉猟し、多数の新知見を得て完成した日本博物学史の決定版。詳しい索引・動植物名初見リスト・各種テーマ別年表等を収めた豪華な別冊付き。

日本博物誌年表　磯野直秀著　平凡社　2002.6　837,100p　23×17cm　25000円
①4-582-51204-6　Ⓝ460.32

(内容)日本の博物学に関する著作や記載を採録した博物誌年表。古代から慶応四年（明治元年、1868）までを扱い、上段に国内事項（本邦に深く関わる海外事項を含む）、下段に海外事項を載せる。また、明治前期に出版あるいは作成された著作のうち、江戸時代の博物誌に密接に関連するものを、1868年の項の後に「付記」として加える。付録に「薬品会年表」があり、巻末には、用語集と、年号一覧および六十干支表を掲載。人名・書名・事項索引を付す。

<ハンドブック>

自然紀行 日本の天然記念物　講談社　2003.10　399p　26×21cm　3800円
①4-06-211899-8

(目次)北海道，東北，関東，北陸，中部，近畿，中国，四国・九州北部，九州南部・沖縄，地域を定めずに指定された動物

(内容)平成15年現在、国が指定した天然記念物指定物権のすべて966件を収録。日本全国を9の地域に分け天然保護区域を紹介、都道府県別に「植物」「動物」「地質・鉱物」の順に説明。本文は天然記念物指定名称、所在都府県名、指定年月日、所在地、管理者、解説文を記載、写真も約1300点掲載したビジュアル百科となっている。巻末に「地域、分類別索引」「50音順索引」が付く。

<図鑑・図集>

川の生物 フィールド総合図鑑　リバーフロント整備センター編　山海堂　1996.4　383p　19cm　〈監修：奥田重俊ほか〉　3193円
①4-381-02140-1　Ⓝ460.38

川の生物図典　リバーフロント整備センター編　山海堂　1996.4　674p　26cm　19776円
①4-381-02139-8

(目次)1 植物，2 陸生昆虫，3 水生昆虫，4 魚類，5 鳥類，6 ヒル類・クモ類・貝類・甲殻類・両生類・は虫類・哺乳類

(内容)川の水辺や水中で見られる動植物328種（類似種を含めると817種）の図鑑。植物、陸生昆虫、水生昆虫、魚類、鳥類、その他の分類別に、各動植物の分布・形態、生活史、他の生物との関係、食性、繁殖、河川改修や維持管理の際に配慮すべきポイント等をまとめる。巻末にキーワード・用語解説、学名索引、和名索引がある。

里山図鑑　おくやまひさし著　ポプラ社　2001.3　303p　21cm　1680円
①4-591-06664-9　Ⓝ460.7

(目次)春（けいちつのころ，早咲きの野の花，早咲きの木の花 ほか），夏（野イチゴの季節，食べられる初夏の木の実，イモムシ・ケムシのおしゃれ ほか），秋（秋の七草，野ギクの仲間，野の花 ほか），冬（樹木の冬芽，ロゼットは冬の花，虫の冬越し ほか）

(内容)里山に見られる植物・生物の図鑑。四季によって章を分け、各季節の特徴的な植物や生物を写真とともにやさしく解説する。巻頭に里山についてのエッセイや用語解説、巻末に「野草・キノコ」「樹木」などで分類した索引がある。

田んぼの生きものおもしろ図鑑　農村環境整備センター企画，湊秋作編著　農山漁村文

化協会　2006.5　398p　19cm　4571円
①4-540-06196-8

(目次)動物編(虫たち，クモたち，エビやカニたち，貝たち，ミミズたち ほか)，植物編(水を張った田んぼ，水面，乾いた田んぼ，湿地，池沼・ため池 ほか)

(内容)田んぼやその周辺の水路、ため池、道ばた、畑、林などで出合う動物や植物約440種類を写真とイラストで紹介。その面白い生態や田んぼとの豊かな関係などについて解説する。資料編として、田んぼと楽しくつき合う心構えや生きもの調査の方法なども紹介する。田んぼの生きもの調査や稲作体験学習などに必携の図鑑。

田んぼの生き物図鑑　内山りゅう写真・文　山と溪谷社　2005.7　320p　21×18cm　(ヤマケイ情報箱)　3200円　①4-635-06259-7

(目次)1 爬虫・両生類―ヘビやカメ、カエルの仲間，2 魚類―メダカやドジョウの仲間，3 昆虫類―トンボやアメンボの仲間，4 甲殻類―エビやカニの仲間，5 貝類／その他の動物―タニシやヒルの仲間，6 植物類―水草や雑草

(内容)田んぼやビオトープでの自然観察に必携の大図鑑。全507種類の生命。

田んぼの生き物図鑑　増補改訂新版　内山りゅう写真・文　山と渓谷社　2013.3　336p　21cm　〈文献あり 索引あり〉　3800円
①978-4-635-06286-2　Ⓝ462.1

(目次)1 爬虫・両生類―ヘビやカメ、カエルの仲間，2 魚類―メダカやドジョウの仲間，3 昆虫類―トンボやアメンボの仲間，4 甲殻類―エビやカニの仲間，5 貝類／その他の動物―タニシやヒルの仲間，6 植物類―水草や雑草

(内容)田んぼが育む命たちを紹介。新たに植物の種類を大幅に増やし、最新の知見を盛り込んだ新版。

田んぼの生き物400　関慎太郎著　文一総合出版　2012.7　319p　15cm　(ポケット図鑑)　〈文献あり 索引あり〉　1000円
①978-4-8299-8301-0　Ⓝ462.1

(目次)両生類・はちゅう類，淡水魚，貝類，昆虫類・クモ類，甲殻類，鳥類，植物

(内容)目につきやすく特徴的な姿・形をした生き物を中心に取り上げた、田んぼで見られる代表的な生き物400種を紹介。見分けるポイントだけでなく、生態がわかる写真も掲載。名前の由来や面白い生態など、読んでも楽しい解説。

地球・生命の大進化 46億年の物語 ビジュアル版　田近英一監修　新星出版社　2012.8　223p　21cm　(大人のための図鑑)　1500円　①978-4-405-10801-1

(目次)巻頭特集 写真で見る奇跡の星・地球，プロローグ 押さえておこう地球のしくみ，第1部 地球の誕生と進化(地球形成期，冥王代～太古代，原生代)，第2部 現在までの地球(古生代，中生代，新生代)，第3部 地球と人類の未来(未来の地球)

(内容)生命は5回消えた?! 最新の研究成果が照らし出す知られざる絶滅と再生の物語。

都会の生物　藤本和典著，亀田竜吉写真　小学館　1996.5　383p　19cm　(小学館のフィールド・ガイドシリーズ 17)　2400円
①4-09-208017-4　Ⓝ460.38

日本の里山いきもの図鑑　蛭川憲男著　メイツ出版　2011.6　239p　19cm　〈文献あり索引あり〉　1800円　①978-4-7804-1001-3
Ⓝ462.1

(目次)植物(草本・木本・シダ植物)(白，黄，緑，赤，青，茶)，キノコ，動物(昆虫，クモ，鳥類，ほ乳類，その他小動物)

(内容)日本の里山で見られる、いろいろな動植物をカラー写真で解説。

植物地理・植生

<書 誌>

日本植生誌 総索引　宮脇昭編　至文堂　1996.3　330p　26cm　4700円
①4-7843-0181-X

(目次)屋久島，九州，四国，中国，近畿，中部，関東，東北，北海道，沖縄・小笠原

<ハンドブック>

日本植生便覧　改訂新版　宮脇昭，奥田重俊，藤原陸夫編　至文堂　1994.10　910p　26cm　25000円　①4-7843-0147-X

(目次)植物概論，日本植生体系，植物群落総目録，日本植生図目録

(内容)日本の植物群落単位とそれを構成する個々の分類群の植生データを網羅収集したデータブック。植生概論、日本植生体系、植物群落総目録、日本植生図目録からなる本文と、和名、品種、学名から引く日本植物種名辞典で構成する。巻頭に図版、巻末付図として日本の現存植生図、日本の潜在自然植生図がある。昭和53年初版刊行、58年に改訂版刊行されたものの3次改訂版。

<図鑑・図集>

細密画で楽しむ里山の草花100　野村陽子植物細密画，あらきみほ文　中経出版　2009.7　223p　15cm　（中経の文庫 のー3-1）〈文献あり〉 686円
①978-4-8061-3399-5　Ⓝ472.1

里山・山地の身近な山野草　ワイド図鑑 ハイキングや山歩きでよく見かける山野草400種を1800枚の写真で紹介。よく似た植物も豊富に掲載。　菱山忠三郎写真と文　主婦の友社　2010.10　367p　24cm　（主婦の友新実用books　Flower & green）〈索引あり〉 1700円　①978-4-07-274128-3　Ⓝ470.38

(目次)春編―1月～5月，夏編―6月～8月，秋編―9月～12月

(内容)里山・山地に生える約400種の山野草を、1800枚以上の写真で紹介。ひとつひとつの植物について、季節ごとの姿・形・色が一目でわかる、これまでになかった画期的な図鑑。まぎらわしい植物もよくわかるよう、類似の植物や参考植物も豊富に掲載。

里山・山地の身近な山野草　持ち歩き図鑑　菱山忠三郎著　主婦の友社　2011.3　223p　17cm　（主婦の友ポケットbooks）〈索引あり〉 900円　①978-4-07-276430-5　Ⓝ470.38

(目次)「春」の山野草，「夏」の山野草，「秋」の山野草，植物用語の図解，植物用語の解説

(内容)丘陵や低山に生える山野草390種を掲載。花や葉の特徴が簡単にわかります。持ち歩き図鑑の決定版。

里山さんぽ植物図鑑　宮内泰之監修　成美堂出版　2017.4　319p　22cm　〈索引あり〉 1400円　①978-4-415-32258-2　Ⓝ472.1

(目次)植物の基本（花の構造と名称，葉の構造と名称 ほか），草花図鑑（スミレの仲間，春植物 ほか），樹木図鑑（モクレンの仲間，キブシ ほか），里山さんぽに出かけよう（里山に行こう，四季の場所別・観察ポイント ほか）

(内容)野山や水辺で見られる草花と樹木395種。美しい細密イラストで植物のふしぎワールドを大公開!

里山の花木ハンドブック　四季を彩る華やかな木々たち　多田多恵子著　NHK出版　2014.4　255p　19cm　〈写真：平野隆久　文献あり 索引あり〉 2200円
①978-4-14-040268-9　Ⓝ653.21

(目次)アウストロバイレヤ目，センリョウ目，モクレン目，クスノキ目，ユリ目，キンポウゲ目，アワブキ目，ヤマグルマ目，ツゲ目，ユキノシタ目〔ほか〕

里山の草花ハンドブック　門田裕一監修，平野隆久写真，NHK出版編　NHK出版　2012.4　255p　19cm　〈索引あり〉 2000円
①978-4-14-040259-7　Ⓝ472.1

(目次)春（人里や野原，山や雑木林，湿地や水辺），夏，秋・初冬

(内容)里山で見られる約360種の草花を紹介する。

里山の植物ハンドブック　身近な野草と樹木　平野隆久写真，日本放送出版協会編，多田多恵子監修　日本放送出版協会　2009.2　255p　19cm　〈文献あり 索引あり〉
1900円　①978-4-14-040243-6　Ⓝ472.1

(目次)春（野草（野や人里，山や雑木林，湿地や水辺），樹木），夏，秋，冬，里山の植物を楽しむ，植物名索引

(内容)里山で見られる野草約280種、樹木約120種の約400種を春夏秋冬の4章に分け生育環境別に紹介。

四季の山野草観察カタログ　安藤博写真　成美堂出版　1992.4　143p　30cm　1600円
①4-415-03228-1

(内容)日本の四季を彩る山野草の可憐なプロフィール。生育環境別に350種を紹介。「観察ガイド」ロゼット植物、つる植物、野草と雑草。

釣り人のための渓流の樹木図鑑　菅原光二著　つり人社　2002.5　157p　17cm
1900円　①4-88536-494-9　Ⓝ477

(内容)渓流釣りを楽しむ釣り人向けの樹木の図鑑。ヤマメやイワナが棲息する里川や低山帯の渓流や、イワナの棲息限界である高山帯に至る渓流沿いに生えている85種の樹木を収録する。460数点の写真を使用し、樹木用語の図解を載せ、釣り場ですぐに役立つようになっている。各樹木の名称、科名、分布、生育地、花期、果実、特徴などを記載。巻末に五十音索引を付す。

花と葉で見わける「山歩き」の草花図鑑　木下武司監修　メイツ出版　2011.3　176p　21cm　〈索引あり〉 1600円
①978-4-7804-0942-0　Ⓝ472.1

(目次)植物分類チャート表，山で見られる植物，森で見られる植物，人里で見られる植物，畑で見られる植物

(内容)山で見かける身近な草花400種似ている花の「見わけポイント」をわかりやすく解説します。

春! 夏! 秋! 冬! 里山の生きものがよ～くわかる図鑑　900種超の写真で見る生態図鑑 Handy & Color Illustrated

Book　岩槻秀明著　秀和システム　2011.7　347p　19cm　〈文献あり 索引あり〉　1900円　①978-4-7980-3019-7　Ⓝ472.1

(目次)第1章 身近な里山に出かけよう!, 第2章 早春! 里山の観察ポイント, 第3章 春! 里山の観察ポイント, 第4章 初夏・梅雨! 里山の観察ポイント, 第5章 夏! 里山の観察ポイント, 第6章 秋! 里山の観察ポイント, 第7章 冬! 里山の観察ポイント, 番外編その1 里山散策で気をつけたい危険生物, 番外編その2 特定外来生物と要注意外来生物

(内容)身近な自然で生態を観察。900種超の写真で見る生態図鑑。

◆森 林

<年 表>

現代森林年表　森と木と人をつなぐ 2008.10〜1998&トピックス・データ　21世紀年表編集委員会編　日本林業調査会　2008.12　181p　19cm　〈文献あり 索引あり〉　1429円　①978-4-88965-186-7　Ⓝ651.2

(内容)1998年から2008年10月までに起きた森林・林業・木材産業に関する出来事を、隔週刊『林政ニュース』の掲載記事を中心に整理・収録。「国有林野抜本改革」など話題のテーマを紹介するトピックス&データも掲載。

総合年表日本の森と木と人の歴史　国土緑化推進機構企画・監修, 日本林業調査会編　日本林業調査会　1997.10　626p　21cm　4762円　①4-88965-091-1　Ⓝ652.1

<事 典>

樹木　コリン・リズデイル, ジョン・ホワイト, キャロル・アッシャー著, 杉山明子, 清水晶子訳　新樹社　2007.6　360p　23×14cm　(知の遊びコレクション)　〈原書名：Eyewitness Companion Trees〉　2800円　①978-4-7875-8556-1

(目次)樹木とはなにか?(樹木の分類, 樹木の進化, 樹木の構造 ほか), 生活のなかの木(有史前の人びとと木, 木にまつわる神話と精霊, 食物をつくる木 ほか), 世界の樹木(胞子をつける木, 種子をつける木)

(内容)人間とかかわりの深い約500種の樹木について、樹皮、葉、花、果実などの基本情報を掲載。植物の同定に役立つ。たくさんの美しい写真やわかりやすいキャプションをとおして、世界じゅうの樹木について新たな発見をしよう。自然の動植物の生息地であり、生態系の重要な一部である樹木と森の大切さを理解しよう。民話や林業などをつうじて、古来からつづく人と木のきずなを探ってみよう。

樹木医が教える緑化樹木事典　病気・虫害・管理のコツがすぐわかる!　増補改訂　矢口行雄監修　誠文堂新光社　2013.6　431,16p　21cm　〈ハンディ版　文献あり 索引あり〉　2600円　①978-4-416-71375-4　Ⓝ653.2

(目次)常緑樹(アカマツ・クロマツ・ゴヨウマツ, イヌマキ, カイヅカイブキ, カナリーヤシ, コウヤマキ ほか), 落葉樹(アオギリ, アカシデ, アキニレ, アジサイ, アンズ ほか)

(内容)第一線で活躍する樹木医ならではの視点で樹木の管理とコツとよくある病害虫の症状を解説。1つ1つの樹種に樹木医らしい解説がたっぷりついた事典です。

樹木医が教える緑化(りょくか)樹木事典　病気・虫害・管理のコツがすぐわかる! 樹種別解説　矢口行雄監修　誠文堂新光社　2009.6　336p　26cm　〈文献あり 索引あり〉　3800円　①978-4-416-40906-0　Ⓝ653.2

(目次)常緑樹(アカマツ／クロマツ／ゴヨウマツ, イヌマキ, カイヅカイブキ, コウヤマキ ほか), 落葉樹(アオギリ, アカシデ, アキニレ, アジサイ ほか)

(内容)樹木の性質や管理上の注意を詳細に解説した樹木事典。主要な緑化樹木110種について、常緑樹(針葉樹、広葉樹の順に掲載)と落葉樹にわけてそれぞれ50音順に掲載。巻末に樹種名索引が付く。

樹木もの知り事典　平凡社編　平凡社　2003.4　407p　18cm　2500円　①4-582-12426-7

(内容)おもに日本で見られる樹木の事典。収録されている項目は、樹木名項目約500、植物一般項目約100、収録図版約1500点。

森林総合科学用語辞典　学生達とつくった学生のための　関岡東生監修　東京農業大学出版会　2012.4　314p　18cm　2300円　①978-4-88694-408-5　Ⓝ650.1

(内容)森林、林業・木材産業、山村問題等について学ぶ人を対象にした用語辞典。東京農業大学森林総合科学科の学生らが、授業中や予習・復習の際に出遭った用語を整理し、解説を加える。

森林総合科学用語辞典　新版　関岡東生監修　東京農業大学出版会　2015.4　612,5p　18cm　〈他言語標題：DICTIONARY OF FOREST SCIENCE　文献あり〉　3800円

Ⓘ978-4-88694-442-9　Ⓝ650.1

(内容)2012年刊行の旧版から収録語数を大幅に追加、約1万語を収載した用語事典。

森林大百科事典　森林総合研究所編　朝倉書店　2009.8　626p　27cm　〈索引あり〉　25000円　Ⓘ978-4-254-47046-8　Ⓝ650.36

(目次)森林と樹木，森林の成り立ち，森林を支える土壌と環境，水と土の保全，森林と気象，森林における微生物の働き，森林の昆虫類，野生動物の保全と共存，遺伝的多様性，樹木のバイオテクノロジー，きのことその有効活用，森林の造成，林業の機械化，林業経営と木材需要，木材の性質，木材の加工，木材の利用，森林バイオマスの利用，森林の管理計画と空間利用，地球環境問題と世界の森林

(内容)森林がもつ数多くの重要な機能を解明、森林に関するすべてを網羅した事典。

森林と木材を活かす事典　地球環境と経済の両立の為の情報集大成　ガイアブックス　2015.5　527p　31×23cm　9000円　Ⓘ978-4-88282-946-1

(目次)森林・木材活性化が持続可能な地球環境を作る，環境にメリットをもたらす木材利用，森林本来の力を十分に活かす要素，木材活用が地域の産業を活性化する，林業活性化による地域振興，人間の為の森林有効利用，木材を建築・建設に積極利用，木質バイオマスのエネルギー活用，新しい木材加工技術の知識，地域文化と暮らしを豊かにする森林と木材，積極的に取り入れる海外の優れた事例

(内容)木を切ったら必ず植林して保全していく。木材を有効活用することで地域振興とビジネスの成功の両立を果たす。この循環型地球環境の為の事業は、経済と環境の両立を可能にし、永遠無限の地球資源を確保することになる。有能な人材、経済力のある投資家、行政指導者などの人々のマインドと積極的支援が森林と木材を活かす事業の活性化を実現してくれる。本書はそうした事を果たす為に必要な知識・技術・事業例を集大成した貴重な情報大全である。森林・木材の仕事及び職場に携わっている総ての人々が、活性化の為に力を合わせていけば、国策にも影響を与えていく。

森林の百科　井上真，桜井尚武，鈴木和夫，富田文一郎，中静透編　朝倉書店　2003.12　739p　21cm　23000円　Ⓘ4-254-47033-9

(目次)1 序説，2 森林・樹木の構造と機能，3 森林資源，4 森林の管理，5 森を巡る文化と社会，6 21世紀の森林―森林と人間

(内容)本書は、森林を21世紀の地球環境に則したグローバルな視点からとらえ、従来の書物に欠けていた森林に関わるさまざまな事象を項目に加え、21世紀の森林を俯瞰した百科を志したもので、時間的にも空間的にも悠久の世界である森林の森羅万象について、そして森林と人間の関係について、専門家のみならず一般の読者にもわかりやすく記述した。

森林の百科　普及版　井上真，桜井尚武，鈴木和夫，富田文一郎，中静透編集　朝倉書店　2012.6　739p　22cm　〈索引あり〉　18000円　Ⓘ978-4-254-47049-9　Ⓝ650.36

(目次)1 序説，2 森林・樹木の構造と機能，3 森林資源，4 森林の管理，5 森を巡る文化と社会，6 21世紀の森林―森林と人間

森林の百科事典　太田猛彦，北村昌美，熊崎実，鈴木和夫，須藤彰司，只木良也，藤森隆郎編　丸善　1996.11　826p　21cm　18540円　Ⓘ4-621-04261-0

(目次)総論（森林，森林が生む環境，森林と文化，森林が生む物質的資源，森林の管理，今日の森林問題），各論，統計に見る世界の森林、日本の森林，和英・英和索引

森林用語辞典　森と木と人をつなぐ 現代林業用語辞典 version2　林業Wikiプロジェクト編　日本林業調査会　2008.12　197p　19cm　〈文献あり〉　1429円　Ⓘ978-4-88965-187-4　Ⓝ650.33

(内容)現代の森林・林業・木材産業に関係する基礎用語及び最新用語を解説する事典。2007年9月刊行の『現代林業用語辞典』の第2版として、新語を加えて全面改訂している。

森林・林業百科事典　日本林業技術協会編　丸善　2001.5　1236p　26cm　28000円　Ⓘ4-621-04888-0　Ⓝ650.33

(内容)森業、林業、林産業に関する最新情報をまとめた事典。林業・林産業の実務者や研究者のほか、森林に関心を寄せる一般読者も対象に編集している。見出し語の五十音順に排列し、五十音索引・欧文索引を付す。1961年の「林業百科事典」、1971年の「新版林業百科事典」に引き続くもので30年ぶりに全面的に改訂した。

森林・林業・木材辞典　森林・林業・木材辞典編集委員会編　日本林業調査会　1993.10　375p　19cm　2500円　Ⓘ4-88965-047-4　Ⓝ650.33

＜辞 典＞

日本樹木名方言集　復刻版　農商務省山林局編，関岡東生解題　海路書院　2006.12　482p　21cm　18000円　Ⓘ4-902796-56-2

(内容)大正四年刊行の本書は、木材需給情報の

一元的な管理・統制を念頭に「方言」と「標準語」を対照させる目的で上梓されたものである。頭文字の字画による漢字名索引付。

露・英・和森林辞典　藤原滉一郎，菊間満，B.ハーベルゲル編　日本林業調査会　1999.2　334p　19cm　〈他言語標題：Русско－англо－японский лесной словарь〉　3810円　Ⓘ4-88965-107-1　Ⓝ650.33

<ハンドブック>

森林ハンドブック　2007　日本林業協会編　日本林業協会　2007.8　299p　19cm　1524円

(目次)1 森林・林業の動向，2 森林・林業関係法令の概要，3 森林・林業関係諸制度の概要，4 森林・林業関係長期計画，5 林野公共事業の概要，6 林野非公共事業の概要，7 林業金融，8 林業関係税制，9 森林・林業関係予算，10 参考資料

森林ハンドブック　平成17年度　日本林業協会編　日本林業協会　2005.7　335p　19cm　1524円

(目次)1 森林・林業の動向，2 森林・林業関係法令の概要，3 森林・林業関係諸制度の概要，4 森林・林業関係長期計画，5 林野公共事業の概要，6 林野非公共事業の概要，7 林業金融，8 林業関係税制，9 森林・林業関係予算，10 参考資料

森林ハンドブック　平成18年度　日本林業協会編　日本林業協会　2006.8　295p　19cm　1524円

(目次)1 森林・林業の動向，2 森林・林業関係法令の概要，3 森林・林業関係諸制度の概要，4 森林・林業関係長期計画，5 林野公共事業の概要，6 林野非公共事業の概要，7 林業金融，8 林業関係税制，9 森林・林業関係予算，10 参考資料

森林・林業実務必携　東京農工大学農学部森林・林業実務必携編集委員会編　朝倉書店　2007.9　446p　19cm　8000円　Ⓘ978-4-254-47042-0

(目次)森林生態，森林土壌，林木育種，育林，特用林産，森林保護，野生鳥獣管理，森林水文，山地防災と流域保全，測量，森林計測，生産システム，基盤整備，林業機械，林産業と木材流通，森林経理・森林評価，森林法律，森林政策，森林風致と環境緑化，造園，木材の性質，木材加工，木材の改質と塗装・接着，木材の保存，木材の化学的利用

すぐわかる森と木のデータブック　2002　日本林業調査会編　日本林業調査会　2002.4　111p　18cm　1000円　Ⓘ4-88965-137-3　Ⓝ650

(目次)データ＆解説（森林，林業，木材，林政），最新の話題（温暖化問題で「森林吸収源」対策に焦点，違法伐採問題の実態解明と対応策が急務，世界規模で広がる森林認証・ラベリング制度，林産物の貿易自由化問題、セーフガードとWTO，「世界の水」問題で森林の役割に注目ほか）

(内容)森林、林業、木材についてのデータブック。森林・林業・木材・林政の4部門に分けて、それぞれの現状・問題点等の45テーマについて、グラフや図表等のデータを掲載、詳しい解説を加える。また、温暖化問題、違法伐採問題等の最近の話題16テーマについてもピックアップして紹介する。巻末に都道府県別森林・林業関係統計表等の資料を掲載、用語説明を付す。

日本有用樹木誌　カラー版　伊東隆夫，佐野雄三，安部久，内海泰弘，山口和穂著　（大津）海青社　2011.7　238p　21cm　〈他言語標題：Useful trees of Japan　索引あり〉　3333円　Ⓘ978-4-86099-248-4　Ⓝ653.21

(目次)アカマツ・クロマツ，アケビ・マタタビ・サルナシ，アコウ・ガジュマル，アスナロ・ヒノキアスナロ，イスノキ，イチイ，イチョウ，イヌマキ，イボタノキ，ウツギ類（ウツギ・ノリウツギ）〔ほか〕

(内容)約100種の樹木の性質とその用途を解説。巻末に五十音順の索引が付く。

<図鑑・図集>

巨樹・巨木　日本全国674本　渡辺典博著　山と渓谷社　1999.3　451p　21×18cm　（ヤマケイ情報箱）　3200円　Ⓘ4-635-06251-1

(目次)北海道・東北，関東，中部，近畿，中国，四国，九州

(内容)全国の巨樹・名木674本を紹介したガイド。地上約1.3メートルの位置で幹周りが3メートル以上を目安に全国の巨樹を紹介。名木の多い桜111本、樹齢の長い杉71本、とりわけ大きくなるクスノキ55本、信仰の対象となる木が多いイチョウ43本など、77種類の樹木を収録。掲載項目は、樹種、樹高と幹周り、推定樹齢など。「樹種別索引」、主な樹種16種の「樹種別最新全国ランキング」、ぜひ見て欲しい212本を掲載した「巨樹・巨木MAP」付き。

続 巨樹・巨木　日本全国846本　渡辺典博著　山と渓谷社　2005.12　487p　21×19cm　（ヤマケイ情報箱）　3600円　Ⓘ4-635-06256-2

(目次)北海道・東北，関東，中部，近畿，中国，

四国，九州

(内容)日本全国の巨樹・巨木846本を、カラー写真および取材記や巨樹にまつわる話などを交えて紹介。本文は地域別に排列(北海道から沖縄まで)。巻末に樹種別索引付き。

日本一の巨木図鑑　樹種別日本一の魅力120　宮誠而写真・解説　文一総合出版　2013.3　255p　19cm　(列島自然めぐり)　2200円　①978-4-8299-8801-5

(内容)日本一の巨木はどれなのか7年の歳月をかけ800本以上を実測、ついに完成を見た樹種別日本一がわかる初の巨木図鑑。北海道から鹿児島まで、日本一と呼ぶにふさわしい巨木120本厳選。プロ写真家の手による巨木ベストショット約250点収載。カーナビにべんりな巨木の位置の緯度・経度表示つき。

<年鑑・白書>

森林・林業白書　森林及び林業の動向に関する年次報告　平成13年度　森林と国民との新たな関係の創造に向けて　林野庁編　日本林業協会　2002.4　336,46p　30cm　2000円　①4-931155-12-X　Ⓝ652.1

(目次)第1部 森林及び林業の動向(森林と国民との新たな関係の創造に向けて，森林の多面的機能の持続的な発揮に向けた整備と保全，林業の健全な発展を目指して，木材の供給と利用の確保，森林と人との新たな関係を発信する山村 ほか)，第2部 森林及び林業に関して講じた施策(多面的機能の発揮のための森林の整備と保全の推進，森林の整備と森林資源の循環利用を担う林業の振興，森林資源の循環利用を担う木材産業の振興，公的関与による森林の適正な整備，森林・林業・木材産業に関する研究・技術開発と普及 ほか)

森林・林業白書　平成14年度　世界の森林の動向とわが国の森林整備の方向　林野庁編　日本林業協会　2003.4　284,46p　30cm　2000円　①4-931155-13-8

(目次)第1部 森林及び林業の動向(世界の森林の動向と我が国の森林整備の方向，森林の整備、保全と山村の活性化，林業の持続的かつ健全な発展と課題，木材の供給の確保と利用の推進，国有林野事業における改革の推進)，第2部 森林及び林業に関して講じた施策(森林の多面的機能の持続的な発揮に向けた整備と保全，林業の持続的かつ健全な発展の確保，林産物の供給及び利用の確保，森林・林業・木材産業に関する研究・技術開発と普及，都市と山村の共生・対流の推進等による山村の振興，森林・林業分野における国際的取組の推進，その他林政の推進に必要な措置)

森林・林業白書　平成15年度　新たな木の時代を目指して　林野庁編　日本林業協会　2004.4　230,44p　30cm　2000円　①4-931155-14-6

(目次)第1部 森林及び林業の動向(新たな「木の時代」を目指して，木材産業と木材需給，森林の整備・保全と国際貢献，林業の発展と山村の活性化，国有林野事業における改革の推進)，第2部 森林及び林業に関して講じた施策(森林のもつ多面的機能の持続的な発揮に向けた整備と保全，都市と山村の共生・対流の推進等による山村の振興，林業の持続的かつ健全な発展の確保，林産物の供給及び利用の確保，森林・林業・木材産業に関する研究・技術開発と普及，国有林野事業改革の推進，森林・林業分野における国際的取組の推進)

森林・林業白書　平成16年度　次世代へと森林を活かし続けるために　林野庁編　日本林業協会，農林統計協会(発売)　2005.6　222,48,13p　30cm　2800円　①4-541-03269-4

(目次)第1部 森林及び林業の動向(次世代へと森林を活かし続けるために，森林の整備・保全，林産物需給と木材産業，「国民の森林」を目指した国有林野における取組)

(内容)本書では、我が国森林の状況を踏まえた上で、森林からの恩恵を次世代に引き継ぐための林業・山村の取組方策について提示するとともに、森林・林業基本法の理念に基づき、森林、林産物、国有林野事業の各分野についての動向と課題を取り上げている。

森林・林業白書　平成18年版　国民全体で支える森林　林野庁編　日本林業協会　2006.5　228,51p　30cm　2000円　①4-931155-16-2

(目次)第1部 森林及び林業の動向(基本認識，トピックス，国民全体で支える森林，森林の整備・保全，林業・山村の振興，木材需給と木材産業，「国民の森林」を目指した国有林野の取組)，第2部 平成17年度森林及び林業施設(概説，森林のもつ多面的機能の持続的な発揮に向けた整備と保全，都市と山村の共生・対流の推進等による山村の振興，林業の持続的かつ健全な発展の確保，林産物の供給及び利用の確保，森林・林業・木材産業に関する研究・技術開発と普及，国有林野の適切かつ効率的な管理経営の推進，森林・林業分野における国際的取組の推進)

森林・林業白書　平成18年版　国民全体で支える森林　林野庁編　日本林業協会，農林統計協会(発売)　2006.6　228,51,15p

30cm　2800円　①4-541-03366-6

(目次)第1部 森林及び林業の動向(国民全体で支える森林，森林の整備・保全，林業・山村の振興，木材需給と木材産業，「国民の森林」を目指した国有林野の取組)，第2部 平成17年度森林及び林業施策(森林のもつ多面的機能の持続的な発揮に向けた整備と保全，都市と山村の共生・対流の推進等による山村の振興，林業の持続的かつ健全な発展の確保，林産物の供給及び利用の確保，森林・林業・木材産業に関する研究・技術開発と普及 ほか)

(内容)本書は、森林・林業基本法(昭和39年法律第161号)第10条第1項の規定に基づく平成17年度の森林及び林業の動向並びに講じた施策並びに同条第2項の規定に基づく平成18年度において講じようとする森林及び林業施策について報告を行うものである。

森林・林業白書　平成19年版　健全な森林を育てる力強い林業・木材産業を目指して　林野庁編　日本林業協会　2007.5　231p　30cm　2000円　①978-4-931155-17-6

(目次)第1部 森林及び林業の動向(健全な森林を育てる力強い林業・木材産業を目指して，地球温暖化防止に向けた森林吸収源対策の推進 ほか)，第2部 平成18年度森林及び林業施策(森林のもつ多面的機能の持続的な発揮に向けた整備と保全，都市と山村の共生・対流の推進等による山村の振興 ほか)，平成19年度森林及び林業施策(森林のもつ多面的機能の持続的な発揮に向けた整備と保全，林業の持続的かつ健全な発展と森林を支える山村の活性化 ほか)，参考付表(国民経済及び森林資源，森林の整備及び保全 ほか)

森林・林業白書　健全な森林を育てる力強い林業・木材産業を目指して　平成19年版　林野庁編　日本林業協会，農林統計協会(発売)　2007.6　1冊　30cm　2700円　①978-4-541-03497-7

(目次)第1部 森林及び林業の動向(健全な森林を育てる力強い林業・木材産業を目指して，地球温暖化防止に向けた森林吸収源対策の推進，多様なニーズに応じた森林の整備・保全の推進，林業・山村の振興，「国民の森林」としての国有林野の取組)，第2部 平成18年度森林及び林業施策(概説，森林のもつ多面的機能の持続的な発揮に向けた整備と保全，都市と山村の共生・対流の推進等による山村の振興，林業の持続的かつ健全な発展の確保，林産物の供給及び利用の確保，森林・林業・木材産業に関する研究・技術開発と普及，国有林野の適切かつ効率的な管理経営の推進，持続可能な森林経営の実現に向けた国際的な取組の精神)

(内容)この本書は、森林・林業基本法(昭和39年法律第161号)第10条第1項の規定に規づく平成18年度の森林及び林業の動向並びに講じた施策並びに同条第2項の規定に基づく平成19年度において講じようとする森林及び林業施策について報告を行うものである。

森林・林業白書　国産材の安定供給を支え、健全な森林を将来へと引き継ぐ林業経営の確立に向けて　平成20年版　林業の新たな挑戦　林野庁編　日本林業協会　2008.5　244p　30cm　2000円　①978-4-931155-18-3　Ⓝ652.1

(目次)第1部 森林及び林業の動向(林業の新たな挑戦，京都議定書の約束達成に向けた森林吸収源対策の加速化，多様で健全な森林づくりに向けた森林の整備・保全の推進，林産物需給と木材産業 ほか)，第2部 平成19年度森林及び林業施策(森林のもつ多面的機能の持続的な発揮に向けた整備と保全，林業の持続的かつ健全な発展と森林を支える山村の活性化，林産物の供給及び利用の確保，森林・林業・木材産業に関する研究・技術開発と普及 ほか)

森林・林業白書　平成20年版　林業の新たな挑戦　林野庁編　日本林業協会，農林統計協会(発売)　2008.6　172p,31p,41p,14p　30cm　2200円　①978-4-541-03585-1　Ⓝ652.1

(目次)第1部 森林及び林業の動向(林業の新たな挑戦―国産材の安定供給を支え、健全な森林を将来へと引き継ぐ林業経営の確立に向けて，京都議定書の約束達成に向けた森林吸収源対策の加速化，多様で健全な森林づくりに向けた森林の整備・保全の推進，林産物需給と木材産業 ほか)，第2部 平成19年度森林及び林業施策(森林のもつ多面的機能の持続的な発揮に向けた整備と保全，林業の持続的かつ健全な発展と森林を支える山村の活性化，林産物の供給及び利用の確保，森林・林業・木材産業に関する研究・技術開発と普及 ほか)

(内容)健全な森林の育成や国産材の安定供給を将来にわたり支えていくために求められる林業の新たな姿について具体的に提示。また、地球温暖化防止のための森林吸収源対策の必要性をはじめ森林・林業・木材産業の現状や課題等をわかりやすく記述。

森林・林業白書　低炭素社会を創る森林　平成21年版　林野庁編　日本林業協会　2009.5　182,31,41p　30cm　2000円　①978-4-931155-19-0　Ⓝ652.1

(目次)第1部 森林及び林業の動向(低炭素社会を創る森林，多様で健全な森林の整備・保全の推進，林業・山村の活性化，林産物需給と木材産業，「国民の森林」としての国有林野の取組)，第2部 平成20年度森林及び林業施策(森林のもつ多面的機能の持続的な発揮に向けた整備と保全，林業の持続的かつ健全な発展と森林を支える山村の活性化，林産物の供給及び利用の確保による国産材競争力の向上，森林・林業・木材産業に関する研究・技術開発と普及，国有林野の適切かつ効率的な管理経営の推進，持続可能な森林経営の実現に向けて国際的な取組の推進）

森林・林業白書　低炭素社会を創る森林　平成21年版　林野庁編　農林統計協会　2009.6　182,41p　30cm　2000円　①978-4-541-03640-7　Ⓝ652.1

（目次）第1部 森林及び林業の動向（低炭素社会を創る森林，多様で健全な森林の整備・保全の推進，林業・山村の活性化，林産物需給と木材産業，「国民の森林としての国有林野の取組」），第2部 平成20年度森林及び林業施策（森林のもつ多面的機能の持続的な発揮に向けた整備と保全，林業の持続的かつ健全な発展と森林を支える山村の活性化，林産物の供給及び利用の確保による国産材競争力の向上，森林・林業・木材産業に関する研究・技術開発と普及，国有林野の適切かつ効率的な管理経営の推進，持続可能な森林経営の実現に向けて国際的な取組の推進）

（内容）平成20年度では、京都議定書の目標達成に向けた森林整備、木材・木質バイオマスの利用拡大等の取組を幅広く紹介し、低炭素社会の実現に果たす森林の役割や重要性を明らかにするとともに、森林・林業・木材産業の現状と課題を可能な限り平易に記述した。

森林・林業白書　平成22年版　林野庁編　農林統計協会　2010.6　145,16,37p　30cm　2000円　①978-4-541-03698-8　Ⓝ652.1

（目次）第1部 森林及び林業の動向（林業の再生に向けた生産性向上の取組，地球温暖化と森林，多様で健全な森林の整備・保全，林業・山村の活性化 ほか），第2部 平成21年度森林及び林業施策（森林のもつ多面的機能の持続的な発揮に向けた整備と保全，林業の持続的かつ健全な発達と森林を支える山村の活性化，林産物の供給及び利用の確保による国産材競争力の向上，森林・林業・木材産業に関する研究・技術開発と普及 ほか）

森林・林業白書　平成23年版　林野庁編　農林統計協会　2011.6　162,33p　30cm　2000円　①978-4-541-03768-8

（目次）第1部 森林及び林業の動向（木材の需要拡大―新たな「木の文化」を目指して，地球温暖化と森林，多様で健全な森林の整備・保全，林業・山村の活性化，林産物需給と木材産業，「国民の森林」としての国有林野の取組），第2部 平成22年度森林及び林業施策（森林の有する多面的機能の持続的な発揮に向けた整備と保全，林業の持続的かつ健全な発展と森林を支える山村の活性化，林産物の供給及び利用の確保による国産材競争力の向上，森林・林業・木材産業に関する研究・技術開発と普及，国有林野の適切かつ効率的な管理経営の推進，持続可能な森林経営の実現に向けた国際的名取組の推進）

森林・林業白書　平成24年版　林野庁編　農林統計協会　2012.5　1冊　30×21cm　2000円　①978-4-541-03823-4

（目次）第1部 森林及び林業の動向（東日本大震災からの復旧・復興に向けて，地球温暖化と森林，多様で健全な森林の整備・保全，林業・山村の活性化，林産物需給と木材産業 ほか），第2部 平成23年度森林及び林業施策（森林の有する多面的機能の持続的な発揮に向けた整備と保全，林業の持続的かつ健全な発展と森林を支える山村の活性化，林産物の供給及び利用の確保による国産材競争力の向上，森林・林業・木材産業に関する研究・技術開発と普及，国有林野の適切かつ効率的な管理経営の推進 ほか）

森林・林業白書　平成24年版　林野庁編　全国林業改良普及協会　2012.5　208,17,32p　30cm　2000円　①978-4-88138-276-9

（目次）第1部 森林及び林業の動向（東日本大震災からの復旧・復興に向けて，地球温暖化と森林，多様で健全な森林の整備・保全，林業・山村の活性化，林産物需給と木材産業，「国民の森林（もり）」としての国有林野の管理経営），第2部 平成23年度森林及び林業施策（森林の有する多面的機能の持続的な発揮に向けた整備と保全，林業の持続的かつ健全な発展と森林を支える山村の活性化，林産物の供給及び利用の確保による国産材競争力の向上，森林・林業・木材産業に関する研究・技術開発と普及，国有林野の適切かつ効率的な管理経営の推進，持続可能な森林経営の実現に向けた国際的な取組の推進）

森林・林業白書　平成25年版　林野庁編　全国林業改良普及協会　2013.6　226,16,32p　30cm　2200円　①978-4-88138-294-3

（目次）第1部 森林及び林業の動向（森林・林業の再生と国有林，東日本大震災からの復旧・復興，地球温暖化対策と森林，森林の整備・保全，林業と山村，林産物需給と木材産業），第2部 平成24年度森林及び林業施策（森林の有する多面的機能の発揮に関する施策，林業の持続的かつ健全な発展に関する施策，林産物の供給及び利用の確保に関する施策，国有林野の管理及び経営に関する施策，団体の再編整備に関する施策）

森林・林業白書　平成25年版　林野庁編　農林統計協会　2013.7　1冊　30cm　2200円　①978-4-541-03936-1

（目次）第1部 森林及び林業の動向，第2部 平成24年度森林及び林業施策

森林・林業白書　平成26年版　林野庁編
全国林業改良普及協会　2014.6　223,32p　30cm　2200円　①978-4-88138-308-7

(目次)第1部 森林及び林業の動向(森林の多面的機能と我が国の森林整備，東日本大震災からの復興，我が国の森林と国際的取組，林業と山村，木材需給と木材産業，国有林野の管理経営)，第2部 平成25年度森林及び林業施策(森林の有する多面的機能の発揮に関する施策，林業の持続的かつ健全な発展に関する施策，林産物の供給及び利用の確保に関する施策，国有林野の管理及び経営に関する施策，団体の再編整備に関する施策)

森林・林業白書　平成26年版　林野庁編
農林統計協会　2014.7　223,17,32p　30cm　2200円　①978-4-541-03985-9

(目次)第1部 森林及び林業の動向(森林の多面的機能と我が国の森林整備，東日本大震災からの復興，我が国の森林と国際的取組，林業と山村，木材需給と木材産業，国有林野の管理経営)，第2部 平成25年度森林及び林業施策(森林の有する多面的機能の発揮に関する施策，林業の持続的かつ健全な発展に関する施策，林産物の供給及び利用の確保に関する施策，国有林野の管理及び経営に関する施策，団体の再編整備に関する施策)

森林・林業白書　平成27年版　林野庁編
全国林業改良普及協会　2015.6　225,17,32p　30cm　2200円　①978-4-88138-325-4

(目次)第1部 森林及び林業の動向(森林資源の循環利用を担う木材産業，森林の整備・保全，林業と山村，木材需給と木材利用，国有林野の管理経営，東日本大震災からの復興)，第2部 平成26年度森林及び林業施策(森林の有する多面的機能の発揮に関する施策，林業の持続的かつ健全な発展に関する施策，林産物の供給及び利用の確保に関する施策，国有林野の管理及び経営に関する施策，団体の再編整備に関する施策)

森林・林業白書　平成27年版　林野庁編
農林統計協会　2015.7　225,17,32p　30cm　2200円　①978-4-541-04038-1

(目次)第1部 森林及び林業の動向(森林資源の循環利用を担う木材産業，森林の整備・保全，林業と山村，木材需給と木材利用，国有林野の管理経営，東日本大震災からの復興)，第2部 平成26年度森林及び林業施策(森林の有する多面的機能の発揮に関する施策，林業の持続的かつ健全な発展に関する施策，林産物の供給及び利用の確保に関する施策，国有林野の管理及び経営に関する施策，団体の再編整備に関する施策)

森林・林業白書　平成28年版　林野庁編　全国林業改良普及協会　2016.6　302p　30cm　2200円　①978-4-88138-337-7　Ⓝ652.1

(目次)第1部 森林及び林業の動向(国産材の安定供給体制の構築に向けて，森林の整備・保全，林業と山村，木材需給と木材利用，国有林野の管理経営，東日本大震災からの復興)，第2部 平成28年度森林及び林業施策(森林の有する多面的機能の発揮に関する施策，林業の持続的かつ健全な発展に関する施策，林産物の供給及び利用の確保に関する施策，国有林野の管理及び経営に関する施策，団体の再編整備に関する施策)

森林・林業白書　平成28年版　林野庁編
農林統計協会　2016.6　225,18,32p　30cm　2200円　①978-4-541-04095-4

(目次)第1部 森林及び林業の動向(国産材の安定供給体制の構築に向けて，森林の整備・保全，林業と山村，木材産業と木材利用，国有林野の管理経営，東日本大震災からの復興)，第2部 平成27年度森林及び林業施策(森林の有する多面的機能の発揮に関する施策，林業の持続的かつ健全な発展に関する施策，林産物の供給及び利用の確保に関する施策，国有林野の管理及び経営に関する施策，団体の再編整備に関する施策)

森林・林業白書　平成29年版　林野庁編
農林統計協会　2017.6　236,19,2，32p　30cm　2200円　①978-4-541-04152-4

(目次)第1部 森林及び林業の動向(トピックス，成長産業化に向けた新たな技術の導入，森林の整備・保全，林業と山村(中山間地域)，木材産業と木材利用，国有林野の管理経営，東日本大震災からの復興)，第2部 平成28年度森林及び林業施策(概説，森林の有する多面的機能の発揮に関する施策，林業の持続的かつ健全な発展に関する施策，林産物の供給及び利用の確保に関する施策，国有林野の管理及び経営に関する施策，団体の再編整備に関する施策)

世界森林白書　1997年　国際連合食糧農業機関(FAO)編，国際食糧農業協会訳　国際食糧農業協会　1998.3　230p　30cm　5000円

(目次)第1部 要約，第2部 本文(森林の保全・開発の現状と動向，政策、計画及び組織体制，地域別のハイライト)

世界森林白書　1999年　国際連合食糧農業機関編　国際食糧農業協会　2000.5　274p　21cm　(資料 第388号)　〈原書名：State of the world's forests (SOFO) 1999〉　4000円　Ⓝ652

(目次)第1部 森林の保全及び発展の現状と見通し(森林資源の現状，森林管理の現状と傾向，森林の環境的・社会的サービス，林産物の世界的動向)，第2部 政策、計画立案及び制度(国の森林に関する計画、政策及び立法における問題点，制度的枠組みの発展)，第3部 森林に関する

国際的な対話及び取組み（UNCEDのフォローアップ：IPF／IFF過程の現況，持続可能な森林経営を支援する他の世界的及び地域的取組み，持続可能な森林経営を支援する国際的措置の問題点及び選択肢），第4部 地域的経済グループにおける林業（欧州連合，独立国家共同体，西アフリカ諸国経済共同体，東南アフリカ共同市場，アラブ連盟，南アジア地域協力連合，東南アジア諸国連合，南太平洋フォーラム，中南米経済システム，カリブ共同体共通市場，北米自由貿易協定）

（内容）世界の森林の現況、最近の主な政策及び制度の発展、林業の将来方向などをまとめた資料集。テーマ別の4部で構成。巻末に付録として略称、用語の定義、付表を収録する。

世界森林白書　2002年　国連食糧農業機関（FAO）編，FAO協会訳　（FAO協会）国際食糧農業協会，農山漁村文化協会（発売）　2002.11　311p　21cm　4000円
Ⓘ4-540-02131-1　Ⓝ652

（目次）第1部 森林セクターの状況と最近の進展（最近の進展），第2部 今日の森林セクターの主要課題（森林の状況：世界森林資源評価2000，気候変動と森林，地球の炭素貯留に森林の果たす役割 ほか），第3部 森林に関する国際対話と取組（国際対話と地球、地域、国家レベルの取組），第4部 地域別経済グループの林業（東南アジア諸国連合，カリブ海共同市場，独立国家共同体 ほか）

（内容）世界の森林と森林部門についてのFAO隔年報告の第4版。主として過去2年間に焦点をあて、これらの進展を考察している。森林セクターの状況と最近の進展、今日の森林セクターの主要課題、森林に関する国際対話と取組、地域別経済グループの林業の4部構成。10年に1回行われる世界森林資源評価2000の要約結果の大要、世界の森林の現状2001に基づく世界森林地図、森林部門の新しい展開と森林に関連する重要な課題などが収録されている。

日本の巨樹・巨木林　第4回自然環境保全基礎調査　九州・沖縄版　環境庁編　大蔵省印刷局　1991.5　1冊　30cm　3400円
Ⓘ4-17-319208-8

（内容）昭和63年度に、各都道府県に委託して実施され、平成元年度において集計整理された、第4回自然環境保全基礎調査「巨授・巨木林調査」の結果を各都道府県別にとりまとめたもの。巨樹・巨木林を対象とし、それらの位置、生育状況、生育環境、人々との関わり、保護の現状等についての調査結果が収録されている。

日本の巨樹・巨木林　第4回自然環境保全基礎調査　甲信越・北陸版　環境庁編　大蔵省印刷局　1991.5　1冊　30cm　3400円
Ⓘ4-17-319204-5

（内容）自然環境保全基礎調査は、自然環境全般に亘る調査であり、第4回基礎調査では、その一環として、我が国における巨樹及び巨木林の現況等を把握することを目的として、「巨樹・巨木林調査」を実施した。本報告書は、昭和63年度に、各都道府県に委託して実施され、平成元年度において集計整理された、第4回自然環境保全基礎調査「巨樹・巨木林調査」の結果を各都道府県別に取りまとめたもので、巨樹・巨木林を対象とし、それらの位置、生育状況、生育環境、人々との関わり、保護の現状等についての調査結果を収録している。

日本の巨樹・巨木林　第4回自然環境保全基礎調査　全国版　環境庁編　大蔵省印刷局　1991.12　235p　30cm　2500円
Ⓘ4-17-319209-6

（目次）1 巨樹・巨木林調査の概要，2 巨樹・巨木材調査情報処理業務の概要，3 本編，付図及び付表，資料（第4回自然環境保全基礎調査検討会及び分科会，第4回自然環境保全基礎調査要綱巨樹・巨木林調査）

日本の巨樹・巨木林　第4回自然環境保全基礎調査　中国・四国版　環境庁編　大蔵省印刷局　1991.5　1冊　30cm　3600円
Ⓘ4-17-319207-X

（内容）昭和63年度に、各都道府県に委託して実施され、平成元年度において集計整理された、第4回自然環境保全基礎調査「巨樹・巨木林調査」の結果を各都道府県別に取りまとめたもので、我が国の森林、樹木の象徴的存在であり、良好な景観や野生動物の生息環境を形成し、人々の心のよりどころとなるなど、生活と自然を豊かにする上でかけがえのない価値を有する巨樹・巨木林を対象とし、それらの位置、生育状況、生育環境、人々との関わり、保護の現状等についての調査結果を収録している。

<統計集>

巨樹・巨木林フォローアップ調査報告書　第6回自然環境保全基礎調査　環境省自然環境局生物多様性センター編　財務省印刷局　2002.8　125p　30cm　1300円
Ⓘ4-17-319210-X　Ⓝ653.21

（目次）1 巨樹・巨木林フォローアップ調査業務の概要，2 巨樹・巨木林調査（前回調査）の概要，3 本編（本調査の位置づけ，項目別集計結果，項目間集計結果，解析結果，総括），付表，資料

（内容）昭和63年に始まる巨樹・巨木林調査のフォローアップ調査統計書。昭和63年度に第4回自然環境保全基礎調査の一環として、初の巨樹・

巨木林調査を実施した。ここでは前回調査以降の変化状況を含めた巨木の現況を、平成11・12年度に巨樹・巨木林フォローアップを行い調査結果をまとめたもの。

森林・林業統計要覧　2007年版　林野庁編　林野弘済会　2007.9　250p　21cm　2857円

(目次)1 国民経済及び森林資源，2 森林の整備及び保全，3 林業，4 林産物，5 木材産業等，6 財政及び金融，7 海外の森林・林業，8 その他，付表

(内容)我が国の森林・林業及び木材産業の現状を概観できるよう、林野庁において業務の参考として作成している各課業務資料に加え、農林水産省及び関係府省で公表している統計、各種団体等が作成している統計並びに主要な国際統計を幅広く収集。

森林・林業早わかりデータ　森林・林業・木材産業の基本指標　森林・林業行政研究会編　地球社　1991.7　137p　22cm　3090円　Ⓝ650.59

◆公園・緑化

<事 典>

環境緑化の事典　日本緑化工学会編　朝倉書店　2005.9　484p　26cm　20000円　Ⓘ4-254-18021-7

(目次)緑化の機能，植物と種苗，植物の生理・生態，植物の生育基盤，都市緑化，道路緑化，環境林緑化，治山緑化工，法面緑化，生態系管理・修復，河川・湖沼・湿地（湿原），海岸・港湾，陸域の二次的自然の再生利用，乾燥地，熱帯林，緑化における評価法，緑化に関する法制度

(内容)本書は、さまざまな環境緑化に関して、その基礎となる考え方と主要な技術の内容について解説したものであり、環境緑化にかかわる広範な領域を網羅した体系化を目指して編纂したものである。本書の内容は、さまざまな環境緑化の技術を主要な部分として、緑化の機能および機能の評価方法、緑化用植物の生産、植物の生理・生態、植物の生育基盤などの緑化の基礎学、さらに緑化にかかわる法制度などを解説している。

環境緑化の事典　普及版　日本緑化工学会編集　朝倉書店　2012.4　484p　26cm　〈索引あり〉　14000円　Ⓘ978-4-254-18037-4　Ⓝ656.036

(目次)緑化の機能，植物と種苗，植物の生理・生態，植物の生育基盤，都市緑化，道路緑化，環境林緑化，治山緑化工，法面緑化，生態系管理・修復，河川・湖沼・湿地（湿原），海岸・港湾，陸域の二次的自然の再生利用，乾燥地，熱帯林，緑化による評価法，緑化に関する法制度

47都道府県・公園／庭園百科　西田正憲編著，飛田範夫，黒田乃生，井原縁著　丸善出版　2017.8　327p　20cm　〈文献あり 索引あり〉　3800円　Ⓘ978-4-621-30180-7　Ⓝ629.3

(目次)第1部 公園・庭園の基礎知識（公園・庭園の定義と種類，自然公園，都市公園，庭園，公園・庭園のいま），第2部 都道府県別公園・庭園とその特色（北海道，青森県，岩手県，宮城県，秋田県 ほか）

(内容)本書では、全国各地にある公園・庭園のうち約340事例を厳選し、地域固有の自然・風景・歴史・文化の魅力とその楽しみ方を紹介する。

動物地理

<図鑑・図集>

干潟生物観察図鑑　干潟に潜む生き物の生態と見つけ方がわかる　風呂田利夫，多留聖典著，中村武弘写真　誠文堂新光社　2016.4　159p　21cm　1800円　Ⓘ978-4-416-51616-4　Ⓝ482.1

(目次)第1章 干潟の生物データファイル（甲殻類，ゴカイの仲間 ほか），第2章 干潟の生物を調査しよう（干潟観察の準備，干潟地形と生物 ほか），第3章 「干潟」を知ろう（川がつくる海の息吹「干潟」，東京湾に残る自然豊かな干潟 ほか），第4章 見たい・行きたい全国の干潟（北海道（コムケ湖／能取湖），宮城県（蒲生干潟）福島県（松川浦干潟） ほか）

(内容)干潟には、砂や泥の中でたくましく生きている生き物がたくさんいます。本書では、干潟で観察できる生物と、その観察方法のほか、身近にありながら理解されていない「干潟」について、わかりやすく紹介しています。

森の動物図鑑　本山賢司絵・文　東京書籍　2011.9　119p　22cm　〈他言語標題：The forest animals　文献あり〉　1300円　Ⓘ978-4-487-80435-1　Ⓝ482.1

(目次)針葉樹の森・落葉樹の森（ナキウサギ，イイズナ，オコジョ，ヒグマ，ツキノワグマ ほか），照葉樹の森（キョン，ノヤギ，ツシマヤマネコ，アマミノクロウサギ，イリオモテヤマネコ）

(内容)オールイラストレーションによる画期的図鑑第3弾。

自然災害

<事 典>

地震・津波と火山の事典　東京大学地震研究所監修，藤井敏嗣，纐纈一起編　丸善　2008.3　188p　27cm　〈年表あり〉　6500円　①978-4-621-07923-2　Ⓝ453.036

(目次)1 地球(地球の内部，地球の動き)，2 地震(地震とは何か，地震波と地震動，地震に伴う諸現象と災害，津波とその災害，地震の予測)，3 火山(火山とは，火山のもと、マグマ，噴火のしくみとその規模，火山噴火に伴う諸現象，火山噴出物と噴火現象，火山噴火と環境，火山活動による災害，過去の主な噴火，地球外の火山)

(内容)地震・津波・火山の3大災害の入門知識を体系的にまとめた事典。平易な文章と多数のフルカラー図版を用いる。地震・津波と火山のメカニズムや過去の被害、未来予測や対策など、基本から研究の最前線までを収録。巻末資料には、火山活動度と火山ランク、過去の噴火災害・地震・津波災害の年表などを掲載する。

自然災害の事典　岡田義光編　朝倉書店　2007.2　694p　図版8p　〈文献あり，年表あり〉　20000円　①978-4-254-16044-4

(内容)自然災害について解説した事典。地震災害、火山災害、気象災害など8章で構成。それぞれの分野の専門家が、基礎的概要、実態、予測、防災などをデータとともに説明。最近起きた災害については、コラムで記述。日本と世界の主な自然災害年表付き。

世界と日本の激甚災害事典　住民からみた100事例と東日本大震災　北嶋秀明著　丸善出版　2015.7　533p　22cm　〈年表あり 索引あり〉　16000円　①978-4-621-08329-1　Ⓝ450.98

(目次)第1編 総論，第2編 災害各論(1章 気象災害，2章 雪氷災害，3章 土砂災害，4章 風害，5章 地震災害，6章 火山災害，7章 人為災害)，東日本大震災，災害年表

(内容)20世紀以降の死者5,000人以上、および災害史上画期となる激甚災害を図・写真を使って解説し、被害・対策・復旧・教訓を住民の視点から解説した事典。遠回りのようでも、災害の歴史に学ぶことによって初めて防災・減災が生きたものとなる。防災・減災を考え、取組む際の「よすが」になる事典。

人文地理学

人文地理学

<事 典>

人文地理学事典　人文地理学会編　丸善出版　2013.9　761p　22cm　〈他言語標題：The Dictionary of Human Geography　索引あり〉　20000円　①978-4-621-08687-2　Ⓝ290.36

(内容)分野・トピック別の重要事項を学術的に詳述した人文地理学事典。最近の地理学の内外の動向を踏まえながら、日本独自の地理学発展も考慮した268の中項目を収録。和文・欧文の引用文献、事項、人名索引付き。

人文地理学辞典　山本正三，奥野隆史，石井英也，手塚章編　朝倉書店　1997.10　525p　26cm　22000円　①4-254-16336-3　Ⓝ290.33

(内容)人文地理学の諸分野の用語、計量地理学、歴史地理学などから重要項目1940を選定。配列は五十音順、図版を多く採用し、わかりやすく解説。重要な項目には参考文献が付く。巻末に日本語索引、外国語索引(アルファベット)が付く。

人文地理学辞典　普及版　山本正三，奥野隆史，石井英也，手塚章編集　朝倉書店　2012.7　525p　27cm　〈文献あり 索引あり〉　18500円　①978-4-254-16351-3　Ⓝ290.33

(内容)集落・産業・交通といった伝統的人文地理学の分野の用語の中から、とくに計量地理学や文化、社会、歴史地理学分野の重要項目を均衡よく採用し、最新の研究成果と学説の動向を踏まえて解説する。1997年刊の新装普及版。

政治地理学

<事 典>

地政学事典　ジョン・オロッコリン編，滝川義人訳　東洋書林　2000.10　306p　21cm　〈原書名：DICTIONARY OF GEOPOLITICS〉　15000円　①4-88721-430-8　Ⓝ312.9

(内容)全世界や人類全体にわたる国際政治・国際関係上の諸問題を考察する地政学の事典。対象は地政学が広く受け入れられ学術研究の対象になっているイギリス、アメリカ、ドイツ、フランス、日本、ブラジルの各学派に限り、人名・事項名219項目を採用、解説する。排列は五十音順。約660点の参考文献と五十音順の索引を付す。

<地図帳>

ラルース地図で見る国際関係　現代の地政学 ヴィジュアル版　新版　イヴ・ラコスト著，猪口孝日本語版監修，大塚宏子訳　原書房　2017.1　385p　22cm　〈索引あり〉　5800円　①978-4-562-05350-6　Ⓝ312.9

(目次)第1部 過去から現代までの地政学，第2部 アメリカ合衆国：困難をかかえる超大国(アメリカ合衆国—世界システムの中心たる超大国，あいつぐ紛争に直面する国，21世紀の夜明け—新たな地政学的困難 ほか)，第3部 大国の地政学(EUとNATO，フランス—西ヨーロッパの十字路，ドイツ—ヨーロッパの中央で ほか)，第4部 世界の緊迫地域(アフリカ—新たな黄金郷?，地中海—世界の大緊迫地帯，バルカン半島—人々の情熱、諸帝国の利害 ほか)

(内容)一目でわかる新たな国際情勢!地政学的な観点から書かれた、縮尺の異なる150以上の地図が、ズーム効果によって空間的・歴史的流れを浮き彫りにする!世界情勢の現状に即して全面的に見なおした新版!

経済地理学

<書 誌>

経済地理学文献総覧　経済地理学講座別巻　黒正巌，菊田太郎編　日本図書センター　1996.11　320p　22cm　(社会科学書誌書目集成 第12巻)　〈監修：図書館科学会 叢文閣昭和12年刊の複製〉　25750円

①4-8205-4174-9　Ⓝ332.9

<事 典>

事典 アジア・太平洋 新しい地域像と日本の役割　総合研究開発機構編　中央経済社　1990.4　1015p　21cm　18000円　①4-502-60316-3　Ⓝ333.6

(目次)第1編 アジア・太平洋圏の形成―その変貌と躍動の論理（グローバリゼーションとアジア・太平洋のダイナミズム，世界の中でのアジア・太平洋，地域内の情勢，地域内の相互依存関係，日本の二国間関係，日本の課題），第2編 アジア・太平洋を理解するための資料（図表で見るアジア・太平洋，アジア・太平洋問題年表，アジア・太平洋問題重要ドキュメント）

(内容)政治・経済・社会・制度。今日のアジア・太平洋の全体がわかるはじめての総覧。

<ハンドブック>

NHKスペシャル「データマップ63億人の地図」経済の地図帳　NHKスペシャル「データマップ63億人の地図」プロジェクト編　アスコム　2005.1　143p　26cm　1600円　①4-7762-0215-8　Ⓝ332.9

(目次)第1章 失業の地図（世界の失業率，シリコンバレー（アメリカ）ほか），第2章 中国経済の地図（中国と世界の人口，中国と世界の1人当たりGDP伸び率 ほか），第3章 出生率の地図（世界の出生率，国が保育施設にかける金額（年間1人当たり、OECD加盟国）ほか），第4章 環境破壊の地図（世界の魚介類消費量，カナダ ほか）

◆世界統計書

<ハンドブック>

高校生のグローバルデータブック　1992　清水書院　1992.6　96p　26cm　450円　①4-389-21050-5　Ⓝ350.9

(目次)世界の国々，地理的知識の発達，地図投影法，地形環境，気候環境，都市，人口，食料・農業，米・小麦，穀類・いも類〔ほか〕

ビジュアル データ・アトラス 絵で読む最新世界情勢　'95-'96　Ian Castello-Cortes〔ほか〕編，オフィス宮崎〔ほか〕訳　（京都）同朋舎出版　1995.4　735p　27cm　〈原書名：The Dorling Kindersley world reference atlas.〉　6000円　①4-8104-2117-1　Ⓝ350.9

(内容)最近生まれた国も含めた世界191か国のプロフィール、データをビジュアルに表現した国際情報事典の決定版。詳細な地図に加え、政治、歴史、資源、犯罪、豊かさ、防衛、通信網…あらゆることがこの1冊でわかります。

<年鑑・白書>

データブック オブ・ザ・ワールド　1989（VOL.1）　二宮書店　1989.5　333p　21cm　1200円　①4-8176-0090-X　Ⓝ350.9

(内容)世界のすべての独立国・地域の最新dataを網羅。世界各国編（国別）と統計資料編（系統的）の立体的2部構成。ビジネスに、海外の理解に、情報化社会への対応に、不可欠の基本的なdata book。

データブック オブ・ザ・ワールド　1990（VOL.2）　二宮書店　1990.5　352p　21cm　1200円　①4-8176-0096-9　Ⓝ350.9

(内容)世界のすべての独立国・地域の最新データを網羅。世界各国編（国別）と統計資料編（系統的）の2部構成。国ごとに地勢、気候、略史、現況、経済、文化、軍事等の資料を掲載する。

データブック オブ・ザ・ワールド　1991（VOL.3）　二宮書店　1991.4　354p　21cm　1300円　①4-8176-0107-8　Ⓝ350.9

(内容)世界のすべての独立国・地域の最新dataを収録。世界各国編（国別）と統計資料編（系統的）の立体的2部構成。ビジネスに、海外の理解に、情報化社会への対応に不可欠の基本的なdata book。

データブック オブ・ザ・ワールド　1992（VOL.4）　二宮書店　1992.6　376p　21cm　1300円　①4-8176-0111-6　Ⓝ350.9

(内容)世界のすべての独立国・地域の最新dataを網羅。世界各国編（国別）と統計資料編（系統的）の立体的2部構成。ビジネスに、海外の理解に。情報化社会への対応に不可欠の基本的なdata book。

データブック オブ・ザ・ワールド　1993（VOL.5）　二宮書店　1993.4　404p　21cm　1400円　①4-8176-0116-7　Ⓝ350.9

(内容)世界のすべての独立国・地域の最新dataを網羅。世界各国編（国別）と統計資料編（系統的）の立体的2部構成。ビジネスに、海外の理解に。情報化社会への対応に不可欠の基本的なdata book。

データブック オブ・ザ・ワールド　1994（VOL.6）　二宮書店　1994.1　400p

21cm　500円　Ⓘ4-8176-0123-X　Ⓝ350.9

(目次)自然環境，世界の国々，人口・都市，農牧・林・水産業，エネルギー，鉱工業，交通・通信，貿易，経済・生活・文化，環境問題，国際機構

(内容)世界のすべての独立国・地球の最新dataを網羅。統計資料編(系統的)と世界各国編(国別)の立体的2部構成。激動する世界情勢をコンパクトに集成。

データブック オブ・ザ・ワールド　世界各国要覧　1995(VOL.7)　二宮書店
1995.1　408p　21cm　〈付：おもな参考資料〉　500円　Ⓝ350.9

データブック オブ・ザ・ワールド　世界各国要覧　1996(VOL.8)　二宮書店
1996.1　408p　21cm　〈付：おもな参考資料〉　505円　Ⓘ4-8176-0137-X　Ⓝ350.9

データブック オブ・ザ・ワールド　世界各国要覧　1997(VOL.9)　二宮書店
1997.1　424p　21cm　〈付：おもな参考資料〉　515円　Ⓘ4-8176-0147-7　Ⓝ350.9

データブック オブ・ザ・ワールド　世界各国要覧　1998(VOL.10)　二宮書店
1998.1　434p　21cm　〈付：おもな参考資料〉　552円　Ⓘ4-8176-0151-5　Ⓝ350.9

データブック オブ・ザ・ワールド　世界各国要覧　1999(VOL.11)　二宮書店
1999.1　440p　21cm　〈付：おもな参考資料〉　552円　Ⓘ4-8176-0164-7　Ⓝ350.9

データブック オブ・ザ・ワールド　世界各国要覧　2000(VOL.12)　二宮書店
2000.1　440p　21cm　552円
Ⓘ4-8176-0170-1　Ⓝ350.9

(目次)自然環境，世界の国々，人口・都市，農牧・林・水産業，エネルギー，鉱工業，交通・通信，貿易，経済・生活・文化，環境問題，国際機構

(内容)世界のすべての独立国・地域の最新指標を収録したデータ集。統計資料編と世界各国編の二部構成。巻末に統計要覧索引付き。

データブック オブ・ザ・ワールド　世界各国要覧　2001(VOL.13)　二宮書店
2001.2　447p　21cm　〈付：おもな参考資料〉　571円　Ⓘ4-8176-0177-9　Ⓝ350.9

データブック オブ・ザ・ワールド　世界各国要覧　2002(VOL.14)　二宮書店
2002.1　463p　21cm　〈付：おもな参考資料〉　571円　Ⓘ4-8176-0183-3　Ⓝ350.9

データブック オブ・ザ・ワールド　世界各国要覧　2003(VOL.15)　二宮書店
2003.1　479p　21cm　〈付：おもな参考資料〉　600円　Ⓘ4-8176-0197-3　Ⓝ350.9

データブック オブ・ザ・ワールド　世界各国要覧　2004(VOL.16)　二宮書店
2004.1　479p　21cm　600円
Ⓘ4-8176-0216-3　Ⓝ350.9

(目次)統計要覧(自然環境，世界の国々，人口・都市，農牧・林・水産業，エネルギー ほか)，世界各国要覧(アジア，アフリカ，ヨーロッパ，北アメリカ，南アメリカ ほか)

(内容)世界のすべての独立国・地域の最新dataを網羅。統計資料編(系統的)と世界各国編(国別)の立体的2部構成。激動する世界情勢をコンパクトに集成。

データブック オブ・ザ・ワールド　世界各国要覧と最新統計　2005(VOL.17)
二宮書店　2005.1　479p　21cm　600円
Ⓘ4-8176-0224-4　Ⓝ350.9

(目次)統計要覧(自然環境，世界の国々，人口・都市，農牧・林・水産業 ほか)，世界各国要覧(アジア，アフリカ，ヨーロッパ，北アメリカ，南アメリカ，オセアニア)

(内容)世界のすべての独立国・地域の最新dataを網羅!統計資料編(系統的)と世界各国編(国別)の立体的2部構成。激動する世界情勢をコンパクトに集成。

データブック オブ・ザ・ワールド　世界各国要覧と最新統計　2006(VOL.18)
二宮書店　2006.2　479p　21cm　619円
Ⓘ4-8176-0238-4　Ⓝ350.9

(目次)自然環境，世界の国々，人口・都市，農牧・林・水産業，エネルギー，鉱工業，交通・通信，貿易，企業・投資・経済協力，経済・生活・文化，環境問題，日本，国際機構

(内容)世界のすべての独立国・地域の最新dataを網羅。統計資料編(系統的)と世界各国編(国別)の立体的2部構成。激動する世界情勢をコンパクトに集成。

データブック オブ・ザ・ワールド　世界各国要覧と最新統計　2007(VOL.19)
二宮書店　2007.1　477p　21cm　619円
Ⓘ978-4-8176-0300-5　Ⓝ350.9

(目次)自然環境，世界の国々，人口・都市，農牧・林・水産業，エネルギー，鉱工業，交通・通信，貿易，企業・投資・経済協力，経済・生活・文化，環境問題，日本，国際機構

(内容)世界のすべての独立国・地域の最新dataを網羅。統計資料編(系統的)と世界各国編(国別)の立体的2部構成。激動する世界情勢をコンパクトに集成。

データブック オブ・ザ・ワールド 世界各国要覧と最新統計 2008（VOL.20）
二宮書店 2008.1 479p 21cm 619円
①978-4-8176-0320-3 Ⓝ350.9

(目次)統計要覧（自然環境，世界の国々，人口・都市，農牧・林・水産業，エネルギー，鉱工業，交通・通信，貿易，企業・投資・経済協力，経済・生活・文化，環境問題，日本，国際機構），世界各国要覧（アジア，アフリカ，ヨーロッパ，北アメリカ，南アメリカ，オセアニア）

(内容)世界のすべての独立国・地域の最新dataを網羅。統計資料編（系統的）と世界各国編（国別）の立体的2部構成。激動する世界情勢をコンパクトに集成。

データブック オブ・ザ・ワールド 世界各国要覧と最新統計 2009（VOL.21）
二宮書店 2009.1 479p 21cm 648円
①978-4-8176-0333-3 Ⓝ350.9

(目次)統計要覧（自然環境，世界の国々，人口・都市，農牧・林・水産業，エネルギー，鉱工業，交通・通信，貿易，企業・投資・経済協力，経済・生活・文化，環境問題，日本，国際機構），世界各国要覧（アジア，アフリカ，ヨーロッパ，北アメリカ，南アメリカ，オセアニア）

(内容)世界のすべての独立国・地域の最新dataを網羅。統計資料編（系統的）と世界各国編（国別）の立体的2部構成。激動する世界情勢をコンパクトに集成。

データブック オブ・ザ・ワールド 世界各国要覧と最新統計 2010（VOL.22）
二宮書店 2010.1 479p 21cm 648円
①978-4-8176-0340-1 Ⓝ350.9

(目次)自然環境，世界の国々，人口・都市，農牧・林・水産業，エネルギー，鉱工業，交通・通信，貿易，企業・投資・経済協力，経済・生活・文化，環境問題，日本，国際機構

(内容)世界のすべての独立国・地域の最新dataを網羅。統計資料編（系統的）と世界各国編（国別）の立体的2部構成。激動する世界情勢をコンパクトに集成。

データブック オブ・ザ・ワールド 世界各国要覧と最新統計 2011（VOL.23）
二宮書店編集部編 二宮書店 2011.1 479p 21cm 648円 ①978-4-8176-0346-3 Ⓝ350.9

(目次)自然環境，世界の国々，人口・都市，農牧・林・水産業，エネルギー，鉱工業，交通・通信，貿易，企業・投資・経済協力，経済・生活・文化，環境問題，日本，国際機構

(内容)世界のすべての独立国・地域の最新dataを網羅。統計資料編（系統的）と世界各国編（国別）の立体的2部構成。激動する世界情勢をコンパクトに集成。

データブック オブ・ザ・ワールド 世界各国要覧と最新統計 2012（VOL.24）
二宮書店 2012.1 479p 21cm 648円
①978-4-8176-0358-6 Ⓝ350.9

(目次)自然環境，世界の国々，人口・都市，農牧・林・水産業，エネルギー，鉱工業，交通・通信，貿易，企業・投資・経済協力，経済・生活・文化，環境問題，日本，国際機構

(内容)世界のすべての独立国・地域の最新dataを網羅。統計資料編（系統的）と世界各国編（国別）の立体的2部構成。激動する世界情勢をコンパクトに集成。

データブック オブ・ザ・ワールド 世界各国要覧と最新統計 2013（VOL.25）
二宮書店 2013.1 479p 21cm 648円
①978-4-8176-0373-9 Ⓝ350.9

(内容)世界のすべての独立国・地域の最新dataを網羅。統計資料編（系統的）と世界各国編（国別）の立体的2部構成。激動する世界情勢をコンパクトに集成。

データブック オブ・ザ・ワールド 世界各国要覧と最新統計 2014（VOL.26）
二宮書店 2014.1 479p 21cm 650円
①978-4-8176-0381-4 Ⓝ350.9

(目次)統計要覧（自然環境，世界の国々，人口・都市，農牧・林・水産業，エネルギー，鉱工業，交通・通信，貿易，企業・投資・経済協力，経済・生活・文化，環境問題，日本，国際機構），世界各国要覧

(内容)世界のすべての独立国・地域の最新dataを網羅!! 統計資料編（系統的）と世界各国編（国別）の立体的2部構成!! 激動する世界情勢をコンパクトに集成!!

データブック オブ・ザ・ワールド 世界各国要覧と最新統計 2015（VOL.27）
二宮書店編集部編 二宮書店 2015.1 479p 21cm 650円 ①978-4-8176-0389-0 Ⓝ350.9

(目次)統計要覧（自然環境，世界の国々，人口・都市，農牧・林・水産業，エネルギー，鉱工業，交通・通信，貿易，企業・投資・経済協力，経済・生活・文化，環境問題，日本，国際機構），世界各国要覧目次（アジア，アフリカ，ヨーロッパ，北アメリカ，南アメリカ，オセアニア）

(内容)世界のすべての独立国・地域の最新dataを網羅!! 統計資料編（系統的）と世界各国編（国別）の立体的2部構成!! 激動する世界情勢をコンパクトに集成!!

データブック オブ・ザ・ワールド 世界各

国要覧と最新統計　2016（VOL.28）
二宮書店編集部編　二宮書店　2016.1　479p
21cm　650円　Ⓘ978-4-8176-0399-9
Ⓝ350.9

(目次)自然環境，世界の国々，人口・都市，農牧・林・水産業，エネルギー，鉱工業，交通・通信，貿易，企業・投資・経済協力，経済・生活・文化，環境問題，日本，国際機構

(内容)世界のすべての独立国・地域の最新dataを網羅!! 統計資料編（系統的）と世界各国編（国別）の立体的2部構成!! 激動する世界情勢をコンパクトに集成!!

歴史地理

<事 典>

図説 世界文化地理大百科　アフリカ　普及版　ジョスリン・マーレイ編，日野舜也監訳　朝倉書店　2008.11　247p　31cm　23000円
Ⓘ978-4-254-16877-8　Ⓝ294

(目次)第1部 アフリカの自然（アフリカの地理），第2部 アフリカの文化（言語と民族，宗教，アフリカの先史人，王国と帝国，アフリカにおけるヨーロッパ，アフリカ・ディスポアラ，都市の発展，アフリカの建築，アフリカの美術，音楽とダンス，教育と識字力），第3部 アフリカの国々（北アフリカ，西アフリカ，西部中央アフリカ，北東アフリカ，東アフリカ，南東中央アフリカ，南部アフリカ，インド洋上のアフリカ）

図説 世界文化地理大百科　イスラム世界
普及版　フランシス・ロビンスン著，板垣雄三監訳　朝倉書店　2008.11　239p　31cm
〈年表あり　文献あり〉　23000円
Ⓘ978-4-254-16871-6　Ⓝ227

(目次)第1部 啓示とイスラム史（最初の9世紀間、622-1500年，中心地域の諸王朝、16世紀および17世紀，16世紀から18世紀までの辺境部のイスラムの国々，18・19世紀における衰退、改革、復興，ヨーロッパの勃興とイスラムの対応、20世紀中葉まで，20世紀後半におけるイスラムの再主張），第2部 ムスリムとして生きる（生活のなかの宗教，イスラムの芸術，現代世界とかわりゆく社会）

図説 世界文化地理大百科　インド　ゴードン・ジョンソン著，小谷汪之監修・訳，石川寛，大石高志，船原雅彦訳　朝倉書店
2001.7　238p　31×24cm　28000円
Ⓘ4-254-16658-3　Ⓝ225

(目次)自然的・文化的背景，歴史，インド亜大陸の諸地域，トピックス，地図リスト，地域地図リスト

(内容)歴史・文化・地理・宗教などからインドの全体像をとらえるための百科事典。写真、図版、地図などによる図解を中心とする。巻頭に年表を掲載するほか、巻末に用語解説、図版リスト、地図リスト、地名索引、総合索引がある。

図説 世界文化地理大百科　インド　普及版
ゴードン・ジョンソン著，小谷汪之監修，小谷汪之，石川寛，大石高志，船原雅彦訳　朝倉書店　2008.11　238p　31cm　〈年表あり〉　23000円　Ⓘ978-4-254-16876-1　Ⓝ225

(目次)第1部 自然的・文化的背景（インド亜大陸の概観，国土、気候、農業，住民、宗教、社会），第2部 歴史（先史時代および初期の歴史，ムガル時代，マラーター勢力の拡大，西欧の衝撃とベンガルの興隆，近代インド世界の形成），第3部 インド亜大陸の諸地域（パキスタン，北西部インド，北東部インド，中央インド，ネパール，ブータン，バングラデシュ，スリランカ）

図説 世界文化地理大百科　ヴァイキングの世界　コーリン・ベイティ，ヘレン・クラーク，R.I.ペイジ，ニール・S.プライス著，ジェームズ・グラハム＝キャンベル編，熊野聡監修　朝倉書店　1999.5　238p
31×24cm　28000円　Ⓘ4-254-16656-7
Ⓝ238.9

(目次)第1部 ヴァイキングの起源（国土、気候および人，ヴァイキング時代以前のスカンディナヴィア），第2部 ヴァイキング時代のスカンディナヴィア（社会、王、戦争，日常生活，都市、交易、手工業，学問と宗教），第3部 海外のヴァイキング（西ヨーロッパ，ケルトの世界，北大西洋，ロシアと東方世界），第4部 ヴァイキング世界の終焉（後期ヴァイキングとその時代）

(内容)ヴァイキングの実像―いま再び「世界と人間の発見」を。現代ヨーロッパ文化のふるさとを訪ねる旅へ。その歴史・文化・地理・宗教など、全体像を解説。豊富な地図・写真・絵画を用いた視覚的な構成。

図説 世界文化地理大百科　ヴァイキングの世界　普及版　コーリン・ベイティ，ヘレン・クラーク，R.I.ペイジ，ニール・S.プライス著，ジェームス・グラハム＝キャンベル編，熊野聡監修　朝倉書店　2008.11　238p
31cm　〈年表あり　文献あり〉　23000円
Ⓘ978-4-254-16870-9　Ⓝ238.9

(目次)第1部 ヴァイキングの起源（国土、気候および人，ヴァイキング時代以前のスカンディナヴィア），第2部 ヴァイキング時代のスカンディナヴィア（社会、王、戦争，日常生活，都市、交易、手工業），第3部 海外のヴァイキング（西ヨーロッパ，ケルトの世界，北大西洋，ロシアと東方世界），第4部 ヴァイキング世界の終焉（後期ヴァイキング時代とその後）

図説 世界文化地理大百科　オセアニア 普及版　リチャード・ナイル，クリスチャン・クラーク著，渡辺昭夫監修，渡辺昭夫，小林泉，東裕，福嶋輝彦訳　朝倉書店　2008.11　245p　31cm　〈文献あり〉　23000円　Ⓘ978-4-254-16875-4　Ⓝ270

(目次)第1部 地理的背景(海洋と島々)，第2部 壮大なる移民(アボリジニーのオーストラリア，広大な大洋の広がりの中で，島嶼世界の変貌)，第3部 ヨーロッパ人との接触後(ヨーロッパ人の想像力と太平洋，フロンティアと抵抗，盗人たちのコミュニティ，地球の裏側の白人たち，今日の南太平洋)

図説 世界文化地理大百科　キリスト教史 普及版　ヘンリー・チャドウィック，ギリアン・エヴァンズ編，橋口倫介監修，渡辺愛子訳　朝倉書店　2008.11　241p　31cm　〈年表あり　文献あり〉　23000円　Ⓘ978-4-254-16869-3　Ⓝ192

(目次)第1部 初代教会，第2部 中世教会，第3部 聖地への巡礼者，第4部 改革と反動，第5部 キリスト教の伝統，第6部 今日のキリスト教世界

図説 世界文化地理大百科　古代のアメリカ 普及版　マイケル・コウ，ディーン・スノウ，エリザベス・ベンソン著，寺田和夫監訳　朝倉書店　2008.11　241p　31cm　〈年表あり　文献あり〉　23000円　Ⓘ978-4-254-16865-5　Ⓝ250

(目次)第1部 新大陸，第2部 最初のアメリカ人，第3部 北アメリカ，第4部 メソアメリカ，第5部 南アメリカ，第6部 生きている遺産

図説 世界文化地理大百科　古代のエジプト 普及版　ジョン・ベインズ，ジャミール・マレック著，平田寛監修，吉村作治訳　朝倉書店　2008.11　244p　31cm　〈年表あり〉　23000円　Ⓘ978-4-254-16862-4　Ⓝ242.03

(目次)第1部 文化的背景(古代エジプトの地理，古代エジプトの研究，歴史的背景，エジプトの王たち，美術品に描かれた王たち，美術と建築，表現上の規範，墓碑)，第2部 ナイル川下りの旅(ナイルにうかぶ船，上エジプト南部，テーベ，テーベのJ・G・ウィルキンソン，上エジプト北部，中部エジプト，メンフィス，ピラミッド：形と構造，ピラミッド：チェック・リスト，下エジプト—デルタ，ヌビア，周辺地域)，第3部 エジプト社会の概観(日常生活，書記と文字，軍隊，エジプト社会の女性，宗教，エジプトの神々(地方神)，埋葬の習慣，西洋美術のなかのエジプト，エジプト美術品のなる博物館・美術館)

図説 世界文化地理大百科　古代のギリシア 普及版　ピーター・レーヴィ著，平田寛監修，小林雅夫訳　朝倉書店　2008.11　240p　31cm　〈年表あり〉　23000円　Ⓘ978-4-254-16863-1　Ⓝ231

(目次)第1部 風土，第2部 青銅器時代，第3部 僭主政の時代，第4部 ペリクレスの時代，第5部 アレクサンドロスの時代，第6部 ヘレニズムの運命

図説 世界文化地理大百科　古代のメソポタミア 普及版　マイケル・ローフ著，松谷敏雄監訳　朝倉書店　2008.11　240p　31cm　〈年表あり〉　23000円　Ⓘ978-4-254-16861-7　Ⓝ227.3

(目次)第1部 村落(初期農耕牧畜民(前1万2000-7000年)，文明への道(前7000-4000年))，第2部 都市(都市の成立(前4000-3000年)，都市国家間の争い(前3000-2350年)，カリスマ性を帯びた王たちの時代(前2350-2000年)，交易と交戦(前2000-1600年))，第3部 帝国(連合と対立(前1600-1000年)，アッシリアとそのライバル(前1000-750年)，勝ち誇るアッシリア(前750-626年)，最後の帝国(前626-330年))

図説 世界文化地理大百科　古代のローマ 普及版　ティム・コーネル，ジョン・マシューズ著，平田寛監修，小林雅夫訳　朝倉書店　2008.11　244p　31cm　〈年表あり　文献あり〉　23000円　Ⓘ978-4-254-16864-8　Ⓝ232

(目次)第1部 古代イタリアとローマ共和政(発展を約束された都市，イタリアおよび地中海の征服，危機と改革)，第2部 共和政から帝政へ(ローマの内乱，文化的で強大な帝国)，第3部 ローマ帝国の属州(アフリカ，スペイン，ガッリアとゲルマニア，ブリタンニア，ドナウ川流域，ギリシア，小アジア，東方，エジプトとキュレナイカ)，第4部 帝国の衰退(混乱と回復，コンスタンティヌス大帝と4世紀，西ローマ帝国の滅亡，東ゴート帝国とビザンティン帝国による征服)

図説 世界文化地理大百科　ジューイッシュ・ワールド Nicholas De Lange著，長沼宗昭訳　朝倉書店　1996.4　251p　31×25cm　28840円　Ⓘ4-254-16652-4　Ⓝ227.9

(目次)第1部 歴史的背景，第2部 文化的背景，第3部 現代世界のなかのユダヤ人

(内容)ユダヤ人の歴史は、国家的つながりの弱い、わずかな土地を受けついできた古代の人々の生き残りの歴史である。再々繰り返された迫害、大虐殺、追放を受けたユダヤ人の歴史、文化、宗教などについて解説。

図説 世界文化地理大百科　ジューイッシュ・ワールド 普及版　ニコラス・デ・

ランジュ著，板垣雄三監修，長沼宗昭訳　朝倉書店　2008.11　251p　31cm　〈年表あり　文献あり〉　23000円　①978-4-254-16872-3　Ⓝ227.9

(目次)第1部 歴史的背景(ユダヤ人とその歴史，古代世界のユダヤ人，キリスト教とユダヤ人，イスラムとユダヤ人，周辺の地で，解散の地のセファルディーム，解散の地のアシュケナズィーム，近代の世界へ，この100年)，第2部 文化的背景(ユダヤ人のアイデンティティ，ユダヤ人の生活，ユダヤ人の宗教，言語と文献，ホロコーストの衝撃，シオニズム)，第3部 現代世界のなかのユダヤ人(ユダヤ人の世界の姿かたち，北アメリカ，ラテンアメリカ，ヨーロッパ，旧ソヴィエト連邦，アジア，オーストラレーシア，アフリカ)

図説 世界文化地理大百科　新聖書地図　普及版　ジョン・ロジャーソン著，三笠宮崇仁監修，小野寺幸也訳　朝倉書店　2008.11　237p　31cm　〈年表あり〉　23000円　①978-4-254-16868-6　Ⓝ193.02

(目次)第1部 聖書とその文書(聖書の構成と伝達)，第2部 聖書と歴史(聖書の歴史の概説，美術に見る聖書)，第3部 聖書と地理(古代イスラエルの地理，海岸平野：カルメル山の北方，海岸平野：カルメル山の南方，シェフェラ，ユダの丘陵地，ユダの砂漠，ネゲブとシナイ，ガリラヤ，ベテル、サマリア、カルメル、イズレエル，エルサレム丘陵，ヨルダン河谷と死海，イスラエルを囲む諸帝国)

図説 世界文化地理大百科　スペイン・ポルトガル　メアリー・ヴィンセント，ロバート・A.ストラドリング著，小林一宏監修，滝本佳容子訳　朝倉書店　1999.9　246p　32×25cm　28000円　①4-254-16657-5　Ⓝ236

(目次)第1部 環境(国土と住民)，第2部 イベリアの歴史(西ゴート王国滅亡までのイベリア，征服と再征服―711 - 1480，カトリック帝国―1480 - 1670，王家の野心と現実路線―1670 - 1812，立憲政治と内戦―1812 - 1974，民主主義の新生)，第3部 イベリアの地域(南部，地中海沿岸部，中央部，エブロ川流域，大西洋沿岸部，大西洋上の島々)

(内容)イベリア史3000年を体系的に叙述。社会や人々の生き生きとしたイメージを喚起。その歴史・文化・地理・宗教など、全体像を解説。豊富な地図・写真・絵画を用いた視覚的な構成。

図説 世界文化地理大百科　スペイン・ポルトガル　普及版　メアリ・ヴィンセント，ロバート・A.ストラドリング著，小林一宏監修，滝本佳容子訳　朝倉書店　2008.11　246p　31cm　〈年表あり　文献あり〉　23000円　①978-4-254-16878-5　Ⓝ236

(目次)第1部 環境(国土と住民)，第2部 イベリアの歴史(西ゴート王国滅亡までのイベリア，征服と再征服711-1480，カトリック帝国1480-1670，王家の野心と現実路線1670-1812，民主主義の新生)，第3部 イベリアの地域(南部，地中海沿岸部，中央部，エブロ川流域，大西洋沿岸部，大西洋上の島々)

図説 世界文化地理大百科　中国　普及版　キャロリーン・ブランデン，マーク・エルヴィン著，戴国煇，小島晋治，阪谷芳直編訳　朝倉書店　2008.11　241p　31cm　〈年表あり〉　23000円　①978-4-254-16874-7　Ⓝ222.01

(目次)第1部 空間(土地とその人民)，第2部 時間(古代世界，中国帝国時代，現代)，第3部 シンボルと社会(言語、書体、書道，詩の傾向，孔子から儒教まで，宗教，寺廟と宮殿建築，医学と地相占い，数学の原理，発明の才，陶磁器，社会と音楽，演劇，農業と食物，家族生活，中国と西洋)

図説 世界文化地理大百科　中世のヨーロッパ　普及版　ドナルド・マシュー著，橋口倫介監修，梅津尚志訳　朝倉書店　2008.11　248p　31cm　〈年表あり　文献あり〉　23000円　①978-4-254-16866-2　Ⓝ230.4

(目次)第1部 古代世界の解体(ローマ世界と敵対諸勢力：ゲルマン民族の大移動，ゲルマン諸国の成立と信仰の定着，北方の自己主張)，第2部 新しい地盤の開拓：中世世界の形成(新しい諸勢力の形成，キリスト教世界の成長，新しい秩序の形成，都市の成長)，第3部 中世の実り：その社会と文化(都市社会，市政，交易，産業，日常生活，旅行，教育，科学と医学，農村社会，社会階層，狩猟と漁業，芸術，建築，石造彫刻，木工，ステンドグラスの中の物語，音楽，文学，写本採飾)，第4部 ヨーロッパの再編成：移り行く中世世界(ヨーロッパの分化，転換期の西ヨーロッパの中軸，エプローグ・ヨーロッパにようう世界の発見)

図説 世界文化地理大百科　日本　普及版　マーティン・コルカット，マリウス・ジャンセン，熊倉功夫著，マーティン・コルカット，熊倉功夫，立川健治編訳　朝倉書店　2008.11　240p　31cm　〈年表あり　文献あり〉　23000円　①978-4-254-16873-0　Ⓝ210.1

(目次)第1部 日本の起源(日本の地理，原始古代)，第2部 伝統的世界(古代の宗教と文化，平安の宮廷，中世の文化と社会，近世の文化と社会)，第3部 近代日本(明治維新とその遺産，帝国日本，改革と復興)

図説 世界文化地理大百科　フランス　渡辺

守章監修，滝浪幸次郎訳　朝倉書店
2001.12　241p　32×25cm　28000円
①4-254-16654-0　Ⓝ235

(目次)第1部 地理的背景(国土・気候・民族)，第2部 フランスの歴史(フランク族以前のフランス，暗黒時代から革命まで ほか)，第3部 今日のフランス(今日のフランス社会，フランスの文化と思想)，第4部 地方の姿(地方の復興，ブルターニュ ほか)

(内容)歴史・文化・地理・宗教などからフランスの全体像をとらえるための百科事典。写真、図版、地図などによる図解を中心とする。巻頭に年表を掲載するほか、巻末に用語解説、図版リスト、地名索引、総合索引がある。

図説 世界文化地理大百科　フランス　普及版　ジョン・アーダー，コリン・ジョーンズ著，渡辺守章監修，滝浪幸次郎訳　朝倉書店
2008.11　241p　31cm　〈年表あり〉
23000円　①978-4-254-16879-2　Ⓝ235

(目次)第1部 地理的背景(国土・気候・民族)，第2部 フランスの歴史(フランク族以前のフランス，暗黒時代から革命まで，近代フランスの形成，1945年以降のフランス)，第3部 今日のフランス(今日のフランス社会，フランスの文化と思想)，第4部 地方の姿(地方の復興，ブルターニュ ほか)

図説 世界文化地理大百科　ルネサンス　普及版　C.F.ブラック，マーク・グリーングラス，デヴィド・ハワース，ジェレミー・ローランス，リチャード・マッケニー，マーティン・ラディ，イーヴリン・ウェルチ著，樺山紘一監修　朝倉書店　2008.11　239p　31cm
〈訳：徳橋曜ほか　年表あり〉　23000円
①978-4-254-16867-9　Ⓝ230.51

(目次)第1部 ルネサンスの故郷(ルネサンスとは何か?，初期イタリア・ルネサンス，古典期ルネサンス，盛期ルネサンス)，第2部 ルネサンスと広がる世界(イタリア、ヴェネツィア、そしてルネサンスの伝播，ドイツとネーデルランド，フランス，スペインとポルトガル，イングランドとスコットランド)

図説 世界文化地理大百科　ロシア・ソ連史　普及版　ロビン・ミルナー-ガランド，ニコライ・デエフスキー著，外川継男監修，吉田俊則訳　朝倉書店　2008.11　251p
31cm　〈年表あり　文献あり〉　23000円
①978-4-254-16880-8　Ⓝ238

(目次)第1部 地理的背景(風土と民族)，第2部 歴史時代(ルーシ，モスクワ公国，古ロシア最後の1世紀，ピョートル大帝，ピョートル後の帝国，帝政ロシアの隆盛，最後の4皇帝，革命と社会主義国家の建設，スターリン時代以後)，第3部 共和国概観(ベラルーシ、モルドワ、ウクライナ共和国，バルト三国，ザカフカスの共和国，ロシア連邦共和国，中央アジア，ペレストロイカからソ連邦の解体まで)

<ハンドブック>

歴史地理調査ハンドブック　有薗正一郎，遠藤匡俊，小野寺淳，古田悦造，溝口常俊，吉田敏弘編　古今書院　2001.5　249p　21cm
2800円　①4-7722-1567-0　Ⓝ291.018

(目次)第1章 歴史地理学の方法と課題，第2章 地域調査と資料，第3章 自然環境の復原，第4章 景観と地名の分析法，第5章 認識論と史資料の分析方法

(内容)現代歴史地理学の方法論と研究手法について解説したもの。第1章では歴史地理学の本質を、第2章では歴史地理学で用いられる基本的な史資料とその収集法を、第3章では自然環境の具体的な復原方法を、第4章では景観の地名による分析法を、第5章では史資料の分析方法を解説。

歴史地理調査ハンドブック　有薗正一郎[ほか]編　古今書院　2002.6(第2刷)　257p
21cm　〈文献あり〉　2800円
①4-7722-1567-0　Ⓝ291.018

◆歴史地図

<図鑑・図集>

図説 世界古地図コレクション　三好唯義編　河出書房新社　1999.12　139p　22cm　(ふくろうの本)　1800円　①4-309-72626-7
Ⓝ448.9

図説 世界古地図コレクション　新装版　三好唯義編　河出書房新社　2014.6　1冊
22×17cm　(ふくろうの本)　1800円
①978-4-309-76217-3　Ⓝ448.9

(目次)1 西洋との接触―日本人の世界発見，2 屏風になった世界地図，3 出版された世界図，4 マテオ・リッチ世界地図とその影響，5 蘭学の発達と世界地図，6 ペリー来航と幕末の世界地図ブーム

(内容)華麗なる地図屏風、仏教の世界観を示す天竺之図、ヨーロッパのプトレマイオス世界地図、中国から伝わった坤輿万国全図、幕末に世界最高水準を誇った新訂万国全図…人類はどのように世界を描いてきたか。

<地図帳>

朝日＝タイムズ世界考古学地図 人類の起源から産業革命まで クリス・スカー編 朝日新聞社 1991.10 319p 37cm 〈原書名：Past worlds：The Times atlas of archaeology (1988)〉 19000円 Ⓝ202.5

(内容)世界の考古学の事象を、地図を中心として解説。図版多数掲載。考古学—過去を理解する、人類の起源、農耕革命、最初の都市、旧大陸の帝国、新大陸、近代世界に向っての7章からなる。巻頭に年表、巻末に五十音順用語解説、参考文献、漢字・仮名索引とアルファベットの2種の事項索引を付す。

絵でみる古代世界地図 アン・ミラード，ラッセル・バーネット著 （京都）同朋舎出版 1994.9 64p 36×28cm （ピクチャーアトラスシリーズ）〈原書名：THE ATLAS OF ANCIENT WORLDS〉 2980円 Ⓘ4-8104-1895-2 Ⓝ203.8

(目次)ペルシア—壮大な帝国，ギリシア—ポリスの権力と栄光，ギリシア—アレクサンドロス大王とその後，ローマ—村落から帝国へ，ローマ—都市の生活，アラビア—イスラムの都メッカ，アフリカ—黄金の王国，インド—マウリヤ朝時代，中国—秦の始皇帝，北アメリカ先住民，オーストラリア先住民，ポリネシアとニュージーランド，中国—唐の黄金時代，日本—武家の台頭，クメール王国，マヤ—石造りの都市，アステカ—太陽の戦士たち，インカ—アンデスの盟主

(内容)ギリシア・ローマ・インドなどの古代文明を地図とテーマ別イラストで紹介する歴史地図。各文明ごとに、農産物、宗教儀礼、戦いの場面、交易経路などを地図に記載、当時の生活などをイラストで紹介する。

三省堂 世界歴史地図 ピエール・ヴィダル‐ナケ編 三省堂 1995.8 375p 31×26cm 〈原書名：Histoire de l'Humanité〉 9800円 Ⓘ4-385-15807-X Ⓝ203.8

(目次)初めての道具、火・儀式，狩猟と人類の誕生，後期旧石器時代の大発展，農耕と牧畜の始まり，美術の誕生，シュメールとアッカド—都市と文字の登場，ナイル川と初期のファラオたち，バビロンの運命，ヒッタイト帝国とその遺産，エーゲ海世界，インダス文明，フェニキア人のオリエント〔ほか〕

(内容)世界の各時代、各地域について、民族・歴史・社会・文化の特徴・趨勢を示す歴史地図をテーマごとに見開き2ページで掲載する。各テーマとも解説、年表付き。絵画・写真等の参考図版1000余点を全ページオールカラーで収録。巻末に五十音順の事項索引がある。フランス・アシェット社「人類の歴史」の日本語版。

世界史アトラス ジェレミー・ブラック総監修 集英社 2001.7 350p 38cm 〈文献あり 索引あり 原書名：Atlas of world history〉 7500円 Ⓘ4-08-781218-9 Ⓝ203.8

(内容)人類の誕生から新しい千年紀の幕開けまでを対象とする大型の歴史地図。人類250万年の歩みを、400点以上のコンピューター・マッピング歴史地図と解説・コラムで構成する。

世界史年表・地図 亀井高孝，三上次男，林健太郎，堀米庸三編 吉川弘文館 1995.4 1冊 19×26cm 1300円 Ⓘ4-642-07841-X Ⓝ203.2

(内容)高校での学習用に作られた世界史年表及び世界歴史地図帳。年表編では人名対照表や各王室の系図、西洋・東洋文化史年表などを資料として掲載。地図帳編では歴史の流れに沿って世界各国の歴史地図を掲載。五十音順索引・地名対照表を付す。

世界史年表・地図 第7版 亀井高孝ほか編 吉川弘文館 2001.4 1冊 19×26cm 〈索引あり〉 1300円 Ⓘ4-642-07841-X Ⓝ203.2

(内容)世界史の基礎知識をまとめた資料集。歴史地図と西洋および東洋の文化史年表で構成する。2000年刊に次ぐ第7版。「日本史年表・地図」の姉妹編。

世界史年表・地図 第8版 亀井高孝，三上次男，林健太郎，堀米庸三編 吉川弘文館 2002.4 1冊 26cm 1300円 Ⓘ4-642-07841-X Ⓝ203.2

(目次)歴史年表，系図（朝鮮（・新羅・高句麗・百済・高麗・李朝），中国（周・秦・前漢・後漢・三国・晋・北魏・五胡十六国興亡表），中国（隋・唐・宋・遼・金・元（蒙古）・明・清），ペルシア（アケーメネス・ササン），サラセン帝国カリフ・チムール帝国 ほか），西洋文化史年表，東洋文化史年表

(内容)世界史の基礎知識をまとめた資料集。歴史地図と西洋および東洋の文化史年表で構成する。2001年刊に次ぐ第8版。「日本史年表・地図」の姉妹編。

世界史年表・地図 第9版 亀井高孝，三上次男，林健太郎，堀米庸三編 吉川弘文館 2003.4 1冊 19×26cm 1300円 Ⓘ4-642-07841-X Ⓝ203.2

(目次)世界史対照年表，年号表，考古学上の推定年表，西洋人名対照表，欧亜暦年対照表，歴史年表，系図，西洋文化史年表，東洋文化史年表，年代の異説・異同について

(内容)本書においては何よりもまず東西学界最

近の研究成果を十二分に採り入れることに努力したが、さらに従来はとかく東洋史・西洋史と並立的に排列されていたのを、本書では世界史という総合的観点から、人類の全歴史を世界各地域にわたってできるだけ広く見うるように配慮した。すなわち地域を細分し、収載事項を豊富にする一方、表現方法にも新しい工夫を加えて、政治史・文化史・社会経済史など各般にわたって縦横に理解できるようにした。

世界史年表・地図　第10版　亀井高孝，三上次男，林健太郎，堀米庸三編　吉川弘文館　2004.4　1冊　19×26cm　1300円　①4-642-07841-X　Ⓝ203.2

(目次)年号表，考古学上の推定年表(西洋人名対照表，欧亜暦年対照表)，歴史年表，系図(朝鮮(新羅・高句麗・百済・高麗・李朝)，中国(周・秦・前漢・後漢・三国・晋・北魏・五胡十六国興亡表)，中国(隋・唐・宋・遼・金・元(蒙古)・明・清)，ペルシア(アケーメネス・ササン)、サラセン帝国カリフ・チムール帝国、ムガール帝国・トルコ(オスマン家)ほか)

世界史年表・地図　第11版　亀井高孝，三上次男，林健太郎，堀米庸三編　吉川弘文館　2005.4　1冊　19×26cm　1300円　①4-642-07841-X　Ⓝ203.2

世界史年表・地図　第12版　亀井高孝，三上次男，林健太郎，堀米庸三編　吉川弘文館　2006.4　120,64,2，16p　19×26cm　1300円　①4-642-07841-X　Ⓝ203.2

(目次)歴史年表，系図(朝鮮(新羅・高句麗・百済・高麗・李朝)，中国(周・秦・前漢・後漢・三国・晋・北魏・五胡十六国興亡表)，中国(隋・唐・宋・遼・金・元(蒙古)・明・清)，ペルシア(アケーメネス・ササン)，サラセン帝国カリフ・チムール帝国，ムガール帝国・トルコ(オスマン家)，フランク(メロヴィング・カロリング)，フランス(カペー・ヴァロワ・ブルボン・ボナパルト)，イスパニア(ブルボン)，イギリス(アングロサクソン・デーン・ノルマン・プランタジネット・ランカスター・ヨーク・チューダー・スチュアート・ハノーヴァー)ほか)

(内容)本書においては何よりもまず東西学界最近の研究成果を十二分に採り入れることに努力したが、さらに従来はとかく東洋史・西洋史と並立的に排列されていたのを、本書では世界史という総合的観点から、人類の全歴史を世界各地域にわたってできるだけ広く見うるように配慮した。すなわち地域を細分し、収載事項を豊富にする一方、表現方法にも新しい工夫を加えて、政治史・文化史・社会経済史など各般にわたって縦横に理解できるようにした。

世界史年表・地図　第13版　亀井高孝，三上次男，林健太郎，堀米庸三編　吉川弘文館　2007.4　1冊　19×26cm　1300円　①978-4-642-07841-2　Ⓝ203.2

世界史年表・地図　第14版　亀井高孝，三上次男，林健太郎，堀米庸三編　吉川弘文館　2008.4　120,64,16p　19×26cm　1400円　①978-4-642-09505-1　Ⓝ203.2

(目次)世界史対照年表，年号表，考古学上の推定年表，西洋人名対照表，欧亜暦年対照表，歴史年表，西洋文化史年表，東洋文化史年表，年代の異説・異同について，歴史年表欄外事項索引

世界史年表・地図　第15版　亀井高孝，三上次男，林健太郎，堀米庸三編　吉川弘文館　2009.4　122,64,16p　19×26cm　1400円　①978-4-642-09507-5　Ⓝ203.2

(目次)世界史対照年表，年号表，考古学上の推定年表，西洋人名対照表，欧亜暦年対照表，歴史年表，系図，西洋文化史年表，東洋文化史年表，年代の異説・異同について，歴史年表欄外事項索引

世界史年表・地図　第16版　亀井高孝，三上次男，林健太郎，堀米庸三編　吉川弘文館　2010.4　1冊　19×26cm　〈索引あり〉　1400円　①978-4-642-09513-6　Ⓝ203.2

(目次)世界史対照年表，年号表，考古学上の推定年表，西洋人名対照表，欧亜暦年対照表，歴史年表，系図，西洋文化史年表，東洋文化史年表，年代の異説・異同について，歴史年表欄外事項索引

世界史年表・地図　第17版　亀井高孝，三上次男，林健太郎，堀米庸三編　吉川弘文館　2011.4　122,64,2，16p　19×26cm　1400円　①978-4-642-09515-0　Ⓝ203.2

(目次)世界史対照年表，年号表，考古学上の推定年表，西洋人名対照表，欧亜暦年対照表，歴史年表，系図，西洋文化史年表，東洋文化史年表，年代の異説・異同について

世界史年表・地図　第18版　亀井高孝，三上次男，林健太郎，堀米庸三編　吉川弘文館　2012.4　1冊　18×26cm　1400円　①978-4-642-09521-1　Ⓝ203.2

(目次)考古学上の推定年表，歴史年表，系図

世界史年表・地図　第19版　亀井高孝，三上次男，林健太郎，堀米庸三編　吉川弘文館　2013.4　122,64,16p　18×26cm　1400円　①978-4-642-09523-5　Ⓝ203.2

(目次)年号表，考古学上の推定年表，西洋人名対照表，欧亜暦年対照表，歴史年表，西洋文化史年表，東洋文化史年表，年代の異説・異同について

世界史年表・地図　第20版　亀井高孝，三上次男，林健太郎，堀米庸三編　吉川弘文館　2014.4　124,64,16p　19×26cm　〈索引あり〉　1400円　①978-4-642-09529-7　Ⓝ203.2

(目次)考古学上の推定年表，歴史年表，西洋文化史年表，東洋文化史年表，年代の異説・異同について

世界史年表・地図　第21版　亀井高孝，三上次男，林健太郎，堀米庸三編　吉川弘文館　2015.4　124,64,16p　19×26cm　〈索引あり〉　1400円　①978-4-642-09531-0　Ⓝ203.2

(目次)朝鮮(・新羅・高句麗・百済・高麗・李朝)，中国(周・秦・前漢・後漢・三国・晋・北魏・五胡十六国興亡表)，中国(隋・唐・宋・遼・金・元(蒙古)・明・清)，ペルシア(アケーメネス・ササン)，サラセン帝国カリフ・チムール帝国，ムガール帝国・トルコ(オスマン家)，フランク(メロヴィング・カロリング)，フランス(カペー・ヴァロワ・ブルボン・ボナパルト)，イスパニア(ブルボン)，イギリス(アングロサクソン・デーン・ノルマン・プランタジネット・ランカスター・ヨーク・チューダー・スチュアート・ハノーヴァー)〔ほか〕

世界史年表・地図　第22版　亀井高孝，三上次男，林健太郎，堀米庸三編　吉川弘文館　2016.4　124,64,16p　19×26cm　〈索引あり〉　1400円　①978-4-642-09537-2　Ⓝ203.2

(内容)年表は収載事項が豊富・詳細で、政治・経済・文化等各般にわたり縦横に理解できる編集で、持って役に立つ。地図は世界史を多方面から一望できるよう独創的な編集を行い、政治史の外、経済史・文化史等の地図を配置した。永遠のベストセラー!2015年の記事を追加して新年度版を刊行。

世界史年表・地図　第23版　亀井高孝，三上次男，林健太郎，堀米庸三編　吉川弘文館　2017.4　124,64,16p　19×26cm　〈索引あり〉　1400円　①978-4-642-09539-6　Ⓝ203.2

(目次)朝鮮(・新羅・高句麗・百済・高麗・李朝)，中国(周・秦・前漢・後漢・三国・晋・北魏・五胡十六国興亡表)，中国(隋・唐・宋・遼・金・元(蒙古)・明・清)，ペルシア(アケーメネス・ササン)，サラセン帝国カリフ・チムール帝国，ムガール帝国・トルコ(オスマン家)，フランク(メロヴィング・カロリング)，フランス(カペー・ヴァロワ・ブルボン・ボナパルト)，イスパニア(ブルボン)，イギリス(アングロサクソン・デーン・ノルマン・プランタジネット・ランカスター・ヨーク・チューダー・スチュアート・ハノーヴァー)〔ほか〕

大陸別世界歴史地図　1　ヨーロッパ大陸歴史地図　イアン・バーンズ，ロバート・ハドソン著，増田義郎日本語版監修，武井摩利翻訳　東洋書林　2001.6　166p　26cm　〈文献あり 年表あり 索引あり　原書名：The history atlas of Europe〉　9500円　①4-88721-503-7　Ⓝ230.038

(目次)第1部 ヨーロッパ最初の人々，第2部 地中海世界，第3部 ローマの遺産，第4部 キリスト教のヨーロッパ，第5部 新たな進路，第6部「国家」という概念，第7部 帝国主義の盛衰，第8部 現代のヨーロッパ

(内容)世界史を大陸単位で分け、その歴史を地図と図版で解説する歴史地図。第1巻はヨーロッパ大陸で、多様化と統合の両ベクトルに揺れ続けてきたヨーロッパ—その深化と拡大の道のりを、地図と図版でたどり、解説する。巻末に年表と索引がある。

大陸別世界歴史地図　2　アジア大陸歴史地図　イアン・バーンズ，ロバート・ハドソン著，増田義郎日本語版監修，増田えりか訳　東洋書林　2001.11　167p　26cm　〈原書名：The History Atlas of Asia〉　9500円　①4-88721-504-5　Ⓝ220.038

(目次)第1部 古代文明，第2部 交流、商業、文化，第3部 哲学と帝国，第4部 征服、統合、そして衰退，第5部 植民地主義，第6部 今日のアジア

(内容)世界史を大陸単位で分け、その歴史を地図と図版で解説する歴史地図。第3巻はアジア大陸で、先史時代から現代に至るアジアの歴史を、代表的な諸相を捉えながら解説する。巻末に年表と索引がある。

大陸別世界歴史地図　3　北アメリカ大陸歴史地図　フィリップ・デイヴィス他著，荒このみ訳　東洋書林　2002.9　167p　26cm　〈シリーズ責任表示：増田義郎／日本語版監修　原書名：The history atlas of North America.〉　9500円　①4-88721-505-3　Ⓝ250.038

大陸別世界歴史地図　4　南アメリカ大陸歴史地図　エドウィン・アーリ，エリザベス・バケダーノ，レベッカ・アール，キャロライン・ウィリアムズ，アンソニー・マクファレン，ジョセフ・スミス著，増田義郎監訳　東洋書林　2001.8　165p　26cm　〈文献あり 年表あり 索引あり　原書名：The history atlas of South America〉　9500円　①4-88721-506-1　Ⓝ255.038

(目次)第1部 先コロンブス時代，第2部 文明の衝突，第3部 アメリカ大陸におけるイベリア帝国，第4部 イベロアメリカの反乱，第5部 脱植

民地時代の病患，第6部 近代ラテン・アメリカの基礎，第7部 現代ラテン・アメリカ

(内容)世界史を大陸単位で分け、その歴史を地図と図版で解説する歴史地図。第4巻は南アメリカで、多洋な民族が共存してきた大陸の従属と自立の道程を、地図と図版でたどり、解説する。巻末に年表と索引がある。

大陸別世界歴史地図　5　アフリカ大陸歴史地図　サムエル・カスール著，向井元子訳　東洋書林　2002.12　159p　26cm　〈シリーズ責任表示：増田義郎／日本語版監修　年表あり　文献あり　原書名：The history atlas of Africa.〉　9500円　①4-88721-507-X　Ⓝ240.038

地図で訪ねる歴史の舞台 世界　最新版　帝国書院編集部著　帝国書院　1998.8　180p　26cm　1600円　①4-8071-5158-4　Ⓝ290.38

地図で訪ねる歴史の舞台 世界　初訂版　帝国書院編集部編　帝国書院　2000.7　180p　26cm　1600円　①4-8071-5238-6　Ⓝ290.38

(目次)アジア，アフリカ，ヨーロッパ，ユーラシア北部，アメリカ，オセアニア・両極，日本，基礎資料図

(内容)現代の世界地図に歴史的な世界地図を重ねた地図帳。赤壁の戦い、諸葛孔明の北伐など三国志の舞台の再現、東西文化の接点であるコンスタンティノーブルの反映と陥落をオスマン軍、ビザンツ軍の攻防から見た展開などの鳥瞰図などを掲載。基礎資料図として世界遺産、世界の言語・宗教・人口、最近の歴史上の発見、年表、ヨーロッパの歴史に登場する主な地名・人命対照表、統計資料と日本の行政区文、日本全図を掲載。巻末に海外及び国内の地名索引を付す。

地図で訪ねる歴史の舞台 世界　新訂版　帝国書院編集部著　帝国書院　2003.3　170p　30×21cm　2000円　①4-8071-5396-X　Ⓝ290.38

(目次)ユーラシア・北極・オセアニア（アジア，アフリカ，アフリカ・インド洋，地中海・西アジア，大西洋 ほか），北極・南極

(内容)かつて繁栄を誇った大都市の鳥瞰図、現在地図と比較（ローマ、西安…）。歴史上の人物の軌跡をたどる（ナポレオン、玄奘…）。ひとまわり大きな見やすい文字。現代の地図に歴史を重ねた地図帳。

地図で訪ねる歴史の舞台 世界　改訂新版　帝国書院　2007.3　206p　30cm　2000円　①978-4-8071-5657-3　Ⓝ290.38

(目次)アジア，アフリカ，ヨーロッパ，南北アメリカ，オセアニア，北極・南極，資料・系図・統計・さくいん

(内容)世界の歴史を動かした人物を特集ページで紹介。アレクサンドロス、チンギス＝ハン、フビライ＝ハン、ヴィクトリア女王、曹操、劉備、諸葛亮、三蔵法師玄奘、カエサル、クレオパトラ、コロンブス、マリア＝テレジア、マリー＝アントワネット、ナポレオン、リンカン、全15人。「歴代中華の都 西安」、「コンスタンティノープル」、「アステカ王国の滅亡」など、迫力のある鳥瞰図を多数掲載。

地図で訪ねる歴史の舞台 世界　5版　帝国書院編集部著　帝国書院　2009.8　202p　30cm　〈年表あり 索引あり〉　2000円　①978-4-8071-5852-2　Ⓝ290.38

(内容)パリ、ローマ、バチカン、イスタンブールなど、歴史と伝統の街を探訪する特集を新規で掲載!「赤壁の戦い」、「コンスタンティノープル陥落」、「アステカ帝国の滅亡」など、歴史が動いた舞台を鳥瞰図で掲載。

地図で訪ねる歴史の舞台 世界　6版　帝国書院編集部著　帝国書院　2013.7　206p　30cm　〈年表あり 索引あり〉　2000円　①978-4-8071-6107-2　Ⓝ290.38

(目次)アジア，アフリカ，ヨーロッパ，南北アメリカ，オセアニア，北極・南極

(内容)歴史と伝統の街を探訪する特集を巻頭で紹介。音楽の都やハプスブルク家で有名なウィーンを新たに掲載!「赤壁の戦い」、「コンスタンティノープル陥落」、「アステカ帝国の滅亡」など、歴史が動いた舞台を鳥瞰図で掲載!

地図で訪ねる歴史の舞台 世界　7版　帝国書院編集部編　帝国書院　2016.4　205p　30cm　2000円　①978-4-8071-6255-0　Ⓝ290.38

(目次)巻頭特集（パリ―激動の歴史をくぐり抜ける自由と平等の都，名画で訪ねるパリ―画家たちを魅了した花の都市空間，フランス王家の至宝―“パリの首飾り”と呼ばれるイル・ド・フランス，ウィーン―640年の歴史を刻んだ王朝ハプスブルク家の帝都，ハプスブルク家の遺産―名家の栄華を伝えるウィーンのシンボル，ローマ―すべての道がたどりつく永遠の都，バチカン―カトリックの総本山，イスタンブール―東西文明の歴史が交わる都市，コンスタンティノープル陥落―東ローマ帝国の終焉），アジア，アフリカ，ヨーロッパ，南北アメリカ，オセアニア，北極・南極，人物特集（アレクサンドロス―世界制覇をめざした大王，カエサルとクレオパトラ―ローマの変革期に現れた英雄と美女，三国志の舞台―曹操～劉備～諸葛亮，三蔵法師三玄奘―西遊記のモデルとなった玄奘の旅，コロンブス―世界の一体化を促した航海者，マリー＝

アントワネット―フランス革命の舞台，リンカン―南北の分裂の危機）

内容 現在と過去のつながりが地図でわかる! ヴェネツィア、イル・ド・フランスを新規掲載。パリ、ウィーン、ローマ、バチカン、イスタンブール。巻頭特集で、魅力ある歴史的な街を紹介。迫力ある鳥瞰図で歴史の舞台を再現。世界の歴史を動かした人物を特集ページで紹介。

標準世界史地図　増補第43版　亀井高孝，三上次男，堀米庸三編　吉川弘文館　2008.4　64,2，16p　19×26cm　750円　Ⓘ978-4-642-09503-7　Ⓝ203.8

目次 古人骨の発見地と現生人類のひろがり，先史時代の遺跡の分布，前二千年紀の世界，前十五世紀のオリエント諸国，中国の先史時代及び殷代遺跡，エーゲ世界の文化（1 ミノア文明），エーゲ世界の文化（1 ミケーネ文明），前十世紀前後のオリエント，前七世紀の世界，前600年頃のオリエント〔ほか〕

標準世界史地図　増補第44版　亀井高孝，三上次男，堀米庸三編　吉川弘文館　2010.4　64,2，16p　19×26cm　〈索引あり〉　750円　Ⓘ978-4-642-09511-2　Ⓝ203.8

目次 先史時代の遺跡の分布，前二千年紀の世界，前十五世紀のオリエント諸国，中国の先史時代及び殷代遺跡，エーゲ世界の文化，前十世紀前後のオリエント，前七世紀の世界，前600年頃のオリエント，前六・七世紀の中国（春秋時代），前500年前後の世界〔ほか〕

標準世界史地図　増補第45版　亀井高孝，三上次男，堀米庸三編　吉川弘文館　2012.4　64,2，16p　18×26cm　750円　Ⓘ978-4-642-09519-8　Ⓝ203.8

目次 先史時代の遺跡の分布，前二千年紀の世界，前十五世紀のオリエント諸国，中国の先史時代及び殷代遺跡，エーゲ世界の文化（1.ミノア文明），エーゲ世界の文化（1.ミケーネ文明），前十世紀前後のオリエント，前七世紀の世界，前600年頃のオリエント，前六・七世紀の中国（春秋時代）〔ほか〕

標準世界史地図　増補第46版　亀井高孝，三上次男，堀米庸三編　吉川弘文館　2014.4　64,2，16p　19×26cm　〈索引あり〉　750円　Ⓘ978-4-642-09527-3　Ⓝ203.8

目次 古人骨の発見地と現生人類のひろがり，先史時代の遺跡の分布，中央ヨーロッパの先史時代遺跡，西南フランスの原始洞窟，東部ジャワ，前二千年紀の世界，テーベ ナイル三角洲，メソポタミア，前15世紀のオリエント諸国，ギゼーのピラミッド〔ほか〕

標準世界史地図　増補第47版　亀井高孝，三上次男，堀米庸三編　吉川弘文館　2016.4　64,2，16p　19×26cm　〈索引あり〉　750円　Ⓘ978-4-642-09535-8　Ⓝ203.8

目次 古人骨の発見地と現生人類のひろがり，先史時代の遺跡の分布，中央ヨーロッパの先史時代遺跡，西南フランスの原始洞窟，東部ジャワ，前二千年紀の世界，テーベ ナイル三角洲，メソポタミア，前15世紀のオリエント諸国，ギゼーのピラミッド〔ほか〕

ラルース世界歴史地図　木村尚三郎監訳　ぎょうせい　1991.12　305p　31cm　〈監修：ジョルジュ・デュビー　年表：p256～275　原書名：Atlas historique Larousse.／の翻訳〉　20000円　Ⓘ4-324-02959-8　Ⓝ203.8

内容 構成は、古代世界、紀元1000年以降の西洋世界、ヨーロッパ、アジア、アフリカ、アメリカ、オセアニアと南極大陸に分けられている。巻末に年表と五十音順の索引（約6,000項目）を付す。

世界史

＜事 典＞

聖書人名地名小辞典　松長宏，吉井元監修，林道太，吉井光子訳　（府中（東京都））伝道出版社　2007.5　94p　21cm　〈原書名：Scripture proper names and their interpretations.〉　477円　Ⓘ978-4-901415-22-4　Ⓝ193.033

世界の歴史・地理事典　ビジュアル世界史　多田孝志編　教育出版センター　1997.11　521p　30cm　（グローバルライブラリーシリーズ 1）　18000円　Ⓘ4-7632-4022-6　Ⓝ203.3

内容 歴史、地理に関する用語を社会、制度、生活など多角的な視点から記述した事典。特に近現代史を重視し、戦争や国際紛争、地球環境、国際情勢に関する項目を多く掲載している。

＜地図帳＞

ギリシア・ローマ歴史地図　リチャード・J.A.タルバート編，野中夏実，小田謙爾訳　原書房　1996.6　238p　27cm　〈文献案内：p179～191　原書名：Atlas of classical history〉　12360円　Ⓘ4-562-02781-9　Ⓝ209.3

19世紀欧米都市地図集成　第1集　地図資料編纂会編　柏書房　1993.4　179p　46×62cm　195700円　Ⓘ4-7601-0913-7

Ⓝ290.38

19世紀欧米都市地図集成　第2集　地図資料編纂会編　柏書房　1993.4　186p　46×62cm　195700円　Ⓘ4-7601-0914-5　Ⓝ290.38

16世紀 世界都市図集成　第1集　G.ブラウン，F.ホーヘンベルフ編　柏書房　1994.11　403p　46×62cm　〈原書名：Civitates Orbis Terrarum〉　198000円　Ⓘ4-7601-1126-3　Ⓝ290.173

(内容)16世紀末から17世紀初めにかけて作成されたヨーロッパ全域約370都市の図像集。ヨーロッパのみならず、インド・アジア・アフリカ・アメリカの主要都市も含む。中・近世世界史の舞台を記録した、出版文化史上の金字塔を復刻。日本語解説付。

16世紀 世界都市図集成　第2集　G ブラウン，F ホーヘンベルフ著　柏書房　1994.11　399p　46×62cm　〈付属資料，別冊解説　原書名：Civitates Orbis Terrarum4‐6〉　198000円　Ⓘ4-7601-1127-1　Ⓝ290.173

(内容)本書は、1572‐1671年に刊行されたCivitates Orbis Terrarum(全6巻。これまで本邦では『世界都市図帳』や『世界の諸都市』などのタイトルで紹介されてきた。)の日本における復刻版である。

新教タイムズ 聖書歴史地図　ジェイムズ・B.プリチャード編　新教出版社　1993.9　271p　37cm　27000円　Ⓘ4-400-11001-X　Ⓝ193.02

(目次)旧約聖書の遺跡，新約聖書の遺跡，聖書歴史地図，旧約聖書時代，中間時代，新約聖書時代

聖書年表・聖書地図　和田幹男著　女子パウロ会　2016.5　69p　26cm　1300円　Ⓘ978-4-7896-0314-0　Ⓝ193.02

(目次)聖書年表(イスラエルの起源から国家形成まで，南北二王国時代，バビロン捕囚期(前586-539)，ペルシア時代(前539-333)，ヘレニズム時代(前333-63)，ローマ時代(前63－紀元135))，聖書地図(古代オリエントの世界，パレスチナの自然環境，旧約時代の主な町，出エジプトのルート，イスラエル諸部族のカナン入植，ダビデ・ソロモン時代，南北二王国時代(前8世紀)，前6世紀のオリエント世界とユダの捕囚，ペルシア支配下のユダヤ，マカバイおよびハスモネア時代，新約時代のパレスチナ，パウロの宣教旅行とローマへの移送，エルサレム)

世界遺跡地図　コリン・ウィルソン著，森本哲郎監訳，米倉進訳　三省堂　1998.4　192p　32×26cm　4700円　Ⓘ4-385-15808-8　Ⓝ209.3

(目次)第1部 世界の聖地と聖域(アフリカと中東，ギリシアと地中海，ヨーロッパとロシア，イギリスとアイルランド，北アメリカ，中央アメリカと南アメリカ，太平洋とオセアニア，東アジア，南アジアと中央アジア)，第2部 遺跡地図(遺跡リスト)

(内容)巨大・壮麗・崇高・不思議な世界の遺跡・聖域を集大成。古代文明の偉大な遺跡、神話に描かれた聖地・聖域の歴史と文化のビジュアル・ガイド(カラー図版400点)。世界1100か所の遺跡・聖域の場所が一目でわかる遺跡地図26ページを併載。

世界伝説歴史地図　ヴィジュアル版　ジュディス・A・マクラウド著，巽孝之日本語版監修，大槻敦子訳　原書房　2013.1　327p　27cm　〈索引あり　原書名：THE ATLAS OF LEGENDARY LANDS〉　4800円　Ⓘ978-4-562-04883-0　Ⓝ388

(目次)第1章 地球の創造，第2章 地上の楽園，第3章 伝説の地と王国，第4章 暗黒の海にある謎の島，第5章 真実からほど遠い現実，第6章 黄金の夢の大地，第7章 失われた大陸

(内容)果てしない知識欲と冒険者の飽くなき挑戦が「地図」を生み、そして「地図」は「歴史」を創りあげた―地図でたどる冒険と伝説の世界史。想像力をかき立てる古地図50点を収録。

世界の民族・国家興亡歴史地図年表　ジョン・ヘイウッド著，蔵持不三也日本語版監修，松平俊久，松田俊介訳　柊風舎　2013.10　252p　28×35cm　〈原書名：THE NEW ATLAS OF WORLD HISTORY：Global Events at a Glance〉　18000円　Ⓘ978-4-86498-004-3　Ⓝ209

(目次)600万‐10万年前―初期人類の起源と分布，10万‐1万1000年前―氷河期における解剖学的現代人の世界拡散，前6000年―氷河期以降：温暖な世界への人類の適応と農耕のはじまり，前4000年―旧大陸における農耕社会の拡大，前2000年―シュメールやエジプトにおける最初の文明の誕生／アメリカ大陸の初期農耕社会，前1300年―エジプト・地中海沿岸・メソポタミア・中国における青銅器時代の帝国，前1000年―エーゲ文明とメソポタミア文明の暗黒時代／周王朝の興隆，前800年―支配的なアッシリアと拡張主義的な周王朝／フェニキア人の入植，前500年―アッシリアとバビロン、ペルシアの台頭／周王朝の崩壊，前323年―アレクサンドロス大王、カルタゴ、中国の戦国時代〔ほか〕

(内容)民族・国家興亡の地理的な拡がりを分かりやすく色分けした見開き49枚の地図と、それに該当する時代の年表が交互に展開。世界の宗教、文字表記法、交易網、人々の移動・移住を

図示した見開き6枚の地図を掲載。年表は、「政治・経済」、「宗教・哲学」、「科学・技術」、「芸術・建築」とテーマ別に分けて表示。年号と図版は地域別の色で示した。各々の地図にはその時代の上位5大都市圏の推定人口を、また年表には世界人口と動態グラフを掲載。巻末に、本文中で言及された民族・国家・文化に関連する約1000項目の用語解説と、約4500項目の索引を完備。

◆現代世界

<事 典>

地図で読む現代戦争事典　フランソワ・ジェレ著，山本光久訳　河出書房新社　2003.6　215p　21cm　〈原書名：POURQUOI LES GUERRES?〉　2800円　①4-309-24286-3　Ⓝ391.2

(目次)第1部 20世紀の戦争と紛争（揺らぐ帝国，勢力の均衡を求めて，1900-1914年 帝国と民族 ほか），第2部 戦争の動因と争点（さまざまな動因，戦略上の当事者），第3部 21世紀の戦争と紛争（場所と環境，三日月形の地政学的な振動，アフリカの政治地理学 ほか）

(内容)20世紀以降の国際紛争・戦争を、人口・貧富・資源・軍備など、地政学から総覧した基本図書。カラー地図を多数収録。巻末に五十音順・アルファベット順の索引を収録。

<地図帳>

タイムズ・アトラス 第二次世界大戦歴史地図　コンパクト版　ジョン・キーガン編，滝田毅監訳，大木毅，剣持久木，義井みどり訳　原書房　2001.8　279p　30cm　〈原書名：The Times：Atlas of the Second World War〉　6800円　①4-562-03423-8　Ⓝ209.74

(目次)部隊および編成，年表，第二次世界大戦歴史地図

(内容)第二次世界大戦に関する歴史地図。戦争の背景となる歴史的視点と、世界各地での迫真の戦いそのものの再現の両立を図る。3次元地図を含む地図500枚、図版100枚を収録。本編は各地域・年代ごとに見開き2ページで地図や図版に対応する解説を加える。巻末に1919年から45年までの年表、用語解説、索引を付す。1994年に刊行された『タイムズ・アトラス 第二次世界大戦歴史地図』を、内容はそのままにデジタル縮小したもの。

日本史

<事 典>

江戸時代「古地図」総覧　新人物往来社　1997.7　428p　21cm　（別冊歴史読本　事典シリーズ 32）〈年表あり〉　2000円　①4-404-02510-6　Ⓝ291.018

日本歴史地名事典　吉田茂樹著　新人物往来社　1993.10　458p　21cm　13000円　①4-404-02038-4　Ⓝ291.03

(内容)日本の地名3100項目を掲載し、歴史を読み解く武器として地名を解説する歴史地名事典。見出し地名には初出文献を示す。

日本歴史地名事典　コンパクト版　吉田茂樹著　新人物往来社　1997.3　458p　19cm　4800円　①4-404-02468-1　Ⓝ291.03

(内容)日本史を読み解くための歴史地名事典。遺跡地名・古墳名・『和名抄』記載の国郡名・宮都名・神社名・寺院名・荘園名・城郭城址名・古戦場名・宿場や港津などの交通地名・歴史上の鉱山地名や開拓地名・藩名・歴史上重要な地域名や集落地名・歴史上重要な山岳や河川などの自然地名・古典文学に多出する地名・明治以後の県名から主要都市名に至るまでの歴史地名を解説。項目数は、3100。排列は、見出し語の五十音順。

日本「歴史地名」総覧　新人物往来社　1994.10　485p　21cm　（歴史読本特別増刊　事典シリーズ 第22号）　1800円　Ⓝ291.03

(内容)地名に刻まれた歴史・民俗を解説する解説事典。人々が特定の場所・地域にどのような意味を付与してきたかを探る視点から行政地名は原則として取り上げず、自然地名・動植物地名などジャンル別に構成、各ジャンルは概説と五十音順の地名項目解説からなる。巻末に参考文献一覧、五十音順地名総索引がある。

民俗地名語彙事典　谷川健一編　三一書房　1994.1,6　560p,540p　21cm　（日本民俗文化資料集成 13,14　民俗と地名 1,2）　11330,11350円　①4-380-94527-8,4-380-94528-6　Ⓝ380.8

(内容)第9回地名研究賞を受賞した松永美吉著「地形名とその周辺の語彙 上・下・補遺 三巻」の増補版。地形名のみならず、気象、天象、海象の、地名の周辺部にある自然について、民俗学的側面も含めてまとめたもの。

<辞 典>

古今対照 日本歴史地名字引　平成地名増補

版　関根正直，伊東裕起著　慧文社　2016.3　247p　22cm　〈布装〉　6000円
①978-4-86330-159-7　Ⓝ291.033

(内容)それぞれの土地は、それぞれに歴史という「記憶」をもつ。その「記憶」を今に伝えるのが「地名」である。日本の地名は、どのような歴史的出来事とつながりがあるのか?『古事類苑』や『大言海』の編纂にも携わった有職故実研究家・考証家、関根正直による地名研究の名著を現代表記で読みやすく再編集するとともに、平成28年現在の最新地名を付加した増補版。日本の地名にまつわる歴史を学べる一冊。レファレンスに最適!

<ハンドブック>

誇れる郷土ガイド　日本の伝統的建造物群保存地区編　古田陽久，古田真美監修，世界遺産総合研究所編　（広島）シンクタンクせとうち総合研究機構　2005.1　128p　21cm　（ふるさとシリーズ）　2000円
①4-916208-99-4　Ⓝ291

(目次)函館市元町末広町伝統的建造物群保存地区（北海道），弘前市仲町伝統的建造物群保存地区（青森県），金ヶ崎町城内諏訪小路伝統的建造物群保存地区（岩手），角館町角館伝統的建造物群保存地区（秋田県），下郷町大内宿伝統的建造物群保存地区（福島県），川越市川越伝統的建造物群保存地区（埼玉県），佐原市佐原伝統的建造物群保存地区（千葉県），小木町宿根木伝統的建造物群保存地区（新潟県），高岡市山町筋伝統的建造物群保存地区（富山県），平村相倉伝統的建造物群保存地区（富山県）〔ほか〕

(内容)日本の魅力、日本らしさを代表するものを考えるなかで、日本の伝統的な町並みがその一つに挙げられる。本書では、日本の文化財保護法で、「重要伝統的建造物群保存地区」に指定されている歴史的な町並みを特集し、今後の世界遺産候補を探る為の検討資料にしたい。

誇れる郷土ガイド　日本の歴史的な町並み編　古田陽久，古田真美著，世界遺産総合研究所企画・編集　（広島）シンクタンクせとうち総合研究機構　2017.8　144p　21cm　（ふるさとシリーズ）　2500円
①978-4-86200-210-5　Ⓝ291

(目次)日本の歴史的な町並みの概要（重要伝統的建造物群保存地区リスト，重要伝統的建造物群保存地区選定数、累計数の推移，重要伝統的建造物群保存地区都道府県別リスト，重要伝統的建造物群保存地区選定基準別，重要伝統的建造物群保存地区分類別リスト，重要伝統的建造物群保存地区面積別，ユネスコ世界遺産に登録されている日本の歴史的な町並み，世界遺産「白川郷・五箇山の合掌造り集落」観光入込客数の推移，日本遺産に認定されている日本の歴史的な町並み，世界文化遺産登録と「顕著な普遍的価値」の考え方），日本の歴史的な町並み（北海道・東北地方，関東地方，中部地方，近畿地方，中国・四国地方，九州・沖縄地方）

(内容)2020年の東京オリンピックに向けて訪日外国人旅行者数を4000万人にする「観光先進国」への新たな日本の国づくりが求められている。本書では、外国人の旅行者に訪れてもらいたい日本らしい伝統的な建造物群が今も残る歴史的な町並みを特集する。

<図鑑・図集>

国絵図の世界　国絵図研究会編　柏書房　2005.7　403p　31cm　〈文献あり〉　20000円　①4-7601-2754-2　Ⓝ291.038

(内容)全国の国絵図を一望する、初の図録+調査研究事典。江戸幕府が諸国の大名たちに作成させた国土基本図六十余州を国別に収録。作成経緯、現在の伝存状況、用語解説、文献リストなど、国絵図をめぐる調査・研究の基礎資料が満載。

図説 日本古地図コレクション　三好唯義，小野田一幸著　河出書房新社　2004.3　127p　22cm　（ふくろうの本）〈年表あり　文献あり〉　1800円　①4-309-76043-0　Ⓝ291.018

図説 日本古地図コレクション　新装版　三好唯義，小野田一幸著　河出書房新社　2014.6　127p　22cm　（ふくろうの本）〈文献あり 年表あり〉　1800円
①978-4-309-76218-0　Ⓝ291.018

(目次)1 日本図の成立と発展（日本図，混一疆理歴代国都之図 ほか），2 刊行された日本図（大日本国図，大日本国地震之図 ほか），3 海外から見た日本（ミュンスター南北アメリカ大陸図，東インド諸島図 ほか），4 地図を楽しむ（日本図文大鏡，日本図文様金象嵌鍔 ほか）

(内容)現存最古の日本図、行基図と呼ばれる中世の古地図、江戸の庶民に親しまれ版を重ねた刊行図、海外の地図に描かれた日本、地図皿などの工芸品…古地図が物語る、この国の“かたち”。

地図で読む江戸時代　山下和正著，チャールズ ドゥウルフ訳　柏書房　1998.10　270p　31cm　〈他言語標題：Japanese maps of the Edo period　英文併記〉　15000円
①4-7601-1670-2　Ⓝ291.018

(目次)解説 江戸時代の地図作成（前史，官撰地図と民間地図，地図の出版と版元，江戸時代の

測量術，江戸時代の図法，地図の製本形式 ほか），図版（地理図，地域図，都市図，道中図，主題図（道中図・参詣行楽案内図以外の主題図），参詣行楽案内図）

(内容)日本文化の粋を示す、比類ない「地図万華鏡」誕生。当代随一のコレクションの海で、時代相と庶民文化に深針をおろす、待望の「江戸時代文化案内地図」。

<地図帳>

江戸幕府撰慶長国絵図集成 付江戸初期日本総図　川村博忠編　柏書房　2000.4　2冊（解題とも）　46×62cm　〈解題（192p 27cm）〉　360000円　①4-7601-1894-2　Ⓝ291.018

地図で訪ねる歴史の舞台 日本　最新版　帝国書院編集部著　帝国書院　1999.1　141p　30cm　2000円　①4-8071-5159-2　Ⓝ291.038

(目次)日本の源流，特集 最近の考古学上の発見，地図の記号，現代に生きる古代の地名，交通路の今昔，東・東南アジア―海を通じて世界と結びついていた日本，南西諸島，南西諸島―中継貿易で栄えた琉球王国，九州地方，九州地方北部―神話と古代の謎の世界〔ほか〕

地図で訪ねる歴史の舞台 日本　新訂版　帝国書院編集部著　帝国書院　2003.3　144p　30×22cm　2000円　①4-8071-5395-1　Ⓝ291.038

(目次)南西諸島，九州地方，中国地方，四国地方，近畿地方，中部地方，東海道・中山道・甲州道中歴史散歩，関東地方，東北地方，北海道地方

地図で訪ねる歴史の舞台 日本　市町村合併対応 最新版　帝国書院　2005.3　144p　30cm　〈付属資料：地図1〉　2000円　①4-8071-5475-3　Ⓝ291.038

(目次)南西諸島，九州地方，中国地方，四国地方，近畿地方，中部地方，東海道・中山道・甲州道中歴史散歩，関東地方，東北地方，北海道地方

(内容)2005年5月までに合併予定の市町村を反映。特別付録、平成の市町村大合併地図。

地図で訪ねる歴史の舞台 日本　4訂版　帝国書院編集部著　帝国書院　2006.4　144p　30cm　2000円　①4-8071-5564-4　Ⓝ291.038

(目次)南西諸島，九州地方，中国地方・四国地方，近畿地方，中部地方，関東地方，東北地方，北海道地方

(内容)歴史の舞台を旅するとき、歴史小説を読むとき、新聞・雑誌・テレビを見るとき、必携の一冊。

地図で訪ねる歴史の舞台 日本　改訂新版　帝国書院編集部著　帝国書院　2007.3　198p　30cm　〈折り込1枚　年表あり〉　2000円　①978-4-8071-5656-6　Ⓝ291.038

地図で訪ねる歴史の舞台 日本　6版　帝国書院編集部著　帝国書院　2009.8　218p　30cm　〈年表あり 索引あり〉　2000円　①978-4-8071-5851-5　Ⓝ291.038

(内容)高知、金沢、会津若松、函館など、歴史と伝統の街を探訪する特集を新規で掲載!「高松城水攻め」、「大坂の陣」、「関ヶ原の戦い」、「桶狭間の戦い」、「川中島の戦い」、「山崎の戦い」、「厳島の戦い」など、歴史が動いた合戦の舞台を鳥瞰図で掲載。

地図で訪ねる歴史の舞台 日本　7版　帝国書院編集部著　帝国書院　2013.7　226p　30cm　〈年表あり 索引あり〉　2000円　①978-4-8071-6106-5　Ⓝ291.038

(目次)九州地方・南西諸島，中国・四国地方，近畿地方，中部地方，関東地方，東北地方，北海道地方

(内容)歴史と伝統の街を探訪する特集を巻頭で紹介。幕末の京都、世界との窓口だった長崎、黒田官兵衛ゆかりの地である福岡を新たに掲載!大坂の陣、関ヶ原の戦いなど、歴史が動いた合戦の舞台を鳥瞰図で紹介。さらに、忠臣蔵や桜田門外の変の舞台にもなった江戸城を新たに掲載!

地図で訪ねる歴史の舞台 日本　8版　帝国書院編集部編　帝国書院　2016.4　234p　30cm　2000円　①978-4-8071-6254-3　Ⓝ291.038

(目次)もくじ・地図の記号（江戸―徳川家康と江戸幕府がつくりあげた水の都，江戸城 ほか），都市特集（那覇―中世に栄華を極めた東アジアの交易拠点，長崎―日本の「窓」として異国文化を吸収した ほか），九州地方・南西諸島，中国・四国地方，近畿地方，中部地方，関東地方，東北地方，北海道地方，人物特集（聖徳太子―初めての摂政として政治を行う，源義経―源平合戦の名将流転の人生 ほか）

(内容)現在と過去のつながりが地図でわかる!江戸、姫路城、軍艦島を新規掲載。巻頭特集で、今話題の街や史跡を掲載。新規掲載の那覇、長崎、福岡、高知、萩、金沢、京都、会津若松、函館。都市特集で、魅力ある歴史の街を紹介。迫力ある鳥瞰図で歴史の舞台を再現。日本の歴史を動かした人物を特集ページで紹介。

地図でたどる日本史　佐藤和彦〔ほか〕編　東京堂出版　1995.12　226p　22cm　〈各章

末：参考文献〉 2500円 ①4-490-20263-6 Ⓝ210.1

(内容)歴史をより深く理解したり、動静を再現するためにも歴史地図は有効である。個々の歴史事象の理解を助け、歴史の流れを通観できるように工夫された、わかりやすい歴史地図。

日本史年表・地図 児玉幸多編 吉川弘文館 1995.4 58,56,16p 19×26cm 1200円 ①4-642-07840-1 Ⓝ210.032

(内容)高校での学習用に作られた日本史年表及び日本歴史地図帳。年表編では各時代の職制表や、皇室・将軍家など主要な家門の系図、文化勲章受賞者一覧などを資料として掲載。地図帳編では歴史の流れに沿って各時代の歴史地図を掲載。五十音順地名索引を付す。

日本史年表・地図 第2版 児玉幸多編 吉川弘文館 1996.4 1冊 19×26cm 1200円 ①4-642-07840-1 Ⓝ210.032

日本史年表・地図 第3版 児玉幸多編 吉川弘文館 1997.4 1冊 19×26cm 1200円 ①4-642-07840-1 Ⓝ210.032

日本史年表・地図 第4版 児玉幸多編 吉川弘文館 1998.4 58,56,16p 19×26cm 1200円 ①4-642-07840-1 Ⓝ210.032

日本史年表・地図 第5版 児玉幸多編 吉川弘文館 1999.4 1冊 19×26cm 1200円 ①4-642-07840-1 Ⓝ210.032

日本史年表・地図 第6版 児玉幸多編 吉川弘文館 2000.4 1冊 19×26cm 1200円 ①4-642-07840-1 Ⓝ210.032

日本史年表・地図 第7版 児玉幸多編 吉川弘文館 2001.4 1冊 19×26cm 〈索引あり〉 1200円 ①4-642-07840-1 Ⓝ210.032

(内容)日本史の基礎知識をまとめた資料集。年表のほか歴史地図・図版で構成する。年表は政治・外交・文化のほか世界史の事象を縦に区切り、年代を横に区切る。2000年刊に次ぐ第7版。「世界史年表・地図」の姉妹編。

日本史年表・地図 第8版 児玉幸多編 吉川弘文館 2002.4 1冊 26cm 1200円 ①4-642-07840-1 Ⓝ210.032

(目次)年表(?〜350頃(原始時代), 350〜645(原始・飛鳥時代), 645〜794(飛鳥・奈良時代) ほか), 諸表(文献一覧, 官制表(令制・延喜式制), 鎌倉幕府職制表、室町幕府職制表、江戸幕府職制表 ほか), 系図(皇室, 中臣氏, 藤原氏 ほか), 文化勲章受章者一覧, 年号表

(内容)日本史の基礎知識をまとめた資料集。年表のほか歴史地図・図版で構成する。年表は政治・外交・文化のほか世界史の事象を縦に区切り、年代を横に区切る。2001年刊に次ぐ第8版。「世界史年表・地図」の姉妹編。

日本史年表・地図 第9版 児玉幸多編 吉川弘文館 2003.4 1冊 19×26cm 1200円 ①4-642-07840-1 Ⓝ210.032

(目次)図式日本史年表, 日本史重要年表, 年表(?〜350頃(原始時代), 350〜645(原始・飛鳥時代) ほか), 諸表(文献一覧, 官制表(令制・延喜式制) ほか), 文化勲章受章者一覧, 年号表

(内容)この年表に入れた事項は、諸種の著書や論文に引用されたり記述されたりしているものをできるだけ多く収録するようにした。また関係事項を多くして、年表を見ながら、時勢の推移を知ることができるように考えた。同じ目的で所々に見出しを入れたり、項目中でもその目的に添う表現をしたりもした。

日本史年表・地図 第10版 児玉幸多編 吉川弘文館 2004.4 1冊 19×26cm 1200円 ①4-642-07840-1 Ⓝ210.032

(目次)年表(?〜350頃(原始時代), 350〜645(原始・飛鳥時代), 645〜794(飛鳥・奈良時代) ほか), 諸表(文献一覧, 官制表(令制・延喜式制), 鎌倉幕府職制表、室町幕府職制表、江戸幕府職制表 ほか), 系図(皇室, 中臣氏、藤原氏, 大伴氏、物部氏、蘇我氏・紀氏、小野氏、橘氏、清原氏、大江氏、菅原氏、高階氏・高氏、越智氏・河野氏 ほか)

日本史年表・地図 第11版 児玉幸多編 吉川弘文館 2005.4 1冊 19×26cm 1200円 ①4-642-07840-1 Ⓝ210.032

日本史年表・地図 第12版 児玉幸多編 吉川弘文館 2006.4 63,56,7, 9p 19×26cm 1200円 ①4-642-07840-1 Ⓝ210.032

(目次)年表(?〜350頃(原始時代), 350〜645(原始・飛鳥時代), 645〜794(飛鳥・奈良時代) ほか), 諸表(文献一覧, 官制表(令制・延喜式制), 鎌倉幕府職制表・室町幕府職制表・江戸幕府職制表 ほか), 系図(皇室, 中臣氏, 藤原氏 ほか)

(内容)日本史年表を発行して、かなり多く利用されるとともに種々の御注文も受けた。その一つは、もう少し詳細のものが欲しいということであった。こういう小冊子で詳細のものを作ることは困難であるが、できるだけのことをしてみたのが本書である。この年表に入れた事項は、諸種の著書や論文に引用されたり記述されたりしているものをできるだけ多く収録するようにした。また関係事項を多くして、年表を見ながら、時勢の推移を知ることができるように考えた。同じ目的で所々に見出しを入れたり、項目中でもその目的に添う表現をしたりもした。年表の生命は正確さにあると考えるので、全部とはいわないが、大部分は原典を調査して誤りの

ないように努めた。また従来の年表にないものも多く加えた。とくに社会生活の欄中に災害や風俗に関するものが多くなったのは、民衆生活を何らかの形で示そうと考えた結果である。

日本史年表・地図　第13版　児玉幸多編　吉川弘文館　2007.4　1冊　19×26cm　1200円　①978-4-642-07840-5　Ⓝ210.032

日本史年表・地図　第14版　児玉幸多編　吉川弘文館　2008.4　64,56,16p　19×26cm　1300円　①978-4-642-09504-4　Ⓝ210.032

(目次)図式日本史年表, 日本史重要年表, 年表, 諸表, 系図, 文化勲章受章者一覧, 年号表

日本史年表・地図　第15版　児玉幸多編　吉川弘文館　2009.4　64,56,16p　19×26cm　〈索引あり〉　1300円　①978-4-642-09506-8　Ⓝ210.032

(目次)図式日本史年表, 日本史重要年表, 年表, 諸表, 系図, 文化勲章受章者一覧, 年号表

日本史年表・地図　第16版　児玉幸多編　吉川弘文館　2010.4　1冊　19×26cm　1300円　①978-4-642-09512-9　Ⓝ210.032

(目次)図式日本史年表, 日本史重要年表, 年表, 諸表, 文化勲章受章者一覧, 年号表

日本史年表・地図　第17版　児玉幸多編　吉川弘文館　2011.4　64,56,16p　19×26cm　〈索引あり〉　1300円　①978-4-642-09514-3　Ⓝ210.032

(目次)図式日本史年表, 日本史重要年表, 年表, 諸表, 系図, 文化勲章受章者一覧, 年号表

日本史年表・地図　第18版　児玉幸多編　吉川弘文館　2012.4　1冊　18×26cm　1300円　①978-4-642-09520-4　Ⓝ210.032

(目次)年表(?～350頃(原始時代), 350～645(原始・飛鳥時代), 645～794(飛鳥・奈良時代) ほか), 諸表(文献一覧, 官制表(令制・延喜式制), 鎌倉幕府職制表・室町幕府職制表・江戸幕府職制表 ほか), 系図(皇室, 中臣氏, 藤原氏 ほか), 文化勲章受章者一覧, 年号表

日本史年表・地図　第19版　児玉幸多編　吉川弘文館　2013.4　64,56,7p　18×26cm　1300円　①978-4-642-09522-8　Ⓝ210.032

(目次)年表(?～350頃―原始時代, 350～645―原始・飛鳥時代, 645～794―飛鳥・奈良時代, 794～939―平安時代前期 ほか), 諸表(文献一覧, 官制表―令制・延喜式制, 鎌倉幕府職制表 室町幕府職制表 江戸幕府職制表, 明治政府官制政党変遷表 ほか), 系図(皇室, 中臣氏, 藤原氏, 大伴氏 ほか), 文化勲章受章者一覧, 年号表

日本史年表・地図　第20版　児玉幸多編　吉川弘文館　2014.4　64,56,16p　19×26cm　〈索引あり〉　1300円　①978-4-642-09528-0　Ⓝ210.032

(目次)図式日本史年表, 日本史重要年表, 年表, 諸表, 系図, 文化勲章受章者一覧

日本史年表・地図　第21版　児玉幸多編　吉川弘文館　2015.4　64,56,16p　19×26cm　〈索引あり〉　1300円　①978-4-642-09530-3　Ⓝ210.032

(目次)年表(?～350頃(原始時代), 350～645(原始・飛鳥時代), 645～794(飛鳥・奈良時代) ほか), 諸表(文献一覧, 官制表(令制・延喜式制), 鎌倉幕府職制表 室町幕府職制表 江戸幕府職制表 ほか), 系図(皇室, 中臣氏, 藤原氏 ほか), 文化勲章受章者一覧

日本史年表・地図　第22版　児玉幸多編　吉川弘文館　2016.4　64,56,16p　19×26cm　〈索引あり〉　1300円　①978-4-642-09536-5　Ⓝ210.032

(内容)年表は政治・外交・文化の外、世界史の事象を縦の帯とし、横に年代を揃えて時代の流れを有機的に把握できる。地図は政治・経済・文化事象の地図化と諸事項の表示に新工夫を施し、毎頁図版説明と時代概観を脚注で示す。永遠のベストセラー!2015年の記事を追加して新年度版を刊行。

日本史年表・地図　第23版　児玉幸多編　吉川弘文館　2017.4　64,56,16p　19×26cm　〈索引あり〉　1300円　①978-4-642-09538-9　Ⓝ210.032

(目次)年表(?～350頃(原始時代), 350～645(原始・飛鳥時代), 645～794(飛鳥・奈良時代) ほか), 諸表(文献一覧, 官制表(令制・延喜式制), 鎌倉幕府職制表 室町幕府職制表 江戸幕府職制表 ほか), 系図(皇室, 中臣氏, 藤原氏 ほか)

日本史パノラマ大地図帳 日本史の100大テーマが見るだけでわかる オールカラーCG図解　山本博文監修　宝島社　2017.12　159p　30cm　〈文献あり〉　1200円　①978-4-8002-7783-1　Ⓝ210.1

(目次)1章 旧石器時代～奈良時代, 2章 平安時代～鎌倉時代, 3章 室町時代～戦国時代, 4章 戦国時代末～江戸時代, 5章 明治時代～昭和時代, 6章 昭和時代～平成

(内容)古代から現代までの重要な出来事を完全網羅。充実の史料図版!新発見の史実を掲載。日本史の秘話もとりあげているから時代背景がより深く理解できる!大迫力の美麗CG、地図、写真で立体的に解説。日本史の100大テーマが見るだけでわかる。

パノラマ鳥瞰地図帳　大空から眺める 時空を超えて日本の姿がよくわかる　PHP研究所編　PHP研究所　2010.8　94p　30cm　1400円　Ⓘ978-4-569-79043-5　Ⓝ210.038

（目次）人間を拒絶する厳しさが自然破壊を防ぐ 知床，美しい碁盤の目の街並みは、いかにして生まれたか 札幌，産業を支えた縁の下の力持ち 北海道の鉄道，不死鳥のように蘇った町 酒田，自然を守り抜いた地元の人々 尾瀬，日光東照宮建物群の屋根は檜皮葺だった 日光，何回もの画期があった 東京，新技術が国の形を変える リニア新幹線，日本で最初に開かれた港 横浜港，変化激しい海岸線・変わらない段葛 鎌倉〔ほか〕

（内容）歴史・大地の形・まちの様子を見比べる。いつまでも飽きない感動の景色が広がる楽しい地図。

◆古代日本

<事 典>

古代地名大辞典　角川文化振興財団編　角川書店　1999.3　2冊（セット）　26cm　59800円　Ⓘ4-04-031800-5　Ⓝ291.033

（目次）本編，索引・資料編

（内容）「和名抄」「風土記」「万葉集」、「日本書紀」ほかの六国史をはじめ、12世紀後半までの史料にみえる全地名を収録・解説した古代地名辞典。収録項目数は、12393項目。配列は五十音順。事項数53000件の索引、都道府県別立項項目一覧、国郡別立項項目一覧、難読項目一覧を収録した索引編、「木簡地名集成」「墨書土器地名集成」や古代地名関連一覧表、古代史図などを収載した資料編がある。

日本古代史地名事典　加藤謙吉，関和彦，遠山美都男，仁藤敦史，前之園亮一編集委員　雄山閣　2007.10　960p　22×16cm　15000円　Ⓘ978-4-639-01995-4　Ⓝ291.0189

（目次）畿内，東海道，東山道，北陸道，山陰道，山陽道，南海道，西海道，特論

（内容）『和名類聚抄』国郡別による地名配列とその世界観に準拠。五畿七道の66国2嶋591郡を網羅。巻末に「群名索引」を収録。

日本古代地名事典　吉田茂樹著　新人物往来社　2001.12　241p　22cm　8800円　Ⓘ4-404-02950-0　Ⓝ291.033

（内容）大化前代から『延喜式』・『和名抄』に至る平安前期までの2459の古代地名を収録した事典。地名の読みの古代音を優先した五十音順に排列。古代地名の初出史料、現代の位置、地名の由来や意味などの解説を記載。

日本古代地名事典 コンパクト版　吉田茂樹著　新人物往来社　2006.9　241p　19cm　4800円　Ⓘ4-404-03419-9　Ⓝ291.033

（内容）大化前代から『延喜式』『和名抄』にいたる平安前期までの古代地名2500を掲載。

風土記探訪事典　中村啓信，谷口雅博，飯泉健司，大島敏史著　東京堂出版　2006.9　308p　23×16cm　3800円　Ⓘ4-490-10698-X　Ⓝ291.0189

（目次）常陸国風土記（茨城県），尾張国風土記（愛知県），伊勢国風土記（三重県），山城国風土記（京都府），丹後国風土記（京都府），摂津国風土記（大阪府），出雲国風土記（島根県），播磨国風土記（兵庫県），備後国風土記（広島県），伊予国風土記（愛媛県），筑紫国風土記（福岡県），筑後国風土記（福岡県），肥前国風土記（佐賀県・長崎県），豊後国風土記（大分県）

（内容）本書は五カ国風土記および逸文から、主要地誌・神話・伝承などを選択して紹介したものである。

<図鑑・図集>

地図でみる西日本の古代　律令制下の陸海交通・条里・史跡　島方洸一企画・編集統括，金田章裕，木下良，立石友男，井村博宣編　平凡社　2009.5　294p　38cm　（日本大学文理学部叢書）〈文献あり 索引あり〉　12000円　Ⓘ978-4-582-46702-4　Ⓝ210.3

（内容）古代にはロマンがあり、そして壮大なプランがあった。1000年前の日本の姿を100年前の地図でみる。他に類を見ない、歴史地理学史上もっとも画期的で重要な一冊。

地図でみる東日本の古代　律令制下の陸海交通・条里・史跡　島方洸一企画・編集統括，立石友男編集主幹，金田章裕，木下良，井村博宣，落合康浩編集委員　平凡社　2012.10　310p　38cm　〈布装　文献あり 索引あり〉　14000円　Ⓘ978-4-582-46703-1　Ⓝ210.3

（目次）総説，東海道，東山道，坂東，奥羽，北陸道，挿入図一覧，参考資料（日本海，北海道，地形図図式，参考文献），索引（五十音順索引，難読名称一覧）

（内容）奈良・平安時代の主要な道路を明治期の五万分一地形図で網羅し、2011年の東北地方太平洋沖地震による津波浸水範囲を詳細に記載するなど、自然災害との関連性をも考察できる。古代日本における農村計画の基礎を築いた条里地割を旧版地形図判読により明らかにし、条里呼称についての研究成果も採録。国名、郡名は

もちろん、郷名までも収録し、国府、郡家、駅家といった古代施設も掲載。さらに関連遺跡、古墳、貝塚をも収録。

◆近現代日本

<事 典>

消えた市町村名辞典　地名情報資料室編，楠原佑介責任編集　東京堂出版　2000.9　454,69p　21cm　5800円　①4-490-10560-6　Ⓝ318.12

内容 明治22年（1889）の全国的な町村大合併から今日までに消えた市町村13541項目を収録し、市町村名の誕生・消滅の経緯を解説する事典。今後の市町村合併における新自治体名の選定の判断資料となるべく編纂したと述べている。

最新 全国市町村名事典　三省堂編修所編　三省堂　2006.6　585p　19cm　2200円　①4-385-15343-4　Ⓝ291.033

内容 平成元（1989）年から平成18（2006）年4月1日までに存在した市町村から、東京23特別区、15政令指定都市の行政区、北方領土6村など、約3700項目を収録。位置・面積・人口・交通手段、市町村の合併・編入などを含めた歴史、産業や文化財などの現状、地名の成り立ちや由来などを簡潔に分かりやすく解説。新旧市町村の違いがわかる総画引きの漢字索引付き。

図典 日本の市町村章　小学館辞典編集部編　小学館　2007.1　271p　30cm　7800円　①4-09-526311-3　Ⓝ288.9

目次 北海道，東北，関東，北陸・甲信越，東海，近畿，中国，四国，九州，沖縄県

内容 全国の市町村章を初めて完全収録。明治時代に制定されたものから、平成18年に制定されたものまで、新旧さまざまで個性的な市町村章の世界を記述。「平成の大合併」による市町村合併の全貌もビジュアルな構成で簡単に理解できる。

ふるさと日本　カラー版全国市町村大事典　秋田県　ぎょうせい　1992.10　277p　31cm　〈総監修：市川健夫，浮田典良〉　15000円　①4-324-03145-2　Ⓝ291

ふるさと日本　カラー版全国市町村大事典　和歌山　ぎょうせい　1992.9　229p　31cm　〈総監修：市川健夫，浮田典良〉　12000円　①4-324-03170-3　Ⓝ291

平成の大合併 県別市町村名事典　浅井建爾著　東京堂出版　2006.10　383p　21cm　2500円　①4-490-10700-5　Ⓝ291.033

目次 北海道地方，東北地方，関東地方，中部地方，近畿地方，中国・四国地方，九州・沖縄地方

内容 大変化した日本の地名。現存する全市町村名と、地域の特色を紹介する。合併で消えた市町村名も県別に掲載。

<辞 典>

市町村名語源辞典　溝手理太郎編　東京堂出版　1992.7　283p　22cm　2900円　①4-490-10314-X　Ⓝ291.03

内容 平成4年4月1日現在の、都道府県名・市町村名・北海道の支庁名・郡名・東京都の特別区名・政令指定都市の行政区名を五十音順に配列し、それぞれ所在地を記載、地名の初出年代・成立の年代・由来・語源の4項目を記載する小項目辞典。

市町村名語源辞典　改訂版　溝手理太郎編　東京堂出版　2001.9　288p　21cm　3000円　①4-490-10590-8　Ⓝ291.03

内容 日本の県・市・郡・町・村の現行の行政地名3200を収録するもの。その由来と語源についてを考察する。

<ハンドブック>

合併市町村 あのまちこのまち 西日本編 2005　294全市町村の姿と魅力を紹介　日本広報協会編　日本広報協会　2005.8　321,14p　30cm　953円　①4-930854-06-7　Ⓝ291.036

目次 近畿（甲賀市，野洲市 ほか），中国（鳥取市，米子市 ほか），四国（吉野川市，阿波市 ほか），九州・沖縄（久留米市，柳川市 ほか）

内容 平成12年4月から施行されていた市町村合併特例法が、平成17年3月31日をもって失効する。この間、編入合併を含めて294の市町村が誕生したが、この「平成の大合併」によって、日本地図は大きく塗り変わることになる。本書は、それらの市町村を網羅し、それぞれの姿と魅力を紹介するために作成された。

合併市町村 あのまちこのまち 西日本編 2006　「平成の大合併」の集大成　日本広報協会編　日本広報協会　2006.8　265,28p　30cm　1143円　①4-930854-08-3　Ⓝ291.036

目次 近畿（滋賀県，京都府，大阪府，兵庫県，和歌山県），中国（鳥取県，島根県，岡山県，広島県，山口県），四国（徳島県，香川県，愛媛県，高知県），九州・沖縄（福岡県，佐賀県，長崎県，

熊本県，大分県，宮崎県，鹿児島県，沖縄県）

(内容)平成18年4月1日までに平成の大合併で生まれた558市町村のうち、264の合併市町村を東日本編と西日本編分けて紹介。2006年版では合併前後の市町村域がわかるように都道府県ごとに地図を掲載。合併前の旧市町村が現在どの市町村になっているかを調べることができる「総合索引」も掲載。

合併市町村 あのまちこのまち 東日本編 2005　294全市町村の姿と魅力を紹介　日本広報協会編　日本広報協会　2005.8　289,14p　30cm　953円　Ⓘ4-930854-05-9　Ⓝ291.036

(目次)北海道・東北（函館市，森町 ほか），関東（水戸市，日立市 ほか），新潟・北陸（新潟市，長岡市 ほか），中部・東海（山梨市，南アルプス市 ほか）

(内容)平成12年4月から施行されていた市町村合併特例法が、平成17年3月31日をもって失効する。この間、編入合併を含めて294の市町村が誕生したが、この「平成の大合併」によって、日本地図は大きく塗り変わることになる。本書は、それらの市町村を網羅し、それぞれの姿と魅力を紹介するために作成された。

合併市町村 あのまちこのまち 東日本編 2006　「平成の大合併」の集大成　日本広報協会編　日本広報協会　2006.8　365,28p　30cm　1429円　Ⓘ4-930854-07-5　Ⓝ291.036

(目次)北海道・東北（北海道，青森県，岩手県，宮城県，秋田県，山形県，福島県），関東（茨城県，栃木県，群馬県，埼玉県，千葉県，東京都，神奈川県），新潟・北陸（新潟県，富山県，石川県，福井県），中部・東海（山梨県，長野県，岐阜市，静岡県，愛知県，三重県）

(内容)平成18年4月1日までに平成の大合併で生まれた558市町村のうち、264の合併市町村を東日本編と西日本編分けて紹介。2006年版では合併前後の市町村域がわかるように都道府県ごとに地図を掲載。合併前の旧市町村が現在どの市町村になっているかを調べることができる「総合索引」も掲載。

市町村名変遷辞典　地名情報資料室編　東京堂出版　1990.9　864,84p　21cm　15000円　Ⓘ4-490-10280-1　Ⓝ318.2

(内容)明治22年（1889）、わが国の近代的地方自治制度として、市町村制が施行されてから100年が過ぎる。市制町村制施行直前に7万余を数えた町村数は、今日では20分の1以下の3,200余市町村に集約された。本書は、この1世紀の間に誕生し消滅したすべての市町村名について、施行・合併（合体）・編入・分離・分割・境界変更など、その全履歴を掲載。巻末に漢字画数による県名一覧を附す。

市町村名変遷辞典　補訂版　地名情報資料室編，楠原佑介責任編集　東京堂出版　1993.9　864,86p　23cm　16000円　Ⓘ4-490-10356-5　Ⓝ318.2

(内容)市町村名の履歴を網羅。明治22年の市制町村制施行以来100年の中にあらわれる全市町村名を収載。平成5年4月1日現在までのデータを収録。

十五年戦争極秘資料集　補巻 38〔第1冊〕研究蒐録地図　第1冊（1943年1月～7月）　不二出版　2011.2　1冊　27cm　〈解説：小林茂，渡辺理絵　陸地測量部刊の複製 索引あり〉　18000円　Ⓘ978-4-8350-6834-3　Ⓝ210.7

(内容)1943（昭和18）年1月から発行された、陸地測量部の教育機関誌『研究蒐録地図』第1号～第7号を復刻。未解明な部分の多い陸地測量部の活動や秘密測量を検証する重要資料。

十五年戦争極秘資料集　補巻 38〔第2冊〕研究蒐録地図　第2冊（1943年8月～1944年2月）　不二出版　2011.4　1冊　27cm　〈解説：小林茂，渡辺理絵　陸地測量部刊の複製〉　18000円　Ⓘ978-4-8350-6835-0　Ⓝ210.7

(内容)1943（昭和18）年1月から発行された、陸地測量部の教育機関誌『研究蒐録地図』第8号～第14号を復刻。未解明な部分の多い陸地測量部の活動や秘密測量を検証する重要資料。

十五年戦争極秘資料集　補巻 38〔第3冊〕研究蒐録地図　第3冊（1944年3月～10月）　不二出版　2011.6　1冊　27cm　〈解説：小林茂，渡辺理絵　陸地測量部刊の複製〉　18000円　Ⓘ978-4-8350-6836-7　Ⓝ210.7

(内容)1943（昭和18）年1月から発行された、陸地測量部の教育機関誌『研究蒐録地図』第15号～第22号を復刻。未解明な部分の多い陸地測量部の活動や秘密測量を検証する重要資料。

全国市町村名変遷総覧　全訂版　日本加除出版出版部編，自治省行政局振興課監修　日本加除出版　1991.8　1268,112p　21cm　11500円　Ⓘ4-8178-1099-8　Ⓝ318.2

(内容)昭和62年版刊行以降の市町村名の変更を補って改訂。

地図で知る 平成大合併 保存版　平凡社編　平凡社　2006.5　191p　28cm　1600円　Ⓘ4-582-41806-6　Ⓝ318.12

地図で知る 平成の市町村大合併　総集編 データブック　国際地学協会　2006.1　174p　26cm　〈付・新旧両引きの市町村索引

奥付のタイトル：平成の市町村大合併・総集編　年表あり〉　1600円　①4-7718-2634-X　Ⓝ318.12

(目次)市町村合併と地方自治の歴史，平成の市町村大合併で誕生した市町村，これでわかった平成の市町村大合併，都道府県別市町村数の変遷，こうなる市町村合併（都道府県別情報地図），平成の市町村大合併・市町村の動き全記録

(内容)平成の市町村大合併で誕生した市町村一覧や、平成の市町村大合併の経緯・背景、都道府県別情報地図でわかる「こうなる市町村合併」、平成の市町村大合併・市町村の動きの全記録などを収録する。

地図で知る 平成の市町村大合併　2005年度版　国際地学協会　2005.3　142p　26cm　1333円　①4-7718-2633-1　Ⓝ318.12

(目次)合併日本図（こう変わる!平成18年3月の日本），市町村合併と地方自治の歴史，これでわかった平成の市町村大合併（明治の大合併（自然発生町村から自治体の誕生へ），江戸から東京へ（東京府と東京市），昭和の大合併（効率的な地方自治をめざして），平成の大合併（国からの自立と財政危機），合併特例法とは（残された時間はわずか）ほか），こうなる市町村合併（県別情報地図），情報日本図（偏る人口（過疎地区と人口の集中地区、人口密度），高齢化する日本（年齢別人口構成と人口増減率），広がる税負担格差（住民税、固定資産税、課税対象所得），差が出るインフラ整備（下水道普及率、都市ガス普及率、ゴミ衛生処理率），どうなる雇用（完全失業率、雇用者比率、有効求人倍率）ほか）

(内容)平成18年3月、市町村はこうなる。新自治体続々誕生、激変する日本の姿がこの一冊でわかる。

帝国行政区画便覧　復刻版　日本加除出版　1994.9　1冊　21cm　15000円　①4-8178-1123-4　Ⓝ318.12

(内容)日本全国の市町村別に、管轄する町名・字名とその読みを記した戦前の地名資料。明治37年7月から加除式図書として刊行されており、昭和12年6月現在の内容を復刻している。47道府県の他、樺太、台湾、関東局、南洋庁、朝鮮も掲載し、付録として、裁判所管轄区域表、陸軍管轄表、新旧郡名対照一覧表などが含まれている。

幕末以降 市町村名変遷系統図総覧　1　太田孝編著　東洋書林，原書房（発売）　1995.8　874p　23cm　〈監修：西川治　付：参考資料一覧〉　28840円　①4-88721-083-3　Ⓝ318.2

(内容)幕末以降の地名の変遷を、読み方も含めて、系統図形態にして体系的に示す。現在の市町村がいつの統合分廃、改名によるものかがよくわかる。行政史研究や風土文学の地名案内に役立つ。1巻では東日本の地名を収録。

幕末以降 市町村名変遷系統図総覧　1　改訂版　西川治監修，太田孝編著　東洋書林　2000.9　874p　23cm　〈背の頒布者（誤記）：原書房〉　28000円　①4-88721-492-8　Ⓝ318.2

幕末以降 市町村名変遷系統図総覧　2　太田孝編著　東洋書林，原書房（発売）　1995.9　p879〜1773　23cm　〈監修：西川治〉　28840円　①4-88721-084-1　Ⓝ318.2

(内容)幕末以降の地名の変遷と、読み方を含めて、系統図形態にして体系的に示す。現在の市町村がいつの統合分廃、改名によるものかがよくわかる。行政史研究や風土文学の地名案内に役立つ。2巻では西日本の地名を収録。

幕末以降 市町村名変遷系統図総覧　2　改訂版　西川治監修，太田孝編著　東洋書林　2000.9　p879-1773　23cm　〈背の頒布者（誤記）：原書房〉　28000円　①4-88721-493-6　Ⓝ318.2

幕末以降 市町村名変遷系統図総覧　別巻　幕末以降 全国市町村名検索辞典　太田孝編著　東洋書林，原書房（発売）　1996.2　749p　21cm　39140円　①4-88721-085-X　Ⓝ318.2

(内容)「幕末以降市町村名変遷系統図総覧」（1995年刊）全2巻に収録された地名の総索引。全地名を五十音順に排列した検索辞典。所属する都道府県名と掲載ページ数を示す。明治維新以後の市町村の制定と合併についての解説と、町村合併形態分類図を地方別に掲載。

平成の市町村大合併　市町村はこう変わる!　国際地学協会　2003.10　127p　26cm　950円　①4-7718-2631-5　Ⓝ318.12

(目次)これでわかった平成の市町村大合併（明治の大合併（自然発生町村から自治体の誕生へ），江戸から東京へ（東京府と東京市），昭和の大合併（効率的な地方自治をめざして），平成の大合併（国からの自立と財政危機），市町村合併のメリット・デメリット ほか），情報日本図—最近の市町村の変遷，こうなる市町村合併，全国地方別県勢一覧表，情報日本図（偏る人口（過疎地区と人口の集中地区、人口密度），高齢化する日本（年齢別人口構成と人口増減率），税の不公平感（一人当たり行政投資額、国税収納済額、地方交付税額），差が出るインフラ整備（下水道普及率、都市ガス普及率、ゴミ衛生処理率），どうなる雇用（完全失業率、雇用者比率、有効求人倍率）ほか）

(内容)カラー図解で一目瞭然。

誇れる郷土ガイド　市町村合併編　古田陽久，古田真美監修，世界遺産総合研究所企画・編　（広島）シンクタンクせとうち総合研究機構　2007.2　122p　21cm　（ふるさとシリーズ）　2000円　①978-4-86200-118-4　Ⓝ291

（目次）全国47都道府県の市町村合併の動き（北海道，青森県，岩手県，宮城県 ほか），参考データ（47都道府県の面積、人口、人口密度，47都道府県の面積、人口、人口密度ランキング，47都道府県庁所在地の住所、面積、人口，47都道府県の市町村数の推移，47都道府県の市町村数，道州の区域例（9道州），道州の区域例（11道州），道州の区域例（13道州），世界遺産地の行政区分の変遷，主な島の行政区分の変遷）

（内容）全国47都道府県の市町村合併の動き、すなわち、2003年と2007年の各都道府県の構成市町村数の比較、最近10年間の市町村合併の動きを整理。また、参考データとして、世界遺産のある市町村の行政区分の変遷、主な島にある市町村の行政区分の変遷、それに、道州の区域例などのデータを取り上げた。

<図鑑・図集>

昭和のはじめ タイムトリップ地図帖　井口悦男，浜田研吾著　講談社　2013.3　111p　26cm　2200円　①978-4-06-218195-2　Ⓝ689.21

（目次）札幌市内・定山渓温泉，阿寒湖と道東の湖沼，函館から夜行列車で，青森駅と青函連絡船，陸中海岸と海水浴，杜の都・仙台と松島，日光・鬼怒川温泉，伊香保温泉への旅，南房総の海岸沿い，成田山新勝寺詣で〔ほか〕

（内容）樺太・北海道から九州・沖縄・台湾等々、日本全国夢の漫遊。当時の汽車時間表、沿線案内、鳥瞰図、観光案内図、広告、絵葉書で満喫。

地図で見る百年前の日本　〔『地図で見る百年前の日本』編集委員会〕〔編〕　小学館　1998.8　303p　38cm　14000円　①4-09-563051-5　Ⓝ291.038

（目次）北海道，東北，関東，中部，近畿，中国，四国，九州

（内容）旧日本陸軍によって、明治13年から関東地方で行われた日本初の広域測量に基づく「フランス式彩色地図（第一軍管地方二万分一迅速測図原図）」で関東地方の各都市を紹介。ほかの地方は、その後ドイツ式に切り替わった軍制に沿って作成された、明治・大正時代の2万分の1地形図、及び、5万分の1地形図で構成。すべて原図を原寸で掲載。都市ごとの解説付き。

明治・大正・昭和 絵葉書地図コレクション　地図に刻まれた近代日本　鈴木純子著　明石書店　2015.2　173p　22cm　2700円　①978-4-7503-4134-7　Ⓝ210.6

（目次）出来事，産業，国土開発，郵便・通信，交通，都市，名勝・観光，旧統治領・満州

（内容）20世紀初頭から1930年代の出来事、国土開発・産業・エネルギー・鉄道・交通・通信などの近代化、名勝観光や博覧会見物に沸く都市、そして植民地統治など、さまざまな主題で描かれた絵葉書の地図を読み解き、近代日本の記憶を甦らせる。貴重な地図の絵葉書集成初の書籍化。

<地図帳>

新旧見開き対照 平成の市町村合併早わかりMAP　市町村自治研究会編　ぎょうせい　2005.7　162p　26cm　1524円　①4-324-07696-0　Ⓝ318.12

（内容）合併前後の市町村区分図をカラーの見開きで対比。合併団体一覧、地域自治組織設置状況など各種データも充実。

全国市町村合併地図　主体的な合併議論・検討のために　市町村合併問題研究会編　ぎょうせい　2001.8　241p　26cm　2800円　①4-324-06569-1　Ⓝ317.12

（目次）市町村合併パターン（北海道，青森県，岩手県，宮城県，秋田県 ほか），参考資料（市町村の合併の推進についての要綱作成状況，合併協議会設置の状況，合併に関する研究等が行われている地域，昭和60年以降の合併の状況，市町村数の変遷 ほか）

（内容）各都道府県が策定した市町村合併推進要綱に示されている「合併パターン」を集約した地図集。各都道府県ごとに北から南へ排列。市町村の合併の推進についての要綱作成状況、合併協議会設置の状況、合併に関する研究等が行われている地域、昭和60年以降の合併の状況、市町村数の変遷などの参考資料を掲載。

全国市町村 平成の大合併　こんなに変わった新しいニッポン!　2006年版　東京地図出版　2005.11　53,53p,p54-74　30cm　（ミリオン）　〈左右同一ページ付〉　1000円　①4-8085-2302-7　Ⓝ318.12

（内容）都道府県ごとに見開き、左ページに合併前の地図、右ページに合併後の地図と合併履歴（合併年月日、合併前後の市町村名）を掲載。

大正時代の日本　百年前の地図帳・教科書から読みとく　帝国書院　2017.4-2017.10　3冊　23-26cm　〈タイトルは外箱による　外箱入〉　全5800円　①978-4-8071-6395-3

Ⓝ210.69

(内容)「帝国地理 大正7年」1918(大正7)年発刊。帝国書院創立後、初の文部省検定済教科書。中等教育用の地理教科書, 「帝国地理 大正9年」1920(大正9)年発刊。帝国書院創立後、初の文部省検定済地図帳, 「解説書」『帝国地理』と『帝国地理』発刊の経緯：著作者が26歳(明治31年)に教員検定試験に合格してからのちに中学校用、女学校用、師範学校用の教科書を執筆する。明治38年より12年間、六盟館から毎年数冊の地理書、地図帳の出版を重ねる。明治44年、教員辞職後より5年の歳月をかけ『動的世界大地理』『動的支那地理』を出版。A5判1030頁、質量2.44キロという未曾有の書物であった。今回復刻される『帝国地理・地図』はこのような経緯を辿った著作者の著述・地図製作における凄まじいエネルギーの産物なのである。

なるほど市町村合併 都道府県別日本地図帳　昭文社　〔2006.3〕　146p　30cm　1200円　Ⓘ4-398-20052-5　Ⓝ291.038

(内容)全国各地で誕生した582の新市町村と、消滅してしまった1386市町村をわかりやすく図解!折りたたみ日本全図付き。

日本近代都市変遷地図集成　第1期　大阪・京都・神戸・奈良　地図資料編纂会編　柏書房, 紀伊国屋書店(発売)　1987.10　156枚　46×62cm　〈箱入〉　110000円　Ⓘ4-7601-0343-0　Ⓝ291.038

日本近代都市変遷地図集成　第2期　江戸-東京市街地図集成 5千分の1　1887(明治20)年～1959(昭和34)年　地図資料編纂会編　柏書房　1990.6　256枚　46×62cm　164800円　Ⓘ4-7601-0586-7　Ⓝ291.038

(内容)近代東京の100年を6時期にわたり5千分の1地図で通覧。すべての図域を当時の住居地番表示で検索でき、現在の町丁名(住居表示)も示す。第1期とあわせると江戸前期までの遡行調査が可能。

一目でわかる平成の大合併地図 イミダス特別編集　イミダス編集部編　集英社　2006.3　64p　21cm　619円　Ⓘ4-08-781346-0　Ⓝ318.21

(目次)北海道, 青森県, 岩手県, 秋田県, 宮城県, 山形県, 福島県, 栃木県, 茨城県, 群馬県, 埼玉県, 東京都, 神奈川県, 千葉県, 新潟県, 富山県, 福井県, 石川県, 長野県, 山梨県, 愛知県, 静岡県, 岐阜県, 三重県, 京都府, 滋賀県, 兵庫県, 大阪府, 和歌山県, 奈良県, 鳥取県, 島根県, 広島県, 岡山県, 山口県, 徳島県, 愛媛県, 香川県, 高知県, 福岡県, 長崎県, 佐賀県, 熊本県, 大分県, 宮崎県, 鹿児島県, 沖縄県

(内容)ここまで変わるニッポンの姿。新・旧の市町村名から引ける便利な索引つき。

平成大合併がわかる日本地図　朝日新聞社編　朝日新聞社　2006.3　208p　30×21cm　1600円　Ⓘ4-02-222072-4　Ⓝ291.038

(目次)合併レポート(北海道・東北地方, 関東地方 ほか), 都道府県地図(北海道・東北地方, 関東地方 ほか), テーマ別平成大合併のすがた(平成大合併とは何か, 面積・人口比較 ほか), 用語解説(地方自治, 国土利用と都市 ほか), 用語・地名索引(用語・地名索引, 新日本百名山・日本百名山リスト)

(内容)日本の市町村が大きく変わる。3232市町村→1821。朝日新聞総局による47都道府県合併リポートつき。

平成大合併 日本新地図　正井泰夫監修　小学館　2005.12　471p　35×27cm　〈付属資料：地図〉　10500円　Ⓘ4-09-526065-3　Ⓝ291.038

(目次)北海道, 青森県, 岩手県, 宮城県, 秋田県, 山形県, 福島県, 茨城県, 栃木県, 群馬県, 埼玉県, 千葉県, 東京都, 神奈川県, 新潟県, 富山県, 石川県, 福井県, 山梨県, 長野県, 岐阜県, 静岡県, 愛知県, 三重県, 滋賀県, 京都府, 大阪府, 兵庫県, 奈良県, 和歌山県, 鳥取県, 岡山県, 広島県, 山口県, 徳島県, 香川県, 愛媛県, 高知県, 福岡県, 佐賀県, 長崎県, 熊本県, 大分県, 宮崎県, 鹿児島県, 沖縄県

(内容)1999(平成11)年からスタートした平成の大合併。全国3232市町村が、2006年3月末には1821市町村まで減る予定。この平成の大合併で生まれ変わる日本を、合併前と後の新旧市町村名を併記することで記録した地図。

明治前期内務省地理局作成地図集成　第1巻　都市図編　地図資料編纂会編　柏書房　1999.1　185枚　46×63cm　Ⓘ4-7601-1718-0　Ⓝ291.038

明治前期内務省地理局作成地図集成　第2巻　日本図・地方図編　地図資料編纂会編　柏書房　1999.3　81枚　46×63cm　Ⓘ4-7601-1719-9　Ⓝ291.038

明治中期分県地図 新聞『日本』附録　高木宏治編集・解題, 清水靖夫, 有山輝雄監修　ゆまに書房　2009.2　240p　43cm　〈付・中国／朝鮮／露西亜　複製〉　69000円　Ⓘ978-4-8433-3089-0　Ⓝ291.038

(内容)新聞『日本』の付録として、1901年1月から1903年12月まで発行された各都道府県及び台湾総督府管内の地図48点を、裏面の重要統計も含めて復刻集成。同時期に発行された中国、朝鮮、ロシアの地図も併載する。

社会・文化事情

＜事 典＞

イスラーム世界事典　片倉もとこ編集代表，加賀谷寛，後藤明，内藤正典，中村光男編集委員　明石書店　2002.3　473p　21cm　2900円　Ⓘ4-7503-1547-8　Ⓝ292.7

(内容)イスラームの実状について、100人を超える専門家が執筆した用語集。ネットワーク文明としてのイスラームを理解するための様々なキーワードを五十音順に排列して平易に解説する。巻頭に「『イスラーム世界』とはなにか」と題する総論があり、巻末にイスラーム暦・西暦対照表、イスラーム関係年表、文献案内、五十音順索引が付く。

イスラムものしり事典　紅山雪夫著　新潮社　2010.5　384p　16cm　(新潮文庫 へ-2-9)〈『不思議のイスラム』(トラベルジャーナル1996年刊)の改稿、再編集〉　629円　Ⓘ978-4-10-104329-6　Ⓝ292.7

(目次)1 イラスムとは(イスラム文化を見直そう，イスラムはどのようにして始まったか ほか)，2 建築と工芸の美を求めて(イスラム建築工芸の魅力，モスク、ミフラーブ、キブラ ほか)，3 人と生活さまざま(気温が四五度ぐらいになると，土をこねて造るマイホーム ほか)，4 ムスリムと仲良くつきあうには(ムスリムの信念を理解しよう，パレスチナ問題 ほか)

(内容)全世界の四人に一人がムスリム(イスラム教徒)という今こそ、不思議で奥深いイスラム文化の基礎知識を身につけておきませんか。イスラム教の成立と発展。コーランと聖書の類似点。断食や一夫多妻制の実際。魅惑のイスラム建築。クスクス、ケバーブなどのグルメ。ムスリムと付き合う上での心得。歴史から時事問題まで、一冊でイスラムの常識がわかる教科書。

岩波イスラーム辞典　大塚和夫ほか編　岩波書店　2002.2　1247p　20cm　7500円　Ⓘ4-00-080201-1　Ⓝ292.7

(内容)イスラームの知識を解説する事典。中東だけでなくイスラームの影響が及ぶ全世界を対象とし、近現代史に重点、日常生活を重視することを方針とする。4500項目を収録。モスクなど基本の30項目は数ページの大項目として写真・図版も多様して解説する。見出し語の五十音順に排列、翻訳語には原語のアルファベット表記も記載する。巻末付録にイスラーム年表、イスラーム世界地図、ムハンマド関連系図、ヒジュラ暦・西暦対照表、主要王朝歴代君主一覧、イスラーム諸国歴代元首一覧、イスラーム世界の度量衡単位表がある。和文索引・外国語索引を付す。

事典 イスラームの都市性　板垣雄三，後藤明編　亜紀書房　1992.5　768p　21cm　12000円　Ⓘ4-7505-9209-9　Ⓝ290.173

(目次)序 都市性と比較，1 都市へのまなざし，2 都市の性格，3 都市の外部ネットワーク，4 都市の内部ネットワーク，5 都市の生活と文化，6 引き裂かれる都市，7 イスラーム圏諸地域の都市

(内容)都市研究とイスラーム研究を結びつける新しい視角による編集。政治・経済・文化・社会はもちろん、地理学・建築学・都市工学などの成果も盛りこんだ学際的・総合的事典。

新イスラム事典　日本イスラム協会，嶋田襄平，板垣雄三，佐藤次高監修　平凡社　2002.3　657p　19cm　4000円　Ⓘ4-582-12633-2　Ⓝ227.033

(内容)現代のイスラム社会を理解するための総合的な事典。20年ぶりに旧版を改訂。宗教・歴史・政治・経済・文化・社会・生活など全1085項目をカナ表記の五十音順に排列し、ラテン文字表記の原綴、訳語、関連項目、解説等を記載。付録資料は地図、年表、ヒジュラ暦・西暦対照表、度量衡表、王朝交代表、系図、参考文献案内からなる。巻末に五十音順の索引がある。

＜ハンドブック＞

NHKスペシャル「データマップ63億人の地図」いのちの地図帳　NHKスペシャル「データマップ63億人の地図」プロジェクト編　アスコム　2004.10　141p　26cm　1600円　Ⓘ4-7762-0173-9　Ⓝ302

(目次)データマップとは?，第1章 寿命の地図，第2章 富と貧困の地図，第3章 犯罪の地図，第4章 感染症の地図，終章 希望の地図

(内容)NHKスペシャルの人気大型企画が地図帳になった。寿命、所得、犯罪、感染症…世界と日本の驚くべき現在がわかる。番組で紹介しきれなかったデータ＆地図を多数収録。

＜地図帳＞

イスラーム歴史文化地図　マリーズ・ルースヴェン，アズィーム・ナンジー著，中村公則訳　悠書館　2008.10　207p　29cm　〈年表あり　文献あり　原書名：Historical atlas of Islam.〉　12000円　Ⓘ978-4-903487-23-6　Ⓝ227.0038

(目次)基礎をなす信仰箇条と勤行，ムスリム世界の自然地理学，イスラーム圏の諸言語と諸民族，イスラーム以前の古代，ムハンマドの布教

と諸戦役，イスラームの拡大、750年まで，イスラームの拡張、751～1700年，スンニー派、シーア派、ハーリジュ派、660～1000年頃，ハールーヌッラシード治下のアッバース朝カリフ制，イスラーム、イスラーム法およびアラビア語の拡大〔ほか〕

(内容)西欧世界では、ややもすればまま子扱いされながらも、いまや人口10億以上、世界の全人口の5分の1を占め、決して無視することが出来なくなったイスラーム世界の、歴史、政治、経済、社会、文化のあらゆる側面をカバー。預言者ムハンマドの誕生から今世紀まで、肥沃な三日月地帯を発信地として、アフリカの砂漠地帯や中央アジア、南アジアへ、さらにはヨーロッパや南北アメリカへまで拡大してゆく様を、100点近い地図と数多くの写真、平易で懇切丁寧な解説でたどる、他に類のない歴史地図集。

知恵蔵なっとく世界地図　'05-'06　朝日新聞社編　朝日新聞社　2005.3　224p　30cm　1500円　①4-02-222063-5　Ⓝ302

(目次)世界の自然ベスト5，人口問題(1) 平均寿命，人口問題(2) 人口の将来推計，エネルギー問題―石油消費量、産出量，食糧問題―穀物消費量、自給率，地球温暖化問題―二酸化炭素(CO2)排出量，貧困問題―1日1ドル以下で暮らす人々，情報・通信の普及―インターネット、携帯電話の普及率，独立した国、消滅した国―戦後60年の世界の変化，世界の経済力―国内総生産(GDP)〔ほか〕

(内容)世界の問題をわかりやすく解説した図解特集、大きな文字で見やすい最新世界地図、国際問題を読み解くキーワードの3部構成。巻末に「用語索引」「地名索引」を収録。

◆日本社会

<事 典>

「県民性」なるほど雑学事典　出身県でわかる人柄から、食、方言、おもしろデータまで　日本博学倶楽部著　PHP研究所　1998.6　253p　15cm　(PHP文庫)　476円　①4-569-57158-1　Ⓝ361.42

(目次)第1章 正統派から個性派まで、なんでもお国自慢，第2章 データが語る県民性，第3章 食文化に現れた県民性，第4章 地理・地名からみたユニーク風土記，第5章 方言から探る県民性，第6章 風習・行事に現れたお国柄，第7章 地方発おもしろトピックス

(内容)「上州名物“かかあ天下”は“かかあ天下一”が正しい!?」「なぜ長野県人はやたらと県歌を歌いたがるのか?」「静岡県で交通事故が多いのは富士山のせいだった!?」…。本書は、ユニークなお国自慢の数々から、風習や方言に隠された意外な事実、思わず笑ってしまう県別おもしろデータまでを多数紹介。初対面の人でも、出身県さえわかれば会話が弾むことうけあいの、雑学知識の決定版。

<ハンドブック>

日本列島データマップ　データと地図で読み解く　2006年版　データマップ研究会編　ダイヤモンド社　2005.12　167p　26cm　〈年表あり〉　1600円　①4-478-04040-0　Ⓝ302.1

(目次)第1章 政治・経済(政治，日本経済 ほか)，第2章 社会(結婚，離婚 ほか)，第3章 生活一般(世代問題，生活 ほか)，第4章 スポーツ・文化(プロスポーツ，アマスポーツ ほか)

(内容)ランキングとデータが満載。36のテーマで日本の姿を浮き彫りにする。

日本の産業

<事 典>

企業と産業の地理がわかる事典　読む・知る・愉しむ　小島郁夫著　日本実業出版社　2001.12　274,12p　19cm　1500円　①4-534-03339-7　Ⓝ602.1

(目次)第1章 企業城下町を歩く，第2章 新都市出現の軌跡，第3章 企業と地域の歴史との深い関係，第4章 産業の発達と地域関係を探る，第5章 交通網の発展と都市への影響，第6章 合併が進む市町村，第7章 伝統産業の今昔，第8章 ビジネス・企業と東京探訪，第9章 知ってトクするビジネス・産業雑学

(内容)温暖な気候と豊かな自然にめぐまれた国土、勤勉かつ進取の精神に富んだ国民性は、日本を高質で豊かな経済大国に育て上げた。名だたる企業城下町、日本あちこちに出現する新産業都市、企業と産業と地域との密接な関係、長い歴史を経ても今に息づく伝統産業、ビジネス・地域を支える交通インフラ―今の日本のかたちをつくってきた企業と産業のまったく違った視点からの姿がくっきりと見えてくる。

<ハンドブック>

イラストと地図からみつける! 日本の産業・自然　第1巻　米・野菜・果物・工芸作物　青山邦彦絵　帝国書院　2014.3

47p　31cm　3600円　①978-4-8071-6154-6　Ⓝ602.1

目次 1 米―庄内平野（山形県酒田市）（米づくりの里庄内平野，庄内の農業のひみつ ほか），2 野菜―野辺山原（長野県南牧村）（高原野菜の生産地野辺山原，野辺山原の農業のひみつ ほか），3 果物―甲府盆地（山梨県甲州市）（ぶどう畑が広がる甲府盆地，甲府盆地のひみつ ほか），4 工芸作物―宮古島（沖縄県宮古島市）（さとうきびの島宮古島，さとうきびさいばいのひみつ ほか），農業全国なんでもナンバー1

イラストと地図からみつける！ 日本の産業・自然　第2巻　畜産業・水産業　青山邦彦絵　帝国書院　2014.3　47p　31cm　3600円　①978-4-8071-6155-3　Ⓝ602.1

目次 1 酪農―十勝平野（北海道芽室町）（酪農と畑作がさかんな十勝平野，十勝平野の農業のひみつ ほか），2 畜産―都城盆地（宮崎県都城市）（牛、ぶた、とりの生産地都城盆地，シラス台地の農業のひみつ ほか），3 漁業―焼津港（静岡県焼津市）（遠洋漁業の水あげ港焼津港，遠洋漁業のひみつ ほか），4 養殖漁業―庵治港（香川県高松市）（はまち養殖がさかんな庵治港，瀬戸内の自然と産業のひみつ ほか），畜産業・水産業全国なんでもナンバー1

イラストと地図からみつける！ 日本の産業・自然　第3巻　自動車工業・鉄鋼業・化学工業・食品工業　青山邦彦絵　帝国書院　2015.2　47p　31cm　3600円　①978-4-8071-6201-7　Ⓝ602.1

目次 1 自動車工業―府中町（広島県府中町）（イラスト解説 自動車工場のある町府中町，もっとくわしく!わらし手帳 広島の自動車工業のひみつ，地図で見る 中国地方を代表する工業県広島県，資料 日本野自動車工業），2 鉄鋼業―東海市（愛知県東海市）（イラスト解説 鉄をつくる町東海市，もっとくわしく!わらし手帳 鉄鋼業のひみつ，地図で見る さまざまな分野の工業がある愛知県，資料 日本各地の製鉄所），3 化学工業―堺市（大阪府堺市）（イラスト解説 多くの化学工場がある町堺市，もっとくわしく!わらし手帳 大阪の化学工業のひみつ，地図で見る さまざまな工業製品がつくられている大阪府，資料 日本各地の化学工業），4 食品工業―松山市（愛媛県松山市）（イラスト解説 みかんジュース工場のある町松山市，もっとくわしく!わらし手帳 みかんジュースづくりのひみつ，地図で見る 地域の資源を加工する産業がさかんな愛知県，資料 日本各地の食品工業）

イラストと地図からみつける！ 日本の産業・自然　第4巻　地場産業・運輸・貿易・情報産業・環境保全　青山邦彦絵　帝国書院　2015.2　47p　31cm　3600円　①978-4-8071-6202-4　Ⓝ602.1

目次 1 地場産業―児島地区（岡山県倉敷市）（イラスト解説 衣料産業がさかんな児島地区，もっとくわしく!わらし手帳 児島地区の産業のひみつ，地図で見る 構造業がさかんな岡山県，資料 日本各地の地場産業），2 運輸・貿易―成田市（千葉県成田市）（イラスト解説 国際空港がある町成田市，もっとくわしく!わらし手帳 成田国際空港の運諭・貿易のひみつ，地図で見る 日本の空の玄関口がある千葉県，資料 世界とつながる日本のもの、人），3 情報産業―東京の中心部（東京都港区）（イラスト解説 情報産業がさかんな東京の中心部，もっとくわしく!わらし手帳 情報産業（テレビ放送）のひみつ，地図で見る 情報にかかわる産業が集まる東京都，資料 情報化する現代社会），4 環境保全―北九州エコタウン（福岡県北九州市）（イラスト解説 環境とリサイクルの町北九州エコタウン，もっとくわしく!わらし手帳 北九州エコタウンのひみつ，地図で見る 環境保全の取り組み福岡県，資料 日本各地の環境への取り組み）

イラストと地図からみつける！ 日本の産業・自然　第5巻　あたたかい地域・寒い地域・高い地域・低い地域　青山邦彦絵　帝国書院　2015.2　47p　31cm　3600円　①978-4-8071-6203-1　Ⓝ602.1

目次 1 あたたかい地域―本部半島（沖縄県本部町）（イラスト解説 南の島のくらしと自然本部半島，もっとくわしく!わらし手帳 沖縄のくらしのひみつ，地図で見る あたたかい海に囲まれた島々沖縄県，資料 日本のあたたかい地域），2 寒い地域―石狩平野（北海道札幌市）（イラスト解説 北国のくらしと自然石狩平野，もっとくわしく!わらし手帳 札幌のくらしのひみつ，地図で見る 雪ときびしい寒さの気候北海道，資料 日本の寒い地域），3 高い地域―北上高地の町（岩手県葛巻町）（イラスト解説 高いところにある北上高地の町，もっとくわしく!わらし手帳 山のくらしのひみつ，地図で見る 山のめぐみをいかす岩手県，資料 高い地域の自然と産業），4 低い地域―輪中（岐阜県海津市）（イラスト解説 海や川よりも低い土地輪中，もっとくわしく!わらし手帳 木曽三川下流域のひみつ，地図で見る 川をいかした生活岐阜県，資料 日本の低地のくらしと自然）

都道府県別 なんでも日本一ハンドブック　自然・産業・文化・生活・名所・交通・記録・人　PHP研究所　1995.2　207p　18cm　1100円　①4-569-54625-0　Ⓝ291

内容 47都道府県の「日本一」データを、全国から寄せられた資料、新聞・雑誌・文献情報を基に編集したポケットブック。数字上で表された大小・長短・広狭等以外に、歴史上古いもの、唯一のもの、分布の限界なども含む。1994年10

月1日現在のデータによる。北海道から沖縄までの地域順に構成する。データ源・参考文献の記載がある。

鉄 道

<事 典>

駅名・地名不一致の事典　浅井建爾著　東京堂出版　2016.8　287p　19cm　〈文献あり 索引あり〉　2000円　Ⓘ978-4-490-10880-4　Ⓝ686.53

(目次)第1章 北海道の駅名，第2章 東北の駅名，第3章 関東の駅名，第4章 中部の駅名，第5章 近畿の駅名，第6章 中国・四国の駅名，第7章 九州の駅名

(内容)品川区にない品川駅、渋谷区にある南新宿駅、東淀川区でなく淀川区にある東淀川駅、など知らないと現地でとまどう、駅名と所在地の地名が一致しない駅。驚愕・複雑な駅名の由来。

JR・第三セクター全駅名ルーツ事典　村石利夫著　東京堂出版　2004.11　660p　21cm　3000円　Ⓘ4-490-10637-8　Ⓝ686.53

(目次)東海道山陽新幹線，博多南線，東北新幹線／山形新幹線／秋田新幹線，上越新幹線／長野新幹線，東海道本線，伊東線，相模線，御殿場線，武豊線，東海交通事業城北線〔ほか〕

(内容)各地の駅名の由来は千差万別。地名・河川名・伝承伝説…。JR6社と、第三セクターの全国の駅名のルーツを網羅。

全国駅名事典　星野真太郎著，前里孝監修　(大阪)創元社　2016.12　527p　21cm　3600円　Ⓘ978-4-422-24075-6　Ⓝ686.53

(目次)駅名一覧(JRグループ，大手・準大手私鉄，中小私鉄)，資料編

(内容)鉄道・軌道188事業者、698線区、28,151.2km旅客駅・貨物駅・信号場9,909ヵ所を完全収録。駅名レファレンスの決定版!鉄道省文書、各社社史など厖大な資料を精査、さらに鉄道軌道各社の協力を得て、駅名はもとより、各路線の概要、開業日、所在地、単複電化データ等を整理。巻末駅名索引61頁。全国鉄軌道路線図22Pつき。

鉄道の地理学　鉄道の成り立ちがわかる事典　青木栄一著　WAVE出版　2008.10　408,7p　19cm　〈他言語標題：Geography of railways　文献あり〉　2000円　Ⓘ978-4-87290-376-8　Ⓝ686.2

(目次)鉄道を理解するための基礎知識，鉄道の動力，日本の鉄道の発達過程を振り返る，国有鉄道の成立と改革，地形に挑む鉄道，大河や海を渡る鉄道，気候条件が鉄道に与える影響と対策，大都市の鉄道，地方交通における鉄道の役割，駅の地理学，産業と鉄道貨物，新幹線を考える，鉄道路線の地図を読む

(内容)なぜ、鉄道は今の姿になったのか—。交通地理学の第一人者が、鉄道の成り立ちを世界的視野で解き明かす。圧倒的な情報量を駆使した、日本初の本格的「鉄道の地理学」。

<図鑑・図集>

図説 鉄道パノラマ地図 〈沿線案内〉にみる美しき日本　石黒三郎，アイランズ編　河出書房新社　2010.4　127p　22cm　(ふくろうの本)　〈文献あり〉　1800円　Ⓘ978-4-309-76142-8　Ⓝ686.21

(目次)1章 関東—東京・横浜を中心とした鉄道パノラマ地図(京都電鉄京王線，小田急小田原線・小田急江ノ島線・京王井の頭線，JR青梅線 ほか)，2章 東海—名古屋を中心とした鉄道パノラマ地図(濃尾平野から日本ライン、岡崎・豊橋へ一大路線網を広げていった名古屋鉄道，名鉄犬山線・名鉄一宮線・名鉄広見線，名鉄瀬戸線 ほか)，3章 関西—京都・大阪・神戸を中心とした鉄道パノラマ地図(京都市電(廃線)，嵐山本線・北野線，京阪京津線 ほか)

(内容)全国各地で鉄道が整備され、観光ブームが沸き起こった昭和初期。各鉄道会社は横長蛇腹折り畳みスタイルの“沿線案内”を刊行した。吉田初三郎や金子常光など人気絵師の手によるものもあれば、無名の絵師たちが描いたものもある。その多くは鳥の目で空から下界を眺めた絵図であり、まさに鉄道パノラマ地図であった。沿線ごとに紹介するパノラマの世界を紙上に再現。

世界の美しい地下鉄マップ　166都市の路線図を愉しむ　マーク・オーブンデン編著，鈴木和博訳　日経ナショナルジオグラフィック社，日経BPマーケティング(発売)　2016.10　176p　23×27cm　〈文献あり 索引あり　原書名：TRANSIT MAPS OF THE WORLD 原著改訂版の翻訳〉　3200円　Ⓘ978-4-86313-360-0　Ⓝ686.2

(目次)Zone 1(バルセロナ，北京，ベルリン ほか)，Zone 2(アムステルダム，アテネ，ブリュッセル ほか)，Zone 3(アデレード，アリカンテ，アンカラ ほか)，Zone 4

(内容)世界の都市で使用されている路線図を収集した驚くべき一冊。実用性と美しさの両立を追求した、究極の機能美が路線図だ。世界の特色あふれる路線図を眺めれば、ひと味ちがう旅

に出ることができる。本書では、著者が収集した現地の路線図を中心に、過去を俯瞰できる歴史的な路線図とその変遷、画期的なデザインの洗練された路線図なども紹介。取り上げる場所は166都市・地域におよぶ。さらに、およそ660都市・地域のデータを巻末に収録。日々進化する世界の地下鉄は、かつて訪れた場所も、いまでは大きく変貌を遂げているかもしれない。現地の活気まで伝わるような、地下鉄マップの世界へ。

<地図帳>

ブラッドショー初期英国鉄道地図復刻選

ブラッドショー〔著〕　本の友社　1997.10　1冊　31×43cm　〈付属資料：30p（21cm）：ブラッドショー鉄道地図の背景 湯沢威著〉　95000円　Ⓘ4-89439-109-0　Ⓝ686.233

(内容)英国鉄道史の最初期を知るための貴重資料であるジョージ・ブラッドショーが刊行した運河・鉄道地図の復刻版。1829、39、49年刊の地図を集成、最新のカラーコピーにより当時の色彩を再現。

書名索引

【あ】

朝日＝タイムズ世界考古学地図 ………… 244
遊びながら学べる 難読地名珍地名事典 … 13
アトラス現代世界 ……………………… 27
アトラスジャパン ……………………… 107
アフリカを知る事典 新訂増補版 ………… 79
アフリカを知る事典 新版 ……………… 79
雨水利用ハンドブック ………………… 188
アメリカを知る事典 新訂増補 ………… 85
アメリカを知る事典 新版 ……………… 85
アメリカ合衆国 テーマ別地図 ………… 87
アメリカ地名語源辞典 ………………… 86
アメリカ地名辞典 ……………………… 86
アメリカ歴史地図 ……………………… 87
イギリス文化事典 ……………………… 80
イギリス歴史地図 改訂版 ……………… 84
イギリス歴史地名辞典 ……………… 80, 81
石の俗称辞典 …………………………… 217
石の俗称辞典 第2版 …………………… 217
イスラーム世界事典 …………………… 261
イスラムものしり事典 ………………… 261
イスラーム歴史文化地図 ……………… 261
イタリア文化事典 ……………………… 81
市川健夫著作目録 ……………………… 6
「位置情報」ビジネス白書 2005年 …… 141
1万分の1ロンドン地形図集成 ………… 84
一冊でわかる日本地図・世界地図 ‥ 107, 108
伊能図 …………………………………… 136
伊能図集成 ……………………………… 136
伊能大図総覧 …………………………… 137
「今」を読み解く日本の地図帳 ………… 108
今と未来がまるごとわかる日本地図 2013 …………………………………… 108
イラストと地図からみつける! 日本の産業・自然 第1巻 ……………………… 262
イラストと地図からみつける! 日本の産業・自然 第2巻 ……………………… 263
イラストと地図からみつける! 日本の産業・自然 第3巻 ……………………… 263
イラストと地図からみつける! 日本の産業・自然 第4巻 ……………………… 263
イラストと地図からみつける! 日本の産業・自然 第5巻 ……………………… 263
岩波イスラーム辞典 …………………… 261
インドを知る事典 ……………………… 72
インドネシアの事典 …………………… 72
ヴィクトリア朝ロンドン詳細地図 第1期 ……………………………………… 84
ウィーン都市地図集成 ………………… 84
ウソ読みで引ける難読地名 …………… 97
美しすぎる世界の鉱物 ………………… 220
海と環境の図鑑 ………………………… 205
海のお天気ハンドブック ……………… 186
海の百科事典 …………………………… 204
英国らしさを知る事典 ………………… 81
駅名・地名不一致の事典 ……………… 264
Excel作図入門〈地図・アイコン・図解資料〉プロ技BESTセレクション ……… 137
絵でみる古代世界地図 ………………… 244
絵でみる日本自然地図 ………………… 132
絵でみる日本大地図 …………………… 108
絵でみる日本大地図 改訂版 …………… 108
江戸時代「古地図」総覧 ……………… 250
江戸幕府撰慶長国絵図集成 …………… 252
NHK気象・災害ハンドブック ………… 186
NHKスペシャル「データマップ63億人の地図」経済の地図帳 ………………… 237
NHKスペシャル「データマップ63億人の地図」いのちの地図帳 ……………… 261
NHK ふるさとデータブック 1 ………… 98
NHK ふるさとデータブック 2 ………… 98
NHK ふるさとデータブック 3 ………… 98
NHK ふるさとデータブック 4 ………… 99
NHK ふるさとデータブック 5 ………… 99
NHK ふるさとデータブック 6 ………… 99
NHK ふるさとデータブック 7 ………… 99
NHK ふるさとデータブック 8 ………… 99
NHK ふるさとデータブック 9 ………… 99
NHK ふるさとデータブック 10 ……… 99
沿岸域環境事典 ………………………… 204
大きな文字の地図帳 市町村合併対応 最新版 ………………………………… 27
大きな文字の地図帳 初訂版 …………… 27
大きな文字の地図帳 3訂版 …………… 28
大きな文字の地図帳 4版 ……………… 28
大きな文字の地図帳 5版 ……………… 28
大きな文字の地図帳 6版 ……………… 28
大きな文字の地図帳 7版 ……………… 28
大きな文字の地図帳 8版 ……………… 28
大きな文字の TVのそばに一冊 ワールドアトラス 最新版 ………………… 28
大きな文字の TVのそばに一冊 ワールドアトラス 初訂版 ………………… 28
オセアニアを知る事典 ………………… 87
オセアニアを知る事典 新訂増補版 …… 87

オセアニアを知る事典 新版 …… 87
オックスフォード地球科学辞典 …… 129
オックスフォード地理学辞典 …… 7
Autodesk Map 3D実務ガイドブック …… 137
面白いほどよくわかる世界地図の読み方 …… 11
おもしろくてためになる 世界の地名雑学事典 …… 13
オルテリウス世界地図帳 …… 28
オルテリウス『世界地図帳』1595年刊本 …… 28
温泉の百科事典 …… 208
温泉必携 改訂第9版 …… 208
温泉文学事典 …… 208

【か】

外国地名由来辞典 …… 15
外国地名よみかた辞典 …… 15
外国地名レファレンス事典 …… 16
改訂 日本砂浜紀行 …… 212
海洋 …… 205
学術用語集 増訂版 …… 206
革命期19世紀パリ市街地図集成 …… 84
火山の事典 …… 207
火山の事典 第2版 …… 207
河川関係基本法令集 …… 195
河川関係補助事業事務提要 改訂26版 …… 194
河川技術ハンドブック …… 194
河川・湖沼名よみかた辞典 新訂版 …… 194
河川舟運ハンドブック …… 194
河川大事典 …… 194
河川便覧 1992 …… 194
河川便覧 1994(平成6年版) …… 195
河川便覧 1996 …… 195
河川便覧 2000 …… 195
河川便覧 2004 …… 195
河川便覧 2006 …… 195
河川便覧 平成2年版 …… 195
河川水辺の国勢調査年鑑 平成11年度 魚介類調査、底生動物調査編 …… 198
河川水辺の国勢調査年鑑 平成11年度 植物調査編 …… 198
河川水辺の国勢調査年鑑 平成2・3年度 河川空間利用実態調査編 …… 198
河川水辺の国勢調査年鑑 平成2・3年度 魚介類調査編 …… 199
河川水辺の国勢調査年鑑 平成4年度 河川空間利用実態調査編 …… 199
河川水辺の国勢調査年鑑 平成4年度 魚介類調査編 …… 199
河川水辺の国勢調査年鑑 平成4年度 植物調査編 …… 199
河川水辺の国勢調査年鑑 平成4年度 鳥類調査編 …… 199
河川水辺の国勢調査年鑑 平成4年度 底生動物調査編 …… 199
河川水辺の国勢調査年鑑 平成4年度 両生類・爬虫類・哺乳類調査編 …… 199
河川水辺の国勢調査年鑑 平成7年度 魚介類調査、底生動物調査編 …… 199
河川水辺の国勢調査年鑑 平成7年度 植物調査編 …… 199
河川水辺の国勢調査年鑑 平成8年度 魚介類調査、底生動物調査編 …… 200
河川水辺の国勢調査年鑑 平成8年度 植物調査編 …… 200
河川水辺の国勢調査年鑑 平成9年度 魚介類調査、底生動物調査編 …… 200
河川水辺の国勢調査年鑑 平成9年度 植物調査編 …… 200
河川水辺の国勢調査年鑑 平成11年度 鳥類調査、両生類・爬虫類・哺乳類調査、陸上昆虫類調査編 …… 200
河川水辺の国勢調査年鑑 平成3年度 底生動物調査、植物調査、鳥類調査、両生類・爬虫類・哺乳類調査、陸上昆虫類等調査編 …… 200
河川水辺の国勢調査年鑑 平成4年度 陸上昆虫類等調査編 …… 200
河川水辺の国勢調査年鑑 平成7年度 鳥類調査、両生類・爬虫類・哺乳類調査、陸上昆虫類等調査編 …… 200
河川水辺の国勢調査年鑑 平成8年度 鳥類調査、両生類・爬虫類・哺乳類調査、陸上昆虫類等調査編 …… 201
河川水辺の国勢調査年鑑 平成9年度 鳥類調査、両生類・爬虫類・哺乳類調査、陸上昆虫類等調査編 …… 201
河川名よみかた辞典 …… 194
河川六法 平成10年版 …… 196
河川六法 平成11年版 …… 196
河川六法 平成12年版 …… 196
河川六法 平成13年版 …… 196
河川六法 平成14年版 …… 196
河川六法 平成16年版 …… 196
河川六法 平成18年版 …… 197
河川六法 平成20年版 …… 197
河川六法 平成21年版 …… 197
河川六法 平成22年版 …… 197

河川六法 平成24年版 …… 197
河川六法 平成26年版 …… 197
河川六法 平成27年版 …… 197
河川六法 平成29年版 …… 197
河川六法 平成2年版 …… 195
河川六法 平成3年版 …… 195
河川六法 平成4年版 …… 195
河川六法 平成5年版 …… 195
河川六法 平成6年版 …… 196
河川六法 平成7年版 …… 196
河川六法 平成8年版 …… 196
合併市町村 あのまちこのまち 西日本編 2005 …… 256
合併市町村 あのまちこのまち 西日本編 2006 …… 256
合併市町村 あのまちこのまち 東日本編 2005 …… 257
合併市町村 あのまちこのまち 東日本編 2006 …… 257
角川日本地名大辞典 別巻 1 …… 97
角川日本地名大辞典 別巻 2 …… 97
狩野文庫目録 和書之部 第3門 …… 127
カラー図鑑 日本の火山 …… 207
カラー版 鉱物資源百科辞典 …… 219
川を知る事典 …… 194
川の生物 …… 223
川の生物図典 …… 223
川の地理図鑑 1 …… 197
川の地理図鑑 2 …… 197
川の地理図鑑 3 …… 198
川の地理図鑑 4 …… 198
川の地理図鑑 5 …… 198
川の地理図鑑 6 …… 198
川の地理図鑑 7 …… 198
川の地理図鑑 8 …… 198
かわらの小石の図鑑 …… 217
環境庁レンジャーが選んだ国立公園フィールドガイド 上 …… 154
環境庁レンジャーが選んだ国立公園フィールドガイド 下 …… 154
環境デザイン用語辞典 …… 142
環境年表 第1冊(平成21・22年) …… 149
環境年表 第2冊(平成23・24年) …… 149
環境年表 第3冊(平成25・26年) …… 149
環境年表 第5冊(平成29-30年) …… 149
環境年表 '98 - '99 …… 149
環境破壊図鑑 …… 148
環境白書/循環型社会白書/生物多様性白書 平成29年版 …… 153
環境百科 …… 142
環境用語ハンドブック 改訂版 …… 142
環境緑化の事典 …… 234
環境緑化の事典 普及版 …… 234
環境六法 平成29年版1 …… 148
環境六法 平成29年版2 …… 148
韓国・朝鮮地名便覧 1992年版 …… 75
韓国ってどんな国? …… 75
韓国百科 …… 76
韓国百科 第2版 …… 76
韓国歴史地図 …… 77
岩石学辞典 …… 217
岩石・化石 …… 217
岩石鉱物 …… 218
岩石・鉱物図鑑 …… 218
岩石・鉱物・地層 …… 216
岩石・鉱物・地層 新版 …… 216
岩石と鉱物 …… 218
岩石と宝石の大図鑑 …… 218
岩石薄片図鑑 …… 218
かんたんJPGIS …… 137
感動のユネスコ世界遺産300図鑑 …… 173
環日本海エリア・ガイド …… 76
完璧版 岩石と鉱物の写真図鑑 …… 220
簡明 地球科学ハンドブック …… 130
簡約 世界の国ハンドブック …… 24
簡約 世界の国ハンドブック 改訂版 …… 24
消えた市町村名辞典 …… 256
企業と産業の地理がわかる事典 …… 262
紀行・案内記全情報 45-91 海外編 …… 16
紀行・案内記全情報 45-91 日本編 …… 16
紀行・案内記全情報 92-96 …… 16
紀行・案内記全情報 1997-2001 …… 16
紀行・案内記全情報 2002-2007 …… 17
気候変動監視レポート …… 187
気候変動監視レポート 1999 …… 187
気候変動監視レポート 2001 …… 187
気候変動の事典 …… 186
気象災害の事典 …… 185
切手が伝える地図の世界史 …… 135
基本高等地図 2000-2001 …… 28
基本高等地図 2001-2002 …… 29
基本高等地図 2002-2003 …… 29
基本地図帳 2003-2004 …… 29
基本地図帳 2004-2005 …… 29
基本地図帳 2005-2006 …… 29
基本地図帳 2006-2007 …… 29
基本地図帳 2007-2008 …… 29
基本地図帳 2008-2009 改訂版 …… 29
基本地図帳 2009-2010 …… 29

基本地図帳 2010-2011 …… 29
基本地図帳 2011-2012 …… 29
基本地図帳 2012-2013 改訂版 …… 30
基本地図帳 2013-2014 …… 30
基本地図帳 2014-2015 …… 30
基本地図帳 2015-2016 …… 30
基本地図帳 2016-2017 …… 30
基本地図帳 2017-2018 …… 30
京都議定書と私たちの挑戦 …… 144
巨樹・巨木 …… 228
巨樹・巨木林フォローアップ調査報告書 …… 233
ギリシア・ローマ歴史地図 …… 248
近世日英交流地誌地図年表 …… 88
近代アジア・アフリカ都市地図集成 …… 30
近代地名研究資料集 第2巻 …… 97
近代地名研究資料集 第3巻 …… 97
近代ヨーロッパ首都地図集成 第1期 …… 84
近代ヨーロッパ首都地図集成 第2期 …… 84
近代ヨーロッパ首都地図集成 第3期 …… 84
近代ヨーロッパ首都地図集成 第4期 …… 84
近代ヨーロッパ首都地図集成 第5期 …… 84
近代ヨーロッパ首都地図集成 追補版 …… 84
近代ロシア都市地図集成 …… 84
Google Maps API逆引きクイックリファレンス …… 137
Google Maps API v2活用リファレンス …… 137
国絵図の世界 …… 251
グランド新世界大地図 …… 30, 31
クリエーターのための地名ネーミング辞典 …… 13
グローバルマップル 世界&日本地図帳 … 31
グローバルマップル 世界地図帳 …… 31
グローバルマップル 日本地図帳 …… 109
慶應義塾図書館和漢図書分類目録 第5巻 2 慶應義塾図書館所蔵江戸期地誌紀行類目録稿―含・寺社略縁起類 …… 127
経済地理学文献総覧 …… 236
検索入門鉱物・岩石 …… 220
原色新鉱物岩石検索図鑑 新版 …… 220
原色 日本島図鑑 …… 127
原色 日本島図鑑 改訂第2版 …… 127
現代森林年表 …… 226
現代世界詳密地図 …… 31
現代地図帳 1990-91 3訂版 …… 31
現代地図帳 1991-92 4訂版 …… 31
現代地図帳 1992-93 4訂版 …… 31
現代地図帳 1993-94 4訂版 …… 31
現代地図帳 1994-95 最新版 …… 31
現代地図帳 1995-96 最新版 …… 31
現代地図帳 1996-97 最新版 …… 31
現代地図帳 1997-98 最新版 …… 31
現代地図帳 2004-2005 …… 32
現代地図帳 2005-2006 …… 32
現代地図帳 2006-2007 …… 32
現代地図帳 2013-2014 …… 32
現代地図帳 2014-2015 …… 32
現代地図帳 2015-2016 …… 32
現代地図帳 2016-2017 …… 32
現代日本分県地図 改訂新版 …… 109
現代ブラジル事典 …… 86
現代ブラジル事典 新版 …… 86
現代フランス情報辞典 …… 81
県別・都市別ビジネス情報ハンドブック …… 99
『検夫爾日本誌』解説・総索引 …… 133
「県民性」なるほど雑学事典 …… 262
高校生のグローバルデータブック 1992 …… 237
合成開口レーダ画像ハンドブック …… 145
高等地図帳 1990-91 3訂版 …… 32
高等地図帳 1991-92 4訂版 …… 32
高等地図帳 1992-93 4訂版 …… 32
高等地図帳 1993-94 4訂版 …… 32
高等地図帳 1994-95 最新版 …… 32
高等地図帳 1995-96 最新版 …… 32
高等地図帳 1996-97 最新版 …… 32
高等地図帳 1997-98 最新版 …… 32
高等地図帳 1998-99 最新版 …… 33
高等地図帳 1999-2000 最新版 …… 33
高等地図帳 2000-2001 最新版 …… 33
高等地図帳 2001-2002 最新版 …… 33
高等地図帳 2002-2003 最新版 …… 33
高等地図帳 2003-2004 …… 33
高等地図帳 2004-2005 …… 33
高等地図帳 2005-2006 …… 33
高等地図帳 2006-2007 …… 33
高等地図帳 2007-2008 …… 33
高等地図帳 2008-2009 改訂版 …… 33
高等地図帳 2009-2010 …… 33
高等地図帳 2010-2011 …… 33
高等地図帳 2011-2012 …… 34
高等地図帳 2012-2013 改訂版 …… 34
高等地図帳 2013-2014 …… 34
高等地図帳 2014-2015 …… 34
高等地図帳 2015-2016 …… 34
高等地図帳 2016-2017 …… 34
高等地図帳 2017-2018 …… 34

鉱物カラー図鑑 …… 220
鉱物キャラクター図鑑 …… 220
鉱物結晶図鑑 …… 220
鉱物図鑑 …… 221
鉱物分類図鑑 …… 221
5ヵ国語世界地名・人名表記辞典 …… 16
古記録による14世紀の天候記録 …… 187
古記録による15世紀の天候記録 …… 187
古記録による16世紀天候記録 …… 187
国際環境科学用語集 …… 142
国際関係がわかる世界地図 …… 34
国際情報大事典 PASPO …… 1
国際水紛争事典 …… 188
国土地理院刊行地図の地図索引図 改訂版 …… 133
国立国会図書館所蔵地図目録 外国地図の部 7（平成元年3月末現在） …… 12
国立国会図書館所蔵地図目録 外国地図の部 8（平成2年3月末現在） …… 12
国立国会図書館所蔵地図目録 外国地図の部 9（平成3年7月末現在） …… 12
国立国会図書館所蔵地図目録 外国地図の部 10（平成5年3月末現在） …… 12
国立国会図書館所蔵地図目録 外国地図の部 11（平成6年12月末現在） …… 12
国立国会図書館所蔵地図目録 外国地図の部 12（平成7年12月末現在） …… 12
国立国会図書館所蔵地図目録 外国地図の部 13（平成8年12月末現在） …… 12
国立国会図書館所蔵朝鮮関係地図資料目録 …… 12
国立国会図書館蔵書目録 明治期 第2編 …… 127
国立国会図書館蔵書目録 大正期 第1編 …… 127
国立国会図書館蔵書目録 昭和元年－24年3月 第2編 …… 127
国立国会図書館蔵書目録 昭和23-43年 第2編 …… 128
国立国会図書館蔵書目録 昭和61年－平成2年 第4編 …… 128
国立国会図書館蔵書目録 昭和61年－平成2年 第4編2 …… 128
国立国会図書館蔵書目録 平成3年～平成7年 第4編 1 …… 128
国立国会図書館蔵書目録 平成3年～平成7年 第4編 2 …… 128
国立国会図書館蔵書目録 洋書編 昭和23年～昭和61年8月 第7巻 …… 128
古今対照 日本歴史地名字引 …… 250
個人著作集内容総覧 3 …… 6
古代地名大辞典 …… 255
国旗・国歌の世界地図 …… 67
国旗総覧 …… 67
国旗と国章図鑑 …… 67
国旗と国名由来図典 …… 67
国旗、都市、地図のマーク・記号 …… 68
国旗と地図 …… 68
子どもの本 社会がわかる2000冊 …… 6
この一冊で世界の国がわかる! …… 24
この一冊で世界の国がわかる! 最新版 …… 25
ゴールドアトラス 日本・世界地図 …… 109
これだけは知っておきたいGIS関連知識解説集 …… 138
コンサイス外国地名事典 第3版 …… 13
コンサイス日本地名事典 第4版 …… 88
コンサイス日本地名事典 第5版 …… 88
コンパクト世界地図帳 2版 …… 34
コンパクト世界地名語源辞典 …… 13
コンパクト地図帳 2008-2009 …… 34
コンパクト地図帳 2009-2010 …… 34
コンパクト地図帳 2010-2011 …… 35
コンパクト地図帳 2011-2012 …… 35
コンパクト地図帳 2012-2013 …… 35

【さ】

最新 アジア・オセアニア各国要覧 …… 25
最新 エコロジーがわかる地球環境用語事典 …… 142
最新 環境キーワード …… 142
最新基本地図 '91 15訂版 …… 35
最新基本地図 '92 16訂版 …… 35
最新基本地図 '92 16訂 増補版 …… 35
最新基本地図 '93 17訂版 …… 35
最新基本地図 '94 18訂版 …… 35
最新基本地図 '95 19訂版 …… 35
最新基本地図 '96 20訂版 …… 35
最新基本地図 '97 21訂版 …… 35
最新基本地図 '98 22訂版 …… 35
最新基本地図 '99 23訂版 …… 35
最新基本地図 2000 24訂版 …… 35
最新基本地図 2001 25訂版 …… 36
最新基本地図 2002 26訂版 …… 36
最新基本地図 2003 27訂版 …… 36
最新基本地図 2004 28訂版 …… 36
最新基本地図 2005 29訂版 …… 36
最新基本地図 2006 30訂版 …… 36

最新基本地図 2007 31訂版 ……………… 36
最新基本地図 2008 32訂版 ……………… 36
最新基本地図 2009 33訂版 ……………… 36
最新基本地図 2010 34訂版 ……………… 37
最新基本地図 2011 35訂版 ……………… 37
最新基本地図 2012 36訂版 ……………… 37
最新基本地図 2013 37訂版 ……………… 37
最新基本地図 2014 38訂版 ……………… 37
最新基本地図 2015 39訂版 ……………… 37
最新基本地図 2016 40訂版 ……………… 37
最新基本地図 2017 41訂版 創立100周年記念特別版 ………………………… 37
最新基本地図 2018 42訂版 ……………… 38
最新 県別日本地図帳 …………………… 109
最新 出張に使える都道府県事典 ………… 88
最新 世界の国ハンドブック …………… 25
最新 世界各国要覧 5訂版 ……………… 25
最新 世界各国要覧 6訂版 ……………… 25
最新 世界各国要覧 7訂版 ……………… 25
最新 世界各国要覧 8訂版 ……………… 25
最新 世界各国要覧 9訂版 ……………… 26
最新 世界各国要覧 10訂版 ……………… 26
最新 世界各国要覧 11訂版 ……………… 26
最新 世界各国要覧 12訂版 ……………… 26
最新 世界現勢 1990 ……………………… 2
最新 世界現勢 1991 ……………………… 2
最新 世界現勢 1992 ……………………… 2
最新 世界現勢 1993 ……………………… 2
最新 世界現勢 1994 ……………………… 3
最新 世界現勢 1995 ……………………… 3
最新 世界現勢 1996 ……………………… 3
最新 世界現勢 1997 ……………………… 3
最新 世界現勢 1998 ……………………… 3
最新 世界現勢 1999 ……………………… 3
最新世界地図 ……………………………… 38
最新世界地図 2訂版 ……………………… 38
最新世界地図 ……………………………… 38
最新世界地図 3訂版 ……………………… 38
最新世界地図 4訂版 ……………………… 38
最新世界地図 5訂版 ……………………… 38
最新世界地図 6訂版 ……………………… 38
最新世界地図 7訂版 ……………………… 38
最新世界地図 8訂版 ……………………… 38
最新 世界地理の雑学事典 ………………… 7
最新 全国市町村名事典 ………………… 256
最新 地形図の本 ………………………… 133
最新 地図で知る中国・東アジア 普及版 ……………………………………… 77
最新 地図で知る東南・南アジア 普及版 ……………………………………… 77
最新 地図で知るヨーロッパ 普及版 …… 84
最新 中国地名事典 ……………………… 72
最新 朝鮮民主主義人民共和国地名辞典 … 72
最新地理学用語辞典 ……………………… 8
最新地理学用語辞典 改訂版 ……………… 8
最新 地理小辞典 改訂版 ………………… 8
最新 地理小辞典 3訂版 ………………… 8
最新 地理統計 1990年版 ………………… 3
最新 地理統計 1991年版 ………………… 3
最新 地理統計 1992年版 ………………… 3
最新 地理統計 1993年版 ………………… 3
最新 地理統計 1994年版 ………………… 3
最新 地理統計 1995年版 ………………… 3
最新 地理統計 1996年版 ………………… 4
最新 地理統計 1997年版 ………………… 4
最新 地理統計 1998年版 ………………… 4
最新日本地図 …………………………… 109
最新ニューヨーク情報辞典 ……………… 86
最新版 高等日本地図 …………………… 109
最新 ヨーロッパ各国要覧 ……………… 83
細密画で楽しむ里山の草花100 ………… 225
雑誌記事索引 人文・社会編 累積索引版 1985～1989 シリーズG ………………… 7
里山・山地の身近な山野草 …………… 225
里山さんぽ植物図鑑 …………………… 225
里山図鑑 ………………………………… 223
里山の花木ハンドブック ……………… 225
里山の草花ハンドブック ……………… 225
里山の植物ハンドブック ……………… 225
沙漠の事典 ……………………………… 211
ザ・ワールド・ヘリティッジ 世界遺産マップス ……………………………… 174
三省堂 世界歴史地図 …………………… 244
三省堂 日本山名事典 …………………… 210
三省堂 日本山名事典 改訂版 ………… 210
GISデータブック 1993 ………………… 139
GISデータブック 1996 ………………… 139
GISデータブック 1998 ………………… 139
GISデータブック 1999 ………………… 139
GISデータブック 2000 ………………… 139
GISデータブック 2001 ………………… 139
GISデータブック 2002 ………………… 140
GISデータブック 2003・2004 ………… 140
GISデータブック 2005 ………………… 140
GISデータブック 2006 ………………… 140
GISデータブック 2007 ………………… 140
GISデータブック 2008 ………………… 140
GISデータブック 2009 ………………… 140
GISデータブック 2010 ………………… 140

GISデータブック 2011 …… 140
JR・第三セクター全駅名ルーツ事典 …… 264
四季の山野草観察カタログ …… 225
四庫提要 史部 4 …… 72
地震・火山の事典 …… 205
地震・津波と火山の事典 …… 235
地震の事典 第2版 …… 205
地震の事典 第2版 普及版 …… 205
地震予測ハンドブック …… 206
自然環境データブック 2001 …… 153
自然観察ハンドブック …… 152
自然紀行 日本の天然記念物 …… 223
自然公園実務必携 改訂版 …… 154
自然公園実務必携 平成3年版 …… 154
自然公園実務必携 平成9年版 第8次改訂版 …… 154
自然災害の事典 …… 235
自然再生ハンドブック …… 152
自然地理学事典 …… 129
自然保護と利用のアンケート調査 …… 152
自然保護年鑑 2(平成1・2年版) …… 153
自然保護年鑑 3(平成4・5年版) …… 153
自然保護年鑑 4(平成7・8年版) …… 154
自然保護ハンドブック 新装版 …… 153
市町村GIS(地理情報システム)導入マニュアル …… 138
市町村名語源辞典 …… 256
市町村名語源辞典 改訂版 …… 256
市町村名変遷辞典 …… 257
市町村名変遷辞典 補訂版 …… 257
実用水理学ハンドブック …… 188
事典 アジア・太平洋 …… 237
事典 イスラームの都市性 …… 261
事典 現代のフランス 増補版 …… 81
事典 東南アジア …… 72
事典 日本人の見た外国 …… 17
事典・日本の自然保護地域 …… 152
事典日本の地域遺産 …… 88
字の大きなアトラス世界地図帳 …… 38
字の大きなアトラス日本地図帳 …… 109
自分で探せる美しい石 図鑑&採集ガイド …… 218
SHIMADAS '93 …… 126
SHIMADAS '94 …… 126
SHIMADAS '95 …… 126
SHIMADAS …… 126
SHIMADAS 第2版 …… 126
島の博物事典 …… 125
地面の下をのぞいてみれば… …… 131
社会科新高等地図 …… 39
写真でみる探検の歴史 …… 18
19世紀欧米都市地図集成 第1集 …… 248
19世紀欧米都市地図集成 第2集 …… 249
十五年戦争極秘資料集 補巻 38 〔第1冊〕 …… 257
十五年戦争極秘資料集 補巻 38 〔第2冊〕 …… 257
十五年戦争極秘資料集 補巻 38 〔第3冊〕 …… 257
16世紀 世界都市図集成 第1集 …… 249
16世紀 世界都市図集成 第2集 …… 249
樹木 …… 226
樹木医が教える緑化樹木事典 増補改訂 …… 226
樹木医が教える緑化(りょくか)樹木事典 …… 226
樹木もの知り事典 …… 226
詳解現代地図 1998-99 …… 39
詳解現代地図 1999-2000 …… 39
詳解現代地図 2000-2001 …… 39
詳解現代地図 2001-2002 …… 39
詳解現代地図 2002-2003 …… 39
詳解現代地図 2003-2004 …… 39
詳解現代地図 2007-2008 …… 39
詳解現代地図 2008-2009 …… 39
詳解現代地図 2009-2010 …… 39
詳解現代地図 2010-2011 …… 39
詳解現代地図 2011-2012 …… 39
詳解現代地図 2012-2013 …… 39
詳解現代地図 2017-2018 …… 40
情報アトラス アラブの世界 …… 80
情報世界地図 1994 …… 40
情報世界地図 1996 …… 40
情報世界地図 1997 …… 40
情報世界地図 1998 …… 40
常用世界地図帳 第5版 …… 40
常用世界地図帳 新装版 …… 40
常用日本地図帳 新装版 …… 109
昭和のはじめ タイムトリップ地図帖 …… 259
諸国名物地図 …… 99
ジョン・タリスの世界地図 …… 40
知られざる宇宙 …… 130
新イスラム事典 …… 261
深海と地球の事典 …… 204
新旧見開き対照 平成の市町村合併早わかりMAP …… 259
新疆世界文化遺産図鑑 …… 182
新教タイムズ 聖書歴史地図 …… 249
新コンパクト地図帳 2013-2014 …… 40
新コンパクト地図帳 2014-2015 …… 40
新コンパクト地図帳 2015-2016 …… 40

新コンパクト地図帳 2016-2017 …… 40
新コンパクト地図帳 2017-2018 …… 40
震災対策の充実のために …… 206
新詳高等社会科地図 5訂版 …… 40, 41
新詳高等地図 最新版 …… 41
新詳高等地図 初訂版 …… 41
新詳高等地図 最新版 …… 42
新詳高等地図 初訂版 …… 42
新詳高等地図 最新版 …… 42
新詳高等地図 初訂版 …… 42
新詳高等地図 〔平成21年〕初訂版 …… 42
新詳高等地図 〔平成22年〕初訂版 …… 42
新詳高等地図 初訂版 …… 42
新詳高等地図 …… 42, 43
新全国地名読みがな辞典 …… 97
新全国地名読みがな辞典 2002 …… 97
新・地球環境百科 …… 145
新訂 全国地名駅名よみかた辞典 新訂版 …… 97
新データガイド地球環境 …… 145
新TVのそばに一冊 ワールドアトラス …… 43
新TVのそばに一冊 ワールドアトラス 2版 …… 43
新TVのそばに一冊 ワールドアトラス 3版 …… 43
新TVのそばに一冊 ワールドアトラス 4版 …… 43
新TVのそばに一冊 ワールドアトラス 5版 …… 43
新TVのそばに一冊 ワールドアトラス 6版 …… 43
新日本山岳誌 改訂版 …… 211
新日本地名索引 …… 16
新日本地名索引 別巻 …… 16
新日本分県地図 平成4年度新版 …… 109
新日本分県地図 平成5年度新版 …… 110
新日本分県地図 平成6年度新版 …… 110
新日本分県地図 平成7年度新版 …… 110
新日本分県地図 平成8年度新版 …… 110
新日本分県地図 平成9年度新版 …… 110
新日本分県地図 平成10年度新版 …… 110
新日本分県地図 平成11年度新版 …… 110
新日本分県地図 平成12年度新版（2000年記念版） …… 110
新日本分県地図 平成13年度新版（2001年記念版） …… 110
新日本分県地図 平成14年度新版（2002年版） …… 110
新日本分県地図 平成15年度版（2003年版） …… 110
新日本分県地図 平成16年度版（2004年版） …… 110
新版・自然公園実務必携 …… 155
新版 日本分県地図 …… 110
人文地理学事典 …… 236
人文地理学辞典 …… 236
人文地理学辞典 普及版 …… 236
新編 中学校社会科地図 …… 44
新編 中学校社会科地図 最新版 …… 44
新編 中学校社会科地図 初訂版 …… 44
新編 中学校社会科地図 平成21年初訂版 …… 44
新編 中学校社会科地図 平成22年初訂版 …… 44
新編 中学校社会科地図 初訂版 …… 44
新編 標準高等地図 最新版 …… 44, 45
新香港1000事典 …… 72
森林総合科学用語辞典 …… 226
森林総合科学用語辞典 新版 …… 226
森林大百科事典 …… 227
森林と木材を活かす事典 …… 227
森林の百科 …… 227
森林の百科 普及版 …… 227
森林の百科事典 …… 227
森林ハンドブック 2007 …… 228
森林ハンドブック 平成17年度 …… 228
森林ハンドブック 平成18年度 …… 228
森林用語辞典 …… 227
森林・林業実務必携 …… 228
森林・林業統計要覧 2007年版 …… 234
森林・林業白書 平成13年度 …… 229
森林・林業白書 平成14年度 …… 229
森林・林業白書 平成15年度 …… 229
森林・林業白書 平成16年度 …… 229
森林・林業白書 平成18年版 …… 229
森林・林業白書 平成19年版 …… 230
森林・林業白書 平成20年版 …… 230
森林・林業白書 平成21年版 …… 230, 231
森林・林業白書 平成22年版 …… 231
森林・林業白書 平成23年版 …… 231
森林・林業白書 平成24年版 …… 231
森林・林業白書 平成25年版 …… 231
森林・林業白書 平成26年版 …… 232
森林・林業白書 平成27年版 …… 232
森林・林業白書 平成28年版 …… 232
森林・林業白書 平成29年版 …… 232
森林・林業早わかりデータ …… 234
森林・林業百科事典 …… 227
森林・林業・木材辞典 …… 227

水文・水資源ハンドブック ……………… 189
数値地図ユーザーズガイド ……………… 138
図解 日本地形用語事典 ……………… 208
図解 日本地形用語事典 第2版 ……………… 208
図解 日本地形用語事典 増訂版 ……………… 208
図鑑 海底の鉱物資源 ……………… 221
すぐわかる森と木のデータブック 2002 ……………… 228
スコットランド文化事典 ……………… 81
図説・アメリカ歴史地図 ……………… 87
図説 鉱物肉眼鑑定事典 ……………… 220
図説 世界古地図コレクション ……………… 243
図説 世界古地図コレクション 新装版 … 243
図説 世界の地誌 ……………… 1
図説 世界の地誌 改訂版 ……………… 1
図説 世界文化地理大百科 アフリカ 普及版 ……………… 240
図説 世界文化地理大百科 イスラム世界 普及版 ……………… 240
図説 世界文化地理大百科 インド …… 240
図説 世界文化地理大百科 インド 普及版 ……………… 240
図説 世界文化地理大百科 ヴァイキングの世界 ……………… 240
図説 世界文化地理大百科 ヴァイキングの世界 普及版 ……………… 240
図説 世界文化地理大百科 オセアニア 普及版 ……………… 241
図説 世界文化地理大百科 キリスト教史 普及版 ……………… 241
図説 世界文化地理大百科 古代のアメリカ 普及版 ……………… 241
図説 世界文化地理大百科 古代のエジプト 普及版 ……………… 241
図説 世界文化地理大百科 古代のギリシア 普及版 ……………… 241
図説 世界文化地理大百科 古代のメソポタミア 普及版 ……………… 241
図説 世界文化地理大百科 古代のローマ 普及版 ……………… 241
図説 世界文化地理大百科 ジューイッシュ・ワールド 普及版 ……………… 241
図説 世界文化地理大百科 ジューイッシュ・ワールド ……………… 241
図説 世界文化地理大百科 新聖書地図 普及版 ……………… 242
図説 世界文化地理大百科 スペイン・ポルトガル 普及版 ……………… 242
図説 世界文化地理大百科 スペイン・ポルトガル ……………… 242
図説 世界文化地理大百科 中国 普及版 ……………… 242
図説 世界文化地理大百科 中世のヨーロッパ 普及版 ……………… 242
図説 世界文化地理大百科 日本 普及版 ……………… 242
図説 世界文化地理大百科 フランス …… 242
図説 世界文化地理大百科 フランス 普及版 ……………… 243
図説 世界文化地理大百科 ルネサンス 普及版 ……………… 243
図説 世界文化地理大百科 ロシア・ソ連史 普及版 ……………… 243
図説大百科 世界の地理 1 ……………… 19
図説大百科 世界の地理 2 ……………… 19
図説大百科 世界の地理 3 ……………… 19
図説大百科 世界の地理 4 ……………… 19
図説大百科 世界の地理 5 ……………… 19
図説大百科 世界の地理 6 ……………… 19
図説大百科 世界の地理 7 ……………… 19
図説大百科 世界の地理 8 ……………… 19
図説大百科 世界の地理 9 ……………… 20
図説大百科 世界の地理 10 ……………… 20
図説大百科 世界の地理 11 ……………… 20
図説大百科 世界の地理 12 ……………… 20
図説大百科 世界の地理 13 ……………… 20
図説大百科 世界の地理 14 ……………… 20
図説大百科 世界の地理 15 ……………… 20
図説大百科 世界の地理 16 ……………… 20
図説大百科 世界の地理 17 ……………… 20
図説大百科 世界の地理 18 ……………… 21
図説大百科 世界の地理 19 ……………… 21
図説大百科 世界の地理 20 ……………… 21
図説大百科 世界の地理 21 ……………… 21
図説大百科 世界の地理 22 ……………… 21
図説大百科 世界の地理 23 ……………… 21
図説大百科 世界の地理 24 ……………… 21
図説大百科 世界の地理 1 普及版 ……… 21
図説大百科 世界の地理 2 普及版 ……… 21
図説大百科 世界の地理 3 普及版 ……… 21
図説大百科 世界の地理 4 普及版 ……… 21
図説大百科 世界の地理 5 普及版 ……… 22
図説大百科 世界の地理 6 普及版 ……… 22
図説大百科 世界の地理 7 普及版 ……… 22
図説大百科 世界の地理 8 普及版 ……… 22
図説大百科 世界の地理 9 普及版 ……… 22
図説大百科 世界の地理 10 普及版 …… 22
図説大百科 世界の地理 11 普及版 …… 22
図説大百科 世界の地理 12 普及版 …… 22
図説大百科 世界の地理 13 普及版 …… 23
図説大百科 世界の地理 14 普及版 …… 23

図説大百科 世界の地理 15 普及版 ……… 23
図説大百科 世界の地理 16 普及版 ……… 23
図説大百科 世界の地理 17 普及版 ……… 23
図説大百科 世界の地理 18 普及版 ……… 23
図説大百科 世界の地理 19 普及版 ……… 23
図説大百科 世界の地理 20 普及版 ……… 23
図説大百科 世界の地理 21 普及版 ……… 24
図説大百科 世界の地理 22 普及版 ……… 24
図説大百科 世界の地理 23 普及版 ……… 24
図説大百科 世界の地理 24 普及版 ……… 24
図説・探検地図の歴史 ……… 18
図説地球環境の事典 ……… 142
図説 地図事典 ……… 132
図説 鉄道パノラマ地図 ……… 264
図説 日本古地図コレクション ……… 251
図説 日本古地図コレクション 新装版 … 251
図説 ニュージーランド・アメリカ比較地誌 ……… 88
スタンダードアトラス 世界 地図帳 …… 45
スタンダードアトラス 日本 地図帳 …… 110
図典 日本の市町村章 ……… 256
スペイン文化事典 ……… 81
スペイン・ポルトガルを知る事典 ……… 81
スペイン・ポルトガルを知る事典 新訂増補版 ……… 81
すべてがわかる世界遺産大事典 〔2016〕上 ……… 155
すべてがわかる世界遺産大事典 〔2016〕下 ……… 155
スマートアトラス 世界・日本地図帳 …… 45
スマートアトラス 世界・日本地図帳 新訂 ……… 45
図名便覧 平成13年版 ……… 133
正式二万分一地形図集成 関西 ……… 110
正式二万分一地形図集成 九州 ……… 110
正式二万分一地形図集成 東日本 ……… 110
正式二万分一地形図集成 中国・四国 1 … 111
正式二万分一地形図集成 中国・四国 2 … 111
正式二万分一地形図集成 中部日本 1 …… 111
正式二万分一地形図集成 中部日本 2 …… 111
正式二万分一地形図集成 中部日本 3 …… 111
聖書人名地名小辞典 ……… 248
聖書年表・聖書地図 ……… 249
聖都エルサレム地形図集 ……… 80
生物多様性キーワード事典 ……… 142
生物多様性というロジック ……… 148
生物多様性緑化ハンドブック ……… 145
世界遺産 ……… 159
世界遺産 一度は行きたい100選 アジア・アフリカ ……… 159
世界遺産 一度は行きたい100選 ヨーロッパ ……… 159
世界遺産ガイド アジア・太平洋編 …… 177
世界遺産ガイド アフリカ編 ……… 178
世界遺産ガイド アメリカ合衆国編 …… 178
世界遺産ガイド アメリカ編 ……… 178
世界遺産ガイド イスラム諸国編 ……… 178
世界遺産ガイド オーストラリア編 …… 179
世界遺産ガイド オセアニア編 ……… 179
世界遺産ガイド 危機遺産編 ……… 160
世界遺産ガイド 危機遺産編 2004改訂版 ……… 160
世界遺産ガイド 危機遺産編 2006改訂版 ……… 160
世界遺産ガイド 危機遺産編 2010改訂版 ……… 160
世界遺産ガイド 危機遺産編 2016改訂版 ……… 160
世界遺産ガイド 国立公園編 ……… 161
世界遺産ガイド 産業遺産編 保存と活用 ……… 161
世界遺産ガイド 産業・技術編 ……… 161
世界遺産ガイド 暫定リスト記載物件編 ……… 161
世界遺産ガイド 自然遺産編 ……… 161
世界遺産ガイド 自然遺産編 2010改訂版 ……… 162
世界遺産ガイド 自然遺産編 2013改訂版 ……… 162
世界遺産ガイド 自然遺産編 2016改訂版 ……… 162
世界遺産ガイド 自然景観編 ……… 162
世界遺産ガイド 自然保護区編 ……… 162
世界遺産ガイド 19世紀と20世紀の世界遺産編 ……… 163
世界遺産ガイド 宗教建築物編 ……… 163
世界遺産ガイド 情報所在源編 ……… 163
世界遺産ガイド 人類の口承及び無形遺産の傑作編 ……… 163
世界遺産ガイド 図表で見るユネスコの世界遺産編 ……… 163
世界遺産ガイド 西欧編 ……… 179
世界遺産ガイド 生態系編 ……… 164
世界遺産ガイド 生物多様性編 ……… 164
世界遺産ガイド 世界遺産条約とオペレーショナル・ガイドラインズ編 …… 164
世界遺産ガイド 世界遺産条約編 ……… 164
世界遺産ガイド 世界遺産の基礎知識編 2004改訂版 ……… 164
世界遺産ガイド 世界遺産の基礎知識編 2009改訂版 ……… 165

世界遺産ガイド　地形・地質編 …… 165
世界遺産ガイド　中央アジアと周辺諸国編 …… 179
世界遺産ガイド　中国・韓国編 …… 179
世界遺産ガイド　中国編 …… 179
世界遺産ガイド　中国編 2010改訂版 …… 180
世界遺産ガイド　中東編 …… 180
世界遺産ガイド　中米編 …… 180
世界遺産ガイド　朝鮮半島にある世界遺産 …… 180
世界遺産ガイド　ドイツ編 …… 180
世界遺産ガイド　東南アジア編 …… 180
世界遺産ガイド　特集 第28回世界遺産委員会蘇州会議 …… 165
世界遺産ガイド　特集 第29回世界遺産委員会ダーバン会議 …… 165
世界遺産ガイド　都市・建築編 …… 165
世界遺産ガイド　南米編 …… 181
世界遺産ガイド　日本の世界遺産登録運動 …… 182
世界遺産ガイド　日本編 …… 182
世界遺産ガイド　日本編 2001改訂版 …… 183
世界遺産ガイド　日本編 2004改訂版 …… 183
世界遺産ガイド　日本編 2006改訂版 …… 183
世界遺産ガイド　日本編 2009改訂版 …… 183
世界遺産ガイド　日本編 2012改訂版 …… 183
世界遺産ガイド　日本編 2014改訂版 …… 183
世界遺産ガイド　日本編 2015改訂版 …… 184
世界遺産ガイド　日本編 2016改訂版 …… 184
世界遺産ガイド　日本編 2017改訂版 …… 184
世界遺産ガイド　日本編 2018改訂版 …… 184
世界遺産ガイド　日本編 2 保存と活用 …… 185
世界遺産ガイド　複合遺産編 …… 166
世界遺産ガイド　複合遺産編 2006改訂版 …… 166
世界遺産ガイド　複合遺産編 2013改訂版 …… 166
世界遺産ガイド　複合遺産編 2016改訂版 …… 166
世界遺産ガイド　複数国にまたがる世界遺産編 …… 166
世界遺産ガイド　フランス編 …… 181
世界遺産ガイド　文化遺産編 2013改訂版 …… 166
世界遺産ガイド　文化遺産編 2016改訂版 …… 167
世界遺産ガイド　文化遺産編 1 遺跡 …… 167
世界遺産ガイド　文化遺産編 2 建造物 …… 167
世界遺産ガイド　文化遺産編 3 モニュメント …… 167
世界遺産ガイド　文化遺産編 4 文化的景観 …… 167
世界遺産ガイド　文化的景観編 …… 168
世界遺産ガイド　文化の道編 …… 168
世界遺産ガイド　北欧・東欧・CIS編 …… 181
世界遺産ガイド　北東アジア編 …… 181
世界遺産ガイド　北米編 …… 181
世界遺産ガイド　名勝・景勝地編 …… 168
世界遺産ガイド　メキシコ編 …… 181
世界遺産ガイド　歴史的人物ゆかりの世界遺産編 …… 168
世界遺産ガイド　歴史都市編 …… 168
世界遺産キーワード事典 …… 155
世界遺産キーワード事典 2009改訂版 …… 156
世界遺産事典 …… 156
世界遺産事典 改訂版 …… 156
世界遺産事典 2001改訂版 …… 156
世界遺産事典 2003改訂版 …… 156
世界遺産事典 2005 …… 156
世界遺産事典 2006改訂版 …… 157
世界遺産事典 2007改訂版 …… 157
世界遺産事典 2008改訂版 …… 157
世界遺産事典 2009改訂版 …… 157
世界遺産事典 2010改訂版 …… 157
世界遺産事典 2011改訂版 …… 157
世界遺産事典 2012改訂版 …… 158
世界遺産事典 2013改訂版 …… 158
世界遺産事典 2014改訂版 …… 158
世界遺産事典 2015改訂版 …… 158
世界遺産事典 2016改訂版 …… 158
世界遺産事典 2017改訂版 …… 158
世界遺産事典 2018改訂版 …… 159
世界遺産地名語源辞典 …… 159
世界遺産データ・ブック 1995年版 …… 168
世界遺産データ・ブック 1997年版 …… 169
世界遺産データ・ブック 1998年版 …… 169
世界遺産データ・ブック 1999年版 …… 169
世界遺産データ・ブック 2000年版 …… 169
世界遺産データ・ブック 2001年版 …… 169
世界遺産データ・ブック 2002年版 …… 169
世界遺産データ・ブック 2003年版 …… 170
世界遺産データ・ブック 2004年版 …… 170
世界遺産データ・ブック 2005年版 …… 170
世界遺産データ・ブック 2006年版 …… 170
世界遺産データ・ブック 2007年版 …… 170
世界遺産データ・ブック 2008年版 …… 171
世界遺産データ・ブック 2009年版 …… 171
世界遺産データ・ブック 2010年版 …… 171

世界遺産データ・ブック 2011年版 …… 171
世界遺産データ・ブック 2012年版 …… 171
世界遺産データ・ブック 2013年版 …… 171
世界遺産データ・ブック 2014年版 …… 172
世界遺産データ・ブック 2015年版 …… 172
世界遺産データ・ブック 2016年版 …… 172
世界遺産データ・ブック 2017年版 …… 172
世界遺産データ・ブック 2018年版 …… 172
世界遺産なるほど地図帳 …… 172
世界遺産年報 2006 …… 176
世界遺産年報 2007 No.12 …… 176
世界遺産年報 2008 No.13 …… 176
世界遺産年報 2012 No.17 …… 176
世界遺産年報 2018 …… 176
世界遺産ビジュアルハンドブック 7 …… 182
世界遺産ビジュアルハンドブック 8 …… 182
世界遺産百科 …… 173
世界遺産マップス 2001改訂版 …… 174
世界遺産マップス 2003改訂版 …… 174
世界遺産マップス 2005改訂版 …… 175
世界遺産マップス 2006改訂版 …… 175
世界遺産マップス 2008改訂版 …… 175
世界遺産マップス 2009改訂版 …… 175
世界遺産マップス 2011改訂版 …… 175
世界遺産マップス 2014改訂版 …… 176
世界遺産マップス 2017改訂版 …… 176
世界遺産用語集 改訂版 …… 159
世界遺産Q&A …… 159
世界遺産Q&A 2001改訂版 …… 159
世界遺跡地図 …… 249
世界一美しい自然現象図鑑 …… 148
世界各国便覧(びんらん) …… 26
世界各国要覧 Vol.13 (1990年版) …… 64
世界各国要覧 Vol.14 (1991年版) …… 64
世界各国要覧 Vol.15 (1992年版) …… 64
世界各国要覧 Vol.16 (1993年版) …… 64
世界各国要覧ハンドブック …… 26
世界が見える国旗の本 …… 67
世界がよくわかる国旗図鑑 …… 68
世界史アトラス …… 244
世界自然遺産屋久島の自然図鑑 …… 185
世界史年表・地図 …… 244
世界史年表・地図 第7版 …… 244
世界史年表・地図 第8版 …… 244
世界史年表・地図 第9版 …… 244
世界史年表・地図 第10版 …… 245
世界史年表・地図 第11版 …… 245
世界史年表・地図 第12版 …… 245
世界史年表・地図 第13版 …… 245
世界史年表・地図 第14版 …… 245
世界史年表・地図 第15版 …… 245
世界史年表・地図 第16版 …… 245
世界史年表・地図 第17版 …… 245
世界史年表・地図 第18版 …… 245
世界史年表・地図 第19版 …… 245
世界史年表・地図 第20版 …… 246
世界史年表・地図 第21版 …… 246
世界史年表・地図 第22版 …… 246
世界史年表・地図 第23版 …… 246
世界森林白書 1997年 …… 232
世界森林白書 1999年 …… 232
世界森林白書 2002年 …… 233
世界精密地図 …… 45
世界全地図・ライブアトラス …… 45
世界大地図館 …… 46
世界大地図帳 新装改訂版 …… 46
世界大地図帳 第3版 …… 46
世界大地図帳 三訂版 …… 46
世界大地図帳 四訂版 …… 46
世界大地図帳 五訂版 …… 46
世界大地図帳 六訂版 …… 46
世界大地図帳 七訂版 …… 46
世界大地図 …… 45
世界大地図 6訂特別版 …… 45
世界大地図 索引 …… 46
世界大百科事典 改訂新版 …… 46, 111
世界探検家事典 1 …… 18
世界探検家事典 2 …… 18
世界地図 …… 46
世界地図情報事典 …… 8
世界地図帳 …… 46, 47
世界地図で読む環境破壊と再生 …… 146
世界「地方旗」図鑑 …… 68
世界地名語源辞典 新版 …… 16
世界地名語源辞典 三訂版 …… 16
世界地名情報事典 …… 13
世界地名大事典 1 …… 13
世界地名大事典 2 …… 13
世界地名大事典 3 …… 14
世界地名大事典 4 …… 14
世界地名大事典 5 …… 14
世界地名大事典 6 …… 14
世界地名大事典 7 …… 14
世界地名大事典 8 …… 14
世界地名大事典 9 …… 14
世界地名大辞典 上巻 …… 14
世界地名大辞典 中巻 …… 14
世界地名大辞典 下巻 …… 14

世界地名大辞典 索引 …… 14
世界地名ルーツ辞典 …… 14
世界地名歴史事典 …… 15
世界地理大百科事典 1 …… 8
世界地理大百科事典 2 …… 8
世界地理大百科事典 3 …… 8
世界地理大百科事典 4 …… 8
世界地理大百科事典 5 …… 9
世界地理大百科事典 6 …… 9
「世界地理」なるほど雑学事典 …… 9
世界地理の雑学事典 …… 1
世界地理の恥をかかない雑学事典 …… 9
世界で一番おもしろい地図の読み方大事典 …… 1
世界伝説歴史地図 …… 249
世界と日本の激甚災害事典 …… 235
世界と日本の地理統計 2000年版 …… 4
世界と日本の地理統計 2001／2002年版 …… 4
世界と日本の地理統計 2002／2003年版 …… 4
世界と日本の地理統計 2003／2004年版 …… 4
世界と日本の地理統計 2004／2005年版 …… 4
世界と日本の地理統計 2005／2006年版 …… 4
世界なんでも情報館 …… 26
世界・日本地図帳 …… 47
世界の美しい地下鉄マップ …… 264
世界の温泉地 新版 …… 208
世界の火山図鑑 …… 207
世界の火山百科図鑑 …… 207
世界の国一覧表 1991年版 …… 64
世界の国一覧表 1992年版 …… 64
世界の国一覧表 1993年版 …… 64
世界の国一覧表 1994年版 …… 64
世界の国一覧表 1995年版 …… 64
世界の国一覧表 1996年版 …… 64
世界の国一覧表 1997年版 …… 64
世界の国一覧表 1998年版 …… 64
世界の国一覧表 1999年版 …… 64
世界の国一覧表 2000年版 …… 65
世界の国一覧表 2001年版 …… 65
世界の国一覧表 2002年版 …… 65
世界の国一覧表 2003年版 …… 65
世界の国一覧表 2004年版 …… 65
世界の国一覧表 2005年版 …… 65
世界の国一覧表 2006年版 …… 66
世界の国一覧表 2007年版 …… 66
世界の国情報 2008 …… 66
世界の国情報 2009 …… 66
世界の国情報 2010 …… 66
世界の国情報 2011 …… 66
世界の国情報 2012 …… 66
世界の国情報 2013 …… 66
世界の国情報 2014 …… 66
世界の国情報 2015 …… 66
世界の国情報 2016 …… 67
世界の国情報 2017 …… 67
世界の国ハンドブック …… 26
世界の軍旗・翼章・国旗図鑑 …… 68
世界の国名・地名がすぐわかる本 …… 26
世界の国旗 …… 68
世界の国旗 新訂 …… 69
世界の国旗 ビジュアルワイド判 …… 69
世界の国旗 …… 69
世界の国旗 改訂版 …… 69
世界の国旗・国章歴史大図鑑 …… 70
世界の国旗国歌 …… 67
世界の国旗全図鑑 …… 70
世界の国旗大百科 …… 70
世界の国旗大百科 2002年度版 …… 70
世界の国旗大百科 2003年度版 …… 70
世界の国旗と国章大図鑑 …… 70
世界の国旗と国章大図鑑 2訂版 …… 70
世界の国旗と国章大図鑑 3訂版 …… 70
世界の国旗と国章大図鑑 4訂版 …… 70
世界の国旗 ビジュアル大事典 …… 71
世界の国旗 ビジュアル大事典 第2版 …… 71
世界の国旗ポケット図鑑 …… 71
世界の国旗193 …… 70
世界の資源と環境 1990‐91 …… 146
世界の資源と環境 1994-95 …… 146
世界の資源と環境 1996‐97 …… 146
世界の首都204が1冊でわかる本 …… 1
世界の砂図鑑 …… 218
世界の地図 …… 2
世界の地図の歴史図鑑 …… 135
「世界の地名」なるほど雑学事典 …… 15
世界の地名ハンドブック …… 27
世界の土壌資源 …… 216
世界の民族・国家興亡歴史地図年表 …… 249
世界の歴史・地理事典 …… 248
世界文化情報事典 …… 9
世界文化情報事典 第2版 …… 9
世界旅行地図 4訂版 …… 47
世界歴史地名大事典 第1巻 …… 15
世界歴史地名大事典 第2巻 …… 15

世界歴史地名大事典 第3巻 …… 15
絶景ビジュアル図鑑 …… 131
絶対に行きたい! 世界遺産120 …… 173
雪氷辞典 …… 188
雪氷辞典 新版 …… 188
全国駅名事典 …… 264
全国温泉大事典 …… 208
全国公共用水域水質年鑑 1996年版 …… 190
全国公共用水域水質年鑑 1997年版 …… 190
全国公共用水域水質年鑑 1998年版 …… 190
全国公共用水域水質年鑑 1999年版 …… 190
全国市町村衛星写真地図 …… 111
全国市町村合併地図 …… 259
全国市町村 平成の大合併 2006年版 …… 259
全国市町村名変遷総覧 全訂版 …… 257
全国主要温泉地の魅力度調査 …… 208
全国総合河川大鑑 1991 …… 201
全国総合河川大鑑 1993 …… 201
全国総合河川大鑑 1994 …… 201
全国総合河川大鑑 1995 …… 201
全国総合河川大鑑 1996 …… 201
全国総合河川大鑑 1999 …… 201
全国総合河川大鑑 2000 …… 201
全国総合河川大鑑 2001 …… 201
全国総合河川大鑑 2002 …… 202
全国総合河川大鑑 2003 …… 202
全国総合河川大鑑 2005 …… 202
全国総合河川大鑑 2006 …… 202
全国総合河川大鑑 2007 …… 202
全国地名駅名よみかた辞典 …… 97, 98
全国地名読みがな辞典 第4版 …… 98
全国地名読みがな辞典 第5版 …… 98
全国地名読みがな辞典 第6版 …… 98
全国77都市の地盤と災害ハンドブック（DVD付） …… 212
全国「別所」地名事典 上 …… 88
全国「別所」地名事典 下 …… 89
全世界の河川事典 …… 194
全日本地名辞典 1996年度版 …… 89
総合世界／日本地図 改訂新版 …… 47
総合世界／日本地図 …… 47
綜合 地歴新地図 …… 47
綜合 地歴新地図 最新版 …… 47
綜合 地歴新地図 初訂版 …… 47
綜合 地歴新地図 三訂版 …… 47
総合年表日本の森と木と人の歴史 …… 226
続 巨樹・巨木 …… 228
即戦力素材集 地図 …… 139
ソ連崩壊後のワールドアトラス …… 47

【た】

大英帝国歴史地図 …… 84
大韓民国地名便覧 1994年版 …… 76
大韓民国地名便覧 1995年版 …… 76
大韓民国地名便覧 1998年版 …… 76
大韓民国地名便覧 2001年版 …… 76
大韓民国地名便覧 2012年版 …… 76
タイ事典 …… 72
大正時代の日本 …… 259
堆積学辞典 …… 212
堆積学辞典 普及版 …… 212
大東亜南方圏地図帖 …… 77
大東亜南方圏地名索引集 …… 75
大東亜南方圏地名集成 …… 88
大日本地名辞書 増補 第1巻 新装版 …… 89
大日本地名辞書 増補 第2巻 新装版 …… 89
大日本地名辞書 増補 第3巻 新装版 …… 89
大日本地名辞書 増補 第4巻 新装版 …… 89
大日本地名辞書 増補 第5巻 新装版 …… 89
大日本地名辞書 増補 第6巻 新装版 …… 89
大日本地名辞書 増補 第7巻 新装版 …… 89
大日本地名辞書 増補 第8巻 新装版 …… 89
大日本分県地図 …… 111
大日本分県地図 併地名総覧 …… 111
タイの事典 …… 73
台風・気象災害全史 …… 185
大ベルリン検索地図帖 …… 84
タイムズ・アトラス 世界探検歴史地図 …… 19
タイムズ・アトラス 第二次世界大戦歴史地図 …… 250
タイムズ・アトラス ヨーロッパ歴史地図 …… 85
タイムズ・アトラス ヨーロッパ歴史地図 第2版 …… 85
タイムズ世界地図帳 第11版 …… 47
タイムズ世界地図帳 第12版 …… 47
タイムズ世界地図帳 …… 47
第四紀逆断層アトラス …… 216
大陸別世界歴史地図 1 …… 246
大陸別世界歴史地図 2 …… 246
大陸別世界歴史地図 3 …… 246
大陸別世界歴史地図 4 …… 246
大陸別世界歴史地図 5 …… 247
台湾百科 …… 76
台湾百科 第2版 …… 77

楽しい鉱物図鑑 …… 221
楽しい鉱物図鑑 〔新装版〕 …… 221
楽しい鉱物図鑑 2 …… 221
楽しい世界の国旗本 …… 71
旅に出たくなる地図 関東甲信越 …… 111
旅に出たくなる地図 景観地図日本 4訂版 …… 111
旅に出たくなる地図 世界 …… 48
旅に出たくなる地図 世界 新訂版 …… 48
旅に出たくなる地図 世界 14版 …… 48
旅に出たくなる地図 世界 15版 …… 48
旅に出たくなる地図 世界 16版 …… 48
旅に出たくなる地図 世界 17版 …… 48
旅に出たくなる地図 世界 18版 …… 49
旅に出たくなる地図 世界編 最新版 …… 49
旅に出たくなる地図 世界編 初訂版 …… 49
旅に出たくなる地図 世界編 3訂版 …… 49
旅に出たくなる地図 世界編 4訂版 …… 49
旅に出たくなる地図 世界編 5訂版 …… 49
旅に出たくなる地図 世界編 6訂版 …… 49
旅に出たくなる地図 世界編 7訂版 …… 49
旅に出たくなる地図 世界編 8訂版 …… 49
旅に出たくなる地図 世界編 9訂版 …… 49
旅に出たくなる地図 世界編 10訂版 …… 49
旅に出たくなる地図 世界編 11訂版 …… 50
旅に出たくなる地図 日本 …… 111
旅に出たくなる地図 日本 市町村合併対応 最新版 …… 111
旅に出たくなる地図 日本 新訂版 …… 111
旅に出たくなる地図 日本 15版 …… 112
旅に出たくなる地図 日本 16版 …… 112
旅に出たくなる地図 日本 17版 …… 112
旅に出たくなる地図 日本 18版 …… 112
旅に出たくなる地図 日本 19版 …… 112
旅に出たくなる地図 日本編 最新版 …… 112
旅に出たくなる地図 日本編 初訂版 …… 112
旅に出たくなる地図 日本編 3訂版 …… 113
旅に出たくなる地図 日本編 4訂版 …… 113
旅に出たくなる地図 日本編 5訂版 …… 113
旅に出たくなる地図 日本編 6訂版 …… 113
旅に出たくなる地図 日本編 7訂版 …… 113
旅に出たくなる地図 日本編 8訂版 …… 113
旅に出たくなる地図 日本編 9訂版 …… 113
旅に出たくなる地図 日本編 10訂版 …… 113
旅に出たくなる地図 日本編 11訂版 …… 113
WMO気候の事典 …… 186
探検と冒険の歴史大図鑑 …… 18
田んぼの生きものおもしろ図鑑 …… 223
田んぼの生き物図鑑 …… 224
田んぼの生き物図鑑 増補改訂新版 …… 224
田んぼの生き物400 …… 224
地域調査ハンドブック 第2版 …… 133
地域分析ハンドブック …… 12
知恵蔵なっとく世界地図 '05-'06 …… 262
地学英語文例辞典 …… 130
地学英和用語辞典 …… 130
地学事典 新版 …… 129
地学ハンドブック 新訂版,〔新装版〕 …… 130
地学ハンドブック 第6版 …… 130
地球 …… 131
地球・宇宙をはかる …… 131
地球を救う事典 …… 144
地球温暖化図鑑 …… 148
地球温暖化と日本 …… 146
地球温暖化の事典 …… 142
地球温暖化の事典に書けなかったこと …… 146
地球温暖化予測情報 第2巻 …… 152
地球カルテ …… 146
地球環境を考える …… 141
地球環境学事典 …… 143
地球環境カラーイラスト百科 …… 143
地球環境キーワード事典 …… 143
地球環境キーワード事典 改訂版 …… 143
地球環境キーワード事典 三訂版 …… 143
地球環境キーワード事典 四訂版 …… 143
地球環境キーワード事典 5訂 …… 143
地球環境工学ハンドブック …… 147
地球環境工学ハンドブック 〔コンパクト版〕 …… 147
地球環境辞典 …… 143
地球環境辞典 第2版 …… 143
地球環境辞典 第3版 …… 144
地球環境情報 1990 …… 141
地球環境情報 1992 …… 141
地球環境情報 1994 …… 141
地球環境情報 1996 …… 141
地球環境情報 1998 …… 141
地球環境図鑑 …… 148
地球環境政策のあり方に関する研究 …… 150
地球環境大事典 〔特装版〕 …… 144
地球環境データブック …… 150
地球環境データブック 2001-02 …… 150
地球環境データブック 2004-05 …… 150
地球環境データブック 2005-06 …… 150
地球環境データブック 2007-08 …… 150
地球環境データブック 2010-11 …… 150
地球環境年表 2003 …… 147
地球環境の事典 …… 144

地球環境用語辞典 …… 144
地球環境用語大事典 …… 144
地球・自然環境の本全情報 2004-2010 …… 129
地球・自然環境の本全情報 1999-2003 …… 129
地球・自然環境の本全情報 45-92 …… 129
地球・自然環境の本全情報93／98 …… 129
地球上の生命を育む水のすばらしさの更なる認識と新たな発見を目指して …… 189
地球図鑑 …… 149
地球・生命の大進化 …… 224
ちきゅう大図鑑 …… 149
地球大図鑑 …… 131
地球と宇宙の化学事典 …… 130
地球と惑星探査 …… 130
地球白書 2001-02 …… 151
地球白書 2002－03 …… 151
地球白書 2003-04 …… 151
地球白書 2004-05 …… 151
地球博物学大図鑑 …… 149
地形がわかるフィールド図鑑 …… 210
地形図図式の手引き 新版 …… 133
地形図の手引き 2訂版 …… 133
地形図の手引き 3訂版 …… 133
地形図の手引き 4訂版 …… 133
地形図の手引き 5訂版 …… 133
地形探検図鑑 …… 210
地形の辞典 …… 209
地質学ハンドブック …… 213
地質学ハンドブック 普及版 …… 213
地質学用語集 …… 212
地質調査資料整理要領 平成14年7月改訂版 第2版 …… 213
地質調査資料整理要領案 平成15年7月改訂版 第3版 …… 213
地質調査資料整理要領(案)解説書 改訂版 …… 213
地質・土質調査成果電子納品要領案 平成16年6月版 …… 213
地図を楽しむ …… 132
地図学用語辞典 増補改訂版 …… 132
地図からわかる日本 …… 105
地図記号500 …… 133
地図情報ものしり百科 1 …… 133
地図情報ものしり百科 2 …… 133
地図情報ものしり百科 3 …… 134
地図情報ものしり百科 4 …… 134
地図情報ものしり百科 5 …… 134
地図情報ものしり百科 6 …… 134
地図で知る世界の国ぐに …… 50
地図で知る世界の国ぐに 新訂第2版 …… 50
地図で知る世界の大都市 …… 2
地図で知る中国・東アジア …… 77
地図で知る東南・南アジア …… 77
地図で知る日本の都道府県 …… 113
地図で知る日本の都道府県 第2版 …… 113
地図で知る日本の都道府県 第3版 …… 114
地図で知る 平成大合併 保存版 …… 257
地図で知る 平成の市町村大合併 …… 257
地図で知る 平成の市町村大合併 2005年度版 …… 258
地図で知るヨーロッパ …… 85
地図で訪ねる歴史の舞台 世界 最新版 …… 247
地図で訪ねる歴史の舞台 世界 初訂版 …… 247
地図で訪ねる歴史の舞台 世界 新訂版 …… 247
地図で訪ねる歴史の舞台 世界 改訂新版 …… 247
地図で訪ねる歴史の舞台 世界 5版 …… 247
地図で訪ねる歴史の舞台 世界 6版 …… 247
地図で訪ねる歴史の舞台 世界 7版 …… 247
地図で訪ねる歴史の舞台 日本 最新版 …… 252
地図で訪ねる歴史の舞台 日本 新訂版 …… 252
地図で訪ねる歴史の舞台 日本 市町村合併対応 最新版 …… 252
地図で訪ねる歴史の舞台 日本 4訂版 …… 252
地図で訪ねる歴史の舞台 日本 改訂新版 …… 252
地図で訪ねる歴史の舞台 日本 6版 …… 252
地図で訪ねる歴史の舞台 日本 7版 …… 252
地図で訪ねる歴史の舞台 日本 8版 …… 252
地図でたどる日本史 …… 252
地図で見る アラブ世界ハンドブック …… 80
地図で見る 中国ハンドブック …… 77
地図でみる西日本の古代 …… 255
地図で見る バルカン半島ハンドブック …… 83
地図でみる東日本の古代 …… 255
地図で見る百年前の日本 …… 259
地図で見る ラテンアメリカハンドブック …… 87
地図で見る ロシアハンドブック …… 83
地図で読む江戸時代 …… 251
地図で読む現代戦争事典 …… 250
地図に見る日本 …… 105
地図のことがわかる事典 …… 132
地図の世界史大図鑑 …… 136
地図の読み方事典 …… 132
地図の歴史 …… 136
地図豆 …… 133
地図や案内図のつくり方 …… 135
地政学事典 …… 236
地層の見方がわかるフィールド図鑑 …… 216

地層の見方がわかるフィールド図鑑 増補版 …… 216
地層の見方がわかるフィールド図鑑 増補改訂版 …… 217
地名・地理辞典 改訂新版 …… 10
地名入力高速化キット …… 138
地名の由来を知る事典 …… 89
地名苗字読み解き事典 …… 89
中・英・日 岩石鉱物名辞典 …… 217
中央ユーラシアを知る事典 …… 73
中学校社会科地図 最新版 …… 50
中学校社会科地図 …… 50
中学校社会科地図 初訂版 …… 50, 51
中学校社会科地図 …… 51
中国主要地名辞典 …… 73
中国商工地図集成 …… 78
中国人名資料事典 第10巻 …… 73
「中国全省を読む」事典 …… 73
中国全省を読む地図 …… 78
中国大陸五万分の一地図集成及び旧満州五万分の一地図集成 …… 78
中国大陸五万分の一地図集成 1 …… 78
中国大陸五万分の一地図集成 2 …… 78
中国大陸五万分の一地図集成 3 …… 78
中国大陸五万分の一地図集成 4 …… 78
中国大陸五万分の一地図集成 5 …… 78
中国大陸五万分の一地図集成 6 …… 78
中国大陸五万分の一地図集成 7 …… 78
中国大陸五万分の一地図集成 8 …… 78
中国大陸五万分の一地図集成 総合索引 改訂・増補版 …… 78
中国大陸五万分の一地図集成 索引図 …… 78
中国大陸地図総合索引 1 …… 75
中国大陸二万五千分の一地図集成 1 …… 78
中国大陸二万五千分の一地図集成 2 …… 78
中国大陸二万五千分の一地図集成 3 …… 79
中国大陸二万五千分の一地図集成 4 …… 79
中国大陸二万五千分の一地図集成 索引図 …… 79
中国都市名辞典 …… 73
中国文化事典 …… 73
中国歴史地図 …… 79
中国歴史地名辞典 第1巻 …… 73
中国歴史地名辞典 第2巻 …… 73
中国歴史地名辞典 第3巻 …… 73
中国歴史地名辞典 第4巻 …… 73
中国歴史地名辞典 第5巻 …… 74
中東世界データ地図 …… 80
朝鮮を知る事典 増補版 …… 74
朝鮮を知る事典 新訂増補版 …… 74
朝鮮支那地名辞彙 …… 74
朝鮮支那地名辞彙 上 復刻版 …… 74
朝鮮支那地名辞彙 下 復刻版 …… 74
朝鮮半島地図集成 …… 79
地理学関係書誌の書誌 …… 7
地理学文献目録 第9集 …… 7
地理学文献目録 第10集 …… 7
地理学文献目録 第11集 …… 7
地理学文献目録 第12集 …… 7
地理情報科学事典 …… 137
地理情報技術ハンドブック …… 138
地理情報システム導入・運用マニュアル …… 138
地理情報システム用語辞典 …… 137
地理情報データハンドブック …… 138
地理・地名事典 …… 10
地理データファイル　大学受験対策用 2000年度版 …… 4
地理データファイル　大学受験対策用 2002年度版 …… 4
地理データファイル　大学受験対策用 2012年度版 …… 5
地理統計要覧 1990年版（Vol.30） …… 5
地理統計要覧 1991年版（Vol.31） …… 5
地理統計要覧 1992年版（Vol.32） …… 5
地理統計要覧 1993年版（Vol.33） …… 5
地理統計要覧 1994年版（Vol.34） …… 5
地理統計要覧 1995年版（Vol.35） …… 5
地理統計要覧 1996年版（Vol.36） …… 5
地理統計要覧 1997年版（Vol.37） …… 5
地理統計要覧 1998年版（Vol.38） …… 5
地理統計要覧 1999年版（Vol.39） …… 5
地理統計要覧 2000年版（Vol.40） …… 5
地理統計要覧 2001年版（Vol.41） …… 5
地理統計要覧 2002年版（Vol.42） …… 5
地理統計要覧 2003年版（Vol.43） …… 5
地理統計要覧 2004年版（Vol.44） …… 5
地理統計要覧 2005年版（Vol.45） …… 5
地理統計要覧 2006年版（Vol.46） …… 5
地理統計要覧 2007年版（Vol.47） …… 5
地理統計要覧 2008年版（Vol.48） …… 6
地理統計要覧 2009年版（Vol.49） …… 6
地理統計要覧 2010年版（Vol.50） …… 6
地理統計要覧 2011年版（Vol.51） …… 6
地理統計要覧 2012年版（Vol.52） …… 6
地理統計要覧 2013年版（Vol.53） …… 6
地理統計要覧 2014年版（Vol.54） …… 6
地理統計要覧 2015年版（Vol.55） …… 6
地理統計要覧 2016年版（Vol.56） …… 6
地理統計要覧 2017年版（Vol.57） …… 6

地歴高等地図 最新版 …… 51
地歴高等地図 新訂版 …… 52
地歴高等地図 最新版 …… 52, 53
地歴高等地図 …… 53
陳舜臣中国ライブラリー 別巻 …… 79
使えるハンディGPSナビゲートブック …… 138
津波の事典 縮刷版 …… 206
釣り人のための渓流の樹木図鑑 …… 225
帝国行政区画便覧 復刻版 …… 258
帝国書院の復刻版地図帳 地図で見る昭和の動き 復刻版 …… 114
帝国地図 大正9年 …… 114
ディジタルマッピング …… 138
デザインが楽しい! 地図の本 …… 136
データガイド 地球環境 新版 …… 147
データで読む 47都道府県情報事典 …… 90
データブック オブ・ザ・ワールド 1989（VOL.1） …… 237
データブック オブ・ザ・ワールド 1990（VOL.2） …… 237
データブック オブ・ザ・ワールド 1991（VOL.3） …… 237
データブック オブ・ザ・ワールド 1992（VOL.4） …… 237
データブック オブ・ザ・ワールド 1993（VOL.5） …… 237
データブック オブ・ザ・ワールド 1994（VOL.6） …… 237
データブック オブ・ザ・ワールド 1995（VOL.7） …… 238
データブック オブ・ザ・ワールド 1996（VOL.8） …… 238
データブック オブ・ザ・ワールド 1997（VOL.9） …… 238
データブック オブ・ザ・ワールド 1998（VOL.10） …… 238
データブック オブ・ザ・ワールド 1999（VOL.11） …… 238
データブック オブ・ザ・ワールド 2000（VOL.12） …… 238
データブック オブ・ザ・ワールド 2001（VOL.13） …… 238
データブック オブ・ザ・ワールド 2002（VOL.14） …… 238
データブック オブ・ザ・ワールド 2003（VOL.15） …… 238
データブック オブ・ザ・ワールド 2004（VOL.16） …… 238
データブック オブ・ザ・ワールド 2005（VOL.17） …… 238
データブック オブ・ザ・ワールド 2006（VOL.18） …… 238
データブック オブ・ザ・ワールド 2007（VOL.19） …… 238
データブック オブ・ザ・ワールド 2008（VOL.20） …… 239
データブック オブ・ザ・ワールド 2009（VOL.21） …… 239
データブック オブ・ザ・ワールド 2010（VOL.22） …… 239
データブック オブ・ザ・ワールド 2011（VOL.23） …… 239
データブック オブ・ザ・ワールド 2012（VOL.24） …… 239
データブック オブ・ザ・ワールド 2013（VOL.25） …… 239
データブック オブ・ザ・ワールド 2014（VOL.26） …… 239
データブック オブ・ザ・ワールド 2015（VOL.27） …… 239
データブック オブ・ザ・ワールド 2016（VOL.28） …… 239
データブック 世界各国地理 新版 …… 27
データブック 世界各国地理 第3版 …… 27
でっか字コンパクト 世界地図帳 …… 53
徹底図解 世界の国旗 …… 71
鉄道の地理学 …… 264
テーマで読み解く海の百科事典 …… 204
テーマ別日本切手カタログ Vol.2 …… 174
デラックス世界地図帳 …… 53
TVのそばに一冊 エッセンシャルアトラス 最新情報版 …… 114
TVのそばに一冊 エッセンシャルアトラス 市町村合併対応 最新版 …… 114
TVのそばに一冊 エッセンシャルアトラス 3訂版 …… 114
TVのそばに一冊 ワールドアトラス 初訂版 …… 53
TVのそばに一冊 ワールドアトラス 3訂版 …… 53
TVのそばに一冊 ワールドアトラス 4訂版 …… 53
TVのそばに一冊 ワールドアトラス 5訂版 …… 53
TVのそばに一冊 ワールドアトラス 最新版 …… 53
TVのそばに一冊 ワールドアトラス 初訂版 …… 53
TVのそばに一冊 ワールドアトラス 3訂版 …… 53
TVのそばに一冊 ワールドアトラス 4訂版 …… 53
TVのそばに一冊 ワールドアトラス 5訂

版 …… 54
TVのそばに一冊 ワールドアトラス 6訂版 …… 54
TVのそばに一冊 ワールドアトラス 7訂版 …… 54
TVのそばに一冊 ワールドアトラス 8訂版 …… 54
TVのそばに一冊 ワールドアトラス 9訂版 …… 54
伝統と革新 …… 7
東欧を知る事典 …… 81
東欧を知る事典 新訂増補版 …… 81
東欧を知る事典 新版 …… 82
洞窟学 4ヶ国語英日韓中用語集 …… 209
島嶼大事典 …… 125
どうなる地球・どうする21世紀 …… 151
東南アジアを知る事典 新訂増補 …… 74
東南アジアを知る事典 新版 …… 74
都会の生物 …… 224
読書案内・紀行編 …… 17
都市環境学事典 …… 144
土質工学標準用語集 …… 212
都道府県別データブック 1995 …… 100
都道府県別データブック 1997 …… 100
都道府県別データブック 1998 …… 100
都道府県別データブック 1999 …… 100
都道府県別データブック 2000 …… 100
都道府県別データブック 2001 …… 100
都道府県別データブック 2002 …… 100
都道府県別データブック 最新版 …… 100
都道府県別 なんでも日本一ハンドブック …… 263
ともだちになろうふるさとの川 2000年度版 …… 202

【な】

雪崩ハンドブック …… 189
なるほど市町村合併 都道府県別日本地図帳 …… 260
なるほど! 世界地図帳 最新版 …… 55
なるほど世界知図帳 '03-'04 第2版 …… 54
なるほど世界知図帳 '04-'05 第2版 …… 54
なるほど世界知図帳 2005 2版 …… 54
なるほど知図帳 世界 2006 第3版 …… 55
なるほど知図帳 世界 2007 第4版 …… 55
なるほど知図帳 世界 2008 第5版 …… 55
なるほど知図帳 世界 2009 第6版 …… 55
なるほど知図帳 世界 2010 第7版 …… 55
なるほど知図帳 世界 2011 第8版 …… 55
なるほど知図帳 世界 2012 第9版 …… 55
なるほど知図帳 世界 2013 第10版 …… 55
なるほど知図帳 世界 2014 …… 56
なるほど知図帳 世界 2015 …… 56
なるほど知図帳 世界 2016 …… 56
なるほど知図帳 世界 2017 …… 56
なるほど知図帳 世界 2018 …… 56
なるほど知図帳 ニッポン歴史知図 …… 114
なるほど知図帳 日本 2006 第2版 …… 114
なるほど知図帳 日本 2007 第3版 …… 114
なるほど知図帳 日本 2008 第4版 …… 115
なるほど知図帳 日本 2009 第5版 …… 115
なるほど知図帳 日本 2010 第6版 …… 115
なるほど知図帳 日本 2011 …… 115
なるほど知図帳 日本 2012 …… 115
なるほど知図帳 日本 2013 …… 115
なるほど知図帳 日本 2014 …… 115
なるほど知図帳 日本 2015 …… 115
なるほど知図帳 日本 2016 …… 116
なるほど知図帳 日本 2017 …… 116
なるほど知図帳 日本 2018 …… 116
なるほど知図帳 日本の山 …… 211
なるほど日本知図帳 2004-2005 …… 116
なるほど日本知図帳 2005 …… 116
難姓・難地名事典 …… 98
なんでもひける世界地図 〔2003年〕 …… 56
なんでもひける世界地図 〔2006年〕 …… 56
なんでもひける世界地図 〔2007年〕 …… 56
なんでもひける世界地図 〔2008年〕 …… 57
なんでもひける世界地図 〔2009年〕 …… 57
なんでもひける世界地図 〔2015年〕 …… 57
なんでもひける世界地図 〔2017年〕 …… 57
なんでもひける日本地図 〔2007年〕 …… 116
なんでもひける日本地図 〔2008年〕 …… 116
なんでもひける日本地図 〔2009年〕 …… 116
なんでもひける日本地図 〔2015年〕 …… 116
なんでもひける日本地図 〔2017年〕 …… 117
難読・異読地名辞典 …… 98
難読誤読島嶼名漢字よみかた辞典 …… 126
難読姓氏・地名大事典 …… 98
難読姓氏・地名大事典 コンパクト版 …… 98
難読姓氏・地名大事典 続 …… 98
南方地名辞典 …… 74
20世紀の日本の気候 …… 188
21世紀の世界地図 …… 57
2500分の1ロンドン検索大地図 …… 85
日英中地学用語辞典 …… 130

日本一の巨木図鑑 ……………………… 229
にっぽん探検大図鑑 ………………… 105
日本河川水質年鑑 1989 ……………… 202
日本河川水質年鑑 1990 ……………… 202
日本河川水質年鑑 1991 ……………… 203
日本河川水質年鑑 1992 ……………… 203
日本河川水質年鑑 1993 ……………… 203
日本河川水質年鑑 1995 ……………… 203
日本河川水質年鑑 1996 ……………… 203
日本河川水質年鑑 1997 ……………… 203
日本河川水質年鑑 1998 ……………… 204
日本活火山総覧 第2版 ……………… 207
日本気候図 1990年版 ……………… 187
日本気候百科 ………………………… 186
日本近代都市変遷地図集成 第1期 …… 260
日本近代都市変遷地図集成 第2期 …… 260
日本国勢地図 新版 ………………… 117
日本古代史地名事典 ………………… 255
日本古代地名事典 ………………… 255
日本古代地名事典 コンパクト版 ……… 255
日本山岳ルーツ大辞典 ……………… 210
日本産鉱物型録 …………………… 223
日本産鉱物種 2018 ………………… 221
日本山名総覧 ……………………… 211
日本史年表・地図 …………………… 253
日本史年表・地図 第2版 …………… 253
日本史年表・地図 第3版 …………… 253
日本史年表・地図 第4版 …………… 253
日本史年表・地図 第5版 …………… 253
日本史年表・地図 第6版 …………… 253
日本史年表・地図 第7版 …………… 253
日本史年表・地図 第8版 …………… 253
日本史年表・地図 第9版 …………… 253
日本史年表・地図 第10版 …………… 253
日本史年表・地図 第11版 …………… 253
日本史年表・地図 第12版 …………… 253
日本史年表・地図 第13版 …………… 254
日本史年表・地図 第14版 …………… 254
日本史年表・地図 第15版 …………… 254
日本史年表・地図 第16版 …………… 254
日本史年表・地図 第17版 …………… 254
日本史年表・地図 第18版 …………… 254
日本史年表・地図 第19版 …………… 254
日本史年表・地図 第20版 …………… 254
日本史年表・地図 第21版 …………… 254
日本史年表・地図 第22版 …………… 254
日本史年表・地図 第23版 …………… 254
日本史パノラマ大地図帳 …………… 254
日本樹木名方言集 復刻版 …………… 227
日本主要地図集成 ………………… 117
日本主要地図集成 普及版 ………… 117
日本植生誌 総索引 ………………… 224
日本植生便覧 改訂新版 …………… 224
日本図誌大系 北海道・東北 1（北海道 青森県） 普及版 ………………… 105
日本図誌大系 北海道・東北 2（岩手県 秋田県 宮城県 山形県 福島県） 普及版 ……………………………… 105
日本図誌大系 関東 1（東京都 神奈川県 埼玉県） 普及版 ……………… 105
日本図誌大系 関東 2（千葉県 茨城県 栃木県 群馬県） 普及版 ………… 106
日本図誌大系 中部 1（山梨県 静岡県 愛知県 岐阜県） 普及版 ………… 106
日本図誌大系 中部 2（長野県 新潟県 富山県 石川県 福井県） 普及版 …… 106
日本図誌大系 近畿 1（大阪府 兵庫県 和歌山県） 普及版 ……………… 106
日本図誌大系 近畿 2（三重県 滋賀県 京都府 奈良県） 普及版 ………… 106
日本図誌大系 中国（鳥取県 島根県 岡山県 広島県 山口県） 普及版 …… 106
日本図誌大系 四国（徳島県 香川県 愛媛県 高知県） 普及版 …………… 106
日本図誌大系 九州 1（福岡県 佐賀県 長崎県 大分県） 普及版 ………… 107
日本図誌大系 九州 2（熊本県 宮崎県 鹿児島県 沖縄県） 普及版 ……… 107
日本砂浜紀行 ……………………… 212
日本・世界地図帳 ………………… 57
日本・世界地図帳 〔2009〕 超最新版 …. 57
日本・世界地図帳 2010-11年版 ……… 57
日本・世界地図帳 2011-12年版 ……… 57
日本・世界地図帳 2012-13年版 ……… 58
日本・世界地図帳 2013-14年版 ……… 58
日本・世界地図帳 2014-2015年版 …… 58
日本・世界地図帳 2015-2016年版 …… 58
日本・世界地図帳 2016-2017年版 …… 58
日本・世界地図帳 2017-2018年版 …… 58
日本・世界地図帳 ………………… 58
日本・世界白地図帳 ……………… 58
日本全国合成地名の事典 …………… 90
日本大地図帳 新装改訂版 ………… 117
日本大地図帳 3訂版 ……………… 117
日本大地図帳 4訂版 ……………… 117
日本大地図帳 5訂版 ……………… 118
日本大地図帳 6訂版 ……………… 118
日本大地図帳 6訂特別版 ………… 118
日本大地図帳 7訂版 ……………… 118
日本大地図帳 8訂版 ……………… 118

日本大地図帳 9訂版 …… 118
日本大地図帳 10訂版 …… 118
日本大地図 索引 …… 117
日本大地図 上巻 …… 117
日本大地図 中巻 …… 117
日本大地図 下巻 …… 117
日本滝名鑑4000 …… 195
日本地質アトラス 第2版 …… 214
日本地質アトラス 第2版 机上版 …… 214
日本地質アトラス 第2版 新装版 …… 214
日本地質図大系 1 …… 214
日本地質図大系 2 …… 214
日本地質図大系 3 …… 214
日本地質図大系 4 …… 215
日本地質図大系 5 …… 215
日本地質図大系 6 …… 215
日本地質図大系 7 …… 215
日本地質図大系 8 …… 215
日本地図 …… 118
日本地図地名事典 …… 90
日本地図帳 …… 118, 119
日本地図帳 第43版 …… 118
日本地図帳 …… 119
日本地図帳 第46版 …… 119
日本地図帳 …… 119
日本地図帳 第53版 …… 119
日本地図帳 …… 119
日本地図帳 2版 …… 119
日本地図帳 …… 119
日本地図帳 2版 …… 119
日本「地方旗」図鑑 …… 71
日本「地方旗」図鑑 解読編 …… 71
日本地方地質誌 1 …… 213
日本地方地質誌 2 …… 213
日本地方地質誌 3 …… 213
日本地方地質誌 4 …… 213
日本地方地質誌 5 …… 214
日本地方地質誌 6 …… 214
日本地方地質誌 7 …… 214
日本地方地質誌 8 …… 214
日本地名事典 〔コンパクト版〕 …… 90
日本地名大事典 上 …… 90
日本地名大事典 下 …… 90
日本地名大辞典 第1巻 …… 90
日本地名大辞典 第2巻 …… 90
日本地名大辞典 第3巻 …… 90
日本地名大辞典 第4巻 …… 90
日本地名大辞典 第5巻 …… 90
日本地名大辞典 第6巻 …… 90
日本地名大事典 コンパクト版 上 …… 90
日本地名大事典 コンパクト版 下 …… 90
日本地名大百科 …… 90
日本地名地図館 …… 119
日本地名百科事典 コンパクト版 …… 90
日本地名よみかた辞典 …… 98
日本地名ルーツ辞典 …… 91
日本地理学人物事典 近世編 …… 10
日本地理学人物事典 近代編 1 …… 10
日本地理学人物事典 近代編 2 …… 10
日本地理学人物事典 現代編 1 …… 11
日本地理学人物事典 現代編 2 …… 11
日本地理がわかる事典 …… 91
日本地理データ年鑑 2014 …… 124
日本地理データ年鑑 2015 …… 125
日本地理データ年鑑 2016 …… 125
日本地理データ年鑑 2017 …… 125
「日本地理」なるほど雑学事典 …… 91
日本地理の雑学事典 …… 91
日本 二ヵ国語アトラス …… 119
日本の火山図鑑 …… 207
日本の岩石と鉱物 …… 219
日本の気象史料 第1巻 …… 186
日本の気象史料 第2巻 …… 186
日本の気象史料 第3巻 …… 186
日本の巨樹・巨木林 九州・沖縄版 …… 233
日本の巨樹・巨木林 甲信越・北陸版 …… 233
日本の巨樹・巨木林 全国版 …… 233
日本の巨樹・巨木林 中国・四国版 …… 233
日本の鉱物 …… 221
日本の鉱物 増補改訂 …… 222
日本の国立公園まるわかり事典 …… 154
日本の里山いきもの図鑑 …… 224
日本の地震活動 第1版追補版 …… 206
日本の島 …… 127
日本の島事典 …… 125
日本のすごい島 調べ事典 1 …… 125
日本のすごい島 調べ事典 2 …… 125
日本のすごい島 調べ事典 3 …… 126
日本の世界遺産ガイド 1997年版 …… 185
日本の地形・地盤デジタルマップ …… 209
日本の地形レッドデータブック 第1集 …… 209
日本の地形レッドデータブック 第1集 新装版 …… 209
日本の地形レッドデータブック 第2集 …… 209
日本の地誌 1 …… 100
日本の地誌 2 …… 100
日本の地誌 3 …… 101
日本の地誌 4 …… 101

日本の地誌 5 …… 101
日本の地誌 6 …… 101
日本の地誌 7 …… 101
日本の地誌 8 …… 101
日本の地誌 9 …… 101
日本の地誌 10 …… 101
日本の地図 …… 119
日本の地名 …… 91
日本の地名がわかる事典 …… 91
日本の地名雑学事典 …… 91
日本の100選データ・ブック …… 101
日本の100選データ・ブック 改訂版 …… 101
日本の水資源 平成10年版 …… 191
日本の水資源 平成11年版 …… 191
日本の水資源 平成12年版 …… 192
日本の水資源 平成13年版 …… 192
日本の水資源 平成15年版 …… 192
日本の水資源 平成17年版 …… 192
日本の水資源 平成18年版 …… 192
日本の水資源 平成19年版 …… 192
日本の水資源 平成20年版 …… 193
日本の水資源 平成21年版 …… 193
日本の水資源 平成22年版 …… 193
日本の水資源 平成23年版 …… 193
日本の水資源 平成25年版 …… 193
日本の水資源 平成2年版 …… 190
日本の水資源 平成4年版 …… 190
日本の水資源 平成5年版 …… 190
日本の水資源 平成7年版 …… 191
日本の水資源 平成8年版 …… 191
日本の水資源 平成9年版 …… 191
日本の水資源　平成6年版 …… 191
日本白地図帳 …… 120
日本博物誌総合年表 …… 223
日本博物誌年表 …… 223
日本被害地震総覧　416-2001 最新版 …… 206
日本被害地震総覧　599 - 2012 …… 206
日本被害津波総覧 第2版 …… 206
日本百名山登山地図帳 上 …… 211
日本百名山登山地図帳 下 …… 211
日本ふるさと百科 …… 101
日本分県精図 …… 120
日本分県大地図 …… 120
日本分県大地図 二訂版 …… 120
日本分県地図 新版 …… 120
日本分県地図地名総覧 関東地方 2006年版 新版 …… 121
日本分県地図地名総覧 九州地方・山口県 2006年版 新版 …… 121
日本分県地図地名総覧 近畿地方 2006年版 新版 …… 121
日本分県地図地名総覧 中部地方 2006年版 新版 …… 121
日本分県地図地名総覧 東北地方 2006年版 新版 …… 121
日本分県地図地名総覧 平成3年版 …… 120
日本分県地図地名総覧 平成4年版 …… 120
日本分県地図地名総覧 平成5年版 …… 120
日本分県地図地名総覧 平成6年版 …… 120
日本分県地図地名総覧 平成7年版 …… 120
日本分県地図地名総覧 平成8年版 …… 121
日本分県地図地名総覧 平成9年版 …… 121
日本分県地図地名総覧 平成10年版 …… 121
日本分県地図地名総覧 平成11年版 …… 121
日本分県地図地名総覧 平成12年版 …… 121
日本分県地図地名総覧 平成13年版 …… 121
日本分県地図地名総覧 平成14年版 …… 121
日本分県地図地名総覧 平成15年版 …… 121
日本分県地図地名総覧 平成16年版 …… 121
日本分県地図地名総覧 平成17年版 …… 121
日本分県地図地名総覧 2006年版 新版 平成の大合併記念版 …… 121
日本有用樹木誌 …… 228
日本歴史地名事典 …… 250
日本歴史地名事典 コンパクト版 …… 250
日本「歴史地名」総覧 …… 250
日本歴史地名大系 第1巻 …… 91
日本歴史地名大系 第2巻 …… 92
日本歴史地名大系 第3巻 …… 92
日本歴史地名大系 第4巻 …… 92
日本歴史地名大系 第5巻 …… 92
日本歴史地名大系 第6巻 …… 92
日本歴史地名大系 第7巻 …… 92
日本歴史地名大系 第8巻 …… 92
日本歴史地名大系 第9巻 …… 92
日本歴史地名大系 第10巻 …… 92
日本歴史地名大系 第11巻 …… 92
日本歴史地名大系 第12巻 …… 92
日本歴史地名大系 第13巻 …… 92
日本歴史地名大系 第14巻 …… 93
日本歴史地名大系 第15巻 …… 93
日本歴史地名大系 第16巻 …… 93
日本歴史地名大系 第17巻 …… 93
日本歴史地名大系 第18巻 …… 93
日本歴史地名大系 第19巻 …… 93
日本歴史地名大系 第20巻 …… 93
日本歴史地名大系 第21巻 …… 93
日本歴史地名大系 第22巻 …… 93
日本歴史地名大系 第23巻 …… 93

日本歴史地名大系 第24巻 ……………… 93
日本歴史地名大系 第25巻 ……………… 93
日本歴史地名大系 第26巻 ……………… 94
日本歴史地名大系 第27巻 ……………… 94
日本歴史地名大系 第28巻 ……………… 94
日本歴史地名大系 第29巻 ……………… 94
日本歴史地名大系 第30巻 ……………… 94
日本歴史地名大系 第31巻 ……………… 94
日本歴史地名大系 第32巻 …………… 94, 95
日本歴史地名大系 第33巻 ……………… 95
日本歴史地名大系 第34巻 ……………… 95
日本歴史地名大系 第35巻 ……………… 95
日本歴史地名大系 第36巻 ……………… 95
日本歴史地名大系 第37巻 ……………… 95
日本歴史地名大系 第38巻 ……………… 95
日本歴史地名大系 第39巻 ……………… 95
日本歴史地名大系 第40巻 ……………… 95
日本歴史地名大系 第41巻 ……………… 95
日本歴史地名大系 第42巻 ……………… 95
日本歴史地名大系 第43巻 ……………… 95
日本歴史地名大系 第44巻 ……………… 96
日本歴史地名大系 第45巻 ……………… 96
日本歴史地名大系 第46巻 ……………… 96
日本歴史地名大系 第47巻 ……………… 96
日本歴史地名大系 第48巻 ……………… 96
日本歴史地名大系 第49巻 ……………… 96
日本歴史地名大系 第50巻 ……………… 96
日本歴史地理用語辞典 ………………… 96
日本列島重力アトラス ………………… 215
日本列島大地図館 ……………………… 122
日本列島大地図館 新訂版 ……………… 122
日本列島データマップ 2006年版 ……… 262
日本列島二万五千分の一地図集成 1 …… 122
日本列島二万五千分の一地図集成 2 …… 122
日本列島二万五千分の一地図集成 3 …… 122
日本列島二万五千分の一地図集成 4 …… 122
日本列島二万五千分の一地図集成 5 …… 122
日本列島二万五千分の一地図集成 総合索引 ……………………………… 122
ニュージーランド百科事典 …………… 88
ニュースがわかる 最新世界国名事典 …… 24
ニュースによく出る世界の国名・地名 …… 27
Newtonアトラス 日本列島 改訂新版 …… 107
ニュートン ワールドアトラス 改訂版 …… 58
ニューヨーク都市地図集成 …………… 87
年代で見る日本の地質と地形 ………… 215

【は】

薄片でよくわかる岩石図鑑 …………… 219
幕末以降 市町村名変遷系統図総覧 1 …… 258
幕末以降 市町村名変遷系統図総覧 1 改訂版 ……………………………… 258
幕末以降 市町村名変遷系統図総覧 2 …… 258
幕末以降 市町村名変遷系統図総覧 2 改訂版 ……………………………… 258
幕末以降 市町村名変遷系統図総覧 別巻 ………………………………… 258
はっきり大文字世界地図 2004年版 …… 58
発展途上地域地図目録 第1巻 ………… 12
発展途上地域地図目録 第2巻 ………… 12
発展途上地域地図目録 第3巻 ………… 12
発展途上地域地図目録 第4巻 ………… 12
花と葉で見わける「山歩き」の草花図鑑 ………………………………… 225
パノラマ鳥瞰地図帳 ………………… 255
早わかり世界の国ぐに ……………… 27
早わかり世界の国ぐに 新版 ………… 27
パリ都市地図集成 …………………… 85
春! 夏! 秋! 冬! 里山の生きものがよ〜くわかる図鑑 ……………………… 225
万国地誌略字引 ……………………… 1
微隕石探索図鑑 ……………………… 222
干潟生物観察図鑑 …………………… 234
PC-9801版 データベース・日本の地名 … 16
ビジュアル世界大地図 ……………… 2
ビジュアル大事典 世界の国々 ……… 24
ビジュアル探検図鑑 日本列島 ……… 216
ビジュアル地球大図鑑 ……………… 132
ビジュアル データ・アトラス '95-'96 … 237
ビジュアルデータブック 日本の地理 …… 102
ビジュアル博物館 2 ………………… 219
ビジュアル博物館 16 ………………… 71
ビジュアル博物館 31 ………………… 18
ビジュアル博物館 51 ………………… 212
ビジュアル版 自然の楽園 …………… 155
ビジュアル版 世界の探検大百科 …… 17
ビジュアル・ワイド世界遺産 ……… 173
ビジュアル ワールド・アトラス …… 58
美少女キャラでよくわかる! 世界の国々 ………………………………………… 1
必携 鉱物鑑定図鑑 ………………… 222
必携 コンパクト地図帳 2004-2005 …… 59
必携 コンパクト地図帳 2005-2006 …… 59

必携 コンパクト地図帳 2006-2007 …… 59
必携 コンパクト地図帳 2007-2008 …… 59
秘島図鑑 …… 127
ひと目でわかる地球環境データブック … 147
一目でわかる平成の大合併地図 …… 260
ひとりで探せる 川原や海辺のきれいな石の図鑑 …… 222
ひとりで探せる川原や海辺のきれいな石の図鑑 2 …… 219
ヒマラヤ名峰事典 …… 74
標準高等社会科地図 五訂版 …… 59
標準高等社会科地図 六訂版 …… 59
標準高等社会科地図 七訂版 …… 59
標準高等地図 最新版 …… 59
標準高等地図 新訂版 …… 60
標準高等地図 初訂版 …… 60
標準高等地図 平成21年初訂版 …… 60
標準高等地図 平成22年初訂版 …… 60
標準高等地図 初訂版 …… 60
標準高等地図 …… 61
標準世界史地図 増補第43版 …… 248
標準世界史地図 増補第44版 …… 248
標準世界史地図 増補第45版 …… 248
標準世界史地図 増補第46版 …… 248
標準世界史地図 増補第47版 …… 248
ビルマ地名要覧 全 …… 74
フィリピンの事典 …… 74
フィールド版 鉱物図鑑 …… 222
フィールド版 続鉱物図鑑 …… 222
風景の事典 …… 10
不思議で美しい石の図鑑 …… 222
復刻版地図帳 昭和9年版 …… 61
復刻版地図帳 中学校社会科地図 昭和48年版 …… 61
復刻版地図帳 中学校社会科地図帳 昭和25年版 …… 61
物理探査用語辞典 新版 …… 212
風土記探訪事典 …… 255
ブラウの世界地図 …… 61
ブラウンとホーヘンベルフのヨーロッパ都市地図 …… 85
ブラジル雑学事典 …… 86
ブラッドショー初期英国鉄道地図復刻選 …… 265
フランス文化事典 …… 82
ブルーアトラス　世界地図 増補新訂版 …… 61
ブルーアトラス　世界地図 増補新訂第3版 …… 61
ブルーアトラス　世界地図・日本地図 …… 62
ふるさと日本 秋田県 …… 256
ふるさと日本 和歌山 …… 256
ふるさとホームページ図鑑 …… 107
プレミアムアトラス 県別日本地図帳 …… 122
プレミアムアトラス 世界地図帳 …… 62
プレミアムアトラス 世界地図帳 新版 …… 62
プレミアムアトラス 世界地図帳 新訂第3版 …… 62
プレミアムアトラス 日本地図帳 …… 122
プレミアムアトラス 日本地図帳 新版 … 122
プレミアムアトラス 日本地図帳 新訂第3版 …… 123
平成大合併がわかる日本地図 …… 260
平成大合併 日本新地図 …… 260
平成の市町村大合併 …… 258
平成の大合併 県別市町村名事典 …… 256
平凡社 アトラス世界地図帳 …… 62
平凡社 アトラス日本地図帳 …… 123
平凡社大百科事典 …… 62, 123
平凡社版 世界地図帳 …… 62
平凡社版 世界地図帳 2版 …… 62
平凡社版 世界地図帳 第2版 …… 62
平凡社版 世界地図帳 3訂版 …… 62
平凡社版 世界地図帳 4訂版 …… 62
平凡社版 日本地図帳 …… 123
平凡社版 日本地図帳 第2版 …… 123
平凡社版 日本地図帳 第3版 …… 123
平凡社版 日本地図帳 4訂版 …… 123
平凡社版 ポケット世界地図帳 …… 62
ベーシックアトラス 世界地図帳 …… 63
ベーシックアトラス 世界地図帳 新版 …… 63
ベーシックアトラス 中国地図帳 …… 79
ベーシックアトラス 中国地図帳 新版 …… 79
ベーシックアトラス 日本地図帳 …… 123
ベーシックアトラス 日本地図帳 新版 … 123
ベトナムの事典 …… 74
ベルテルスマン 世界地図帳 …… 63
ベルテルスマン 世界地図帳 普及版 …… 63
方位読み解き事典 …… 96
宝石と鉱物の大図鑑 …… 219
北欧文化事典 …… 82
ポケットアトラス 世界 4訂版 …… 63
ポケットアトラス 世界 5訂版 …… 63
ポケットアトラス 世界 6訂版 …… 63
ポケットアトラス 世界 7訂版 …… 63
ポケットアトラス 世界 8訂版 …… 63
ポケットアトラス 世界 8訂 新地名版 …… 63
ポケットアトラス 世界 9訂版 …… 63
ポケットアトラス 世界地図帳 …… 63

ポケットアトラス 世界地図帳 新訂 …… 63
ポケットアトラス 日本 4訂版 …… 123
ポケットアトラス 日本 6訂版 …… 123
ポケットアトラス 日本 7訂版 …… 123
ポケットアトラス 日本 8訂版 …… 123
ポケットアトラス 日本 9訂版 …… 123
ポケットアトラス 日本地図帳 …… 124
ポケットアトラス 日本地図帳 新訂 …… 124
ポケット版 世界の国旗 …… 72
誇れる郷土ガイド 口承・無形遺産編 …… 102
誇れる郷土ガイド 自然公園法と文化財保護法 …… 154
誇れる郷土ガイド 市町村合併編 …… 259
誇れる郷土ガイド 全国の世界遺産登録運動の動き …… 185
誇れる郷土ガイド 全国47都道府県の観光データ編 …… 102
誇れる郷土ガイド 全国47都道府県の観光データ編 2010改訂版 …… 102
誇れる郷土ガイド 全国47都道府県の国際交流・協力編 …… 102
誇れる郷土ガイド 全国47都道府県の誇れる景観編 …… 102
誇れる郷土ガイド 西日本編 …… 103
誇れる郷土ガイド 日本の国立公園編 …… 155
誇れる郷土ガイド 日本の伝統的建造物群保存地区編 …… 251
誇れる郷土ガイド 日本の歴史的な町並み編 …… 251
誇れる郷土ガイド 東日本編 …… 103
誇れる郷土ガイド 北海道・東北編 …… 103
誇れる郷土データ・ブック 1996-97年版 …… 103
誇れる郷土データ・ブック 2004改訂版 …… 103
誇れる郷土データ・ブック 2009改訂版 …… 103
誇れる郷土データ・ブック 2012年版 …… 104
誇れる郷土データ・ブック 2015年版 …… 104
誇れる郷土データ・ブック 2017年版 …… 104

【ま】

マグロウヒル現代地球科学辞典 英英 第2版 …… 130
マグロウヒル現代地質学・鉱物学辞典 英英 第2版 …… 212
Mapデザインのための Illustrator実践ガイドブック …… 139
MapFan 2オフィシャル・ハンドブック …… 139
満鉄大連図書館蔵書目録 第6巻 …… 128
満鉄大連図書館蔵書目録 第7巻 …… 128
水・河川・湖沼関係文献集 …… 193
水資源便覧 '96 …… 189
水循環白書 平成28年版 …… 193
水循環白書 平成29年版 …… 204
水の百科事典 …… 188
水ハンドブック …… 189
緑の国勢調査 1993 …… 154
南アジアを知る事典 …… 75
南アジアを知る事典 新訂増補版 …… 75
南アジアを知る事典 新版 …… 75
宮沢賢治地学用語辞典 …… 130
苗字と地名の由来事典 …… 97
民俗地名語彙事典 …… 250
明治期外国人名辞典 第6巻 …… 24
明治前期内務省地理局作成地図集成 第1巻 …… 260
明治前期内務省地理局作成地図集成 第2巻 …… 260
明治・大正・昭和 絵葉書地図コレクション …… 259
明治中期分県地図 …… 260
目で見る世界の動き 1 …… 149
蒙古地名辞典 …… 75
もっと知りたい日本と世界のすがた …… 104
物語古代ギリシア・ローマ人物地名事典 …… 82
森の動物図鑑 …… 234

【や】

山 …… 211
山を楽しむ山名辞典 …… 210
雪と氷の事典 …… 189
雪と氷の図鑑 …… 190
ユネスコ世界遺産 2 …… 173
ユネスコ世界遺産 4 …… 173
ユネスコ世界遺産 5 …… 173
ユネスコ世界遺産 6 …… 174
ユネスコ世界遺産 7 …… 174
ユネスコ世界遺産 9 …… 174
ユネスコ世界遺産 12 …… 174
ユネスコ世界遺産年報 1997 - 1998 …… 177
ユネスコ世界遺産年報 2000 …… 177
ユネスコ世界遺産年報 2001 …… 177
ユネスコ世界遺産年報 2002 …… 177

ユネスコ世界遺産年報 2003 …… 177
ユネスコ世界遺産年報 2004 No.9 …… 177
よくわかる地図記号 1 …… 135
よくわかる地図記号 2 …… 135
よくわかる地図記号 3 …… 135
読む事典 フランス …… 82
ヨーロッパ社会統計地図 …… 83
47都道府県・公園／庭園百科 …… 234
47都道府県・地名由来百科 …… 104
47都道府県なるほどデータブック 上 …… 104
47都道府県なるほどデータブック 下 …… 105
46億年の地球史図鑑 …… 132
読んで見て楽しむ世界地図帳 増補改訂版 …… 2
読んで見て楽しむ都道府県地図帳 …… 124

【ら】

ライン・ドナウ流域都市地図集成 上巻 … 85
ライン・ドナウ流域都市地図集成 下巻 … 85
ラテンアメリカを知る事典 新版 …… 86
ラテン・アメリカを知る事典 新訂増補版 …… 86
ラテン・アメリカ事典 1996年版 …… 86
ラルース世界歴史地図 …… 248
ラルース地図で見る国際関係 新版 …… 236
理科年表 環境編 第2版 …… 147
「理科」の地図帳 …… 131
陸水の事典 …… 190
歴史地理調査ハンドブック …… 243
レッドアトラス …… 124
レッドアトラス 増補新訂版 …… 124
露・英・和森林辞典 …… 228
65億人の地球環境 改訂版 …… 148
ロシアを知る事典 新版 …… 82
ロシア歴史地図 …… 85
ロンドン地名由来事典 …… 82
ロンドン歴史地名辞典 …… 83

【わ】

ワイドアトラス 世界地図帳 …… 63
ワイドアトラス 世界地図帳 新訂 …… 64
ワイドアトラス 日本地図帳 …… 124
ワイドアトラス 日本地図帳 新訂 …… 124
和英・英和 国際総合環境用語集 …… 144
ワールドアトラス …… 2
ワールド・イミダス …… 27
ワールドウォッチ研究所 地球環境データブック 2002 - 03 …… 151
ワールドウォッチ研究所 地球環境データブック 2003-04 …… 152

著編者名索引

【あ】

愛甲 哲也
自然保護と利用のアンケート調査 …… 152
アイティティ
Google Maps API v2活用リファレンス …… 137
アイドマスタジオ
なるほど知図帳 日本の山 …… 211
アイランズ
図説 鉄道パノラマ地図 …… 264
青木 栄一
鉄道の地理学 …… 264
青木 賢人
日本の地形レッドデータブック 第1集 …… 209
日本の地形レッドデータブック 第1集 新装版 …… 209
日本の地形レッドデータブック 第2集 …… 209
青木 正博
岩石と宝石の大図鑑 …… 218
岩石薄片図鑑 …… 218
検索入門鉱物・岩石 …… 220
鉱物図鑑 …… 221
鉱物分類図鑑 …… 221
地形がわかるフィールド図鑑 …… 210
地層の見方がわかるフィールド図鑑 …… 216
地層の見方がわかるフィールド図鑑 増補改訂版 …… 217
地層の見方がわかるフィールド図鑑 増補版 …… 216
青柳 正規
ビジュアル・ワイド世界遺産 …… 173
青山 邦彦
イラストと地図からみつける! 日本の産業・自然 第1巻 …… 262
イラストと地図からみつける! 日本の産業・自然 第2巻 …… 263
イラストと地図からみつける! 日本の産業・自然 第3巻 …… 263
イラストと地図からみつける! 日本の産業・自然 第4巻 …… 263
イラストと地図からみつける! 日本の産業・自然 第5巻 …… 263
阿岸 祐幸
温泉の百科事典 …… 208
秋月 望
韓国百科 …… 76
韓国百科 第2版 …… 76
秋庭 隆
日本列島大地図館 新訂版 …… 122
秋元 肇
図説地球環境の事典 …… 142
秋山 元秀
世界地名大事典 1 …… 13
世界地名大事典 2 …… 13
浅井 健爾
駅名・地名不一致の事典 …… 264
日本全国合成地名の事典 …… 90
日本地理がわかる事典 …… 91
日本地理の雑学事典 …… 91
日本の地名 …… 91
浅井 建爾
日本の地名がわかる事典 …… 91
日本の地名雑学事典 …… 91
平成の大合併 県別市町村名事典 …… 256
浅井 辰郎
地図で知るヨーロッパ …… 85
浅香 幸雄
新日本分県地図 平成9年度新版 …… 110
新日本分県地図 平成10年度新版 …… 110
新日本分県地図 平成11年度新版 …… 110
新日本分県地図 平成12年度新版(2000年記念版) …… 110
新日本分県地図 平成13年度新版(2001年記念版) …… 110
新日本分県地図 平成14年度新版(2002年版) …… 110
新日本分県地図 平成15年度版(2003年版) …… 110
新日本分県地図 平成16年度版(2004年版) …… 110
日本地図 …… 118
浅川 俊夫
最新世界地図 4訂版 …… 38
最新世界地図 5訂版 …… 38
最新世界地図 6訂版 …… 38
最新世界地図 7訂版 …… 38
浅野 敏久
図説大百科 世界の地理 19 普及版 …… 23
朝日新聞社
国際関係がわかる世界地図 …… 34

知恵蔵なっとく世界地図 '05-'06 …… 262
平成大合併がわかる日本地図 …… 260

朝比奈 誼
事典 現代のフランス 増補版 …… 81

アジア経済研究所
発展途上地域地図目録 第3巻 …… 12
発展途上地域地図目録 第4巻 …… 12

芦刈 孝
最新 地理小辞典 3訂版 …… 8
最新 地理小辞典 改訂版 …… 8

東 廉
図説大百科 世界の地理 12 …… 20
図説大百科 世界の地理 12 普及版 …… 22

アーダー, ジョン
図説 世界文化地理大百科　フランス 普及版 …… 243

安達 正
物語古代ギリシア・ローマ人物地名事典 …… 82

アッシャー, キャロル
樹木 …… 226

アフロ
絶対に行きたい! 世界遺産120 …… 173

阿部 一
図説大百科 世界の地理 1 …… 19
図説大百科 世界の地理 1 普及版 …… 21

安部 久
日本有用樹木誌 …… 228

天野 一男
テーマで読み解く海の百科事典 …… 204

雨水貯留浸透技術協会
雨水利用ハンドブック …… 188

アメリカ合衆国議会図書館
地図の歴史 …… 136

アーモンド, マーク
タイムズ・アトラス ヨーロッパ歴史地図 …… 85
タイムズ・アトラス ヨーロッパ歴史地図 第2版 …… 85

新井 正
日本の地誌 1 …… 100

新井 朋子
川の地理図鑑 6 …… 198

荒井 良雄
図説大百科 世界の地理 22 …… 21
図説大百科 世界の地理 22 普及版 …… 24

あらき みほ
細密画で楽しむ里山の草花100 …… 225

荒 このみ
アメリカを知る事典 新版 …… 85
大陸別世界歴史地図 3 …… 246

アラビー, マイケル
オックスフォード地球科学辞典 …… 129
ビジュアル地球大図鑑 …… 132

荒牧 重雄
火山の事典 …… 207
火山の事典 第2版 …… 207

荒俣 宏
ビジュアル版 世界の探検大百科 …… 17

アーリ, エドウィン
大陸別世界歴史地図 4 …… 246

蟻川 明男
コンパクト世界地名語源辞典 …… 13
世界遺産地名語源辞典 …… 159
世界地名語源辞典 三訂版 …… 16
世界地名語源辞典 新版 …… 16
世界地名歴史事典 …… 15

蟻川 芳子
水の百科事典 …… 188

有薗 正一郎
歴史地理調査ハンドブック …… 243

有馬 学
日本歴史地名大系 第41巻 …… 95

有山 輝雄
明治中期分県地図 …… 260

アール, レベッカ
大陸別世界歴史地図 4 …… 246

安藤 博
四季の山野草観察カタログ …… 225

アンバック, ロマン
地図で見る バルカン半島ハンドブック …… 83

飯泉 健司
風土記探訪事典 …… 255

飯坂 譲二
合成開口レーダ画像ハンドブック …… 145

猪木 幸男
日本地質図大系 1 …… 214
日本地質図大系 7 …… 215

井口 悦男
昭和のはじめ タイムトリップ地図帖 …… 259

李 瑾明
中国歴史地図 ………… 79
池上 岑夫
スペイン・ポルトガルを知る事典 新訂増補版 ………… 81
池座 剛
国際水紛争事典 ………… 188
池田 智
アメリカ歴史地図 ………… 87
池田 晶一
地図の読み方事典 ………… 132
池田 末則
近代地名研究資料集 第2巻 ………… 97
近代地名研究資料集 第3巻 ………… 97
日本山岳ルーツ大辞典 ………… 210
池田 安隆
第四紀逆断層アトラス ………… 216
猪郷 久義
地学英和用語辞典 ………… 130
地図からわかる日本 ………… 105
ビジュアル探検図鑑 日本列島 ………… 216
石井 克弥
地図の世界史大図鑑 ………… 136
石井 晴一
事典 現代のフランス 増補版 ………… 81
石井 寿
日本被害地震総覧 599‐2012 ………… 206
石井 英也
人文地理学辞典 ………… 236
人文地理学辞典 普及版 ………… 236
日本の地誌 4 ………… 101
日本の地誌 6 ………… 101
石井 光造
三省堂 日本山名事典 ………… 210
三省堂 日本山名事典 改訂版 ………… 210
山を楽しむ山名辞典 ………… 210
石井 米雄
タイの事典 ………… 73
東南アジアを知る事典 新訂増補 ………… 74
東南アジアを知る事典 新版 ………… 74
ベトナムの事典 ………… 74
石垣 憲一
地図の世界史大図鑑 ………… 136
石川 栄吉
オセアニアを知る事典 新訂増補版 ………… 87
オセアニアを知る事典 新版 ………… 87
石川 寛
図説 世界文化地理大百科　インド ………… 240
図説 世界文化地理大百科　インド 普及版 ………… 240
石川 敏男
5ヵ国語世界地名・人名表記辞典 ………… 16
石川 義孝
日本の地誌 8 ………… 101
石黒 三郎
図説 鉄道パノラマ地図 ………… 264
李 俊甲
中国歴史地図 ………… 79
磯野 直秀
日本博物誌総合年表 ………… 223
日本博物誌年表 ………… 223
礒部 浩平
ディジタルマッピング ………… 138
板垣 雄三
事典 イスラームの都市性 ………… 261
新イスラム事典 ………… 261
図説 世界文化地理大百科　イスラム世界 普及版 ………… 240
図説 世界文化地理大百科　ジューイッシュ・ワールド 普及版 ………… 241
伊谷 純一郎
アフリカを知る事典 新訂増補版 ………… 79
アフリカを知る事典 新版 ………… 79
井田 喜明
火山の事典 ………… 207
火山の事典 第2版 ………… 207
井田 仁康
ビジュアルデータブック 日本の地理 ………… 102
市川 健夫
角川日本地名大辞典 別巻 1 ………… 97
諸国名物地図 ………… 99
市川 正巳
地名・地理辞典 改訂新版 ………… 10
出田 興生
海洋 ………… 205
伊藤 亜人
朝鮮を知る事典 新訂増補版 ………… 74
朝鮮を知る事典 増補版 ………… 74
伊東 隆夫
日本有用樹木誌 ………… 228
伊東 孝之
東欧を知る事典 新訂増補版 ………… 81
東欧を知る事典 新版 ………… 82

伊藤 伸子
岩石と鉱物 …… 218
地球図鑑 …… 149
伊藤 正直
世界地図で読む環境破壊と再生 …… 146
いとう みつる
鉱物キャラクター図鑑 …… 220
伊東 裕起
古今対照 日本歴史地名字引 …… 250
稲畑 耕一郎
陳舜臣中国ライブラリー 別巻 …… 79
稲村 哲也
山 …… 211
犬井 正
地図で知るヨーロッパ …… 85
井上 健語
地図や案内図のつくり方 …… 135
井上謙治
アメリカ地名辞典 …… 86
井上 健
ジョン・タリスの世界地図 …… 40
井上 真
森林の百科 …… 227
森林の百科 普及版 …… 227
伊能 忠敬
伊能図集成 …… 136
伊能大図総覧 …… 137
伊能忠敬研究会
伊能図 …… 136
稲生 永
事典 現代のフランス 増補版 …… 81
猪口 孝
ヨーロッパ社会統計地図 …… 83
ラルース地図で見る国際関係 新版 …… 236
井原 縁
47都道府県・公園／庭園百科 …… 234
今泉 忠明
地図からわかる日本 …… 105
今井 登
地質学ハンドブック …… 213
地質学ハンドブック 普及版 …… 213
今井 林太郎
日本歴史地名大系 第29巻 …… 94
今尾 恵介
地図を楽しむ …… 132
今村 隆正
日本被害地震総覧 599‐2012 …… 206
今村 文彦
津波の事典 縮刷版 …… 206
イミダス編集部
一目でわかる平成の大合併地図 …… 260
ワールド・イミダス …… 27
弥永 康夫
事典 現代のフランス 増補版 …… 81
イルドス，アンジェラ・S.
ビジュアル版 自然の楽園 …… 155
岩田 孝三
最新基本地図 2001 25訂版 …… 36
最新基本地図 2002 26訂版 …… 36
岩田 修二
自然地理学事典 …… 129
日本の地誌 1 …… 100
日本の地誌 6 …… 101
岩槻 秀明
春! 夏! 秋! 冬! 里山の生きものがよ～くわかる図鑑 …… 225
岩渕 義郎
海の百科事典 …… 204
岩本 真理子
地球大図鑑 …… 131
インサイダー
情報世界地図 1996 …… 40
インデックス
地球環境年表 2003 …… 147
ヴァーガ，ヴィンセント
地図の歴史 …… 136
ヴィダル‐ナケ，ピエール
三省堂 世界歴史地図 …… 244
ヴィネン，リチャード
タイムズ・アトラス ヨーロッパ歴史地図 第2版 …… 85
ウィリアムズ，キャロライン
大陸別世界歴史地図 4 …… 246
ウィルソン，コリン
世界遺跡地図 …… 249
ヴィンセント，メアリ
図説 世界文化地理大百科　スペイン・ポルトガル 普及版 …… 242
ヴィンセント，メアリー
図説 世界文化地理大百科　スペイン・ポルトガル …… 242

植松 みどり
タイムズ・アトラス 世界探検歴史地図 …… 19
植松 靖夫
世界歴史地名大事典 第1巻 …… 15
世界歴史地名大事典 第2巻 …… 15
世界歴史地名大事典 第3巻 …… 15
植村 善博
図説 ニュージーランド・アメリカ比較地誌 …… 88
ウォーターロー，ジュリア
川の地理図鑑 2 …… 197
川の地理図鑑 3 …… 198
川の地理図鑑 5 …… 198
浮田 典良
最新地理学用語辞典 …… 8
最新地理学用語辞典 改訂版 …… 8
日本地名大百科 …… 90
日本地名百科事典 コンパクト版 …… 90
宇佐美 竜夫
日本被害地震総覧 599‐2012 …… 206
宇佐美 龍夫
日本被害地震総覧 416-2001 最新版 …… 206
牛島 信明
スペイン・ポルトガルを知る事典 新訂増補版 …… 81
ウータン編集部
地球環境大事典 〔特装版〕 …… 144
内田 忠賢
風景の事典 …… 10
内山 りゅう
田んぼの生き物図鑑 …… 224
田んぼの生き物図鑑 増補改訂新版 …… 224
宇津 徳治
地震の事典 第2版 …… 205
地震の事典 第2版 普及版 …… 205
ウッド，スティーブン
地面の下をのぞいてみれば… …… 131
ウッドワード，ジョン
海洋 …… 205
地球図鑑 …… 149
宇野 俊一
角川日本地名大辞典 別巻 1 …… 97
梅棹 忠夫
常用世界地図帳 新装版 …… 40
常用日本地図帳 新装版 …… 109
世界大地図帳 五訂版 …… 46
世界大地図帳 四訂版 …… 46
世界大地図帳 七訂版 …… 46
世界大地図 6訂特別版 …… 45
日本大地図帳 10訂版 …… 118
日本大地図帳 5訂版 …… 118
日本大地図帳 6訂特別版 …… 118
日本大地図帳 6訂版 …… 118
日本大地図帳 7訂版 …… 118
日本大地図帳 9訂版 …… 118
梅津 尚志
図説 世界文化地理大百科 中世のヨーロッパ 普及版 …… 242
梅田 厚
日本 二ヵ国語アトラス …… 119
梅村 坦
中央ユーラシアを知る事典 …… 73
宇山 智彦
中央ユーラシアを知る事典 …… 73
浦西 和彦
温泉文学事典 …… 208
浦本 洋市
ディジタルマッピング …… 138
海野 一隆
地図に見る日本 …… 105
英国王立地理学協会
ビジュアル版 世界の探検大百科 …… 17
エヴァンズ，ギリアン・R.
図説 世界文化地理大百科 キリスト教史 普及版 …… 241
江川 善則
改訂 日本砂浜紀行 …… 212
日本砂浜紀行 …… 212
エコフォーラム21世紀
地球白書 2001-02 …… 151
地球白書 2002‐03 …… 151
地球白書 2003-04 …… 151
地球白書 2004-05 …… 151
江島 恵教
南アジアを知る事典 新訂増補版 …… 75
南アジアを知る事典 新版 …… 75
枝広 淳子
地球環境図鑑 …… 148
NHK情報ネットワーク
NHK ふるさとデータブック 1 …… 98
NHK ふるさとデータブック 2 …… 98
NHK ふるさとデータブック 3 …… 98

NHK ふるさとデータブック 4 ………… 99
NHK ふるさとデータブック 5 ………… 99
NHK ふるさとデータブック 6 ………… 99
NHK ふるさとデータブック 7 ………… 99
NHK ふるさとデータブック 8 ………… 99
NHK ふるさとデータブック 9 ………… 99
NHK ふるさとデータブック 10 ……… 99
NHK放送文化研究所
NHK気象・災害ハンドブック ……… 186
榎本 康司
最新世界地図 5訂版 ………………… 38
最新世界地図 6訂版 ………………… 38
最新世界地図 7訂版 ………………… 38
FAO協会
世界森林白書 2002年 ……………… 233
江本 多栄子
地球を救う事典 …………………… 144
エリアインテリジェントシステムズ
県別・都市別ビジネス情報ハンドブック ………………………………… 99
エルヴィン，マーク
図説 世界文化地理大百科 中国 普及版 ………………………………… 242
円城寺 守
自分で探せる美しい石 図鑑&採集ガイド ………………………………… 218
遠藤 幸子
図説大百科 世界の地理 18 ………… 21
図説大百科 世界の地理 18 普及版 …… 23
遠藤 匡俊
歴史地理調査ハンドブック ………… 243
遠藤 祐二
石の俗称辞典 ……………………… 217
地質学ハンドブック ……………… 213
地質学ハンドブック 普及版 ……… 213
及川 敬貴
生物多様性というロジック ………… 148
王 衛東
新疆世界文化遺産図鑑 ……………… 182
応地 利明
南アジアを知る事典 新訂増補版 …… 75
旺文社
地理・地名事典 ……………………… 10
大石 高志
図説 世界文化地理大百科 インド …… 240
図説 世界文化地理大百科 インド 普及版 ………………………………… 240
大泉書店編集部
世界の国旗国歌 ……………………… 67
大木 毅
タイムズ・アトラス 第二次世界大戦歴史地図 ………………………… 250
大木 達哉
地球を救う事典 …………………… 144
大久保 雅弘
地学ハンドブック 新訂版，〔新装版〕‥ 130
地学ハンドブック 第6版 …………… 130
大蔵省印刷局
日本の100選データ・ブック ……… 101
大島 敏史
風土記探訪事典 …………………… 255
大島 規江
世界の地図の歴史図鑑 ……………… 135
太田 佐絵子
地図で見る アラブ世界ハンドブック … 80
地図で見る 中国ハンドブック ………… 77
地図で見る バルカン半島ハンドブック ………………………………… 83
地図で見る ラテンアメリカハンドブック ………………………………… 87
地図で見る ロシアハンドブック ……… 83
太田 誠一
世界の土壌資源 …………………… 216
太田 孝
幕末以降 市町村名変遷系統図総覧 1 ‥ 258
幕末以降 市町村名変遷系統図総覧 1 改訂版 ……………………………… 258
幕末以降 市町村名変遷系統図総覧 2 ‥ 258
幕末以降 市町村名変遷系統図総覧 2 改訂版 ……………………………… 258
幕末以降 市町村名変遷系統図総覧 別巻 ………………………………… 258
太田 猛彦
森林の百科事典 …………………… 227
太田 直也
地図の歴史 ………………………… 136
太田 弘
ニューヨーク都市地図集成 ………… 87
太田 美智子
地図の歴史 ………………………… 136
大塚 和夫
岩波イスラーム辞典 ……………… 261
大塚 宏子
ラルース地図で見る国際関係 新版 … 236

大槻 敦子
世界伝説歴史地図 …… 249
大坪 奈保美
川の地理図鑑 2 …… 197
大西 英文
オルテリウス『世界地図帳』1595年刊本 …… 28
大貫 良夫
ラテンアメリカを知る事典 新版 …… 86
ラテン・アメリカを知る事典 新訂増補版 …… 86
大村 益夫
朝鮮を知る事典 新訂増補版 …… 74
大森 八四郎
最新 地形図の本 …… 133
小笠原 景子
地球大図鑑 …… 131
岡田 俊裕
日本地理学人物事典 近世編 …… 10
日本地理学人物事典 近代編 1 …… 10
日本地理学人物事典 近代編 2 …… 10
日本地理学人物事典 現代編 1 …… 11
日本地理学人物事典 現代編 2 …… 11
岡田 泰男
アメリカを知る事典 新版 …… 85
岡田 義光
自然災害の事典 …… 235
岡光 信子
インドを知る事典 …… 72
岡本 さゆり
川の地理図鑑 7 …… 198
岡本 芳美
実用水理学ハンドブック …… 188
小川 留太郎
岩石鉱物 …… 218
小川 英文
東南アジアを知る事典 新版 …… 74
荻 昌弘
読む事典 フランス …… 82
奥田 重俊
日本植生便覧 改訂新版 …… 224
奥野 隆史
人文地理学辞典 …… 236
人文地理学辞典 普及版 …… 236
地理学関係書誌の書誌 …… 7
日本の地誌 9 …… 101
おくやま ひさし
里山図鑑 …… 223
小田 謙爾
ギリシア・ローマ歴史地図 …… 248
小田 英郎
アフリカを知る事典 新版 …… 79
落合 一泰
ラテンアメリカを知る事典 新版 …… 86
ラテン・アメリカを知る事典 新訂増補版 …… 86
越智 道雄
オセアニアを知る事典 新訂増補版 …… 87
オートデスク株式会社
Autodesk Map 3D実務ガイドブック …… 137
小野田 一幸
図説 日本古地図コレクション …… 251
図説 日本古地図コレクション 新装版 …… 251
小野寺 淳
世界の地図の歴史図鑑 …… 135
歴史地理調査ハンドブック …… 243
小野寺 幸也
図説 世界文化地理大百科　新聖書地図 普及版 …… 242
小野 有五
世界地名大事典 1 …… 13
世界地名大事典 2 …… 13
帯谷 知司
中央ユーラシアを知る事典 …… 73
オフィス宮崎
ビジュアル データ・アトラス '95-'96 …… 237
オーブンデン, マーク
世界の美しい地下鉄マップ …… 264
オーム社
環境年表 '98 - '99 …… 149
おもしろ地理学会
世界で一番おもしろい地図の読み方大事典 …… 1
オルテリウス, アブラハム
オルテリウス世界地図帳 …… 28
オルテリウス
世界地図帳 …… 46
オロッコリン, ジョン
地政学事典 …… 236

【か】

海田 能宏
事典 東南アジア …… 72
垣内 ユカ里
地球温暖化図鑑 …… 148
外務省
世界の国一覧表 2001年版 …… 65
世界の国一覧表 2002年版 …… 65
世界の国一覧表 2005年版 …… 65
世界の国一覧表 2006年版 …… 66
外務省アジア局欧亜局中近東アフリカ局
最新 アジア・オセアニア各国要覧 …… 25
外務省欧亜局
最新 ヨーロッパ各国要覧 …… 83
外務省外務報道官
世界の国一覧表 1995年版 …… 64
外務省大臣官房国内広報課
世界の国一覧表 1991年版 …… 64
世界の国一覧表 1992年版 …… 64
世界の国一覧表 1993年版 …… 64
世界の国一覧表 1994年版 …… 64
世界の国一覧表 1996年版 …… 64
世界の国一覧表 1997年版 …… 64
海洋気象台
日本の気象史料 第1巻 …… 186
日本の気象史料 第2巻 …… 186
日本の気象史料 第3巻 …… 186
カウフマン, エディ
国際水紛争事典 …… 188
加賀谷 寛
イスラーム世界事典 …… 261
鹿島 愛彦
洞窟学 4ヶ国語英日韓中用語集 …… 209
鹿島 正裕
地図で知るヨーロッパ …… 85
梶村 秀樹
朝鮮を知る事典 新訂増補版 …… 74
カスール, サムエル
大陸別世界歴史地図 5 …… 247
河川舟運制度研究会
河川舟運ハンドブック …… 194
河川法研究会
河川関係基本法令集 …… 195
河川六法 平成20年版 …… 197
河川六法 平成21年版 …… 197
河川六法 平成22年版 …… 197
河川六法 平成24年版 …… 197
河川六法 平成26年版 …… 197
河川六法 平成27年版 …… 197
河川六法 平成29年版 …… 197
片倉 もとこ
イスラーム世界事典 …… 261
学研教育出版
クリエーターのための地名ネーミング辞典 …… 13
学研辞典編集部
最新 出張に使える都道府県事典 …… 88
ニュースがわかる 最新世界国名事典 …… 24
学研・UTAN編集部
最新 エコロジーがわかる地球環境用語事典 …… 142
カッターモール, ピーター・J.
地球と惑星探査 …… 130
カッタルッツァ, アマエル
地図で見る バルカン半島ハンドブック …… 83
勝又 護
地震・火山の事典 …… 205
加藤 久美
世界遺産ガイド　オーストラリア編 …… 179
加藤 珪
ビジュアル博物館 51 …… 212
加藤 謙吉
日本古代史地名事典 …… 255
加藤 剛
インドネシアの事典 …… 72
加藤 碵一
石の俗称辞典 …… 217
石の俗称辞典 第2版 …… 217
地質学ハンドブック 普及版 …… 213
日本地質図大系 4 …… 215
宮沢賢治地学用語辞典 …… 130
加藤 碩一
地質学ハンドブック …… 213
加藤 博
世界地名大事典 3 …… 14
加藤 峰夫
日本の国立公園まるわかり事典 …… 154

加藤 めぐみ
オセアニアを知る事典 新版 …… 87
加藤 庸二
原色 日本島図鑑 …… 127
原色 日本島図鑑 改訂第2版 …… 127
島の博物事典 …… 125
日本の島 …… 127
角川日本地名大辞典編纂委員会
角川日本地名大辞典 別巻 2 …… 97
角川文化振興財団
古代地名大辞典 …… 255
門田 裕一
里山の草花ハンドブック …… 225
金井 弘夫
新日本地名索引 …… 16
新日本地名索引 別巻 …… 16
神奈川県立生命の星地球博物館
岩石・鉱物・地層 …… 216
岩石・鉱物・地層 新版 …… 216
絶景ビジュアル図鑑 …… 131
「理科」の地図帳 …… 131
鹿沼 博史
知られざる宇宙 …… 130
狩野 一憲
中・英・日 岩石鉱物名辞典 …… 217
樺山 紘一
図説 世界文化地理大百科 ルネサンス 普及版 …… 243
タイムズ・アトラス ヨーロッパ歴史地図 …… 85
タイムズ・アトラス ヨーロッパ歴史地図 第2版 …… 85
探検と冒険の歴史大図鑑 …… 18
カミング, デイビッド
川の地理図鑑 4 …… 198
川の地理図鑑 6 …… 198
川の地理図鑑 8 …… 198
亀井 俊介
アメリカを知る事典 新版 …… 85
亀井 高孝
世界史年表・地図 …… 244
世界史年表・地図 第10版 …… 245
世界史年表・地図 第11版 …… 245
世界史年表・地図 第12版 …… 245
世界史年表・地図 第13版 …… 245
世界史年表・地図 第14版 …… 245
世界史年表・地図 第15版 …… 245
世界史年表・地図 第16版 …… 245
世界史年表・地図 第17版 …… 245
世界史年表・地図 第18版 …… 245
世界史年表・地図 第19版 …… 245
世界史年表・地図 第20版 …… 246
世界史年表・地図 第21版 …… 246
世界史年表・地図 第22版 …… 246
世界史年表・地図 第23版 …… 246
世界史年表・地図 第8版 …… 244
世界史年表・地図 第9版 …… 244
標準世界史地図 増補第43版 …… 248
標準世界史地図 増補第44版 …… 248
標準世界史地図 増補第45版 …… 248
標準世界史地図 増補第46版 …… 248
標準世界史地図 増補第47版 …… 248
亀井高孝
世界史年表・地図 第7版 …… 244
亀田 竜吉
都会の生物 …… 224
亀山 章
生物多様性緑化ハンドブック …… 145
茅 陽一
環境年表 '98 - '99 …… 149
辛島 昇
南アジアを知る事典 新訂増補版 …… 75
南アジアを知る事典 新版 …… 75
雁部 貞夫
ヒマラヤ名峰事典 …… 74
苅安 望
国旗と国章図鑑 …… 67
世界「地方旗」図鑑 …… 68
世界の軍旗・翼章・国旗図鑑 …… 68
世界の国旗・国章歴史大図鑑 …… 70
世界の国旗と国章大図鑑 …… 70
世界の国旗と国章大図鑑 2訂版 …… 70
世界の国旗と国章大図鑑 3訂版 …… 70
世界の国旗と国章大図鑑 4訂版 …… 70
日本「地方旗」図鑑 …… 71
日本「地方旗」図鑑 解読編 …… 71
川嶋 理夫
世界地図帳 …… 47
川添 昭二
日本歴史地名大系 第41巻 …… 95
川田 順造
アフリカを知る事典 新版 …… 79
河内 洋佑
地学英語文例辞典 …… 130

川成 洋
写真でみる探検の歴史 …………………… 18
スペイン文化事典 ………………………… 81
地図の歴史 ………………………………… 136
川端 香男里
ロシアを知る事典 新版 ………………… 82
川村 博忠
江戸幕府撰慶長国絵図集成 …………… 252
河村 真紀子
地球大図鑑 ………………………………… 131
神吉 敬三
スペイン・ポルトガルを知る事典 新訂増補版 ……………………………… 81
環境省自然環境局国立公園課
自然公園実務必携 改訂版 ……………… 154
環境省自然環境局生物多様性センター
巨樹・巨木林フォローアップ調査報告書 ……………………………………… 233
環境省地球環境局
和英・英和 国際総合環境用語集 …… 144
環境情報普及センター
世界の資源と環境 1996‐97 ………… 146
環境庁
日本の巨樹・巨木林 甲信越・北陸版 ‥ 233
日本の巨樹・巨木林 九州・沖縄版 … 233
日本の巨樹・巨木林 中国・四国版 … 233
日本の巨樹・巨木林 全国版 ………… 233
環境庁企画調整局地球環境部
どうなる地球・どうする21世紀 ……… 151
環境庁自然保護局
自然保護年鑑 4(平成7・8年版) …… 154
緑の国勢調査 1993 …………………… 154
環境庁自然保護局国立公園課
自然公園実務必携 平成3年版 ……… 154
自然公園実務必携 平成9年版 第8次改訂版 ……………………………………… 154
環境庁水質保全局
全国公共用水域水質年鑑 1996年版 … 190
全国公共用水域水質年鑑 1997年版 … 190
全国公共用水域水質年鑑 1998年版 … 190
全国公共用水域水質年鑑 1999年版 … 190
環境庁地球環境部
京都議定書と私たちの挑戦 …………… 144
国際環境科学用語集 …………………… 142
地球環境キーワード事典 改訂版 …… 143
地球環境キーワード事典 三訂版 …… 143
環境庁長官官房総務課
最新 環境キーワード ………………… 142
地球環境キーワード事典 ……………… 143
環境庁ネイチャーウォッチング研究会
環境庁レンジャーが選んだ国立公園フィールドガイド 上 ……………………… 154
環境庁レンジャーが選んだ国立公園フィールドガイド 下 ……………………… 154
環境デザイン研究会
環境デザイン用語辞典 ………………… 142
環境文化創造研究所
地球環境データブック 2001-02 ……… 150
地球環境データブック 2005-06 ……… 150
地球白書 2003-04 ……………………… 151
ワールドウォッチ研究所 地球環境データブック 2003-04 …………………… 152
韓国教員大学歴史教育科
韓国歴史地図 …………………………… 77
神崎 宣武
絵でみる日本大地図 改訂版 ………… 108
神崎 真貴雄
世界自然遺産屋久島の自然図鑑 ……… 185
菅野 昭正
読む事典 フランス ……………………… 82
菅野 峰明
世界地名大事典 7 ……………………… 14
世界地名大事典 8 ……………………… 14
日本の地誌 2 …………………………… 100
日本の地誌 5 …………………………… 101
木内 信蔵
社会科新高等地図 ……………………… 39
キーガン, ジョン
タイムズ・アトラス 第二次世界大戦歴史地図 ……………………………… 250
菊田 太郎
経済地理学文献総覧 …………………… 236
菊間 満
露・英・和森林辞典 …………………… 228
気象庁
気候変動監視レポート ………………… 187
気候変動監視レポート 1999 ………… 187
気候変動監視レポート 2001 ………… 187
地球温暖化予測情報 第2巻 ………… 152
20世紀の日本の気候 ………………… 188
日本活火山総覧 第2版 ……………… 207
日本気候図 1990年版 ………………… 187

木田 薫
日本滝名鑑4000 …… 195
北九州国際技術協力協会KITA環境協力センター
国際環境科学用語集 …… 142
北嶋 秀明
世界と日本の激甚災害事典 …… 235
北原 進
角川日本地名大辞典 別巻 1 …… 97
北村 昌美
森林の百科事典 …… 227
ギデール, マテュー
地図で見る アラブ世界ハンドブック …… 80
城戸 一夫
ユネスコ世界遺産年報 2000 …… 177
ユネスコ世界遺産年報 2001 …… 177
木下 亀城
岩石鉱物 …… 218
木下 武司
花と葉で見わける「山歩き」の草花図鑑 …… 225
木下 良
地図でみる西日本の古代 …… 255
地図でみる東日本の古代 …… 255
木股 三善
原色新鉱物岩石検索図鑑 新版 …… 220
金 秉駿
中国歴史地図 …… 79
木村 尚三郎
読む事典 フランス …… 82
ラルース世界歴史地図 …… 248
木村 規子
地球環境カラーイラスト百科 …… 143
木村 英亮
図説大百科 世界の地理 14 …… 20
図説大百科 世界の地理 14 普及版 …… 23
世界地理大百科事典 6 …… 9
木村 汎
ロシア歴史地図 …… 85
木村 富士男
日本気候百科 …… 186
木村 正史
アメリカ地名語源辞典 …… 86
木村 正俊
スコットランド文化事典 …… 81
木村 真冬
地図からわかる日本 …… 105
キャンビー, コートランド
世界歴史地名大事典 第1巻 …… 15
世界歴史地名大事典 第2巻 …… 15
世界歴史地名大事典 第3巻 …… 15
教育出版センター
世界の国旗 …… 68
京都大学東南アジア研究センター
事典 東南アジア …… 72
桐生 尚武
地図で知るヨーロッパ …… 85
ギリンガム, ジョン
イギリス歴史地図 改訂版 …… 84
ギルバート, マーチン
アメリカ歴史地図 …… 87
ロシア歴史地図 …… 85
金七 紀男
スペイン・ポルトガルを知る事典 新訂増補版 …… 81
金田 章裕
地図でみる西日本の古代 …… 255
地図でみる東日本の古代 …… 255
日本の地誌 8 …… 101
金 炳宇
洞窟学 4ヶ国語英日韓中用語集 …… 209
日下 哉
図解 日本地形用語事典 …… 208
図解 日本地形用語事典 増訂版 …… 208
図解 日本地形用語事典 第2版 …… 208
日下 博幸
日本気候百科 …… 186
草野 仁
世界地理の恥をかかない雑学事典 …… 9
草場 安子
現代フランス情報辞典 …… 81
クストー財団
海と環境の図鑑 …… 205
楠原 佑介
消えた市町村名辞典 …… 256
市町村名変遷辞典 補訂版 …… 257
難読・異読地名辞典 …… 98
国絵図研究会
国絵図の世界 …… 251
国本 伊代
ラテンアメリカを知る事典 新版 …… 86

ラテン・アメリカを知る事典 新訂増補版 …… 86
久保 幸夫
最新世界地図 4訂版 …… 38
最新世界地図 5訂版 …… 38
最新世界地図 6訂版 …… 38
久保 純子
日本の地形・地盤デジタルマップ …… 209
久保田 昌治
水の百科事典 …… 188
熊谷 圭知
世界地名大事典 1 …… 13
世界地名大事典 2 …… 13
世界地名大事典 3 …… 14
世界地名大事典 4 …… 14
世界地名大事典 5 …… 14
世界地名大事典 6 …… 14
世界地名大事典 7 …… 14
世界地名大事典 8 …… 14
世界地名大事典 9 …… 14
熊倉 功夫
図説 世界文化地理大百科　日本 普及版 …… 242
熊崎 実
森林の百科事典 …… 227
熊野 聡
図説 世界文化地理大百科　ヴァイキングの世界 …… 240
図説 世界文化地理大百科　ヴァイキングの世界 普及版 …… 240
クラーク，クリスチャン
図説 世界文化地理大百科　オセアニア普及版 …… 241
クラーク，スチュアート・G.
地球と惑星探査 …… 130
クラーク，ヘレン
図説 世界文化地理大百科　ヴァイキングの世界 …… 240
図説 世界文化地理大百科　ヴァイキングの世界 普及版 …… 240
グラハム＝キャンベル，ジェームス
図説 世界文化地理大百科　ヴァイキングの世界 普及版 …… 240
グラハム＝キャンベル，ジェームズ
図説 世界文化地理大百科　ヴァイキングの世界 …… 240
蔵持 不三也
世界の民族・国家興亡歴史地図年表 …… 249
庫本 正
洞窟学 4ヶ国語英日韓中用語集 …… 209
倉本 宣
生物多様性緑化ハンドブック …… 145
クランプトン，ウィリアム
ビジュアル博物館 16 …… 71
栗原 尚子
図説大百科 世界の地理 4 …… 19
図説大百科 世界の地理 4 普及版 …… 21
グリビン，ジョン
地球と惑星探査 …… 130
栗山 浩一
自然保護と利用のアンケート調査 …… 152
グリーングラス，マーク
図説 世界文化地理大百科　ルネサンス普及版 …… 243
グリーン，ジェン
ワールドアトラス …… 2
クルキ，アンジャ
国際水紛争事典 …… 188
グループコロンブス
世界の国旗193 …… 70
黒田 乃生
47都道府県・公園／庭園百科 …… 234
黒輪 篤嗣
宝石と鉱物の大図鑑 …… 219
桑平 幸子
65億人の地球環境 改訂版 …… 148
慶應義塾図書館
慶應義塾図書館和漢図書分類目録 第5巻2§慶應義塾図書館所蔵江戸期地誌紀行類目録稿―含・寺社略縁起類 …… 127
ケニー，カレン・ラッチャナ
地面の下をのぞいてみれば… …… 131
建設省河川局
河川六法 平成2年版 …… 195
河川六法 平成3年版 …… 195
河川六法 平成4年版 …… 195
河川六法 平成5年版 …… 195
河川六法 平成6年版 …… 196
河川六法 平成7年版 …… 196
河川六法 平成8年版 …… 196
河川六法 平成10年版 …… 196
河川六法 平成11年版 …… 196
河川六法 平成12年版 …… 196
日本河川水質年鑑 1989 …… 202
日本河川水質年鑑 1990 …… 202

日本河川水質年鑑 1991 …… 203
日本河川水質年鑑 1992 …… 203
日本河川水質年鑑 1993 …… 203
日本河川水質年鑑 1995 …… 203
日本河川水質年鑑 1996 …… 203

建設省河川局河川環境課
河川水辺の国勢調査年鑑 平成7年度 魚介類調査、底生動物調査編 …… 199
河川水辺の国勢調査年鑑 平成7年度 植物調査編 …… 199
河川水辺の国勢調査年鑑 平成8年度 魚介類調査、底生動物調査編 …… 200
河川水辺の国勢調査年鑑 平成8年度 植物調査編 …… 200
河川水辺の国勢調査年鑑 平成9年度 魚介類調査、底生動物調査編 …… 200
河川水辺の国勢調査年鑑 平成9年度 植物調査編 …… 200
河川水辺の国勢調査年鑑 平成7年度 鳥類調査、両生類・爬虫類・哺乳類調査、陸上昆虫類等調査編 …… 200
河川水辺の国勢調査年鑑 平成8年度 鳥類調査、両生類・爬虫類・哺乳類調査、陸上昆虫類等調査編 …… 201
河川水辺の国勢調査年鑑 平成9年度 鳥類調査、両生類・爬虫類・哺乳類調査、陸上昆虫類等調査編 …… 201

建設省河川局治水課
河川水辺の国勢調査年鑑 平成4年度 河川空間利用実態調査編 …… 199
河川水辺の国勢調査年鑑 平成4年度 魚介類調査編 …… 199
河川水辺の国勢調査年鑑 平成4年度 植物調査編 …… 199
河川水辺の国勢調査年鑑 平成4年度 底生動物調査編 …… 199
河川水辺の国勢調査年鑑 平成4年度 両生類・爬虫類・哺乳類調査編 …… 199
河川水辺の国勢調査年鑑 平成2・3年度 河川空間利用実態調査編 …… 198
河川水辺の国勢調査年鑑 平成2・3年度 魚介類調査編 …… 199

建設情報社
全国総合河川大鑑 1991 …… 201
全国総合河川大鑑 1993 …… 201
全国総合河川大鑑 1994 …… 201
全国総合河川大鑑 1995 …… 201
全国総合河川大鑑 1999 …… 201
全国総合河川大鑑 2000 …… 201
全国総合河川大鑑 2001 …… 201
全国総合河川大鑑 2002 …… 202
全国総合河川大鑑 2003 …… 202
全国総合河川大鑑 2005 …… 202
全国総合河川大鑑 2006 …… 202
全国総合河川大鑑 2007 …… 202

建設大臣官房技術調査室
地質調査資料整理要領(案)解説書 改訂版 …… 213

ケント，ジェニファー
65億人の地球環境 改訂版 …… 148

剣持 久木
タイムズ・アトラス 第二次世界大戦歴史地図 …… 250

小池 一之
自然地理学事典 …… 129

小池 滋
ヴィクトリア朝ロンドン詳細地図 第1期 …… 84
英国らしさを知る事典 …… 81

小池 洋一
現代ブラジル事典 …… 86

小泉 澄夫
世界遺産ビジュアルハンドブック 7 …… 182
世界遺産ビジュアルハンドブック 8 …… 182

小泉 武栄
日本の地形レッドデータブック 第1集 …… 209
日本の地形レッドデータブック 第1集 新装版 …… 209
日本の地形レッドデータブック 第2集 …… 209

工業技術院地質調査所
日本地質アトラス 第2版 新装版 …… 214
日本地質図大系 1 …… 214
日本地質図大系 2 …… 214
日本地質図大系 3 …… 214
日本地質図大系 5 …… 215
日本地質図大系 6 …… 215
日本地質図大系 8 …… 215

纐纈 一起
地震・津波と火山の事典 …… 235

向後 紀代美
図説大百科 世界の地理 15 …… 20
図説大百科 世界の地理 15 普及版 …… 23

高阪 宏行
地理情報技術ハンドブック …… 138

講談社
世界遺産なるほど地図帳 …… 172
世界がよくわかる国旗図鑑 …… 68

河内 潔
中国都市名辞典 …… 73
河野 祥宣
世界遺産データ・ブック 1995年版 …… 168
コウ，マイケル・D.
図説 世界文化地理大百科　古代のアメリカ 普及版 …… 241
古賀 邦雄
水・河川・湖沼関係文献集 …… 193
国際食糧農業協会
世界森林白書 1997年 …… 232
世界の土壌資源 …… 216
国際政治文化研究会
世界の国旗 …… 69
国際地学協会
情報世界地図 1994 …… 40
情報世界地図 1997 …… 40
情報世界地図 1998 …… 40
総合世界／日本地図 改訂新版 …… 47
国際地学協会出版部
新日本分県地図 平成4年度新版 …… 109
国際地学協会編集部
世界地図 …… 46
国際理解教育資料情報センター
目で見る世界の動き 1 …… 149
国際連合教育科学文化機関
世界遺産百科 …… 173
国際連合食糧農業機関
世界森林白書 1997年 …… 232
世界森林白書 1999年 …… 232
黒正 巌
経済地理学文献総覧 …… 236
国土開発調査会
河川便覧 1992 …… 194
河川便覧 1996 …… 195
河川便覧 2000 …… 195
河川便覧 2004 …… 195
河川便覧 2006 …… 195
国土交通省河川局
河川六法 平成13年版 …… 196
河川六法 平成14年版 …… 196
河川六法 平成16年版 …… 196
河川六法 平成18年版 …… 197
国土交通省河川局河川環境課
河川水辺の国勢調査年鑑 平成11年度 魚介類調査、底生動物調査編 …… 198
河川水辺の国勢調査年鑑 平成11年度 植物調査編 …… 198
河川水辺の国勢調査年鑑 平成11年度 鳥類調査、両生類・爬虫類・哺乳類調査、陸上昆虫類調査編 …… 200
国土交通省大臣官房技術調査課
地質調査資料整理要領 平成14年7月改訂版 第2版 …… 213
地質調査資料整理要領案 平成15年7月改訂版 第3版 …… 213
地質・土質調査成果電子納品要領案 平成16年6月版 …… 213
国土交通省土地水資源局水資源部
日本の水資源 平成15年版 …… 192
日本の水資源 平成17年版 …… 192
日本の水資源 平成18年版 …… 192
日本の水資源 平成19年版 …… 192
日本の水資源 平成20年版 …… 193
日本の水資源 平成21年版 …… 193
日本の水資源 平成22年版 …… 193
国土交通省土地・水資源局水資源部
日本の水資源 平成13年版 …… 192
国土交通省水管理国土保全局水資源部
日本の水資源 平成23年版 …… 193
日本の水資源 平成25年版 …… 193
国土庁長官官房水資源部
日本の水資源 平成2年版 …… 190
日本の水資源 平成4年版 …… 190
日本の水資源 平成5年版 …… 190
日本の水資源 平成7年版 …… 191
日本の水資源 平成8年版 …… 191
日本の水資源 平成9年版 …… 191
日本の水資源 平成10年版 …… 191
日本の水資源 平成11年版 …… 191
日本の水資源 平成12年版 …… 192
日本の水資源 平成6年版 …… 191
水資源便覧 '96 …… 189
国土庁土地局
市町村GIS（地理情報システム）導入マニュアル …… 138
国土地理院
かんたんJPGIS …… 137
図名便覧 平成13年版 …… 133
日本国勢地図 新版 …… 117
国土緑化推進機構
総合年表日本の森と木と人の歴史 …… 226
国立環境研究所地球環境研究センター
地球温暖化の事典 …… 142
地球温暖化の事典に書けなかったこと

…… 146

国立国会図書館
雑誌記事索引 人文・社会編 累積索引版 1985～1989 シリーズG …… 7

国立国会図書館専門資料部
国立国会図書館所蔵地図目録 外国地図の部 7（平成元年3月末現在） …… 12
国立国会図書館所蔵地図目録 外国地図の部 8（平成2年3月末現在） …… 12
国立国会図書館所蔵地図目録 外国地図の部 9（平成3年7月末現在） …… 12
国立国会図書館所蔵地図目録 外国地図の部 10（平成5年3月末現在） …… 12
国立国会図書館所蔵地図目録 外国地図の部 11（平成6年12月末現在） …… 12
国立国会図書館所蔵地図目録 外国地図の部 12（平成7年12月末現在） …… 12
国立国会図書館所蔵地図目録 外国地図の部 13（平成8年12月末現在） …… 12
国立国会図書館所蔵朝鮮関係地図資料目録 …… 12

国立国会図書館図書部
国立国会図書館蔵書目録 明治期 第2編 …… 127
国立国会図書館蔵書目録 大正期 第1編 …… 127
国立国会図書館蔵書目録 昭和元年－24年3月 第2編 …… 127
国立国会図書館蔵書目録 昭和23-43年 第2編 …… 128
国立国会図書館蔵書目録 昭和61年－平成2年 第4編 …… 128
国立国会図書館蔵書目録 昭和61年－平成2年 第4編2 …… 128
国立国会図書館蔵書目録 平成3年～平成7年 第4編 1 …… 128
国立国会図書館蔵書目録 平成3年～平成7年 第4編 2 …… 128
国立国会図書館蔵書目録 洋書編 昭和23年～昭和61年8月 第7巻 …… 128

国立天文台
環境年表 第1冊（平成21・22年） …… 149
環境年表 第2冊（平成23・24年） …… 149
環境年表 第3冊（平成25・26年） …… 149
環境年表 第5冊（平成29-30年） …… 149
理科年表 環境編 第2版 …… 147

国連開発計画
世界の資源と環境 1996‐97 …… 146

国連環境計画
世界の資源と環境 1996‐97 …… 146

国連食糧農業機関
世界森林白書 2002年 …… 233

古今書院地理統計編集部
最新 地理統計 1990年版 …… 3
最新 地理統計 1991年版 …… 3
最新 地理統計 1992年版 …… 3
最新 地理統計 1993年版 …… 3
最新 地理統計 1994年版 …… 3
最新 地理統計 1996年版 …… 4
最新 地理統計 1997年版 …… 4
最新 地理統計 1998年版 …… 4
世界と日本の地理統計 2000年版 …… 4
世界と日本の地理統計 2001／2002年版 …… 4
世界と日本の地理統計 2002／2003年版 …… 4
世界と日本の地理統計 2003／2004年版 …… 4
世界と日本の地理統計 2004／2005年版 …… 4
世界と日本の地理統計 2005／2006年版 …… 4

小島 郁夫
企業と産業の地理がわかる事典 …… 262

小島 晋治
図説 世界文化地理大百科 中国 普及版 …… 242

小島 世津子
海洋 …… 205

小島 康誉
新疆世界文化遺産図鑑 …… 182

越村 俊一
津波の事典 縮刷版 …… 206

ゴス，ジョン
ブラウの世界地図 …… 61
ブラウンとホーヘンベルフのヨーロッパ都市地図 …… 85

小谷 汪之
図説 世界文化地理大百科 インド …… 240
図説 世界文化地理大百科 インド 普及版 …… 240

児玉 幸多
日本史年表・地図 …… 253
日本史年表・地図 第10版 …… 253
日本史年表・地図 第11版 …… 253
日本史年表・地図 第12版 …… 253
日本史年表・地図 第13版 …… 254
日本史年表・地図 第14版 …… 254
日本史年表・地図 第15版 …… 254

日本史年表・地図 第16版 …… 254
日本史年表・地図 第17版 …… 254
日本史年表・地図 第18版 …… 254
日本史年表・地図 第19版 …… 254
日本史年表・地図 第20版 …… 254
日本史年表・地図 第21版 …… 254
日本史年表・地図 第22版 …… 254
日本史年表・地図 第23版 …… 254
日本史年表・地図 第2版 …… 253
日本史年表・地図 第3版 …… 253
日本史年表・地図 第4版 …… 253
日本史年表・地図 第5版 …… 253
日本史年表・地図 第6版 …… 253
日本史年表・地図 第8版 …… 253
日本史年表・地図 第9版 …… 253

児玉幸多
日本史年表・地図 第7版 …… 253

国旗楽会
楽しい世界の国旗本 …… 71

小寺 彰
世界地理大百科事典 1 …… 8

後藤 明
イスラーム世界事典 …… 261
事典 イスラームの都市性 …… 261

言葉工房
ふるさとホームページ図鑑 …… 107

こどもくらぶ
探検と冒険の歴史大図鑑 …… 18

小西 正捷
南アジアを知る事典 新訂増補版 …… 75

コーネル，ティム
図説 世界文化地理大百科　古代のローマ 普及版 …… 241

小林 章夫
ブラウの世界地図 …… 61
ブラウンとホーヘンベルフのヨーロッパ都市地図 …… 85

小林 泉
オセアニアを知る事典 新訂増補版 …… 87
オセアニアを知る事典 新版 …… 87
図説 世界文化地理大百科　オセアニア 普及版 …… 241

小林 一宏
図説 世界文化地理大百科　スペイン・ポルトガル 普及版 …… 242
図説 世界文化地理大百科　スペイン・ポルトガル …… 242
スペイン・ポルトガルを知る事典 新訂増補版 …… 81

小林 克己
世界遺産 一度は行きたい100選 アジア・アフリカ …… 159
世界遺産 一度は行きたい100選 ヨーロッパ …… 159

小林 達明
生物多様性緑化ハンドブック …… 145

小林 房太郎
世界地名大辞典 上巻 …… 14
世界地名大辞典 中巻 …… 14
世界地名大辞典 下巻 …… 14
世界地名大辞典 索引 …… 14

小林 雅夫
図説 世界文化地理大百科　古代のギリシア 普及版 …… 241
図説 世界文化地理大百科　古代のローマ 普及版 …… 241

駒瀬 裕子
地球を救う事典 …… 144

小松 久男
中央ユーラシアを知る事典 …… 73

小村 幸二郎
中・英・日 岩石鉱物名辞典 …… 217

小柳 淳
新香港1000事典 …… 72

コルカット，マーティン
図説 世界文化地理大百科　日本 普及版 …… 242

ゴールドスミス，E.
地球環境用語辞典 …… 144

近藤 章夫
地域分析ハンドブック …… 12

近藤 健雄
海の百科事典 …… 204

近藤 千賀子
地球環境カラーイラスト百科 …… 143

近藤 洋輝
WMO気候の事典 …… 186

今野 史昭
ロンドン歴史地名辞典 …… 83

コンラーズ，ロバート・R.
岩石・化石 …… 217

【さ】

財団法人リバーフロント整備センター
河川水辺の国勢調査年鑑 平成8年度 植物調査編 …… 200
河川水辺の国勢調査年鑑 平成8年度 鳥類調査、両生類・爬虫類・哺乳類調査、陸上昆虫類等調査編 …… 201
斎藤 功
日本の地誌 6 …… 101
斎藤 績
最新世界地図 4訂版 …… 38
斎藤 公太
地図の世界史大図鑑 …… 136
斎藤 真
アメリカを知る事典 新訂増補 …… 85
斎藤 靖二
絵でみる日本大地図 改訂版 …… 108
かわらの小石の図鑑 …… 217
財務省印刷局
日本の100選データ・ブック 改訂版 …… 101
サイメス，R.F.
ビジュアル博物館 2 …… 219
酒井 重典
気象災害の事典 …… 185
坂井 尚登
地図の読み方事典 …… 132
阪谷 芳直
図説 世界文化地理大百科　中国 普及版 …… 242
坂本 健一
明治期外国人名辞典 第6巻 …… 24
坂 幸恭
オックスフォード地球科学辞典 …… 129
桜井 尚武
森林の百科 …… 227
森林の百科 普及版 …… 227
桜井 敏浩
現代ブラジル事典 …… 86
桜井 由躬雄
世界地理大百科事典 4 …… 8
世界地理大百科事典 5 …… 9
ベトナムの事典 …… 74
酒匂 敏次
海の百科事典 …… 204
佐々木 謙一
最新ニューヨーク情報辞典 …… 86
佐々木 晶
地球と惑星探査 …… 130
佐々木 とも子
地球大図鑑 …… 131
佐々木 典子
韓国ってどんな国? …… 75
佐藤 和彦
地図でたどる日本史 …… 252
佐藤 侊
日本図誌大系 北海道・東北 1（北海道 青森県） 普及版 …… 105
日本図誌大系 北海道・東北 2（岩手県 秋田県 宮城県 山形県 福島県） 普及版 …… 105
日本図誌大系 関東 1（東京都 神奈川県 埼玉県） 普及版 …… 105
日本図誌大系 関東 2（千葉県 茨城県 栃木県 群馬県） 普及版 …… 106
日本図誌大系 中部 1（山梨県 静岡県 愛知県 岐阜県） 普及版 …… 106
日本図誌大系 中部 2（長野県 新潟県 富山県 石川県 福井県） 普及版 …… 106
日本図誌大系 近畿 1（大阪府 兵庫県 和歌山県） 普及版 …… 106
日本図誌大系 近畿 2（三重県 滋賀県 京都府 奈良県） 普及版 …… 106
日本図誌大系 中国（鳥取県 島根県 岡山県 広島県 山口県） 普及版 …… 106
日本図誌大系 四国（徳島県 香川県 愛媛県 高知県） 普及版 …… 106
日本図誌大系 九州 1（福岡県 佐賀県 長崎県 大分県） 普及版 …… 107
日本図誌大系 九州 2（熊本県 宮崎県 鹿児島県 沖縄県） 普及版 …… 107
佐藤 次高
新イスラム事典 …… 261
佐藤 経明
ロシアを知る事典 新版 …… 82
佐藤 哲夫
図説大百科 世界の地理 21 …… 21
図説大百科 世界の地理 21 普及版 …… 24
世界地理大百科事典 4 …… 8
世界地理大百科事典 5 …… 9
佐藤 久
常用世界地図帳 新装版 …… 40

常用日本地図帳 新装版 …………… 109
世界大地図帳 五訂版 ………………… 46
世界大地図帳 四訂版 ………………… 46
世界大地図帳 七訂版 ………………… 46
世界大地図 6訂特別版 ……………… 45
旅に出たくなる地図 日本 ………… 111
旅に出たくなる地図 日本編 10訂版 … 113
旅に出たくなる地図 日本編 11訂版 … 113
旅に出たくなる地図 日本編 7訂版 … 113
旅に出たくなる地図 日本編 8訂版 … 113
旅に出たくなる地図 日本編 9訂版 … 113
日本大地図帳 10訂版 ……………… 118
日本大地図帳 5訂版 ……………… 118
日本大地図帳 7訂版 ……………… 118
日本大地図帳 9訂版 ……………… 118
ブルーアトラス 世界地図 増補新訂第3版 ……………………………… 61
ブルーアトラス 世界地図 増補新訂版 ……………………………… 61
レッドアトラス 増補新訂版 ……… 124

佐藤 美由紀
現代ブラジル事典 …………………… 86

佐藤 利恵
地球大図鑑 ……………………… 131

佐野 充
日本の地誌 5 …………………… 101

佐野 雄三
日本有用樹木誌 ………………… 228

左巻 健男
ビジュアル世界大地図 ………………… 2

沢 勲
洞窟学 4ヶ国語英日韓中用語集 …… 209

沢田 清
日本図誌大系 北海道・東北 1(北海道 青森県) 普及版 …………………… 105
日本図誌大系 北海道・東北 2(岩手県 秋田県 宮城県 山形県 福島県) 普及版 ……………………………… 105
日本図誌大系 関東 1(東京都 神奈川県 埼玉県) 普及版 ………………… 105
日本図誌大系 関東 2(千葉県 茨城県 栃木県 群馬県) 普及版 …………… 106
日本図誌大系 中部 1(山梨県 静岡県 愛知県 岐阜県) 普及版 …………… 106
日本図誌大系 中部 2(長野県 新潟県 富山県 石川県 福井県) 普及版 …… 106
日本図誌大系 近畿 1(大阪府 兵庫県 和歌山県) 普及版 ………………… 106
日本図誌大系 近畿 2(三重県 滋賀県 京都府 奈良県) 普及版 …………… 106
日本図誌大系 中国(鳥取県 島根県 岡山県 広島県 山口県) 普及版 ……… 106
日本図誌大系 四国(徳島県 香川県 愛媛県 高知県) 普及版 ……………… 106
日本図誌大系 九州 1(福岡県 佐賀県 長崎県 大分県) 普及版 …………… 107
日本図誌大系 九州 2(熊本県 宮崎県 鹿児島県 沖縄県) 普及版 ………… 107

沢田 結基
地形がわかるフィールド図鑑 ……… 210

三一書房編集部
地震予測ハンドブック ……………… 206

産業技術総合研究所地質標本館
地球 ……………………………… 131

サンジュアン，ティエリ
地図で見る 中国ハンドブック ……… 77

三省堂
コンサイス日本地名事典 第4版 ……… 88

三省堂編修所
コンサイス外国地名事典 第3版 ……… 13
コンサイス日本地名事典 第5版 ……… 88
最新 全国市町村名事典 …………… 256
日本地図地名事典 …………………… 90

サンテス，ピエール
地図で見る バルカン半島ハンドブック ……………………………… 83

サンドゥーパブリッシング
デザインが楽しい! 地図の本 ……… 136

シアラー，ピーター
雪崩ハンドブック ………………… 189

シェッツィング，フランク
知られざる宇宙 …………………… 130

ジェレ，フランソワ
地図で読む現代戦争事典 ………… 250

塩川 徹也
フランス文化事典 …………………… 82

塩川 伸明
ロシアを知る事典 新版 ……………… 82

ジオブレーン
全日本地名辞典 1996年度版 ………… 89

シーガー，ジョニー
目で見る世界の動き 1 …………… 149

自然公園法令研究会
新版・自然公園実務必携 ………… 155

自然保護年鑑編集委員会
自然環境データブック 2001 ……… 153

自然保護年鑑 2(平成1・2年版) …… 153
自然保護年鑑 3(平成4・5年版) …… 153
自然保護年鑑 4(平成7・8年版) …… 154
自治省行政局振興課
全国市町村名変遷総覧 全訂版 ……… 257
市町村合併問題研究会
全国市町村合併地図 ……………… 259
市町村自治研究会
新旧見開き対照 平成の市町村合併早わかりMAP ……………… 259
志知 龍一
日本列島重力アトラス ……………… 215
品田 毅
図説 地図事典 ……………… 132
篠崎 晃一
ウソ読みで引ける難読地名 …………… 97
篠原 重則
日本の地誌 9 ……………… 101
柴田 匡平
図説大百科 世界の地理 16 …………… 20
図説大百科 世界の地理 16 普及版 …… 23
世界地理大百科事典 2 ……………… 8
柴田 弘武
全国「別所」地名事典 上 …………… 88
全国「別所」地名事典 下 …………… 89
柴 宜弘
東欧を知る事典 新訂増補版 ………… 81
東欧を知る事典 新版 ……………… 82
柴山 元彦
ひとりで探せる 川原や海辺のきれいな石の図鑑 ……………… 222
ひとりで探せる川原や海辺のきれいな石の図鑑 2 ……………… 219
地盤工学会
全国77都市の地盤と災害ハンドブック(DVD付) ……………… 212
嶋 悦三
地震の事典 第2版 ……………… 205
地震の事典 第2版 普及版 ………… 205
島方 洸一
地図でみる西日本の古代 …………… 255
地図でみる東日本の古代 …………… 255
島田 周平
世界地名大事典 3 ……………… 14
世界地理大百科事典 2 ……………… 8
嶋田 襄平
新イスラム事典 ……………… 261
SHIMADAS編集委員会
SHIMADAS '93 ……………… 126
島田 孝右
近世日英交流地誌地図年表 …………… 88
島田 ゆり子
近世日英交流地誌地図年表 …………… 88
清水 晶子
樹木 ……………… 226
清水 浩史
秘島図鑑 ……………… 127
清水 靖夫
日本図誌大系 近畿 1(大阪府 兵庫県 和歌山県) 普及版 ……………… 106
明治中期分県地図 ……………… 260
シムス, R.F.
岩石・鉱物図鑑 ……………… 218
シムズ, S.M.
世界文化情報事典 ……………… 9
世界文化情報事典 第2版 ……………… 9
志村 喬
最新世界地図 7訂版 ……………… 38
下鶴 大輔
火山の事典 ……………… 207
火山の事典 第2版 ……………… 207
ジャンセン, マリウス・B.
図説 世界文化地理大百科 日本 普及版 ……………… 242
自由国民社
ワールドアトラス ……………… 2
シュス, シリル
地図で見る ロシアハンドブック ……… 83
首藤 伸夫
津波の事典 縮刷版 ……………… 206
シュナイダーマン, ジル
地球と惑星探査 ……………… 130
主婦の友社
世界の国旗 ……………… 69
小学館
ウソ読みで引ける難読地名 …………… 97
小学館辞典編集部
図典 日本の市町村章 ……………… 256
庄子 康
自然保護と利用のアンケート調査 …… 152
ショート, ジョン=レニー
世界の地図の歴史図鑑 ……………… 135

ジョーンズ, コリン
図説 世界文化地理大百科　フランス 普及版 …… 243
ジョンソン, ゴードン
図説 世界文化地理大百科　インド …… 240
図説 世界文化地理大百科　インド 普及版 …… 240
白滝 由裕
MapFan 2オフィシャル・ハンドブック …… 139
シンクタンクせとうち総合研究機構
環日本海エリア・ガイド …… 76
世界遺産ガイド　アメリカ合衆国編 …… 178
世界遺産ガイド　危機遺産編 2010改訂版 …… 160
世界遺産ガイド　暫定リスト記載物件編 …… 161
世界遺産ガイド　自然遺産編 2010改訂版 …… 162
世界遺産ガイド　世界遺産の基礎知識編 2009改訂版 …… 165
世界遺産ガイド　中国編 2010改訂版 …… 180
世界遺産ガイド　東南アジア編 …… 180
世界遺産ガイド　日本編 2009改訂版 …… 183
世界遺産ガイド　日本編 2018改訂版 …… 184
世界遺産ガイド　複数国にまたがる世界遺産編 …… 166
世界遺産ガイド　フランス編 …… 181
世界遺産ガイド　文化的景観編 …… 168
世界遺産キーワード事典 2009改訂版 …… 156
世界遺産事典 …… 156
世界遺産事典 2009改訂版 …… 157
世界遺産事典 2010改訂版 …… 157
世界遺産事典 2011改訂版 …… 157
世界遺産事典 2012改訂版 …… 158
世界遺産事典 2013改訂版 …… 158
世界遺産事典 2014改訂版 …… 158
世界遺産事典 2015改訂版 …… 158
世界遺産事典 2016改訂版 …… 158
世界遺産事典 2017改訂版 …… 158
世界遺産事典 2018改訂版 …… 159
世界遺産データ・ブック 1997年版 …… 169
世界遺産データ・ブック 1998年版 …… 169
世界遺産データ・ブック 2009年版 …… 171
世界遺産データ・ブック 2010年版 …… 171
世界遺産データ・ブック 2012年版 …… 171
世界遺産データ・ブック 2017年版 …… 172
世界遺産データ・ブック 2018年版 …… 172
世界遺産マップス 2009改訂版 …… 175
世界遺産マップス 2011改訂版 …… 175
世界遺産マップス 2017改訂版 …… 176
日本ふるさと百科 …… 101
誇れる郷土ガイド　自然公園法と文化財保護法 …… 154
誇れる郷土ガイド　全国47都道府県の観光データ編 …… 102
誇れる郷土ガイド　全国47都道府県の観光データ編 2010改訂版 …… 102
誇れる郷土ガイド　全国47都道府県の国際交流・協力編 …… 102
誇れる郷土ガイド　全国47都道府県の誇れる景観編 …… 102
誇れる郷土ガイド　日本の歴史的な町並み編 …… 251
誇れる郷土ガイド　北海道・東北編 …… 103
誇れる郷土データ・ブック 2004改訂版 …… 103
誇れる郷土データ・ブック 2009改訂版 …… 103
誇れる郷土データ・ブック 2012年版 …… 104
誇れる郷土データ・ブック 2017年版 …… 104
新国旗楽会
世界が見える国旗の本 …… 67
申 大興
最新 朝鮮民主主義人民共和国地名辞典 …… 72
人文社編集部
現代日本分県地図 改訂新版 …… 109
新全国地名読みがな辞典 …… 97
新全国地名読みがな辞典 2002 …… 97
新版 日本分県地図 …… 110
日本分県地図 新版 …… 120
日本分県地図地名総覧 平成3年版 …… 120
日本分県地図地名総覧 平成4年版 …… 120
日本分県地図地名総覧 平成6年版 …… 120
日本分県地図地名総覧 平成8年版 …… 121
日本分県地図地名総覧 平成9年版 …… 121
日本分県地図地名総覧 平成10年版 …… 121
日本分県地図地名総覧 平成11年版 …… 121
日本分県地図地名総覧 平成12年版 …… 121
日本分県地図地名総覧 平成13年版 …… 121
日本分県地図地名総覧 平成14年版 …… 121
日本分県地図地名総覧 平成15年版 …… 121
日本分県地図地名総覧 平成16年版 …… 121
日本分県地図地名総覧 平成17年版 …… 121

人文地理学会
人文地理学事典 …… 236
地理学文献目録 第9集 …… 7
地理学文献目録 第10集 …… 7
地理学文献目録 第11集 …… 7
地理学文献目録 第12集 …… 7
森林総合研究所
森林大百科事典 …… 227
森林林業行政研究会
森林・林業早わかりデータ …… 234
水資源協会
水資源便覧 '96 …… 189
水文水資源学会
水文・水資源ハンドブック …… 189
末次 忠司
河川技術ハンドブック …… 194
須貝 俊彦
図説大百科 世界の地理 15 …… 20
図説大百科 世界の地理 15 普及版 …… 23
スカー，クリス
朝日＝タイムズ世界考古学地図 …… 244
菅田 正昭
日本の島事典 …… 125
菅野 敏子
ロシア歴史地図 …… 85
スカール，クリス
タイムズ・アトラス ヨーロッパ歴史地図 第2版 …… 85
菅原 光二
釣り人のための渓流の樹木図鑑 …… 225
杉浦 正美
日本の地形・地盤デジタルマップ …… 209
杉谷 隆
図説大百科 世界の地理 7 …… 19
図説大百科 世界の地理 7 普及版 …… 22
杉山 博
角川日本地名大辞典 別巻 1 …… 97
杉山 明子
樹木 …… 226
スケーブランド，G.P.
世界文化情報事典 …… 9
世界文化情報事典 第2版 …… 9
スケルトン，R.A.
図説・探検地図の歴史 …… 18
鈴木 絵美
地球を救う事典 …… 144
鈴木 和夫
森林の百科 …… 227
森林の百科 普及版 …… 227
森林の百科事典 …… 227
鈴木 和博
世界の美しい地下鉄マップ …… 264
鈴木 和史
気象災害の事典 …… 185
鈴木 康司
事典 現代のフランス 増補版 …… 81
鈴木 静夫
フィリピンの事典 …… 74
鈴木 純子
伊能図集成 …… 136
明治・大正・昭和 絵葉書地図コレクション …… 259
鈴木 隆介
地形の辞典 …… 209
鈴木 孝弘
新・地球環境百科 …… 145
鈴木 哲雄
中国主要地名辞典 …… 73
鈴木 理生
川を知る事典 …… 194
鈴木 由美
地球を救う事典 …… 144
鈴木 淑夫
岩石学辞典 …… 217
スティーブンス，レベッカ
山 …… 211
須藤 定久
世界の砂図鑑 …… 218
須藤 茂
世界の火山図鑑 …… 207
須藤 彰司
森林の百科事典 …… 227
ストウ，ドリク・A.V.
テーマで読み解く海の百科事典 …… 204
ストラドリング，ロバート・A.
図説 世界文化地理大百科　スペイン・ポルトガル 普及版 …… 242
図説 世界文化地理大百科　スペイン・ポルトガル …… 242
砂川 一郎
岩石と鉱物 …… 218
完璧版 岩石と鉱物の写真図鑑 …… 220

砂村 継夫
地形の辞典 …… 209
スノウ，ディーン・R.
図説 世界文化地理大百科 古代のアメリカ 普及版 …… 241
スパールガレン，O.C.
世界の土壌資源 …… 216
スマーテック
海洋 …… 205
スミス，ジョセフ
大陸別世界歴史地図 4 …… 246
スミス，ダン
中東世界データ地図 …… 80
スミソニアンインスティテューション
地球博物学大図鑑 …… 149
宝石と鉱物の大図鑑 …… 219
炭田 真由美
地球環境カラーイラスト百科 …… 143
スモーリー，マーク
川の地理図鑑 7 …… 198
諏訪 恭一
宝石と鉱物の大図鑑 …… 219
諏訪 哲郎
図説大百科 世界の地理 20 …… 21
図説大百科 世界の地理 20 普及版 …… 23
世界遺産研究センター
世界遺産ガイド アジア・太平洋編 …… 177
世界遺産ガイド アメリカ編 …… 178
世界遺産ガイド 自然遺産編 …… 161
世界遺産ガイド 西欧編 …… 179
世界遺産ガイド 中東編 …… 180
世界遺産ガイド 文化遺産編 1 遺跡 …… 167
世界遺産ガイド 文化遺産編 2 建造物 …… 167
世界遺産ガイド 文化遺産編 3 モニュメント …… 167
世界遺産ガイド 北欧・東欧・CIS編 …… 181
世界遺産事典 改訂版 …… 156
世界遺産データ・ブック 2000年版 …… 169
世界遺産データ・ブック 2001年版 …… 169
世界遺産マップス 2001改訂版 …… 174
世界遺産Q&A …… 159
世界遺産総合研究所
世界遺産ガイド イスラム諸国編 …… 178
世界遺産ガイド オーストラリア編 …… 179
世界遺産ガイド オセアニア編 …… 179
世界遺産ガイド 危機遺産編 2004改訂版 …… 160
世界遺産ガイド 危機遺産編 2006改訂版 …… 160
世界遺産ガイド 自然遺産編 2013改訂版 …… 162
世界遺産ガイド 自然遺産編 2016改訂版 …… 162
世界遺産ガイド 自然景観編 …… 162
世界遺産ガイド 自然保護区編 …… 162
世界遺産ガイド 宗教建築物編 …… 163
世界遺産ガイド 情報所在源編 …… 163
世界遺産ガイド 図表で見るユネスコの世界遺産編 …… 163
世界遺産ガイド 生物多様性編 …… 164
世界遺産ガイド 世界遺産条約とオペレーショナル・ガイドラインズ編 …… 164
世界遺産ガイド 世界遺産の基礎知識編 2004改訂版 …… 164
世界遺産ガイド 中国編 …… 179
世界遺産ガイド 中米編 …… 180
世界遺産ガイド 朝鮮半島にある世界遺産 …… 180
世界遺産ガイド ドイツ編 …… 180
世界遺産ガイド 特集 第28回世界遺産委員会蘇州会議 …… 165
世界遺産ガイド 特集 第29回世界遺産委員会ダーバン会議 …… 165
世界遺産ガイド 日本の世界遺産登録運動 …… 182
世界遺産ガイド 日本編 2004改訂版 …… 183
世界遺産ガイド 日本編 2006改訂版 …… 183
世界遺産ガイド 日本編 2012改訂版 …… 183
世界遺産ガイド 日本編 2014改訂版 …… 183
世界遺産ガイド 日本編 2015改訂版 …… 184
世界遺産ガイド 日本編 2016改訂版 …… 184
世界遺産ガイド 日本編 2017改訂版 …… 184
世界遺産ガイド 複合遺産編 2006改訂版 …… 166
世界遺産ガイド 複合遺産編 2013改訂版 …… 166
世界遺産ガイド 複合遺産編 2016改訂版 …… 166
世界遺産ガイド 文化遺産編 2013改訂版 …… 166
世界遺産ガイド 文化遺産編 2016改訂版 …… 167

世界遺産ガイド　文化の道編 ……… 168
世界遺産ガイド　北東アジア編 ……… 181
世界遺産ガイド　北米編 ……… 181
世界遺産ガイド　メキシコ編 ……… 181
世界遺産キーワード事典 ……… 155
世界遺産事典 2003改訂版 ……… 156
世界遺産事典 2005 ……… 156
世界遺産事典 2006改訂版 ……… 157
世界遺産事典 2007改訂版 ……… 157
世界遺産事典 2008改訂版 ……… 157
世界遺産データ・ブック 2004年版 … 170
世界遺産データ・ブック 2005年版 … 170
世界遺産データ・ブック 2007年版 … 170
世界遺産データ・ブック 2008年版 … 171
世界遺産データ・ブック 2011年版 … 171
世界遺産データ・ブック 2015年版 … 172
世界遺産データ・ブック 2016年版 … 172
世界遺産マップス 2003改訂版 ……… 174
世界遺産マップス 2005改訂版 ……… 175
世界遺産マップス 2006改訂版 ……… 175
世界遺産マップス 2008改訂版 ……… 175
誇れる郷土ガイド　市町村合併編 …… 259
誇れる郷土ガイド　全国の世界遺産登録運動の動き ……… 185
誇れる郷土ガイド　日本の国立公園編 ……… 155
誇れる郷土ガイド　日本の伝統的建造物群保存地区編 ……… 251
誇れる郷土データ・ブック 2015年版 ‥ 104

世界遺産総合研究センター
世界遺産ガイド　危機遺産編 ……… 160
世界遺産ガイド　国立公園編 ……… 161
世界遺産ガイド　産業・技術編 ……… 161
世界遺産ガイド　19世紀と20世紀の世界遺産編 ……… 163
世界遺産ガイド　人類の口承及び無形遺産の傑作編 ……… 163
世界遺産ガイド　中央アジアと周辺諸国編 ……… 179
世界遺産ガイド　中国・韓国編 ……… 179
世界遺産ガイド　都市・建築編 ……… 165
世界遺産ガイド　日本編 2001改訂版 ……… 183
世界遺産ガイド　日本編 2 保存と活用 ……… 185
世界遺産ガイド　複合遺産編 ……… 166
世界遺産ガイド　文化遺産編 4 文化的景観 ……… 167
世界遺産ガイド　名勝・景勝地編 …… 168
世界遺産ガイド　歴史的人物ゆかりの世界遺産編 ……… 168
世界遺産ガイド　歴史都市編 ……… 168
世界遺産事典 2001改訂版 ……… 156
世界遺産データ・ブック 2002年版 … 169
世界遺産データ・ブック 2003年版 … 170
世界遺産Q&A 2001改訂版 ……… 159

世界情勢を読む会
面白いほどよくわかる世界地図の読み方 ……… 11

成美堂出版株式会社
一冊でわかる日本地図・世界地図 …… 108
なんでもひける世界地図〔2015年〕…… 57
なんでもひける世界地図〔2017年〕…… 57
なんでもひける日本地図〔2015年〕‥ 116
なんでもひける日本地図〔2017年〕‥ 117

生物多様性政策研究会
生物多様性キーワード事典 ……… 142

聖文社
ニュースによく出る世界の国名・地名 … 27

世界遺産アカデミー
すべてがわかる世界遺産大事典〔2016〕上 ……… 155
すべてがわかる世界遺産大事典〔2016〕下 ……… 155
世界遺産ビジュアルハンドブック 7 ‥ 182
世界遺産ビジュアルハンドブック 8 ‥ 182

世界遺産検定事務局
すべてがわかる世界遺産大事典〔2016〕上 ……… 155
すべてがわかる世界遺産大事典〔2016〕下 ……… 155

世界気象機関
WMO気候の事典 ……… 186

世界銀行
世界の資源と環境 1996‐97 ……… 146

世界資源研究所
世界の資源と環境 1990‐91 ……… 146
世界の資源と環境 1994-95 ……… 146
世界の資源と環境 1996‐97 ……… 146

世界の動き社
世界の国一覧表 1998年版 ……… 64
世界の国一覧表 2000年版 ……… 65
世界の国一覧表 2002年版 ……… 65
世界の国一覧表 2004年版 ……… 65

世界博学倶楽部
「世界地理」なるほど雑学事典 ……… 9
「世界の地名」なるほど雑学事典 ……… 15

世界文化調査委員会
美少女キャラでよくわかる! 世界の国々 ……… 1
関岡 東生
森林総合科学用語辞典 ……… 226
森林総合科学用語辞典 新版 ……… 226
日本樹木名方言集 復刻版 ……… 227
関 和彦
日本古代史地名事典 ……… 255
関 慎太郎
田んぼの生き物400 ……… 224
関根 正直
古今対照 日本歴史地名字引 ……… 250
関 利枝子
ビジュアル地球大図鑑 ……… 132
瀬戸口 烈司
岩石・化石 ……… 217
地球大図鑑 ……… 131
瀬戸口 美恵子
岩石・化石 ……… 217
瀬野 精一郎
日本歴史地名大系 第43巻 ……… 95
全教出版
現代世界詳密地図 ……… 31
最新世界地図 ……… 38
世界精密地図 ……… 45
全国河川ダム研究会土木調査会
全国総合河川大鑑 2007 ……… 202
全国学校図書館協議会ブックリスト委員会
地球環境を考える ……… 141
千田 稔
絵でみる日本大地図 改訂版 ……… 108
風景の事典 ……… 10
総合研究開発機構
事典 アジア・太平洋 ……… 237
総合地球環境学研究所
地球環境学事典 ……… 143
造事務所
「今」を読み解く日本の地図帳 ……… 108
総務庁行政監察局
震災対策の充実のために ……… 206
総理府地震調査研究推進本部地震調査委員会
日本の地震活動 第1版追補版 ……… 206

【た】

大英自然史博物館
岩石・鉱物図鑑 ……… 218
大韓民国行政安全部自治制度課
大韓民国地名便覧 2012年版 ……… 76
大韓民国行政自治部自治制度課
大韓民国地名便覧 2001年版 ……… 76
大韓民国内務部
大韓民国地名便覧 1995年版 ……… 76
大韓民国内務部自治企画課
大韓民国地名便覧 1998年版 ……… 76
大韓民国内務部地方企画課
大韓民国地名便覧 1994年版 ……… 76
戴 国煇
図説 世界文化地理大百科 中国 普及版 ……… 242
大成出版社第2事業部
河川関係補助事業事務提要 改訂26版 ……… 194
堆積学研究会
堆積学辞典 ……… 212
堆積学辞典 普及版 ……… 212
高木 彰彦
図説大百科 世界の地理 11 ……… 20
図説大百科 世界の地理 11 普及版 ……… 22
高木 宏治
明治中期分県地図 ……… 260
高木 秀雄
年代で見る日本の地質と地形 ……… 215
高崎 宗司
朝鮮を知る事典 新訂増補版 ……… 74
高階 秀爾
読む事典 フランス ……… 82
高田 亮
カラー図鑑 日本の火山 ……… 207
高野 孟
情報世界地図 1996 ……… 40
高橋 彰
地図で知る東南・南アジア ……… 77
高橋 佳奈子
宝石と鉱物の大図鑑 ……… 219

高橋 玉樹
使えるハンディGPSナビゲートブック …… 138
高橋 伸夫
最新 地図で知るヨーロッパ 普及版 …… 84
地図で知るヨーロッパ …… 85
日本地名大百科 …… 90
日本地名百科事典 コンパクト版 …… 90
高橋 典嗣
46億年の地球史図鑑 …… 132
高橋 正樹
日本の火山図鑑 …… 207
高橋 裕
全世界の河川事典 …… 194
水の百科事典 …… 188
高谷 好一
事典 東南アジア …… 72
東南アジアを知る事典 新版 …… 74
宝 馨
全世界の河川事典 …… 194
高良 倉吉
日本歴史地名大系 第48巻 …… 96
瀧上 豊
地球・宇宙をはかる …… 131
滝川 義人
地政学事典 …… 236
滝沢 由美子
図説大百科 世界の地理 10 …… 20
図説大百科 世界の地理 10 普及版 …… 22
滝田 毅
タイムズ・アトラス 第二次世界大戦歴史地図 …… 250
滝浪 幸次郎
図説 世界文化地理大百科 フランス …… 242
図説 世界文化地理大百科 フランス 普及版 …… 243
滝本 佳容子
図説 世界文化地理大百科 スペイン・ポルトガル 普及版 …… 242
図説 世界文化地理大百科 スペイン・ポルトガル …… 242
武井 摩利
タイムズ・アトラス 世界探検歴史地図 …… 19
大陸別世界歴史地図 1 …… 246
微隕石探索図鑑 …… 222
竹内 和世
タイムズ・アトラス 世界探検歴史地図 …… 19
竹内 啓一
世界地名大事典 1 …… 13
世界地名大事典 2 …… 13
世界地名大事典 3 …… 14
世界地名大事典 4 …… 14
世界地名大事典 5 …… 14
世界地名大事典 6 …… 14
世界地名大事典 7 …… 14
世界地名大事典 8 …… 14
世界地名大事典 9 …… 14
データブック 世界各国地理 新版 …… 27
データブック 世界各国地理 第3版 …… 27
伝統と革新 …… 7
武内 正
三省堂 日本山名事典 …… 210
三省堂 日本山名事典 改訂版 …… 210
日本山名総覧 …… 211
竹内 誠
角川日本地名大辞典 別巻 1 …… 97
竹田 悦子
65億人の地球環境 改訂版 …… 148
武田 正紀
ビジュアル地球大図鑑 …… 132
武田 実
世界の国名・地名がすぐわかる本 …… 26
武田 康男
雪と氷の図鑑 …… 190
武田 幸男
朝鮮を知る事典 新訂増補版 …… 74
竹中 克行
図説大百科 世界の地理 10 …… 20
図説大百科 世界の地理 10 普及版 …… 22
武光 誠
地名の由来を知る事典 …… 89
武村 雅之
日本被害地震総覧 599‐2012 …… 206
竹門 康弘
自然再生ハンドブック …… 152
田近 英一
地球・生命の大進化 …… 224
田代 博
最新世界地図 5訂版 …… 38
最新世界地図 6訂版 …… 38
最新世界地図 7訂版 …… 38

世界地図帳 …… 47
地図のことがわかる事典 …… 132

只木 良也
森林の百科事典 …… 227

多田 多恵子
里山の花木ハンドブック …… 225
里山の植物ハンドブック …… 225

多田 孝志
世界の歴史・地理事典 …… 248

立川 健治
図説 世界文化地理大百科　日本 普及版 …… 242

立本 成文
東南アジアを知る事典 新版 …… 74

巽 孝之
世界伝説歴史地図 …… 249

辰己 勝
図説 世界の地誌 …… 1
図説 世界の地誌 改訂版 …… 1

辰己 真知子
図説 世界の地誌 …… 1
図説 世界の地誌 改訂版 …… 1

立石 友男
地図でみる西日本の古代 …… 255
地図でみる東日本の古代 …… 255

田所 清克
ブラジル雑学事典 …… 86

田中 稔久
地球博物学大図鑑 …… 149

田辺 裕
オックスフォード地理学辞典 …… 7
図説大百科 世界の地理 1 …… 19
図説大百科 世界の地理 2 …… 19
図説大百科 世界の地理 3 …… 19
図説大百科 世界の地理 4 …… 19
図説大百科 世界の地理 5 …… 19
図説大百科 世界の地理 6 …… 19
図説大百科 世界の地理 7 …… 19
図説大百科 世界の地理 8 …… 19
図説大百科 世界の地理 9 …… 20
図説大百科 世界の地理 10 …… 20
図説大百科 世界の地理 12 …… 20
図説大百科 世界の地理 13 …… 20
図説大百科 世界の地理 14 …… 20
図説大百科 世界の地理 15 …… 20
図説大百科 世界の地理 17 …… 20
図説大百科 世界の地理 18 …… 21
図説大百科 世界の地理 19 …… 21
図説大百科 世界の地理 20 …… 21
図説大百科 世界の地理 22 …… 21
図説大百科 世界の地理 24 …… 21
図説大百科 世界の地理 1 普及版 …… 21
図説大百科 世界の地理 2 普及版 …… 21
図説大百科 世界の地理 3 普及版 …… 21
図説大百科 世界の地理 4 普及版 …… 21
図説大百科 世界の地理 5 普及版 …… 22
図説大百科 世界の地理 6 普及版 …… 22
図説大百科 世界の地理 7 普及版 …… 22
図説大百科 世界の地理 8 普及版 …… 22
図説大百科 世界の地理 9 普及版 …… 22
図説大百科 世界の地理 10 普及版 …… 22
図説大百科 世界の地理 11 普及版 …… 22
図説大百科 世界の地理 12 普及版 …… 22
図説大百科 世界の地理 13 普及版 …… 23
図説大百科 世界の地理 14 普及版 …… 23
図説大百科 世界の地理 15 普及版 …… 23
図説大百科 世界の地理 16 普及版 …… 23
図説大百科 世界の地理 17 普及版 …… 23
図説大百科 世界の地理 18 普及版 …… 23
図説大百科 世界の地理 19 普及版 …… 23
図説大百科 世界の地理 20 普及版 …… 23
図説大百科 世界の地理 21 普及版 …… 24
図説大百科 世界の地理 22 普及版 …… 24
図説大百科 世界の地理 23 普及版 …… 24
図説大百科 世界の地理 24 普及版 …… 24
世界地理大百科事典 1 …… 8
世界地理大百科事典 2 …… 8
世界地理大百科事典 3 …… 8
世界地理大百科事典 4 …… 8
世界地理大百科事典 5 …… 9
世界地理大百科事典 6 …… 9
世界なんでも情報館 …… 26

谷内 達
図説大百科 世界の地理 23 …… 21
図説大百科 世界の地理 23 普及版 …… 24
世界地理大百科事典 4 …… 8
世界地理大百科事典 5 …… 9
日本の地誌 2 …… 100
日本の地誌 5 …… 101

ダニエルス，クリスチャン
東南アジアを知る事典 新版 …… 74

谷岡 武雄
コンサイス外国地名事典 第3版 …… 13
コンサイス日本地名事典 第4版 …… 88
コンサイス日本地名事典 第5版 …… 88

谷川 彰英
47都道府県・地名由来百科 ………… 104
谷川 健一
民俗地名語彙事典 ………………… 250
谷口 孚幸
水ハンドブック …………………… 189
谷口 雅博
風土記探訪事典 …………………… 255
田林 明
最新世界地図 4訂版 ………………… 38
最新世界地図 5訂版 ………………… 38
最新世界地図 6訂版 ………………… 38
最新世界地図 7訂版 ………………… 38
最新世界地図 8訂版 ………………… 38
日本気候百科 ……………………… 186
日本の地誌 7 ……………………… 101
田原 裕子
図説大百科 世界の地理 24 …………… 21
図説大百科 世界の地理 24 普及版 …… 24
ダベーヌ, オリヴィエ
地図で見る ラテンアメリカハンドブック ………………………………… 87
田村 毅
フランス文化事典 ………………… 82
田村 俊和
日本の地誌 4 ……………………… 101
タリス, ジョン
ジョン・タリスの世界地図 ………… 40
タルバート, リチャード・J.A.
ギリシア・ローマ歴史地図 ………… 248
多留 聖典
干潟生物観察図鑑 ………………… 234
丹下 博文
地球環境辞典 ……………………… 143
地球環境辞典 第2版 ……………… 143
地球環境辞典 第3版 ……………… 144
地学団体研究会
地学事典 新版 …………………… 129
地球カルテ制作委員会
地球カルテ ………………………… 146
地球環境研究会
地球環境キーワード事典 5訂 ……… 143
地球環境キーワード事典 四訂版 …… 143
地球環境工学ハンドブック編集委員会
地球環境工学ハンドブック ………… 147
地球環境工学ハンドブック 〔コンパクト版〕 ………………………………… 147
地球環境財団
地球白書 2003-04 ………………… 151
地球環境財団環境文化創造研究所
地球白書 2002 - 03 ……………… 151
地球環境データブック編集委員会
ひと目でわかる地球環境データブック ………………………………… 147
地図情報システムによる市町村土地情報整備研究会
市町村GIS(地理情報システム)導入マニュアル ………………………… 138
地図資料編纂会
1万分の1ロンドン地形図集成 ……… 84
革命期19世紀パリ市街地図集成 …… 84
19世紀欧米都市地図集成 第1集 …… 248
19世紀欧米都市地図集成 第2集 …… 249
正式二万分一地形図集成 九州 …… 110
正式二万分一地形図集成 中部日本 1 ‥ 111
正式二万分一地形図集成 中部日本 2 ‥ 111
正式二万分一地形図集成 中部日本 3 ‥ 111
正式二万分一地形図集成 中国・四国 1 ………………………………… 111
正式二万分一地形図集成 中国・四国 2 ………………………………… 111
正式二万分一地形図集成 関西 …… 110
正式二万分一地形図集成 東日本 … 110
中国商工地図集成 ………………… 78
2500分の1ロンドン検索大地図 …… 85
日本近代都市変遷地図集成 第1期 … 260
日本近代都市変遷地図集成 第2期 … 260
パリ都市地図集成 ………………… 85
明治前期内務省地理局作成地図集成 第1巻 ……………………………… 260
明治前期内務省地理局作成地図集成 第2巻 ……………………………… 260
千葉 立也
図説大百科 世界の地理 17 ………… 20
図説大百科 世界の地理 17 普及版 … 23
千葉 とき子
かわらの小石の図鑑 ……………… 217
チームG
薄片でよくわかる岩石図鑑 ………… 219
地名情報資料室
消えた市町村名辞典 ……………… 256
市町村名変遷辞典 ………………… 257
市町村名変遷辞典 補訂版 ………… 257
チャドウィック, ヘンリー
図説 世界文化地理大百科 キリスト教史 普及版 ………………………… 241

中央気象台
日本の気象史料 第1巻 …… 186
日本の気象史料 第2巻 …… 186
日本の気象史料 第3巻 …… 186
中国大陸地図総合索引編纂委員会
中国大陸五万分の一地図集成 総合索引 改訂・増補版 …… 78
中国地質出版社
日英中地学用語辞典 …… 130
中国地名研究会
中国歴史地名辞典 第1巻 …… 73
中国歴史地名辞典 第2巻 …… 73
中国歴史地名辞典 第3巻 …… 73
中国歴史地名辞典 第4巻 …… 73
中国歴史地名辞典 第5巻 …… 74
中東都市地図刊行会
聖都エルサレム地形図集 …… 80
朝鮮銀行調査課
蒙古地名辞典 …… 75
朝鮮半島地図資料研究会
朝鮮半島地図集成 …… 79
地理情報システム学会
地理情報科学事典 …… 137
陳 舜臣
陳舜臣中国ライブラリー 別巻 …… 79
通商産業省工業技術院地質調査所
日本地質アトラス 第2版 …… 214
日本地質アトラス 第2版 机上版 …… 214
日本地質図大系 4 …… 215
日本地質図大系 7 …… 215
日本の岩石と鉱物 …… 219
辻原 康夫
おもしろくてためになる 世界の地名雑学事典 …… 13
国旗と国名由来図典 …… 67
最新 世界の国ハンドブック …… 25
最新 世界地理の雑学事典 …… 7
世界地名情報事典 …… 13
世界地理の雑学事典 …… 1
世界の国旗 …… 69
世界の国旗全図鑑 …… 70
世界の国旗大百科 …… 70
世界の国旗大百科 2002年度版 …… 70
世界の国旗大百科 2003年度版 …… 70
世界の地名ハンドブック …… 27
徹底図解 世界の国旗 …… 71
早わかり世界の国ぐに …… 27
早わかり世界の国ぐに 新版 …… 27
ポケット版 世界の国旗 …… 72
土屋 健治
インドネシアの事典 …… 72
堤 大介
地名入力高速化キット …… 138
PC-9801版 データベース・日本の地名 …… 16
恒川 恵市
ラテン・アメリカを知る事典 新訂増補版 …… 86
津留 宏介
ディジタルマッピング …… 138
デイヴィス，フィリップ
大陸別世界歴史地図 3 …… 246
帝国書院
アトラスジャパン …… 107
大きな文字の地図帳 3訂版 …… 28
大きな文字の地図帳 4版 …… 28
大きな文字の地図帳 5版 …… 28
大きな文字の地図帳 6版 …… 28
大きな文字の地図帳 7版 …… 28
大きな文字の地図帳 8版 …… 28
大きな文字の地図帳 初訂版 …… 27
大きな文字の TVのそばに一冊 ワールドアトラス 最新版 …… 28
大きな文字の TVのそばに一冊 ワールドアトラス 初訂版 …… 28
最新基本地図 '91 15訂版 …… 35
最新基本地図 '92 16訂 増補版 …… 35
最新基本地図 '92 16訂版 …… 35
最新基本地図 '93 17訂版 …… 35
最新基本地図 '94 18訂版 …… 35
最新基本地図 '95 19訂版 …… 35
最新基本地図 '96 20訂版 …… 35
最新基本地図 '97 21訂版 …… 35
最新基本地図 '98 22訂版 …… 35
最新基本地図 '99 23訂版 …… 35
最新基本地図 2000 24訂版 …… 35
最新基本地図 2001 25訂版 …… 36
最新基本地図 2002 26訂版 …… 36
最新基本地図 2003 27訂版 …… 36
最新基本地図 2004 28訂版 …… 36
最新基本地図 2005 29訂版 …… 36
最新基本地図 2006 30訂版 …… 36
最新基本地図 2008 32訂版 …… 36
最新基本地図 2009 33訂版 …… 36
最新基本地図 2010 34訂版 …… 37
最新基本地図 2011 35訂版 …… 37
最新基本地図 2012 36訂版 …… 37

最新基本地図 2013 37訂版 …… 37
最新基本地図 2015 39訂版 …… 37
最新基本地図 2016 40訂版 …… 37
最新基本地図 2017 41訂版 創立100周年記念特別版 …… 37
最新基本地図 2018 42訂版 …… 38
新詳高等社会科地図 5訂版 …… 40
新詳高等地図 …… 42, 43
新詳高等地図 〔平成21年〕初訂版 …… 42
新詳高等地図 〔平成22年〕初訂版 …… 42
新詳高等地図 最新版 …… 41, 42
新詳高等地図 初訂版 …… 41, 42
新TVのそばに一冊 ワールドアトラス …… 43
新TVのそばに一冊 ワールドアトラス 2版 …… 43
新TVのそばに一冊 ワールドアトラス 3版 …… 43
新TVのそばに一冊 ワールドアトラス 4版 …… 43
新TVのそばに一冊 ワールドアトラス 5版 …… 43
新TVのそばに一冊 ワールドアトラス 6版 …… 43
新編 中学校社会科地図 …… 44
新編 中学校社会科地図 最新版 …… 44
新編 中学校社会科地図 初訂版 …… 44
新編 中学校社会科地図 平成21年初訂版 …… 44
新編 中学校社会科地図 平成22年初訂版 …… 44
新編 標準高等地図 最新版 …… 44, 45
世界旅行地図 4訂版 …… 47
綜合 地歴新地図 初訂版 …… 47
ソ連崩壊後のワールドアトラス …… 47
大正時代の日本 …… 259
旅に出たくなる地図 関東甲信越 …… 111
旅に出たくなる地図 景観地図日本 4訂版 …… 111
旅に出たくなる地図 世界 …… 48
旅に出たくなる地図 世界 14版 …… 48
旅に出たくなる地図 世界 15版 …… 48
旅に出たくなる地図 世界 16版 …… 48
旅に出たくなる地図 世界 17版 …… 48
旅に出たくなる地図 世界 18版 …… 49
旅に出たくなる地図 世界 新訂版 …… 48
旅に出たくなる地図 世界編 10訂版 …… 49
旅に出たくなる地図 世界編 11訂版 …… 50
旅に出たくなる地図 世界編 4訂版 …… 49
旅に出たくなる地図 世界編 6訂版 …… 49
旅に出たくなる地図 世界編 7訂版 …… 49
旅に出たくなる地図 世界編 8訂版 …… 49
旅に出たくなる地図 世界編 初訂版 …… 49
旅に出たくなる地図 日本 …… 111
旅に出たくなる地図 日本 15版 …… 112
旅に出たくなる地図 日本 16版 …… 112
旅に出たくなる地図 日本 17版 …… 112
旅に出たくなる地図 日本 18版 …… 112
旅に出たくなる地図 日本 19版 …… 112
旅に出たくなる地図 日本 新訂版 …… 111
旅に出たくなる地図 日本編 10訂版 …… 113
旅に出たくなる地図 日本編 11訂版 …… 113
旅に出たくなる地図 日本編 3訂版 …… 113
旅に出たくなる地図 日本編 4訂版 …… 113
旅に出たくなる地図 日本編 6訂版 …… 113
旅に出たくなる地図 日本編 7訂版 …… 113
旅に出たくなる地図 日本編 8訂版 …… 113
旅に出たくなる地図 日本編 9訂版 …… 113
旅に出たくなる地図 日本編 最新版 …… 112
旅に出たくなる地図 日本編 初訂版 …… 112
地図で訪ねる歴史の舞台 世界 5版 …… 247
地図で訪ねる歴史の舞台 世界 6版 …… 247
地図で訪ねる歴史の舞台 世界 7版 …… 247
地図で訪ねる歴史の舞台 世界 最新版 …… 247
地図で訪ねる歴史の舞台 世界 初訂版 …… 247
地図で訪ねる歴史の舞台 世界 新訂版 …… 247
地図で訪ねる歴史の舞台 日本 4訂版 …… 252
地図で訪ねる歴史の舞台 日本 6版 …… 252
地図で訪ねる歴史の舞台 日本 7版 …… 252
地図で訪ねる歴史の舞台 日本 8版 …… 252
地図で訪ねる歴史の舞台 日本 改訂新版 …… 252
地図で訪ねる歴史の舞台 日本 最新版 …… 252
地図で訪ねる歴史の舞台 日本 新訂版 …… 252
中学校社会科地図 …… 50, 51
中学校社会科地図 最新版 …… 50
中学校社会科地図 初訂版 …… 50, 51
地理データファイル　大学受験対策用 2000年度版 …… 4
地理データファイル　大学受験対策用 2002年度版 …… 4
地理データファイル　大学受験対策用 2012年度版 …… 5
地歴高等地図 …… 53
地歴高等地図 最新版 …… 51～53
地歴高等地図 新訂版 …… 52

帝国地図 大正9年 …… 114
TVのそばに一冊 エッセンシャルアトラス 3訂版 …… 114
TVのそばに一冊 エッセンシャルアトラス 最新情報版 …… 114
TVのそばに一冊 ワールドアトラス 3訂版 …… 53
TVのそばに一冊 ワールドアトラス 4訂版 …… 53
TVのそばに一冊 ワールドアトラス 5訂版 …… 53, 54
TVのそばに一冊 ワールドアトラス 6訂版 …… 54
TVのそばに一冊 ワールドアトラス 7訂版 …… 54
TVのそばに一冊 ワールドアトラス 8訂版 …… 54
TVのそばに一冊 ワールドアトラス 9訂版 …… 54
TVのそばに一冊 ワールドアトラス 最新版 …… 53
TVのそばに一冊 ワールドアトラス 初訂版 …… 53
なるほど! 世界地図帳 最新版 …… 55
標準高等社会科地図 五訂版 …… 59
標準高等社会科地図 七訂版 …… 59
標準高等社会科地図 六訂版 …… 59
標準高等地図 …… 61
標準高等地図 初訂版 …… 60
標準高等地図 新訂版 …… 60
標準高等地図 平成21年初訂版 …… 60
標準高等地図 平成22年初訂版 …… 60
ポケットアトラス 世界 4訂版 …… 63
ポケットアトラス 世界 5訂版 …… 63
ポケットアトラス 世界 6訂版 …… 63
ポケットアトラス 世界 7訂版 …… 63
ポケットアトラス 世界 8訂 新地名版 …… 63
ポケットアトラス 世界 8訂版 …… 63
ポケットアトラス 世界 9訂版 …… 63
ポケットアトラス 日本 4訂版 …… 123
ポケットアトラス 日本 6訂版 …… 123
ポケットアトラス 日本 7訂版 …… 123
ポケットアトラス 日本 8訂版 …… 123
ポケットアトラス 日本 9訂版 …… 123
もっと知りたい日本と世界のすがた …… 104

デエフスキー，ニコライ・J.
図説 世界文化地理大百科　ロシア・ソ連史 普及版 …… 243

手塚 章
人文地理学辞典 …… 236
世界地名大事典 4 …… 14
世界地名大事典 5 …… 14
世界地名大事典 6 …… 14
日本の地誌 10 …… 101

データマップ研究会
日本列島データマップ 2006年版 …… 262

デッカース，J.A.
世界の土壌資源 …… 216

寺田 和夫
図説 世界文化地理大百科　古代のアメリカ 普及版 …… 241

寺村 ミシェル
国際水紛争事典 …… 188

デ・ランジュ，ニコラス・R.M.
図説 世界文化地理大百科　ジューイッシュ・ワールド 普及版 …… 241
図説 世界文化地理大百科　ジューイッシュ・ワールド …… 241

ドイル，ロジャー
アメリカ合衆国 テーマ別地図 …… 87

東亜研究所
大東亜南方圏地名索引集 …… 75
ビルマ地名要覧 全 …… 74

ドゥウルフ，チャールズ
地図で読む江戸時代 …… 251

東海大学CoRMC調査団
図鑑 海底の鉱物資源 …… 221

東京書籍編集部
最新 世界各国要覧 10訂版 …… 26
最新 世界各国要覧 11訂版 …… 26
最新 世界各国要覧 7訂版 …… 25
最新 世界各国要覧 9訂版 …… 26

東京大学地震研究所
地震・津波と火山の事典 …… 235

東京農工大学農学部
森林・林業実務必携 …… 228

東北大学附属図書館
狩野文庫目録 和書之部 第3門 …… 127

堂前 亮平
日本の地誌 10 …… 101

遠山 美都男
日本古代史地名事典 …… 255

外川 継男
図説 世界文化地理大百科　ロシア・ソ連史 普及版 …… 243

常盤 勝美
気候変動の事典 …… 186
徳久 球雄
三省堂 日本山名事典 …… 210
三省堂 日本山名事典 改訂版 …… 210
所 理喜夫
角川日本地名大辞典 別巻 1 …… 97
土質工学会
全国77都市の地盤と災害ハンドブック (DVD付) …… 212
土質工学標準用語集 …… 212
都市の魅力探究会
世界の首都204が1冊でわかる本 …… 1
土肥 博至
環境デザイン用語辞典 …… 142
富田 純明
感動のユネスコ世界遺産300図鑑 …… 173
富田 仁
事典 日本人の見た外国 …… 17
富田 文一郎
森林の百科 …… 227
冨永 明夫
事典 現代のフランス 増補版 …… 81
富本 長洲
近代地名研究資料集 第2巻 …… 97
近代地名研究資料集 第3巻 …… 97
ドーリング, ダニー
ヨーロッパ社会統計地図 …… 83

【な】

内閣官房水循環政策本部事務局
水循環白書 平成28年版 …… 193
水循環白書 平成29年版 …… 204
内藤 幸穂
水の百科事典 …… 188
内藤 正典
イスラーム世界事典 …… 261
ナイル, リチャード
図説 世界文化地理大百科 オセアニア 普及版 …… 241
直野 敦
東欧を知る事典 新訂増補版 …… 81
永井 秀夫
日本歴史地名大系 第1巻 …… 91
中井 信
世界の土壌資源 …… 216
中尾 正史
スコットランド文化事典 …… 81
中川 浩一
近代アジア・アフリカ都市地図集成 …… 30
中川 文雄
世界地名大事典 9 …… 14
中静 透
森林の百科 …… 227
中島 義一
日本図誌大系 近畿 1 (大阪府 兵庫県 和歌山県) 普及版 …… 106
永田 淳嗣
図説大百科 世界の地理 21 …… 21
図説大百科 世界の地理 21 普及版 …… 24
永田 方正
万国地誌略字引 …… 1
永田 豊
海の百科事典 …… 204
長沼 宗昭
図説 世界文化地理大百科 ジューイッシュ・ワールド 普及版 …… 241
図説 世界文化地理大百科 ジューイッシュ・ワールド …… 241
中野 尊正
世界地図 …… 46
中林 瑞松
イギリス歴史地名辞典 …… 80, 81
中林 正身
ロンドン歴史地名辞典 …… 83
中俣 均
図説大百科 世界の地理 6 …… 19
図説大百科 世界の地理 6 普及版 …… 22
世界地理大百科事典 6 …… 9
中村 亜希子
デザインが楽しい! 地図の本 …… 136
中村 和郎
最新 地図で知る中国・東アジア 普及版 …… 77
日本地名大百科 …… 90
日本地名百科事典 コンパクト版 …… 90
日本の地誌 1 …… 100
ブルーアトラス 世界地図 増補新訂第3版 …… 61

ブルーアトラス　世界地図 増補新訂版 …… 61
レッドアトラス 増補新訂版 …… 124
中村 公則
イスラーム歴史文化地図 …… 261
中村 泰三
世界地名大事典 4 …… 14
世界地名大事典 5 …… 14
世界地名大事典 6 …… 14
中村 武弘
干潟生物観察図鑑 …… 234
中村 英勝
イギリス歴史地図 改訂版 …… 84
中村 啓信
風土記探訪事典 …… 255
中村 浩美
地球環境カラーイラスト百科 …… 143
中村 光男
イスラーム世界事典 …… 261
中村 喜和
ロシアを知る事典 新版 …… 82
那須 忍
ビジュアル大事典 世界の国々 …… 24
ナトキール，リチャード
図説・アメリカ歴史地図 …… 87
ナハテルゲーレ，F.O.
世界の土壌資源 …… 216
生井沢 進
図説大百科 世界の地理 18 …… 21
図説大百科 世界の地理 18 普及版 …… 23
成田 喜一郎
世界の地図 …… 2
日本の地図 …… 119
ナンジー，アズィーム
イスラーム歴史文化地図 …… 261
南洋経済研究所
大東亜南方圏地名索引集 …… 75
大東亜南方圏地名集成 …… 88
南洋事情研究会
南方地名辞典 …… 74
新倉 俊一
事典 現代のフランス 増補版 …… 81
西海 隆夫
切手が伝える地図の世界史 …… 135
西浦 和孝
日本「地方旗」図鑑 解読編 …… 71
西岡 秀三
地球温暖化と日本 …… 146
西尾 香苗
地球博物学大図鑑 …… 149
西垣 晴次
角川日本地名大辞典 別巻 1 …… 97
西ヶ谷 恭弘
地図の読み方事典 …… 132
西川 治
常用世界地図帳 新装版 …… 40
常用日本地図帳 新装版 …… 109
世界大地図帳 五訂版 …… 46
世界大地図帳 四訂版 …… 46
世界大地図帳 七訂版 …… 46
世界大地図 6訂特別版 …… 45
日本大地図帳 10訂版 …… 118
日本大地図帳 5訂版 …… 118
日本大地図帳 7訂版 …… 118
日本大地図帳 9訂版 …… 118
幕末以降 市町村名変遷系統図総覧 1 改訂版 …… 258
幕末以降 市町村名変遷系統図総覧 2 改訂版 …… 258
西沢 利栄
現代ブラジル事典 …… 86
西島 章次
現代ブラジル事典 …… 86
西田 紀子
川の地理図鑑 3 …… 198
川の地理図鑑 4 …… 198
西田 正憲
47都道府県・公園／庭園百科 …… 234
西広 淳
自然再生ハンドブック …… 152
西本 晃二
フランス文化事典 …… 82
21世紀研究会
国旗・国歌の世界地図 …… 67
21世紀総合研究所
世界遺産ガイド　イスラム諸国編 …… 178
世界遺産ガイド　オセアニア編 …… 179
世界遺産ガイド　危機遺産編 …… 160
世界遺産ガイド　危機遺産編 2004改訂版 …… 160
世界遺産ガイド　産業・技術編 …… 161
世界遺産ガイド　自然景観編 …… 162
世界遺産ガイド　自然保護区編 …… 162

世界遺産ガイド　19世紀と20世紀の世界遺産編 ……… 163
世界遺産ガイド　宗教建築物編 ……… 163
世界遺産ガイド　情報所在源編 ……… 163
世界遺産ガイド　生物多様性編 ……… 164
世界遺産ガイド　世界遺産の基礎知識編 2004改訂版 ……… 164
世界遺産ガイド　中央アジアと周辺諸国編 ……… 179
世界遺産ガイド　中東編 ……… 180
世界遺産ガイド　中米編 ……… 180
世界遺産ガイド　特集 第28回世界遺産委員会蘇州会議 ……… 165
世界遺産ガイド　都市・建築編 ……… 165
世界遺産ガイド　南米編 ……… 181
世界遺産ガイド　日本編 2001改訂版 ……… 183
世界遺産ガイド　日本編 2004改訂版 ……… 183
世界遺産ガイド　日本編 2 保存と活用 ……… 185
世界遺産ガイド　複合遺産編 ……… 166
世界遺産ガイド　文化遺産編 4 文化的景観 ……… 167
世界遺産ガイド　北米編 ……… 181
世界遺産ガイド　名勝・景勝地編 ……… 168
世界遺産キーワード事典 ……… 155
世界遺産事典 2001改訂版 ……… 156
世界遺産事典 2003改訂版 ……… 156
世界遺産データ・ブック 2001年版 ……… 169
世界遺産データ・ブック 2002年版 ……… 169
世界遺産データ・ブック 2003年版 ……… 170
世界遺産データ・ブック 2004年版 ……… 170
世界遺産データ・ブック 2005年版 ……… 170
世界遺産マップス 2001改訂版 ……… 174
世界遺産マップス 2003改訂版 ……… 174
世界遺産マップス 2005改訂版 ……… 175
世界遺産Q&A 2001改訂版 ……… 159
誇れる郷土ガイド　全国の世界遺産登録運動の動き ……… 185
誇れる郷土ガイド　全国47都道府県の観光データ編 ……… 102
誇れる郷土ガイド　全国47都道府県の国際交流・協力編 ……… 102
誇れる郷土ガイド　全国47都道府県の誇れる景観編 ……… 102
誇れる郷土データ・ブック 2004改訂版 ……… 103

日伊協会
イタリア文化事典 ……… 81

日外アソシエーツ
外国地名よみかた辞典 ……… 15
外国地名レファレンス事典 ……… 16
河川・湖沼名よみかた辞典 新訂版 ……… 194
河川大事典 ……… 194
河川名よみかた辞典 ……… 194
紀行・案内記全情報 45-91 海外編 ……… 16
紀行・案内記全情報 45-91 日本編 ……… 16
紀行・案内記全情報 92-96 ……… 16
紀行・案内記全情報 1997-2001 ……… 16
紀行・案内記全情報 2002-2007 ……… 17
個人著作集内容総覧 3 ……… 6
子どもの本 社会がわかる2000冊 ……… 6
事典・日本の自然保護地域 ……… 152
事典日本の地域遺産 ……… 88
新訂 全国地名駅名よみかた辞典 新訂版 ……… 97
全国地名駅名よみかた辞典 ……… 97, 98
台風・気象災害全史 ……… 185
地球・自然環境の本全情報 2004-2010 ……… 129
地球・自然環境の本全情報 1999-2003 ……… 129
地球・自然環境の本全情報 45-92 ……… 129
地球・自然環境の本全情報93／98 ……… 129
島嶼大事典 ……… 125
読書案内・紀行編 ……… 17
難読誤読島嶼名漢字よみかた辞典 ……… 126

日本ウォッチ研究所
世界遺産ガイド　アジア・太平洋編 ……… 177
世界遺産ガイド　西欧編 ……… 179
世界遺産ガイド　北欧・東欧・CIS編 ……… 181
世界遺産事典 改訂版 ……… 156
世界遺産データ・ブック 1998年版 ……… 169

日経産業消費研究所
全国主要温泉地の魅力度調査 ……… 208

新田 尚
気象災害の事典 ……… 185

仁藤 敦史
日本古代史地名事典 ……… 255

二宮書店
基本高等地図 2000-2001 ……… 28
基本高等地図 2001-2002 ……… 29
基本高等地図 2002-2003 ……… 29
基本地図帳 2003-2004 ……… 29
基本地図帳 2004-2005 ……… 29
基本地図帳 2005-2006 ……… 29
基本地図帳 2006-2007 ……… 29
基本地図帳 2007-2008 ……… 29

基本地図帳 2008-2009 改訂版 ………… 29
基本地図帳 2009-2010 ………… 29
基本地図帳 2010-2011 ………… 29
基本地図帳 2011-2012 ………… 29
基本地図帳 2012-2013 改訂版 ………… 30
基本地図帳 2013-2014 ………… 30
基本地図帳 2014-2015 ………… 30
基本地図帳 2015-2016 ………… 30
基本地図帳 2016-2017 ………… 30
基本地図帳 2017-2018 ………… 30
現代地図帳 1990-91 3訂版 ………… 31
現代地図帳 1991-92 4訂版 ………… 31
現代地図帳 1992-93 4訂版 ………… 31
現代地図帳 1993-94 4訂版 ………… 31
現代地図帳 1994-95 最新版 ………… 31
現代地図帳 1995-96 最新版 ………… 31
現代地図帳 1996-97 最新版 ………… 31
現代地図帳 1997-98 最新版 ………… 31
現代地図帳 2004-2005 ………… 32
現代地図帳 2005-2006 ………… 32
現代地図帳 2006-2007 ………… 32
現代地図帳 2013-2014 ………… 32
現代地図帳 2014-2015 ………… 32
現代地図帳 2015-2016 ………… 32
現代地図帳 2016-2017 ………… 32
高等地図帳 1990-91 3訂版 ………… 32
高等地図帳 1991-92 4訂版 ………… 32
高等地図帳 1992-93 4訂版 ………… 32
高等地図帳 1993-94 4訂版 ………… 32
高等地図帳 1994-95 最新版 ………… 32
高等地図帳 1996-97 最新版 ………… 32
高等地図帳 1998-99 最新版 ………… 33
高等地図帳 1999-2000 最新版 ………… 33
高等地図帳 2000-2001 最新版 ………… 33
高等地図帳 2001-2002 最新版 ………… 33
高等地図帳 2002-2003 最新版 ………… 33
高等地図帳 2003-2004 ………… 33
高等地図帳 2004-2005 ………… 33
高等地図帳 2005-2006 ………… 33
高等地図帳 2006-2007 ………… 33
高等地図帳 2007-2008 ………… 33
高等地図帳 2008-2009 改訂版 ………… 33
高等地図帳 2009-2010 ………… 33
高等地図帳 2010-2011 ………… 33
高等地図帳 2011-2012 ………… 34
高等地図帳 2012-2013 改訂版 ………… 34
高等地図帳 2013-2014 ………… 34
高等地図帳 2014-2015 ………… 34
高等地図帳 2015-2016 ………… 34
高等地図帳 2016-2017 ………… 34
高等地図帳 2017-2018 ………… 34
コンパクト地図帳 2008-2009 ………… 34
コンパクト地図帳 2009-2010 ………… 34
コンパクト地図帳 2010-2011 ………… 35
コンパクト地図帳 2011-2012 ………… 35
コンパクト地図帳 2012-2013 ………… 35
詳解現代地図 1998-99 ………… 39
詳解現代地図 1999-2000 ………… 39
詳解現代地図 2000-2001 ………… 39
詳解現代地図 2001-2002 ………… 39
詳解現代地図 2002-2003 ………… 39
詳解現代地図 2003-2004 ………… 39
詳解現代地図 2007-2008 ………… 39
詳解現代地図 2008-2009 ………… 39
詳解現代地図 2009-2010 ………… 39
詳解現代地図 2010-2011 ………… 39
詳解現代地図 2011-2012 ………… 39
詳解現代地図 2012-2013 ………… 39
詳解現代地図 2017-2018 ………… 40
新コンパクト地図帳 2013-2014 ………… 40
新コンパクト地図帳 2014-2015 ………… 40
新コンパクト地図帳 2015-2016 ………… 40
新コンパクト地図帳 2016-2017 ………… 40
新コンパクト地図帳 2017-2018 ………… 40
データブック オブ・ザ・ワールド 2011（VOL.23） ………… 239
データブック オブ・ザ・ワールド 2015（VOL.27） ………… 239
データブック オブ・ザ・ワールド 2016（VOL.28） ………… 239
必携 コンパクト地図帳 2004-2005 ………… 59
必携 コンパクト地図帳 2005-2006 ………… 59
必携 コンパクト地図帳 2006-2007 ………… 59
必携 コンパクト地図帳 2007-2008 ………… 59

日本イスラム協会
新イスラム事典 ………… 261

日本沿岸域学会
沿岸域環境事典 ………… 204

日本温泉協会温泉研究会
温泉必携 改訂第9版 ………… 208

日本火山の会
世界の火山百科図鑑 ………… 207

日本加除出版
韓国・朝鮮地名便覧 1992年版 ………… 75
大韓民国地名便覧 1994年版 ………… 76

日本加除出版株式会社
大韓民国地名便覧 1995年版 ………… 76

日本加除出版株式会社出版部
大韓民国地名便覧 1998年版 …… 76
日本加除出版出版部
全国市町村名変遷総覧 全訂版 …… 257
大韓民国地名便覧 2001年版 …… 76
日本河川協会
河川便覧 平成2年版 …… 195
河川便覧 1996 …… 195
河川便覧 2000 …… 195
河川便覧 2004 …… 195
河川便覧 2006 …… 195
日本河川水質年鑑 1989 …… 202
日本河川水質年鑑 1990 …… 202
日本河川水質年鑑 1991 …… 203
日本河川水質年鑑 1992 …… 203
日本河川水質年鑑 1993 …… 203
日本河川水質年鑑 1995 …… 203
日本河川水質年鑑 1996 …… 203
日本河川水質年鑑 1997 …… 203
日本河川水質年鑑 1998 …… 204
日本経営士会中部支部ECO研究会有志
環境用語ハンドブック 改訂版 …… 142
日本経済新聞出版社
今と未来がまるごとわかる日本地図 2013 …… 108
日本建設情報総合センター建設情報研究所GIS研究部
GISデータブック 2007 …… 140
日本建設情報総合センターシステム高度化研究部GIS室
GISデータブック 2011 …… 140
日本建設情報総合センター（JACIC）
GISデータブック 1993 …… 139
GISデータブック 1996 …… 139
GISデータブック 1998 …… 139
GISデータブック 1999 …… 139
GISデータブック 2000 …… 139
GISデータブック 2001 …… 139
GISデータブック 2002 …… 140
GISデータブック 2005 …… 140
GISデータブック 2006 …… 140
GISデータブック 2008 …… 140
GISデータブック 2009 …… 140
GISデータブック 2010 …… 140
GISデータブック 2003・2004 …… 140
地質調査資料整理要領 平成14年7月改訂版 第2版 …… 213
地質調査資料整理要領案 平成15年7月改訂版 第3版 …… 213
地質・土質調査成果電子納品要領案 平成16年6月版 …… 213
地理情報システム導入・運用マニュアル …… 138
日本広報協会
合併市町村 あのまちこのまち 西日本編 2005 …… 256
合併市町村 あのまちこのまち 西日本編 2006 …… 256
合併市町村 あのまちこのまち 東日本編 2005 …… 257
合併市町村 あのまちこのまち 東日本編 2006 …… 257
日本国際地図学会
伊能図 …… 136
地形図図式の手引き 新版 …… 133
日本主要地図集成 …… 117
日本主要地図集成 普及版 …… 117
日本国際地図学会地図用語専門部会
地図学用語辞典 増補改訂版 …… 132
日本沙漠学会
沙漠の事典 …… 211
日本山岳会
新日本山岳誌 改訂版 …… 211
日本地震学会
学術用語集 増訂版 …… 206
日本自然保護協会
自然観察ハンドブック …… 152
日本写真測量学会
合成開口レーダ画像ハンドブック …… 145
日本生態学会
自然再生ハンドブック …… 152
日本雪氷学会
雪氷辞典 …… 188
雪氷辞典 新版 …… 188
雪と氷の事典 …… 189
日本測量調査技術協会
これだけは知っておきたいGIS関連知識解説集 …… 138
ディジタルマッピング …… 138
日本タイ学会
タイ事典 …… 72
日本地球化学会
地球と宇宙の化学事典 …… 130
日本地形学連合
地形の辞典 …… 209

日本地質学会
地質学用語集 …… 212
日本地方地質誌 1 …… 213
日本地方地質誌 2 …… 213
日本地方地質誌 3 …… 213
日本地方地質誌 4 …… 213
日本地方地質誌 5 …… 214
日本地方地質誌 6 …… 214
日本地方地質誌 7 …… 214
日本地方地質誌 8 …… 214
日本地図センター
伊能大図総覧 …… 137
国土地理院刊行地図の地図索引図 改訂版 …… 133
数値地図ユーザーズガイド …… 138
地形図の手引き 2訂版 …… 133
地形図の手引き 3訂版 …… 133
地形図の手引き 4訂版 …… 133
地形図の手引き 5訂版 …… 133
地理情報データハンドブック …… 138
日本雪崩ネットワーク
雪崩ハンドブック …… 189
日本博学倶楽部
「県民性」なるほど雑学事典 …… 262
「日本地理」なるほど雑学事典 …… 91
日本放送出版協会
里山の植物ハンドブック …… 225
日本ユネスコ協会連盟
世界遺産年報 2006 …… 176
世界遺産年報 2018 …… 176
世界遺産年報 2007 No.12 …… 176
世界遺産年報 2008 No.13 …… 176
世界遺産年報 2012 No.17 …… 176
ユネスコ世界遺産年報 2000 …… 177
ユネスコ世界遺産年報 2001 …… 177
ユネスコ世界遺産年報 2002 …… 177
ユネスコ世界遺産年報 2003 …… 177
ユネスコ世界遺産年報 1997 - 1998 …… 177
ユネスコ世界遺産年報 2004 No.9 …… 177
日本ユネスコ協会連盟世界遺産年報2012アドバイザリーグループ
世界遺産年報 2012 No.17 …… 176
日本ユネスコ協会連盟世界遺産年報2018アドバイザリーグループ
世界遺産年報 2018 …… 176
日本陸水学会
陸水の事典 …… 190
日本離島センター
SHIMADAS …… 126
SHIMADAS 第2版 …… 126
日本緑化工学会
環境緑化の事典 …… 234
環境緑化の事典 普及版 …… 234
日本林業技術協会
森林・林業百科事典 …… 227
日本林業協会
森林ハンドブック 平成17年度 …… 228
森林ハンドブック 平成18年度 …… 228
森林ハンドブック 2007 …… 228
日本林業調査会
現代森林年表 …… 226
森林用語辞典 …… 227
森林・林業・木材辞典 …… 227
すぐわかる森と木のデータブック 2002 …… 228
総合年表日本の森と木と人の歴史 …… 226
ニュージーランド学会
ニュージーランド百科事典 …… 88
饒村 曜
気象災害の事典 …… 185
丹羽 泉
韓国百科 …… 76
韓国百科 第2版 …… 76
丹羽 基二
地名苗字読み解き事典 …… 89
難姓・難地名事典 …… 98
難読姓氏・地名大事典 …… 98
難読姓氏・地名大事典 コンパクト版 …… 98
難読姓氏・地名大事典 続 …… 98
苗字と地名の由来事典 …… 97
布村 明彦
地球温暖化図鑑 …… 148
沼田 眞
自然保護ハンドブック 新装版 …… 153
根来 可敏
朝鮮支那地名辞彙 …… 74
朝鮮支那地名辞彙 上 復刻版 …… 74
朝鮮支那地名辞彙 下 復刻版 …… 74
農商務省山林局
日本樹木名方言集 復刻版 …… 227
農村環境整備センター
田んぼの生きものおもしろ図鑑 …… 223
野口 高明
微隕石探索図鑑 …… 222

野口 冬人
全国温泉大事典 …… 208
野沢 秀樹
日本の地誌 10 …… 101
野田 彰
図説地球環境の事典 …… 142
野中 夏実
ギリシア・ローマ歴史地図 …… 248
野々村 邦夫
全世界の河川事典 …… 194
信岡 奈生
図説・探検地図の歴史 …… 18
野村 正七
アトラス現代世界 …… 27
世界地図帳 …… 46
野村 陽子
細密画で楽しむ里山の草花100 …… 225
野呂 輝雄
鉱物結晶図鑑 …… 220

【は】

パーカー, ジェフリー
タイムズ・アトラス ヨーロッパ歴史地図 第2版 …… 85
萩原 直
東欧を知る事典 新訂増補版 …… 81
萩原 康之
世界地図帳 …… 47
パーキンズ, C.R.
世界地図情報事典 …… 8
朴 漢済
中国歴史地図 …… 79
莫 邦富
「中国全省を読む」事典 …… 73
中国全省を読む地図 …… 78
バケダーノ, エリザベス
大陸別世界歴史地図 4 …… 246
パジェス, N.H.
世界の土壌資源 …… 216
橋口 倫介
図説 世界文化地理大百科 キリスト教史 普及版 …… 241
図説 世界文化地理大百科 中世のヨーロッパ 普及版 …… 242
橋口 稔
イギリス文化事典 …… 80
長谷川 浩一
日本の地形・地盤デジタルマップ …… 209
長谷川 孝治
オルテリウス『世界地図帳』1595年刊本 …… 28
長谷川 憲絵
山 …… 211
長谷川 太洋
最新世界地図 4訂版 …… 38
波多野 敬雄
この一冊で世界の国がわかる! 最新版 …… 25
ハチンソン, ステファン
海洋 …… 205
服部 仁
日本地質図大系 7 …… 215
ハドソン, ロバート
大陸別世界歴史地図 1 …… 246
大陸別世界歴史地図 2 …… 246
パートナーシップによる河川管理のあり方に関する研究会
ともだちになろうふるさとの川 2000年度版 …… 202
バーニー, デイヴィッド
地球博物学大図鑑 …… 149
バーネット, ラッセル
絵でみる古代世界地図 …… 244
馬場 正彦
海のお天気ハンドブック …… 186
バベル
地球を救う事典 …… 144
ハーベルゲル, B.
露・英・和森林辞典 …… 228
浜田 研吾
昭和のはじめ タイムトリップ地図帖 …… 259
ハムナー, ジェシー
国際水紛争事典 …… 188
林 健太郎
世界史年表・地図 …… 244
世界史年表・地図 第10版 …… 245
世界史年表・地図 第11版 …… 245
世界史年表・地図 第12版 …… 245
世界史年表・地図 第13版 …… 245
世界史年表・地図 第14版 …… 245
世界史年表・地図 第15版 …… 245

世界史年表・地図 第16版 ･･････････････ 245
世界史年表・地図 第17版 ･･････････････ 245
世界史年表・地図 第18版 ･･････････････ 245
世界史年表・地図 第19版 ･･････････････ 245
世界史年表・地図 第20版 ･･････････････ 246
世界史年表・地図 第21版 ･･････････････ 246
世界史年表・地図 第22版 ･･････････････ 246
世界史年表・地図 第23版 ･･････････････ 246
世界史年表・地図 第8版 ･･････････････ 244
世界史年表・地図 第9版 ･･････････････ 244
標準世界史地図 増補第44版 ･･････････ 248
林 知世
地球環境カラーイラスト百科 ･････････ 143
林 道太
聖書人名地名小辞典 ･･････････････････ 248
早瀬 晋三
フィリピンの事典 ･････････････････････ 74
原沢 英夫
地球温暖化と日本 ････････････････････ 146
バラス，ディミトリス
ヨーロッパ社会統計地図 ･･･････････････ 83
原田 種成
四庫提要 史部 4 ･･････････････････････ 72
原田 豊
最新基本地図 2001 25訂版 ･････････････ 36
原 まゆみ
川の地理図鑑 5 ･･･････････････････････ 198
川の地理図鑑 8 ･･･････････････････････ 198
パリー，R.B.
世界地図情報事典 ･･････････････････････ 8
ハルウェイル，ブライアン
地球環境データブック ･････････････････ 150
バルデッリ，ジョルジオ・G.
ビジュアル版 自然の楽園 ･････････････ 155
バルトスカンディナヴィア研究会
北欧文化事典 ･･････････････････････････ 82
ハワース，デヴィド
図説 世界文化地理大百科 ルネサンス 普及版 ････････････････････････････ 243
半沢 誠司
地域分析ハンドブック ･･････････････････ 12
バーンズ，イアン
大陸別世界歴史地図 1 ････････････････ 246
大陸別世界歴史地図 2 ････････････････ 246
坂東 省次
スペイン文化事典 ･･････････････････････ 81
PHP研究所
世界各国要覧ハンドブック ･･････････････ 26
パノラマ鳥瞰地図帳 ･･････････････････ 255
東 裕
図説 世界文化地理大百科 オセアニア 普及版 ････････････････････････････ 241
久武 哲也
世界地名大事典 7 ･･････････････････････ 14
世界地名大事典 8 ･･････････････････････ 14
菱山 忠三郎
里山・山地の身近な山野草 ････････････ 225
日高 健一郎
世界遺産百科 ･････････････････････････ 173
日高 真由美
川の地理図鑑 1 ･･･････････････････････ 197
飛田 範夫
47都道府県・公園／庭園百科 ･････････ 234
ビーチ，ヘザー・L.
国際水紛争事典 ･･･････････････････････ 188
日野 舜也
図説 世界文化地理大百科 アフリカ 普及版 ････････････････････････････ 240
日野 正輝
日本の地誌 4 ･･････････････････････････ 101
日比谷 紀之
海の百科事典 ･･････････････････････････ 204
桧山 忠夫
簡約 世界の国ハンドブック ･････････････ 24
檜山 忠夫
簡約 世界の国ハンドブック 改訂版 ･････ 24
ヒューイット，J.ジョセフ
国際水紛争事典 ･･･････････････････････ 188
平川 一臣
日本の地誌 3 ･･････････････････････････ 101
平田 寛
図説 世界文化地理大百科 古代のエジプト 普及版 ･････････････････････････ 241
図説 世界文化地理大百科 古代のギリシア 普及版 ･････････････････････････ 241
図説 世界文化地理大百科 古代のローマ 普及版 ･･････････････････････････ 241
平野 健一郎
世界地理大百科事典 1 ･････････････････ 8
平野 喬
水の百科事典 ･････････････････････････ 188
平野 隆久
里山の草花ハンドブック ･･････････････ 225

里山の植物ハンドブック …… 225
平山 郁夫
ユネスコ世界遺産年報 2000 …… 177
ユネスコ世界遺産年報 2001 …… 177
蛭川 憲男
日本の里山いきもの図鑑 …… 224
広松 悟
図説大百科 世界の地理 3 …… 19
図説大百科 世界の地理 3 普及版 …… 21
ファルグ，フィリップ
情報アトラス アラブの世界 …… 80
ファーンドン，ジョン
海と環境の図鑑 …… 205
フェルナンデス・アルメスト，フェリペ
タイムズ・アトラス 世界探検歴史地図 …… 19
タイムズ・アトラス ヨーロッパ歴史地図 第2版 …… 85
フェレル，ロバート・H.
図説・アメリカ歴史地図 …… 87
フォーカス，マルカム
イギリス歴史地図 改訂版 …… 84
深見 純生
インドネシアの事典 …… 72
吹浦 忠正
国旗総覧 …… 67
世界の国旗 …… 69
世界の国旗 ビジュアルワイド判 …… 69
世界の国旗 ビジュアル大事典 …… 71
世界の国旗 ビジュアル大事典 第2版 …… 71
世界の国旗ポケット図鑑 …… 71
福岡 克也
地球環境データブック …… 150
地球環境データブック 2001-02 …… 150
地球環境データブック 2004-05 …… 150
地球環境データブック 2005-06 …… 150
地球環境データブック 2007-08 …… 150
ワールドウォッチ研究所 地球環境データブック 2002 - 03 …… 151
ワールドウォッチ研究所 地球環境データブック 2003-04 …… 152
福嶋 正徳
ラテン・アメリカを知る事典 新訂増補版 …… 86
藤井 厚志
洞窟学 4ヶ国語英日韓中用語集 …… 209
藤井 敏嗣
地震・津波と火山の事典 …… 235
藤井 真人
ヨーロッパ社会統計地図 …… 83
藤井基精
アメリカ地名辞典 …… 86
藤岡 謙二郎
地域調査ハンドブック 第2版 …… 133
日本歴史地理用語辞典 …… 96
富士総合研究所
全国公共用水域水質年鑑 1997年版 …… 190
全国公共用水域水質年鑑 1998年版 …… 190
全国公共用水域水質年鑑 1999年版 …… 190
藤田 弘基
ヒマラヤ名峰事典 …… 74
藤田 元春
大東亜南方圏地図帖 …… 77
藤田 至則
地学ハンドブック 新訂版.〔新装版〕…… 130
地学ハンドブック 第6版 …… 130
藤田 佳久
日本の地誌 7 …… 101
藤野 幸雄
世界探検家事典 1 …… 18
世界探検家事典 2 …… 18
藤部 文昭
日本気候百科 …… 186
藤本 和典
都会の生物 …… 224
藤本 知代子
65億人の地球環境 改訂版 …… 148
藤森 隆郎
森林の百科事典 …… 227
藤原 幸一
環境破壊図鑑 …… 148
藤原 滉一郎
露・英・和森林辞典 …… 228
藤原 多伽夫
ビジュアル版 自然の楽園 …… 155
藤原 卓
必携 鉱物鑑定図鑑 …… 222
藤原 陸夫
日本植生便覧 改訂新版 …… 224
ブスタニ，ラフィック
情報アトラス アラブの世界 …… 80

物理探査学会
物理探査用語辞典 新版 ……………… 212
舟木 嘉浩
岩石・鉱物図鑑 ……………………… 218
船原 雅彦
図説 世界文化地理大百科　インド …. 240
ブライアン，キム
地球図鑑 …………………………… 149
プライス，ニール・S.
図説 世界文化地理大百科　ヴァイキングの世界 ………………………… 240
ブラウン，レスター
地球環境データブック ……………… 150
地球白書 2001-02 ………………… 151
ブラウン，G.
16世紀 世界都市図集成 第1集 ……… 249
16世紀 世界都市図集成 第2集 ……… 249
ブラウンとホーヘンベルフのヨーロッパ都市地図 ………………………… 85
ブラウ，J.
ブラウの世界地図 ……………………61
ブラジル日本商工会議所
現代ブラジル事典 ……………………86
現代ブラジル事典 新版 ………………86
フラー，スー
岩石と鉱物 ………………………… 218
フラッグインスティチュート
世界の国旗 ……………………………69
ブラック，ジェレミー
世界史アトラス …………………… 244
タイムズ・アトラス ヨーロッパ歴史地図 第2版 ………………………… 85
ブラック，C.F.
図説 世界文化地理大百科　ルネサンス普及版 …………………………… 243
ブラッドショー
ブラッドショー初期英国鉄道地図復刻選 …………………………………… 265
ブランデン，キャロリーン
図説 世界文化地理大百科　中国 普及版 ………………………………… 242
プリチャード，ジェイムズ・B.
新教タイムズ 聖書歴史地図 ……… 249
ブリッジズ，E.M.
世界の土壌資源 …………………… 216
古川 久雄
事典 東南アジア ……………………72
古田 悦造
歴史地理調査ハンドブック ………… 243
古田 暁
世界文化情報事典 ……………………… 9
世界文化情報事典 第2版 ……………… 9
古田 陽久
環日本海エリア・ガイド ………………76
ザ・ワールド・ヘリティッジ 世界遺産マップス ………………………… 174
世界遺産ガイド　アジア・太平洋編 .. 177
世界遺産ガイド　アフリカ編 ……… 178
世界遺産ガイド　アメリカ合衆国編 .. 178
世界遺産ガイド　アメリカ編 ……… 178
世界遺産ガイド　イスラム諸国編 …. 178
世界遺産ガイド　オーストラリア編 .. 179
世界遺産ガイド　オセアニア編 …… 179
世界遺産ガイド　危機遺産編 ……… 160
世界遺産ガイド　危機遺産編 2004改訂版 ……………………………… 160
世界遺産ガイド　危機遺産編 2006改訂版 ……………………………… 160
世界遺産ガイド　危機遺産編 2010改訂版 ……………………………… 160
世界遺産ガイド　危機遺産編 2016改訂版 ……………………………… 160
世界遺産ガイド　国立公園編 ……… 161
世界遺産ガイド　産業遺産編 保存と活用 ……………………………… 161
世界遺産ガイド　産業・技術編 …… 161
世界遺産ガイド　暫定リスト記載物件編 ……………………………… 161
世界遺産ガイド　自然遺産編 ……… 161
世界遺産ガイド　自然遺産編 2010改訂版 ……………………………… 162
世界遺産ガイド　自然遺産編 2013改訂版 ……………………………… 162
世界遺産ガイド　自然遺産編 2016改訂版 ……………………………… 162
世界遺産ガイド　自然景観編 ……… 162
世界遺産ガイド　自然保護区編 …… 162
世界遺産ガイド　19世紀と20世紀の世界遺産編 ………………………… 163
世界遺産ガイド　宗教建築物編 …… 163
世界遺産ガイド　情報所在源編 …… 163
世界遺産ガイド　人類の口承及び無形遺産の傑作編 ……………………… 163
世界遺産ガイド　図表で見るユネスコの世界遺産編 ……………………… 163
世界遺産ガイド　西欧編 …………… 179
世界遺産ガイド　生態系編 ………… 164

世界遺産ガイド　生物多様性編 ……… 164
世界遺産ガイド　世界遺産条約とオペレーショナル・ガイドラインズ編 … 164
世界遺産ガイド　世界遺産条約編 …… 164
世界遺産ガイド　世界遺産の基礎知識編 2004改訂版 ……… 164
世界遺産ガイド　世界遺産の基礎知識編 2009改訂版 ……… 165
世界遺産ガイド　地形・地質編 ……… 165
世界遺産ガイド　中央アジアと周辺諸国編 ……… 179
世界遺産ガイド　中国・韓国編 ……… 179
世界遺産ガイド　中国編 ……… 179
世界遺産ガイド　中国編 2010改訂版 ……… 180
世界遺産ガイド　中東編 ……… 180
世界遺産ガイド　中米編 ……… 180
世界遺産ガイド　朝鮮半島にある世界遺産 ……… 180
世界遺産ガイド　ドイツ編 ……… 180
世界遺産ガイド　東南アジア編 ……… 180
世界遺産ガイド　特集 第28回世界遺産委員会蘇州会議 ……… 165
世界遺産ガイド　特集 第29回世界遺産委員会ダーバン会議 ……… 165
世界遺産ガイド　都市・建築編 ……… 165
世界遺産ガイド　南米編 ……… 181
世界遺産ガイド　日本の世界遺産登録運動 ……… 182
世界遺産ガイド　日本編 ……… 182
世界遺産ガイド　日本編 2001改訂版 ……… 183
世界遺産ガイド　日本編 2004改訂版 ……… 183
世界遺産ガイド　日本編 2006改訂版 ……… 183
世界遺産ガイド　日本編 2009改訂版 ……… 183
世界遺産ガイド　日本編 2012改訂版 ……… 183
世界遺産ガイド　日本編 2014改訂版 ……… 183
世界遺産ガイド　日本編 2015改訂版 ……… 184
世界遺産ガイド　日本編 2016改訂版 ……… 184
世界遺産ガイド　日本編 2017改訂版 ……… 184
世界遺産ガイド　日本編 2018改訂版 ……… 184
世界遺産ガイド　複合遺産編 ……… 166
世界遺産ガイド　複合遺産編 2006改訂版 ……… 166
世界遺産ガイド　複合遺産編 2013改訂版 ……… 166
世界遺産ガイド　複合遺産編 2016改訂版 ……… 166
世界遺産ガイド　複数国にまたがる世界遺産編 ……… 166
世界遺産ガイド　フランス編 ……… 181
世界遺産ガイド　文化遺産編 2013改訂版 ……… 166
世界遺産ガイド　文化遺産編 2016改訂版 ……… 167
世界遺産ガイド　文化遺産編 1 遺跡 … 167
世界遺産ガイド　文化遺産編 2 建造物 ……… 167
世界遺産ガイド　文化遺産編 3 モニュメント ……… 167
世界遺産ガイド　文化遺産編 4 文化的景観 ……… 167
世界遺産ガイド　文化的景観編 ……… 168
世界遺産ガイド　文化の道編 ……… 168
世界遺産ガイド　北欧・東欧・CIS編 … 181
世界遺産ガイド　北東アジア編 ……… 181
世界遺産ガイド　北米編 ……… 181
世界遺産ガイド　名勝・景勝地編 …… 168
世界遺産ガイド　メキシコ編 ……… 181
世界遺産ガイド　歴史的人物ゆかりの世界遺産編 ……… 168
世界遺産ガイド　歴史都市編 ……… 168
世界遺産キーワード事典 ……… 155
世界遺産キーワード事典 2009改訂版 ……… 156
世界遺産事典 2001改訂版 ……… 156
世界遺産事典 2003改訂版 ……… 156
世界遺産事典 2005 ……… 156
世界遺産事典 2006改訂版 ……… 157
世界遺産事典 2007改訂版 ……… 157
世界遺産事典 2008改訂版 ……… 157
世界遺産事典 2009改訂版 ……… 157
世界遺産事典 2010改訂版 ……… 157
世界遺産事典 2011改訂版 ……… 157
世界遺産事典 2012改訂版 ……… 158
世界遺産事典 2013改訂版 ……… 158
世界遺産事典 2014改訂版 ……… 158
世界遺産事典 2015改訂版 ……… 158
世界遺産事典 2016改訂版 ……… 158
世界遺産事典 2017改訂版 ……… 158
世界遺産事典 2018改訂版 ……… 159
世界遺産データ・ブック 1998年版 … 169
世界遺産データ・ブック 1999年版 … 169

世界遺産データ・ブック 2000年版 … 169
世界遺産データ・ブック 2001年版 … 169
世界遺産データ・ブック 2002年版 … 169
世界遺産データ・ブック 2003年版 … 170
世界遺産データ・ブック 2004年版 … 170
世界遺産データ・ブック 2005年版 … 170
世界遺産データ・ブック 2006年版 … 170
世界遺産データ・ブック 2007年版 … 170
世界遺産データ・ブック 2008年版 … 171
世界遺産データ・ブック 2009年版 … 171
世界遺産データ・ブック 2010年版 … 171
世界遺産データ・ブック 2011年版 … 171
世界遺産データ・ブック 2012年版 … 171
世界遺産データ・ブック 2013年版 … 171
世界遺産データ・ブック 2014年版 … 172
世界遺産データ・ブック 2015年版 … 172
世界遺産データ・ブック 2016年版 … 172
世界遺産データ・ブック 2017年版 … 172
世界遺産データ・ブック 2018年版 … 172
世界遺産マップス 2001改訂版 …… 174
世界遺産マップス 2003改訂版 …… 174
世界遺産マップス 2005改訂版 …… 175
世界遺産マップス 2006改訂版 …… 175
世界遺産マップス 2008改訂版 …… 175
世界遺産マップス 2009改訂版 …… 175
世界遺産マップス 2011改訂版 …… 175
世界遺産マップス 2014改訂版 …… 176
世界遺産マップス 2017改訂版 …… 176
世界遺産Q&A …… 159
世界遺産Q&A 2001改訂版 …… 159
日本の世界遺産ガイド 1997年版 …… 185
誇れる郷土ガイド　口承・無形遺産編 …… 102
誇れる郷土ガイド　自然公園法と文化財保護法 …… 154
誇れる郷土ガイド　市町村合併編 …… 259
誇れる郷土ガイド　全国の世界遺産登録運動の動き …… 185
誇れる郷土ガイド　全国47都道府県の観光データ編 …… 102
誇れる郷土ガイド　全国47都道府県の観光データ編 2010改訂版 …… 102
誇れる郷土ガイド　全国47都道府県の国際交流・協力編 …… 102
誇れる郷土ガイド　全国47都道府県の誇れる景観編 …… 102
誇れる郷土ガイド　西日本編 …… 103
誇れる郷土ガイド　日本の国立公園編 …… 155
誇れる郷土ガイド　日本の伝統的建造物群保存地区編 …… 251
誇れる郷土ガイド　日本の歴史的な町並み編 …… 251
誇れる郷土ガイド　東日本編 …… 103
誇れる郷土ガイド　北海道・東北編 … 103
誇れる郷土データ・ブック 2004改訂版 …… 103
誇れる郷土データ・ブック 2009改訂版 …… 103
誇れる郷土データ・ブック 2012年版 … 104
誇れる郷土データ・ブック 2015年版 … 104
誇れる郷土データ・ブック 2017年版 … 104
誇れる郷土データ・ブック 1996-97年版 …… 103

古田 真美

環日本海エリア・ガイド …… 76
ザ・ワールド・ヘリティッジ 世界遺産マップス …… 174
世界遺産ガイド　アジア・太平洋編 … 177
世界遺産ガイド　アフリカ編 …… 178
世界遺産ガイド　アメリカ合衆国編 … 178
世界遺産ガイド　アメリカ編 …… 178
世界遺産ガイド　オーストラリア編 … 179
世界遺産ガイド　危機遺産編 …… 160
世界遺産ガイド　危機遺産編 2004改訂版 …… 160
世界遺産ガイド　危機遺産編 2006改訂版 …… 160
世界遺産ガイド　危機遺産編 2010改訂版 …… 160
世界遺産ガイド　危機遺産編 2016改訂版 …… 160
世界遺産ガイド　国立公園編 …… 161
世界遺産ガイド　産業遺産編 保存と活用 …… 161
世界遺産ガイド　産業・技術編 …… 161
世界遺産ガイド　暫定リスト記載物件編 …… 161
世界遺産ガイド　自然遺産編 …… 161
世界遺産ガイド　自然遺産編 2010改訂版 …… 162
世界遺産ガイド　自然遺産編 2013改訂版 …… 162
世界遺産ガイド　自然遺産編 2016改訂版 …… 162
世界遺産ガイド　自然景観編 …… 162
世界遺産ガイド　19世紀と20世紀の世界遺産編 …… 163
世界遺産ガイド　情報所在源編 …… 163
世界遺産ガイド　人類の口承及び無形遺産の傑作編 …… 163

世界遺産ガイド　図表で見るユネスコの世界遺産編 …… 163
世界遺産ガイド　西欧編 …… 179
世界遺産ガイド　生態系編 …… 164
世界遺産ガイド　生物多様性編 …… 164
世界遺産ガイド　世界遺産条約とオペレーショナル・ガイドラインズ編 …… 164
世界遺産ガイド　世界遺産条約編 …… 164
世界遺産ガイド　世界遺産の基礎知識編 2004改訂版 …… 164
世界遺産ガイド　世界遺産の基礎知識編 2009改訂版 …… 165
世界遺産ガイド　地形・地質編 …… 165
世界遺産ガイド　中央アジアと周辺諸国編 …… 179
世界遺産ガイド　中国・韓国編 …… 179
世界遺産ガイド　中国編 …… 179
世界遺産ガイド　中国編 2010改訂版 …… 180
世界遺産ガイド　中東編 …… 180
世界遺産ガイド　中米編 …… 180
世界遺産ガイド　朝鮮半島にある世界遺産 …… 180
世界遺産ガイド　ドイツ編 …… 180
世界遺産ガイド　東南アジア編 …… 180
世界遺産ガイド　特集 第28回世界遺産委員会蘇州会議 …… 165
世界遺産ガイド　特集 第29回世界遺産委員会ダーバン会議 …… 165
世界遺産ガイド　都市・建築編 …… 165
世界遺産ガイド　南米編 …… 181
世界遺産ガイド　日本の世界遺産登録運動 …… 182
世界遺産ガイド　日本編 …… 182
世界遺産ガイド　日本編 2001改訂版 …… 183
世界遺産ガイド　日本編 2004改訂版 …… 183
世界遺産ガイド　日本編 2006改訂版 …… 183
世界遺産ガイド　日本編 2009改訂版 …… 183
世界遺産ガイド　日本編 2012改訂版 …… 183
世界遺産ガイド　日本編 2014改訂版 …… 183
世界遺産ガイド　日本編 2015改訂版 …… 184
世界遺産ガイド　日本編 2016改訂版 …… 184
世界遺産ガイド　日本編 2017改訂版 …… 184
世界遺産ガイド　日本編 2018改訂版 …… 184
世界遺産ガイド　日本編 2 保存と活用 …… 185
世界遺産ガイド　複合遺産編 …… 166
世界遺産ガイド　複合遺産編 2006改訂版 …… 166
世界遺産ガイド　複合遺産編 2013改訂版 …… 166
世界遺産ガイド　複合遺産編 2016改訂版 …… 166
世界遺産ガイド　複数国にまたがる世界遺産編 …… 166
世界遺産ガイド　フランス編 …… 181
世界遺産ガイド　文化遺産編 2013改訂版 …… 166
世界遺産ガイド　文化遺産編 2016改訂版 …… 167
世界遺産ガイド　文化遺産編 1 遺跡 …… 167
世界遺産ガイド　文化遺産編 2 建造物 …… 167
世界遺産ガイド　文化遺産編 3 モニュメント …… 167
世界遺産ガイド　文化遺産編 4 文化的景観 …… 167
世界遺産ガイド　文化的景観編 …… 168
世界遺産ガイド　文化の道編 …… 168
世界遺産ガイド　北欧・東欧・CIS編 …… 181
世界遺産ガイド　北東アジア編 …… 181
世界遺産ガイド　北米編 …… 181
世界遺産ガイド　名勝・景勝地編 …… 168
世界遺産ガイド　メキシコ編 …… 181
世界遺産ガイド　歴史的人物ゆかりの世界遺産編 …… 168
世界遺産ガイド　歴史都市編 …… 168
世界遺産キーワード事典 2009改訂版 …… 156
世界遺産事典 2003改訂版 …… 156
世界遺産事典 2005 …… 156
世界遺産事典 2006改訂版 …… 157
世界遺産事典 2007改訂版 …… 157
世界遺産事典 2008改訂版 …… 157
世界遺産事典 2009改訂版 …… 157
世界遺産事典 2010改訂版 …… 157
世界遺産事典 2011改訂版 …… 157
世界遺産事典 2012改訂版 …… 158
世界遺産事典 2013改訂版 …… 158
世界遺産事典 2014改訂版 …… 158
世界遺産事典 2015改訂版 …… 158
世界遺産事典 2016改訂版 …… 158
世界遺産事典 2017改訂版 …… 158

世界遺産事典 2018改訂版 …… 159
世界遺産データ・ブック 1998年版 …… 169
世界遺産データ・ブック 1999年版 …… 169
世界遺産データ・ブック 2000年版 …… 169
世界遺産データ・ブック 2001年版 …… 169
世界遺産データ・ブック 2002年版 …… 169
世界遺産データ・ブック 2003年版 …… 170
世界遺産データ・ブック 2004年版 …… 170
世界遺産データ・ブック 2005年版 …… 170
世界遺産データ・ブック 2006年版 …… 170
世界遺産データ・ブック 2007年版 …… 170
世界遺産データ・ブック 2008年版 …… 171
世界遺産データ・ブック 2009年版 …… 171
世界遺産データ・ブック 2010年版 …… 171
世界遺産データ・ブック 2011年版 …… 171
世界遺産データ・ブック 2012年版 …… 171
世界遺産データ・ブック 2013年版 …… 171
世界遺産データ・ブック 2014年版 …… 172
世界遺産データ・ブック 2015年版 …… 172
世界遺産データ・ブック 2016年版 …… 172
世界遺産データ・ブック 2017年版 …… 172
世界遺産データ・ブック 2018年版 …… 172
世界遺産マップス 2001改訂版 …… 174
世界遺産マップス 2003改訂版 …… 174
世界遺産マップス 2005改訂版 …… 175
世界遺産マップス 2006改訂版 …… 175
世界遺産マップス 2008改訂版 …… 175
世界遺産マップス 2009改訂版 …… 175
世界遺産マップス 2011改訂版 …… 175
世界遺産マップス 2014改訂版 …… 176
世界遺産マップス 2017改訂版 …… 176
世界遺産Q&A …… 159
日本の世界遺産ガイド 1997年版 …… 185
誇れる郷土ガイド　口承・無形遺産編 …… 102
誇れる郷土ガイド　自然公園法と文化財保護法 …… 154
誇れる郷土ガイド　市町村合併編 …… 259
誇れる郷土ガイド　全国の世界遺産登録運動の動き …… 185
誇れる郷土ガイド　全国47都道府県の観光データ編 2010改訂版 …… 102
誇れる郷土ガイド　西日本編 …… 103
誇れる郷土ガイド　日本の国立公園編 …… 155
誇れる郷土ガイド　日本の伝統的建造物群保存地区編 …… 251
誇れる郷土ガイド　日本の歴史的な町並み編 …… 251
誇れる郷土ガイド　東日本編 …… 103
誇れる郷土ガイド　北海道・東北編 …… 103
誇れる郷土データ・ブック 2004改訂版 …… 103
誇れる郷土データ・ブック 2009改訂版 …… 103
誇れる郷土データ・ブック 2012年版 …… 104
誇れる郷土データ・ブック 2015年版 …… 104
誇れる郷土データ・ブック 2017年版 …… 104
誇れる郷土データ・ブック 1996-97年版 …… 103

古籏 一浩
Google Maps API逆引きクイックリファレンス …… 137

フレイヴィン，クリストファー
地球環境データブック 2001-02 …… 150
地球環境データブック 2005-06 …… 150
地球環境データブック 2007-08 …… 150
地球白書 2002‐03 …… 151
地球白書 2003-04 …… 151
地球白書 2004-05 …… 151
ワールドウォッチ研究所 地球環境データブック 2002‐03 …… 151
ワールドウォッチ研究所 地球環境データブック 2003-04 …… 152

風呂田 利夫
干潟生物観察図鑑 …… 234

ブロットン，ジェリー
地図の世界史大図鑑 …… 136

豊 遥秋
検索入門鉱物・岩石 …… 220

ヘイウッド，ジョン
世界の民族・国家興亡歴史地図年表 …… 249

ベイカー，ダニエル・B.
世界探検家事典 1 …… 18
世界探検家事典 2 …… 18

ペイジ，R.I.
図説 世界文化地理大百科　ヴァイキングの世界 …… 240
図説 世界文化地理大百科　ヴァイキングの世界 普及版 …… 240

ベイティ，コーリン
図説 世界文化地理大百科　ヴァイキングの世界 …… 240
図説 世界文化地理大百科　ヴァイキングの世界 普及版 …… 240

平凡社
最新 世界現勢 1991 …… 2
最新 世界現勢 1992 …… 2
最新 世界現勢 1993 …… 2

最新 世界現勢 1994 …… 3
字の大きなアトラス世界地図帳 …… 38
字の大きなアトラス日本地図帳 …… 109
樹木もの知り事典 …… 226
スマートアトラス 世界・日本地図帳 … 45
スマートアトラス 世界・日本地図帳 新訂 …… 45
世界大地図帳 六訂版 …… 46
地図で知る 平成大合併 保存版 …… 257
日本・世界地図帳 …… 58
日本大地図帳 7訂版 …… 118
日本大地図帳 8訂版 …… 118
日本大地図帳 9訂版 …… 118
日本分県大地図 …… 120
日本分県大地図 二訂版 …… 120
日本歴史地名大系 第50巻 …… 96
プレミアムアトラス 県別日本地図帳 ‥ 122
プレミアムアトラス 世界地図帳 …… 62
プレミアムアトラス 世界地図帳 新訂第3版 …… 62
プレミアムアトラス 世界地図帳 新版 …… 62
プレミアムアトラス 日本地図帳 …… 122
プレミアムアトラス 日本地図帳 新訂第3版 …… 123
プレミアムアトラス 日本地図帳 新版 …… 122
平凡社 アトラス世界地図帳 …… 62
平凡社 アトラス日本地図帳 …… 123
ベーシックアトラス 世界地図帳 …… 63
ベーシックアトラス 世界地図帳 新版 …… 63
ベーシックアトラス 中国地図帳 …… 79
ベーシックアトラス 中国地図帳 新版 …… 79
ベーシックアトラス 日本地図帳 …… 123
ベーシックアトラス 日本地図帳 新版 …… 123
ポケットアトラス 世界地図帳 …… 63
ポケットアトラス 世界地図帳 新訂 …… 63
ポケットアトラス 日本地図帳 …… 124
ポケットアトラス 日本地図帳 新訂 … 124
ワイドアトラス 世界地図帳 …… 63
ワイドアトラス 世界地図帳 新訂 …… 64
ワイドアトラス 日本地図帳 …… 124
ワイドアトラス 日本地図帳 新訂 …… 124

平凡社地図出版
日本・世界地図帳 〔2009〕 超最新版 … 57
日本・世界地図帳 2010-11年版 …… 57
日本・世界地図帳 2011-12年版 …… 57
日本・世界地図帳 2012-13年版 …… 58
日本・世界地図帳 2013-14年版 …… 58

平凡社地方資料センター
日本歴史地名大系 第7巻 …… 92
日本歴史地名大系 第11巻 …… 92
日本歴史地名大系 第13巻 …… 92
日本歴史地名大系 第19巻 …… 93
日本歴史地名大系 第29巻 …… 94
日本歴史地名大系 第32巻 …… 94

ベインズ，ジョン
図説 世界文化地理大百科　古代のエジプト 普及版 …… 241

ヘニッグ，ベンジャミン
ヨーロッパ社会統計地図 …… 83

紅山 雪夫
イスラムものしり事典 …… 261

ペラント，クリス
完璧版 岩石と鉱物の写真図鑑 …… 220

ベルリン地図帖刊行会
大ベルリン検索地図帖 …… 84

ベンソン，エリザベス
図説 世界文化地理大百科　古代のアメリカ 普及版 …… 241

ホーキンス，ローレンス・E.
海洋 …… 205

北欧建築デザイン協会
北欧文化事典 …… 82

北欧文化協会
北欧文化事典 …… 82

ホージェイゴ，レイモンド・ジョン
探検と冒険の歴史大図鑑 …… 18

星 仰
地理情報システム用語辞典 …… 137

星野 朗
地図のことがわかる事典 …… 132

星野 真太郎
全国駅名事典 …… 264

ポスト，ジェフリー・E.
岩石と鉱物 …… 218

細野 昭雄
図説大百科 世界の地理 5 …… 19
図説大百科 世界の地理 5 普及版 …… 22

ポーター，アンドリュー・N.
大英帝国歴史地図 …… 84

ボネウィッツ，ロナルド・ルイス
岩石と鉱物 …… 218

岩石と宝石の大図鑑 …… 218
ホーヘンベルフ，F
16世紀 世界都市図集成 第2集 …… 249
ホーヘンベルフ，F.
16世紀 世界都市図集成 第1集 …… 249
ブラウンとホーヘンベルフのヨーロッパ都市地図 …… 85
堀内 克明
ワールドアトラス …… 2
堀 勝也
地理情報システム用語辞典 …… 137
堀川 徹
中央ユーラシアを知る事典 …… 73
堀米 庸三
世界史年表・地図 …… 244
世界史年表・地図 第10版 …… 245
世界史年表・地図 第12版 …… 245
世界史年表・地図 第14版 …… 245
世界史年表・地図 第15版 …… 245
世界史年表・地図 第17版 …… 245
世界史年表・地図 第18版 …… 245
世界史年表・地図 第19版 …… 245
世界史年表・地図 第8版 …… 244
世界史年表・地図 第9版 …… 244
標準世界史地図 増補第43版 …… 248
標準世界史地図 増補第45版 …… 248
標準世界史地図 増補第46版 …… 248
標準世界史地図 増補第47版 …… 248
堀坂 浩太郎
現代ブラジル事典 …… 86
堀 英雄
世界地図帳 …… 47
堀 秀道
楽しい鉱物図鑑 …… 221
楽しい鉱物図鑑 〔新装版〕 …… 221
楽しい鉱物図鑑 2 …… 221
ホロニック
即戦力素材集 地図 …… 139
ホワイト，ジョン
樹木 …… 226
ボワシエール，オレリー
地図で見る ラテンアメリカハンドブック …… 87
本田 朋子
新疆世界文化遺産図鑑 …… 182
本保 正紀
外国地名由来辞典 …… 15
本間 慎
新データガイド地球環境 …… 145
データガイド 地球環境 新版 …… 147

【ま】

米田 巌
図説大百科 世界の地理 19 …… 21
図説大百科 世界の地理 19 普及版 …… 23
マイヤーズ，ノーマン
65億人の地球環境 改訂版 …… 148
前里 孝
全国駅名事典 …… 264
前田 専学
南アジアを知る事典 新訂増補版 …… 75
南アジアを知る事典 新版 …… 75
前田 良一
風景の事典 …… 10
前之園 亮一
日本古代史地名事典 …… 255
マキタリック，ロザモンド
タイムズ・アトラス ヨーロッパ歴史地図 第2版 …… 85
牧野 和孝
カラー版 鉱物資源百科辞典 …… 219
牧 英夫
世界地名ルーツ辞典 …… 14
牧本 博
日本地質図大系 4 …… 215
マクファレン，アンソニー
大陸別世界歴史地図 4 …… 246
マクラウド，ジュディス・A.
世界伝説歴史地図 …… 249
正井 泰夫
一冊でわかる日本地図・世界地図 …… 107, 108
最新 地図で知る中国・東アジア 普及版 …… 77
常用世界地図帳 新装版 …… 40
常用日本地図帳 新装版 …… 109
世界大地図帳 五訂版 …… 46
世界大地図帳 四訂版 …… 46
世界大地図 …… 45
世界地図情報事典 …… 8
世界地名大事典 7 …… 14
世界地名大事典 8 …… 14

地図で知る世界の国ぐに ……………… 50
地図で知る世界の国ぐに 新訂第2版 …… 50
地図で知る世界の大都市 ……………… 2
なんでもひける世界地図 〔2003年〕…… 56
なんでもひける世界地図 〔2006年〕…… 56
なんでもひける世界地図 〔2007年〕…… 56
なんでもひける世界地図 〔2008年〕…… 57
なんでもひける世界地図 〔2009年〕…… 57
なんでもひける日本地図 〔2007年〕…… 116
なんでもひける日本地図 〔2008年〕…… 116
なんでもひける日本地図 〔2009年〕…… 116
日本大地図帳 10訂版 ……………… 118
日本大地図帳 5訂版 ……………… 118
日本大地図帳 7訂版 ……………… 118
日本大地図帳 9訂版 ……………… 118
平成大合併 日本新地図 ……………… 260

マシューズ，ジョン・F.
図説 世界文化地理大百科 古代のローマ 普及版 ……………… 241

マシューズ，ルパート
写真でみる探検の歴史 ……………… 18
ビジュアル博物館 31 ……………… 18

マシュー，ドナルド
図説 世界文化地理大百科 中世のヨーロッパ 普及版 ……………… 242

増田 えりか
大陸別世界歴史地図 2 ……………… 246

増谷 英樹
ウィーン都市地図集成 ……………… 84

増田 まもる
地球博物学大図鑑 ……………… 149

増田 義郎
図説・探検地図の歴史 ……………… 18
大陸別世界歴史地図 1 ……………… 246
大陸別世界歴史地図 2 ……………… 246
大陸別世界歴史地図 4 ……………… 246

益富地学会館
必携 鉱物鑑定図鑑 ……………… 222

松井 貴子
ワールドアトラス ……………… 2

松浦 律子
日本被害地震総覧 599‐2012 ……… 206

松尾 一郎
地球温暖化図鑑 ……………… 148

松岡 昌志
日本の地形・地盤デジタルマップ …… 209

マッキュイティ，ミランダ
ビジュアル博物館 51 ……………… 212

松倉 公憲
地形の辞典 ……………… 209

マックラング，デビッド
雪崩ハンドブック ……………… 189

松下 和夫
地球環境データブック 2010-11 ……… 150

松下 洋
ラテン・アメリカを知る事典 新訂増補版 ……………… 86

松平 俊久
世界の民族・国家興亡歴史地図年表 … 249

松田 俊介
世界の民族・国家興亡歴史地図年表 … 249

松谷 敏雄
図説 世界文化地理大百科 古代のメソポタミア 普及版 ……………… 241

松田 博康
日本地理データ年鑑 2014 ……………… 124
日本地理データ年鑑 2015 ……………… 125
日本地理データ年鑑 2016 ……………… 125
日本地理データ年鑑 2017 ……………… 125

松田 裕之
自然再生ハンドブック ……………… 152

松長 宏
聖書人名地名小辞典 ……………… 248

松永 正義
台湾百科 ……………… 76
台湾百科 第2版 ……………… 77

松原 彰子
図説大百科 世界の地理 8 ……………… 19
図説大百科 世界の地理 8 普及版 ……… 22

松原 聡
美しすぎる世界の鉱物 ……………… 220
鉱物カラー図鑑 ……………… 220
鉱物キャラクター図鑑 ……………… 220
鉱物結晶図鑑 ……………… 220
鉱物図鑑 ……………… 221
図説 鉱物肉眼鑑定事典 ……………… 220
日本産鉱物型録 ……………… 223
日本産鉱物種 2018 ……………… 221
日本の鉱物 ……………… 221
日本の鉱物 増補改訂 ……………… 222
フィールド版 鉱物図鑑 ……………… 222
フィールド版 続鉱物図鑑 ……………… 222

松原 宏
図説大百科 世界の地理 7 …… 19
図説大百科 世界の地理 7 普及版 …… 22
松本 栄次
世界地名大事典 9 …… 14
マーティン, モンゴメリー
ジョン・タリスの世界地図 …… 40
マルシャン, パスカル
地図で見る ロシアハンドブック …… 83
丸 武志
海洋 …… 205
マーレイ, ジョスリン
図説 世界文化地理大百科　アフリカ 普及版 …… 240
マレック, ジャミール
図説 世界文化地理大百科　古代のエジプト 普及版 …… 241
三笠宮 崇仁
図説 世界文化地理大百科　新聖書地図 普及版 …… 242
三上 次男
世界史年表・地図 …… 244
世界史年表・地図 第10版 …… 245
世界史年表・地図 第11版 …… 245
世界史年表・地図 第12版 …… 245
世界史年表・地図 第13版 …… 245
世界史年表・地図 第14版 …… 245
世界史年表・地図 第15版 …… 245
世界史年表・地図 第16版 …… 245
世界史年表・地図 第17版 …… 245
世界史年表・地図 第18版 …… 245
世界史年表・地図 第19版 …… 245
世界史年表・地図 第20版 …… 246
世界史年表・地図 第21版 …… 246
世界史年表・地図 第22版 …… 246
世界史年表・地図 第23版 …… 246
世界史年表・地図 第8版 …… 244
世界史年表・地図 第9版 …… 244
標準世界史地図 増補第43版 …… 248
標準世界史地図 増補第44版 …… 248
標準世界史地図 増補第45版 …… 248
標準世界史地図 増補第46版 …… 248
標準世界史地図 増補第47版 …… 248
水越 允治
古記録による14世紀の天候記録 …… 187
古記録による15世紀の天候記録 …… 187
古記録による16世紀天候記録 …… 187
溝口 常俊
歴史地理調査ハンドブック …… 243
溝手 理太郎
市町村名語源辞典 …… 256
市町村名語源辞典 改訂版 …… 256
三田 千代子
現代ブラジル事典 …… 86
湊 秋作
田んぼの生きものおもしろ図鑑 …… 223
みなまた環境テクノセンター
和英・英和 国際総合環境用語集 …… 144
南塚 信吾
東欧を知る事典 新訂増補版 …… 81
東欧を知る事典 新版 …… 82
宮内 泰之
里山さんぽ植物図鑑 …… 225
宮崎 信之
海洋 …… 205
宮沢 清治
台風・気象災害全史 …… 185
宮 誠而
日本一の巨木図鑑 …… 229
宮野 素美子
地学英和用語辞典 …… 130
宮野 敬
原色新鉱物岩石検索図鑑 新版 …… 220
地学英和用語辞典 …… 130
宮脇 昭
日本植生誌 総索引 …… 224
日本植生便覧 改訂新版 …… 224
宮脇 律郎
日本産鉱物型録 …… 223
宝石と鉱物の大図鑑 …… 219
三好 昭一郎
日本歴史地名大系 第37巻 …… 95
三好 唯義
図説 世界古地図コレクション …… 243
図説 世界古地図コレクション 新装版 …… 243
図説 日本古地図コレクション …… 251
図説 日本古地図コレクション 新装版 …… 251
ミラード, アン
絵でみる古代世界地図 …… 244
ミルズ, A.D.
イギリス歴史地名辞典 …… 80, 81
ロンドン歴史地名辞典 …… 83

ミルナー＝ガランド，ロビン・R.
図説 世界文化地理大百科 ロシア・ソ連史 普及版 …… 243
向井 元子
タイムズ・アトラス 世界探検歴史地図 …… 19
大陸別世界歴史地図 5 …… 247
武者 忠彦
地域分析ハンドブック …… 12
武舎 広幸
海と環境の図鑑 …… 205
海洋 …… 205
武舎 るみ
海と環境の図鑑 …… 205
村石 利夫
JR・第三セクター全駅名ルーツ事典 …… 264
日本山岳ルーツ大辞典 …… 210
村上 裕
地質学ハンドブック …… 213
地質学ハンドブック 普及版 …… 213
村田 雄二郎
世界地理大百科事典 4 …… 8
世界地理大百科事典 5 …… 9
村山 雅成
即戦力素材集 地図 …… 139
メディアインターフェイス
地球環境情報 1992 …… 141
地球環境情報 1994 …… 141
地球環境情報 1996 …… 141
地球環境情報 1998 …… 141
メディア・インターフェイス
地球環境情報 1990 …… 141
メトロポリタンプレス
世界の国旗 改訂版 …… 69
モーガン，ニナ
川の地理図鑑 1 …… 197
目代 邦康
地形がわかるフィールド図鑑 …… 210
地形探検図鑑 …… 210
地層の見方がわかるフィールド図鑑 …… 216
地層の見方がわかるフィールド図鑑 増補改訂版 …… 217
地層の見方がわかるフィールド図鑑 増補版 …… 216
本山 賢司
森の動物図鑑 …… 234
桃木 至朗
東南アジアを知る事典 新版 …… 74
ベトナムの事典 …… 74
百々 佑利子
オセアニアを知る事典 新訂増補版 …… 87
森川 洋
日本の地誌 9 …… 101
森重 民造
世界の国旗 …… 68
世界の国旗 新訂 …… 69
森野 浩
テーマで読み解く海の百科事典 …… 204
森本 哲郎
最新 世界の国ハンドブック …… 25
世界遺跡地図 …… 249
世界の国ハンドブック …… 26
守屋 荒美雄
帝国地図 大正9年 …… 114
復刻版地図帳 昭和9年版 …… 61
文部科学省科学技術学術審議会
地球上の生命を育む水のすばらしさの更なる認識と新たな発見を目指して …… 189
文部省
学術用語集 増訂版 …… 206
門馬 晋
水の百科事典 …… 188

【や】

矢ヶ崎 典隆
図説大百科 世界の地理 2 …… 19
図説大百科 世界の地理 2 普及版 …… 21
薬師 義美
ヒマラヤ名峰事典 …… 74
矢口 行雄
樹木医が教える緑化樹木事典 増補改訂 …… 226
樹木医が教える緑化（りょくか）樹木事典 …… 226
谷治 正孝
世界地図帳 …… 47
谷中 寿子
図説・アメリカ歴史地図 …… 87
矢野 新一
県別・都市別ビジネス情報ハンドブッ

ク …… 99
矢原 徹一
自然再生ハンドブック …… 152
山岡 光治
地図豆 …… 133
よくわかる地図記号 1 …… 135
よくわかる地図記号 2 …… 135
よくわかる地図記号 3 …… 135
山川 さら
ビジュアル ワールド・アトラス …… 58
山川 修治
気候変動の事典 …… 186
山川出版社
世界各国便覧(びんらん) …… 26
山岸 智子
世界地理大百科事典 4 …… 8
世界地理大百科事典 5 …… 9
山口 恵一郎
コンサイス日本地名事典 第4版 …… 88
図説 地図事典 …… 132
日本図誌大系 北海道・東北 1(北海道 青森県) 普及版 …… 105
日本図誌大系 北海道・東北 2(岩手県 秋田県 宮城県 山形県 福島県) 普及版 …… 105
日本図誌大系 関東 1(東京都 神奈川県 埼玉県) 普及版 …… 105
日本図誌大系 関東 2(千葉県 茨城県 栃木県 群馬県) 普及版 …… 106
日本図誌大系 中部 1(山梨県 静岡県 愛知県 岐阜県) 普及版 …… 106
日本図誌大系 中部 2(長野県 新潟県 富山県 石川県 福井県) 普及版 …… 106
日本図誌大系 近畿 1(大阪府 兵庫県 和歌山県) 普及版 …… 106
日本図誌大系 近畿 2(三重県 滋賀県 京都府 奈良県) 普及版 …… 106
日本図誌大系 中国(鳥取県 島根県 岡山県 広島県 山口県) 普及版 …… 106
日本図誌大系 四国(徳島県 香川県 愛媛県 高知県) 普及版 …… 106
日本図誌大系 九州 1(福岡県 佐賀県 長崎県 大分県) 普及版 …… 107
日本図誌大系 九州 2(熊本県 宮崎県 鹿児島県 沖縄県) 普及版 …… 107
山口 太一
地球環境用語大事典 …… 144
山下 和正
地図で読む江戸時代 …… 251
山下 克彦
日本の地誌 3 …… 101
山下 脩二
最新世界地図 3訂版 …… 38
最新世界地図 4訂版 …… 38
最新世界地図 5訂版 …… 38
最新世界地図 6訂版 …… 38
最新世界地図 7訂版 …… 38
自然地理学事典 …… 129
都市環境学事典 …… 144
山下 博司
インドを知る事典 …… 72
山科 健一郎
地震の事典 第2版 …… 205
山田 勇
事典 東南アジア …… 72
山田 英春
不思議で美しい石の図鑑 …… 222
山田 睦男
世界地名大事典 9 …… 14
山田 安彦
方位読み解き事典 …… 96
山村 順次
世界の温泉地 新版 …… 208
山本 明彦
日本列島重力アトラス …… 215
山本 健児
図説大百科 世界の地理 9 …… 20
図説大百科 世界の地理 9 普及版 …… 22
世界地名大事典 1 …… 13
世界地名大事典 2 …… 13
世界地名大事典 3 …… 14
世界地名大事典 4 …… 14
世界地名大事典 5 …… 14
世界地名大事典 6 …… 14
世界地名大事典 7 …… 14
世界地名大事典 8 …… 14
世界地名大事典 9 …… 14
山本 茂
図説大百科 世界の地理 13 …… 20
図説大百科 世界の地理 13 普及版 …… 23
山本 正三
人文地理学辞典 …… 236
人文地理学辞典 普及版 …… 236
日本の地誌 2 …… 100
日本の地誌 3 …… 101
日本の地誌 4 …… 101

日本の地誌 5 …… 101
日本の地誌 6 …… 101
山本 正
大英帝国歴史地図 …… 84
山本 紀夫
山 …… 211
山本 博文
日本史パノラマ大地図帳 …… 254
山本 光久
地図で読む現代戦争事典 …… 250
ユネスコ世界遺産センター
ユネスコ世界遺産 2 …… 173
ユネスコ世界遺産 4 …… 173
ユネスコ世界遺産 5 …… 173
ユネスコ世界遺産 6 …… 174
ユネスコ世界遺産 7 …… 174
ユネスコ世界遺産 9 …… 174
ユネスコ世界遺産 12 …… 174
横井 勝彦
大英帝国歴史地図 …… 84
吉井 敏尅
地震の事典 第2版 …… 205
地震の事典 第2版 普及版 …… 205
吉井 元
聖書人名地名小辞典 …… 248
吉井 光子
聖書人名地名小辞典 …… 248
義井 みどり
タイムズ・アトラス 第二次世界大戦歴史地図 …… 250
吉川 利治
タイの事典 …… 73
吉崎 正憲
図説地球環境の事典 …… 142
吉田 茂樹
日本古代地名事典 …… 255
日本古代地名事典 コンパクト版 …… 255
日本地名事典 〔コンパクト版〕 …… 90
日本地名大事典 上 …… 90
日本地名大事典 下 …… 90
日本地名大事典 コンパクト版 上 …… 90
日本地名大事典 コンパクト版 下 …… 90
日本歴史地名事典 …… 250
日本歴史地名事典 コンパクト版 …… 250
吉田 東伍
大日本地名辞書 増補 第1巻 新装版 …… 89
大日本地名辞書 増補 第2巻 新装版 …… 89
大日本地名辞書 増補 第3巻 新装版 …… 89
大日本地名辞書 増補 第4巻 新装版 …… 89
大日本地名辞書 増補 第5巻 新装版 …… 89
大日本地名辞書 増補 第6巻 新装版 …… 89
大日本地名辞書 増補 第7巻 新装版 …… 89
大日本地名辞書 増補 第8巻 新装版 …… 89
吉田 俊則
図説 世界文化地理大百科 ロシア・ソ連史 普及版 …… 243
吉田 敏弘
歴史地理調査ハンドブック …… 243
吉田 光男
韓国歴史地図 …… 77
中国歴史地図 …… 79
吉永 秀一郎
世界の土壌資源 …… 216
吉野 正敏
都市環境学事典 …… 144
日本気候百科 …… 186
吉村 作治
図説 世界文化地理大百科 古代のエジプト 普及版 …… 241
米倉 進
世界遺跡地図 …… 249
米沢 千夏
地球と惑星探査 …… 130
米田 成一
微隕石探索図鑑 …… 222
読売新聞校閲部
データで読む 47都道府県情報事典 …… 90
都道府県別データブック 1997 …… 100
都道府県別データブック 1998 …… 100
都道府県別データブック 2000 …… 100
都道府県別データブック 2002 …… 100
読売新聞社
都道府県別データブック 1995 …… 100
都道府県別データブック 1999 …… 100
都道府県別データブック 2001 …… 100
都道府県別データブック 最新版 …… 100

【ら】

ラコスト，イヴ
ラルース地図で見る国際関係 新版 …… 236

ラーセン，ヨン
微隕石探索図鑑 …… 222
ラブロック，J.
地球環境用語辞典 …… 144
力武 常次
簡明 地球科学ハンドブック …… 130
リズデイル，コリン
樹木 …… 226
リトヴィーノフ，マイルズ
地球を救う事典 …… 144
リバーフロント整備センター
河川水辺の国勢調査年鑑 平成4年度 河川空間利用実態調査編 …… 199
河川水辺の国勢調査年鑑 平成4年度 魚介類調査編 …… 199
河川水辺の国勢調査年鑑 平成4年度 植物調査編 …… 199
河川水辺の国勢調査年鑑 平成4年度 鳥類調査編 …… 199
河川水辺の国勢調査年鑑 平成4年度 底生動物調査編 …… 199
河川水辺の国勢調査年鑑 平成4年度 両生類・爬虫類・哺乳類調査編 …… 199
河川水辺の国勢調査年鑑 平成7年度 魚介類調査、底生動物調査編 …… 199
河川水辺の国勢調査年鑑 平成7年度 植物調査編 …… 199
河川水辺の国勢調査年鑑 平成8年度 魚介類調査、底生動物調査編 …… 200
河川水辺の国勢調査年鑑 平成9年度 魚介類調査、底生動物調査編 …… 200
河川水辺の国勢調査年鑑 平成9年度 植物調査編 …… 200
河川水辺の国勢調査年鑑 平成11年度 魚介類調査、底生動物調査編 …… 198
河川水辺の国勢調査年鑑 平成11年度 植物調査編 …… 198
河川水辺の国勢調査年鑑 平成2・3年度 河川空間利用実態調査編 …… 198
河川水辺の国勢調査年鑑 平成2・3年度 魚介類調査編 …… 199
河川水辺の国勢調査年鑑 平成3年度 底生動物調査、植物調査、鳥類調査、両生類・爬虫類・哺乳類調査、陸上昆虫類等調査編 …… 200
河川水辺の国勢調査年鑑 平成4年度 陸上昆虫類等調査編 …… 200
河川水辺の国勢調査年鑑 平成7年度 鳥類調査、両生類・爬虫類・哺乳類調査、陸上昆虫類等調査編 …… 200
河川水辺の国勢調査年鑑 平成9年度 鳥類調査、両生類・爬虫類・哺乳類調査、陸上昆虫類等調査編 …… 201
河川水辺の国勢調査年鑑 平成11年度 鳥類調査、両生類・爬虫類・哺乳類調査、陸上昆虫類調査編 …… 200
川の生物 …… 223
川の生物図典 …… 223
ともだちになろうふるさとの川 2000年度版 …… 202
リブロ
世界の国情報 2016 …… 67
リブロワークス
Excel作図入門〈地図・アイコン・図解資料〉プロ技BESTセレクション …… 137
龍 和子
中東世界データ地図 …… 80
劉 進慶
台湾百科 …… 76
台湾百科 第2版 …… 77
リリーフ・システムズ
ビジュアル博物館 2 …… 219
ビジュアル博物館 16 …… 71
ビジュアル博物館 31 …… 18
林野庁
森林・林業統計要覧 2007年版 …… 234
森林・林業白書 平成13年度 …… 229
森林・林業白書 平成14年度 …… 229
森林・林業白書 平成15年度 …… 229
森林・林業白書 平成16年度 …… 229
森林・林業白書 平成18年版 …… 229
森林・林業白書 平成19年版 …… 230
森林・林業白書 平成20年版 …… 230
森林・林業白書 平成21年版 …… 230, 231
森林・林業白書 平成22年版 …… 231
森林・林業白書 平成23年版 …… 231
森林・林業白書 平成24年版 …… 231
森林・林業白書 平成25年版 …… 231
森林・林業白書 平成26年版 …… 232
森林・林業白書 平成27年版 …… 232
森林・林業白書 平成28年版 …… 232
森林・林業白書 平成29年版 …… 232
ルヴァスール，クレール
地図で見る アラブ世界ハンドブック …… 80
ルオー，フレデリック
地図で見る ラテンアメリカハンドブック …… 87
ルースヴェン，マリーズ
イスラーム歴史文化地図 …… 261

ルディコ
ビジュアル ワールド・アトラス …… 58
ルール，ジェームス・F.
地球大図鑑 …… 131
レーヴィ，ピーター
図説 世界文化地理大百科　古代のギリシア 普及版 …… 241
レナー，マイケル
地球環境データブック …… 150
レンバーグ，デイビッド・S.
世界歴史地名大事典 第1巻 …… 15
世界歴史地名大事典 第2巻 …… 15
世界歴史地名大事典 第3巻 …… 15
ロジャーソン，ジョン・W.
図説 世界文化地理大百科　新聖書地図 普及版 …… 242
ロスチャイルド，デヴィッド・デ
地球環境図鑑 …… 148
ロッシ，マウロ
世界の火山百科図鑑 …… 207
ロビンスン，フランシス
図説 世界文化地理大百科　イスラム世界 普及版 …… 240
ローフ，マイケル
図説 世界文化地理大百科　古代のメソポタミア 普及版 …… 241

【わ】

若林 正丈
台湾百科 …… 76
台湾百科 第2版 …… 77
若松 加寿江
日本の地形・地盤デジタルマップ …… 209
脇田 浩二
地質学ハンドブック …… 213
地質学ハンドブック 普及版 …… 213
和田 攻
水の百科事典 …… 188
渡辺 愛子
図説 世界文化地理大百科　キリスト教史 普及版 …… 241
渡辺 昭夫
図説 世界文化地理大百科　オセアニア 普及版 …… 241
渡辺 一郎
伊能図集成 …… 136
伊能大図総覧 …… 137
渡辺 一夫
韓国ってどんな国? …… 75
渡辺 和幸
ロンドン地名由来事典 …… 82
渡部 潤一
世界一美しい自然現象図鑑 …… 148
渡辺 典博
巨樹・巨木 …… 228
続 巨樹・巨木 …… 228
渡辺 偉夫
日本被害津波総覧 第2版 …… 206
渡辺 真紀子
図説大百科 世界の地理 4 …… 19
図説大百科 世界の地理 4 普及版 …… 21
渡辺 守章
図説 世界文化地理大百科　フランス …… 242
図説 世界文化地理大百科　フランス 普及版 …… 243
綿抜 邦彦
水の百科事典 …… 188
和田 春樹
ロシアを知る事典 新版 …… 82
和田 真理子
図説大百科 世界の地理 7 …… 19
図説大百科 世界の地理 7 普及版 …… 22
和田 幹男
聖書年表・聖書地図 …… 249
渡来 靖
気候変動の事典 …… 186
藁谷 久三
遊びながら学べる 難読地名珍地名事典 …… 13
ワールドウォッチ研究所
地球環境データブック 2010-11 …… 150

【英数字】

Allaby,Ailsa
オックスフォード地球科学辞典 …… 129
Barnitzke,Heike
ビジュアル大事典 世界の国々 …… 24

Castello-Cortes,Ian
ビジュアル データ・アトラス '95-'96 ······································ 237
Costa - Pau,Rosa
地球環境カラーイラスト百科 ········· 143
Mayhew,Susan
オックスフォード地理学辞典 ············ 7

事項名索引

【あ】

アイルランド　→世界の地理 …… 19
アジア
　→地 名 …… 13
　→世界の地理 …… 19
　→アジア …… 72
　→世界各地の世界遺産 …… 177
アフリカ
　→地 名 …… 13
　→世界の地理 …… 19
　→中東・アフリカ …… 79
　→世界各地の世界遺産 …… 177
アメリカ合衆国
　→地 名 …… 13
　→世界の地理 …… 19
　→南北アメリカ …… 85
　→世界各地の世界遺産 …… 177
アラブ諸国　→中東・アフリカ …… 79
イギリス
　→世界の地理 …… 19
　→ヨーロッパ …… 80
　→鉄 道 …… 264
イスラム圏
　→中東・アフリカ …… 79
　→世界各地の世界遺産 …… 177
イスラム文化　→社会・文化事情 …… 261
イタリア
　→世界の地理 …… 19
　→ヨーロッパ …… 80
位置情報サービス　→地理データ処理 …… 137
伊能図　→伊能図 …… 136
隕石　→鉱 物 …… 219
インド　→アジア …… 72
インドネシア　→アジア …… 72
インド洋諸国　→アジア …… 72
ウィーン　→ヨーロッパ …… 80
駅
　→日本の地理 …… 88
　→鉄 道 …… 264
エルサレム　→中東・アフリカ …… 79
オーストラリア　→世界各地の世界遺産 …… 177
オーストリア
　→世界の地理 …… 19
　→世界各地の世界遺産 …… 177
オセアニア
　→地 名 …… 13
　→世界の地理 …… 19
　→オセアニア …… 87
　→世界各地の世界遺産 …… 177
温室効果　→地球環境 …… 141
温泉　→温 泉 …… 208

【か】

外国地図　→地理学 …… 6
外国地名　→地 名 …… 13
海底資源　→鉱 物 …… 219
海洋　→海洋学 …… 204
海洋気象　→気象学 …… 185
火山　→火 山 …… 207
河川
　→河 川 …… 193
　→生物地理 …… 223
カナダ
　→地 名 …… 13
　→世界の地理 …… 19
狩野文庫　→蔵書目録 …… 127
川　→河 川 …… 193
環境工学　→地球環境 …… 141
環境問題　→地球環境 …… 141
韓国　→アジア …… 72
岩石　→岩 石 …… 217
紀行　→紀 行 …… 16
気候学　→気候学 …… 186
気候変化　→地球環境 …… 141
記事索引　→地理学 …… 6
気象災害　→気象学 …… 185
北朝鮮　→アジア …… 72
巨樹　→森 林 …… 226

ギリシア
→世界の地理 …… 19
→ヨーロッパ …… 80
→世界史 …… 248
経済地理
→経済地理学 …… 236
→日本の産業 …… 262
経済統計　→世界統計書 …… 237
計量地理　→地理学 …… 6
県民性　→日本社会 …… 262
公園　→公園・緑化 …… 234
公害　→地球環境 …… 141
鉱物　→鉱 物 …… 219
氷　→水環境 …… 188
コーカサス　→アジア …… 72
国立公園　→自然公園 …… 154
国立国会図書館
→地理学 …… 6
→蔵書目録 …… 127
語源　→地 名 …… 13
湖沼　→河 川 …… 193
古代史　→古代日本 …… 255
古代ローマ
→ヨーロッパ …… 80
→世界史 …… 248
古地図
→世界の地理 …… 19
→中東・アフリカ …… 79
→ヨーロッパ …… 80
→日本の地理 …… 88
→歴史地図 …… 243
→日本史 …… 250
国家　→世界の地理 …… 19
国歌　→国 旗 …… 67
国旗　→国 旗 …… 67
五万分の一地図　→アジア …… 72

【さ】

雑誌記事　→地理学 …… 6
里山
→生物地理 …… 223
→植物地理・植生 …… 224
砂漠　→砂浜・砂漠 …… 211
山岳　→山 岳 …… 210
産業　→日本の産業 …… 262
GIS　→地理データ処理 …… 137
四庫全書　→アジア …… 72
地震　→地震学 …… 205
自然公園　→自然公園 …… 154
自然災害
→気象学 …… 185
→自然災害 …… 235
自然地理　→地球・自然地理 …… 129
自然保護　→自然保護 …… 152
市町村合併　→近現代日本 …… 256
GPS　→地理データ処理 …… 137
シベリア　→アジア …… 72
島　→島 …… 125
社会事情　→社会・文化事情 …… 261
首都
→地理・地誌 …… 1
→ヨーロッパ …… 80
樹木
→植物地理・植生 …… 224
→森 林 …… 226
昭和時代　→近現代日本 …… 256
植生　→植物地理・植生 …… 224
植物　→植物地理・植生 …… 224
植民地　→ヨーロッパ …… 80
新疆　→世界各地の世界遺産 …… 177
人文地理　→人文地理学 …… 236
森林
→森 林 …… 226
→動物地理 …… 234
水質
→水環境 …… 188
→河 川 …… 193
スイス　→世界の地理 …… 19
水田　→生物地理 …… 223
水文学　→水環境 …… 188
水理学　→水環境 …… 188

スコットランド　→ヨーロッパ ……… 80
砂　→岩 石 ……… 217
砂浜　→砂浜・砂漠 ……… 211
スペイン　→ヨーロッパ ……… 80
姓氏　→日本の地理 ……… 88
政治地理　→政治地理学 ……… 236
聖書地理　→世界史 ……… 248
製鉄　→日本の地理 ……… 88
生物　→生物地理 ……… 223
生物多様性　→地球環境 ……… 141
生物地理　→河 川 ……… 193
世界遺産
　→世界遺産 ……… 155
　→世界各地の世界遺産 ……… 177
　→日本の世界遺産 ……… 182
世界史　→世界史 ……… 248
世界戦争（1939～1945）　→現代世界 ……… 250
世界地図
　→地理学 ……… 6
　→世界の地理 ……… 19
世界地理　→地理・地誌 ……… 1
戦争　→現代世界 ……… 250
蔵書目録　→蔵書目録 ……… 127

【た】

タイ　→アジア ……… 72
大韓民国　→アジア ……… 72
大航海時代　→紀 行 ……… 16
大正時代　→近現代日本 ……… 256
台風　→気象学 ……… 185
太平洋地域　→世界各地の世界遺産 ……… 177
大連図書館　→蔵書目録 ……… 127
台湾
　→世界の地理 ……… 19
　→アジア ……… 72
滝　→河 川 ……… 193
探検　→紀 行 ……… 16
チェコ　→世界各地の世界遺産 ……… 177
地下鉄道　→鉄 道 ……… 264
地球温暖化
　→地球環境 ……… 141
　→気候学 ……… 186
地球科学　→地球・自然地理 ……… 129
地球環境　→地球環境 ……… 141
地形学　→地形学 ……… 208
地形図　→地図学 ……… 132
地誌
　→地理・地誌 ……… 1
　→世界の地理 ……… 19
　→日本の地理 ……… 88
地質学　→地質学 ……… 212
地図学　→地図学 ……… 132
地図目録　→地理学 ……… 6
地政学　→政治地理学 ……… 236
地層　→地史・地層 ……… 216
地方公共団体　→近現代日本 ……… 256
地名
　→地 名 ……… 13
　→日本史 ……… 250
中央アジア
　→アジア ……… 72
　→世界各地の世界遺産 ……… 177
中近東
　→地 名 ……… 13
　→中東・アフリカ ……… 79
中国
　→世界の地理 ……… 19
　→アジア ……… 72
　→世界各地の世界遺産 ……… 177
朝鮮
　→世界の地理 ……… 19
　→アジア ……… 72
　→世界各地の世界遺産 ……… 177
地理　→地理・地誌 ……… 1
地理学　→地理学 ……… 6
地理学者　→地理学 ……… 6
地理情報システム
　→地理データ処理 ……… 137
　→地形学 ……… 208
地理統計
　→地理・地誌 ……… 1

→世界統計書 …… 237
津波　→地震学 …… 205
データ処理　→地理データ処理 …… 137
鉄道　→鉄 道 …… 264
伝説　→世界史 …… 248
ドイツ
→世界の地理 …… 19
→ヨーロッパ …… 80
→世界各地の世界遺産 …… 177
洞穴　→地形学 …… 208
統計
→地理・地誌 …… 1
→世界統計書 …… 237
東南アジア
→世界の地理 …… 19
→アジア …… 72
→世界各地の世界遺産 …… 177
動物　→動物地理 …… 234
都市
→世界の地理 …… 19
→ヨーロッパ …… 80
→世界史 …… 248
→社会・文化事情 …… 261
土質工学　→地質学 …… 212

【な】

南極地方　→世界の地理 …… 19
難読地名　→地 名 …… 13
日本海　→アジア …… 72
日本社会　→日本社会 …… 262
日本地図　→日本の地理 …… 88
日本の世界遺産　→日本の世界遺産 …… 182
日本の地理　→日本の地理 …… 88
日本文学　→温 泉 …… 208
二万五千分の一地図
→アジア …… 72
→日本の地理 …… 88
ニュージーランド　→オセアニア …… 87
ニューヨーク　→南北アメリカ …… 85

【は】

博物学　→生物地理 …… 223
博物誌　→地球・自然地理 …… 129
旗　→国 旗 …… 67
発展途上国　→地理学 …… 6
パリ　→ヨーロッパ …… 80
バルカン半島　→ヨーロッパ …… 80
ハンガリー　→世界各地の世界遺産 …… 177
干潟　→動物地理 …… 234
ヒマラヤ山脈　→アジア …… 72
フィリピン　→アジア …… 72
風景　→地理学 …… 6
物産　→日本の産業 …… 262
風土記　→古代日本 …… 255
ブラジル　→南北アメリカ …… 85
フランス
→世界の地理 …… 19
→ヨーロッパ …… 80
→世界各地の世界遺産 …… 177
文化財　→日本史 …… 250
文化事情　→社会・文化事情 …… 261
文化地理　→歴史地理 …… 240
ベトナム　→アジア …… 72
ベネルクス　→世界の地理 …… 19
ベルリン　→ヨーロッパ …… 80
方位　→日本の地理 …… 88
方言
→森 林 …… 226
→日本社会 …… 262
北極地方　→世界の地理 …… 19
ポルトガル
→世界の地理 …… 19
→ヨーロッパ …… 80
香港　→アジア …… 72

【ま】

町並み　→日本史 …… 250
水資源　→水環境 …… 188
南アジア
　→世界の地理 …… 19
　→アジア …… 72
宮沢賢治　→地球・自然地理 …… 129
ミャンマー　→アジア …… 72
民族　→世界史 …… 248
明治時代　→近現代日本 …… 256
メキシコ　→世界各地の世界遺産 …… 177
木材　→森 林 …… 226
モンゴル　→アジア …… 72

【や】

屋久島　→日本の世界遺産 …… 182
山　→山 岳 …… 210
郵便切手
　→地図学 …… 132
　→世界遺産 …… 155
雪　→水環境 …… 188
ヨーロッパ
　→地 名 …… 13
　→世界の地理 …… 19
　→ヨーロッパ …… 80
　→世界各地の世界遺産 …… 177
　→世界史 …… 248

【ら】

ラテンアメリカ
　→地 名 …… 13
　→南北アメリカ …… 85
　→世界各地の世界遺産 …… 177
陸水学　→水環境 …… 188
緑化　→公園・緑化 …… 234
歴史地図
　→歴史地図 …… 243
　→日本史 …… 250
歴史地名　→地 名 …… 13
歴史地理　→歴史地理 …… 240
ロシア
　→地 名 …… 13
　→ヨーロッパ …… 80
ロンドン　→ヨーロッパ …… 80

地理・地誌レファレンスブック

2018年7月25日　第1刷発行

発 行 者／大高利夫
編集・発行／日外アソシエーツ株式会社
〒140-0013 東京都品川区南大井6-16-16 鈴中ビル大森アネックス
電話 (03)3763-5241（代表） FAX(03)3764-0845
URL http://www.nichigai.co.jp/
発 売 元／株式会社紀伊國屋書店
〒163-8636 東京都新宿区新宿 3-17-7
電話 (03)3354-0131（代表）
ホールセール部（営業）電話 (03)6910-0519

電算漢字処理／日外アソシエーツ株式会社
印刷・製本／株式会社平河工業社

《中性紙H-三菱書籍用紙イエロー使用》

ISBN978-4-8169-2733-1　　*Printed in Japan,2018*

本書はディジタルデータでご利用いただくことができます。詳細はお問い合わせください。